rigine & les diſtinctions de la Nobleſſe & de la Magiſtrature que nous reſpectons ; la ſource, la cauſe & le véritable eſprit de notre Police, de notre Gouvernement, de nos Loix, de nos Uſages, & de nos Privileges. De quelle autre partie de l'Hiſtoire aurions-nous plus d'intérêt à nous inſtruire ? & ne devons-nous pas avoir quelque confuſion, quand nous réfléchiſſons que nous connoiſſons parfaitement les Egyptiens, les Perſes, les Grecs & les Romains, & que nous ne nous connoiſſons pas nous-mêmes ? que nous ſçavons, comme dit un Critique du dernier ſiécle, qu'un tel Empereur Romain avoit un poireau au viſage, & que nous ignorons la vie & le nom même de pluſieurs de nos Souverains !

Cependant parmi un grand nombre d'excellents Ecrivains que nous avons eu dans ces derniers tems en ce genre de littérature, il y en a peu qui ſe ſoient apliqués aux Hiſtoires particulieres des Provinces, parce qu'ils n'ont pas crû y trouver des ſujets ſuſceptibles des ornements qu'ils ont répandu dans leurs écrits. Avec un génie porté à l'éloquence, ils ſe ſont perſuadés qu'il n'y avoit que des Héros & des Peuples illuſtres, qui puſſent fournir une juſte matiere, aux portraits, aux caractères, aux deſcriptions, aux harangues & aux réflexions, dont ils ont embelli leurs Ouvrages. Ils ont craint qu'un titre qui n'annonceroit que l'Hiſtoire d'un Païs, n'écartât les Lecteurs, qui cherchent la plûpart le merveilleux & le grand, & qui ne liſant que pour lire, ne

PREFACE.

se lassent point d'entendre répéter les faits & les gestes, de ces hommes & de ces peuples fameux, qui ont accablé la terre du poids de leur puissance, & qui font encore aujourd'hui le sujet de l'admiration commune. Sans sortir de leurs cabinets, un certain nombre de Livres suffit pour fournir toute la matière dont ils ont besoin. Ces Livres même, composés par les meilleurs Auteurs de l'antiquité, élévent & enrichissent l'imagination. Ainsi avec du goût, du discernement & les graces du discours, ils nous donnent des Ouvrages qui égalent souvent les Originaux, & qui semblent avoir le mérite de la nouveauté.

Il n'en est pas de même de nos Histoires particulieres. Leur étude ne présente que des épines & des difficultés, qui paroissent d'abord insurmontables. Tout est obscur dans leur commencement, & l'on ne peut guére en parler que par conjectures; parc equ'elles ne nous fournissent que peu d'Auteurs & de monuments anciens, que des inscriptions mutilées qu'on a beaucoup de peine à rétablir, & des passages difficiles à expliquer, & encore plus à en faire l'aplication. L'on vient ensuite au tems des Légendes, qui ont été écrites sans art, sur des traditions la plûpart incertaines, & mêlées de faits si peu croyables, qu'ils nous font douter des vérités même qu'elles renferment. L'on parvient enfin à celui des Chartes, qu'on ne trouve & qu'on ne déchiffre que mal-aisément, après s'être enseveli pendant des années entieres, dans la poussiere & la mauvaise

HISTOIRE
DES SEQUANOIS
ET
DE LA PROVINCE SEQUANOISE,
DES BOURGUIGNONS
ET DU PREMIER ROYAUME
DE BOURGOGNE,

DE L'EGLISE DE BESANCON
JUSQUES DANS LE SIXIEME SIECLE,

ET DES ABBAYES NOBLES
DU COMTE' DE BOURGOGNE,

Saint Claude, Baume, Gigny, Chateau-Chalon, Baume-les-Dames, Lons-le-Saunier, Migette & Montigny;

Depuis leur Fondation jusqu'à préfent.

Par M. F. I. DUNOD Ancien Avocat au Parlement, & Profeffeur Royal en l'Univerfité de Befançon.

A DIJON,
Chez DE FAY Imprimeur des Etats, de la Ville & de l'Univerfité.

M. DCC. XXXV.
AVEC APROBATION ET PRIVILEGE DU ROI.

PREFACE.

I l'on se propose dans la lecture de l'Histoire, de s'instruire en s'occupant agréablement ; l'on ne peut mieux remplir ces deux objets, qu'en lisant celle de son Païs. Rien ne flate plus en effet notre curiosité, que la connoissance des lieux où nous vivons & des personnes qui les ont habités. Le récit de leurs illustrations, nous fait d'autant plus de plaisir, qu'il nous semble y avoir quelque part, & l'amour de la Patrie nous fait goûter des détails & des récits de choses peu importantes, qui ne nous plairoient pas également, si elles nous touchoient de moins près. Les Histoires anciennes & étrangeres, nous représentent des faits plus éclatants & des exemples d'une plus haute vertu ; mais comme ils sont au-dessus de la vie commune que nous menons, nous nous contentons de les admirer sans nous empresser à les suivre. C'est donc chez nous-mêmes, que nous devons chercher des modéles sur lesquels nous puissions former nos mœurs & régler notre conduite. C'est aussi dans nos propres Histoires, que nous trouvons l'établissement de la Religion que nous professons, les différens états de notre Clergé, l'o-

odeur des Archives, qui font prefque toutes négligées & fans ordre. Quelle obligation n'avonsnous pas aux Duchefne, aux Perard, aux Guichenon, aux Peres Mabillon & Dacheri & à leurs femblables, qui ont foutenu avec conftance un travail fi défagréable, pour nous donner des volumes remplis de ces précieux monuments, qui feroient péris fans leurs foins, & qu'ils ont rétabli par une capacité & une érudition fupérieures. L'on tire des Chartes qu'ils ont trouvées & de celles qu'on peut encore découvrir, des preuves certaines & que les connoiffeurs eftiment beaucoup; mais après avoir furmonté les peines qu'elles donnent, foit pour les lire & les expliquer, foit par raport à la Chronologie; on eft réduit à coudre pour ainfi dire, les unes après les autres, les preuves que l'on en tire, fans fe flater d'être lû que par les curieux & les intereffés; parce qu'on ne peut pas y mêler les ornements du difcours, aufquels la multitude qui cherche moins à s'inftruire qu'à s'amufer, donne la préférence.

L'amour de la Patrie l'a emporté fur ces difficultés, dans le cœur de deux de nos Citoyens. Le premier eft Louis Golut Avocat au Parlement de Dole, qui a mis au jour fur la fin du pénultiéme fiécle, un volume in folio, intitulé Mémoires des Bourguignons. Le fecond eft Jean-Jacques Chifflet Médecin à Befançon, qui a donné au Public au commencement du fiécle fuivant en un in quarto, l'Hiftoire Civile & Eccléfiaftique de cette Ville.

PRÉFACE.

L'on trouve que Golut est meilleur Compatriote qu'Historien, qu'il n'est ni méthodique ni sûr dans les faits qu'il allégue, qu'il raporte sans critique ce qu'il a trouvé dans des Manuscrits & des Chroniques peu dignes de foi. Il a mêlé d'ailleurs dans l'Histoire du Comté de Bourgogne, celle de l'Empire & de l'Espagne; sous prétexte que les Rois d'Espagne & les Empereurs, ont été Souverains de cette Province, & sont descendus de nos anciens Comtes. Ces épisodes qui l'éloignent de son sujet, sont une grande partie de son Ouvrage, & l'interrompent désagréablement pour le lecteur, qu'elles sont passer d'un chapitre à l'autre, à des matieres qui n'ont point de relation & de connexité. Il a écrit en françois, & son stile déja trop diffus, a vieilli.

L'Histoire de Besançon est en beau latin, mais l'Auteur a fait de cette Ville Celtique, une Ville toute Romaine; & si l'on retranche de son Histoire civile, l'érudition étrangere dont il l'a chargée suivant le goût de son tems, elle se réduira à peu de chose. Celle de l'Eglise de Besançon est bien meilleure. Il y a peu à corriger, si l'on excepte les faits fabuleux des Légendes de nos anciens Evêques, qu'il semble avoir adoptés; mais on y peut beaucoup ajouter. Le pere de Jean-Jacques Chifflet étoit curieux & sçavant. Ses freres, ses fils, & particuliérement le Pere Pierre-François Chifflet l'un de ses freres, ont bien mérité des Lettres par quantité de bons Li-

Ebredunum Caſtrum, Iverdun en Suiſſe.

Ellus, l'Ill, riviere de l'Alſace qui a donné ſon nom à cette Province.

Epomanduodurum, Mandeure en Franche-Comté.

Equeſtris Colonia, Nion en Suiſſe.

Forum Seguſianorum, Feurs, Bourg dans le Foreſt.

Forum Tiberii, Keiſerſtul, Bourg ſur le Rhein auprès de Conſtance.

Friburgum, Fribourg, Ville en Suiſſe ſur la riviere de Sarine.

Ganodurum, Conſtance.

Gebenna Mons, les Cevennes.

Geneva, Genève.

Germania, l'Allemagne.

Helvetii, les Helvétiens, qu'on apelle à préſent les Suiſſes.

Iſara, l'Iſere, riviere.

Iſernodurum, Iſernore Village du Bugey.

Jura Mons, le Mont-Jura.

Latobrigi, les Peuples du Valais, dont la Capitale étoit *Latobriga*.

Lemanus Lacus, le lac de Genève.

Leuci, les Peuples des Evêchés de Toul & de Verdun, & de partie de la Lorraine.

Limagus, le Limat, riviere en Suiſſe.

Ligno, l'Ognon, riviere du Comté de Bourgogne.

Loſane, Loſane, Evêché Suffragant de Beſançon.

Lucerna, Lucerne, Ville de Suisse sur le lac du même nom, & la riviere du Russ.

Lucinus, la Loüe, riviere du Comté de Bourgogne.

Lugdunum, Lyon.

Luxovium, Luxeul, lieu & Abbaïe célébre dans le Comté de Bourgogne.

Matiscona, Mâcon.

Matrona, la Marne, riviere.

Mauriana, Moirans dans le Comté de Bourgogne.

Mediomatrices, les Habitans du Païs Messin, de la basse Alsace, de partie de la Lorraine & du Luxembourg. Les Triboces, Peuples d'au-delà du Rhein, n'avoient pas encore passé ce fleuve du tems de Jules César, pour s'établir comme ils ont fait dèflors dans la basse Alsace, puisqu'il ne les nomme pas parmi ceux qui habitoient le long de ce fleuve dans les Gaules. C'est à mon avis ce qui a fait dire à César, qu'Arioviste étoit à trois journées de chez lui, lorsqu'il eut passé le Rhein pour entrer dans le Païs des Séquanois ; parce que ce Roi des Germains, avoit eu à traverser le Païs où demeuroient les Triboces, & les autres Peuples ses alliés qui étoient entrés avec lui dans les Gaules.

Mosa, la Meuse, riviere.

Mosella, la Moselle, riviere.

Murus Cæsaris, Fortification que César fit faire, pour empêcher les Helvétiens de passer par la Province Romaine ; non du lac de Genève jusques au Mont-Jura comme on l'avoit crû, mais le long du Rhône depuis Genève jusques vis-à-vis le Fort de la Cluse.

Ocellum, Exille.

Olino, Holé, Chateau où résidoit le Duc de la frontiere Séquanoise sur le bord du Rhein avec une garnison.

Pagus Varascorum, Scodingorum, Portensium, Amaousiorum. Voyez ce que j'en ai dit à la page 293, & suivantes.

Porta Saxi, Pierre-Porte auprès de Porrentru, où la montagne apellée Durvaux a été coupée, pour faire un nouveau passage du Païs des Séquanois dans l'Helvétie.

Rhetia, Païs des Grisons.

Rhenus, le Rhein, fleuve.

Rhodanus, le Rhône, fleuve.

Rhodumna, Roanne, Ville dans le Forest.

Salinæ, Salins dans le Comté de Bourgogne.

Salodurum, Soleurre.

Sana, la Sarine, riviere en Suisse.

Sanctio, Sekingen, qui signifie en langue Celtique, édifice des Séquanois.

Sapaudia, la Savoye.

Segusiani, les Habitants du Beaujolois, Forest & Lyonnois.

Sequani, les Habitants de la haute Alsace, Canton de Basle, Comté de Bourgogne, Bugey & Bresse.

Tigurinus Pagus, l'un des quatre anciens Cantons des Helvétiens, dont celui de Zuric a conservé le nom.   *Tugenus*

PREFACE.

Tugenus Pagus, autre ancien Canton des Helvétiens, dont la Ville de Zug porte la dénomination.

Tulingi, Peuples qui faiſoient partie des Griſons, & dont la Capitale étoit Curia, à préſent Coire.

Veſontio, Beſançon, Métropole de la Province Séquanoiſe.

Vienna, Vienne en Dauphiné.

Vindelicia, la Suaube.

Vitodurum, Vinterthur, auprès de Conſtance.

Vocetius Mons, le Voësberg partie du Mont-Jura, qui enferme le Canton de Baſle.

Vocontii, Peuples du Diois & de l'Evêché de Vaiſon.

Vogeſus Mons, les Montagnes de Vauges.

Urba, riviere d'Orbe.

Urba, Orbe, Capitale de l'un des quatre anciens Cantons des Helvétiens.

Urbigenus Pagus, le Canton d'Orbe dans l'Helvétie.

Urſa, le Ruſſ, riviere en Suiſſe.

Pendant qu'on imprimoit ce volume, j'ai découvert quelques nouvelles Preuves, qui n'ont pas pû être miſes à leur place. La première ſe tire d'une Inſcription trouvée depuis peu au Pont des Arches auprès de Moirans, dans le lieu où j'ai ſupoſé qu'il y avoit ſous l'Empire Romain une Ville apellée *Mauriana*. Elle auroit dû entrer dans la cinquiéme Dissertation, qui concerne cette Ville ; & on la trouvera seulement à la suite du Chapitre des Notes & Inscriptions, pag. 209. La seconde m'a paru concourir à soutenir ce que j'ai dit de l'Episcopat de S. Ferreol Apôtre de Besançon. La troisiéme confirme ce que j'ai avancé dans l'Histoire de Chateau-Chalon, du tems & des Auteurs de la Fondation de cette Abbaïe. Et je n'ai pû placer ces deux dernieres Preuves qu'après l'Histoire des Abbaïes Nobles du Comté de Bourgogne.

HISTOIRE DES SEQUANOIS
ET DE
LA PROVINCE SEQUANOISE.

ANS le tems que les Gaules commencérent à être peuplées, les Séquanois y occupérent le Païs qui est entre le Rhein, les Montagnes de Vauge, la Sône, le Rhône, & le Mont Jura. La nature sembloit leur avoir formé ces limites, qui sont comme un rempart dont ils étoient environnés, & dans l'enceinte duquel ils trouvoient tout ce qui est nécessaire à la vie. Ce Païs est en effet trés fertile, * & d'une grande étenduë ; car il contient les contrées que nous apellons la Haute Alsace, le Canton de Basle, la Franche-Comté, le Bugey & la Bresse. * C'est ce qui rendoit les Séquanois si puissans, qu'ils tenoient le premier rang dans les Gaules, lorsque Jules César en prit le commandement. Il les priva de cet avantage, parce qu'ils avoient toujours

* *Ager Sequanus totius Galliæ optimus. Cæs. de bell. Gallico. lib. 1. cap. 2.*

* Ce fait sera prouvé par la premiere Dissertation.

été oposés à la République de Rome. Cependant ils ont encore fait dèflors une si belle figure dans l'Empire Romain, qu'ils méritent bien qu'on rassemble, & qu'on mette au jour les faits historiques qui les concernent.

Nous aprenons de Cluvier, l'un des plus doctes & des plus judicieux Géographes modernes, que les Peuples de l'Illirie, de la Germanie, des Gaules, de l'Espagne, & de la Grande Bretagne, ont eu le même langage, quoique leurs dialectes fussent différens ; qu'ils étoient descendus d'Askenez arriére-petit-fils de Noé ; qu'ils ont tous porté le nom de Celtes ; que c'étoit celui d'Askenez même, dans la langue nouvelle que sa famille commença à parler devant Babilone ; & que cette langue subsiste encore dans la Germanie, dans laquelle elle n'a pas été alterée par le mélange des Etrangers. Il explique par la langue Allemande, plusieurs antiquités Celtiques : il dit, par exemple, que ceux des Celtes, qui se sont établis dans les Gaules, après avoir erré long-tems dans la Germanie, s'apelloient *Gallen*, d'un terme Allemand qui signifie voyageur, & que c'est de là que les Latins les ont nommés *Galli*, & ont donné le nom de *Gallia* au Païs qu'ils occupoient, entre le Rhein, l'Ocean, la Méditerranée, & les Alpes.*

* *German. antiquit. cap. 4. & seq.*

Parmi les Gaulois, il y en avoit qui portoient encore le nom de Celtes, au tems de Jules César. C'est aparemment, parce qu'ils étoient les aînés & les chefs de la Nation Celtique dans les Gaules. Ils en tenoient aussi la plus grande & la meilleure partie. Les Séquanois étoient de ce nombre ; & comme les Gaulois, à les suposer descendus d'Askenez, étoient venus des bords du Pont-Euxin, & avoient probablement suivi les rives du Danube, qui leur fournissoient la chasse, la pêche, & des pâturages ; l'on en peut conclure avec assez de vraisemblance, que les Séquanois sont les premiers des Celtes qui se soient établis dans les Gaules ; parce que leur Païs est le plus proche de la source du Danube, & qu'étant beau & fertile, les Celtes qui y sont entrés en passant le Rhein, ont dû être engagés à s'y arrêter.

de la Province Séquanoise.

Ce seroit donner dans la fable, que de croire ce que disent quelques Croniques & Godefroy de Viterbe, que les Séquanois ont été ainsi apellés, de Seguinus l'un de leurs Rois ; que Brennus épousa sa fille, & qu'il lui succéda. Le mot de Brennus, paroît avoir été un titre de dignité ou de commandement parmi les Gaulois, puisque leurs plus fameux Capitaines l'ont porté. Aucun Historien ancien n'a parlé du Roi Seguinus, & les Séquanois n'étoient pas gouvernés par des Rois, car leur Etat étoit aristocratique. Je ne croi pas même, qu'on les ait apellés originairement Séquanois. Ce nom me paroît accommodé à la langue latine, & changé en quelque chose, pour distinguer le Peuple auquel les Romains l'ont donné, des Sénonois qu'ils connoissoient avant eux. Il me semble donc, que leur véritable nom étoit celui de *Seines* ou Seknes, dont les Latins ont fait *Secani* & *Sequani*. La riviere de Seine, qui a conservé sa dénomination Celtique, étoit nommée par les Latins, *Secana* & *Sequana* ; & nous apellons encore *Sequani*, les Habitans des lieux qui se nomment Seine en François.

S'il est vrai, comme je l'ai dit, que les Seines, apellés Séquanois par les Romains, étoient les premiers Celtes qui sont entrés dans les Gaules ; il est bien probable qu'ils ont donné leur nom à la riviere de Seine, dont la source est proche de leur Païs, & sur les bords de laquelle ils ont établi des Colonies. * Ils les ont même poussées jusqu'à Sens. L'analogie de ce nom avec celui de Seines, semble le prouver ; & les Sénonois, que Denis d'Halicarnasse nomme *Cœni* & Xiphilin *Cennæ*, ont donné le nom de *Sena* à leur Capitale au-delà des Alpes.

* *Sequana, per Sequanos sibi cognomines, fluit in Oceanum.* Strab. lib. 4.

L'on ne peut pas déterminer précisément, le tems auquel les Celtes s'établirent dans les Gaules ; mais il est probable qu'elles ont été habitées aussitôt que l'Italie, puisqu'encore qu'elles eussent envoyé des Colonies en Espagne & dans la Grande Bretagne, elles ne pouvoient cependant plus contenir le peuple qui y étoit, dans le second siécle après la fondation de Rome.

Les Gaulois prirent alors le dessein de faire passer une partie de ce peuple, en Italie & en Allemagne. On assembla ceux qui devoient être de la transmigration, sous le commandement de deux Chefs, qui tirèrent au sort les régions qu'ils devoient occuper. L'Italie échut à Bellovêse; il y entra, & s'établit entre les Alpes, l'Apennin, & l'Adige. Ségovêse eut la Germanie en partage ; il passa le Rhein, & se fixa au-delà de ce fleuve, sur les rives du Danube dans la Forêt Hercinienne.

Environ deux cens ans après, une Armée de Gaulois Sénonois commandée par Brennus, entra en Italie & s'empara de Rome. Golut, qui a écrit une Histoire de la Franche-Comté, fait honneur aux Séquanois, de ce que les Sénonois ont fait au-delà des Alpes. Mais ces deux Nations étoient déja séparées, & elles sont trop bien distinguées par les Auteurs, sous les noms de *Senones* & de *Sequani*, pour qu'on puisse attribuer à ces derniers, ce qui a été dit nommément des autres.

Il est cependant vrai-semblable, que les Habitans d'un Païs aussi vaste & aussi peuplé que celui des Séquanois, eurent part aux transmigrations qui se firent sous Bellovêse & Ségovêse, & qu'ils se partagèrent sous ces deux Chefs; car s'ils touchoient à la Germanie, ils n'étoient séparés de l'Italie que par les Païs des Allobroges & des Helvétiens, & la plûpart des Gaulois qui y passèrent en differens tems, en étoient plus éloignés qu'eux.

Cluvier estime, que Ségovêse conduisit des Séquanois dans la Germanie; & Tite-Live dit, que les Gaulois qui étoient commandés par Bellovêse, ayant battu les Toscans dans une contrée qu'ils aprirent s'apeller l'Insubrie, du même nom que portoit un certain Peuple chez les Eduois; ceux-ci en prirent un augure pour s'y arrêter, & qu'ils y fondèrent la Ville de Milan; où, sous le nom d'Insubriens, ils ont été le Peuple le plus puissant & le plus illustre de la Gaule Cisalpine.

Or les Insubres habitoient entre la Sône & le Dain : ils étoient séparés du Païs d'Autun par la riviere de

Sône, & se trouvoient dans les limites des Séquanois. D'où je conclus que les Séquanois ont eu part à l'expédition de Bellovêse, & que Tite-Live les a confondus avec les Eduois, qu'il nomme parmi les Peuples qui passèrent les premiers en Italie. Car il écrivoit sur d'anciens mémoires, & il paroît que dans les premiers siécles de la République Romaine, on n'y distinguoit pas les Séquanois de ceux d'Autun ; puisque Polybe, parlant du Rhône, dit qu'il a son cours dans une plaine environnée de montagnes, dont le côté septentrional est habité par les Gaulois *Aydiens*. Les Séquanois étoient au septentrion du Rhône, & dans les montagnes qui sont de ce côté, entre ce fleuve & les Eduois, dont Polybe a tres-probablement entendu parler sous le nom de Gaulois *Aydiens*. Aussi verrons-nous dans la suite, que les Séquanois ont si puissamment secouru les Insubriens dans les guerres qu'ils ont eu contre les Romains, qu'on en peut tirer une forte conjecture, qu'ils les reconnoissoient pour une de leurs Colonies.

Les differents Peuples des Gaules étoient Souverains dans les Païs qu'ils occupoient, si ce n'est qu'il y en avoit de moins puissants, qui, par cette raison, étoient sous la protection, & dans quelque dépendance des autres : c'est ce que César apelle des Clients. Tels étoient les Rauraques, qui avoient un nom particulier, & qui habitoient dans les limites du Païs des Séquanois, dont ils portoient aussi le nom, parce qu'ils dépendoient d'eux, ou qu'ils faisoient partie de ce Peuple. Tels étoient encore les Ségusiens & les Ambarrois, par raport à ceux d'Autun. Quant aux Peuples principaux & indépendants, ils s'allioient ensemble. César en donne divers exemples, & entr'autres celui des Auvergnats & des Séquanois.

Chaque Peuple, avec ses Clients, faisoit un Etat à part, dont le gouvernement étoit aristocratique ; car les Nobles & les Druides, y avoient toute l'autorité. Ils formoient le Sénat de la Nation, & choisissoient annuellement un ou deux Magistrats, qui exerçoient à peu près le même pouvoir que les Consuls à Rome.

On nommoit ces Magistrats Vergobretes à Autun, & il ne leur étoit pas permis de s'absenter pendant l'année de leur Magistrature, pour qu'ils fussent toujours à portée de pourvoir aux besoins de l'Etat, & de rendre la justice aux particuliers. César nous aprend aussi, que non-seulement dans le corps de la Nation, mais encore dans chaque République & dans chaque lieu, il y avoit deux factions oposées, pour que les plus foibles fussent toujours assurés de trouver de la protection, contre la violence & l'injustice des plus forts. * Les Etats des Peuples particuliers se tenoient en des tems reglés, & l'on assembloit les Etats Généraux de toute la Nation quand le besoin commun le demandoit.

* *Lib. 6.*

Mais comme dans les Républiques où les Nobles sont les maîtres, il y en a souvent qui s'élévent au-dessus des régles, qui s'attribuënt le pouvoir pendant leur vie, & qui le font souvent passer à leur postérité ; nous voyons que dans celles des Gaules, il y a eu des Particuliers qui ont porté le nom de Roi ; & que dans quelques-unes, leurs enfants leurs ont succédé. Cependant ces Rois n'avoient que le pouvoir ordinaire des Magistrats, & étoient soumis au Corps de la Nation, suivant que César le dit d'Ambiorix Roi des Liégeois. * Ils étoient semblables aux Dictateurs perpétuels de Rome, & c'étoient ordinairement les Soldats qui les élisoient. Ainsi Vercingentorix fut proclamé Roi par son armée ; & César, qui nous aprend ce fait, dit qu'il avoit suffi dans les Gaules, de pouvoir assembler une Armée, pour se faire Roi.

* *Sua esse ejusmodi imperia, ut non minus juris haberet in se multitudo, quàm ipse in multitudinem. De bello Gall. lib. 5.*

Il y en avoit qui commandoient à toute la Nation, ou à sa plus grande partie. Tels étoient Ambigeat de Bourges, & Vercingentorix Auvergnat, qui après avoir été fait Roi par les siens, fut ensuite élû par la Nation dans une Diette générale, qui se tint à Autun. Orgetorix Helvétien, Casticus Séquanois, & Dumnorix Eduois, avoient aussi projetté de se faire Rois des Gaules.

Ceux qui avoient été choisis dans un besoin commun des Républiques, étoient Rois de la Nation. Dans les autres circonstances, les Rois ne commandoient que dans leurs Païs. Tels avoient été Catamantalêde chez les Séquanois, & plusieurs autres ailleurs, dont il est parlé dans les Commentaires de César. Mais comme cette espèce de gouvernement étoit contraire aux Loix, & mettoit en péril la liberté publique, dont les Gaulois étoient fort jaloux; il étoit dangereux d'y aspirer, si ce n'étoit par des voies légitimes, & pour de justes causes: car le pere de Vercingentorix fut assassiné, parce qu'il vouloit se faire Roi des Auvergnats; & Orgetorix accusé d'avoir projetté d'usurper ce titre chez les Helvétiens, se donna la mort, afin de prévenir le suplice du feu, qui étoit la peine déterminée pour ce crime.

Il est hors de doute, que les Gaulois avoient eu des guerres contre les Germains, qui tentoient souvent de passer dans les Gaules, & dont plusieurs Peuples s'étoient déja établis en deça du Rhein avant le tems de Jules César: ils en avoient eu aussi les uns avec les autres, soit pour leurs limites, soit par la jalousie du commandement; ce qui causoit souvent des révolutions entr'eux. Car ceux de Bourges, qui y avoient tenu la premiere place pendant que Tarquin l'ancien regnoit à Rome, étoient devenus les Clients des Eduois; & ceux-ci qui avoient été ensuite par eux-mêmes & par leurs Alliés, l'un des plus puissans Peuples des Gaules, & les Chefs d'une faction, comme les Séquanois l'étoient de l'autre, * n'avoient pû se défendre de passer sous la domination de ceux-ci. Mais l'Histoire, qui nous a marqué la guerre de ces deux Peuples, ne nous a rien apris de celles des autres.

César. de bello Gall. lib.6.

Les Gaulois ont aussi souvent passé en Italie, pour défendre contre les Romains, leurs anciens Compatriotes qui s'y étoient établis: on les apelloit communément Gesates, à cause, dit-on, de certaines armes qu'ils portoient, & qu'on nommoit *Gæsum*; ou plûtôt par raport à leur force & à leur courage. * Il y en entra jusqu'à deux cens mille, en l'an 528 de la République, qui se joignirent aux Insubriens, & se mirent en marche pour attaquer Rome.

Viros fortes, Galli-gæsos vocant. Grot. ind. nom. Goth.

Jamais cette Ville ne fut en si grand danger, depuis sa prise par Brennus. Aussi fit-elle les derniers efforts pour se défendre, & les Historiens nous disent, qu'elle mit huit cent mille hommes sur pied.

Cependant les Gesates étoient arrivés à Clusium, qui n'est qu'à trois journées de Rome, & avoient battu une Armée de cinquante mille hommes, commandée par un Préteur. Mais s'étant trouvés à la vûë d'une autre Armée commandée par le Consul Æmilius Papus, ils craignirent de perdre le butin qu'ils avoient fait, & se déterminérent à retourner dans l'Insubrie. Ce Consul les suivit, & ils tombérent malheureusement auprès de Pise, dans l'Armée de l'autre Consul C. Attilius Regulus, qui venoit de finir la guerre en Sardaigne. Ils furent attaqués en tête & en queuë, & firent face de tous côtés. Ils égaloient les Romains en courage, & ils avoient sur eux l'avantage de la taille & de la force du corps. Mais comme ils n'étoient pas si bien armés, ni si habiles dans l'art de la guerre, ils furent défaits, & laissérent quarante mille hommes sur le champ de bataille ; le reste fut fait prisonnier ou dissipé. Une autre Armée de Gesates, qui étoit entrée en Italie, fut battuë en 531, après que Viridomare, qui la commandoit, eut été tué dans un combat singulier, par Marcus Claudius Marcellus.

Polybe dit que les Gesates étoient des environs du Rhône ; d'où l'on peut conclure qu'il y avoit parmi eux des Séquanois, dont le Païs étoit limité par ce fleuve, & qui étoient à portée d'entrer en Italie, par les Alpes Gréques & Pennines. Aussi lisons-nous dans Strabon, que les Séquanois avoient eu guerre anciennement avec les Romains, & qu'ils avoient toujours été leurs ennemis.* Ils les étoient allés attaquer chez eux, car les Romains n'ont passé que fort tard dans les Gaules.

D'autre côté, le decret du Sénat pour le triomphe de Marcellus, porte qu'il avoit vaincu les Insubriens & les Germains ; & on lit dans quelques Auteurs, que les Gesates étoient de la Germanie. Il me paroît que Strabon donne

*Sequani, antiquitùs Romanorum inimici. Lib. 4.

le

le dénouëment de cette difficulté, en difant que les Séquanois ont fait de fréquentes incurfions en Italie avec les Germains; d'où je conclus que les Gefates, qui font une fi grande figure dans l'Hiftoire Romaine, étoient pour l'ordinaire des Armées compofées de Séquanois & de Germains leurs voifins & leurs alliés. Strabon ajoute une circonftance bien glorieufe à la Nation Séquanoife, lorfqu'il dit que cette Nation étoit fi puiffante, que les Germains n'étoient redoutables aux Romains, que quand les Séquanois étoient avec eux. * Les Séquanois ont donc eu la principale part aux guerres, que les Gaulois Cifalpins affiftés des Gefates ont eu avec Rome: guerres fi terribles, que les Hiftoriens de cette République avoüent, qu'elle difputoit de la gloire avec les autres Nations, mais qu'elle étoit réduite à deffendre la vie & la liberté de fes Citoyens contre les Gaulois, fur tout quand ils étoient joints aux Gefates.

* *Sequani, Germanorum incurfionibus, fe plerumque præbebant; quâ in re oftenderunt, fe plurimùm potentiæ habere; cùm eos fuâ conjunctione magnos, & difceffu impotentes, redderent. Lib. 4.*

Cependant avant même que les Romains euffent rien au-deçà des Alpes, les Éduois, qui vouloient par leur faveur s'éléver au premier rang dans les Gaules, recherchérent leur alliance. Les Romains, qui joignoient une fine politique à la force des armes, faifirent cette occafion pour fe faire un apui parmi les Gaulois contre eux-mêmes, & pour divifer une Nation puiffante, qu'ils n'auroient peut-être pas fi-tôt entrepris de fubjuguer, fi elle étoit demeurée unie. Ils déclarérent donc les Éduois leurs amis & leurs alliés, & fous prétexte de les venger de quelques injures qu'ils avoient reçûës des Saliens, des Allobroges & des Auvergnats, ils entrérent dans les Gaules en l'an 627 de la fondation de Rome, battirent plufieurs fois ces trois Peuples, & fe rendirent maîtres de leurs Païs.

Les Romains par cette conquête devinrent les voifins des Séquanois, & n'en furent plus féparés que par le Rhône. Les Séquanois prévirent toutes les conféquences de ce voifinage, & combien il expofoit leur liberté. Ils diffimulérent cependant, & reçûrent les careffes de la Républi-

B

que Romaine, qui donna à leur Roi Catamantaléde, le titre d'ami du peuple Romain ; * perſuadée que ſi elle gagnoit les Séquanois, comme elle avoit déja fait ceux d'Autun, il lui ſeroit facile d'établir ſa domination dans les Gaules.

* *Catamantale-des Sequanus, regnum in Sequanis multos annos obtinuerat, & à Senatu Populoque Romano, amicus appellatus fuit. Cæſar. lib. 1. Plutarq. in vita Jul. Cæſ.*

Vingt-cinq ans après que les Romains y eurent fait une Province, les Cimbres & les Teutons y entrérent. C'étoient deux Nations de la Germanie, formidables par la multitude, la taille, la force, & l'intrépidité de leurs ſoldats. Les Ambrons, quoique Helvétiens & par conſéquent Gaulois, ſe joignirent à eux pour ravager les Gaules, où ces trois Peuples ſe répandirent comme un embraſement auquel il n'eſt pas poſſible de réſiſter.

Ils formérent le deſſein de paſſer en Italie, & ſe diviſérent pour y entrer par deux endroits ; dans la vuë, quand ils y ſeroient arrivés, de ſe réünir pour marcher à Rome. C'en étoit fait de la République Romaine, ſi elle n'avoit eu alors un auſſi grand Capitaine que Marius. * Il attaqua les Teutons & les Ambrons auprès d'Aix en Provence, & les défit. Les débris de leur Armée ſe retiroient par le Païs des Séquanois, qui achevérent de les tailler en piéces, & firent leurs Rois priſonniers ; moins par amitié pour les Romains, que pour ſe vanger des Barbares qui avoient faits de grands déſordres dans les Gaules.

* *Actum erat, niſi Marius illi ſæculo contigiſſet. Flor. lib. 3. cap. 3.*

Cependant les Cimbres avoient pénétré en Italie. Ils y attendoient leurs alliés, dont ils ignoroient la défaite. Marius y paſſa pour leur faire tête, & leur montra les Rois des Teutons que les Séquanois lui avoient envoyés. Il eſt certain que les Cimbres perdirent courage à cette vuë, & qu'elle ſervit beaucoup au gain de la bataille, dans laquelle ils furent exterminés. *

* *Plutarq. in vitâ Marii.*

Les Séquanois ne pouvoient pardonner à ceux d'Autun, d'avoir introduit les Romains dans les Gaules, & de continuer à vivre avec eux dans une liaiſon intime ; parce qu'ils étoient perſuadés, qu'elle aboutiroit à faire paſſer toute la Nation ſous le joug Romain. Ils eurent occaſion de leur faire la guerre, au ſujet de l'uſage & des péages

& de la Province Séquanoise.

de la riviere de Sône qui séparoit leurs Païs, & ils ne la manquérent pas. * Mais pour agir plus sûrement, ils prirent à leur solde quinze mille Germains, leurs anciens compagnons de voyage & de guerre en Italie. Ils attaquérent ensuite les Eduois & les battirent. *

Ceux-ci plus irrités qu'humiliés par leur défaite, rassemblérent toutes leurs forces, & celles de leurs Clients & alliés ; passérent la Sône, & entrérent dans le Païs des Séquanois qui les attendoient sur leur frontiere, & qui avoient apellé un plus grand nombre de Germains à leur secours, avec leur Roi Arioviste. Ce Prince étoit grand Capitaine. Le commandement lui fut déféré. Il se retrancha dans un lieu entouré de bois & de marais, où il ne pouvoit être forcé, & il n'en sortit que pour surprendre les Eduois qui ne s'y attendoient pas. Leur défaite fut entiére, & la bataille décisive. Les Eduois y perdirent leur Noblesse, leur Cavalerie qui faisoit leur principale force, & leur Sénat même. Hors d'espérance de se relever d'une si grande perte, ils subirent le joug qu'on voulut leur imposer. Ils consentirent à devenir Clients des Séquanois, & promirent de ne se soustraire jamais à leur domination. Ils renoncérent à l'alliance de Rome, & s'engagérent de ne la plus rechercher. Ils donnérent en ôtage les enfants des principaux d'entr'eux pour sureté de cette promesse, & la confirmérent par la religion du serment. *

Divitiac, qui étoit le plus grand Seigneur d'Autun, ne pût pas se résoudre à subir des conditions qui lui paroissoient trop dures, & à prêter le serment qu'on exigeoit de lui. Il se retira à Rome, où il crut pouvoir solliciter le Peuple Romain en faveur de sa Nation, parce qu'il n'avoit pas prêté serment de ne le pas faire. Mais ce fut d'abord en vain : la République occupée à d'autres affaires, ou ne se trouvant pas alors en état de vanger les Eduois, n'entra pas dans leur querelle. Les choses demeurérent

*Trans Ararim, domicilia tenent Sequani, Romanis & Æduis dudum adversantes. Ædius, tum hæc causa inimicos eos fecit, tum de Arari contentio, quæ ipsos distinguit. Utraque gente, usum & vectigalia sibi vindicante. Strab. lib. 4.

* Factum est, ut ab Arvernis & Sequanis Germani mercede accerserentur; horum circiter millia 15. Rhenum transiisse. Cæs. lib. 1.

*Cum his Æduos eorumque clientes, semel atque iterum armis contendisse. Magnam calamitatem pulsos, accepisse. Omnem Nobilitatem, omnem Senatum, omnem Equitatum amisisse. Quibus præliis calamitatibusque fractos, qui & suâ virtute, & Populi Romani hospitio atque amicitiâ, plurimùm ante in Galliâ potuissent ; coactos esse, Sequanis obsides dare nobilissimos Civitatis, & jurejurando obstringere Civitatem, se neque obsides repetituros, neque auxilium à Populo Romano imploraturos, neque recusaturos, quominùs perpetuò sub illorum ditione atque imperio essent. Cæs. lib. 1.

pendant quatorze ans dans cet état, & César lui-même ménagea Arioviste, quoiqu'allié des Séquanois & ennemi de ceux d'Autun : car il le fit déclarer ami du Peuple Romain pendant son Consulat.

Dans l'année qui précéda le Consulat de César, les Helvétiens avoient résolu de sortir de leur Païs, parce qu'il étoit trop petit & trop peu fertile pour les nourir. C'étoit une Nation nombreuse & fort brave. Elle avoit souvent battu les Germains, & avoit fait passer sous le joug une Armée Romaine. Ils s'associérent les Latobriges qui demeuroient à la source du Rhône, les Tulingiens qui étoient vers le Lac de Constance, & les Boïens Peuples d'au-delà du Rhein. Les Rauraques dont les Séquanois avoient cédé le Païs à Arioviste & à ses Germains, * se joignirent aussi à eux. Leur vuë étoit de passer dans la Xaintonge, & de s'y établir.

* Ce fait est prouvé dans la première Dissertation.

Il étoit de la politique des Romains d'empêcher cet établissement, soit pour que les Gaulois sur la conquête desquels ils avoient des vuës, ne fussent pas fortifiés du secours de ces Nations, qui n'auroient plus qu'un même interêt avec eux; soit parce que la Xaintonge étoit peu éloignée de la Province Romaine, & n'en étoit pas séparée comme l'Helvétie, par une riviere grande & rapide, dont il étoit facile de garder les bords ; soit enfin, parce que les Helvétiens voudroient aparemment passer par la Province Romaine, & qu'il n'étoit pas de la dignité du Peuple Romain de le permettre.

Leur entreprise fit grand bruit à Rome. On la traita en affaire majeure. On fit des levées de troupes & on choisit des Commandants comme on avoit coutume de faire pour les guerres les plus importantes. On délibéra même d'envoyer des Députés aux principales Nations des Gaules, pour les détourner de l'alliance des Helvétiens, & l'on choisit pour cet emploi trois illustres Personnages, dont deux avoient été Consuls, & le troisiéme Préteur.

Le bruit se répandit d'abord que les Helvétiens passoient actuellement dans les Gaules, & l'on crut que les Séquanois s'y opoferoient : car fuivant une lettre de Ciceron à Atticus, on difoit à Rome, que les Séquanois avoient déja été battus en s'opofant au paffage des Helvétiens, & que les Eduois étoient aux mains pour le même fujet. * Mais l'on y aprit bien-tôt, que c'étoit un faux bruit ; que les Helvétiens avoient pris deux années pour faire leurs préparatifs, & donné ordre à leur monde de fe tenir prêt pour partir au commencement de la troifiéme ; ce qui remit la tranquilité dans Rome, & donna le tems de prendre des mefures.

* *Epift. 19.*

Orgétorix qui étoit le premier des Helvétiens par fon bien & par fa naiffance, projetta de profiter de la circonftance de leur tranfmigration pour fe faire déclarer leur Roi. Il engagea Cafticus Séquanois & Dumnorix d'Autun, de tenter la même chofe dans leurs Païs, pour fe rendre enfuite les maîtres des Gaules, avec le fecours des trois puiffantes Nations à la tête defquelles ils feroient. * Mais leur projet échoüa, parce que les Helvétiens découvrirent qu'Orgétorix vouloit fe faire leur Roi, & l'obligérent pour fe juftifier, d'entrer en prifon, où il mourut avant que d'être jugé ; foupçonné de s'être donné la mort, pour éviter le fuplice que méritoit l'attentat dont il alloit être convaincu.

* *Per tres potentiffimos ac firmiffimos populos, totius Galliæ regno fe fe potiri poffe, fperant. Caf. lib. 1.*

L'année qu'ils avoient choifie pour quitter leur Païs, fut la premiere de celles du gouvernement de Céfar dans les Gaules. Ils lui envoyérent demander la permiffion de paffer fur les terres de la République. Il différa de leur répondre, & cependant il fit rompre le pont qu'ils avoient fur le Rhône, & tirer un retranchement le long de cette riviere, dès le Lac de Genève jufqu'à la montagne. Il leur refufa le paffage après l'avoir mis en état de défenfe, & ils tentérent de le prendre, mais ils furent repouffés.

Il ne leur reftoit qu'un chemin dont les Séquanois étoient les maîtres, & il leur auroit été impoffible de le forcer, parce qu'il eft très étroit entre le Rhône & le Mont Jura qui le commande. On connoît à cette defcription qui est de César, que c'étoit à l'endroit où est à présent le Fort de la Cluse au-dessous de Genève. Les Helvétiens demandérent ce passage aux Séquanois, qui le leur accordérent, à charge qu'ils ne feroient aucun dégât, & qu'ils donneroient des ôtages pour sureté de cette condition. Les Séquanois avoient les mêmes raisons pour favoriser l'établissement des Helvétiens leurs anciens amis, dans la Xaintonge, que les Romains de l'empêcher : car ils comptoient qu'y étant fixés, ce seroit un contrepoids à la puissance Romaine, & un moyen de faire diversion quand ils seroient attaqués.

Ainsi les Helvétiens assurés du moyen de sortir de leur Païs, brulérent leurs Villes au nombre de douze, quatre cents Villages, & plusieurs maisons de campagne ; traversérent les terres des Séquanois par le Bugey & la Bresse, & se rendirent sur les bords de la Sône du côté de Mâcon. Leurs partis passérent cette riviere & ravagérent le Mâconnois & le Païs d'Autun. Ils firent sur la Sône un pont de batteaux, qui leur étoit nécessaire pour le passage de l'Armée ; mais peu experts à cette manœuvre, & embarrassés de bagage, de femmes & d'enfants, ils demeurérent vingt jours, soit à la construction du pont, soit à faire passer une partie de leur monde. Ce retardement donna le tems à César de les atteindre, & de tailler en piéces le Peuple du Canton de Zuric, qui étoit encore au-deçà de la riviere. Ceux qui l'avoient passée tournérent du côté d'Autun, où César les joignit, les défit, & obligea ceux qui restoient, de 368000 personnes qui étoient sorties de l'Helvétie, parmi lesquelles il y avoit 90000 combattans, de se mettre à sa discrétion, & de retourner dans leur Païs.

Cette grande victoire remportée à la vuë des Séquanois, leur fit changer de systême. Ils comprirent aisément, que César victorieux, releveroit les affaires des Eduois ses amis ; raison qui les détermina à se raccommoder avec eux. Mais ils étoient les uns & les autres, dans un grand embarras. Arioviste avoit exigé des Séquanois qu'ils lui cédassent le tiers de leur Païs, pour récompense des services qu'il leurs avoit rendus, & il s'y étoit établi. Ses troupes avoient gouté le séjour d'un climat beaucoup meilleur que le leur. Elles avoient été jointes par un grand nombre de leurs compatriotes, & plus de six vingts mille Germains avoient déja passé le Rhein. Ariovifte demandoit pour eux un autre tiers du Païs, & il s'étoit assuré des ôtages de ceux d'Autun, dans la crainte qu'ils ne se réünissent avec les Séquanois pour le chasser. Ainsi donc les Séquanois se voyoient à la veille de devenir la proie de leurs alliés, & les Eduois auroient bien-tôt subi le même sort; car les Peuples de la Germanie entiere s'ébranloient, & avoient dessein de venir fondre sur les Gaules.

Un péril si pressant, fit oublier celui qu'on avoit craint du côté des Romains. Les Séquanois aimérent mieux être soumis à une Nation polie, & qui gardoit un extérieur d'équité, que de passer sous le joug des Germains. Les Etats des Gaules furent convoqués; on exigea de ceux qui y assistérent, de prêter serment, qu'ils ne diroient rien de ce qui y seroit déterminé; & l'on y résolut d'implorer le secours des Romains contre Ariovifte.

On envoya des Députés à César pour le lui demander. Divitiac porta la parole, & représenta d'une maniére vive & touchante, les maux ausquels les Gaules étoient exposées, par l'invasion imminente des Germains. Il fit connoître que les Gaulois seroient réduits à sortir de leur Païs, si les Romains ne prenoient pas leur défense. Les autres Députés joignirent leurs remontrances & leurs priéres à celles de Divitiac, à l'exception de ceux des Séquanois. César leur en demanda la raison, & ils ne s'expliquérent que par un morne silence. Alors Divitiac reprenant la parole, dit que la situation des Séquanois étoit d'autant plus triste, qu'ils n'osoient pas même exposer leurs malheurs, parce que Ariovifte occupant une partie de leur Païs, & pouvant pénétrer aisément dans le reste, ils avoient tout à craindre de son ressentiment, s'il découvroit qu'ils eussent recouru aux Romains.

Nul interêt plus grand pour la République Romaine,

que de contenir les Peuples de la Germanie, les seuls qu'elle avoit à redouter, puisque ce sont ceux-là qui l'ont enfin détruite ; & de les empêcher d'aprocher de l'Italie, & de la Province que Rome possédoit déja dans les Gaules, comme ils auroient fait, s'ils s'étoient emparés du Païs des Séquanois. Mais quelle satisfaction pour César, de voir les Gaules se livrer à lui, pour ainsi dire ; & avide de gloire comme il l'étoit, d'avoir de nouveaux sujets de triomphe ! Il congédia donc les Députés Gaulois en leur donnant de bonnes espérances, & se prépara dès ce moment à faire la guerre aux Germains. Cependant avant que de la commencer, il tenta la voie de la négociation.

Il fit demander une entrevuë à Arioviste, qui enflé de sa puissance & de ses succès, répondit que si César avoit quelque chose à lui dire, il pouvoit venir lui parler. César ne parut point irrité de cette réponse grossière & méprisante, & pour mettre Arioviste dans tout le tort, il lui fit faire des propositions d'accommodement, ausquelles Arioviste répondit encore avec arrogance.

On avertit alors César, que les cent Cantons des Suéves, qui étoient la Nation la plus puissante de la Germanie, aprochoient du Rhein, & que les troupes d'Arioviste faisoient des courses dans les Païs d'Autun & de Tréves. Comme on lui dit aussi, que ce Roi avoit dessein de s'emparer de Besançon, Ville Capitale des Séquanois, également forte par l'art & par la nature, bien pourvuë de munitions, & dans une situation propre à tirer la guerre en longueur ; il comprit aisément, qu'il lui étoit important de le prévenir, & d'entrer dans cette Place, dont il sçavoit que les portes lui seroient ouvertes. Mais il craignoit qu'elles ne le fussent aussi à Arioviste dans l'état où étoient les affaires du Païs, s'il ne se présentoit le premier. Il y marcha donc en grande diligence, il y fût reçu avec joie, & il y fit reposer son Armée pendant quelques jours.

Les soldats de César, qui n'avoient point encore eu affaire aux Germains, s'informérent de leurs forces & de leur maniére de combattre. Mais soit que la peur eût

grossi

groſſi les objets aux Gaulois que les Germains avoient battus, ſoit qu'ils euſſent la vanité de vouloir perſuader, qu'il n'avoient pû être défaits que par des hommes extraordinaires ; ils exagérent la haute taille des Germains, leur force, leur courage, leur connoiſſance dans l'art militaire, & juſques à la fierté de leurs regards, qu'ils diſoient être inſoutenables dans le combat.

A ce récit, l'épouvante ſe mit dans l'Armée Romaine, & gagna juſqu'aux Officiers. Céſar en fut informé. Il aſſembla ſes Soldats. Il leur parla avec cette noble éloquence dans laquelle il excelloit, & cet air d'autorité mêlé d'une certaine douceur, qui le faiſoit craindre & aimer en même tems. Il leur fit ſentir, que les Germains ne leur devoient pas paroître plus redoutables, que les Cimbres & les Teutons qui avoient été taillés en piéces par Marius ; & leur dit que les Helvétiens contre leſquels ils venoient de ſe meſurer avec tant d'avantage, avoient ſouvent battus les Germains.

L'Armée fut ranimée par ce diſcours. Elle demanda de marcher à l'ennemi, & Céſar profita de cette diſpoſition. Il fit un détour de quelques lieuës, pour avoir un chemin plus ouvert, & par lequel il pût recevoir plus facilement les vivres, qui lui venoient non ſeulement du Païs des Séquanois, mais encore du côté d'Autun, de Toul & de Langres. Je crois qu'il paſſa par Veſoul, au lieu de prendre le chemin de Porentru, ou celui de Baume, Cléreval, & Montbéliard, qui ſont les routes les plus courtes & les plus ordinaires, mais les plus couvertes de bois & remplies de montagnes, pour aller de Beſançon du côté du Rhein, où Arioviſte avoit raſſemblé ſes troupes.

Au ſeptiéme jour de marche, Céſar aprit que l'ennemi n'étoit plus qu'à ſix lieuës. Arioviſte ſurpris de la hardieſſe & de la diligence du Général Romain, fit des réflexions, & demanda une entrevuë. Céſar y conſentit. L'entrevuë ſe fit, mais inutilement, parce qu'on s'aperçut que le Roi Germain ne l'avoit demandée que pour ſurprendre Céſar. On employa dès lors de part & d'autre,

C

quelques rufes pour fe couper les vivres par des campements avantageux.

Enfin Céfar força Ariovifte à donner bataille. Les Germains fe défendirent en gens de courage, & qui entendoient le métier de la guerre ; mais les Romains le fçavoient mieux qu'eux, & ils étoient commandés par le Capitaine le plus heureux & le plus habile qu'il y eût. Ils enfoncérent donc les Germains, les mirent en fuite & les pourfuivirent jufqu'au Rhein, que quelques-uns des fuyards paffèrent à la nage ou dans des barques. Ariovifte fut du nombre de ces derniers. Le refte fut tué, pris, ou diffipé.

Cluvier eftime que cette bataille fe donna à Dampierre en Franche-Comté, dans le confluent du Doux & de la rivière de Porentru. Il prétend que l'on y trouve les plaines & les élévations dont Céfar parle à l'occafion de cette affaire. Il dit que Dampierre eft éloigné de Befançon de fix jours de marche, en faifant fept milles par jour, qui étoit la marche ordinaire des troupes Romaines ; & à cinquante milles du Rhein, qui eft la diftance que les Commentaires de Céfar mettent entre ce fleuve & le lieu de la bataille.

Cependant les anciennes éditions de Céfar, portent cinq milles au lieu de cinquante milles. Ciaconius & Hotoman, font les premiers qui ont fait imprimer *quinquaginta* pour *quinque* ; fondés fur Orofe & fur Plutarque, qui mettent cette bataille, l'un à cinquante milles, & l'autre à quatre cens ftades du Rhein. Mais comme ces nombres ont pû être facilement altérés dans ces derniers Auteurs ; que les manufcrits de Plutarque varient, & qu'il y en a qui portent quarante ftades au lieu de quatre cent ; que l'ancien Interpréte Grec de Céfar, l'a traduit par quarante ftades, qui font cinq milles ; & qu'on lit *quinque* dans les manufcrits de fes Commentaires ; je crois que l'on doit mettre la défaite d'Ariovifte à cinq milles du Rhein, & les circonftances du fait me femblent le prouver d'ailleurs.

César dit en effet, que les Germains s'enfuirent, & qu'ils furent poursuivis jusqu'au Rhein. Comment se pourroit-il faire, qu'une grande Armée en déroute, n'ait cessé de fuir; & que le victorieux déja las & fatigué du combat, ait continué de tuer & de poursuivre, pendant l'espace de cinquante milles? Les Germains furent presque tous tués par la Cavalerie qui les poursuivoit, & Ariovisté lui-même n'échapa qu'à la faveur d'une nacelle, qu'il trouva par hazard au bord du fleuve. Il n'avoit point de Places en deçà du Rein; car il fit sçavoir à César que s'il osoit l'attaquer, il aprendroit à ses dépens, ce que pouvoit une Nation belliqueuse, qui depuis quatorze ans n'avoit point eu de couvert. Il étoit campé loin de Besançon, puisque César crut qu'il pourroit y arriver avant lui, au cas qu'il pensât à y entrer. Les Séquanois étoient déclarés contre lui; il n'est pas probable qu'il se fût engagé dans leur Païs, & éloigné de la Germanie & du Rhein, dont il tiroit des vivres & attendoit du secours. Quant aux jours de marche de l'Armée Romaine, qui sont la principale raison de Cluvier; il faut observer qu'au septiéme jour, les Romains étoient encore éloignés de six lieuës des ennemis; qu'ils partirent de Besançon pendant la nuit, & qu'ils firent de grandes journées, parce qu'il leur étoit important d'attaquer Arioviste, avant que les Suéves qui venoient le joindre, eussent passé le Rhein. Ils ont donc pû en sept jours arriver à sept ou huit lieuës de ce fleuve, quoiqu'ils eussent pris un détour.

L'Armée des Germains, étoit composée de Marcomans, de Séduliens & d'Harudes, dont Arioviste étoit Roi; & il avoit pour troupes auxiliaires, des Suéves, des Triboces, des Vangions & des Nemétes. Les cent Cantons des Suéves, qui s'étoient aprochés du Rhein pour le joindre, rebroussérent chemin, quand ils aprirent sa déroute; & cette importante affaire, dont la nouvelle se répandit jusqu'au fond de la Germanie, y donna une telle réputation aux armes Romaines, que leur alliance & leur recommandation, y tinrent lieu à la suite d'une protection puissante.

Elle eut aussi de grandes suites chez les Celtes. César commença dès lors à y agir en maître. Il mit ses troupes en quartier d'hyver dans le Païs des Séquanois ; & comme ils avoient été les plus oposés à la domination Romaine, il leur ôta leurs alliés & le rang qu'ils tenoient dans les Gaules, pour les donner à ceux de Rheims dont il ménageoit l'amitié, parce qu'il prévoyoit qu'elle lui seroit utile, dans le dessein où il étoit de conquérir la Gaule Belgique.

Il dit que les Belges étoient les plus vaillants d'entre les Gaulois, parce qu'ils étoient les plus éloignés du luxe & du commerce de Rome. Il crut cependant qu'il lui seroit facile de les soumettre, après avoir vaincu les Helvétiens & les Germains dans sa premiére campagne. Il fit donc la guerre aux Belges, sous prétexte qu'ils avoient conspiré contre la République Romaine, les vainquit en plusieurs actions, & les subjugua dans sa seconde campagne. Il employa la troisiéme à conquérir la Gaule Aquitanique, & à réprimer des mouvements qui s'élevoient dans l'Armorique, & aux environs d'Evreux, Liziéux & Coutances. Dans la quatriéme, il défit deux grandes Nations de la Germanie, les Tencturiens & les Usipétes, qui avoient passé le Rhein près de son embouchure, pour s'établir dans les Gaules. Il traversa ce fleuve sur un Pont de bois qu'il fit faire, & donna par la hardiesse & le succès de cette entreprise qu'on avoit crû jusqu'alors impossible, de nouveaux motifs de crainte & d'étonnement aux Germains. Dans la cinquiéme année de son gouvernement, il passa en Angleterre où les Romains n'avoient jamais été, & défit plusieurs Nations des Gaules qui s'étoient soulevées. De semblables mouvements qu'il réprima, occupérent la sixiéme année. La septiéme fut la plus laborieuse, mais en même tems la plus glorieuse & la plus utile : car les Gaules entiéres, sensibles à la perte de leur liberté, se soulevérent. Ceux d'Autun, quoiqu'anciens alliés du Peuple Romain, & comblés de ses bienfaits, entrérent dans la conspiration. Vercingentorix

& de la Province Séquanoise.

d'Auvergne, Capitaine d'un grand courage, commandoit les troupes ; & parmi les Peuples qui suivirent ses étendarts, Florus ne nomme que les Séquanois & les Auvergnats, ceux de Chartres & du Berri, aparemment comme les plus puissants ou les plus braves. *

César prit Bourges, mais il attaqua sans succès Clermont en Auvergne. Ce petit échec rehaussa le courage de Vercingentorix, & lui donna la hardiesse de tenter une diversion en entrant dans la Province Romaine. César accourut au secours, & il fut envelopé chez les Séquanois par les troupes de Vercingentorix, qui se confiant en leur nombre, se promettoient sa défaite. La grandeur du péril, au lieu d'étonner les légions, redoubla leur valeur. Vercingentorix fut battu, & obligé à chercher son salut dans la fuite avec les débris de son Armée. *

César le poursuivit sans relâche, & le réduisit à s'enfermer dans Alise. C'étoit une des plus fortes Places des Gaules. Mais ni sa situation avantageuse, ni quatrevingt mille hommes qui la défendoient, ne furent pas capables de détourner César d'en faire le siége. Une Armée de deux cent quarante mille hommes de pied, & de huit mille chevaux, vint au secours. Elle fut plusieurs fois repoussée & battuë ; ensorte que César se rendit maître de cette importante Place, & fit prisonnier Vercingentorix avec ce qui restoit d'une si nombreuse Garnison. Ce fut là, le dernier effort que firent les Gaulois pour défendre leur liberté ; & leur union dans cette entreprise, fournit aux Romains une raison pour se rendre leurs maîtres à titre de conquête, & leurs imposer un tribut.

César après cette belle campagne, envoya sa Cavalerie & deux de ses Légions en quartier d'hyver chez les Séquanois, qui, s'ils n'avoient fourni à l'Armée levée pour secourir Alise, que leur contingent de vingt-deux mille hommes, avec ceux de Sens, de Bourges, de Chartres, de Xaintes & de Roüergue, comme on le croit communément ; c'est parce qu'ils avoient déja perdu beaucoup de

Sed maxima omnium, eademque novissima conjuratio, fuit Galliarum ; cùm omnes pariter Arvernos, Bituriges, Carnutas, simul atque Sequanos contraxit. Flor. lib. 3. cap. 10.

Dion Cass. lib. 40. Cæs. lib. 7.

monde à la bataille qui s'étoit donnée chez eux, & qu'une partie de leurs troupes étoit enfermée dans cette Place. Mais Mr. de Valois explique plus probablement le texte de Céfar, de vingt-deux mille hommes fournis par chacun de ces Peuples. *

<small>* Not. Gall.
Val. V. Senones.</small>

Ainfi donc par la jaloufie & les divifions des Eduois & des Séquanois, la Nation entiére perdit fa liberté. Si ces deux puiffantes Républiques étoient demeurées unies, elles auroient pû la défendre contre l'Empire Romain, ou faire une plus longue réfiftance. Mais la Nation Gauloife a du moins la gloire de n'avoir fuccombé que des dernieres, & d'avoir été fubjuguée par le plus grand & le plus heureux Capitaine qui fût jamais. Les Légions que Céfar commandoit, s'aguérirent fi fort dans les Gaules, qu'elles vainquirent dès lors en différentes occafions, toutes les autres Armées Romaines, qui leurs étoient même toujours fupérieures en nombre.

A tout confiderer, il étoit de l'avantage des Gaulois, de paffer fous la domination Romaine: car ils s'en firent un rempart contre les Peuples du Nord, qui faifoient des efforts continuels pour entrer dans leur Païs. Ils mirent fin à leurs diffentions domeftiques, en fe réuniffant fous un feul maître; & leur condition ne fut point mauvaife, puifqu'à l'exception de la fouveraineté qu'ils perdirent, & du tribut auquel Céfar les affujettit; ils confervérent au refte la forme de leurs gouvernements particuliers, fous l'autorité des Magiftrats qui leurs étoient envoyés de Rome pour les commander. Ils ne furent pas défarmés, & leurs grandes Villes furent régies par les Décurions & les Duumvirs qu'elles choififfoient. Plufieurs d'entre elles, furent gratifiées des priviléges des Colonies; & d'autres, avec le titre de Municipes, eurent la liberté de vivre fous leurs propres loix, & furent libres de tribut dès les commencements, pour récompenfe de l'affection qu'elles avoient marqué à Céfar; ou elles en furent exemtées à la fuite, à caufe des fervices qu'elles rendirent à l'Empire.

& de la Province Séquanoise.

La douceur de ce nouveau gouvernement, fut sans doute la raison pour laquelle les Gaulois, quoique naturellement légers, impatients & amis de la liberté, firent si peu d'efforts à la suite, pour se soustraire à la domination des Romains. Ils ne prirent aucune part aux guerres civiles, qui suivirent de près la conquête de leur Païs; & si l'on excepte le siége de Marseille, ils ne virent couler chez eux, ni le sang de Rome, ni le leur.

Leur Cavalerie servit avec gloire sous César, & sous les Empereurs qui lui succédérent. Elle étoit réputée la meilleure de l'Empire, & particuliérement celle qui venoit de la Séquanie, comme Lucain nous l'aprend dans ce vers de sa Pharsale.

Optima gens, flexis in girum, Sequana frænis. *

* Ce vers me fait conjecturer, que les Séquanois ont mis les premiers des branches aux brides des chevaux: car on n'en voit point à ceux qui sont représentés dans les monumens antiques.

Ainsi on peu donner part aux Séquanois, dans les exploits que l'Histoire attribuë à la Cavalerie Gauloise en général.

Si sous Jules-César, les Séquanois déchurent de leur rang & de leur autorité, ils en furent dédommagés par ses successeurs. Auguste paisible possesseur de l'Empire, en partagea les Provinces avec le Sénat, & prit dans son lot, celles qui étoient nouvellement conquises, ou dans lesquelles il y avoit quelque guerre à craindre. Les Gaules furent de ce nombre.

L'on n'y comprenoit pas la Province Romaine sous Jules-César. C'est pourquoi il n'y a compté que trois parties: la Celtique, la Belgique, & l'Aquitanique. Mais tout étant devenu égal par la réduction de la Nation entiére, Auguste confondit cette Province dans les Gaules, dont il fit une nouvelle division. La politique vouloit que la Celtique, qui étant unie auroit été trop puissante, fût démembrée; & ce démembrement étoit d'ailleurs nécessaire, pour faire des parts qui eussent quelque égalité entre elles. Auguste détacha donc différents Peuples de la Gaule Celtique, & l'on commença à y compter quatre parties fous fon Empire : la Narbonnoife, la Lyonnoife, la Belgique, & l'Aquitanique.

La difficulté eft de fçavoir, fi les Séquanois qui étoient Celtes d'origine, furent mis alors dans la Province Lyonnoife, ou dans la Belgique. Tacite femble infinuer qu'ils ne dépendoient pas de la Belgique, quand il dit que Germanicus fit prêter ferment de fidélité pour Tibére, aux Séquanois & aux Belges. Le Païs des Séquanois aboutiffoit fur Lyon; il paroiffoit naturel de les attacher à cette Capitale, & l'on peut induire qu'ils en dépendoient, de ce qu'on lit dans Strabon, que la Gaule Lyonnoife s'étendoit jufqu'au Rhein. Auffi quelques Auteurs, ont fait des Séquanois une cinquiéme Lyonnoife.

Cependant Ptolomée & Pline, faifant l'énumération des Peuples qui compofoient les Provinces Lyonnoife & Belgique de leur tems, comptent les Séquanois parmi les Belges. Il eft difficile de ne pas fe rendre à deux témoignages fi précis; & d'ailleurs Feftus, Ammian Marcellin, les bons exemplaires des Notices, Aimoin & Hugues de Fleuri, mettent la Province Séquanoife au nombre des Belgiques, & la diftinguent des Lyonnoifes. *

* *Not. Gal. Val. V. Sequani.*

Je crois donc que les Séquanois furent unis à la Gaule Belgique fous Augufte, parce que la Lyonnoife auroit extrémement furpaffé les autres en force & en étenduë, fi elle avoit compris les Séquanois, dont cet Empereur avoit accru le Païs de la plus grande partie de celui des Helvétiens : car Ptolomée & la Notice, mettent les Villes principales de l'Helvétie dans la Province Séquanoife; & on lit dans Eutrope, que les Helvétiens avoient été confondus avec les Séquanois, & qu'ils en portoient le nom. *

* *Cæsar vicit Helvetios, qui nunc Sequani appellantur. Lib. 6.*

Il y eut dès lors des démembremens & des fous-divifions de ces quatre parties des Gaules, dont le tems & les circonftances ne font pas clairement marqués par les Auteurs. La derniere eft celle qu'on trouve dans la Notice de l'Empire, fuivant laquelle les Gaules contenoient dix-fept Provinces : fçavoir, quatre Lyonnoifes, deux Belgiques, deux Germaniques, la grande Province des Séquanois,

maxima

maxima Sequanorum, celle des Alpes Grecques & Pennines, la Province de Vienne, deux Aquitaniques, la Novempulanie, deux Narbonnoises, & la Province des Alpes maritimes.

L'on attribuë cette division à Constantin. Cependant la Province Séquanoise existoit déja avant lui, sous le nom de *maxima Sequanorum*; car l'on a trouvé auprès de Constance une Inscription qui porte, que Dioclétien & Maximien ont fait faire un ouvrage public, par les soins d'Aurelius Proculus Grand-Voyer de la très grande Province des Séquanois. * Ils sont d'ailleurs nommés par Strabon, par Tacite, & par les Historiens postérieurs, mais qui ont précédé le tems de Constantin, comme un Peuple particulier, qui avoit ses limites, & qui faisoit la guerre en son chef, pour ou contre l'Empire. Enfin la Province Ecclésiastique des Séquanois, n'a point reconnu de Primat; ce qui nous marque qu'elle étoit principale & indépendante dans le troisiéme siécle, dans lequel l'Eglise de Besançon compte déja des Evêques, & Constantin n'a commencé à régner qu'en 306.

* Voyez cette Inscription aux Notes.

L'on ne convient pas de la cause, qui a fait prendre à cette Province le nom de *maxima Sequanorum*. Mr. Doujat croit qu'elle le tenoit de Pupienus Maximus; Pancirole, Dupleix & le Pere Monnet, disent que c'est de Maximus Magnus; & un Auteur moderne pense que Constantin, qui a porté le titre de Maximus dans quelques Médailles, le lui a donné. *

* Découverte de la Ville d'Antre.

Mais elle ne le tient pas de Maximus Magnus, parce qu'auparavant qu'il fût salué Empereur, Sextus Ruffus avoit nommé la Province des Séquanois *maxima*. L'Histoire ne nous dit pas que les Séquanois ayent été affectionnés à son parti; & s'il avoit donné son nom à leur Province pendant qu'il régnoit dans les Gaules, elle l'auroit quitté bien-tôt après, parce que c'étoit un Tyran que le Grand Théodose fit mourir, & dont la mémoire étoit odieuse à ses successeurs. Cependant la Province Séquanoife, a continué de porter le nom de *maxima* jufqu'à la fin de l'Empire.

Quant à Conftantin, l'Infcription trouvée à Conftance, prouve que la Province Séquanoife portoit le titre de *maxima* avant qu'il régnât. L'on ne fçait point de raifon particuliére qui ait pû l'engager à lui donner fon nom ; & s'il y en avoit eu quelqu'une, il lui auroit plutôt fait prendre ceux de *Flavia*, de *Valeria*, ou de *Conftantiana* qu'il portoit ordinairement, que celui de *Maxima* qu'il a rarement pris, & qui lui étoit commun avec d'autres Empereurs.

Pour ce qui eft de Pupienus Maximus, il n'a pas régné un an. Il avoit un Confort à l'Empire, & l'on ne voit aucune rélation entre la Province Séquanoife & cet Empereur, qui ait été capable de lui faire prendre fon nom. Mais il y a une raifon très fimple, qui a dû lui faire porter le titre de *Maxima*. C'eft qu'elle étoit d'une fi grande étenduë, par raport aux autres Provinces de la Gaule Belgique, dans laquelle on l'avoit comprife, qu'elle a dû en comparaifon avec ces autres Provinces prendre le nom de très grande, & s'apeller *maxima Sequanorum Provincia*.

Elle étoit gouvernée par un Préfident, & elle avoit fur fa frontiére du côté du Rhein, un Commandant fous le titre de Duc. *Dux tractûs Sequanici*. Les Notices de l'Empire qui nous l'aprennent, nous difent auffi qu'elle contenoit quatre Cités, ou Villes du premier ordre : *Vefontio*, *Augufta Rauracorum*, *Aventicum* & *Equeftris* : & quatre autres Villes d'une moindre grandeur, qu'elles apellent *Caftrum*, parce qu'elles étoient fortifiées, ou qu'elles avoient commencé par des camps Romains. C'étoit *Argentuaria*, *Vindoniffa*, *Ebrodunum* & *Rauracum*. Elles nous aprennent encore qu'il y avoit une Fortereffe nommée *Olino*, & un Port qui s'apelloit *Portus Abucini*.

Vefontio, Befançon, Ville auffi ancienne que l'établiffement des Séquanois dans les Gaules, grande & forte fuivant le témoignage de Jules-Céfar, & ornée fuivant celui de l'Empereur Julien, d'édifices fuperbes ; étoit dès le commencement la Capitale de la Province Séquanoise. Le Président Romain y résidoit, ce qui la rendoit la Métropole des autres Cités du même Païs : aussi est-elle apellée dans la Notice, *Metropolis Civitas Vesontientium*, & les Empereurs Romains y avoient établi une de ces Ecoles célébres, dont les Professeurs étoient entretenus aux frais du fisc, qui étoient peu communes dans les Gaules, & qu'on ne mettoit que dans les Villes grandes & fort peuplées : *in frequentissimis civitatibus.* ✱

La foi y a été annoncée dans le commencement du troisiéme siécle, par les Saints Ferreol & Ferjeux, qui y souffrirent le martyre en 212, & dont on y conserve les Corps. Son Evêque étoit le Métropolitain de quatre autres, & ressortissoit immédiatement au S. Siége.

Augusta Rauracorum, Augst auprès de Basle, étoit la Capitale du Païs des Rauraques. Plancus qui avoit été Consul sous l'Empire d'Auguste, & qui avoit établi une Colonie à Lyon, en conduisit une autre à Augst, comme le prouvent deux Inscriptions trouvées, l'une sur les lieux, & l'autre à Gayette en Italie. C'est de là qu'elle prit le nom de *Colonia Augusta Rauracorum*, qu'on lit dans la premiere de ces Inscriptions, & dans une Médaille de Tibére. Ptolomée, Pline, & l'Itinéraire vulgairement apellé d'Antonin, le disent aussi. L'on prétend qu'il y eut des Evêques dans le troisiéme siécle; mais cette Ville qui étoit la plus exposée des Séquanois aux incursions des Allemans, fut ruinée au commencement du quatriéme, & Basle qui a été à la suite le siége de cet Evéché, s'éleva sur ses ruines.

Basilea, Basle, fut ainsi apellée suivant Cluvier, de Basil, nom que les gens du Païs donnoient a un chesne consacré par quelques superstitions du Paganisme, & dont il est parlé dans Ammian Marcellin. Elle étoit déja devenuë grande Ville sur la fin du bas Empire, car les Notices lui donnent le titre de Cité, *Civitas Basiliensium*. L'Evêque de Basle est Suffragant de Besançon.

Aventicum, que Tacite dit avoir été la Capitale des

✱ *Cod. Theod. lib.* 13. *tit.* 3 *L.* 11. *Auson. in Crat. act.*

Helvétiens, est mise par Ptolomée & par les Notices de l'Empire, entre les Cités des Séquanois. C'est aujourd'hui un petit Bourg situé sur le Lac de Morat, que les Allemans nomment Vuiflisburg, & les François Avanche. Deux Inscriptions qu'on y a trouvées, prouvent qu'il y avoit eu une Colonie Romaine. Elle est apellée dans l'une de ces Inscriptions, *Colonia Flavia*; d'où l'on conclut que Vespasien ou l'un de ses fils, y avoit envoyé cette Colonie. Aussi Freculphe dit que cet Empereur & son fils Tite, ornérent la Ville d'Avanche.

Un Auteur moderne a pris occasion de douter de la vérité de cette Inscription, sur ce qu'elle donne à Avanche la qualité de *fœderata*, croyant que ce terme signifie qu'elle étoit alliée de Rome. Mais il marque seulement ici une Ville dont le tribut étoit abonné par convention, qui étoit libre au reste & se gouvernoit par ses loix & par ses Magistrats. C'étoit la condition de plusieurs Villes d'Italie, qui portoient le titre de *fœderatæ*. * Marius Evêque d'Avanche assista au Concile de Mâcon en 585, & après lui le siége de son Evêché fut transferé à Lauzane, dont l'Evêque est Suffragant de Besançon comme l'étoit celui d'Avanche.

* *Rosin. Ant. Rom. lib. 10. cap. 22.*

Equestris, est nommée dans quelques Notices, *Nividunum* ou *Noïodunus Equestrium*. C'est le Bourg de Nion sur le Lac de Genève, dans le Païs de Vaux. Les Inscriptions qu'on y a trouvées, prouvent que les Romains y avoient envoyé une Colonie. Aussi étoit-ce un lieu propre à tenir des troupes pour arrêter les Helvétiens, au cas qu'ils tentassent de sortir une seconde fois de leur Païs. Le nom d'*Equestris* donné à la Colonie, marque qu'on y avoit placé des Cavaliers vétérans, & c'est peut-être de cette Cavalerie que Lucain a parlé, à l'occasion des troupes que César tira des Gaules pour faire la guerre à Pompée, quand il a dit :

Deseruere cavo, tentoria fixa Lemanno.

Des quatre Cités qui étoient dans la Province Séqua-

& de la Province Séquanoise.

noise, il y en avoit trois qui avoient été honorées du titre de Colonie. Besançon, la principale de toutes, étoit un Municipe qui se gouvernoit par ses loix propres, & qui élisoit son Sénat, composé de Décurions, & de Duumvirs qui y présidoient. Il nous est resté des Inscriptions qui parlent de Duumvirs dans la Cité des Séquanois, * sans autre désignation; d'où l'on pourroit conclure, que c'étoient les Chefs du Corps de la Nation Séquanoise : car dans la bonne latinité, un Peuple entier étoit apellé *Civitas*. Mais l'on croit communément qu'ils étoient Duumvirs à Besançon, qu'on pouvoit apeller la Cité des Séquanois, quoiqu'il y en eut plusieurs autres parmi eux, parce qu'elle étoit la Capitale.

*Voyez aux Notes.

Une ancienne Notice, donne à Belay le nom de *Castrum Argentarienſe Civitas Belicenſium, quæ antea Castrum Argentarienſe vocabatur*. Mr. de Valois estime qu'elle s'est trompée sur cette dénomination, & que le *Castrum Argentarienſe* de la Notice, est l'*Argentuaria* dont il est parlé dans Ptolomée, Eutrope, Cassiodore, & Jornandés, près de laquelle Ammian Marcellin nous dit que Gratien remporta une célèbre victoire sur les Allemans, & que l'Itinéraire d'Antonin & les Cartes de Peutinger, placent à Colmar ou aux environs.

Augusta Rauracorum, est encore marquée dans l'Itinéraire & dans les Cartes de Peutinger, comme une grande Ville, à laquelle les voies militaires aboutissoient. Mais Basle occupe sa place dans la Notice de l'Empire, qui est d'un tems postérieur à l'Itinéraire. *Augusta Rauracorum*, avoit donc été prise & saccagée dans cet intervale. On l'avoit rétablie & fortifiée, mais ce n'étoit plus qu'une Ville de moyenne grandeur, que la Notice apelle pour cette raison, *Castrum Rauracenſe*. Rhenanus dit que de son tems, on y voyoit encore de grands restes de fortification.

Vindoniſſa, Vindisc situé dans le confluent de l'Aar & du Rus, qui sont deux Riviéres navigables vers le haut Rhein, étoit un lieu propre à tenir des troupes pour défendre les Gaules contre les incurſions des Peuples de la Germanie. Auſſi Tacite nous aprend, qu'il y a eu juſqu'à deux Légions Romaines & pluſieurs Cohortes auxiliaires. Cette Ville avoit un Evêque ſuffragant de Beſançon. L'un d'eux apellé Bubulcus, aſſiſta au Concile des Provinces du Royaume de Bourgogne tenu à Epaone en 518; & Grammaticus autre Evêque de Vindiſc, aux quatriéme & cinquiéme Conciles d'Orléans. Mais Vindiſc ayant été ruiné dès lors par les Allemans, le ſiége de ſon Evêché fut transferé à Conſtance, & celui de Beſançon perdit par là un de ſes Suffragans, parce que la Ville de Conſtance n'étoit pas dans ſa Province.

Ebrodunum. Cette Ville eſt marquée dans les Cartes de Peutinger ſur la route d'Avanche à Beſançon, dans la ſituation où eſt Yverdun en Suiſſe, auprès du Lac du même nom.

Olino, Foltereſſe de l'ancienne Province Séquanoiſe, étoit le lieu de la réſidence du Duc qui commandoit ſur la frontiere. Il y avoit une garniſon, dont les Soldats ſont apellés *Latavienſes* dans la Notice, d'où l'on conclut qu'ils étoient de Latavie en Phénicie. N'y auroit-il point ici une faute de Copiſte? & ne faudroit-il pas lire *Batavi* au lieu de *Latavienſes*? car il eſt plus probable que cette garniſon étoit de troupes Hollandoiſes, que de Phéniciens dont le Païs eſt ſi éloigné, & n'étoit pas ſous l'Empire d'Occident dont la Fortereſſe d'Olino dépendoit. L'on voit dans la Notice la figure de cette Fortereſſe, diſtinguée & plus belle que celle de toutes les autres. Il faut la chercher ſur le bord du Rhein auprès de Baſle, où les Allemans contre leſquels elle avoit probablement été bâtie, avoient coutume de paſſer. L'on prétend qu'elle étoit au lieu qu'on nomme *Holé.*

Les Notices varient ſur le nom du Port qui étoit dans la Province Séquanoiſe, & quelques-unes ſemblent le confondre avec *Caſtrum Rauracenſe*, car elles l'apellent *Caſtrum Ravirenſe* ou *Rauſicenſe ſeu portus Abucina.* Mais la plus correcte de toutes, que le P. Sirmond a adoptée

& *de la Province Séquanoise.*

par cette raison, les distingue, & nomme séparément *Castrum Rauracense* & *portus Abucini*. L'on ne peut trouver ce Port que sur le Rhein ou sur la Sône, qui étoient les deux grandes Riviéres navigables de la Province Séquanoise.

Ce ne peut pas être à Basle, qui est nommé séparément dans la Notice ; ni à Augst, parce que la Notice distingue le Port Abucin de la Ville d'Augst, & que les bords du Rhein sont trop élevés en cet endroit, pour qu'il y ait eu un passage ou un abord de bateaux. Je ne vois pas qu'on puisse le mettre ailleurs sur le Rhein.

Je le place donc sur la Sône, qui touchoit le Païs des Séquanois dès sa source jusqu'à son embouchure dans le Rhône, qui porte bateau presque dans tout son cours, & par laquelle les Habitants du Comté de Bourgogne, font conduire leurs bleds & leurs autres marchandises à Lyon & à la mer.

Il me semble que ce Port devoit être au lieu qu'on apelle Port sur Sône dans le Bailliage de Vesoul, qui conserve encore une partie du nom de *Portus Abucini*, & qui a été anciennement le lieu du plus grand commerce du Comté de Bourgogne : car les marchés de Port sur Sône ont toujours été en réputation, & nos anciennes Ordonnances portent, que les mesures à grain de la Province, feront réglées sur celles dont on se servoit dans ce lieu.

Nous lisons d'ailleurs dans les Leçons de l'Office de S. Vallier, que l'Eglise de Besançon fait le 28 Octobre & qu'elle a tirée d'une ancienne vie de S. Urbain; que S. Vallier Archidiacre de Langres se retiroit au Mont Jura par la Province Séquanoise, pour fuir la persécution des Vandales ; mais qu'ayant été surpris par ces Barbares au Port Abucin, ils lui firent souffrir le martyre. * Ce ne peut être qu'à Port sur Sône, qui n'est pas éloigné de la Ville de Langres, dans la Paroisse duquel il y a un Village qui porte le nom de S. Vallier, & une Chapelle dédiée à ce Saint, bâtie dans l'endroit où l'on dit qu'il fut martyrisé.

* *In Sequanos venit, od Portum Buccinum ; quod oppidum jam tunc occupaverant Barbari.*

La Légende apelle Port sur Sône, *Oppidum*. Il convenoit qu'il y eut en cet endroit une Ville, & une Ville forte, parce que c'étoit la frontiére de la Province Séquanoise du côté des Langrois ; Peuple puissant & entreprenant, avec lequel les Séquanois avoient souvent des affaires à démêler, même après que ces deux Peuples furent réunis sous l'Empire Romain. Enfin la Franche-Comté qui étoit au centre du Païs des Séquanois, a été divisée sous les premiers Rois de Bourgogne, en quatre Comtés ou Païs, *Pagi*, dont l'un s'apelloit le Comté des Portisiens, *Comitatus Portisiorum*. Il comprenoit ce que nous apellons aujourd'hui le Bailliage d'Amont, dans lequel est Port sur Sône qui lui avoit probablement donné son nom, parce que c'étoit la place la plus considerable du Comté, & le lieu de la résidence du Comte.

Ce sont là toutes les Villes des Séquanois nommées dans les Notices, quoiqu'il y en eut beaucoup d'autres. Je ne parlerai point ici de celles qui étoient dans l'Helvétie, la haute Alsace, la Bresse & le Bugey, dont on peut trouver l'Histoire ailleurs. Je dirai seulement quelque chose des autres Places considerables qui étoient dans la partie de la Province Séquanoise, qui porte aujourd'hui le nom de Franche-Comté.

César parlant du lieu où les Eduois furent défaits par les Séquanois joints à Arioviste, dit que la bataille se donna auprès d'Amagetobrie. Cluvier pense qu'on cherchera inutilement cette Ville. Cependant il me semble qu'elle doit être sur les bords de la Sône qui séparoit les Païs de ces deux Peuples, & l'on trouve dans le confluent de cette Riviere & de l'Ognon, plusieurs marques ausquelles je crois qu'on ne peut pas méconnoître Amagetobrie. Mais c'est un fait que j'éclaircirai ailleurs, * de même que celui d'une autre Ville que les éditions de Ptolomée apellent Dittatium ou Didation, dont l'existence me paroît douteuse. *

Mandeure sur le Doux auprès de Montbéliard, est l'*Epomanduodurum* de l'Itinéraire & de la Carte de Peutinger.

* Voyez la seconde Dissertation.

* Troisiéme Dissertation.

ger. Son nom est dérivé *ab equis*, suivant Mr. de Valois, comme l'Eporedium d'Italie, parce qu'on y tenoit de la Cavalerie, ou qu'on y nourissoit des chevaux ; ce qui me paroît confirmé par une Inscription, qui marque que Castor y étoit reveré. * L'on y a trouvé des Statuës, des Médailles, des instruments de Sacrifice, des pierres gravées, des canaux de plomb & de brique pour conduire des eaux, des pavés de marbre & à la mosaïque, & des débris de plusieurs anciens Edifices, * qui prouvent qu'il y avoit une Ville considerable.

* Voyez aux Notes.

* Chiffl. Vesont. part. 1. cap. 38.

L'on a découvert des restes d'antiquité au Lac d'Antre & aux Villars auprès de Moirans, qui méritent une description particuliére & une Dissertation ; * beaucoup de Médailles & quelques bas-reliefs & Statuës antiques à Cita auprès de Vesoul, à Grozon où il y avoit des Salines, à Arinto, & à Pontarlier. L'on ne creuse point à Osselles, Village à deux lieuës & demie de Besançon, qu'on n'y découvre des restes de bâtimens Romains, & souvent des canaux pour conduire les eaux, des marbres qui ont servi à des incrustations, & des Médailles.

* Voyez la quatriéme Dissertation.

Les anciens manuscrits de la vie de S. Desiré Evêque de Besançon dans le quatriéme siécle, qui portent que cet Evêque fut inhumé à Lons-le-Saunier, suposent que c'étoit déja un lieu considerable. Il y avoit en effet des Salines comme à Grozon, & l'on y a battu monnoie.

Jonas, dans la vie de S. Colomban qui établit le fameux Monastére de Luxeul au Païs des Séquanois dans le sixiéme siécle, dit qu'il y avoit eu un fort Château, des bains superbement bâtis, & qu'on y voyoit encore les débris de plusieurs Statuës. C'étoit une Ville ruinée par Attila.

Poligni est nommé comme un lieu considerable, dans le partage que firent en 878, Loüis de Germanie & Charles le Chauve des Etats de leur neveu Lothaire, & son nom paroît venir de πολίχνιον, *oppidum*.

Les autres Villes du Comté de Bourgogne, doivent leur origine à des Salines comme Salins ; à des Monasteres comme S. Claude, Lure, Baume les Nones ; à la beauté de leurs situations, qui ont engagé les Comtes du Païs à y faire des Maisons de plaisance, comme Grai, Dôle, Quingey, Arbois ; ou à ce qu'elles se sont trouvées propres à y faire des Châteaux forts, comme Vesoul, Faucogney, Ornans, Orgelet.

Les richesses de la Province Séquanoise, le commerce qui y florissoit, & le passage des troupes qu'on envoyoit d'Italie sur le Rhein, y ont fait faire plusieurs voies Romaines qui sont décrites dans l'Itinéraire & dans les Cartes de Peutinger, particuliérement aux environs de Besançon, d'Augst & d'Avanche. Je ne parlerai ici que de celles de Besançon, dont on voit encore des vestiges. Il y en avoit une qui conduisoit à Milan, par *Filo Musiaco*, Usier, *Ariarica* Pontarlier, * *Urbam* Orbe, *Lacum Lausaunium* Lausane, *Equestrim* Nion, *Cenabum* Genève, &c. Une autre à Strasbourg & à Augst, par *Velatudurum* Voillans, * *Epomanduodurum* Mandeure, &c. Une troisième dans la Gaule Belgique, par *Segobodium* Seveux, *Varcia* Vars, *Andematunum* Langres. Et une quatriéme à Lyon, par *Crusinio Dubris*, *Ponte Tenurcio* & *Cabillione*.

* Nommé dans les Cartes de Peütinger, *Abiolica*.
* Cette station étoit changée au tems des Cartes de Peutinger, qui la mettent à *Loposagio Lucio*.

Les Séquanois fournissoient des troupes à l'Empire Romain : car Goltzius raporte une Inscription, dans laquelle il est fait mention d'une Cohorte Séquanoise, qui étoit dans la Cappadoce. La Cavalerie qui servoit avec la Légion *Valeria*, étoit aussi de cette Nation, suivant la Notice. Il y est encore parlé de troupes auxiliaires Séquanoises sous le commandement du Général de l'Infanterie, & d'une Légion qui s'apelloit Vesontine, du nom de *Vesontio* Capitale du Païs. Cette Notice nous représente les Enseignes que les Empereurs envoyoient à chaque Corps de leurs Soldats. L'on voit dans l'Enseigne des troupes auxiliaires Séquanoises, un globe d'or dans un cercle rouge sur un champ verd ; & dans celle de la Légion, le cercle & le globe, sont cantonnés de quatre de ces boucliers qu'on apelloit *Peltæ*. Ces boucliers sont de couleur bleuë.*

* L'on ne s'explique pas ici en termes de Blazon, parce qu'il n'étoit pas inventé.

Tel étoit l'état de la Province Séquanoise sous l'Empire Romain. Les Gaules en général, qui se regardoient comme l'une des principales parties de cet Empire, lui étoient d'autant plus affectionnées, que ses Habitants parvenoient aux Magistratures, aux Commandements des troupes, & à l'Empire même. Ils avoient pris les mœurs & les inclinations de leurs maîtres, & ils cultivoient avec soin leurs sciences & leurs arts. Ils avoient oublié jusqu'à leur langue maternelle, pour parler le Latin & le Grec, qui leur paroissoient plus convenables à leurs études, au commerce, à la société, à leur avancement, & à faire valoir le talent naturel qu'ils avoient pour l'éloquence. Ils en faisoient chaque année des épreuves publiques, par les harangues qu'ils prononçoient dans le Temple, que les Soixante grands Peuples qui composoient les Gaules Lyonnoise, Belgique & Aquitanique, avoient élevé à l'honneur de Rome & d'Auguste dans le confluent du Rhône & de la Sône, auquel les Séquanois eurent l'avantage de donner son second Pontife. *

*Voyez aux Notes.

Auguste en mourant, avoit désigné Tibére pour son Successeur. Les Légions de l'Illirie & du Rhein refusérent de lui obéir. Germanicus commandoit celles qui servoient sur le Rhein. Comme il avoit quelque droit à l'Empire, & de grands sujets de craindre Tibére, elles crurent qu'il favoriseroit leur révolte. Mais ce Prince, en qui l'honneur & la probité, égaloient la naissance & la valeur, engagea les Séquanois & les Belges à prêter serment de fidélité au nouvel Empereur ; * persuadé qu'il feroit rentrer ensuite plus facilement les Légions dans leur devoir, comme il arriva. L'on peut aussi faire honneur en partie à la Nation Séquanoise, de ce que l'Empereur Claude disoit dans sa harangue au Sénat, de la Gaule chevelüe en général; qu'elle avoit beaucoup contribué aux victoires que Drusus son pere avoit remportées dans la Germanie, en conservant derriere lui un Païs tranquile & fidéle, *parce que les Séquanois occupoient une partie de ce Païs.

* Sequanos proximos, & Belgarum civitates, in verba ejus adigit. Tacit. Ann. lib. I.

* Illi, patri meo Druso Germaniam subigenti, tutam quiete suâ, securamque à tergo pacem, præstiterunt:

Les vexations & l'avarice des Magistrats Romains qui commandoient dans les Gaules, en disposérent les Peuples à la rébellion. Julius Florus & Sacrovir, qui étoient de la premiere Noblesse, l'un de Tréves & l'autre d'Autun, assemblérent des troupes pour tenter de mettre leur patrie en liberté. Presque toute la Nation entra dans leur complot; * mais ce fut en secret, pour ne pas être prévenuë avant que de s'être mise en état de défense. La diligence des Généraux Romains, étouffa cette affaire dans son commencement. Julius Florus qui n'avoit encore pû assembler que de la populace qui se livre plus ouvertement aux nouveautés, fut attaqué le premier & défait sans beaucoup de peine. Sacrovir résista plus long-tems. Il avoit une Armée de quarante mille hommes, avec laquelle il eut l'assurance d'attendre les Légions Romaines auprès d'Autun, & de donner bataille. Il la perdit après une vigoureuse résistance. Silius qui commandoit les Romains, avoit passé par le Païs des Séquanois pour venir à Autun. Il les avoit trouvés en armes, & comme il sçavoit qu'ils étoient avec les Eduois, les principaux apuis de Sacrovir, il ravagea leur Province. *

* Haud fermè ulla civitas, intacta seminibus ejus motûs fuit. Tacit. Ann. lib. 3.

* Interim, Silius cum Legionibus duabus incedens, præmissâ auxiliari manu; vastat Sequanorum pagos, qui finium extremi, & Æduis conternimi sociique in armis erant. Tacit. Ibid.

Le mauvais succès de cette entreprise, contint les Gaules jusqu'à la fin du régne de Néron. L'Empire sembloit presque par tout las d'obéir à ce Prince cruel & soüillé de mille infamies, qui avilissoit par ses maniéres la dignité d'Empereur, & rendoit sa domination odieuse par ses cruautés. Caïus Julius Vindex originaire des Gaules, qui comptoit des Rois parmi ses ancêtres, & dont le pere avoit été Sénateur; assembla une multitude de Gaulois, leur peignit vivement les vices de Néron, & les invita à délivrer l'Empire de ce monstre qui le deshonoroit.

Ils entrérent dans ses sentimens, promirent de lui obéir, & voulurent le faire Empereur. Mais comme il agissoit moins par ambition que pour le bien public, il défera l'Empire à Galba, parce qu'il l'en croyoit plus digne que lui. Néron informé de ces faits, mit à prix la tête de Vindex, & Vindex déclara qu'il donneroit la sienne propre, à quiconque lui aporteroit celle de Néron; faisant connoître par de si généreuses paroles, qu'il étoit prêt à sacrifier fa vie même, pour délivrer l'Empire de la tyrannie. Il étoit bien fait, fage, & auffi vaillant qu'expérimenté Capitaine. On connoiffoit fes vertus à Rome, & on y faifoit des vœux en fa faveur.

Cependant les Légions qui fervoient fur le Rhein & qui étoient attachées à Néron, s'ébranlérent pour éteindre ce feu qui s'allumoit dans les Gaules. Elles avoient à leur tête Verginius Ruffus, Capitaine de grande réputation, que les Soldats voulurent élever à l'Empire quelque tems après; mais qui le refufa, foit par modération, comme il le difoit, foit qu'il craignit de ne pouvoir pas fe le conferver. Il les mena à Befançon dans le deffein de s'en emparer, parce que c'étoit l'une des principales Villes qui étoient entrées dans le parti de Vindex. Befançon ferma fes portes. Ruffus l'affiégea, & Vindex courut au fecours. Leurs Armées étant en préfence, ils eurent une conférence, dans laquelle on croit qu'ils convinrent d'ôter l'Empire à Néron. Vindex s'aprocha enfuite de la Ville pour y entrer, mais les Légions de Ruffus, qui ignoroient ce qui s'étoit paffé entre leur Général & Vindex, & qui craignirent d'être furprifes, attaquérent de leur propre mouvement les Gaulois qui ne s'y attendoient pas, & en tuérent un grand nombre. Vindex fut fi touché de ce défaftre, que défefperant d'ailleurs du fuccès de fon deffein après la défaite de fes troupes, il fe donna la mort. * *Dion. Caff. lib. 60.*

Ainfi finit la glorieufe entreprife de Vindex & des Gaulois qui s'étoient attachés à fa perfonne, non plus comme auparavant pour recouvrer leur liberté, mais pour foutenir l'honneur & la dignité de l'Empire. Le refus que fit Befançon d'ouvrir fes portes à Verginius Ruffus, marque affez que les Séquanois étoient les principaux & les plus zélés partifans de Julius Vindex, qu'on pourroit conjecturer par cette raifon avoir été leur compatriote, & defcendu de leur Roi Catamantalêde. Une Infcription ancienne, nous aprend qu'une famille de fon nom tenoit un rang diftingué parmi les Séquanois. * Vienne & Autun, entrérent auffi dans fes interêts; mais les Villes de *Voyez aux Notes.*

Lyon, Langres, Tréves & Cologne, lui furent opofées.

Galba parvenu à l'Empire, marqua fa reconnoiffance aux Villes & aux Provinces des Gaules qui avoient pris le parti de Vindex. Il les déchargea d'une partie du tribut qu'elles avoient coutume de payer, & leur donna le droit de Bourgeoifie Romaine. * Il y auroit aparence qu'il accorda quelque faveur particuliére à Befançon, fi cette Ville fit fraper, comme le dit M. Chifflet, ** une Médaille, fur laquelle on voit d'un côté la tête de Galba, & de l'autre pour légende *Mun. Vifontium.* Mais le P. Hardoüin l'attribuë à une Ville du même nom qui eft en Efpagne. *

* *Galliæ fuper memoriam Vindicis obligatæ, recenti dono Romanæ civitatis, & in pofterum tributi levamento.* Tacic. Hift. lib. 1. & 4.
** Chiffl. Vefont. part. 1. cap. 28.
* *Numm. pop.* fol. 517.

Les Peuples qui avoient été contraires à Galba, furent traités rigoureufement, & particuliérement ceux de Lyon & du bas Rhein. Irrités par le châtiment, & jaloux des bienfaits qu'avoient reçûs leurs voifins, ils follicitérent à la révolte les Légions qui étoient chez eux ou fur leurs frontieres. Ils fe flattoient que dans une guerre ils profiteroient du pillage, & ils en vouloient fur tout aux Séquanois & aux Eduois, comme étant les plus riches, & ceux qui étoient entrés le plus avant dans le parti de Vindex. *

* *Nec deerat pars Gallirum quæ Rhenum accolit, acerrima inftigatrix adverfus Galbianos; hoc enim nomen, falfidito Vindice indiderant. Igitur Sequanis Æduifque, ac deinde prout opulentia civitatibus erat, infenfi, expugnationes urbium, populationes agrorum, raptus Penatium, hauferunt animo.* Tacit. Hift. lib. 1.

Ils y trouvérent ces Légions fort difpofées, car elles craignoient Galba qui étoit d'un naturel févére. Elles ne pouvoient d'ailleurs fe réfoudre d'obéir à un Empereur ennemi de Néron dont elles avoient foutenu les interêts jufqu'à fa mort, & ami de Vindex dont elles avoient défait les troupes par une efpèce de furprife. Ainfi dès qu'elles virent que Vitellius envoyé par Galba pour les commander à la place de Verginius Ruffus, fe prêtoit à leur mauvaife volonté, elles firent éclater leur rébellion, & proclamérent Vitellius Empereur. Les Légions qui fervoient fur le haut & fur le bas Rhein commencérent, celles de la Rhétie & de la Grande Bretagne fuivirent leur exemple, & les Peuples des Gaules qui étoient reftés attachés à Néron, fe joignirent à ces Légions.

Vitellius maître de fi grandes forces, en fit paffer inceſſamment une partie au delà des Alpes, ſous le commandement de Valens & de Cecinna. Valens qui conduiſoit les troupes du bas Rhein, traverſa le Païs d'Autun, pour entrer en Italie par les Alpes Cottiennes. Ces troupes incitées par ceux de Tréves, de Langres, & par Vitellius même, cherchérent querelle aux Eduois; mais ils fournirent de l'argent, des habits & des vivres, ſi promtement & en ſi grande abondance, qu'on n'eut point de prétexte de les piller. Lyon penſa profiter du paſſage de Valens, pour faire périr Vienne ſon ancienne ennemie; mais la conſideration de l'antiquité & du mérite de cette Colonie qu'on ſçut faire valoir, la ſauva de ce danger.

Cecinna commandoit ſur le haut Rhein. Ses Légions n'étoient pas moins animées contre les Séquanois, que celles de Valens contre ceux d'Autun. Cependant étant preſſées d'entrer en Italie par les Alpes Pennines, elles ne purent entamer la Province Séquanoiſe que par un côté. Elles y ſaccagérent la Ville de Baden, qui étoit grande & fréquentée à cauſe de ſes bains ſalutaires. *

* *Direptus, longâ pace in modum municipii extructus locus; amœno ſalubrium aquarum uſu frequens.* Tacit. Hiſt lib. 3.

Les Helvétiens Séquanois, prirent les armes pour ſe défendre, & élûrent un Général. Mais ils connurent à l'aproche des troupes réglées, le déſavantage d'une Nation qui n'eſt pas en habitude de faire la guerre, quelque brave qu'elle ſoit d'ailleurs. Ils ſe retirérent dans les Montagnes de Voësberg qui ſont une branche du Mont Jura. Ils y furent ſuivis, battus & diſſipés. Cecinna marchoit à Avanche la Capitale du Païs. Les Habitants de cette Ville, qui voyoient ſa ruine prochaine ſi les Romains y entroient dans le feu de leur colére, envoyérent des Députés pour tâcher de fléchir le Général & ſon Armée, qu'ils trouvérent également réſolus à leur perte. Cependant Claudius Coſſus l'un de ces Députés, ſçut ſi bien ménager les Soldats par des diſcours ſoumis & inſinuants, qu'il les toucha juſques à leur faire répandre des larmes, & à les engager de ſe rendre interceſſeurs auprès de Cecinna pour la Ville d'Avanche. Elle en fut quitte pour de groſſes contributions, * dont Veſpaſien

* *Càmque direptis omnibus; Aventicum gentis caput, juſto agmine peteretur, miſſi qui dederent civitatem, & deditio accepta.* Tacit. Hiſt. lib. 1.

& Tite son fils la dédommagérent dans la suite, en y envoyant une Colonie, & l'honorant de leurs bienfaits.*

* *Freculph. tom. 2. lib. 1. cap. 3.*

La mort de Vitellius délivra les Séquanois d'un dangereux ennemi ; mais cette inimitié même, & l'attachement qu'ils avoient eu au parti de Vindex & de Galba, les rendit chers à Vespasien, à qui ils eurent d'ailleurs le bonheur de rendre un service signalé dès le commencement de son régne.

Les Armées & les Partisans de Galba, d'Othon, de Vitellius, & de Vespasien, qui avoient prétendu se faire Empereurs presque en même tems, avoient mis toutes choses en confusion. L'incendie du Capitole qui arriva dans ces entrefaites, parut un présage de la fin de l'Empire, & les Gaulois se crurent assez puissants pour le transferer chez eux. Quatre des plus grands Seigneurs de la Nation, en formérent le projet. Ce furent Civilis Batave, Classicus & Julius Tutor de Tréves, & Julius Sabinus de Langres. Ils gagnérent les troupes de Vitellius qui étoient restées dans les Gaules, & qui aimoient mieux périr que de se soumettre à Vespasien. Ces troupes jointes aux Partisans des quatre Seigneurs Gaulois, formérent une puissance bien redoutable.

Julius Sabinus se disoit descendu de Jules-César, parce que ce Conquérant avoit aimé sa bisayeule, pendant qu'il étoit dans les Gaules. Il se fit proclamer Empereur par une grande multitude qui suivoit son parti, & il marcha contre les Séquanois qui avoient pris les armes pour soutenir les interêts de l'Empire Romain. Ils avoient senti l'illusion du projet de transférer cet Empire au deçà des Monts, qui auroit attiré des guerres éternelles à la Nation Gauloise; & leur inclination jointe à leur devoir, les attachoit fortement à Vespasien. Ils acceptérent donc la bataille que Sabinus leur offrit, & combattirent si vaillamment avec leurs seules forces, qu'ils défirent l'Armée de Sabinus, & le réduisirent à disparoître. * On tient qu'il demeura neuf ans caché dans un sépulchre, où ses amis & sa femme Epaunine eurent soin de lui, sans le découvrir.

* *Julius Sabinus, projectis fœderis Romani monumentis, Cæsarem se salutari jubet. Magnam & inconditam popularium turbam in Sequanos rapit, conterminam civitatem & nobis fidam. Nec Sequani detractavere certamen. Fortuna melioribus affluit, fusi Lingones. Tacit. Hist. lib. 4.*

La

La victoire des Séquanois rétablit les affaires de l'Empire dans les Gaules. Leur exemple fit faire des réflexions aux autres Provinces, qui rentrérent insensiblement dans leur devoir. * Classicus Tutor & Civilis, qui avoient d'abord eu de l'avantage sur les Légions Romaines, furent enfin défaits, & leur parti dissipé. Ainsi Vespasien demeura possesseur paisible de l'Empire, & il eut l'obligation aux Séquanois du premier succès de ses armes dans les Gaules. Assuré de leur affection, & de celle des Eduois, qui étoient unis depuis long-tems aux vuës & aux interêts des Séquanois, il compta si fort sur l'obéissance de la Nation entiére, qu'au lieu de huit Légions que ses prédécesseurs avoient entretenuës dans cette partie de l'Empire, il n'y en laissa plus que quatre; moins encore pour la contenir dans le devoir, que pour la défendre contre les irruptions des Germains. *

* *Sequanorum prospera acie, belli impetus stetit. Resipiscere paulatim civitates, fasque & fœdera respicere, &c. Tacit. Ibid.*

L'Histoire nous aprend, qu'Adrien parcourut les Gaules dans ses voyages pacifiques. L'on prétend qu'il reste des preuves de son affection pour les Séquanois, & de son passage dans leur Païs. Ce sont deux Ponts, l'un sur le Doux à Pontarlier, l'autre sur la Sône à Pontailler, qui portent, à ce qu'on dit, le nom de cet Empereur.* On lit aussi dans une Inscription trouvée du côté d'Avanche, qu'à son arrivée dans cette contrée, il y fit quelques libéralités. *

* *Tacit. Ann. lib. 4. Joseph de bello Jud.*

* Voyez aux Notes.

* Voyez aux Notes.

La famille des Antonins, ceux de tous les Empereurs qui ont gouverné avec le plus de sagesse, étoit originaire des Gaules. Je crois qu'elle avoit des Domaines dans la Province Séquanoise : car l'on a trouvé sur le territoire de Besançon, l'Inscription du tombeau d'une certaine Cœsonia Donata, dressé par les soins de Candidus son mari, Esclave ou Affranchi né dans la maison d'Antonin Pie. * Candidus établi à Besançon avec sa famille, y demeuroit probablement, pour prendre soin des terres de son maître qui étoient dans la Province.

* Voyez aux Notes.

On lit aussi dans la vie de Marc Auréle, qu'il y eut sous son Empire du trouble & des dissentions entre les Séquanois; qu'il en prit connoissance, & qu'il les apaisa. * Il

* *Res in Sequanis turbatas, censura & authoritate repressit. Jul. Cap.*

F

y a aparence que ce fut lui-même, étant sur les lieux, parce qu'on sçait qu'il vint dans les Gaules par les Alpes Grecques, & c'étoit son chemin de passer par la Province Séquanoise.

La Ville de Besançon avoit reçû de ce Prince & de Luce Vére son Collégue, quelques bienfaits : car elle leur marqua sa reconnoissance, par un monument dont on a retrouvé l'Inscription auprès de l'Eglise de Sainte Marie-Magdeléne.* Je conjecture qu'ils avoient fait faire le canal qui y portoit les belles eaux d'Arcier, & couper le rocher qui s'oposoit au passage de ces eaux, au lieu qu'on apelle la Porte taillée à l'entrée de Besançon. *

* Quatriéme Dissertation.

* Quatriéme Dissertation.

Ce sont à ce que je crois, les mêmes Empereurs qui ont fait ouvrir la montagne de Durvaux, pour pratiquer un nouveau passage de l'Helvétie dans l'ancien Païs des Séquanois, auprès de Porentru : car il y a une Inscription dans le rocher, qui marque qu'il a été coupé sous deux Empereurs qui régnoient ensemble. Ces Princes n'y sont pas nommés ; mais le titre d'Augustes au pluriel qui leurs est donné, convient à Marc Auréle & à Luce Vére, qui furent les premiers associés à l'Empire,* qui ont aimé les Gaules, & qui y ont fait faire beaucoup d'ouvrages publics.

* *Ipsi sunt, qui primi duo Augusti appellati sunt. Jul. Capit.* Voyez l'Inscription aux Notes.

L'on voit à Besançon les restes d'un Arc de triomphe, que l'on a crû jusqu'à présent avoir été dressé à l'honneur d'Aurélien. Il me semble qu'il représente l'éducation & les victoires de Crispus César, fils du grand Constantin ; d'où je conclus que ce jeune Prince a rendu quelque service considerable à cette Ville, & qu'elle a été apellée Crispopolis de son nom, comme Bisance a été nommée Constantinopolis de celui de son pere. *

* Voyez la quatriéme Dissertation.

Il y avoit long-tems que les Gaules accoutumées à la domination Romaine, vivoient tranquiles & dans une profonde paix. Elles n'avoient à se défendre que de l'avarice & des autres passions des Magistrats qu'on leur envoyoit pour les gouverner, ce qui leur étoit facile sous les bons Empereurs. Quelques-uns de ces Magistrats les démembrérent pour un tems, & y dominérent ; mais ce furent

& de la Province Séquanoise.

les Légions qui les élurent Empereurs : La Nation y prit peu de part , & n'en souffrit rien, ou peu de chose.

Ces Empereurs, qu'on apelle Tyrans, parce qu'on ne reconnoît pas en eux la succession légitime à l'Empire, étoient de grands hommes, très dignes de commander, & qui ont bien défendu les Gaules contre les étrangers qui s'éforçoient de les envahir. Tels furent les Posthumes, les Victorins & les Tetricus, qui ont succédé les uns aux autres, & parmi lesquels Posthume le pere a porté justement le titre de Restaurateur des Gaules. Un Auteur contemporain, nous fait aussi de Victorin pere, l'éloge le plus magnifique. * Et les Tetricus aimérent mieux se démettre de l'Empire qu'ils auroient pû conserver, que de le voir déchirer par des guerres civiles.

* *Victorino nemineum existimo præferendum, non in virtute Trajanum, non Antonium in clementia, non in gravitate Nervam, non in gubernando ævario Vespasinum, non in censura totius vitæ ac severitate militari Pertinacem vel Severum. Jul. Afer. apud Pollion.*

C'étoit alors un très grand avantage pour les Gaules d'être passées sous l'Empire Romain, parce qu'elles étoient assiégées d'une multitude prodigieuse de Barbares, qui se poussoient les uns & les autres comme les flots de la mer, & qui venoient se briser sur les frontieres, contre les Légions Romaines qui les gardoient. La Province Séquanoise plus exposée que les autres, sentoit les principaux fruits de leur protection.

Parmi ces Barbares, il n'y en a point eu de plus puissants & de plus obstinés à pénétrer dans l'Empire, que les Allemans. Quoiqu'ordinairement repoussés & battus, ils revenoient sans cesse à la charge, & sembloient renaître de leurs défaites. Cependant ils l'ont tellement affoibli pendant près de deux siécles de guerres continuelles, qu'ils l'ont ouvert aux autres Peuples du Nord ; n'en ayant que peu profité eux-mêmes, parce qu'ils étoient épuisés par les sanglants combats qu'ils avoient essuyés ; & ils ont enfin été vaincus & subjugués par les Francs sous Clovis.

Leur réputation a été si grande, qu'on a donné leur nom à tous les Peuples de la Germanie, comme on leur avoit donné auparavant celui de Germains, à l'occasion de quelques Nations de ce Païs qui passérent le Rhein, & s'établirent à main armée dans les Gaules avant que les Romains s'en rendiſſent les maîtres. On les apelloit *Gerreman*, qui ſignifie en langue Tudeſque, des hommes de guerre; & de là étoient venus les noms de Germains & de Germanie.

Comme les Allemans étoient voiſins de la Province Séquanoiſe, & que c'eſt dans cette Province qu'ils ont fait la plus grande partie de leurs irruptions; il ne ſera pas hors de propos de les faire ici connoître, & de raporter en peu de mots les guerres qu'ils ont eu avec l'Empire.

Leur nom en langue Tudeſque, ſignifie des hommes de tous Païs, ce qui fait croire qu'ils étoient deſcendus des Gaulois ramaſſés de diverſes Provinces, qui allérent s'établir dans la Germanie avec Ségovêſe leur Chef. Ils habitoient entre le Mein & le Rhein, aux environs des ſources du Danube, dès le Lac de Conſtance juſqu'à Mayence. Antonin Caracalla a porté le titre d'Allemanique, pour quelques victoires remportées ſur eux. Ils occupérent la Réthie, & entrérent en Italie ſous Claude le Gothique, qui les défit auprès du Lac de Garde, & les força de s'en retourner, après avoir tué la moitié de leurs troupes. Probus & Maximien les battirent & les repouſſérent juſques bien avant dans leurs Païs. Conſtance Chlore remporta ſur eux deux grandes victoires, l'une auprès de Langres, l'autre à Vindiſc dans la Province Séquanoiſe. Il en réduiſit en eſclavage dans une autre occaſion, un grand nombre qui fut ſurpris par un dégel ſubit dans une Iſle du Rhein, où ils étoient venus ſur les glaces, pour paſſer encore dans cette Province.

Conſtantin le Grand & ſes fils, les chaſſérent des Gaules à différentes fois; & les batailles qui y furent gagnées contre eux par Criſpus & par Conſtantin le Jeune, ſont prouvées par leurs Médailles, au revers deſquelles on voit cette légende, *Alemannia devicta*, avec une Victoire qui tient de la main droite un trophée, une palme de la gauche, & qui foule aux pieds un Captif. Cependant ils y firent encore de grands ravages ſous l'Empire de Conſtans autre fils de Conſtantin, & défirent Arbetion ſon Général, qui les batit à leur retour, & leur enleva le butin qu'ils avoient fait.

& de la Province Séquanoise.   45

Ils ne tardérent pas à y rentrer : car ayant paſſé entre les Armées de deux Généraux Romains, ils vinrent dans la Province Séquanoiſe, juſques à Yverdun qu'ils ſaccagérent. Ils allérent même une autre fois juſques à Sens, & aſſiégérent Autun. Julien qui venoit d'être nommé Céſar, & qui avoit le commandement des Gaules, les en chaſſa. Ils y revinrent peu de tems après, prirent le bagage des troupes d'Arbetion, & eurent la hardieſſe de ſe meſurer avec Julien même; qui leur tua trente mille hommes à Bingen ſur la Nave plus bas que Strasbourg, & fit priſonnier dans cette action Chonomard le plus puiſſant de leurs Rois, qui s'étoit rendu redoutable par pluſieurs avantages qu'il avoit remportés auparavant ſur les Romains.

Cette perte, quelque grande qu'elle fut, ne les rebuta pas. Ils défirent encore un Général de Julien, chez les Séquanois. Ils firent enſuite la guerre à Valentinien premier, pour ſe vanger de quelques mépris qu'ils lui imputoient; attaquérent & tuérent Cariéton Comte des deux Germanies : mais ils furent défaits à leur tour, & chaſſés des Gaules par Jovinus. Enfin ayant repaſſé le Rhein ſous l'Empire de Gratien, ce Prince leur tua trente mille hommes auprès d'Argentuaria dans la Province Séquanoiſe.

Ils paſſérent cependant de nouveau ce fleuve & le Danube, pour s'établir dans la Réthie & dans la partie de la Province Séquanoiſe qui étoit à la rive droite de l'Aar, & qui a long-tems porté leur nom. Ils attaquérent enſuite les Francs qui n'étoient pas encore bien affermis, mais ils furent vaincus par un ſecours particulier de Dieu, qui avoit attaché à cette circonſtance, la converſion de Clovis & de ſon Peuple auquel il avoit deſtiné la poſſeſſion des Gaules. Ce Prince qui connoiſſoit le génie des Allemans, & que s'il leur donnoit le tems de ſe reconnoître & de ſe rétablir, ils reviendroient bien-tôt à la charge, les pourſuivit juſques dans leurs Païs, dont il s'empara, & en fit une Province de ſon Royaume, qui fut depuis apellée le Duché d'Allemagne.

Tant d'irruptions & de ravages, dont la plûpart ſe firent dans la Province Séquanoise, en dépeuplérent les campagnes & en ruinérent les Villes. *Augusta Rauracorum*, grande & belle Cité, qui étoit la plus exposée parce qu'elle étoit la plus voisine des Allemans, avoit déja été prise, pillée & brulée avant le tems de Julien, * & ne s'étoit rétablie que sous la forme d'une des Villes du second ordre, parmi lesquelles elle a été mise dans les Notices qui ont été faites après le régne de cet Empereur. Avanche autre Cité, grande auparavant & magnifiquement bâtie, subsistoit encore ; mais elle étoit presque déserte, & ses édifices à demi ruinés, * ne laissoient plus qu'une triste idée de son ancienne grandeur. Les incursions des Allemans jusques à *Argentuaria*, *Ebrodunum* & *Equestris*, ont aussi causé la ruine de ces Villes, qui ont été réduites bien-tôt après à de simples Bourgs ou à de chetifs Villages.

* Eunap. Sard. Hist. Julian.

* Aventicum, desertam quidem civitatem, sed non ignobilem quondam, ut ædificia semiruta nunc quoque demonstrant. Amm. Marcel. lib. 15.

Besançon même en souffrit beaucoup, soit par la désolation qu'ils portoient dans ses environs & dans la Province dont elle étoit la Capitale ; soit qu'ils eussent pénétré dans la Ville même. Car on voit par une lettre de l'Empereur Julien, qu'elle avoit essuyé quelque désastre * qui ne pouvoit venir que des Allemans, seuls d'entre les Barbares qui fussent entrés jusqu'alors dans la Province Séquanoise.

* Vesontio, oppidum magnum olim, & magnificis templis ornatum ; nunc dirutum. Epist. ad Maxim. Philos.

Cette Province fut ravagée dans le siécle suivant par d'autres Barbares : car les Alains, les Vandales & les Suéves y entrérent en 406. Ils assiégérent Besançon, mais ils ne purent pas le prendre. Ils traversérent ensuite les Gaules, portant par tout le fer, le feu, la servitude & la mort, jusques dans l'Espagne & l'Affrique où ils se fixérent.

Ce fut alors que l'Empire affoibli par la division que le Grand Théodose en avoit faite entre ses fils Arcadius & Honorius, & épuisé dans l'Occident par les guerres qu'il y avoit soutenuës contre les Nations du Nord, devint enfin leur proie. Les Visigots après avoir pris Rome, passérent dans les Gaules en 412. Les Bourguignons y entrérent en l'année suivante, & les Francs ne tardérent pas à y faire des conquêtes. Chacun de ces Peuples y fonda un Royaume, & les Empereurs le souffrirent, soit qu'ils ne fussent pas assez puissans pour s'y opposer, soit qu'ils eussent besoin des armes de ces Peuples même, pour se défendre contre d'autres ennemis qui leurs étoient plus redoutables. Tel étoit Attila, qui fondit avec quatre cent mille hommes dans les Gaules en 451, & qui y auroit éteint dès lors la domination des Romains, sans le secours que leurs donnérent les Visigots, les Bourguignons & les Francs.

Cependant ces nouveaux alliés, profitoient de toutes les circonstances pour s'agrandir. Les Bourguignons & les Visigots, occupérent les Païs de leur voisinage qui étoient le plus à leur bienséance. Les Francs s'emparérent du reste des Gaules, & les Romains n'y avoient plus rien vers la fin du cinquiéme siécle. Il n'y avoit même plus d'Empereur en Occident.

Quelques Villes affectionnées à l'Empire, lui demeurérent attachées jusques à la fin, quoiqu'elles fussent environnées de Barbares, mais qui ne croyoient pas être en état de les forcer, ou qui gardoient encore des mesures avec les Empereurs. Besançon fut du nombre : car les Bourguignons étoient déja répandus dans la Province Séquanoise, lorsque Galla Placidia qui gouvernoit l'Empire d'Occident pour Valentinien troisiéme son fils, vint dans cette Ville en 445 pour recevoir des Reliques de S. Etienne, que Théodose le jeune Empereur d'Orient y envoyoit à sa priere, suivant que nous l'aprenons par nos légendes.

Mais enfin, quand les Partisans de l'Empire d'Occident eurent perdu toute espérance de le voir rétabli, les Villes firent des capitulations. * Ce fut probablement par celle de Besançon avec les Bourguignons, que cette Ville conserva la franchise & les immunités dont elle a joüi dans la suite ; & aussi-tôt qu'elle fut passée sous la souveraineté des Bourguignons, la Province Séquanoise perdit jusqu'à son nom, & ne fut plus regardée que comme une partie du Royaume de Bourgogne.

* Rhenan. rer. Germ. lib. 2.

PREMIERE DISSERTATION.

Monsieur,

J'ai lû l'Histoire des Séquanois que vous m'avez envoyée, & j'ai vû avec plaisir, comment vous y relevez la gloire de notre Nation par des faits que vous avez prouvés, ou qui s'induisent avec assez de vraisemblance de ceux qui sont certains. Vous me faites honneur en me demandant la critique de cet Ouvrage, & je souhaiterois fort de mériter la bonne opinion que vous avez de moi; mais je crains de vous la faire perdre, si je ne vous fais pas de bonnes objections. Je vais cependant vous en proposer quelques-unes: car j'aime encore mieux passer dans votre esprit pour peu habile, que de m'exposer au reproche d'avoir fui le travail que vous attendez de moi.

Je trouve beaucoup de difficulté dans ce que vous dites, que le Canton de Basle, la Bresse & le Bugey, étoient de l'ancien Païs des Séquanois. Les Rauraques qui habitoient ce Canton, sont nommés par les Auteurs comme un Peuple particulier; & César le supose, quand il dit, qu'ils se joignirent aux Helvétiens pour passer dans la Xaintonge. Il supose du moins, qu'ils faisoient une partie de la Nation Helvétique.

Ce grand Capitaine qui connoissoit si bien les Gaules, puisqu'il les avoit conquises & parcouruës plusieurs fois pendant les dix années de son gouvernement, dit que les Allobroges s'étendoient au deça du Rhône. Il nomme les Habitants du Bugey & de la Bresse, Brannoviens, Brannovices & Sébusiens; & il les qualifie Clients de ceux d'Autun. Il me paroît qu'on ne peut pas douter qu'il ait parlé des Bugistes & des Bressans, quand il a dit que les Ségusiens sont les premiers qu'on trouve au delà du Rhône, en sortant de la Province Romaine: car c'est la situation

tion de la Bresse & du Bugey. Plusieurs passages de Strabon, soutiennent aussi ce sistême. Or les Ségusiens étoient certainement dans la dépendance des Eduois, & par conséquent ils n'étoient pas Séquanois.

Vous sçavez encore, Monsieur, qu'une partie de la Bresse est des Diocèses de Chalon & de Mâcon, & une autre partie de celui de Lyon, qui comprend d'ailleurs une portion considerable du Bugey, comme Lagneux, S. Sorlin, S. Rambert, Poncin, Cerdon & Nantua. D'ailleurs plusieurs Bourgs de la Bresse & du Bugey, sont dits être *in pago* ou *territorio Lugdunensi*, dans les titres anciens. Aimoin parlant de l'Abbaye de S. Marcel-lez-Chalon, dit qu'elle fut fondée *in territorio Segonum*, c'est à dire chez les Ségusiens. Les Cartes qui nous représentent l'état ancien des Gaules, placent les Sébusiens dans le confluent de la Sône & du Rhône, ou mettent les Ségusiens aux deux bords de la Sône. Les Auteurs modernes que j'ai lûs, les placent de même. Je conviens cependant que ceux qui ont écrit les derniers & qui sont les plus habiles, ne parlent pas de Brannovices, Brannoviens & Sébusiens: mais ils leur substituent les Ségusiens dans la Bresse & le Bugey.

Vous avez adopté, Monsieur, le systême de Cluvier, suivant lequel les Germains & les Gaulois parloient la même langue. Cependant on lit dans les Commentaires de César, qu'Arioviste Roi des Germains avoit apris la langue Gauloise depuis qu'il étoit dans les Gaules; d'où je conclus que ce n'étoit pas sa langue maternelle; & il y a des passages dans Tacite & ailleurs, qui parlent des langues Gauloise & Germanique, comme de deux langues differentes. Je ne doute pas que vous n'ayez prévû ces objections, & je suis persuadé que vous les résoudrez par de bonnes réponses. J'ai l'honneur d'être, &c.

Histoire des Séquanois.

Monsieur,

J'ai prévû les objections que vous avez la bonté de me faire, & elles me paroîtront moins fortes, si vous aprouvez les réponses que je vais y donner. Il me semble que pour les mettre dans leur jour, il faut d'abord fixer par de bonnes preuves, les limites du Païs des Séquanois.

J'ai dit qu'il étoit entre le Rhein, les Montagnes de Vôges, la Sône, le Rhône, & le Mont Jura. Voici les preuves de la limite du Rhein : *Gallia, attingit à Sequanis & Helvetiis, flumen Rhenum.* * *Rhenus, fluit per fines Sequanorum.* † *Ad Rhenum, sunt Sequani.* * Et César défit Ariovite, dans le Païs des Séquanois auprès du Rhein.

* *César de bell. gall. lib. 1.*
† *Cæs. lib. 4.*
* *Strabon. lib. 4.*

Le Comté de Bourgogne, & la haute Alsace que personne ne doute avoir été du Païs des Séquanois, s'étendent encore aujourd'hui dans les Montagnes de Vôges. Les Séquanois avoient anciennement la même limite, puisque suivant Strabon, ils touchoient les Langrois. * Or les Langrois étoient limités par la Vôge : *Mosa, profluit ex monte Vogeso, qui est in finibus Lingonum,* * & on lit dans le premier Livre de la Pharsale de Lucain.

* *Lib. 4.*

> *Deseruere cavo, tentoria fixa Lemanno,*
> *Castraque quæ Vogesi, Curvam super ardua ripam,*
> *Pugnaces pictis, cohibebant Lingonas armis.*

L'on trouve aussi dans les Commentaires de César, que quand il alla combattre Ariovite à l'extrémité du Païs des Séquanois du côté du Rhein, il tiroit les vivres de son Armée, non-seulement de ce Païs, mais encore de ceux des Langrois & des Leuquois, qui sont les Peuples des Diocèses de Toul & de Langres : *frumentum Sequani, Lingones & Leuci, subministrant,* * ce qui supose le voisinage de ces Peuples, qui ne pouvoit être en cet endroit, que par la montagne de Vôges. Strabon ajoute, que les

* *Lib. 1.*

Premiere Dissertation.

Langrois sont à l'Occident des Séquanois, & qu'ils en sont séparés par la Sône ; c'est plus bas que sa source dans la montagne de Vôges, jusqu'auprès de S. Jean de Lône.

Nous aprenons de César & de Strabon, que la Sône couloit entre les Païs des Séquanois & des Eduois : *Flumen est Arar, quod per fines Æduorum & Sequanorum, in Rhodanum influit incredibili lenitate; ita ut oculis in utram partem influat, judicari non possit.* * *Trans Ararim Sequani habitant : Æduis eos inimicos fecit, de Arari qui eos distinguit, contentio; utrâque gente, usum & vectigalia sibi vindicante.* *

* Cæs. lib. 1.

* Strabon. lib. 4.

Lorsque César parle des chemins que les Helvétiens pouvoient prendre, pour aller de leur Païs dans la Xaintonge, il dit qu'il y en avoit un chez les Séquanois, entre le Rhône & le Mont Jura : *Unum iter per Sequanos, angustum & difficile, inter Montem Juram & flumen Rhodanum.** Il supose par là que ce fleuve touchoit les Séquanois, & il le leur donne pour limite du côté de la Province Romaine, quand expliquant les motifs qu'il eut de chasser Arioviste de chez eux, il raporte comme l'un des principaux, que ce Roi s'établissant avec ses Germains dans le Païs des Séquanois comme il prétendoit le faire, seroit voisin de la Province Romaine : *Præsertim, cùm Sequanos à provinciâ nostrâ, Rhodanus divideret.* * Ausone dit la même chose dans ces vers faits à la gloire de Narbonne, Ville Capitale de la Province des Romains dans les Gaules.

* Cæs. lib. 1.

* Cæs. lib. 1.

Nec tu Martie Narbo silebere ; nomine,
Fusa per immensum, quondam provincia regnum
Obtinuit, multos dominandi jure colonos ;
Insinuant quà se, Sequanis Allobroges oris ;
Excluduntque Italos, Alpina cacumina fines ;
Quà Pirænaïcis nivibus, dirimuntur Iberi ;
Quà rapitur præceps Rhodanus, Domitore Lemanno.

On lit dans les anciennes éditions d'Ammian Marcellin, que le Rhône après être sorti du Lac Leman, entre dans des marais, & passe dans le Païs des Séquanois. *Per densa paludium fertur & Sequanos*; *longéque progressus, Viennensem latere sinistro pestringit, dextro Lugdunensem.* * Ces marais n'ont pû être qu'aux environs de Bellay, d'où je conclus que la Province Séquanoise s'étendoit jusques là du tems d'Ammian Marcellin. Mais je crois que ces mots : *per densa paludium fertur*, font une faute des Copistes, & qu'il faut lire comme ont fait Mr. de Valois * & d'autres Sçavans sur de meilleurs manuscrits : *per Sapaudiam fertur, & Sequanos*, parce qu'il n'y a dans le cours du Rhône dont parle ici Ammian Marcellin, ni lacs ni marais ; & qu'il vient de raporter un moment auparavant, comment il traverse le Lac Leman : *Ad planiora digrediens, proprio agmine ripas occultat, & paludi se se ingurgitat nomine Lemanno*. Il étoit naturel de dire après cela, que le Rhône sorti du Lac Leman, coule par un long espace entre la Savoye & le Païs des Séquanois jusques à Vienne & à Lyon, ce qui est vrai en fait.

Voilà déja trois limites du Païs des Séquanois prouvées. Je viens à la quatriéme qui est le Mont Jura, & je l'établis par des passages de César & de Strabon. *Jura Mons altissimus, qui est inter Sequanos & Helvetios.* * *In Sequanis, Mons est Jurassus, qui eos ab Helvetiis distinguit.* *

Remarquez, s'il vous plaît, Monsieur, que Strabon met le Mont Jura chez les Séquanois : *In Sequanis, Mons est Jurassus* ; d'où je conclus que les Helvétiens n'en occupoient que le pied, ou tout au plus le penchant qui est de leur côté ; ce qui est confirmé par César, quand il dit que les Séquanois étoient les maîtres du passage, entre le Mont Jura & le Rhône.

Il faut vous observer que le Mont Jura commence à ce passage, par la montagne qu'on apelle le grand Crédo, d'où il s'étend jusqu'à Pierre-porte auprès de Porentru ; & de là déclinant au Levant d'été près de la source de la Birse, il tire contre l'Aar * dont il suit les bords jusqu'à Coblents, où l'Aar entre dans le Rhein. Voici comme Cluvier, que j'ai vérifié sur les lieux, décrit la situation du Mont Jura entre les Helvétiens & les Séquanois : *Initium Jura*

Marginalia:
* Lib. 15 in fin.
* Edit. de Paris de 1636.
* Cæs. lib. 1.
* Strab. lib. 4.
* Arola.

Mons à Genevâ ducens, versùs septentrionem ad fontes dubis fluminis protenditur; ejusdemque fluminis dextram ripam prosequitur, usque ad Vicum, cui vulgare vocabulum Pierre-Porte; unde in ortum æstivum, versùs lævam amnis Arolæ ripam radit, donec ipse unà cum Arolâ Rheno jungatur, ad oppidum confluentes. *

* *Cluvier. antiq. German. lib. 2, cap. 4, n. 1.*

Il me semble, Monsieur, que les limites que j'ai données au Païs des Séquanois, sont clairement prouvées par les autorités que je viens de transcrire: & ces limites suposées, il paroît que les Rauraques ont toujours fait partie de ce Païs. S'ils n'en dépendoient pas, ils étoient Helvétiens, ou ils faisoient un Peuple particulier & indépendant. Ils n'étoient pas Helvétiens, car Jules César distingue les Helvétiens des Rauraques, quand il dit: *Helvetii persuadent Rauracis Tulingis & Latobrigis finitimis, ut eodem usi consilio, oppidis suis vicisque exustis, unâ cum iis proficiscerentur.* * Il apelle les Rauraques voisins des Helvétiens, *finitimi*; mais il ne les confond pas avec eux, & ne dit pas qu'ils fussent leurs Clients. Il ne dit pas non plus, que les Helvétiens ordonnérent aux Rauraques de les suivre comme ils auroient fait à leurs vassaux, mais qu'ils le leur persuadérent; & c'est ainsi qu'on en use avec les égaux & les indépendants.

* *Lib. 1.*

Les Rauraques habitoient la haute Alsace, & le terrain qui est contenu dans le contour que fait le Mont Jura, depuis Pierre-porte jusques à l'Aar. Ils étoient donc séparés des Helvétiens par le Mont Jura, renfermés avec les Séquanois & séparés comme eux de l'Helvétie, par cette portion du Mont Jura qu'on apelle dans le Païs, *Voësberg*. Je dis qu'ils habitoient la haute Alsace, parce que je ne vois rien qui les en excluë, & qu'elle est encore aujourd'hui de leur Diocèse: mais quand il faudroit les restraindre à ce qui est dans le contour du Mont Jura, ma raison n'en seroit pas moins forte, parce qu'ils seroient toujours séparés des Helvétiens par cette limite, & renfermés dans le Païs des Séquanois. D'où je conclus, non-seulement qu'ils n'étoient pas Helvétiens, mais encore qu'ils étoient Séquanois, ou comme leurs Clients, ou comme faisant une partie de leur Nation.

César décrivant le cours du Rhein, dit qu'il a sa source chez les Lépontiens dans les Alpes, & que de là il coule dans les Païs des Nantuates, des Helvétiens, des Séquanois, & des Médiomatriques: *Ex Lepontiis qui Alpes incolunt, longo spatio per fines Nantuatium, Helvetiorum, Sequanorum, Mediomatricum &c. citatus fertur.* * La contrée des Rauraques touche le Rhein dans un assez grand espace, pour qu'ils eussent mérité d'être nommés par César, s'ils n'avoient pas été compris sous le nom des Helvétiens ou des Séquanois, entre lesquels ils habitoient sur les bords du Rhein. Or l'on a fait voir qu'ils ne devoient pas être apellés Helvétiens, & par conséquent ils étoient regardés par César comme Séquanois, & non pas comme faisant un Peuple particulier & indépendant.

* *Cæs. lib. 4.*

Il est certain, que les Séquanois avoient le Rhein pour limite. Leurs grandes habitudes avec les Germains, qui demeuroient au delà de ce fleuve, qui les ont secourus contre les Eduois, & qui ont souvent passé par leur Païs pour aller avec eux en Italie, font juger que les Séquanois devoient s'étendre fort loin sur les bords du Rhein. Cependant ils ne l'auroient pas touché, si les Rauraques n'avoient pas été Séquanois, ou ils ne l'auroient touché que dans un très petit espace, si l'on supose que ce n'étoit que par la contrée que l'on apelle aujourd'hui la haute Alsace, & qu'elle ne fut pas du Païs des Rauraques.

Nous lisons dans César, que quand il arriva dans les Gaules, Arioviste occupoit la troisiéme partie du Païs des Séquanois; c'étoit la partie la plus proche du Rhein, parce que ce Roi avoit interêt à ne pas s'éloigner du reste de sa Nation, & que ce fût auprès du Rhein que César l'attaqua. La contrée qu'il occupoit étoit éloignée de Besançon, puisque César le prévint & entra dans cette Ville avant qu'Arioviste pût s'en rendre maître, comme il en avoit le dessein. Or il s'en faut bien, que la haute Alsace fit la troisiéme partie du Païs des Séquanois. Arioviste occupoit donc encore dans ce Païs, la contrée qui est le long du Rhein, dans le contour du Mont Jura jusqu'au confluent de ce fleuve & de l'Aar.

Ammian Marcellin dit qu'il a vû chez les Séquanois deux belles Villes, Besançon & Augst Capitale des Rauraques. *Apud Sequanos, Bisontios vidimus & Rauracos, aliis potiores oppidis multis.* * Cet Auteur regardoit donc les Rauraques comme Séquanois, & il les distinguoit des Helvétiens qui avoient été mis dans la Province Séquanoise, parce qu'il nomme quelques lignes plus bas, Avanche leur Capitale, sans dire qu'elle étoit du Païs des Séquanois, comme il venoit de le dire d'*Augusta Rauracorum*. Il parle aussi de Sekingen, * qui étoit une Ville ancienne sur le Rhein, du Païs des Rauraques, & qui tiroit son nom des Séquanois, sans doute parce qu'ils étoient ses fondateurs & ses maîtres.

* Lib. 15 *in fin.*

* Lib. 21, c'est sous le nom de *Sanctio,* que *Rhen. rer. germ. lib.* 1. dit être Sekingen. Cluvier pense la même chose.

Ces raisons me semblent assez fortes, pour prouver que les Rauraques étoient Séquanois, ou du moins leurs Clients, renfermés dans leurs limites & connus sous leur nom. Ils avoient aussi un nom propre, mais le nom ne prouve pas seul qu'un Peuple soit indépendant, & qu'il ait une origine particuliére : car il peut avoir été donné dans la suite des tems à une partie de la Nation, par raport à quelque qualité de la contrée qu'elle occupe, à la principale Ville de cette contrée, ou à quelqu'autre circonstance.

Quant à ce qu'on lit dans César, que les Rauraques furent invités par les Helvétiens à bruler leurs Villes & leurs Villages pour s'en aller avec eux, & qu'ils le firent ; loin que ce soit une raison contre mon sentiment, j'en tire au contraire un argument pour le soutenir.

Le Païs des Rauraques étoit très fertile & assez grand pour eux, puisque nous lisons dans César qu'ils n'étoient que 23000 ames. Ils n'en sortirent donc pas comme firent les Helvétiens du leur, parce qu'il étoit sterile & qu'il ne pouvoit plus les contenir. Il faut qu'il y eut quelqu'autre raison qui les y obligeât.

Je viens de vous dire, Monsieur, que les Séquanois

avoient abandonné le tiers de leur Païs au Roi Arioviste & à ses Germains, & j'ai suposé que ce ne pouvoit être que la contrée des Rauraques. Voilà probablement la raison pour laquelle ces Peuples qui voyoient leur Païs en proye à des étrangers, se laissèrent facilement persuader de le quitter pour aller chercher un autre établissement. On m'objectera sans doute, qu'ils n'avoient pas été mis dehors de leurs maisons, puisqu'ils les brulérent. Je répons qu'ils n'en étoient pas moins soumis aux Germains, & sur le point d'être chassés de chez eux. Si les Germains ne s'étoient pas emparés de leurs Villes & de leurs Villages, c'étoit parce qu'ils vivoient encore à la campagne sous des tentes à la maniére de leur Païs : Car Arioviste fit sçavoir à César, que s'il l'attaquoit, il pourroit aprendre à ses dépens, combien il étoit à craindre d'avoir affaire à des Soldats endurcis aux fatigues de la guerre, & qui depuis long-tems n'avoient point eu de couvert.

Ce sont là, Monsieur, les raisons qui m'ont déterminé à comprendre les Rauraques dans le Païs des Séquanois, soit qu'ils fussent Séquanois eux-mêmes, soit qu'on doive les regarder seulement comme leurs Clients & soumis à leur domination. Je viens à ce que vous m'avez dit des Allobroges, que vous prétendez qui habitoient entre le Rhône & la Sône.

César dit que les Allobroges se plaignirent à lui, de ce que les Helvétiens avoient pillé leurs campagnes, & renversé leurs maisons. *Item Allobroges, qui trans Rhodanum vicos possessionesque habebant, fugâ se ad Cæsarem recipiunt, & demonstrant sibi præter agri solum, nihil esse reliqui* * On peut expliquer cet endroit, en disant que le dégât avoit été fait par des Partis qui avoient passé le Rhône, pour entrer chez les Allobroges depuis le Païs des Séquanois où les Helvétiens étoient ; ou dans les maisons qui apartenoient en propriété aux Allobroges en deçà de ce fleuve, & qui étoient cependant sous la domination Séquanoise. Si ces raisons ne vous satisfont pas, Monsieur, je vais vous en donner une autre, qui supose comme vous, que

* *Lib.* 1.

Premiere Dissertation.

que les Allobroges avoient quelque portion de Païs à eux en deça du Rhône.

Je trouve une petite contrée enclavée dans l'ancien Païs des Séquanois, qui aboutissoit sur les Allobroges le Rhône entre deux, vers le lieu où ce fleuve disparoît entre les rochers, & où on le passe facilement en jettant quelques poutres d'un rocher à l'autre plus bas que le fort de la Cluse. Je conjecture que la facilité du passage en cet endroit, avoit donné occasion aux Allobroges d'occuper cette contrée, & de la conserver. C'est la Michaille & le Val-Romey : *Vallis Romanorum*, dont le nom me paroît marquer que ce lieu a dépendu de la Province Romaine, & qu'il a apartenu aux Allobroges, puisqu'il est d'ailleurs du Diocèse de Genève, quoiqu'entouré d'autres Diocèses. Or on peut dire avec fondement, que c'est là qu'étoient les Villages & les habitations des Allobroges d'au-deçà du Rhône, qui furent ruinés par les Helvétiens, en passant du pas de la Cluse par le Païs des Séquanois, assez voisin en cet endroit du Val-Romey.

Me voici parvenu à la plus grande & à la plus importante des difficultés que vous m'avez proposées, Monsieur. Elle consiste à sçavoir, si d'autres Peuples que les Séquanois ou leurs Clients, ont habité entre le Rhône & la Sône. J'avouë qu'on est prévenu pour l'affirmative, & je l'ai été moi-même, sur le sentiment des Modernes qui l'ont tenuë, avant que je l'eusse aprofondie. Mais j'ai changé d'avis, depuis que j'ai examiné la question dans les sources. Vous allez voir, Monsieur, si j'ai eu raison.

L'argument qui a frapé d'abord mon esprit, c'est que les Séquanois apellés par César, l'un des plus puissans peuples des Gaules, & mis en paralelle avec les Helvétiens & les Eduois, ont dû occuper plus d'espace que la Franche-Comté n'en contient. Ce peuple aussi fier que puissant, qui a fait une sanglante guerre aux Eduois pour le simple péage de la riviere de Sône, n'en auroit pas souffert entre cette riviere & le Rhône, un autre qui ne dépendît pas de lui, & qui auroit été à portée de pénétrer sans obstacle jusques dans le centre de son Païs, & d'y introduire les

H

ennemis & les étrangers. Lorsque les Séquanois ont occupé ce Païs en passant le Rhein, ils l'ont trouvé sans Habitants, parce qu'il est bien probable qu'ils y sont entrés les premiers; & comme ils formoient un Peuple nombreux, ils ont dû s'étendre jusqu'aux limites du Rhein, du Mont Jura, du Rhône, de la Sône, & des Montagnes de Vôges, que la nature leur présentoit. C'est ainsi que tous les Peuples puissants en ont usé, & qu'on en use encore pour régler les confins des Etats. On les fixe autant qu'il se peut, à des montagnes & à des rivieres, qui servent à se défendre contre les invasions des ennemis, & qui formant des limites certaines, retranchent les occasions de guerre avec les voisins.

S'il y avoit eu un autre Peuple que les Séquanois entre le Rhône & la Sône, il auroit fait un de leurs confins, & quelque Auteur l'auroit dit. On trouveroit cet autre Peuple nommé dans la description des limites des Séquanois, que César, Strabon & d'autres nous ont si clairement marquées ; sans quoi la délimitation de ce Peuple principal qu'ils ont transmise avec soin à la postérité, seroit imparfaite. Mais il n'y en a pas un dans lequel on lise que les Séquanois touchoient les Brannoviens, les Brannovices, les Ségusiens, ni les Sébusiens. Ils n'ont pas dû le dire, parce que les Séquanois ne les touchoient pas, & que la délimitation qu'ils faisoient étoit parfaite & entiére, quand ils ont dit que les Séquanois habitoient entre le Rhône & la Sône : car cela seul supose que leur Païs s'étendoit jusqu'au confluent de ces deux rivieres.

Rapellés ici, Monsieur, les preuves que j'ai données de ces deux limites, & premiérement de celle du Rhône, qui suivant Ammian Marcellin, après qu'il est sorti du Lac Leman, coule entre la Savoye & les Séquanois. Il y doit couler suivant cet Historien, aussi loin que s'étend la Savoye, & par conséquent jusques assez près de Vienne & de Lyon. Aussi dit-il, que le Rhône a un long cours entre les Séquanois & la Savoye, avant que de séparer les territoires de Vienne & de Lyon. *Per Sapaudiam fertur & Sequanos ; longéque progressus, Viennensem latere sinistro perstringit, dextro Lug-*

dunensem. Souvenez-vous que suivant César, le Rhône sert de limite entre la Province Romaine & les Séquanois: *Rhodanus, Sequanos à Provinciâ nostrâ dividit.* Et en quel endroit auroit-il séparé ces deux Peuples, si ce n'étoit dès la gorge de la Cluse où commence le Bugey, jusqu'à Lyon où il finit? Réfléchissez que suivant le même Historien, la Sône coule entre les Séquanois & les Eduois jusqu'à ce qu'elle se jette dans le Rhône. *Arar, per fines Sequanorum & Æduorum, in Rhodanum influit.* Donc le Païs des Séquanois s'étend le long de sa rive gauche, jusqu'à son embouchure dans le Rhône.

Voyez, je vous prie, ce vers d'Ausone, qui peint si naturellement les tours & retours du Rhône, ses angles saillans & rentrans dès le Fort de la Cluse jusqu'à Lyon, par lesquels les Allobroges & les Séquanois sont enclavés les uns dans les autres.

Insinuant quà se, Sequanis Allobroges oris.

Et en quel lieu les Allobroges auroient-ils été mêlés avec les Séquanois, si ce n'étoit à l'endroit du Bugey, qui est le seul où ils pouvoient les toucher? Considerez, Monsieur, que Bellay Ville Capitale & Episcopale du Bugey, qui est à peu près sous le même degré que Lyon, est encore aujourd'hui de la Province Séquanoise, puisque son Evêque est Suffragant de Besançon. Je ne doute pas que vous ne soyez persuadé, après des réflexions sérieuses sur ces observations, que le Bugey & tout le Païs qui est à l'Occident du Rhône, dès la Cluse jusqu'au confluent de ce fleuve & de la Sône, étoit occupé par les Séquanois.

La limite de la Sône jusqu'à ce qu'elle entre dans le Rhône, ne me paroît pas moins certaine. César & Strabon rendent témoignage que cette riviere séparoit les Séquanois & les Eduois. Ils le disent indistinctement, & sans ajouter qu'elle ne les séparoit que jusqu'à un certain lieu: *Arar, fluit per fines Æduorum & Sequanorum. Sequani, habitant trans Ararim, qui eos ab Æduis distinguit.* Tandis qu'on trouve des Eduois d'un côté de la Sône, on doit trouver de l'autre des Séquanois. Or le Chalonois & le Mâconois étoient du Païs d'Autun. *Q. Tullium Ciceronem*

Lib. 7. *& P. Sulpitium, Cabiloni & Matiscone in Æduis ad Ararim, rei frumentariæ causâ, Cæsar collocat.* * Il y a bien peu de chemin dès Mâcon jusqu'à l'embouchure de la Sône, & les Ségusiens qui sont à l'Occident de cette riviere du même côté que Chalon & Mâcon, étoient aussi réputés Eduois, parce qu'ils étoient leurs Clients.

Cependant on veut placer les Ségusiens à l'Orient de la Sône, & les mettre aux deux bords de cette riviere, contre les notions que les anciens Auteurs nous ont données de l'état des Gaules : car on y lit communément, dans les descriptions qu'ils font des differens Païs qui les composoient, que les Peuples de ces Païs, étoient séparés les uns des autres par des montagnes & des rivieres ; & que s'il y en avoit quelqu'un qui n'eût pas de pareilles limites, il étoit sous la domination de celui qui le touchoit immédiatement, ou il l'avoit lui-même dans sa dépendance.

Mais remarquez, je vous prie, Monsieur, l'absurdité dans laquelle tombent ceux qui font les Bressans, Ségusiens & Clients des Eduois. Ils anéantissent, pour ainsi dire, la limite que César & Strabon ont donnée aux Eduois & aux Séquanois : car ils la réduisent à un si petit espace, que ce ne seroit pas la peine d'en parler. Le Pere Monnet, qui est dans ce systême, en convient quand il dit : *Arar Sequanos ab Æduis dividit, certâ quâdam & brevi regione.* La Sône en effet couloit entre les Séquanois & ceux de Langres jusqu'à S. Jean de Lône. Comptez combien il y a de lieües dès-là jusqu'à la Bresse Chalonoise, vous n'y en trouverez pas six. Or je laisse à penser si Strabon & César, auroient nommé la Sône comme la seule limite de deux grands Peuples, pour un si petit espace ; & si les péages d'un bout de riviere, auroient causé entre eux des dissentions, qui ont failli à faire périr les Eduois. Une guerre qui avoit armé les Gaules & la Germanie, devoit avoir un plus grand objet, & regarder tout le cours de la Sône, dès l'Etat de Langres jusqu'à Lyon.

Il me reste sur ce point, Monsieur, à répondre aux autorités que vous avez citées. La premiere est celle de César, qui dit que le Conseil des Gaules, imposa une levée de 35000 hommes à ceux d'Autun & à leurs Clients: *Imperant Æduis, atque eorum Clientibus, Segusianis, Ambivaretis, Aulercis, Brannovicibus, Brannoviis, millia 35.* * On prétend que *Brannovii* & *Brannovices*, étoient les habitans de la Bresse & du Bugey ; mais sur quel fondement le prétend-on ? & César a-t-il dit, que ces Peuples habitoient les contrées qu'on apelle à présent le Bugey & la Bresse ?

* Lib. 7.

Les Sçavants conviennent d'ailleurs que cet endroit de César est altéré, & qu'il faut lire *Ambarri*, qu'on tient communément être les Peuples du Nivernois, au lieu d'*Ambivareti* qui habitoient aux environs de Namur, & d'*Aulerci* qui étoient dans les Diocèses du Mans & d'Evreux, sont bien éloignés d'Autun & n'ont jamais été les Clients des Eduois. Quant aux Brannoviens & aux Brannovices, on croit que c'est le même nom différemment écrit dans les anciens exemplaires ; ce qui a fait penser, que César avoit parlé de deux Peuples différens. Aucun autre Auteur ne nomme les Brannoviens ni les Brannovices, du moins pour les placer auprès du Rhône & de la Sône ; & s'ils ont été réellement nommés dans César, il faut les entendre des Habitans du Brionnois au Diocèse d'Autun, & de Blenau auprès de Nevers.

Aussi depuis long-tems, chacun a abandonné le système qui met les Brannovices & les Brannoviens dans la Bresse & dans le Bugey : mais on a substitué à leur place les Sébusiens, sous prétexte qu'on lit dans les Commentaires de César, qu'il entra du Païs des Allobroges dans celui des Sébusiens.

L'erreur de ce nouveau système, vient de ce qu'on n'a pas réfléchi, qu'aucun autre Auteur n'a nommé les Sébusiens, & qu'ils ne sont ici que par une faute des Copistes qui ont changé le G en B, ce qui se fait assez facilement : car César donne par-tout ailleurs au même Peuple, le nom de Ségusiens. *

* Lib. 7, cap. 12 & 14.

Je dis qu'aucun autre Auteur n'a nommé les Sébusiens, parce qu'on doit aussi regarder comme une faute de Copiste, ce qu'on voit dans quelques éditions de Ciceron : *O rem incredibilem ! O nuncium volucrem ! administri, & satellites sexti Nævii, Româ, trans Alpes, in Sebusianos biduò veniunt.* * On devroit plûtôt lire, Segusianos au lieu de Sebusianos.

* *Oratio pro. P. Quinctio. n. 80.*

Mais cette leçon ne vaudroit pas mieux que la premiere, car il faut lire *Segusinos*; & pour s'en convaincre il n'y a qu'à faire attention, que Ciceron parle d'une assignation donnée par Nævius à son Associé, dans un lieu gouverné par un Magistrat Romain, & où ils avoient du bien & un domicile commun ; ce qui ne peut être entendu de la Bresse, du Bugey, ni du Païs des Ségusiens, qui n'étoient pas soumis à la République, dans le tems que Ciceron plaidoit pour Quinctius.

Il faut donc l'entendre d'un lieu de la domination Romaine & voisin des Alpes, où il y avoit des Peuples qui portoient le nom de Ségusiens ou Ségousins. C'étoient ceux d'auprès de Suze, où l'on voit un arc de triomphe érigé à l'honneur d'Auguste, par le Magistrat Romain qui gouvernoit les Peuples des environs, parmi lesquels on en trouve deux qui s'apelloient *Segousii* & *Segusini*. Aussi les Sçavans qui ont écrit les derniers sur notre question, ont rejetté de la Bresse & du Bugey, les Sébusiens comme les Brannoviens & les Brannovices, pour y placer les Ségusiens, qui occupoient suivant eux les deux côtés de la Sône.

Pour moi je place les Ségusiens à l'Occident du Rhône & de la Sône, dans le Païs que nous apellons le Lyonnois, le Foretz, & le Beaujolois. C'est-là qu'on trouve les Villes anciennes que leur donne Ptolomée : *Rodumna* Roanne, & *Forum Segusianorum*, Feurs.* C'est-là aussi, qu'étoit située celle de Lyon qui avoit été bâtie chez eux : *Segusiani liberi, in quorum agro Colonia Lugdunum,* * & qui étoit devenuë leur Capitale : *Præest hæc urbs, genti Segusianorum.**

* *Ptol. lib. 2, cap. 27.*
* *Plin. lib. 4, Hist. nat.*
* *Strab. lib. 4.*

Vous m'oposerez peut-être, que Lyon est entre le Rhône & la Sône, & dans leur confluent jusqu'auquel je pousse la Province Séquanoise : mais distinguez, je vous prie, Monsieur, Lyon moderne tel que nous le voyons aujour-

Premiere Dissertation.

d'hui entre le Rhône & la Sône, de Lyon ancien tel qu'il a été dans les premiers siécles de l'Empire. Il étoit alors sur la montagne de Fourviere à l'Occident de la Sône, & il a été transporté entre le Rhône & la Sône dans les siécles suivans. Vous en trouverez les preuves dans l'Histoire Litteraire de cette Ville par le Pere de Colonia. * *Chap. 16, part. 1.

C'est du lieu où je place les Ségusiens, qu'ils pouvoient facilement exécuter l'ordre qu'ils reçurent de Vercingentorix, d'entrer chez les Allobroges, & de leur faire la guerre. *Æduis Segusianisque, qui sunt finitimi provinciæ, imperat bellum inferre Allobrogibus.* * Ils étoient voisins des Allobroges, parce qu'ils touchoient le Dauphiné dans toute l'étendüe qu'a aujourd'hui le Lyonnois. Il leur étoit facile de les attaquer en passant le Rhône du côté de Vienne; mais ils n'auroient été ni voisins des Allobroges, ni à portée d'entrer chez eux dès la Bresse, parce qu'ils auroient encore été séparés d'eux par le Bugey qui étoit du Païs des Séquanois. *Cas. lib. 7.

Strabon, quoique vous me l'oposiez, ne me paroît pas contraire à l'opinion que je défens. Il dit que Lyon est la Capitale des Ségusiens, qui habitoient entre le Rhône & un autre fleuve qu'il nomme *Dubim : Præest Lugdunum genti Segusianorum, sitæ inter Rhodanum & Dubim fluvios.* Voilà les Ségusiens placés sur le bord du Rhône. Ce ne peut pas être entre ce fleuve & la Sône, car Strabon ne le dit pas. Il dit au contraire, que c'est entre le Rhône & un fleuve autre que la Sône. Il a mis les Ségusiens sur le Rhône, & ce ne peut pas être avant sa jonction avec la Sône, parce que les Auteurs placent les Séquanois le long du Rhône en cet endroit, & qu'ils en sont encore en possession, par la dépendance de Bellay de l'Archevêché de Besançon : il faut par conséquent mettre les Ségusiens sur le Rhône, vis à vis de Vienne & au-dessous du lieu où il reçoit la Sône.

La difficulté est de connoître l'autre fleuve, que Strabon apelle *Dubis*. Ce ne peut pas être le Doux qui traverse la Franche-Comté, parce que quand on mettroit la Bresse chez les Ségufiens, ils ne feroient pas entre le Doux & le Rhône, & que cette délimitation ne comprendroit pas la plus grande partie de leur Païs où font leurs feules Villes, Lyon, Feurs & Roanne. Il faut donc que Strabon fe foit trompé en nommant ici le Doux, & qu'il n'en ait pas connu la fituation; d'autant qu'il dit un moment après, que les Eduois *funt inter Dubim & Ararim fluvios*, ce qui eft manifeftement faux; ou que fes Copiftes aient écrit le nom du Doux pour celui de la Loire dans l'un de ces paffages, & pour l'Allier dans l'autre, comme l'a conjecturé M. de Valois dans fa Notice, au mot *Ædui*; puifque d'ailleurs le Rhône & la Sône font fuivant Strabon, au Levant, l'un des Ségufiens, & l'autre des Eduois; d'où il fuit que le confin opofé doit être au Couchant, & cependant le Doux eft au Levant de la Sône même.

L'obfcurité de cet endroit de Strabon, peut être éclaircie par un autre, où parlant du Rhône, il dit: *Rhodanus, ab Alpibus magnus, magno defluit impetu; qui etiam ubi lacum magnum exit, alveum fuum ad multa ftadia confpicuum*, inde in campeftria Allobrogum & Segufianorum lapfus apud Lugdunum, *cum Arari concurrit urbem Segufianorum exhibet*. Remarquez bien, je vous prie, Monfieur, cette expreffion: *inde in campeftria Allobrogum & Segufianorum lapfus apud Lugdunum, &c.* car elle prouve que ce n'eft qu'à Lyon, que le Rhône commence à être la limite des Allobroges & des Ségufiens, & dès-là feulement que joint à la Sône, il parcourt les plaines des Ségufiens, qui font le Lyonnois.

Cette explication eft foutenuë par le paffage d'Ammian Marcellin, dans lequel décrivant le cours du Rhône, il dit qu'étant forti du Lac Leman: *Fertur per Sapaudiam & Sequanos, longéque progreffus, Viennenfem latere finiftro perftringit, dextro Lugdunenfem*. * Le Rhône, fuivant cet Auteur, fépare les territoires de Vienne & de Lyon, mais ce n'eft qu'après avoir paffé entre la Savoye & le Païs des Séquanois, & y avoir eu un long cours, *longè progreffus*; ce que Strabon explique par ces mots, *multa ftadia*, que

* Lib. 15 in fin.

je soupçonne être corrompus dans le mot *multa*, écrit au lieu du nombre des stades que cet Auteur a coutume d'exprimer.

Le passage de César qui fait le plus d'impression sur votre esprit, Monsieur, est celui où il dit qu'il a passé des Allobroges chez les Ségusiens, & que c'est le premier Peuple qu'on trouve au-delà du Rhône, en sortant de la Province Romaine. Il me semble cependant, que comme Vienne étoit le lieu du passage ordinaire de la Province Romaine & du Païs des Allobroges dans les Gaules en venant d'Italie, César a voulu parler en cet endroit du Peuple qui se trouvoit immédiatement à la sortie de Vienne après y avoir passé le Rhône, & non de celui qui étoit à l'Occident de cette riviere, plus haut que Lyon ; d'où je conclus, que suivant l'autorité même que vous croyez la plus forte contre moi, j'ai bien placé les Ségusiens, en les mettant à l'Occident du Rhône & de la Sône.

Pour mieux connoître la vérité de ce que je vous dis, je vous prie de réfléchir, Monsieur, que César pour avoir une Armée capable d'empêcher le passage des Helvétiens dans les Gaules, alla en Italie, où il prit trois vieilles Légions & en leva deux autres. Il repassa les Alpes avec ces troupes, entra par Exilles dans le Païs des Vocontiens, & de là chez les Allobroges. *Ab Ocello, in fines Vocontiorum pervenit, inde in Allobroges.*

César fut alors informé que les Helvétiens étoient déja dans le Païs des Séquanois, d'où ils faisoient des courses chez ceux d'Autun : *Helvetii, jam per angustias & fines Sequanorum, copias suas transduxerant, & in Æduorum fines pervenerant, eorumque agros populabantur.* Il est question de sçavoir, si dans ces circonstances César est venu passer le Rhône au-dessus de Lyon, ou si ce fut à Vienne. Il n'avoit point de pont pour le passer au-dessus de Lyon ; il auroit fallu en construire un, & le tems pressoit. Il seroit entré par là dans un Païs rempli d'ennemis, & qui étoit à leur dévotion. Il se seroit mis à la queuë des Helvétiens, qui auroient cependant avancé dans les terres de ses alliés.

Il convenoit donc mieux qu'il se présentât à eux en face, pour les empêcher d'y entrer.

Je pense que c'est le parti qu'il prit, qu'il passa le Rhône à Vienne, où il y avoit un pont dont il étoit le maître, & que c'est de ce passage qu'il parle, quand il dit : *Ab Allobrogibus, in Segusianos excertum ducit: hi sunt extrà provinciam, trans Rhodanum primi.* César entra de Vienne chez les Ségusiens ses amis, parce qu'ils étoient alliés des Eduois. Il trouvoit chez eux tous les secours dont il avoit besoin, & il étoit à portée de disputer aux Helvétiens le passage de la Sône, ou de les prendre en queuë en passant lui-même cette riviere; ce qui lui étoit facile, puisqu'il nous dit à la suite, que son Armée la passa en un jour. On peut même conjecturer, que les Ségusiens avoient un pont sur la Sône auprès de Lyon, sur tout s'ils avoient déja une Ville en ce lieu, comme les Historiens de Lyon le prétendent.

Mais il aprit bien-tôt que les Helvétiens l'avoient prévenu, & qu'ils étoient déja les trois quarts au-delà de la riviere : *Cæsar, certior factus per exploratores, tres jam copiarum partes, Helvetios id flumen traduxisse.* Ce fut ce qui le détermina à passer la Sône, pour venir attaquer dans le Païs des Séquanois, les Helvétiens qui y restoient. Il les attaqua en effet, & les défit auprès de Mâcon; après quoi il repassa cette riviere, pour suivre ceux qui étoient au-delà, qu'il atteignit & mit en déroute auprès d'Autun.

Vous m'oposerez sans doute, Monsieur, que suivant moi, César passa deux fois la Sône, & qu'il n'a parlé que d'un passage de cette riviere. Mais il ne parle pas de la premiere fois qu'il la passa, parce qu'il n'y fit point de pont, en ayant un à lui dans le Païs des Ségusiens. Il ne dit pas non plus qu'il eût passé le Rhône, quoiqu'il l'eût passé en effet; & pourquoi ne le dit-il pas ? c'est parce que le traversant à Vienne il ne fit point de pont : car s'il avoit été obligé de faire un pont pour passer une si grande riviere, il n'auroit pas manqué de le dire, puisqu'il a dit, qu'il en fit un fur la Sône pour fuivre les Helvétiens après fa premiere victoire. J'ajoute à cela, Monfieur, une conjecture qui me paroît bien confiderable.

C'eſt qu'en plaçant les Séguſiens aux deux côtés de la Sône, ceux qui en auroient occupé le côté oriental, auroient fans doute été brulés & pillés par les Helvétiens, qui ne faiſoient point de quartier aux Allobroges ni aux Éduois, & à leurs Clients : car ceux-ci ſe plaignirent à Céſar du ravage de leurs campagnes, & ils lui dirent qu'ils ne croyoient pas pouvoir tenir dans leurs Villes, s'il ne leur donnoit du ſecours. Céſar nomme les Peuples qui avoient ſouffert de l'invaſion des Helvétiens. Ce ſont, dit-il, les Allobroges qui avoient des maiſons au-deçà du Rhône, les Eduois, & les Ambarrois Clients de ceux d'Autun, qui diſoient que leurs campagnes avoient été déſolées, & leurs enfans réduits en ſervitude preſque à la vûë de l'Armée Romaine. Où auroit donc été cette Armée, qui voyoit de ſi près la déſolation des Ambarrois & des Éduois, qui étoient à l'occident de la Sône dans le Mâconnois & dans le Nivernois, ſi elle n'avoit été auſſi à l'occident de cette riviere ? & pourquoi eſt-ce que les Helvétiens ne touchoient pas au Païs des Séguſiens, qui étoient autant leurs ennemis que les Ambarrois, ſi ce n'eſt parce que l'Armée de Céſar qui étoit chez eux, les mettoit à couvert ?

Croyez-vous, Monſieur, que s'ils avoient été à l'orient de la Sône, les Helvétiens ne les auroient pas pillés, puiſqu'ils pouvoient le faire fans obſtacle, dès qu'ils furent dans le Païs des Séquanois ? car ils n'avoient ni riviere ni montagne à paſſer pour aller à eux, & l'Armée Romaine n'étoit pas encore arrivée, pendant vingt jours qu'ils employérent à faire un pont fur la Sône, auprès de Mâcon, au centre du Païs qu'on ſupoſe qu'ils occupoient : & ſi les Séguſiens avoient ſouffert du paſſage des Helvétiens, penſez-vous que Céſar n'en auroit rien dit, lui qui a détaillé juſqu'à la ruine de quelques Villages que les Allobroges possédoient à l'occident du Rhône ? *

Vous avez vû, Monsieur, que l'endroit de César, où on lit qu'il passa du Païs des Allobroges dans celui des Sébusiens, est altéré, puisqu'il n'y a jamais eu de Sébusiens. J'ai bien voulu l'entendre des Ségusiens pour laisser votre objection dans toute sa force, & j'y ai répondu dans ce sens. Mais vous y arrêteriez-vous encore, si l'on vous montroit, que puisqu'il faut rétablir le texte de César, on doit y lire plûtôt *in Sequanos exercitum ducit*, que *in Segusianos*? Voyez donc, je vous prie, Dion Cassius, dans l'endroit où il parle de la guerre de César & des Helvétiens. Vous y trouverez que ce Peuple faisant le dégât chez les Séquanois, contre la promesse qu'il leur avoit faite lorsqu'ils lui en avoient permis l'entrée; les Séquanois demandérent des troupes à César, qui s'unit avec eux pour attaquer les Helvétiens. * Ce fait suposé, n'est-il pas probable que César passa du Païs des Allobroges dans celui des Séquanois, à Bellay, ou en quelque autre lieu où ils avoient un pont sur le Rhône, & par conséquent qu'on peut lire: *Ab Allobrogibus, in Sequanos exercitum ducit*.

Je me flate, Monsieur, que vous entrerez d'autant plus facilement dans les réponses que je fais à vos observations, qu'elles concilient les passages que vous m'oposez, avec ceux que j'ai cités pour mon sentiment. Je viens à présent à ce que vous m'objectez sur ce que les Diocèses de Chalon, de Mâcon & de Lyon, s'étendent dans la Bresse, & que celui de Lyon comprend même quelques endroits du Bugey.

Je conviens que les Provinces Ecclésiastiques, ont été formées sur les Provinces civiles de l'Empire Romain.

* *Ædui, càm se suaque ab Helvetiis defendere non possent, legatos ad Cæsarem mittunt, rogaturi auxilium. Ita se omni tempore de Populo Romano benemeritos esse, ut penè in conspectu exercitûs nostri, agri vastari, liberi eorum in servitutem abduci, oppida expugnari, non deberent. Eodem tempore quo Ædui, Ambarri quoque, necessarii & consanguinei Æduorum, Cæsarem certiorem faciunt, sese, depopulatis agris, non facilè ab oppidis, vim hostium cohibere. Item Allobroges, qui trans Rhodanum vicos possessionesque habebant, fugâ se ad Cæsarem recipiunt, & demonstrant, sibi præter agri solum nihil esse reliqui. Cæs. lib. 1.*

* *Barbari, in Sequanos conversi sunt, per eos & Æduos transitum ipsis, quod, se ab omnibus maleficiis temperaturos pollicerentur, iter faventes. Veriuntamen, cùm pactis non starent, sed eorum regionem popularentur, Sequani & Ædui legatos ad Cæsarem mittunt, rogatum auxilium, petuntque, ne in conspectu ejus sibi pereundum sit. Et quamquam eorum oratio cùm re ipsâ parùm conveniret, tamen id quod petebant impetraverunt. Cæsar enim veritus, ne ad Tolosanos Helvetii proficiscerentur, statuit potiùs, junctis sibi Æduis Sequanisque eis resistere, quàm si cùm Helvetiis conspirassent (quod haud dubiè futurum erat) bellum adversùs omnes suscipere: itaque Helvetios transeuntes Ararim flumen aggressus, novissimos in ipso fluminis transitu, concidit. Dion. Cass. lib. 38.*

Premiere Dissertation.

Mais cette régle n'est absolument vraie, que pour les Villes où les Siéges des Evêchés ont été établis : car elle ne paroît pas telle pour l'étenduë des Diocèses. Celui de Besançon, par exemple, s'étend au-delà de la Sône, du côté de Bourbonne, Jussey, Jonvelle, Auxonne & Bellegarde. Cependant la Sône a toujours fait la limite de la Province Séquanoise avec les voisines, soit avant soit après l'établissement de l'Empire Romain. Le Diocèse de Genève, dont le Siége est chez les Allobroges, comprend le Bailliage de Gex, qui étoit du Païs des Helvétiens. L'Evêque de Bellay suffragant de Besançon, a beaucoup de Paroisses au-delà du Rhône dans le Païs des Allobroges, quoique le Rhône les ait séparés dans les anciens tems. Ceux de Langres & de Lausanne, ont aussi des Paroisses dans le Païs des Séquanois. Il n'y a donc rien à conclure pour les limites de la Province Séquanoise, de ce que les Evêchés de Chalon & de Mâcon, dont le Siége étoit chez les Eduois, comprennent une partie de la Bresse, & l'Archevêché de Lyon l'autre ; celui-ci renfermant aussi S. Claude & S. Amour, deux lieux considerables, qui ont toujours été du Païs des Séquanois, & qui sont encore dans le Comté de Bourgogne.

Les Evêques voisins, ont fait entre eux dans les tems reculés, des échanges & des réglements dont on n'a pas conservé les actes ni le souvenir. Ils ont travaillé dans les premiers siécles de l'Eglise à la conversion des Peuples dans le voisinage de leurs Siéges & de proche en proche, même hors de leurs Provinces, dont les limites n'arrêtoient pas leur zéle ; & cela seul a suffi pour rendre ces Peuples, leurs Diocésains. C'est par cette raison principalement, que la Bresse qui étoit éloignée de Besançon, & à la portée de Chalon, Mâcon & Lyon, se trouve des Diocèses de ces trois derniéres Villes. Cette contrée d'ailleurs étoit peu habitée, parce qu'elle étoit basse, mal-saine, remplie de bois & de marais; c'est pourquoi on l'apelloit *Saltus Brixiensis*. Aussi n'y a-t-on pas trouvé des Villes anciennes, des Inscriptions ni d'autres vestiges d'antiquité, comme dans le Bugey, qui lui eſt parallele, mais qui étant plus élevé, joüit d'un meilleur air.

Enfin dans le tems que le Chriſtianiſme a fait ſes plus grands progrès, les incurſions des Allemans & des Vandales, des Alains & des Huns, & l'invaſion des Bourguignons, avoient preſque entiérement dépeuplé la Province Séquanoiſe. Des ſaints Solitaires ſe ſont établis dans les déſerts de cette Province, & les regardant comme des lieux neutres, ils ſe ſont choiſi pour Diocéſains, les Evêques qu'ils ont jugé à propos.

C'eſt ce qui eſt arrivé, par exemple, à l'égard de l'illuſtre Monaſtere de S. Claude. Ses ſaints Fondateurs Romain & Lupicin, qui ont introduit chez nous au commencement du cinquiéme ſiécle la vie angélique des Peres du Déſert, ont reconnu l'Evêque de Lyon pour leur Diocéſain, quoiqu'ils fuſſent Séquanois de naiſſance & établis dans la Province Séquanoiſe, parce qu'ils étoient particuliérement connus de cet Evêque, & qu'ils avoient pris dans ſa Ville Epiſcopale, les principes & les régles de la vie monaſtique qu'on y obſervoit déja.

Ce peut être par raport à l'extenſion du Diocèſe de Lyon dans la Province Séquanoiſe, qu'on a dit de S. Claude & d'autres lieux de cette Province, qu'ils étoient *in pago* ou *territorio Lugdunenſi*. Mais d'ailleurs ces lieux étoient ſous la domination des Rois de Bourgogne, qui avoient renverſé l'ancienne diviſion faite par les Romains, & établi dans leur Royaume de nouvelles Provinces, dont ils avoient donné le gouvernement à des Seigneurs de leur Cour, qu'on apelloit Comtes, à l'exemple de ce qu'avoient pratiqué les Romains ſous le bas Empire. Nous en avions quatre dans le ſeul Comté de Bourgogne, qu'on apelloit Comtes des Scodings, des Varaſques, des Portiſiens, & des Amouſiens. Celui de Lyon, qui étoit l'une des Capitales du Royaume, devoit avoir un plus grand diſtrict que les autres; & comme cette Ville, qui avoit été bâtie aux confins de ſa Province du côté des Séquanois, n'avoit eu d'abord qu'un petit territoire, il fut étendu conſiderablement de ce côté sous les Rois Bourguignons, & l'enceinte du Gouvernement de Lyon, fut apellée *pagus Lugdunensis* ou *territorium Lugdunense*.

Quant à ce qu'Aimoin Moine de Fleuri, parlant de la fondation de l'Abbaïe de S. Marcel auprès de Chalon, dit qu'un Roi de Bourgogne la bâtit, *in suburbio civitatis Cabillonensis, sed in territorio Segonum, saltuque Brixiensi*; je réponds que cet Auteur, qui écrivoit au commencement du onziéme siécle dans un tems d'ignorance, & qui a simplement raporté des faits, n'a guere pensé à faire la distinction des Ségusiens & des Séquanois; & qu'on peut entendre des Séquanois, la dénomination de *Segonum*, qu'il a donnée au territoire dans lequel le Monastere de S. Marcel a été édifié. Aussi M. de Valois a pensé, qu'il falloit lire *Sequanorum* au lieu de *Segonum*; & on trouve dans l'Histoire du martyre de S. Marcel, qu'une des portes de Chalon, étoit apellée *porta Secanica*; & dans la continuation de celle de Grégoire de Tours par Fredegaire, que Gontran fit bâtir un Monastere & une Eglise à l'honneur de S. Marcel, dans le Fauxbourg de Chalon qui étoit sur le territoire des Séquanois: *Ecclesiam Beati Marcelli, in suburbano Cabillonensi, sed quidem tamen Sequanum territorium, mirificè ac solerter ædificari jussit; ibique Monachis congregatis, monasterium condidit.* * Or si le Païs des Séquanois comprenoit la Bresse Chalonoise, qu'est-ce qui empêche qu'il comprit aussi, ce qui est des Diocèses de Lyon & de Mâcon, entre le Rhône & la Sône?

* Dans l'édit. des Peres Latins à Lyon.

Vous ajoutez, Monsieur, que les Auteurs, qui ont écrit depuis le renouvellement des sciences, sont contraires à mon sentiment; j'en connois cependant qui ont pensé à peu près comme moi. Je ne vous nommerai ni Paradin ni Gollut, vous les reprocheriez comme des Auteurs crédules & sans critique; mais je vous en citerai deux, dont chacun vaut plusieurs autres. Le premier, est le sçavant Auteur des Notes sur Pline, qui dit: *Sequani, tenuere ferè, quidquid à Dolâ Lugdunum usque, inter Ararim & Rhodanum, terrarum interjacet.** Le second est le docte Cluvier,

* *Not. in lib. 4. Plin. l. 484. p. 13.*

qui est allé les livres & le crayon à la main, voir les Païs dont il a parlé dans ses ouvrages. Voici ce qu'il dit dans sa Germanie antique, des limites des Séquanois, en ce qui peut concerner notre difficulté : *Sequani, Arare ad oppidum usque* Gray *à Lingonibus, & inde eodem amne ab Æduis, ad oppidum usque* Mâcon *distinguebantur. Tandem ad Rhodani usque confluentem, à Segusianis. Continentur nunc hisce Sequanorum finibus, Alsatia superior, Burgundiæ Comitatus, & ager Bressensis.* *

* *Germ. antiq. l. 2, cap. 8.*

Voilà des réclamations qui auroient interrompu la prescription, si elle avoit pû courir en cette matiere. Mais vous sçavez, Monsieur, qu'on ne prescrit jamais contre la vérité; que ce qui a été vrai dans un tems, peut bien être obscurci, mais qu'il ne peut pas être faux ; & que l'un des principaux droits de la critique, est d'effacer les préjugés les plus anciens, en démontrant l'erreur des opinions communes. Voici quelle a été à mon avis la cause de celle que je combats.

L'invasion des Bourguignons, fut suivie de près d'une grossiére ignorance dans tous les Païs qu'ils occupérent. Elle fit oublier jusqu'au nom des Peuples qui les habitoient, & les nouvelles divisions qu'ils firent dans leur Etat, effaça insensiblement le souvenir des anciennes limites des Provinces. Cette confusion augmenta encore, à la dissolution du dernier Royaume de Bourgogne : car les Seigneurs qui y avoient des Gouvernements, s'y attribuérent insensiblement la souveraineté. Ce fut alors, qu'on vit se former les Comtés de Bourgogne, de Savoye & de Provence, le Dauphiné & plusieurs autres Etats qui n'étoient pas connus auparavant.

Lorsqu'après bien des siécles, l'on a commencé à reprendre de l'amour pour les lettres, & à lire l'Histoire ; chaque nouveau Peuple a recherché sa premiére origine. Mais les choses avoient tellement changé, qu'il n'a pas été également facile à tous de la retrouver. Les passages des anciens qui étoient clairs quand ils ont écrit, parce qu'ils étoient soutenus de l'état des lieux, ont paru obscurs à la suite ;

cet

cet état n'étant plus le même. La vanité a augmenté l'embarras : car tel n'étoit venu que des Clients, qui a voulu descendre des maîtres ; & tel autre, qui n'avoit fait qu'une petite partie d'une Nation, a voulu faire un Peuple à part. C'est ce qui a porté les Bugistes & les Bressans, dont les noms sont nouveaux, à se faire Brannoviens, Brannovices & Sébusiens, en abusant de quelques lieux des anciens Auteurs, alterés & mal copiés.

La Province Séquanoise avoit été démembrée à plusieurs reprises. La puissance & le lustre de Besançon, étoient beaucoup diminués, parce qu'il n'y résidoit plus, comme sous l'Empire Romain, des Magistrats qui commandassent à une grande Province, & que cette Ville étoit éloignée du séjour de son Souverain. Lyon au contraire, devenu dans peu de tems la Rome des Gaules, & l'une des plus belles Villes de l'Empire, s'étoit soutenu après l'invasion des Bourguignons, parce qu'ils l'avoient choisi pour l'une des Capitales de leur Royaume, & qu'ils y résidoient. Son heureuse situation pour le commerce, y avoit conservé l'abondance & le concours des Peuples. La gloire de cette Ville celebrée par un grand nombre d'Auteurs, excitoit ses voisins qui habitoient le confluant du Rhône & de la Sône, à y prendre part. Après avoir tenté de se faire Brannoviens, Brannovices ou Sébusiens, ils se sont dit Ségusiens pour avoir Lyon à leur tête ; & ils y ont encore été engagés, parce qu'on lit dans Pline que les Ségusiens étoient un Peuple libre ; ce qui ne doit cependant pas être entendu d'une liberté originaire, mais d'une exemption du tribut, accordée par un privilége, qui n'étoit pas fort rare dans les Gaules sous l'Empire Romain ; * ou, comme l'entend M. de Valois, de ce que les Ségusiens cessérent d'être Clients des Eduois, depuis que Lyon fut leur Capitale & Colonie Romaine.

* *Plin. lib. 4. cap. 17.*

C'est ainsi qu'on a dépoüillé les Séquanois, & qu'on les a réduits au Comté de Bourgogne, qui ne fait que le tiers de leur Païs, tel qu'il étoit avant Auguste ; sous lequel il avoit encore été augmenté de près de moitié, par la jonction qui y fut faite de celui des Helvétiens, auſquels on donna auſſi dès lors le nom de Séquanois. Mais comme on les a dépoüillés ſans titre, & à ce qu'il me ſemble, ſans raiſon ; j'ai crû qu'il étoit du devoir d'un bon Compatriote, de rétablir leurs anciennes limites, & je ne fais en cela, ni tort ni injure aux Habitants des Païs que je révendique ; car le nom de Séquanois que je leur donne, eſt au-deſſus de ceux que je leur conteſte.

J'oubliois de vous obſerver, Monſieur, que l'Anonime qui a écrit au ſixiéme ſiécle, les vies des trois premiers Abbés de S. Claude, dit qu'ils étoient d'Iſernore dans la Province Séquanoiſe, *intrà Galliam Sequanorum oriundi* ; & que S. Romain le plus ancien des trois, a introduit la vie cénobitique dans le Païs des Séquanois, en établiſſant un Monaſtere à Condat qui porte aujourd'hui le nom de S. Claude. *Ante quem, nullus omninò Monachorum, intrà Galliam Sequanorum, religionis obtentu, aut ſolitariam, aut conſortialis obſervantiæ, ſeĉtatus eſt vitam.* Or Iſernon dans le Bugey, & S. Claude dans le Comté de Bourgogne, ont toujours été du Dioceſe de Lyon. D'où je tire une nouvelle preuve que l'étendue de ce Dioceſe, ni de ceux de Chalon ou de Mâcon, ne prouve rien contre celle que je donne à la Province Séquanoiſe.

Il me reſte, Monſieur, pour achever de répondre à votre Lettre, à juſtifier le plan que j'ai pris, d'expliquer autant qu'on le peut raiſonnablement faire, nos anciens noms Celtiques par la langue Allemande.

Vous m'oppoſez d'abord cet endroit de Céſar, où il dit, qu'il envoya Valerius Procillus à Arioviſte pour conférer avec lui, parce qu'il étoit aſſuré de la fidélité de cet Envoyé, qui ſçavoit parfaitement la langue Gauloiſe, & qu'Arioviſte s'étoit accoutumé à la parler depuis le tems qu'il étoit dans les Gaules : *C. Valerium Procillum, propter fidem & Gallicæ linguæ ſcientiam, quâ multùm Arioviſtus longinquâ conſuetudine utebatur, ad eum* *mittit.* * Car je ne crois pas qu'il faille dire comme M. d'Ablancourt a traduit, qu'Arioviſte avoit apris la langue Gauloiſe, mais qu'il s'y étoit accoutumé *longâ conſuetudine*; comme l'on diroit du grand Guſtave, qu'ayant fait des conquêtes en Allemagne, & y ayant converſé pendant pluſieurs années avec les Seigneurs du Païs, il s'étoit habitué à parler le haut Allemand que les Suédois n'entendent pas bien, parce que leur langue n'eſt qu'un dialecte de la langue Allemande.

* *Cæſ. lib. 1.*

Ce fait ſupoſé, le paſſage de Céſar ne prouve pas que la langue Gauloiſe fût differente de celle d'Arioviſte, parce que, tout de même qu'un Suiſſe n'entendroit pas parfaitement le Saxon, ou ſi voulez, un Suédois ou un Danois ne comprendroit que quelques mots de l'Allemand, quoiqu'en général toutes ces Nations le parlent, & que leurs langues aient le même génie & les mêmes racines; de même un Gaulois n'auroit pas pû faire une converſation liée & ſuivie avec Arioviſte, s'ils n'avoient parlé que leurs dialectes maternels. Mais Arioviſte ayant demeuré pendant pluſieurs années dans le Païs des Séquanois, il s'étoit accoutumé à leur langue, & cela d'autant plus facilement, qu'elle étoit dans le fond la même que la ſienne. Je répons par la même raiſon, à l'autorité de Tacite, de Sidonius Apollinaris, & des autres, qui ſemblent diſtinguer les langues Gauloiſe & Germanique.

Croyez-vous, par exemple, Monſieur, que quand Céſar dit que les Celtes, les Belges & ceux de l'Aquitaine, parloient des langages différens, *ii omnes, linguâ inter ſe differunt*; * il doive être entendu d'une autre différence que de celle des dialectes; & que les langues, que parloient les Peuples de la Gaule Narbonoiſe, étoient auſſi différentes que l'Hebreux, le Grec & le Latin, parce qu'Auſone dit d'eux,

* *Lib. 1.*

Quis numeret portuſque tuos, montesque, lacuſque?
Quis populos varios, diſcrimine veſtis & oris.

Vous pouvez voir dans le livre premier de la Germanie

antique de Cluvier, chap. 5 & fuiv. combien il y a de preuves que les langues Germanique & Celtique ne différoient que dans l'idiome. J'ajoute que S. Jérôme rend témoignage, que les Galates anciens Gaulois établis depuis plufieurs fiécles en Afie, parloient à peu près la langue dont on ufoit à Trèves de fon tems ; & que l'expérience m'a apris, que nos anciens mots Celtiques peuvent être plus naturellement expliqués par le fecours de la langue Allemande, que par toutes les conjectures, dont nos Sçavans fe font fervis pour les rendre intelligibles. Je vais, Monfieur, vous en donner quelques exemples, fans m'écarter beaucoup de mon fujet.

Plutarque le Jeune en fon Traité des Rivieres, dit que la Sône a été nommé *Brigulus*. Brive en langue Celtique fignifie un pont, & on nomme un pont, *Brict* ou *Bruct* en Allemand. Ainfi, comme les Celtes qui ont habité les premiers dans les Gaules, y ont probablement nommé les lieux, par raport à quelque propriété particuliere ou à l'ufage qu'ils en faifoient; ils ont apellé la Sône, la riviere des Ponts, parce que coulant dans un terroir fertile, entre des Peuples amis & alliés, il y a dû avoir plufieurs ponts pour paffer d'un bord à l'autre.

Elle fervoit de limite à ces Peuples, & c'eft, à mon avis, ce qui lui a fait donner le nom d'*Arar*: car je trouve que nos Séquanois, ont ainfi nommé les limites & les lieux principaux des frontieres de leur Païs. En effet, la riviere d'Aar, qui les féparoit des Helvétiens du côté du Rhein, portoit le nom d'*Arar*, fuivant les anciens Hiftoriens cités par M. de Valois au mot *Solodurum*. Le lieu principal qui étoit fur leurs confins dans le mont Jura, fe nommoit *Ariarica*, & celui qui étoit à leur frontiére du côté de la Germanie, étoit apellé *Arialbinum*. Cette fillabe *ar*, fe trouve encore dans les mots Celtiques que nous avons confervés, & qui marquent le repos dans un lieu, ou qu'il ne faut pas paffer outre : comme *arrêter*, *barrer*, *barriere*, *arrher*, *tarder*, *garder* &c. & nous crions *alte* à ceux qui paffent des limites, quand ils ne doivent pas le faire : ce que l'Allemand exprime de même par le mot *halt*, qui fignifie en fa langue *arrête*.

Les Auteurs varient fur le troifiéme nom de la Sône, qui eft celui qu'elle porte aujourd'hui en écrivant *Saone*, quoiqu'on prononce *Sône*. Ammian Marcellin l'apelle *Sauconna*, & Gregoire de Tours *Saugonna* : car fes Copiftes ont écrit mal à propos *Sangona*, ce qui a donné lieu à un conte abfurde fur les Martyrs de Lyon, que vous fçavez fans doute. Nithard l'a nommée *Saugonna*, Fredegaire *Saogonna* & *Saucunna*, Hugues Moine de Fleuri *Sagomna*, & j'ai vû plufieurs Chartes anciennes, dans lefquelles elle eft apellée *Saugona* & *Sagona*. Je crois que c'eft fon premier & principal nom Celtique, parce que c'eft celui qu'elle a confervé jufqu'à nos jours. Si les Etrangers l'apelloient *Arar*, les gens du Païs la nommoient plus communément Saugon, comme on le voit par le paffage d'Ammian Marcellin, où il dit : *Rhodanus Ararim, quem Sauconnam appellant, fuum in nomen adfcifſit.* * * *Lib. 15. in fin.*

Vous fçavez, Monfieur, que cette belle riviere porte batteau prefque dès fa fource, & qu'elle paffe dans le terrain le plus fertile du Royaume. C'eft ce qui lui a fait donner à jufte titre, la qualité de nourrice de la grande Ville de Lyon, & des Païs qu'elle arrofe. Je crois que c'eft ce que fon nom Celtique fignifie ; car on apelle en Allemand une nourrice, *faug ou faugam*, ce qui convient parfaitement avec notre maniere d'écrire le nom de Saone, & avec celui de Saugonna, que quelques anciens Auteurs lui donnent, & auquel tous les autres reviennent.

Nos peres ont nommé en leur langue, les rivieres qui couloient dans leur Païs quand ils y font entrés. Lorfque les Etrangers y ont pénétré à la fuite, ils y ont trouvé ces noms établis, & ils les ont dû adopter. C'eft ce qui me fait douter, qu'on doive ajouter foi pour la dénomination du Rhône, à ce qu'on lit dans Pline, que ce fleuve tire fon nom de certains Habitants de l'Ifle de Rhodes, qui vinrent fur les côtes de Provence & y fondérent Rhoda, qui est aujourd'hui un petit Village auprès du Rhône. Quelle aparence en effet, que l'un des plus gros fleuves des Gaules, ait reçû le seul nom qu'il ait porté, d'une poignée de Rhodiens qui s'arrêtérent auprès de son embouchure, plusieurs siécles après que les Païs où il coule, furent habités par les Celtes? Si ce que Pline dit étoit véritable, on auroit apellé le Rhône *Rhodius*, & non pas *Rhodanus*. Comme il n'a parlé que sur une conjecture qu'il tire de la ressemblance du nom, & qui est combattuë par de plus fortes, il faut, à ce qu'il me semble, recourir à une autre étimologie.

Vous sçavez, Monsieur, que le Dain, en Latin *Danus*, qui a sa source dans le Comté de Bourgogne, & qui coule dans le Païs des Séquanois jusqu'à son embouchure dans le Rhône; est la plus grosse des rivieres qui s'y jette, avant qu'il passe à Lyon. Or le nom de Rhône *Rhodanus*, me paroît avoir été composé de *Rhau* & de *Dann*; car c'est ainsi qu'en usoient nos anciens Séquanois, & nous en avons l'exemple dans la riviere du Doux, que César apelle *Aldua-dubis*, des noms de l'Alde & du Doux, qui se joignent auprès de Montbeliard.

Vous attendez sans doute, Monsieur, que je vous explique suivant mon sistême, l'étimologie de Rhodanus; mais n'est-il pas à craindre que je décrie ce sistême, si je le pousse trop loin, sur des choses si anciennes & si obscures? Je ne veux cependant pas que vous croïez qu'il me manque au besoin, & je vais me hasarder à vous dire mes conjectures sur ce fait. Peut-être ne les trouverez-vous pas moins fortes que celles du sçavant M. Bochard, qui tire le nom de Rhodanus, du mot Phénicien *Radini*, qui signifie la couleur blonde, & qui dit que ce grand fleuve a été ainsi apellé, à cause des cheveux blonds des Gaulois qui habitoient ses rivages.

Vous sçavez, Monsieur, que le Rhône est le plus rapide de nos fleuves, qu'il ronge ses bords, & qu'il entraîne tout ce qui se trouve à son passage. Les Allemands apellent *Raub*, la proie, le butin, & *Rauber*, celui qui butine,

Premiere Dissertation. 79

qui enleve. Ils donnent aussi le nom de *Dann* au bois de sapin, & notre Danus a sa source & la plus grande partie de son cours dans nos hautes montagnes du Jura, qui sont couvertes de ce bois. C'est par cette riviere qu'on fait floter encore aujourd'hui jusqu'à Lyon, le bois de sapin dont on s'y sert. Ainsi suivant mon idée, le Rhône a été nommé par nos peres *Raub*, c'est-à-dire la riviere qui ravage, & le Dain *Dann*, la riviere des sapins. Comme ces rivieres se joignent dans leur Païs, ils en ont fait *Raubdann*, en Latin *Rhodanus*, comme ils ont dit *Ald-doub*, en Latin *Aldua-dubis*, pour nommer le Doux.

Je pourrois vous dire encore, que Rhodanus vient des deux mots Celtiques, *Rod-nast*, qui signifient une chose en mouvement, & prête d'entrer en repos, *quieti proxima*. * Cette qualité convient au Rhône, fleuve très-rapide quand il entre dans le lac Leman le plus grand qui soit en Europe, dans lequel il confond ses eaux, & où étant entré, son cours devient imperceptible. Vous l'entendrez aussi, si vous voulez, de ce que le Rhône semble par sa rapidité, se hâter d'aller se reposer dans la mer.

* *Grot. Index propr. nom. Goth. Vand. & Longob.*

Si ces étimologies ne vous ont pas persuadé, Monsieur, je me flatte qu'elles vous auront amusé; & j'en tirerai du moins cet avantage, qu'elles auront diminué l'ennui que vous ont causé la longueur & les matieres abstraites de cette Lettre. J'ai l'honneur d'être, &c.

SECONDE DISSERTATION.

M ONSIEUR,

Lorsque vous me conseillates de m'apliquer à l'Histoire, & particuliérement à celle de notre Province, vous me promites de me choisir les livres nécessaires, & de me donner une méthode, qui me rendroit cette étude plus facile & plus agréable. Vous avez pris la peine de faire l'un & l'autre, & dèslors je me suis fait une habitude de lire, très-agréable à un Gentilhomme, qui, vivant à la campagne, ne chasse que par amusement, & n'aime les plaisirs de la table que pour la société. Les heures si longues & si pleines d'ennui que je passois dans ma Terre, me paroissent des moments, à présent que je les emploie à la lecture ; & je connois par expérience la vérité de ce que vous me disiez, qu'on peut sans sentir aucune des incommodités des longs voyages, parcourir l'Univers & le voir tel qu'il a été depuis sa création ; connoître dans le cours d'une vie ordinaire, les hommes de toutes les Nations & de tous les tems ; se former le cœur & l'esprit dans son cabinet, & aprendre une infinité de choses, qu'il convient à un homme de condition de sçavoir, & qu'il lui seroit même honteux d'ignorer. Quelle obligation ne vous ai-je pas, Monsieur, de m'avoir donné un conseil, qui me procure tant d'utilité & d'agrément ! Cependant avec tout le goût que je me sens pour l'Histoire, je ne me trouve pas encore capable de l'aplication & de la patience, qui sont nécessaires pour lever bien des doutes qu'elle fait naître. J'ai besoin de quelqu'un qui me les éclaircisse, & j'ai assez de confiance en votre amitié, Monsieur, pour me persuader que vous ne me refuserez pas ce secours. Il y va même de

votre

Seconde Dissertation.

votre honneur de me l'accorder ; car vous perfectionnerez votre ouvrage, en me faisant part de vos lumieres. De mon côté, j'en userai avec discrétion ; j'attendrai vos réponses sans impatience, & je ne vous proposerai des questions pour le présent, que sur l'Histoire de notre Province, que je trouve très-obscure, & remplie de difficultés. Je commence à le faire par cette Lettre, avant même que vous aïez bien voulu vous engager à y répondre. Vous voyez combien je compte sur votre politesse.

J'ai lû dans l'Histoire de Besançon, que cette Ville est plus ancienne que Rome, mais je n'en ai point trouvé de preuves solides. J'y ai lû aussi, qu'elle a tiré le nom qu'elle porte, d'une espèce de taureau sauvage, apellé *Bison*, qui fut rencontré, dit l'Historien, dans le lieu où on la bâtit. Il ne me paroît pas qu'il ait prouvé ce fait essentiel, quoiqu'il ait étalé beaucoup d'érudition sur le Bison en général. J'ai crû sans peine ce qu'il ajoute, que Besançon a été une Ville Capitale depuis sa fondation. Cependant étant à Dole il y a quelque tems, un Magistrat de cette Ville, m'assura qu'elle avoit été, avant Besançon, la Capitale du Païs des Séquanois, dont le centre est aujourd'hui le Comté de Bourgogne. Il m'en dit beaucoup de raisons, qu'il voulut bien me donner par écrit, & que je vous envoie. Je fus de là faire visite à Monsieur le Marquis de Montrevel, dans son Château de Pesme. Il m'engagea à une partie de chasse ; & passant par Broye, qui est un Village de sa Terre, un Gentilhomme du voisinage qui chassoit avec nous, me dit qu'il y avoit eu en cet endroit une grande Ville, Capitale des Séquanois avant l'arrivée de Jules César dans les Gaules.

Je me souvins alors, que c'est dans ce lieu même, que l'Historien de Besançon place Amagétobrie, où les Séquanois, joints à Arioviste, remportérent une victoire complette sur ceux d'Autun. Le Gouverneur d'un Comte Allemand qui étoit de notre partie, soutint au contraire qu'Amagétobrie étoit à Bingen sur la Nave. Il prétendit le prouver par deux vers d'Aufone dans fa Mofellane, & par les Remarques de Samfon fur la Carte de l'ancienne Gaule, où vous trouverez ces deux vers.

Je vous prie donc, Monfieur, de m'inftruire de ce que vous fçavez de l'ancienneté de Befançon ; du premier nom que cette Ville a porté, & de fon étimologie ; de la fondation de Dole ; du lieu où étoit Amagétobrie ; & de l'ancienne Capitale du Païs des Séquanois. Mais fouvenez-vous que je ne vous demande ce plaifir, qu'à condition que vous ne vous détournerez pas de vos occupations ordinaires, & que vous n'emploierez que des moments de loifir, à me donner les éclairciffemens que je fouhaite.

Monsieur

Les éclairciffemens que vous me demandez, ne me donneront pas tant de peine, que j'ai de plaifir de voir que vous vous apliquez tout de bon à l'Hiftoire, & de connoître par les queftions que vous me faites, l'envie que vous avez de l'aprendre. Je fens mon amour propre qui fe réveille, & je m'aplaudis d'avoir contribué à acquerir à l'empire des Lettres, un excellent fujet : car je fuis perfuadé, qu'avec la pénétration & la folidité du jugement que je vous connois, vous y ferez bien du progrès en peu de tems ; & que travaillant par goût & par inclination, vous n'aurez bientôt plus befoin d'une perfonne qui vous aide à réfoudre vos doutes. Je ne connois rien en effet de plus attirant que l'étude, ni de plus fatisfaifant que de trouver foi-même, le dénouëment d'une difficulté. Je vais cependant tâcher de répondre à celles que vous me propofez ; mais je crains que vous n'aïez conçû une idée trop avantageufe de mes connoiffances fur l'Hiftoire. Occupé par l'exercice d'une profeffion qui demande prefque tout mon loifir, il y a longtems que je n'étudie plus l'antiquité & les belles Lettres, que pour me délasser ; & je ne me pique pas de les posséder à fond, parce que ce n'est pas la science essentielle à mon état. Pardonnez-moi donc, Monsieur, si ce que je vous écrirai, ne répond pas à ce que vous attendez de moi ; je ne m'y engage que pour vous obéïr, & pour vous marquer que le desir que j'ai de vous plaire, peut me faire entreprendre ce qui seroit même au-dessus de mes forces.

L'Historien de Besançon cite des Auteurs qui attribuënt la fondation de cette Ville aux Compagnons d'Enée, & qui la fixent à l'an onze cent quarante-un avant la naissance de Jesus-Christ. Il ajoute, qu'on y conserve d'anciens manuscrits, qui portent qu'elle a été bâtie quatre cent trente ans avant Rome ; & que c'est une tradition qui y est autorisée, puisqu'on l'a exposée en vers dans son Arsenal.

Vous vous êtes sans doute aperçû, Monsieur, que ces dates ne conviennent pas entr'elles. Vous avez crû que c'étoit vouloir deviner, que de donner une époque certaine à un fait aussi reculé que celui de la fondation de Besançon, dont aucun Auteur ancien n'a parlé : car vous sçavez que ceux que l'Historien de cette Ville nomme, sont modernes. Vous vous êtes défié avec raison, des manuscrits qu'il cite ; ils ne sont que du onziéme ou douziéme siécle, & l'on n'en connoît pas l'Auteur. Enfin, Monsieur, vous n'avez pas voulu adopter une tradition, qui peut avoir été produite par l'inclination qu'on a communément à faire valoir sa patrie, & vous me demandez d'autres preuves de l'antiquité de Besançon.

Votre critique juste, mais sévére sur ce point, me fait craindre de ne pouvoir pas vous persuader, comme je le souhaiterois : car je n'ai ni ancien Historien, ni monument à vous alléguer. Les Gaulois nos peres, ne gravoient rien sur l'airain ni sur le marbre : ils n'écrivoient pas ce qui doit être transmis à la postérité. Leurs Sçavans le mettoient en vers, qu'ils confioient à leur mémoire. Personne n'a pris soin de conserver le contenu de ces vers, & les Etrangers qui n'ont parlé de nous que par occasion, ne se sont pas apliquez à rechercher la date & les Auteurs des fondations de nos Villes. Peut-être même, n'y avoit-il rien de certain ni de connu sur la fondation des plus anciennes, parce qu'elles avoient été bâties en des tems d'ignorance & de la plus haute antiquité. Je ne vous donnerai donc que des conjectures sur ce que vous me demandez, & j'espere que vous voudrez bien vous en contenter ; puisqu'on ne peut point raporter d'autres preuves du tems auquel les anciennes Villes des Gaules ont été bâties, à moins que de donner dans la fable & dans l'illusion, comme ont fait ceux qui ont fixé une époque certaine, à la fondation des Villes de Besançon, Narbonne & Paris, & qui l'ont attribuée aux Compagnons d'Enée.

Je ne sçai aucun Auteur, qui ait parlé de Besançon avant Jules César. Il dit, que c'étoit la plus grande Ville du Païs des Séquanois, *maximum Sequanorum Oppidum*, & que les Séquanois tenoient le premier rang dans les Gaules quand il les conquit, puisqu'ils avoient soumis ceux d'Autun. Il me semble qu'on en peut conclure, que cette Ville étoit déja fort ancienne alors, puisqu'elle étoit très-grande, & la Capitale d'une République, distinguée parmi tant d'autres, qui composoient le corps d'une des plus puissantes Nations du monde.

Les Celtes, que le docte Cluvier dit être descendus d'Askenés, arriere-petit-fils de Noé, * ont été les premiers Habitants des Gaules. Ils y sont venus des bords des Paluds Méotides, & du Pont-Euxin ; & elles étoient déja si peuplées dans le second siécle après la fondation de Rome, qu'elles furent obligées de se décharger d'une partie de leurs Habitants, dans l'Italie & dans la Germanie.

Ce n'est pas par la mer, que les Celtes sont venus dans les Gaules. La transmigration des Nations entieres, ne pouvoit pas se faire alors par cette voie. La navigation n'étoit pas encore connuë, ou se faisoit avec un petit nombre de Vaisseaux, qui ne s'écartoient pas des rivages :

* *Germ. Ant. lib. 1. cap. 4, 9 & 37. Genes. cap. 10.*

c'eſt donc par terre que les Celtes ſont venus dans les Gaules. Prenez, je vous prie, Monſieur, une carte géographique, & voyez la route qu'ils ont dû tenir pour s'y rendre, de l'Arménie ou de l'Ibérie à preſent la Géorgie, premiere habitation d'Askenés; vous trouverez qu'ils ont ſuivi les bords du Pont Euxin & des Paluds Méotides, juſqu'à ce qu'étant arrivés à l'embouchure du Danube, qui eſt le plus grand de tous les fleuves de l'Europe, ils l'ont probablement remonté juſqu'à ſa ſource; parce qu'ils trouvoient ſur ſes rives, toutes les commodités dont ils avoient beſoin dans leur voyage, & qu'ils découvroient toujours de meilleurs Païs. C'eſt ce que nous avons pratiqué dans le Canada, comme les Eſpagnols dans l'Amérique; & les Peuples qui ont fait des découvertes, ont ordinairement ſuivi & remonté le cours des grands fleuves.

Les Celtes parvenus à la ſource du Danube, n'étoient qu'à quelques lieuës de Baſle ſur le Rhein. Ils ont dû paſſer ce fleuve pour entrer dans les Gaules, & ils n'ont pû le faire dans un endroit plus commode qu'à Baſle même, qui étoit ſur leur route. Les bords du Rhein y ſont bas, & c'étoit encore du tems des Romains, le paſſage le plus fréquenté de toute l'Allemagne dans les Gaules, ſoit pour les armées ſoit pour le commerce.

C'eſt donc, ſuivant toutes les aparences, par Baſle ou par les environs, que les Celtes ſont entrés dans les Gaules. Ils y ont trouvé d'abord, ce beau & fertile canton, qui eſt entre le Rhein, le Mont de Vauge, la Sône, le Rhône & le mont Jura. C'eſt le Païs des Séquanois, que Jules Céſar convient être un excellent Païs: *ager Sequanus, totius Galliæ optimus.* * Il eſt bien à croire, que les Celtes y ont fait leur premier établiſſement; puiſqu'ils s'y ſont fixés, & qu'ils y ont trouvé ce qu'ils avoient cherché ſi long-tems avec tant de fatigues. Auſſi je me ſouviens d'avoir lû dans la Méthode de Bodin, que le nom de nos Séquanois avoit en langue Celtique, le même ſens que celui d'*Indigenes*, & ſignifioit les premiers Habitants du Païs.

* *Lib. 1. de Bell. Gall.*

Je ne sçais sur quoi Bodin s'est fondé ; mais il me paroît que, les Celtes parlant de la Gorge, comme font encore aujourd'hui ceux de leurs descendants qui ont conservé leur premiére langue, ils ont dû prononcer Askaüanes, pour Askenés, & qu'on peut dire avec assez de vrai-semblance, que c'est de là qu'est dérivé le mot de *Sequani* ; d'où je conclus que les Séquanois étoient les principaux d'entre les Celtes, puisqu'ils ont porté le nom de l'auteur de la nation.

Ils ont rencontré le Doux à peu de distance de Basle. En le suivant, ils ont vû le lieu où Besançon est situé, & ce lieu leur a dû paroître très-propre à y bâtir une Ville : car je ne crois pas qu'on puisse trouver une situation plus heureuse, pour faire une place capable d'une longue deffense contre l'ancienne maniere d'attaquer. C'est le jugement qu'en a porté le plus grand Capitaine de l'antiquité : *Oppidum sic naturâ munitum, ut magnam ad ducendum bellum daret facultatem ; & in quo summa erat facultas, omnium rerum quæ ad bellum usui erant.* *

* *Cæs. de Bell. Gall. lib. I.*

Ne penserez-vous pas, Monsieur, en lisant ceci, que je vous fais un Roman plûtôt qu'une Histoire ? Je me flate que vous conviendrez au moins que je ne vous dis rien que de vraisemblable, & cela peut suffire ; car la vraisemblance & les conjectures tiennent lieu des meilleures raisons, dans les faits historiques, si anciens, qu'on ne peut point avoir de preuves plus fortes.

Voici donc mon argument. Les Gaules ont été peuplées avant, ou du moins aussi-tôt que l'Italie. Il est très-probable que le Païs des Séquanois a été le premier canton que les Celtes ont habité en-deçà du Rhein, & il est vraisemblable que Besançon a été la premiere Ville des Séquanois. Besançon est donc plus ancien que Rome, puisque c'est l'une des plus anciennes, & probablement même la plus ancienne Ville des Gaules. Je ne fixe pas l'époque de sa fondation, mais je la raporte à l'entrée des Celtes dans le Païs dont le tems n'est pas connu, & par conséquent à la plus haute antiquité.

Seconde Dissertation.

Voilà, Monsieur, ce qui me paroît pouvoir être dit de plus raisonnable sur l'ancienneté de Besançon, & qui apuie merveilleusement la tradition, qui ne vous a pas satisfait toute seule. J'y joins le témoignage des Auteurs : car quoiqu'ils ne soient que des derniers siécles, qu'ils parlent au hasard & s'écartent de la vérité, en fixant une époque certaine à la fondation de cette Ville, & en l'attribuant aux Compagnons d'Enée ; il résulte du moins de ce qu'ils disent, qu'il est certain parmi les Sçavans, que Besançon est l'une des plus anciennes Villes des Gaules.

Vous me demandez ensuite quel a été le nom ancien de Besançon, & son étimologie. Il m'est facile de vous satisfaire sur la premiere partie de votre demande, mais permettez-moi pour répondre à l'autre, de recourir encore aux conjectures.

Le premier & véritable nom latin de Besançon est *Vesontio*, puisque nous le trouvons uniformément écrit de la sorte dans les Commentaires de César, qui a dû bien sçavoir le nom d'une Ville, dans laquelle il avoit été plusieurs fois. On l'a apellé dèslors *Visontio*, *Visontium*, *Vesuntium*, *Bisuntio*, *Bisantium*, & *Bisontium*. Ces changements viennent des Copistes, de l'altération qui se fait des noms propres dans la bouche des Etrangers, & de ce qu'il étoit assez ordinaire de changer l'U en B dans la prononciation.

Cependant la ressemblance du mot *Bisontium*, avec le nom d'une espèce de taureau sauvage apellé *Bison*, a fait imaginer qu'on avoit trouvé un de ces taureaux à Besançon lorsqu'on le bâtit, & qu'on lui en avoit donné le nom. Les Auteurs de nos Légendes & de nos Manuscrits, ont saisi cette idée qui étoit de leur goût & à leur portée. La crédulité de notre Historien pour ces Manuscrits, l'a engagé à adopter leur sistême sur ce point, & la figure d'un Bison imprimé sur une piéce d'argent trouvée à Besançon, & qui étoit dans son médailler, a achevé de le déterminer. Il a cru que cette figure étoit une hiérogliphe de la fondation de la Ville, dont on confervoit la mémoire par des médailles ; & le fait lui a paru foutenu par des exemples : car Albe la Longue, tiroit fon nom d'une laie, & un porc avoit donné occafion à celui de Milan. Il pouvoit ajouter, que Berne a été apellée de la forte, parce qu'on trouva dans une forêt voifine, où l'on coupoit du bois pour la bâtir, un Ours qu'on nomme *Bern* en Allemand.

Que je vous fçais de gré, Monfieur, de ne vous être pas laiffé furprendre par ces raifons, ni impofer par l'autorité d'un Hiftorien très-fçavant, mais qui a crû trop légérement les traditions du vulgaire, fans y diftinguer le vrai du faux.

La conjecture qu'on tire de la reffemblance des noms pour en induire une étimologie, eft bien foible, quand elle n'eft pas apuyée d'ailleurs ; & ce n'étoit pas du mot *Bifontium* qu'il falloit la tirer, parce que ce nom n'a été donné à Befançon que par corruption & fort tard.

La Légende qui fait le principal fondement de notre Hiftorien, porte que Befançon a été ruiné par l'invafion des Barbares, & que dans le tems qu'on le rétabliffoit, comme il y étoit crû de grands bois, on y trouva un Bifon, dont on donna le nom à cette Ville. Vous reconnoiffez la fable à ce trait. Un animal trouvé à Befançon, peut-être deux mille ans après que cette Ville a été fondée, lui a-t-il pû donner le nom qu'elle a porté dès les commencements ! Pour foutenir cette abfurdité, on eft encore tombé dans une autre, puifqu'on a fupofé que Befançon avoit été abandonné jufqu'au point qu'il y étoit crû une forêt, capable de fervir de repaire aux animaux les plus rares & les plus farouches ; car c'eft ainfi que les Hiftoriens nous dépeignent le Bifon. Mais fi Befançon a fouffert de l'invafion des Barbares, il eft certain que cette Ville n'a jamais été déferte.

Quant à la prétenduë Médaille trouvée à Befançon, ce n'eft qu'une plaque convexe, fur laquelle eft la figure d'un taureau qui a des crins comme un cheval, fans aucune

cune lettre ni légende qui puisse marquer qu'elle a été fonduë pour conserver la mémoire d'un fait historique, plûtôt que pour servir d'ornement à quelque meuble. Que si le taureau sauvage étoit un hiérogliphe de Besançon, comme la louve ou la tête casquée d'une femme l'ont été de l'ancienne Rome, ne l'auroit-on pas imprimé de même sur des Médailles avec des Inscriptions ? Et ne trouveroit-on pas à Besançon plusieurs de ces Médailles, comme tant d'autres de toute espèce, qu'on y rencontre quand on y ouvre la terre ? Seroit-il possible qu'on n'y eût jamais vû que cette piéce irréguliere, qu'on cite cependant comme une preuve considerable ?

D'ailleurs, le nom de *Bison* que portent certains taureaux sauvages, est un mot de la langue grecque, qui n'a pû être donné à une Ville bâtie par des Celtes, qui ignoroient cette langue ; car l'Historien de Besançon s'est trompé, quand il a crû que les Druides étoient sçavants dans le grec. Jules César qu'il cite, dit seulement qu'ils écrivoient en caractéres grecs ; & il paroît bien que les Gaulois l'ignoroient, puisque César étoit obligé de se servir d'interprétes pour se faire entendre à Divitiac, l'un des plus grands Seigneurs du Païs, qui ne sçavoit par conséquent ni le grec ni le latin ; & puisque voulant donner avis à Quintus Cicéron qui étoit assiégé dans son camp, qu'il marchoit à son secours, il lui écrivit en grec ; afin, dit-il, que sa Lettre ne fût pas entenduë des Gaulois, si elle tomboit entre leurs mains.

Enfin les Gaulois avoient leur langue particuliere, & ils n'en parloient point d'autre, avant que les Romains les eussent rangés sous leur domination. C'est donc dans cette langue, qu'il faut chercher l'étimologie du nom de leurs anciennes Villes. Jugez, Monsieur, si je puis vous donner de grands éclaircissements sur celle du nom de Besançon, qui doit être tirée d'une langue, dont à peine entendons-nous encore quelques mots.

Il faudroit, premiérement, être sûr du nom Celtique, que Vesontio, Besançon a porté ; car nous ne le connoissons qu'altéré & accommodé au latin, du moins par sa terminaison qui est purement latine. Il me semble qu'on peut dire que cette Ville s'apelloit *Vesen* ou *Veson* ; ce mot est Celtique ; nous avons plusieurs endroits dans le Royaume, & même dans le Comté de Bourgogne, qui en portent d'à peu près semblables ; on nomme encore aujourd'hui *Vese*, la partie du territoire de Besançon, qui est, en venant d'Italie par la voie Romaine ; & ce nom est entré dans ceux de *Ségovése* & de *Bellovése*, deux Héros qui conduisirent de puissantes Colonies Gauloises en Italie & en Germanie, du tems que Tarquin l'ancien regnoit à Rome.

Il seroit nécessaire après cela, de sçavoir ce que *Vesen* ou *Veson* signifioit en langue Celtique. On pourroit le découvrir par la langue Tudesque, suivant le sentiment de Cluvier, que c'est celle que tous les Celtes ont parlé. Or *Wesen* en Allemand, signifie *conduire, instruire*; & *Vestong, une place forte*. Ces significations peuvent convenir à Vesontio, Besançon ; soit qu'on ait voulu désigner par son nom, le lieu où les Celtes ont d'abord été conduits à leur entrée dans les Gaules, ou celui, où ils faisoient instruire leur jeunesse ; soit qu'on ait voulu marquer que c'étoit une Ville de grande défense, par raport à sa situation.

Vous avez vû ce qu'en a dit César. Voyez aussi ce qu'en a écrit l'Empereur Julien, qui n'étoit pas moins connoisseur en cette matiere. Il·la compare à un vaste rocher entouré de la mer, si escarpé & si élevé, qu'il est à peine accessible aux oiseaux : *Vesontio, est Oppidum mœnibus firmissimis, & loci naturâ munitum, proptereà quòd cingitur dubio; atque, ut in mari, rupes excelsa, propemodùm ipsis avibus inaccessa, nisi quà flumen ambiens, littora quædam habet projecta.** Dans l'ignorance du langage Celtique qui s'est presque entierement perdu, nous sommes excusables de nous apuyer sur de pareilles conjectures, au défaut de toutes meilleures raisons.

Je devrois à présent pour suivre l'ordre de votre Lettre, vous dire si Besançon a été une Ville Capitale dès le com-

* *Epist. ad Max. Philos.*

mencement, & si Dole ne l'a pas été avant Besançon, comme le prétend le Magistrat dont vous m'avez envoyé la Dissertation ; mais la discussion de ces deux faits mérite une Lettre particuliere, & je crains que celle-ci ne vous paroisse déja trop longue. Permettez-moi donc, Monsieur, de la finir, en vous répondant sur ce que vous me demandez touchant Amagétobrie.

Les Séquanois à l'aide des Germains, avoient défait ceux d'Autun en deux batailles, & taillé en piéces leur Noblesse & leur Cavalerie. La derniere de ces batailles s'étoit donnée auprès d'Amagétobrie : *Quod prælium, factum est Amagetobriæ*. C'est tout ce qu'en dit César dans ses Commentaires, & l'on n'en trouve rien ailleurs ; ce qui fait penser à Cluvier, qu'on tenteroit inutilement d'indiquer au juste cet endroit : *de Amagetobriæ situ, nullum est apud Cæsarem, qui solus ejus loci meminit, indicium. Proinde frustrà sunt, semperque erunt, qui eum investigare laborent*. Je ne désespere cependant pas de l'indiquer, & de vous donner satisfaction sur ce point.

Quand Samson a placé Amagétobrie à Bingen sur la Nave un peu au-dessous de Strasbourg, il s'est fondé sur ce passage d'Ausone.

Transieram celerem, nebuloso flumine, Navam,
Addita miratus, veteri nova mœnia vico ;
Æquavit latias, ubi quondam Gallia Cannas,
Infletæque jacent, inopes super arva catervæ.

L'on a été partagé sur le sens de ce vers : *æquavit latias, ubi quondam Gallia Cannas*. Les uns ont soutenu qu'il marque une défaite des Romains, & les autres une bataille perduë par les Gaulois. Samson embrasse ce dernier parti ; & il conclut que les Gaulois n'ayant point fait de perte plus grande qu'à Amagétobrie, c'est à Bingen qu'il faut placer cette Ville, puisque Ausone y désigne le lieu d'une bataille aussi sanglante que celle de Cannes.

Il me semble que le Poëte a seulement voulu marquer une grande défaite auprès de Bingen dans les Gaules, sans dire qui avoit été le vainqueur ; parce que dans le tems qu'il écrivoit, le souvenir de cette action étoit si récent, qu'on en connoissoit toutes les circonstances. Or nous trouvons que quelques années avant qu'Ausone composât son Poëme, l'Empereur Julien avoit remporté auprès de Strasbourg, une victoire signalée sur sept Rois Allemans. Cette affaire ressembloit assez à celle de Cannes, suivant la peinture qu'en font les Historiens : car ils disent, qu'elle fut décisive : *unâ acie, Germania universa deleta est ; uno prælio debellatum* : qu'après la bataille on vit couler des ruisseaux du sang des ennemis, & que leurs corps entassés, ressembloient à des montagnes : *stabant acervi, montium similes ; fluebat cruor, fluminum modo.* C'est aparemment pour cela, que le Poëte qui écrivoit peu de tems après, nous représente les cadavres des vaincus, comme gisants encore sur le champ de bataille.

Infletæque jacent, inopes super arva catervæ.

Mais ce n'est ni à Bingen, ni en aucun endroit auprès du Rhein, qu'il faut chercher Amagétobrie. C'est dans les frontieres des Eduois & des Séquanois, qui avoient guerre entr'eux, lorsque la bataille se donna. Les Allemans n'y étoient que comme des troupes auxiliaires : *factum est, uti ab Arvernis & Sequanis, Germani mercede accerserentur.* * Les Séquanois étoient les aggresseurs, ils ont dû attaquer les Eduois chez eux, ou ceux-ci les prévenir en pénétrant dans leurs frontieres. Mais il n'y a aucune aparence qu'ils ayent traversé l'Etat entier des Séquanois, où il y avoit des Places fortes sur leur route, pour aller aux Allemans jusques sur le bord du Rhein ; particuliérement, après avoir déja perdu une bataille : car celle, qui se donna auprès d'Amagétobrie, étoit la seconde.

La riviere de Sône séparoit les Etats d'Autun de ceux des Séquanois ; d'où je conclus que c'est sur les bords de cette riviere, que fut donnée la bataille. Deux raisons me déterminent encore à le croire. L'une, que Jules César nous aprend qu'Arioviste surprit dans cette occasion les

* *Cæs. lib. 1.*

Eduois, qui l'ayant vû retranché long-tems dans des marais, avoient négligé de se tenir sur leurs gardes. Cette circonstance nous fait connoître, que les deux camps étoient sur le bord d'une riviere ; & quelle autre riviere seroit-ce que la Sône, qui faisoit la frontiere des deux partis ? La seconde est, qu'en langue Celtique, le passage d'une riviere s'apelloit *brive* ou *brige*, qui se dit en Allemand *brick* ou *bruck*. Le nom d'*Amagetobria*, est composé de ce mot, & de celui de *mag* ou *mago*. C'est un autre terme Celtique, qui est entré dans le nom de plusieurs Villes des Celtes & des Germains, comme *Rotomagus*, *Noviomagus*, *Juliomagus*, *Breucomago*, *Borbetomago*, *Drusomago*, *Neomago*, &c. & il est à remarquer que toutes ces Villes étoient sur des rivieres : d'où je conclus que *Mago* signifioit une Ville sur une riviere, & qu'*Amagetobria* vouloit dire la Ville du pont ou du passage ; ou une Ville sur la Sône, que Plutarque le Jeune dit avoir porté le nom de *Brigulus*; & quand *Bria* signifieroit simplement une Ville, comme le dit M. Ménage dans ses étimologies de la langue Françoise, *Amagetobria* voudroit encore dire, la Ville sur la Riviere.

Voilà déja bien des indices, Monsieur, pour trouver Amagétobrie. Ce doit être une Ville sur la Sône, dans un lieu de passage du Duché au Comté de Bourgogne. Joignez-y ce que dit César, qu'Arioviste s'étoit retranché dans des bois & des marais, & qu'il n'avoit défait ceux d'Autun & leurs Alliés, que parce qu'il les avoit surpris. Or on rencontre toutes ces ciconstances dans le terrain qui est entre l'Ognon & la Sône, auprès du lieu où ces deux rivieres se joignent ; & il convenoit qu'il y eût en cet endroit une Ville, pour servir de barriere aux Séquanois, du côté de Langres & d'Autun qui n'en sont pas éloignés.

Il y a eu de tout tems un grand passage sur la Sône à Pontaillier, pour entrer chez les Séquanois. C'est par là que Louis XIV. pénétra dans le Comté de Bourgogne, quand il en fit la conquête en 1668 & 1674, & qu'y étoit entré le Grand Condé, quand il vint assiéger Dole en 1636. Un peû plus bas, en tirant contre le confluant des rivieres de la Sône & de l'Ognon, font les Villages de *Dammartin* & de *Broie*. S. Julien qui écrivoit dans le seiziéme siécle, nous assure dans ses Antiquités Bourguignones, que c'étoit une tradition ancienne de son tems, qu'il y avoit en ces lieux une grande Ville : & en effet l'on y a trouvé, & l'on y trouve encore tous les jours, des fondations de murs, des Médailles, des briques & d'autres restes d'antiquité Romaine.

Il y a auprès de Broie, un marais qui a pû servir à couvrir l'armée d'Arioviste ; & c'étoit le meilleur poste qu'il pût occuper pour rester sur la défensive. Les Eduois, qui avoient été battus une premiere fois, rassemblérent toutes leurs forces, & firent monter à cheval leur Noblesse, pour prendre leur revanche. Arioviste qui étoit venu au secours des Séquanois, & à qui le commandement avoit été déferé ; posté auprès de Broie, pouvoit passer dans le Païs ennemi, & deffendre en même tems celui des Séquanois, dont il tiroit la subsistance de son armée, parce qu'il avoit ce Païs derriere lui ; & cependant il étoit dans un lieu inaccessible, son camp étant entouré de deux rivieres, de bois & de marais. C'est ce qui fit que les Eduois n'osérent l'attaquer, & qu'il trouva enfin l'occasion de les surprendre, & de remporter sur eux la victoire la plus complette, qui eût été remportée avant ce tems-là dans les Gaules.

Enfin le nom d'Amagétobrie reste encore en partie dans celui de Broie, & l'on apelle *Moigte de Broie*, le marais qui est auprès de ce lieu ; d'où je conclus que c'est celui, où étoit située cette ancienne Ville. L'importance de ce poste pour contenir les Eduois vaincus, & s'assurer des Séquanois dont Arioviste avoit dessein d'occuper le Païs, quoiqu'il y fût entré comme leur allié, l'avoit probablement déterminé à y laisser les Harudes qui servoient dans son armée : car il y a au voisinage de Broie, une montagne qu'on apelle Mont Hardou, *Mons Harudum* : & César dit dans ses Commentaires, que ceux d'Autun

* *Cæs. de Bell. Gall. lib. 1.*

Seconde Dissertation.

se plaignirent à lui, de ce que les Harudes qui avoient été transportés dans les Gaules, faisoient le ravage dans leur Etat. * Ils devoient être au voisinage, & plûtôt au lieu où ceux d'Autun avoient été défaits, qu'ailleurs.

L'on peut m'objecter, que Broie est sur la frontiere du Païs de Langres. Mais je répons, qu'il n'est pas éloigné de celle d'Autun, qui commençoit à S. Jean-de-Lône; que les Eduois avoient rassemblé leurs Clients & les Peuples de leur faction, dont étoient probablement les Langrois leurs plus proches voisins; & que les Séquanois, ayant à se deffendre contre ceux de Langres comme contre ceux d'Autun, devoient se poster auprès de celle de leurs Villes qui étoit la plus proche des uns & des autres, où ils étoient d'ailleurs à portée de couvrir leur Capitale & le centre de leur Païs.

Cependant, si cette objection paroissoit assez forte, pour faire juger qu'Amagétobrie n'étoit pas à Broie; je crois qu'on ne pourroit toujours placer cette Ville que sur la frontiere des Séquanois du côté d'Autun, dans le confluant du Doux & de la Sône, ou un peu plus haut auprès des Villages de Noire où il y a des vestiges d'antiquité, * & dont les campagnes portent encore le nom de Champs des Batailles. Je vous envoierai au premier jour mes conjectures sur l'ancienneté de la Ville de Dole. J'ai l'honneur d'être, &c.

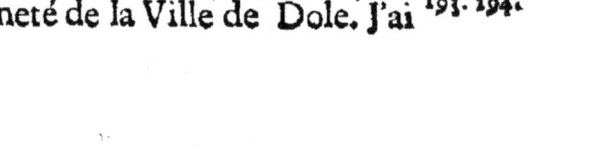
* Découverte d'Antre, part. 2. p. 191. 194.

TROISIE'ME DISSERTATION.

Besançon & Dole, ont eu tour à tour la primauté dans leur Païs. Dole en a d'abord été la Capitale ; mais Jules César la priva de cet avantage pour le donner à Besançon, lorsqu'il ôta aux Séquanois, le premier rang qu'ils tenoient dans les Gaules. Avant ce tems Besançon étoit une Ville ouverte, puisque César pour s'en emparer, n'eut qu'à prévenir Arioviste, & qu'on n'y gardoit pas les ôtages des Eduois, qu'on avoit probablement mis dans la Ville Capitale & la plus forte du Païs.

Or cette Ville ne pouvoit être que Dole, qui n'étoit pas éloignée du Païs d'Autun, où les Séquanois avoient les voisins les plus redoutables par leur puissance & par leur ambition. Il convenoit qu'ils eussent sur cette frontiere une Ville forte à leur opofer, comme les Eduois avoient celles de Chalon & de Mâcon; & Dole se trouve précisément dans la situation, où Ptolomée place l'ancienne Ville de Didation dans la Province des Séquanois. Il dit qu'il y avoit quatre Villes dans ce Païs : *Didation, Visontium, Equestris & Aventicum.* Il nomme Didation la premiere, sans doute, parce que c'étoit la principale, & quoiqu'il n'ait écrit qu'après Jules César, il parle d'un tems antérieur, parce qu'il écrivoit sur d'anciens mémoires.

Le Traducteur de Ptolomée, & après lui les Auteurs modernes, ont écrit *Dittatium*, au lieu de *Didation* qu'on lit dans le texte Grec ; mais l'un & l'autre de ces noms, prouvent également l'antiquité & la distinction de la Ville qui le portoit : car si on lit *Dittatium*, ce nom dérivé de *Ditis statio*, désigne le lieu où Dis, que les Celses reconnoissoient pour leur pere, s'arrêta quand il vint

vint dans les Gaules. Si au contraire on écrit *Didation*, ce nom paroît être tiré du mot Grec, *Didafcalion*, qui signifie le lieu où l'on enseigne ; ou de cet autre *Didas Theon*, comme nous dirions une Ecole de Théologie ; ce qui marqueroit la Ville où les Druides instruisoient la jeunesse, particuliérement de ce qui regardoit la connoissance des Dieux.

Il y a d'ailleurs plusieurs faits, qui doivent faire regarder Dole comme la Ville sçavante & la plus ancienne du Païs. Une de ses ruës porte le nom de *Niene*, nom corrompu qui vient de Ninive. Une colline de son territoire s'apelle *Babilone*, & un vallon qui en est proche, est nommé les *Noches*, en Latin *Noé Campi*. Prés de là est une métairie, dite la grange d'*Hebe*, nom qui vient du Patriarche Heber, ou d'Hebé Déesse de la Jeunesse. On trouve ensuite la fontaine de *Guians*, *Jani Gurges* ; & aux environs sont les Villages de *Belmont* & d'*Augerans*, ainsi nommés à *Beli monte* & *terrâ Ogigis*. On ne doit pas être surpris de trouver à Dole & dans le voisinage, toutes ces dénominations, si, comme on le dit, elle a été fondée par Dis, qui a sçû tout ce qu'elles signifient, & qui en a voulu perpétuer le souvenir ; ou s'il y avoit une Ecole de Druides, qui en avoient tiré la connoissance de Dis leur Auteur & leur Fondateur.

C'étoit le lieu de la Province le plus propre à cet usage, non-seulement par sa fertilité, & par la pureté de l'air qu'on y respire ; mais encore, parce qu'il convenoit particuliérement aux mysteres de la Religion, par le voisinage d'une forêt peuplée de chênes, & qui est encore aujourd'hui de l'étenduë de plus de quarante mille arpens. Où auroit-on pû trouver plus fréquemment le gui, que les Druides avoient en si grande vénération, & dont ils faisoient tant d'usage? Le Village de *Goux* qui est au bord de cette forêt, & dont le nom semble tiré du gui de chêne, pourroit bien être le lieu où on le déposoit après l'avoir cüeilli, pour le porter ensuite en cérémonie dans la Ville de Didation. Il y a aussi dans le centre de la forêt à deux lieuës de Dole, un Village qu'on apelle *la Loie*, où il y avoit probablement un Oracle d'Apollon : car *Loie*, semble dérivé du mot grec *lochios*, qui signifie oblique ; nom qu'on donnoit à ce Dieu, à cause de l'ambiguité de ses oracles.

Si ces étimologies ne paroissent pas fondées, l'on ne peut nier au moins, que *Plumont* vienne de *Plutonis mons* ; *Némont* de *Neptuni mons* ; *Palo* de *Pales* ou *Pallas* ; *Delain* de *Delius* ; *Chatain* de *Castor* ; *Parté* de *Panthéon* ; *Joüe* de *Jupiter*, *Champvans* de *campus Veneris* ; *Prel Marno* de *campus Martis* ; *Choisey* & *Crissey* de *colles Isis* & de *crescens Isis*. Tous ces noms de l'antiquité payenne, que l'on trouve sur le territoire de Dole & aux environs, prouvent que c'étoit une grande Ville dans les tems reculés ; & il y a encore une de ses ruës qui porte le nom d'*Arans*, tiré de celui des Arénes qui y ont été, & qu'on ne trouvoit que dans les Villes du premier ordre.

L'on a dit que César lui avoit préferé Besançon, qu'il n'apelle pas *Urbs* dans ses Commentaires, mais *Oppidum*. Ce fut parce que Besançon lui parut plus propre, pour en faire une place d'armes contre le Roi Arioviste & les Germains ; qu'il étoit de sa politique de diviser les Séquanois, en excitant de la jalousie entre leurs principales Villes, & qu'il vouloit humilier Didation leur ancienne Capitale, l'ennemie & la rivale d'Autun qu'il favorisoit.

Didation ne laissa pas de subsister avec distinction, puisqu'il existoit du tems de Ptolomée, qui en fait une mention si honorable dans sa Géographie. L'on y a trouvé des Statuës de Remus & de Romulus, & des Médailles de Claude le Gotique & de Victorin. Le Christianisme y fut annoncé dans les premiers siécles de l'Eglise, & d'illustres Chrétiens y souffrirent le martyre. C'est ce que prouve le nom d'une de ses ruës, nommée *Fripapa*, du latin *feri patres* ; & cette ruë aboutissoit à une Tour apellée *des Benits*, nom que portoient les anciens Martyrs.

Il y avoit en ce lieu, une Chapelle à laquelle le peuple avoit grande dévotion. Ces Martyrs ne se feroient-ils point apellés *Pan* & *Ilie* ? & n'auroient-ils pas donné leurs noms à Saint Pan & à Saint Ilie, Villages auprès de Dole ?

L'on tient qu'il y avoit à Dole deux anciens Monasteres, l'un d'hommes & l'autre de filles, qui suivoient la Régle de S. Martin, & que cet Evêque a consacré un Autel à Montroland.

L'on estime que la montagne de ce nom, a été ainsi apellée à cause du fameux Roland Comte d'Angers, neveu de Charlemagne, & l'on y voit sa Statuë collossale. Il y avoit aussi à Dole une Tour, qu'on apelloit la Tour de Vienne, & qu'on disoit avoir fait partie du Palais d'Olivier de Vienne parent du Comte d'Angers ; & comme lui, l'un des Preux de Charlemagne.

L'Empereur Frederic I. se plaisoit à Dole, & y avoit un superbe Château. Il y indiqua le lieu d'un Concile, ce qui prouve que Dole étoit une Ville considerable de son tems. L'on a même lieu de croire, que ce fut cet Empereur qui rétablit Dole dans le rang qu'elle avoit perdu sous Jules César, puisque dès-lors elle a été la Capitale du Comté de Bourgogne, & le séjour ordinaire des Souverains de la Province, qui, en y établissant un Parlement, une Chambre des Comptes, & une Université, lui avoient rendu sa premiere splendeur.

LETTRE, pour servir de Réponse à la Dissertation sur l'ancienneté de la Ville de Dole.

Monsieur,

La Dissertation que vous m'avez envoyée, tend à prouver, non-seulement que la Ville de Dole est fort ancienne, mais encore, qu'elle a été avant Besançon, la Capitale du Païs des Séquanois. Ce sont deux objets qu'il ne faut pas confondre; car Dole pourroit être une Ville ancienne, sans avoir été d'abord la Capitale du Païs où elle étoit située. Commençons donc par voir, si elle a eu cette prérogative avant Besançon.

La principale raison sur laquelle on se fonde pour la lui donner, est qu'elle est nommée avant Besançon dans la Géographie de Ptolomée. Mais ce Géographe n'a pas nommé les Villes, suivant le rang qu'elles tenoient dans leurs Provinces; il a suivi l'ordre des degrés de longitude & de latitude, sous lesquels elles étoient situées. Ainsi *Dittatium* s'étant trouvée dans cet ordre, avant *Visontium*, *Equestris* & *Aventicum*, c'est la raison pour laquelle il l'a nommée la premiere.

Si César a apellé Besançon *Oppidum* & non pas *Urbs*, il n'a pas voulu marquer par là que ce fût une petite Ville, puisqu'il a dit en même tems qu'elle étoit la plus grande qui fût au Païs des Séquanois: *maximum Sequanorum Oppidum*. Il a donné le nom d'*Oppidum*, aux principales Villes des Gaules; & il ne mettoit point de différence entre *Oppidum* & *Urbs*, puisqu'il a apellé de ces deux noms, Bourges par exemple, & a nommé *Biturigum Urbes*, les vingt Villes du Berri, que Besançon surpassoit à tous égards.

Besançon au reste n'étoit pas une Ville ouverte & sans

fortifications, qui dût céder indifféremment au premier qui auroit voulu s'en emparer. César ne dit qu'elle a été *primi occupantis*, que par raport à lui & au Roi Ariovifte. Elle lui étoit ouverte, parce que les Séquanois venoient de conclure en fecret un traité avec lui, par lequel il s'étoit engagé à les délivrer de la tirannie de ce Roi. Et elle l'auroit été de même à Ariovifte, parce qu'il tenoit une partie du Païs des Séquanois, & avoit chez eux une puiffante Armée. Auffi César dit qu'il lui parut important de prévenir Ariovifte, qui marchoit à Befançon ; non-feulement parce que cette Ville étoit la plus grande des Séquanois, mais encore parce qu'elle étoit fi forte & fi bien munie, que celui des deux qui en feroit le maître, pourroit tirer la guerre en longueur : *namque omnium rerum, quæ ad bellum ufui erant, fumma erat in eo Oppido facultas. Idque naturâ loci fic muniebatur, ut magnam ad ducendum bellum daret facultatem.*

Que fi les ôtages que ceux d'Autun avoient donnés aux Séquanois & à Ariovifte, ne fe trouvérent pas à Befançon, ce n'eft pas qu'ils n'y duffent être, comme dans la Capitale, & qu'ils n'y puffent pas être fûrement gardés ; mais ce fut, parce qu'Ariovifte, qui fe défioit des Séquanois qu'il avoit oprimés fous prétexte d'entrer dans leur alliance, s'étoit rendu maître de ces ôtages, comme on le voit en ce que César lui fit dire, qu'il eût à permettre aux Séquanois de les rendre.

La conduite de ce Conquérant, fit bien voir qu'il faifoit plus de cas de Befançon que de Dole, & que cette derniere Ville n'étoit ni grande ni forte, fi elle exiftoit déja de fon tems ; puifqu'encore qu'elle fe trouvât fur fa route, & qu'il pût s'en faifir enfuite du traité qu'il avoit fait avec les Séquanois ; il vint droit à Befançon, où il établit les magafins d'armes & de vivres de fon Armée. Or on fçait, que les Généraux choififfent pour de tels magafins, les places les plus grandes & les plus fortes des frontiéres fur lefquelles leurs troupes doivent agir.

César étoit trop habile pour en uſer autrement, lui, qui avoit affaire à un ennemi qu'il ſçavoit être un grand Capitaine; & que lui & ſon Armée craignoient, comme il paroît l'avoüer dans ſes Commentaires, & que Dion Caſſius nous l'aprend.

Si Dittatium avoit été dans les commencements la Capitale du Païs des Séquanois, on le liroit dans quelque Auteur ancien. Or loin d'en trouver qui le diſent, il n'y en a pas un ſeul qui ait nommé Dittatium, que Ptolomée, qui n'écrivoit que dans le ſecond ſiécle, auquel Beſançon tenoit inconteſtablement cette place. Il eſt bien probable que la plus grande Ville du Païs des Séquanois, en étoit auſſi la Capitale; & l'on ne peut douter que Beſançon ſurpaſsât toutes les autres par cet endroit, du tems même de Jules Céſar, qui l'apelle *maximum Sequanorum Oppidum*. C'étoit auſſi la plus forte; ſa ſituation le démontre, & Céſar aſſure que l'art & la nature avoient concouru à la rendre de grande deffenſe, & qu'on y pouvoit tenir long-tems contre un ennemi. Le commerce y fleuriſſoit; car ce furent en partie les Marchands qui y étoient venus de dehors, qui jettérent l'épouvante parmi les ſoldats de Céſar, en leur décrivant la taille, la force, le courage, & l'air terrible des Germains qu'Arioviſte commandoit. Rien n'y manquoit, de tout ce qu'on pouvoit deſirer dans une Ville de guerre: *ſumma erat in eo oppido facultas, omnium rerum, quæ ad bellum uſui erant*. Enfin elle étoit au centre du Païs des Séquanois, également à portée de donner du ſecours & des ordres aux différentes parties de ce Païs, & d'être le Siége ordinaire des Etats de la Nation. Pourroit-on méconnoître à ces traits, une Capitale?

Voilà, Monſieur, ce qu'étoit Beſançon quand Céſar vint dans les Gaules. Auguſte lui conſerva le premier rang, lorſqu'il joignit à la Province Séquanoiſe une grande partie de l'Helvétie, dans laquelle il y avoit néanmoins des Villes, qui furent dans la ſuite honorées du titre de Colonies. Besançon leur fut préférée, pour être la Capitale d'une Province si grande, qu'elle fut apellée, par raport à son étenduë, *maxima Sequanorum Provincia*. Besançon en fut la Métropole, le Siége d'un Président & d'un Evêque Métropolitain, qui eut pour Suffragans les Evêques de Basle, de Bellay, d'Avanche & de Vindisk. Elle n'eut jamais besoin du secours d'une Colonie, pour se peupler ou pour acquérir de l'illustration. Son ancienne grandeur se soutenoit par elle-même, & par l'avantage qu'elle avoit d'être une Ville municipale, qui se gouvernoit par ses Magistrats, & par son propre Droit.

Elle ne perdit pas entierement ce privilége, quand les Bourguignons envahirent la Province des Séquanois. Comme elle étoit forte, elle fit sa capitulation, & ne se rendit à eux, qu'à condition qu'elle conserveroit sa liberté.* Elle étoit d'une telle consideration sous le régne de Charlemagne, que ce grand Empereur la nomma parmi les plus illustres Villes de ses Etats, ausquelles il léguoit une partie de ses effets mobiliers. Enfin, lorsque les Comtes qui gouvernoient les Provinces du second Royaume de Bourgogne s'en rendirent les maîtres, Besançon refusa de les reconnoître ; & le Comte de Bourgogne, quoique puissant, ne se trouva pas assez fort pour entreprendre de soumettre cette Ville.

* *Rhen. lib. 2. Rer. Germ.*

Ce fut alors qu'elle cessa d'être la Capitale du Comté de Bourgogne, parce que ce titre ne lui convenoit plus. Si elle devoit obéir, ce n'étoit qu'à des Empereurs où à de grands Rois. Aussi ce n'a été que pour apartenir au Roi d'Espagne, & moyennant la cession qui lui a été faite de la Jurisdiction sur cent Villages, qu'elle a renoncé à son droit de Ville Impériale, & aux avantages qui pouvoient être attachés à cette qualité. Lorsqu'après cela elle a été de nouveau la Capitale de la Province, elle n'a fait que rentrer dans ses droits, & reprendre un rang qu'elle avoit volontairement quitté, dans un tems où elle n'avoit pas crû pouvoir le conserver, sans déroger à sa dignité & à ses exemptions.

Or c'est une maxime, que celui qui se trouve dans une possession ancienne, est présumé avoir toujours possédé de la sorte, jusqu'à ce qu'on fasse voir une possession contraire antérieure. D'où je conclus, que Besançon ayant été la Capitale des Séquanois, sous Jules César, sous Auguste & dès lors, elle l'étoit déja auparavant & qu'elle l'avoit toujours été: à moins qu'on ne prouve bien clairement, qu'avant le tems de César, cette prérogative avoit appartenu à une autre Ville de ce Païs.

Il me reste à examiner le second chef de la Dissertation, qui concerne l'antiquité de la Ville de Dole, dont l'Auteur a tiré presque toutes ses preuves de Gollut; & j'avouë, Monsieur, que s'il y avoit dans le Païs des Séquanois au tems de Ptolomée, une Ville qui portât le nom de *Dittatium*, & qui eût mérité d'avoir une place dans sa Géographie, elle seroit ancienne & considerable.

Mais ce qui en est dit dans les traductions que j'ai vûës de la Géographie de cet Auteur, m'a paru suspect. J'ai crû que l'altération du nom de Besançon, qui a été changé en tant de manieres différentes, pouvoit avoir donné-lieu aux Copistes, aux Editeurs ou aux Traducteurs en conférant différents manuscrits, de faire deux Villes d'une seule, & d'ajouter à l'une d'elles, qu'ils ont crû s'apeller *Dittatium*, les degrés à peu près de la situation de Dole, qu'ils voyoient être la Capitale du Comté de Bourgogne, & qu'ils croyoient être ancienne. Car comment seroit-il possible, que ce Géographe qui écrivoit si loin de nous, eût connu dans notre Province une Ville distinguée, dont cependant aucune Inscription, aucune Notice, aucun Itinéraire, aucun Auteur du haut ni du bas Empire, n'a fait mention? ce silence si universel & de tous les tems, ne doit-il pas nous faire juger qu'il n'y a jamais eu de *Dittatium*, & prouver l'altération du livre unique qui en parle?

J'ai une Lettre de M. de Camps Abbé de Signi, qui étoit à portée de voir les meilleurs manuscrits de Ptolomée dans la Bibliotéque du Roi & autres de Paris, &
qui

qui étant consulté sur ce fait, a répondu qu'il y a de ces manuscrits, où on lit Ουισοντιον Besançon, en place de Διδατιον.

J'en ai fait part à Mr. le Président Bouhier, & il m'a fait l'honneur de me répondre, qu'il a un exemplaire de Ptolomée, en marge duquel le docte Saumaise a écrit les diverses leçons qu'il a tirées des excellens manuscrits de la Bibliotéque Palatine, & qu'on y trouve avant le nom de Besançon, non Διδατιον, mais Διτατιον, peut-être pour Διτατιον *bina statio*.

Je pense donc qu'il faut retrancher le *Didation* de Ptolomée, ou lire Διτατιον, *bina statio*, & l'entendre du Grand & du Petit Noire, qui sont encore mieux que Dole dans la position des degrés de Ptolomée, & qui étant sur la voie romaine & assez près l'un de l'autre, ont pû prendre le nom de *bina statio*, parce qu'on s'y arrêtoit indifféremment. Le Pere Dunod, dans sa Notice de la Province, dit qu'on y a trouvé beaucoup de Médailles, & découvert plusieurs restes d'antiquités.

Si l'on ôte à Dole l'argument tiré de ces degrés, il ne reste plus rien, qui prouve que c'étoit une ancienne Ville : car ce que l'Auteur de la Dissertation nous en dit au reste, ne roule que sur des étimologies tirées de loin, & où il n'y a que de l'esprit & de l'imagination sans solidité ni vraisemblance : & pour commencer à répondre à ce qu'il fait dériver *Dittatium* de *Ditis statio* ou de *Didascalion*, outre que cette dérivation est indifférente à la thèse qu'il prétend prouver, dès qu'on ne voit pas que le nom de Dole puisse venir de *Dittatium* ; c'est qu'il la tire du latin ou du grec, deux langues également inconnuës aux Celtes, quand ils ont passé sous la domination Romaine ; ils n'en avoient par conséquent pas tiré les noms des Villes, qu'ils avoient bâties auparavant.

Notre Auteur supose que Dis étoit un homme, dont la Nation Gauloise descendoit. L'on pense plus probablement que c'étoit Dieu même, & le *Deus* des Latins, le *Theos* des Grecs, le *Taf* des Hebreux, & le *Theut* dont les Germains croyoient venir, par la médiation de *Man*, qui signifie homme en leur langue, & qui est Adam. C'est dans le même sens que les Gaulois, dont l'origine étoit commune avec celle des Germains, se disoient descendus de Dis.

Ajouter que Dis a fondé Dole, & qu'il a donné le nom de Ninive à l'une des ruës de cette Ville, & ceux de Babilone, de Belus & d'Heber à des lieux des environs, c'est ne vouloir plus mériter d'être crû; puisque les Celtes n'avoient point d'idée de ces Patriarches ni de ces Villes, & que leur pere commun, n'a pas pû vivre jusqu'au tems que cette nombreuse Nation est parvenuë dans les Gaules, après de longs voyages aux environs du Pont-Euxin & dans la Germanie.

Quant aux dénominations qu'on tire de l'antiquité payenne, elles ne peuvent faire impression que sur des esprits crédules ou prévenus. Quelle aparence y a-t-il en effet, qu'Augerans vienne de *terra Ogigis*, Choisé de *collis Isis*, Crissé de *crescens Isis*, Parté de *Pantheon*, Prel Marno de *campus Martis*, Guians de *Jani gurges*? &c. qui ne voit que les montagnes de Plumont & de Belmont, ont été ainsi dénommées, l'une à cause que son aspect fait plaisir, & l'autre par raport à sa stérilité, comme plusieurs autres de la Province qui portent des noms semblables; & Joüe est apellé *Gauda* dans les anciens titres du Prieuré de ce nom.

Si Dole étoit une ancienne Ville, l'on y auroit trouvé des restes de bâtimens antiques, des Inscriptions & des Médailles en quantité, comme en tant d'autres endroits du Païs. Cependant l'on ne nous cite que quelques Médailles du bas Empire, & deux petites figures de Remus & de Romulus, qui pouvoient y avoir été portées d'ailleurs, ou être restées dans les débris d'une maison de campagne, ruinée dans le tems des incursions des Allemans, des Vandales & des Bourguignons, dans la Province Séquanoise.

Je passe sous silence ce que l'Auteur de la Dissertation

a dit des Martyrs de Dole, parce qu'il ne prouve pas qu'il y en ait eu, & que ce ne seroit pas d'ailleurs une raison suffisante pour en conclure qu'il y avoit une Ville. Ce qu'il ajoute de deux Monasteres si anciens qu'ils ont suivi la Régle de S. Martin, & que cet Evêque a consacré un Autel à Montroland, n'est pas plus vraisemblable : car nul Auteur ne nous aprend que S. Martin ait été dans la Province Séquanoise ; & quand il y auroit été, il n'y auroit pas consacré des Autels, étant hors de son Diocése. Les plus anciens Monasteres du Comté de Bourgogne, sont ceux de S. Claude & de Luxeul, antérieurs au tems de S. Benoît ; & loin qu'il y eut d'anciens Monasteres à Dole, il n'y avoit pas même une Eglise Paroissiale ; car la Mere Eglise de cette Ville étoit dans le Village d'Asans, & il n'y avoit qu'un petit Prieuré mentionné dans une Lettre d'Hadrien IV. de l'an 1155, sous la qualité d'*Obedientia de Dolâ*.

Mais je vous arrête sur des bagatelles, & vous attendez sans doute les preuves que je vous ai annoncées, de l'époque de la fondation de Dole. Ce n'étoit pas un lieu à faire une Ville forte dans les tems anciens. On les bâtissoit alors sur des montagnes escarpées & de difficile accès. Telles étoient Gergovie, Alexie & Besançon, que César nous décrit comme des Places de défense. Mais le bon air qu'on respire à Dole, sa belle situation, le voisinage du Doux & de la forêt de Chaux, engagérent nos Comtes à y faire une maison de campagne. Ils en avoient une autre dans la forêt même, pour leurs relais de chasse. C'est la *Loie*, apellée dans la basse latinité, *Logia*, petite maison ou logis ; * & non pas *Lokios*, d'une dénomination grecque, comme l'Auteur de la Dissertation le prétend.

* Gloss. de Ducange, verb. *Logia*.

L'Empereur Frederic I. surnommé Barberousse, qui avoit épousé en 1156 Beatrix fille unique de Renaud III. Comte de Bourgogne, étoit devenu par ce mariage maître de cette Province. Il se plaisoit à Dole, & Hugues de Poitiers, qui écrivoit sa Chronique du tems de cet Empereur, dit qu'il y fit bâtir un grand & magnifique Palais : *Fredericus autem Imperator, ædificaverat sibi palatium miræ amplitudinis, in loco qui dicitur Dolah.* * Remarquez, Monsieur, qu'il n'y avoit point alors de Ville à Dole, puisque l'Historien qualifie de lieu simplement, l'endroit où Frederic fit bâtir ce Palais : *in loco, qui dicitur Dolah.* Il y avoit probablement devant ce Château une place pour les joûtes & les tournois, à laquelle on donna le nom d'*Arenes*, & dont la ruë d'Arans a pû tirer le sien. On les voyoit du vestibule du Palais qu'on apelle encore le Perron, & où Gollut dit qu'on a trouvé de beaux restes de bâtiments.

* Spicil. tom. 2. fol. 540. col. 1.

Ce fut de son Château, & non de la Ville de Dole, que cet Empereur datta, suivant Gollut, la confirmation du privilege de battre monnoie en faveur de l'Archevêque & du Chapitre de Besançon : *datum in nostro castro Dolæ*. La relation des miracles de S. Prudent, prouve que ce qu'on apelloit Dole, étoit un Château : *castellum, quod Dolam vocant*; & Alberic Religieux des Trois-Fontaines, parlant d'une Assemblée que Frederic convoqua pour terminer un schisme qui affligeoit l'Eglise, dit qu'il donna les Lettres patentes pour cette convocation dans sa maison de Dole : *Imperator Fredericus, à Rege Francorum invitatus, ut sublato Romanæ Ecclesiæ schismate, pax firma redderetur; concilium in territorio Bisuntionum, Dolo villâ, in Decolatione sancti Joannis Baptistæ convocavit.* Observez encore, Monsieur, je vous prie, que Dole n'est ici qualifié que *villa*, qui signifie simplement une maison de campagne : car c'est ainsi que les Auteurs apelloient celles que les Grands de Rome avoient auprès de cette Ville. *Villa Cæsarum. Villa Luculli. Villa Aniciorum.* Vous trouverez aussi dans les Historiens, qui nomment Dole *locus* ou *villa*, que quand ils parlent de Besançon, ils le qualifient *urbs nobilis*.

L'Auteur de la Dissertation prétend que cette Assemblée devoit être tenuë à Dole, & M. Chifflet que c'étoit à Besançon. Je crois qu'ils n'ont raison, ni l'un ni l'autre.

Le Moine des Trois-Fontaines, ne parle de Dole, que comme du lieu où les Patentes pour la convocation furent données; & il ne nomme le territoire de Besançon, que parce que l'Assemblée devoit être tenuë dans le Diocèse de cette Ville. C'est ce Diocèse qu'il apelle *territorium Bisuntionum*. Le Prieuré de Laone en étoit, & ce fut le lieu marqué pour la Conférence, par raport au Roi de France qui devoit s'y trouver, & qui vint à Dijon dans ce dessein.

Le soin de l'Empire, & les guerres qui occupérent l'Empereur Frederic, ne lui permirent pas de rester longtems dans son Château de Dole. Mais Otton son fils, Souverain du Comté de Bourgogne, & les Comtes ses successeurs, y firent leur résidence ordinaire; ce qui donna occasion aux grands Seigneurs du Païs, d'y faire bâtir des maisons. Ceux de la noble famille de Vienne, étoient du nombre. Ce sont les restes de leur Hôtel, & non pas de celui d'un des Preux de Charlemagne, qui portent encore leur nom; & la Statuë collossale du Comte d'Angers qu'on voit à Montroland, est un ouvrage moderne, auquel l'erreur du vulgaire a donné lieu.

Les Ducs de Bourgogne, qui succédérent aux Comtes, & qui furent aussi puissans que les grands Rois, ne résidérent pas à Dole, mais ils y établirent une Université, un Parlement & une Chambre des Comptes, qui en augmentérent le lustre. Ils en firent la Capitale de la Province, parce que Besançon ne les reconnoissoit pas pour ses maîtres, & qu'ils lui faisoient au contraire l'honneur de traiter avec elle, comme étant une Cité libre & Impériale. Ce fut alors que Dole devint une Ville assez grande, & fut jointe au Château, par un mur garni de vingt-huit tours: car sur la fin du treiziéme siécle, du tems du Comte Ottenin ou Otton IV. ce n'étoit encore qu'un Château, que ce Comte mit même dans la mouvance du Duc de Bourgogne, comme on le voit par plusieurs Chartes, qui sont dans le Recüeil de Perard, & citées par Guichenon dans son Histoire de la Maison de Savoie.

Après la mort déplorable du Duc Charles le Hardi, le Prince d'Orange introduifit par furprife à Dole une Garnifon Françoife ; mais le Peuple de cette Ville, fidéle à la Princeffe Marie fa Souveraine, n'eut pas plûtôt le tems de fe reconnoître, qu'il prit les armes & força la Garnifon à fe retirer après un fanglant combat. Pierre de Craon qui commandoit les troupes de Loüis XI. vint l'affiéger avec une armée de 14000 hommes. Les Bourgeois de Dole firent une fi vigoureufe réfiftance, qu'ils l'obligérent à lever le Siége. Charles d'Amboife l'affiégea une feconde fois, & il ne l'auroit pas prife, fi des troupes étrangéres qui furent reçûës dans la Ville comme auxiliaires, ne l'avoient pas trahie en y introduifant l'ennemi, contre lequel les Bourgeois de Dole fe deffendirent encore vaillamment dans l'enceinte de leurs murailles. Cette réfiftance donna lieu au fac & à l'incendie de leur Ville, qui refta pendant quelque tems déferte & inhabitée.

Elle fe repeupla après la paix, & fut fortifiée à la moderne de fept baftions affortis de demies-lunes, qui en firent une des meilleures places de l'Europe. Auffi foutint-elle en 1636 un fiége de 80 jours, contre une armée commandée par un Prince du Sang. La relation de ce fiége qui a été imprimée, nous aprend des actions de valeur furprenantes des Habitans de Dole, qui mêlés avec les Soldats de la Garnifon dans toutes les occafions périlleufes, difputoient par une généreufe émulation, à qui remporteroit plus de gloire.

Ces Habitans fi illuftres par leur fidélité & leur courage, fe font encore diftingués dans les arts & dans les fciences ; & s'il y a eu parmi eux beaucoup de bons Officiers, il y a eu auffi plufieurs Sçavans, & d'excellens Magiftrats, que leur mérite a élevés aux premieres Dignités. Car il en eft forti non-feulement des Confeillers d'Etat & des Préfidents des Finances dans les Païs Bas, mais encore des Ambaffadeurs, des Plénipotentiaires & des Chanceliers.

C'eſt par ces endroits, Monſieur, que je louërois la Ville de Dole, ſi j'étois chargé de faire ſon éloge ; plûtôt que par une antiquité qu'elle n'a pas, & que les connoiſſeurs déſintereſſés ne lui paſſeront point : car la véritable gloire d'une Ville, conſiſte à produire des Citoyens vertueux. *Inhabitantium virtus, dignitas eſt, ornatus & tutela Civitatis.* J'ai l'honneur d'être, &c.

QUATRIÉME DISSERTATION.

MONSIEUR,

Je suis fort content de ce que vous m'avez écrit sur Dole & sur Besançon. Vous m'avez parlé de plusieurs noms que cette derniére Ville a portés, mais vous ne m'avez rien dit sur celui de *Chrysopolis*, Ville d'or, qu'on lui donne si communément depuis plusieurs siécles. Je ne crois pas, quoiqu'en dise son Historien, qu'on l'ait nommée de la sorte, à cause de sa beauté, ou parce qu'une ou deux de ses Portes étoient dorées ; car outre qu'il ne raporte aucune preuve de ce dernier fait, quand il seroit véritable, ce ne seroit pas une raison assez forte pour donner un nouveau nom à une Ville comme Besançon. Quant à sa beauté, je crois qu'elle a été grande ; mais Besançon étoit-elle la plus belle Ville des Gaules, pour en tirer un nom de distinction! & pourquoi le lui donner grec, si on ne parloit pas cette langue dans le Païs ? J'aurois plus de penchant à penser ce que l'Historien ajoute, que Besançon a pû être apellé Chrysopolis, à cause qu'on tiroit de l'or dans son territoire ; mais il ne le prouve pas. Faites-moi donc la grace de me dire, Monsieur, depuis quel tems Besançon a eu le nom de *Crysopolis*, & à quelle occasion on le lui a donné. Vous m'obligerez beaucoup aussi, de m'aprendre qui a fait faire l'aqueduc qui portoit à Besançon les eaux d'Arcier : si c'est uniquement pour le passage de ces eaux, qu'on a coupé le rocher où est à présent la Porte qu'on nomme Taillée, ou si c'est pour faire une entrée à la Ville, & quelle est la structure de cet aqueduc. Je vous avoüe

que

que quand vous m'en parlates sur les lieux, je ne m'y apliquai pas, & que je ne parus le faire que par politesse, car je n'avois encore alors aucun goût pour ces sortes de choses. Vous me fîtes voir les restes d'un Arc de Triomphe, que l'Historien de Besançon dit avoir été élevé à l'honneur de l'Empereur Aurélien. J'ai lû plusieurs fois ses raisons, mais plus j'y réfléchis, moins elles me persuadent; & je ne trouve l'explication qu'il donne aux figures de cet Arc, ni naturelle ni conforme à l'Histoire. Si vous sçavez quelque chose de meilleur sur ce point d'antiquité, vous me ferez un vrai plaisir de me le communiquer. Jugez je vous prie, Monsieur, de mon attachement pour vous, & combien je compte sur votre amitié, par la maniere libre dont j'en use.

Monsieur,

La confiance que vous me marquez me fait plaisir, parce que ce m'est un témoignage que vous connoissez mes sentimens à votre égard; & vous verrez par la maniere dont j'y répondrai dans toutes les occasions, combien j'ai envie de conserver l'amitié dont vous m'honorez.

Pour prouver qu'il y avoit des mines d'or dans le territoire de Besançon, & que c'est de là qu'est venu le nom de *Chrysopolis*, l'Historien de cette Ville cite Athenée, qui dit qu'il y avoit des mines d'or chez les Celtes. Cette preuve est bien vague, & il y avoit près de deux siécles dans le tems qu'Athenée écrivoit, que Besançon n'étoit plus de la Gaule Celtique : mais en voici de plus spécieuses pour soutenir le sentiment de notre Historien.

Nous avons sur le bord du Doux à trois lieuës de Besançon, des grotes d'une grande étenduë, qu'on apelle *Grotes d'Osselle*, où le vulgaire croit qu'on a tiré de l'or. A cinq lieuës de la même Ville, toujours sur le bord de la riviere, est un Village qu'on nomme *Orchamps*. Il est certain d'ailleurs qu'on a trouvé & qu'on trouve encore de l'or tres-fin dans le sable du Doux, un peu au-delà de Dole: car j'ai lû dans les terriers de plusieurs Seigneurs de cette contrée, des reconnoissances que leurs Sujets leurs ont faites, du droit de pêcher l'or dans le Doux; & j'ai vû d'anciens baux de ce droit de pêche. M. le Marquis de Broissia qui a des Terres dans ces cantons, a fait chercher depuis peu de l'or dans le Doux, à l'invitation du Pere Dunod, & l'on y en a trouvé du meilleur. Découverte excellente, si la dépense n'en avoit pas excédé le profit. Il semble qu'on peut conclure de ces faits, qu'il y avoit dans la Province dont Besançon étoit la Capitale, & assez près de cette Ville, des mines d'or qui sont à présent épuisées; mais qui, dans le tems qu'elles étoient en valeur, ont pû faire donner à Besançon le nom de Chrysopolis.

L'objection, qu'on peut faire, est que ce nom est nouveau, & que s'il y avoit eu du tems de Jules César ou après lui, des mines d'or aux environs de Besançon, assez considerables pour faire changer de nom à cette Ville, plusieurs Auteurs anciens en auroient parlé, & pas un n'en a dit un mot. Ç'auroit été à Besançon qu'on auroit converti cet or en monnoie; cependant il n'y en a point eu de fabrique sous l'Empire Romain. On n'a commencé à y en faire, que sous les Rois du premier Royaume de Bourgogne. La plus ancienne monnoie d'or, qu'on trouve fabriquée à Besançon, porte la figure d'un Roi Bourguignon, avec cette légende autour, VESONTIONE. Au revers est une Croix sur son pied-d'estal, avec le nom du Monetaire.* L'on voit aussi des deniers d'argent faits à Besançon sous Charles le Chauve, avec l'inscription BESENTIONE; & cette Ville est apellée BISUNTIUM, sur d'autres deniers d'argent, faits par l'Eglise de Besançon qui avoit droit de battre monnoie.*

La rareté des monnoies d'or, fabriquées à Besan-

*Nous avons des tiers de sol d'or de cette fabrique, dans nos Médailliers.

*Le Blanc, Traité des Monnoies.

çon depuis la décadence de l'Empire Romain, quoiqu'on y en ait fabriqué, fait assez sentir qu'il n'y avoit point de mines de ce métal aux environs.

Ocelle ne porte pas le nom d'*Auricella*, mais celui d'*Oscella* dans les anciens titres. J'ai vû les grotes qui y sont, & il m'a paru que c'est un jeu de la nature. Je n'ai point pû découvrir aux environs, de lieu où l'on ait porté les déblais qu'on auroit dû tirer des grandes & nombreuses cavernes, dont elles sont composées; & les entrées en sont si petites, qu'elles n'ont pû servir à faire passer les ouvriers, les machines & les matieres des mines. C'est donc une erreur populaire, de croire qu'on ait tiré de l'or de ces grotes. On peut en avoir trouvé dans le Doux à Orchamps, comme on en trouve plus bas à Neublans, à Longvi, à Noire &c. mais ç'a toujours été en si petite quantité, que ce n'a pas pû être un objet pour donner le nom de *Chrysopolis* à Besançon. Ce n'étoit pas d'ailleurs un avantage qui lui fût particulier, parce que l'Histoire nous aprend qu'il y avoit des rivieres chez les Allobroges & les Helvétiens, qui charioient de l'or; & des mines d'or chez les Celtes, particuliérement auprès de Lyon. Vous vous défiez donc, Monsieur, avec bien du fondement, de ce que l'Historien de Besançon attribuë le nom de *Chrysopolis* à cette cause, & il en faut chercher une autre.

Cet Historien dit qu'il n'a point trouvé d'Auteur avant le neuviéme siécle, qui ait apellé Besançon *Chrysopolis*. Il me semble cependant, qu'il y a des témoignages plus anciens, qu'elle portoit auparavant un nom à peu près semblable. C'est une Notice que Joseph Scaliger estime ancienne, & un petit livre des Provinces & des Villes de l'Empire, que Simler dit avoir copié sur un ancien manuscrit de la Bibliotéque de Zuric, dans lesquels on trouve: *Sequanorum metropolis, civitas Crispoinorum. Id est, Vesontio.*

Remarquez, Monsieur, qu'on ne lit pas dans ces Notices, *Chrysopolis* Ville d'or, mais *Crispolis*. Je crois que c'est au lieu de *Crispopolis*, Ville de Crispus, en retranchant une sillabe, qui auroit mal sonné à l'oreille : d'où je conclus que c'est Crispus fils de Constantin, qui a donné son nom à Besançon, comme Constantin a donné le sien à Bisance, apellée dèslors *Constantinopolis*. C'étoit un honneur que cette famille ambitionnoit : car Drépane en Bithinie, fut aussi apellée *Héléropolis*, du nom d'Héléne mere de Constantin.

Vous avez lû sans doute, que cet Empereur avoit d'un premier mariage, un fils nommé Crispus ; Prince d'un rare mérite, en qui toutes les vertus civiles, politiques & militaires étoient réunies au plus haut degré ; qu'il le déclara César en 317, & lui confia le gouvernement des Gaules ; que Crispus en chassa par la force de ses armes, les François & les Allemans qui y étoient entrés, & les réduisit à lui demander la paix, qu'il leur accorda en 320, après les avoir obligés de repasser le Rhein ; qu'il défit l'armée navale de Licinius en 323 ; que la gloire de ces hauts faits, donna un tel ombrage à Fausta sa marâtre, que comme une autre Phédre elle accusa Crispus d'avoir attenté à sa pudicité, & formé le dessein de se rendre maître de l'Empire; que Constantin s'étant trop livré aux calomnies de cette malheureuse Princesse, fit mourir l'aimable Crispus en 326 ; mais qu'ayant été bientôt désabusé, il fit la même année donner la mort à Fausta ; & que l'Impératrice Héléne fut si touchée du déplorable sort de Crispus son petit-fils, qu'elle aimoit tendrement & dont elle connoissoit toutes les vertus, que la douleur qu'elle en ressentit avança son trépas. Rapellez, je vous prie, toutes ces circonstances à votre mémoire, parce qu'elles entreront dans les preuves que je donnerai, de ce que j'ai à vous dire à la suite.

Il y avoit long-tems que les Allemans s'efforçoient de pénétrer dans les Gaules, & de s'y établir. C'étoit un Peuple de la Germanie, qui habitoit le long du haut Rhein, & qui le passoit le plus souvent à Basle & à Strasbourg, ensorte que ses irruptions les plus fréquentes, se faifoient dans la Province Séquanoife. Je crois qu'ils avoient pris Befançon du tems de Conftantin ; car nous lifons dans une lettre de l'Empereur Julien au Philofophe Maxime, où il lui parle de cette Ville : *Oppidum nunc dirutum, magnum tamen olim, & magnificis Templis ornatum.* L'on ne peut imputer ces ruines qu'aux Allemans, parce qu'ils étoient les feuls de tous les Barbares, qui étoient entrés dans les Gaules avant l'Empire de Julien, qui fuffent parvenus jufqu'à Befançon. Ils avoient même été jufqu'à Langres, à Autun & à Sens.

Or l'Hiftoire nous aprend, que Crifpus après qu'il fut déclaré Céfar & chargé du gouvernement des Gaules, en chaffa les Allemans, & les força à lui demander la paix, qui fut probablement précédée de quelques victoires : car les Allemans gardérent cette paix, plus long-tems que celles qu'ils avoient faites auparavant avec les Empereurs, & nous lifons fur les revers de plufieurs Médailles de Crifpus : *Allemannia devicta.*

Je fupofe donc que ce Prince avoit délivré Befançon & la Province Séquanoife, de la fureur de ces Barbares qui la défoloient. Quel plus grand bienfait pouvoit recevoir cette Ville, & quel motif plus preffant pour prendre le nom de fon Libérateur, & lui dreffer un Arc de triomphe ? Je conclus de là, que Befançon a été apellée *Crifpopolis,* du nom de Crifpus Céfar, & qu'elle a voulu honorer fes victoires par un monument public & durable ; que la difgrace & le malheureux fort de ce Prince qui fuivirent de près, empêchérent ce nom de faire tout le progrès qu'il auroit fait, fi Crifpus avoit regné ; que l'invafion des Barbares dans le fiécle fuivant, & l'ignorance profonde qu'elle entraîna avec elle, le firent prefque oublier ; que s'étant néanmoins confervé en quelque forte par la tradition, ou par des Auteurs & des monumens qui ne font pas venus jufqu'à nous, il a été changé & altéré, comme vous avez vû qu'il eft arrivé au nom même ancien de *Vefontio ;* & que l'on a écrit *Chryfopolis* pour *Crifpopolis* dans le neuviéme fiécle & les fuivants.

qui étoient des tems d'ignorance, où l'on mettoit du merveilleux par tout. Ce fait vous paroîtra démontré, Monsieur, si j'en prouve un autre. C'est que l'Arc de Triomphe, que l'Historien de Besançon dit avoir été érigé à l'honneur d'Aurélien, a été élevé à celui de Crispus.

Cet Historien dit qu'Aurélien après avoir triomphé à Rome de l'Orient & de l'Occident, vint dans les Gaules & s'arrêta à Besançon; qu'il caressa les Habitants de cette Ville pour qu'ils lui donnassent leurs Troupes, dont il avoit besoin pour une expédition qu'il méditoit en Allemagne; qu'il les avoit délivrés auparavant avec le reste des Gaules, de la tyrannie de Tetricus; & que ces Habitants lui dressèrent un Arc de Triomphe, par affection & par reconnoissance.

Il est vrai qu'Aurélien vint dans les Gaules, mais il n'y a aucune preuve qu'il fût à Besançon; & ce n'étoit pas son chemin, puisqu'il alloit faire la guerre en Soüabe du côté d'Ausbourg. L'on ne voit pas quelles Troupes Besançon auroit pû lui fournir, ni qu'il dût employer des caresses pour les obtenir, s'il y en avoit eu. Ce n'étoit pas d'ailleurs le caractere de ce Prince, qui a deshonoré par sa cruauté & par sa férocité, les vertus militaires qu'il possédoit éminemment. Je ne vois pas enfin, qu'Aurélien ait jamais rien fait pour les Séquanois en particulier, ni même pour les Gaules en général, qui ait pû lui mériter un Arc de triomphe à Besançon. Car Tétricus & son fils, n'étoient pas des Tyrans odieux; c'étoient au contraire de grands hommes, chéris dans les Gaules & tres-dignes de commander; que l'amour de la paix engagea d'apeller eux-mêmes Aurélien, & de lui livrer volontairement leurs Troupes, pour réunir à l'Empire les Gaules & l'Espagne, qui avoient eu leurs Empereurs particuliers depuis environ treize ans. Il est vrai qu'ils parurent dans le Triomphe d'Aurélien à Rome, mais ce ne fut pas en vaincus. Dèslors Aurélien rendit à Tétricus le pere la dignité de Sénateur, l'établit Correcteur de l'Italie, & l'apelloit souvent son Collégue & son Compagnon. Il fit

Quatriéme Dissertation.

aussi de grands honneurs au fils de Tétricus, qui avoit été déclaré César & Auguste ; car il le mit dans le Sénat, où il parvint aux premieres Charges, & fut en faveur sous les Empereurs suivants.

Je ne vois donc aucune raison, qui ait pû porter Besançon à dresser à Aurélien un Arc de triomphe, plûtôt qu'à d'autres Empereurs dont cette Ville avoit reçû des bienfaits ; & tout concourt à faire croire, qu'elle a dû en élever un à Crispus César. Je vous ai parlé de ses victoires contre les Allemans, par lesquelles il avoit délivré Besançon de ses plus redoutables ennemis. Je conjecture encore, que ce Prince, qu'on croit avoir été élevé à Tréves, a passé quelque tems de sa jeunesse à Besançon, & que les motifs d'une affection respectueuse se joignirent à ceux de la reconnoissance, pour engager les Habitants de cette Ville à honorer les grandes actions de leur illustre Concitoyen, & à laisser à la postérité un monument, qui marquât la part qu'elle avoit eu à son éducation.

Les Romains avoient une Ecole fameuse à Besançon : ne se peut-il pas faire que Crispus, qu'on tient être né dans les Gaules & qui en a eu le gouvernement, y ait été instruit du moins en partie ? & ne seroit-ce point par cette raison, que l'Impératrice Héléne qui aimoit si tendrement ce Prince son petit-fils, affectionnoit Besançon comme nous l'aprenons de la tradition de nôtre Eglise. Je me flate que l'explication des figures de l'Arc de triomphe, vous paroîtront soutenir ce sentiment ; ou du moins devoir s'apliquer aux victoires & à l'éducation de Crispus dans les Gaules, soit à Besançon soit à Tréves.

Il y a des figures de deux sortes dans l'Arc de triomphe, des grandes & des petites. C'est particuliérement aux grandes qu'il faut s'attacher, parce que ce sont les plus reconnoissables, & celles qui marquent les principales choses dont on a voulu conserver le souvenir.

Dans la premiere niche, on voit une Femme, qui tient un Enfant d'une main, & sem- Cette explication n'est pas entiére : car il y a dans la niche, deux figures dont ble parler à un *Adolescent*, qui est de l'autre côté. Derriere elle, sont un *Homme dans l'âge viril*, & un *Vieillard*. L'Historien de Besançon prétend que ces figures représentent Zénobie menée en triomphe, avec ses enfans *Herennianus* & *Timolaus*.

elle ne parle pas. Vopiscus nous dit que Zénobie parut au triomphe d'Aurélien, ornée de pierreries & avec des chaînes d'or. La Femme qui est représentée dans l'Arc de Triomphe, est vêtuë simplement, & ne paroît chargée d'aucunes chaînes : circonstance qu'on n'auroit pas oubliée, dans la représentation d'une Reine menée en triomphe. Zénobie avoit trois fils, qui n'étoient plus enfans quand Aurélien triompha ; car ils avoient été salués Empereurs en 267. Ils ne furent faits prisonniers qu'en 272, & Aurélien ne triompha qu'en 274. Enfin Vopiscus qui a décrit les moindres circonstances de ce triomphe, ne dit pas que ces Princes y parurent, quoiqu'il le dise de Tétricus fils.

Ne pouroit-on pas conjecturer, que le groupe de cette niche représente l'éducation de Crispus ? Il est d'abord entre les mains des femmes, figurées par celle qui donne la main à un enfant ; & ensuite dans celles de Maîtres des sciences & des exercices, marqués par l'homme & par le vieillard qui sont derriere cette femme. Peut-être aussi que la femme du groupe, représente la Ville à laquelle la jeunesse du Prince a été confiée, & que les quatre autres figures, sont les quatre Ages de la vie, sur lesquels l'éducation influë, mais plus particuliérement sur l'enfance. C'est pourquoi cette femme tient un enfant par la main, parce que l'enfance n'est encore susceptible que des soins qu'on prend du corps. Elle parle à un adolescent, pour faire voir que c'est le tems auquel on commence à avoir besoin des instructions qui forment l'esprit. Les figures, qui signifient l'âge viril & la vieillesse sont derriere, parce que l'éducation n'influë pas si directement sur ces âges, où l'homme abandonné à sa propre conduite, se gouverne par ses lumieres. L'on peut dire encore que ces

deux

deux derniéres figures repréfentent les Maîtres des fciences & des exercices, & les trois autres, celles de la Ville où le jeune Prince a été élevé, de l'enfance & de l'adolefcence que Crifpus a paffées à Befançon. Enfin fi l'on ne veut pas raporter ce groupe à l'éducation de Crifpus, on poura expliquer la premiére figure, de la Ville de Befançon qui eft entourée de jeunes gens, parce que c'étoit l'une de celles des Gaules, où il y avoit des Ecoles publiques; & dire que les deux figures que l'on voit au fond de la niche, repréfentent les Maîtres qui y inftruifoient la jeuneffe.

Dans la feconde niche eft un Adolefcent, qu'un Homme vêtu d'un habillement militaire tient par le bras. L'Adolefcent le regarde comme pour le fuivre, quoiqu'il femble fe pancher vers un Enfant nud, qui eft de l'autre côté. L'Hiftorien de Befançon, dit que ces figures repréfentent les Tétricus pere & fils, menés en triomphe par un Soldat, & repréfentés à demi nuds par dérifion.

Nous aprenons de Vopifcus, que Tétricus parut dans ce triomphe, habillé fuperbement à la Gauloife. *Chlamide coccineâ, tunicâ galbinâ, & braccis gallicis ornatus.* C'étoit un vieillard, & la figure de l'Arc de triomphe eft celle d'un adolefcent. Son fils avoit été fait Céfar en 268 après avoir gagné une bataille, & on prétend qu'il eft ici repréfenté fous la forme d'un enfant. En un mot il n'y a rien dans l'attitude & l'habillement des figures dont on vient de parler, qui puiffe être apliqué à des perfonnes qu'on menoit en triomphe.

Je penfe plutôt, que la figure de la feconde niche, eft celle de Crifpus dans l'adolefcence, forti des mains de fes Gouverneurs & de fes Maîtres, qui eft porté par un penchant naturel aux plaifirs repréfentés par un Amour, & qui eft cependant entraîné par la paffion de la gloire, qui le follicite d'autre côté fous la figure de Mars; ce qui me femble fort bien exprimé par les geftes & l'attitude des trois figures de ce groupe.

Plus haut, est la figure d'un jeune Homme, qui s'apuïe de la main droite sur une lance sans fer, & qui tient de la gauche une petite massuë élevée. Notre Historien dit, que c'est Hercule sous la figure d'Apollon, comme les Egyptiens le représentoient quelques fois; & raporte une Inscription, dans laquelle Aurélien est apellé le Compagnon d'Hercule.

Cette explication me paroît tirée de loin : car pourquoi ferions-nous allez prendre en Egypte, la maniére de repréfenter Hercule? La massuë sans la peau de lion, ne le caractérise pas assez. On ne lui met jamais une lance à la main, & la lance ni la massuë, ne conviennent pas à Apollon.

Pour moi je crois que cette figure est celle de Crispus dans l'âge viril, représenté, si l'on veut, sous la forme d'Apollon, le plus beau & e plus aimable des Dieux ; parce que Crispus étoit aussi le plus beau & le mieux fait des Princes de son tems. Il porte la massuë d'une main, & s'apuïe de l'autre sur une pique, pour marquer la force du corps & les vertus militaires, qui lui avoient mérité la dignité de César, désignée par la pique sans fer, *hastam puram* ; car c'étoit parmi les Anciens un Sceptre ou un Bâton de commandement. Il porte sur l'épaule un manteau, & il est nud au reste. C'est l'habillement des Héros. La figure principale du groupe précédent, est vêtuë de même ; d'où je conclus, qu'elle représente la même personne, dans un âge & dans un état différent.

Sur le ceintre de l'Arc, on voit une figure qui a la main droite élevée, comme pour annoncer quelque chose. De la gauche elle tient une écharpe, qui descend de côté & d'autre de l'Arc, & qui est soutenuë par des Tritons. L'on prétend que c'est la figure d'Aurélien revêtu des habits triomphaux, & que ce que je viens d'apeller des Tritons, sont des Captifs enchaînés, qui ont chacun deux queuës de Serpent, parce que le Serpent a été vaincu par Apollon, qu'Aurélien honoroit d'un culte particulier.

Cette explication quintessenciée, n'est pas juste d'ailleurs : car Aurélien étoit vieux, & la figure est celle d'une jeune personne. Il paroît même à son habillement, que c'est celle d'une femme. Toujours est-il certain, que cette figure ne porte pas l'habit triomphal. Je crois donc que c'est la représentation de la Ville, ou du Génie de la Ville de Besançon. Elle ne tient pas une chaîne, mais une écharpe soutenuë par des figures, qui ont été mises en cet endroit pour orner le devant de l'Arc de triomphe. Ce sont véritablement des Tritons. Les queuës de poisson de la plûpart qui sont encore entiéres, le démontrent ; & ce qui a paru dans quelques-uns des queuës de Serpent, ne vient que de ce que le bout de leur queuë a été rompu, ou usé par le tems.

De chaque côté de la figure du milieu, est une Victoire qui tient une Palme d'une main, & soutient de l'autre une Corne d'abondance. On conclut du nombre de ces victoires, qu'elles ont raport à l'Empereur Aurélien, qui triompha en un même jour, de l'Orient & de l'Occident. Mais à cela deux réponses. La première, que toutes les figures dont on a parlé, à l'exception de celle qui est sur le milieu de l'Arc, sont doubles pour la simétrie de l'ouvrage. Il a donc fallu y faire deux figures de Victoire pour la même raison, & l'on en voit deux dans la même attitude sur l'Arc de Constantin. La seconde réponse est, que Crispus avoit aussi remporté plusieurs victoires, parmi lesquelles il y en avoit une bien considerable sur Mer auprès de Gallipoli, où il prit & coula à fond presque toute la flote de Licinius, & assura par cette action l'Empire à Constantin son pere ; victoire, que nous pouvons dire être désignée dans l'Arc de triomphe, par le grand nombre de Tritons, de Chevaux marins & de Dauphins, que l'on y voit ; ce qui ne convient pas à Aurélien, qui n'a point donné de combats sur Mer.

Il reste à parler des petites figures en bas relief qui sont sur cet Arc, & sur lesquelles il convient d'abord de faire quelques observations générales. 1°. Leur petitesse & les lieux où elles sont placées, désignent qu'elles ne sont qu'incidentes, & qu'elles ne marquent pas l'objet principal de l'Arc de triomphe. C'est donc particuliérement aux grandes figures qu'il faut s'en raporter. 2°. Elles sont depuis très long-tems si mutilées, qu'on ne peut en parler que par conjectures. 3°. Celles de ces figures, qui ne représentent rien qui ne puisse convenir à Crispus comme à Aurélien, ne doivent pas entrer en consideration: il n'y a que celles qui caractérisent uniquement & individuellement l'un de ces deux Princes ou ses actions, dont on puisse tirer des conséquences. 4°. Il en est de même de celles qui ne sont mises que pour orner quelques piéces de l'ouvrage. Tels sont à mon sens, les Soleils sans nombre qu'on voit sur deux des colomnes, dont nôtre Historien conclut cependant, que l'Arc a été dressé pour Aurélien; parce que sa mere étoit Prêtresse du Soleil, dans le Village dont cet Empereur, qui s'étoit élevé par ses services à la guerre, étoit natif, & qu'il honoroit le Soleil d'un culte particulier; ce qui ne decideroit pas encore, puisqu'on a plusieurs Médailles de Crispus, au revers desquelles est Apollon au chef radieux, avec cette légende: *Soli invicto comiti.*

Souffrez, Monsieur, qu'à cette occasion je vous prie de réfléchir, sur le grand nombre des bas reliefs qu'on voit sur les colomnes & sur les autres parties de nôtre Arc de triomphe, qui l'ornent moins qu'ils ne le chargent. Combien est-il éloigné de cette noble simplicité des édifices du bel âge de l'Empire? Il n'y reste plus rien du bon goût, pas même les proportions; ce qui me fait croire que cet Arc est des derniers tems de l'Empire Romain, & par conséquent postérieur à Aurélien. L'Arc de Constantin a été orné par des monuments tirés du Marché de Trajan, & Flaminius Vacca observe, que les bas-reliefs qu'on y a ajoutés, sentent la barbarie du siécle de Constantin auquel ils ont été faits.

Notre Historien a crû voir une femme foulée aux pieds d'un cerf; des cavaliers & des hommes à pied, qui en poursuivoient un autre; deux Villes, sous la figure de deux autres femmes, dont l'une est assise, & la seconde debout ; un homme & une femme, qui attendent le suplice qui leur est destiné ; & un autre homme attaché par les mains à des branches d'arbre courbées avec violence, pour qu'elles le déchirent en se relevant. Il dit que ces figures représentent Zénobie, qui s'enfuit dans un char tiré par des cerfs, & qui est arrêté au passage de l'Euphrate ; la prise de Thiane & de Palmire, & la sévérité d'Aurélien à faire punir les criminels.

La cruauté, plutôt que la sévérité d'Aurélien à cette occasion, ne me paroît guéres avoir dû être exprimée sur un Arc de triomphe, parce qu'elle ne lui faisoit pas honneur. Il inventa de nouveaux suplices, & renouvella celui, que faisoit souffrir aux personnes qui avoient le malheur de tomber entre ses mains, le Brigand Sicinus ; monstre, dont Hercule purgea la terre. Ce ne peut pas être d'ailleurs ce qui est représenté sur l'Arc de triomphe, où un homme paroît debout les bras élevés ; au lieu que le Soldat puni par l'ordre d'Aurélien pour avoir débauché la femme de son Hôte, fut attaché par les pieds. Vopiscus nous décrit cette exécution, comme une chose tout à fait inhumaine & sans exemple. *Solus denique omnium, militem qui adulterium cum hospitis uxore commiserat, ita punivit ; ut duarum arborum capita inflecteret, quas ad pedes militis deligaret ; easque subitò dimitteret, ut scissus utrinque penderet.*

Je ne vois pas au reste, que des hommes qui fuïent avec des chevaux qu'ils tiennent aux crins, ni un femme assise & étonnée à la vuë d'un cerf qui se présente à elle ; aient rien de commun avec la fuite & la prise de Zénobie. L'on vit bien au triomphe d'Aurélien, un char tiré par quatre cerfs ; mais c'étoit celui du Roi des Gots. Et pour finir en deux mots cette matiére, sur laquelle je ne me suis déja peut-être que trop étendu, il me semble que le cerf qui paroît fouler aux pieds une femme, marque la célérité avec laquelle Crispus avoit attaqué les ennemis ; que la femme debout, est la Séquanie relevée de ſes pertes ; & celle qui eſt aſſiſe dans la poſture d'une Captive, la Germanie vaincuë. Que les hommes, qui courent tenant les crins des chevaux, repréſentent la maniére de fuir des Germains, parmi leſquels chaque cavalier étoit ſuivi d'un homme de pied, qui ne l'abandonnoit point dans le combat, & qui égaloit dans ſa fuite la viteſſe du cheval, dont il empoignoit les crins pour fuir plus facilement. * Les autres hommes qu'on voit parmi les arbres les mains élevées, ſont les Allemans & les Francs, repouſſés & pourſuivis par Criſpus juſques dans les forêts qui leurs ſervoient d'habitation, & dont l'étonnement & la conſternation paroiſſent dans leurs geſtes.

* Caſ. de bell. Gall. lib. 4.

Pourois-je me flatter à préſent, Monſieur, que nôtre Arc de triomphe, que vous étiez déja fort diſpoſé à ne pas donner à Aurélien, vous paroîtra avoir été élevé pour Criſpus ; & marquer non-ſeulement les victoires par leſquelles il avoit ſauvé & raſſuré Beſançon, mais encore que cette Ville avoit eu quelque part à l'éducation de ce Prince ? Si vous le penſez de la ſorte, vous vous rendrez bien plus facilement à ce que je vous ai dit, pour prouver que la Ville de Beſançon lui avoit fait agréér qu'elle s'apellât de ſon nom. J'ajoute qu'il n'y a point de lieu, où les Médailles de ce Prince ſoient ſi communes & ſe trouvent en ſi grand nombre.

J'ai revû l'Aqueduc que nous apellons le Canal d'Arcier, pour pouvoir vous en faire une deſcription plus exacte. La ſource eſt à deux lieuës de Beſançon, dans un Village qu'on nomme Arcier ; aparemment à cauſe des arcs, qui ſervoient à ſoûtenir le commencement de l'Aqueduc. Elle ſort d'une montagne qui eſt ſur le bord du Doux, & elle eſt ſi abondante, qu'elle fait tourner un Moulin en tout tems. Vous jugerez que les eaux en ſont toujours belles, puiſqu'elles ſervent auſſi à une Papeterie

Le dans-œuvre du canal, a quatre pieds quatre pouces de haut, ſur deux pieds quatre pouces de large ; & il faut diſtinguer deux choſes dans ſa forme, comme l'on diſtingue dans certains fruits, le noyau & l'envelope. Le noyau du canal (s'il m'eſt permis de m'expliquer de la ſorte) eſt dans ſa partie inférieure, d'un ciment épais de quatorze à quinze pouces. Ce ciment eſt fait de petits cailloux & de morceaux de briques, mêlés avec de la chaux pure. Les côtés ſont du même ciment, larges d'un pied & hauts d'environ trois pieds. A cette hauteur on voit quatre rangs de pierres plattes de même échantillon, qui portent ſur le ciment; & ſur ces pierres plattes, commence l'arc de la voute. Tout le dedans eſt revêtu d'un ciment de chaux & de briques pilées, de l'épaiſſeur de deux ou trois lignes; & le tout eſt ſi dur, particuliérement la partie qui eſt reſtée dans l'eau, qu'il ſemble compoſer un canal d'une ſeule pierre. Je penſe qu'on a fait le fond & les côtés de ciment, pour que l'eau n'y pénétrât pas, & que l'on a mis au deſſus les trois rangs de pierres plattes, pour ſuporter la voute.

La partie extérieure ou l'enveloppe du canal que je viens de décrire, eſt un maſſif de pierres qui font parement du côté de l'intérieur du canal, & qui ſont au reſte poſées ſans ordre dans de la chaux mêlée avec du ſable fin; ce qui fait une maſſe deſſous, aux côtés, & deſſus le canal. Elle eſt épaiſſe de trois pieds en tout ſens, & a été faite pour la ſolidité & la conſervation de la partie intérieure de l'ouvrage.

L'Aqueduc ſuit le pied de la montagne juſques auprès de Beſançon, où celle ſur laquelle eſt nôtre Citadelle, en empêchoit le paſſage. Il a fallu couper le roc en cet endroit de la hauteur de ſoixante pieds, ſur cent pieds de long & ſix de large. Je penſe qu'on ne l'a fait que pour y faire paſſer l'Aqueduc, parce qu'il occupoit toute la largeur de l'ouverture, & qu'on entroit anciennement à Beſançon de ce côté-là par le deſſus de la montagne. Le roc a été auſſi coupé en pluſieurs autres endroits, pour y faire paſſer le canal. C'eſt un ouvrage véritablement digne des Romains, par la ſolidité de ſa conſtruction, & par les grandes ſommes qu'il a dû coûter.

Le canal finissoit au côté droit de l'Arc de triomphe, dans un lieu assez élevé, pour que les eaux pussent être distribuées dans tous les quartiers de la Ville basse, qui étoit la plus grande & la plus peuplée ; & pour satisfaire à tous les besoins publics & privés des Habitants. L'on a trouvé dans cette partie de la Ville, quantité de canaux de plomb, de pierre, & de brique, qui portoient les eaux de l'Aqueduc en différents lieux ; & il faut convenir, qu'il étoit d'un grand ornement & d'une commodité infinie.

J'ai vû les restes d'un vaste réservoir, des colomnes & d'autres piéces d'Architecture, dans les fondations d'une maison qu'on bâtissoit pour le Sécretaire du Chapitre, & à laquelle l'Aqueduc aboutissoit. Je crois que les eaux d'Arcier tomboient dans ce réservoir, qui étoit couvert d'un dôme soutenu par des colomnes, d'où elles étoient distribuées dans la Ville. Les débris de cet édifice m'ont paru plus simple & d'un meilleur goût que l'Arc de triomphe. Un Jurisconsulte de Besançon l'attribuë à Jules César, dans la description qu'il en a faite en beaux vers. L'Historien de la Ville le donne au gendre d'Auguste. Je crois, Monsieur, qu'il n'est ni de l'un, ni de l'autre. César n'embellissoit pas les Villes des Gaules ; les guerres continuelles qu'il y soutenoit, ne lui en donnoient pas le tems. Agrippa a fait des Aqueducs pour Rome, mais l'Histoire ne dit pas qu'il en ait fait dans nôtre Païs.

Il me semble donc, que l'Aqueduc d'Arcier est un ouvrage des Antonins. Un tombeau trouvé à Saint Ferjeu, me fait conjecturer que leur famille avoit des Domaines dans la Province Séquanoise. * Jules Capitolin, nous aprend que Marc-Auréle avoit pris soin d'y entretenir la tranquilité ; d'où je conclus qu'il s'interessoit particuliérement à ce qui la regardoit. Enfin l'on a découvert à Besançon l'Inscription qui suit, & qui semble prouver que cette Ville avoit reçû quelque bien-fait de cet Empereur.

* Voyez aux Notes.

IMP.

Quatriéme Dissertation.

IMP. CÆS. AVG.
M. AVR. ANTONINO
ET L. AVR. VERO
CIVES VE.*

*Grut. pag. 258
Chiffl. Vef. part. 1.
cap. 39.

* Chiffl. Vef.
part. 1, fol. 157.

L'on trouva auprès de la colomne fur laquelle cette Infcription étoit gravée, un grand baffin de pierre,* qui avoit probablement fervi à une fontaine, faite pour la commodité des Temples, & des maifons qui étoient aux environs du lieu, où ce baffin a été découvert. C'eft au-delà du Doux, auprès de l'Eglife de Sainte Marie-Madeléne. L'Amphitéatre n'en étoit pas éloigné, il convenoit qu'il y eût des eaux, & celles d'Arcier pouvoient y être facilement conduites.

Y auroit-il de la témérité à conclure de là, que les Officiers Municipaux de Befançon, qui devoient à Marc-Auréle, les belles eaux dont leur Ville étoit ornée ; en marquérent leur reconnoiffance par l'Infcription qu'ils firent mettre auprès de cette fontaine, qui étoit la plus éloignée de toutes, du réfervoir dans lequel le Canal fe dégorgeoit, & fur le chemin de la Ville à l'Amphitéatre ? L'on a trouvé à Rome, auprès de la Porte Efquiline, une Infcription qui nous aprend, que Marc-Auréle avoit fait ouvrir des montagnes, pour faire conduire de l'eau par des Aqueducs dans cette Capitale du monde. L'on en peut encore tirer une conjecture, que les ouvrages de cette efpèce qu'on voit à Befançon, font de cet Empereur.

Si l'Aqueduc d'Arcier a été bâti par les Citoyens de Befançon, c'eft une preuve de leur bon goût & de leurs richeffes ; & c'en eft une de la diftinction de leur Ville, fi c'eft l'ouvrage des Empereurs. Mais les chemins qui ont été faits pour aller dans les différentes parties des Gaules depuis Befançon, marquent combien il étoit en confideration fous l'Empire Romain. L'on en trouve encore de grands reftes auprès de cette Ville & dans le Comté de Bourgogne, particulierement dans les forêts où l'on a ceffé de les fréquenter depuis long-tems. On les faifoit autant qu'il étoit poffible, le long des collines & des rideaux, toujours en forme de levées. Je les ai fait couper en différents endroits, & j'ai trouvé que dans les lieux bas & fujets à l'eau ils avoient été creufés jufqu'au folide, & quele fond étoit de pierres & de mortier, ce qui faifoit un premier lit. Le fecond lit étoit de mortier & de gravois, & le troifiéme de fable; la levée en dos d'âne par le haut, & en talus des deux côtés. J'ai l'honneur d'être, &c.

CINQUIÉME DISSERTATION.

MONSIEUR,

Parmi les livres que vous m'avez envoyez, j'en ai lû trois, qui concernent les ruines d'une Ville ancienne auprès de Moirans. Le premier porte, qu'on y a découvert des Médailles, des Inscriptions, les débris de plusieurs Temples & Aqueducs; ceux d'un Pont, d'un Amphitéatre, d'un Bain public, d'une Fonderie, d'un Palais, & des restes de Fortifications; qu'il y avoit une grande Ville, & que c'étoit l'*Aventicum*, que Ptolomée met parmi les Villes des Séquanois. Le second est une critique du premier. L'on y prétend prouver que l'Aventicum de Ptolomée, est en Suisse sur le Lac de Morat, & que les ruines qu'on a découvertes auprès de Moirans, sont celles du Bourg d'Isernodore, dont Saint Lupicin, Saint Romain & Saint Oyan, premiers Abbés de Saint Claude étoient natifs, & où la légende de leur vie porte qu'il y avoit un Temple entouré de fortes murailles. L'on ajoute que ce Bourg étoit encore considerable sous les Rois de la premiére Race, parce qu'on trouve de leurs monnoyes qui y ont été fabriquées, & que le Lac d'Antre que l'Auteur de la découverte dit tirer son nom d'Avanche, est apellé le Lac de Quintenois, dans des titres anciens qui énoncent les limites de la Terre de Saint Claude. Le troisiéme livre est une réponse à la critique. La contestation a été vive de part & d'autre. Vous m'obligerez, Monsieur, de me dire ce que vous en pensez; car j'ai dessein d'aller sur les lieux, & je serois bien aise d'être guidé par vos lumiéres. Je suis &c.

Histoire des Séquanois.

MONSIEUR,

J'ai été préfent la feconde fois que l'Auteur de la découverte de la Ville auprès de Moirans, y a fait travailler. Je vous raporterai ce que j'y ai vû ; & puifque vous fouhaittez de fçavoir ce que j'en penfe, je vous le dirai fans prévention pour aucun des contendants, quoique l'un d'eux me touche de fort près ; car leurs raifons ne m'ayant pas fatisfait, je me fuis fait un fyftême particulier.

La riviére de Bienne coule dans des précipices dès fa fource jufqu'à deux lieuës plus bas que S. Claude, qu'elle entre dans un beau vallon, où elle ferpente agréablement jufqu'à ce qu'elle fe jette dans la riviére d'Ain. Prefque à l'entrée de ce vallon, eft un Village qui porte le nom de Jeurre, *vicus Jurenfis*. Je crois que c'eft parce qu'il eft au pied, & à une des gorges du Mont-Jura. L'Eglife Paroiffiale eft fur un roc efcarpé, & acceffible feulement du côté du Village. L'on voit fur ce roc, les reftes d'un bâtiment Romain, & l'on juge par le peu d'efpace qu'il occupoit, que ce ne pouvoit être qu'un Temple ou un petit Château. Les anciens du lieu difent, qu'il y avoit un chemin couvert pour defcendre dès fur le roc à la riviére qui coule au pied, & j'en ai vû quelques veftiges.

Vis-à-vis de ce roc, un ruiffeau, qu'on apelle le Bief d'Heiria, fe jette dans la riviére. Il vient du Septentrion par un vallon étroit, mais qui s'élargit vers la fource du ruiffeau ; lequel en cet endroit a deux Villages à fes côtés, qu'on apelle le grand & le petit Villars. Je fçai que *Villa* & *Villare*, fignifient réguliérement un Village ou une Maifon de campagne ; mais ici par raport aux circonftances, les Villars pouroient bien avoir été ainfi apellés, parce que c'étoit les reftes d'une Ville.

L'on trouve en effet dans tous les champs de ces deux Villages, des briques anciennes & des reftes de bâtiment.

Cinquiéme Dissertation. 133

Je m'y promenois avec un Officier de Justice du voisinage, qui badinoit sur ce que l'Auteur de la découverte voyoit à chaque pas des édifices Romains. Nous rencontrâmes, comme deux pointes de rochers, qui sortoient hors de terre. Je lui dis que c'étoient des pierres de quelque bâtiment ; il soutint le contraire, & nous fimes une gageure. On découvrit ces pierres en présence de plusieurs personnes qui s'étoient assemblées pour voir l'événement de nôtre pari, & l'on trouva que c'étoit les deux montants d'une porte ancienne.

Plus haut que le Grand Villars, le ruisseau est renfermé dans un Aqueduc de pierres d'une grosseur prodigieuse, taillées avec soin, attachées les unes aux autres par des crampons de fer, & creusées dans la face par laquelle elles s'alitent, pour y mettre du ciment qui empêchoit que l'eau ne s'échapât. Les restes de cet Aqueduc subsistent dans la longueur d'une bonne portée de fusil, & il aboutit à un Pont de trois arcs, bâtis de gros quartiers qui s'avancent en saillie dans l'intérieur, pour former la voute qui est couverte par une seule pierre. C'est ce qu'on apelle le Pont des Arches.

Sur ce Pont est une platte-forme, où on reconnoît les vestiges d'un bâtiment. Il étoit pavé de grands carreaux de marbre blanc, & incrusté d'autres marbres les plus rares ; car on y a trouvé des piéces de Porphire, de Granite & de Serpentin, qui avoient depuis trois jusqu'à six lignes d'épaisseur. Tout à l'entour étoient des débris de colomnes & des morceaux de corniches.

Auprès du Pont, sont des restes d'Aqueduc, qui semblent avoir été faits pour conduire l'eau du ruisseau dans la Ville qui est plus bas. L'on voit aux environs les vestiges les plus aparents des bâtiments anciens, dont le plus remarquable est au midi.

Les murs extérieurs de ce bâtiment, étoient faits de grosses pierres exactement jointes ; & ceux de l'intérieur de briques ou de petites pierres quarrées. Il y avoit dans la face du côté du ruisseau, trois chambres assez grandes, pavées de carreaux de marbre blanc, épais de deux pouces, & larges de huit. Ce pavé étoit fur un lit de ciment, d'un pied d'épaiſſeur, fait de briques pilées & de chaux, mais ſi dur qu'on ne pouvoit l'enlever qu'à grande force & par groſſes piéces. Sous le lit de ciment, on trouva un autre pavé de pierres communes, de deux pieds en quarré chacune. L'on remarqua des reſtes de banquettes contre les murs de ces chambres, & des canaux de brique, qui ſembloient avoir été faits pour y conduire de l'eau & pour l'en faire ſortir; ce qui fit juger à tous ceux qui virent la découverte, qu'il y avoit des bains en cet endroit, où l'on pouvoit encore diſtinguer les hypocauſtes.

L'enceinte du lieu où l'on a trouvé des reſtes de bâtiments, me parut à peu près auſſi grande que celle de la Ville de Dole. L'on en découvrit quelques-uns, & l'on trouva que les angles & les portes étoient de pierres de taille, & le reſte de petites pierres quarées, liées & ſoutenuës d'eſpace en eſpace, par de longues pierres taillées, qui s'élevoient en forme de piliers, pour apuyer & ſerrer la maçonnerie.

Comme les Païſans ont recouvert tout ce qui empêchoit la culture de leurs héritages, & qu'on a enlevé beaucoup de morceaux des débris, vous ne verrez plus, Monſieur, ſi vous allez ſur les lieux, que les Aqueducs, le Pont & les reſtes des Bains & du bâtiment qui étoit ſur le Pont.

La Ville étoit entre deux montagnes, dont la plus haute eſt au Levant. On y monte avec aſſez de facilité, & l'on trouve au-deſſus un Lac qui ſort d'un rocher & qui ſe perd dans une caverne.

Une choſe m'a frapé en arrivant ſur cette montagne; c'eſt une pointe de rocher extrêmement élevée, qui ſemble ſe recourber du côté du Lac, comme on nous le dit de celui au pied duquel étoit bâtie la Ville de Delphes. A côté du Lac on trouve les reſtes d'un portail, & enſuite ceux d'un bâtiment. Plus avant & au bout du Lac, on voit les vestiges d'un grand Temple. Il y a des débris de colomnes, de bases & de corniches. C'est où l'on a trouvé l'Inscription, *Marti Augusto*, &c. que vous avez lûë dans les livres de la découverte & de la critique. Vis-à-vis de ce grand Temple, il y en avoit un moindre, fait en rond. Il étoit de petites pierres quarrées. On y a trouvé une tête qui paroît avoir eu des cornes, & j'en ait vû tirer des piéces de pieds, de jambes & de cuisses de Satires. Les bâtiments dont je vous ai parlé, paroissent d'un même tems & du beau Romain, simples, mais de bon goût, & ils étoient solidement faits.

Voilà, Monsieur, tout ce que j'ai vû à la Ville d'Antre. Il y avoit, à mon avis, sur la montagne, dont le sommet s'étend fort loin & où l'on trouve d'excellents pâturages, un petit Temple du Dieu Pan; car la barbe, l'air de la tête que l'on y a trouvée grosse comme le naturel, les trous de cette tête au-dessus & vis-à-vis des yeux, d'un pouce de diamétre & profonds de trois pouces, pour placer des cornes; avec les jambes de Satire, que j'ai vû moi-même tirer de ce petit Temple, ne laissent pas lieu de douter qu'il y ait eu une Statuë du Dieu Pan. Près de là étoit un grand Temple, dédié à Mars Auguste, & bâti par des Soldats qui étoient probablement en garnison dans la Ville. Le reste des bâtimens, servoit pour le logement des Prêtres & des Ministres de ces deux Temples.

Au bas de la, montagne, étoit une Ville grande à peu près comme celle de Dole, où l'on voyoit entre autres bâtiments de distinction, un Temple, des Bains, un Pont & différents Aqueducs. L'entrée du vallon où étoit cette Ville, étoit défendu par un petit Château, bâti sur le roc sur lequel est à présent l'Eglise Paroissiale de Jeurre.

Sa situation dans un lieu stérile & peu agréable, où l'on a trouvé des restes de plusieurs Temples, me fait croire que c'est la Religion Payenne qui a donné lieu à sa fondation. Les pâturages de la montagne sur laquelle est le Lac, s'étendent fort loin, & étoient les meilleurs de la Province qui fuſſent connus alors, car le haut du Mont Jura n'étoit pas encore peuplé. Il y a bien de l'aparence que l'on a érigé un Temple au Dieu des Pâturages & des Forêts auprès du Lac, & que ce Temple étoit devenu fameux. Un établiſſement de cette ſorte, a bientôt donné occaſion de bâtir une Ville dans le voiſinage. Combien en voyons-nous, qui ont une ſemblable origine ? & n'eſt-ce pas celle de pluſieurs Villes, qui ont des anciens Monaſtéres dans leur enceinte ? nous en avons l'exemple dans la Ville de Saint Claude, qui eſt au voiſinage.

Le concours du Peuple à ce Temple, a porté les Commandans de la Province à y établir une Garniſon, pour contenir une Nation nouvellement conquiſe, & pour empêcher qu'on n'y fit des aſſemblées contre l'Etat, ſous prétexte de dévotion. Les Soldats de cette Garniſon, ont bâti le Temple dédié à Mars Auguſte, où y ont acquitté quelque vœu, ſuivant l'Inſcription qu'on y a trouvée ; & ils ont probablement travaillé au Pont, à l'Aqueduc & aux Bains, qui ſont auprès du ruiſſeau : car les Commandans Romains occupoient leurs Troupes à de pareils ouvrages qui les tenoient en haleine, & qui embelliſſoient les lieux où elles étoient.

Vous voulez ſçavoir, Monſieur, ſi je crois que cette Ville portoit le nom d'Iſernodore, d'Avanche, ou quelqu'autre nom. Il me ſera plus facile de prouver que ce n'étoit ni Avanche ni Iſernodore, que comme elle s'apelloit ; mais je ne puis rien vous refuſer. Je vous dirai donc ce que je penſe de l'un & de l'autre. Si vous n'êtes pas ſatisfait, prenez-vous en à la néceſſité que vous m'impoſez, & à la difficulté de déveloper des faits ſi anciens.

Le Critique prétend que le Lac qu'on apelle le Lac d'Antre dans l'Hiſtoire de la découverte, eſt le Lac de Quintenois, raporté pour une des limites de la Terre de S. Claude dans des titres anciens, & que la Ville qui eſt auprès de ce Lac eſt le Bourg d'Iſernodore. S'il avoit été ſur les lieux, ou s'il avoit pris ſoin de s'informer

Cinquiéme Dissertation. 137

s'informer exactement des faits dont il parle, il auroit changé de sentiment ; car il auroit trouvé des restes qui lui auroient fait voir qu'il n'y avoit pas eu un simple Bourg, distingué seulement par les ruines d'un ancien Temple & d'une Monnoie. Il auroit apris qu'Isernodore existe encore sous la dénomination d'Isernore, à six lieuës du Lac d'Antre, dans le Bugey ; & qu'on y voit les vestiges d'un Temple ancien, & du mur dont l'Auteur des vies des Saints Romain, Lupicin & Oyan, a parlé : *Vicus, cui vetusta paganitas, ob celebritatem, clausuramque superstitiosissimi Templi, gallicâ linguâ Isarnodori, id est, Ferrei ostii, nomen indidit*. Il auroit vû par une Inscription, que ce Temple étoit dédié à Mercure, au lieu que ceux de la Ville auprès de Moirans, l'ont été à Pan & à Mars Auguste.

Il n'est pas possible de méconnoître Isernodore à ces marques, & à son nom qui s'est conservé jusqu'à nous ; ni de le placer aux Villars. Il en est de même du Lac de Quintenois, qui ne peut être le Lac d'Antre, parce que la ligne des limites de la Terre de Saint Claude, dans laquelle le Lac de Quintenois est placé, ne convient pas au Lac d'Antre, qui est renfermé dans cette Terre, à deux lieuës de sa frontiére ; & qu'elle se vérifie parfaitement dans un autre Lac, qui est éloigné de celui-ci & auprès d'Etival, que les anciens du lieu connoissent encore sous le nom de Quintenois, & qui est à l'extrêmité de la Terre de Saint Claude, du côté de celle de Clairevaux. J'ai vû aussi une Charte du mois de Novembre 1266, par laquelle les Abbés & Religieux de S. Claude ont associé Jean de Châlon dans leurs Montagnes, situées *sicut orba exit de lacu* Quinconeys, *& currit versus lacum de Quarnens*. Ce Lac *Quinconeys*, est celui que nous apellons le Lac des Rousses, éloigné de plus de quatre lieuës du Lac d'Antre contre le Levant.

Enfin le Critique auroit vû qu'il n'y a eu dans la Ville nouvellement découverte, aucun reste de Monnoie ni de Fonderie ; & c'est cependant dans la suposition qu'il

S

y en avoit, qu'il l'a confonduë avec Ifernodore, où l'on a fabriqué de la Monnoie fous nos Rois de la première Race.

Mais s'il a eu tort de donner à la Ville découverte auprès de Moirans le nom d'Ifernodore, il a eu raifon de foutenir que ce n'étoit pas l'*Aventicum* de Ptolomée, que l'on auroit apellé *Avantre* ou *Antre* par corruption, comme le dit l'Auteur de la découverte.

Le lieu où l'on voit les reftes de la Ville, n'a point d'autre nom que celui des Villars, & il n'y a rien à conclure de ce que le Lac qui eft fur la montagne, porte celui d'Antre ; car c'eft uniquement parce qu'il fort du creux d'un rocher, & qu'il fe dégorge dans une caverne.

Il eft hors de doute, qu'il y a eu en Suiffe une Ville illuftre, qui portoit le nom d'Avanche. Tacite l'apelle la Capitale de la Nation Helvétique. Elle eft connuë dans les Notices fous le nom de Cité des Helvétiens : *Civitas Helvetiorum Aventicus*. Si l'on a écrit dans quelques-unes de ces Notices : *Civitas Eluntiorum*, ou *Elutiorum*, il eft évident que c'eft le mot *Helvetiorum*, altéré par les Copiftes. C'eft par une femblable altération, qu'on lit dans une autre, *Aventicum Noldenolex*, & parce que le Copifte a confondu *Nevidunum* ou *Noldenolex*, qui eft Nion, avec *Aventicum* Avanches, quoique ce fuffent deux Villes différentes. Enfin l'Itinéraire d'Antonin, place Aventicum entre Moudon & Païerne, dans la route de Milan à Mayence par les Alpes Pennines ; & la Carte de Peutinger, le met entre Païerne & Iverdun, dans le chemin de Bregents à Lyon. Or Moudon, Païerne & Iverdun font des lieux connus, & Avanche entre ces trois lieux, ne peut être qu'en Suiffe auprès du Lac de Morat.

Ptolomée a mis Befançon fous le vingt-fixiéme degré de longitude, & fous le quarante-fixiéme de latitude; & Avanche fous le vingt-huitiéme degré de longitude, & fous le quarante-cinquiéme, trente minutes de latitude. Suivant cette fuputation, l'Avanche de Ptolomée doit être à l'Orient de Besançon, éloigné de cette Ville, d'environ trente-six lieuës. C'est la position d'Avanche en Suisse, que les Allemans nomment Wiflisburg. Le Lac d'Antre qui décline sur le Midi de Besançon, n'en est qu'à environ vingt lieuës, comptées suivant les distances qu'on emploie pour la suputation des degrés.

L'on a trouvé plusieurs Inscriptions à Wiflisburg, qui prouvent que c'étoit Avanche & une Colonie Romaine. *Numinibus Augustorum, & genio Coloniæ in Elvetios.* L'Auteur de la découverte, convient qu'il y a vû celle-là. Il dit qu'il n'y a pas trouvé cette autre Inscription, *Colonia Pia, Flavia, Constans, Emerita, Aventicum Helvetiorum fœderata*; qui décide bien clairement, qu'Avanche doit être placée en Suisse. Mais si elle en a été tirée, ou qu'elle ait été consumée par le tems, ensorte qu'on ne l'y voie plus de nos jours; trop d'Auteurs anciens nous assurent qu'elle y a été trouvée & vûë, pour qu'on puisse révoquer ce fait en doute.

Marius Evêque d'Avanche, a signé au second Concile de Mâcon tenu en 585. Le Siége de cet Evêque, ne pouvoit pas être, comme l'Auteur de la découverte le prétend, auprès de Moirans, dans un lieu qui a toujours été du Diocèse de Besançon. C'étoit donc un Evêque d'Avanche en Suisse, dont le Siége Episcopal a été transféré à Lausane, où il subsiste encore sous la Métropole de Besançon.

Ces raisons prouvent si clairement, qu'il y a eu une grande & ancienne Ville du nom d'Avanche chez les Helvétiens, & qu'elle a subsisté avec le titre de Siége Episcopal, jusqu'à la fin du sixiéme siécle; que l'Auteur de la découverte, s'est vû réduit à avancer dans sa réponse, qu'il y avoit deux Villes de ce nom: l'une en Suisse, & l'autre dans le Comté de Bourgogne.

Pour prouver ce fait, il cite un passage de Grégoire de Tours, qui porte que Saint Romain & S. Lupicin quittérent le siécle & se retirérent dans les solitudes du

Mont-Jura, qui sont entre l'Allemagne & la Bourgogne, au voisinage de la Cité d'Avanche : *relinquentibus sæculum, communi consensu eremum petunt ; & accedentes ad illa Jurensis deserti secreta, quæ inter Allemanniam Burgundiamque sita, Aventicæ adjacent civitati, tabernacula figunt* * Il conclut de là, qu'il y avoit une Cité d'Avanche auprès des Monastéres qui sont à Saint Claude & à Saint Lupicin, & que ce ne peut être qu'au lieu d'Antre, qui est voisin de l'un & de l'autre.

* Greg. Turon. Vit. Patr. cap. 1.

Il ajoute, que Jules César ayant dit que les Séquanois sont séparés des Helvétiens par le Mont-Jura, l'Aventicum que Ptolomée met dans le Païs des Séquanois, doit être au-deça de ce Mont. On lui répond que depuis Jules César, & avant le tems auquel Ptolomée écrivoit, le Mont-Jura ne servoit plus de limite à la Province Séquanoise; parce qu'Auguste avoit joint à cette Province, une partie de l'Helvétie, qui en avoit été auparavant séparée par le Mont-Jura. Mais il réplique, que ce changement n'est arrivé que long-tems après Ptolomée, & il prétend le prouver par des passages de Strabon & de Pline. Voilà, à ce qu'il me semble, Monsieur, tout le fort du dernier ouvrage de l'Auteur de la découverte sur la question que nous agitons.

Quand il y auroit eu une Ville d'Avanche en Franche-Comté, l'Auteur n'auroit pas dû lui attribuer, comme il a fait, ce que les Anciens ont dit de l'illustre & ancienne Ville d'Avanche, Capitale des Helvétiens ; & sur tout l'Evêché suffragant de Besançon, dont le Diocèse & le Siége subsistent encore en Suisse. Il ne faut pas d'ailleurs multiplier légérement les Villes, ni en suposer une seconde du même nom, lorsqu'on peut tout apliquer à celle qui est certaine & connuë. Si donc Grégoire de Tours peut être entendu d'Avanche en Suisse, on ne doit pas se prévaloir de ce qu'il a dit, pour en conclure qu'il y a encore une Ville d'Avanche en Franche-Comté.

Or quand Grégoire de Tours a dit, que S. Romain & ses Compagnons s'étoient retirés dans les déserts du

Cinquiéme Dissertation.

Mont-Jura, voisins de la Cité d'Avanche : *accedunt ad illa Jurensis deserti secreta, quæ Aventicæ adjacent civitati*; ce mot *adjacent* ne se raporte pas au lieu précis où ils s'arrêtérent, mais aux déserts du Mont-Jura en général.

D'autre côté, il ne faut pas entendre par le mot de Cité, la Ville d'Avanche; il signifie son territoire & son Diocèse. Car c'est dans ce sens que César, Tacite, Pline & les meilleurs Auteurs, ont employé le mot *Civitas*. Or le Diocèse d'Avanche s'étendoit tout le long du Mont-Jura, jusqu'auprès de S. Claude, comme nous l'aprend une ancienne Monnoie, sur laquelle on lit d'un côté, *Sedes Losanæ*, & de l'autre, *Civitas Equestris*, qui est Nion en Suisse, à quatre lieuës de S. Claude.

Enfin, Grégoire de Tours ne parle peut-être pas ici du lieu où les Saints Romain & Lupicin, ont établis les Monastéres de Condat & de Laucone, qu'on nomme aujourd'hui S. Claude & S. Lupicin, mais d'une premiére retraite de S. Romain dans le Mont-Jura, peut-être vis à vis d'Avanche en Suisse, d'où il fut chassé par le Diable; mais divinement inspiré, il rentra avec ses Compagnons dans le désert, *regressi sunt in eremum*; terme qui signifie en général, un lieu inhabité, & non pas celui de leur premiére retraite.

Ce fut dans la seconde seulement, que S. Romain établit le Monastére de Condat. S. Lupicin l'y étant venu joindre, ils en firent un autre à Laucone dans le voisinage, & ces deux Monastéres ne pouvant pas contenir le grand nombre des personnes qui venoient les trouver pour vivre sous leur direction, ils en établirent un troisiéme sur la frontiére d'Allemagne, probablement au lieu de la premiére retraite de S. Romain; *sed his duobus Monasteriis, cum Dei adjutorio ampliatis, tertium intra Allemanniæ terminum constituunt*.

La situation de l'Allemagne dont parle ici Grégoire de Tours, pouroit vous embarasser, Monsieur, parce qu'on ne connoît pas aujourd'hui sous ce nom, le Païs dont il a parlé. Je me persuade que vous trouverez bon que je vous la désigne.

Les Allemans qui habitoient entre le Mein, le Rhein & le Danube, entrérent dans la seconde Rhétie, au tems de la décadence de l'Empire. Ils passérent ensuite le Rhein aux environs de Constance, & s'étendirent dans l'Helvétie jusqu'à l'Aar, dans les contrées qu'on apelle aujourd'hui l'Argovv, le Zurichgovv & le Turgovv.

C'est de là qu'ils faisoient des courses à Salins, où ils troubloient le commerce du sel, suivant l'Auteur Anonime de la vie de S. Oyan, troisiéme Abbé de S. Claude. Ce sont ces Allemans qui combattirent avec les Helvétiens, apellés alors Transjurains, dans la Guerre Civile de Théodoric & de Théodebert. * C'est d'eux qu'Aimoin * & Hugues Moine de Fleuri, ont dit qu'ils occupoient le Païs des Helvétiens. Ce sont eux, qui suivant Isidore, habitoient le long du Limat, * Riviére de Suisse entre l'Argovv & le Zurichgovv. C'est par raport à eux qu'on lit dans Valfrid, que le Lac de Zurich est chez les Allemans, & que les Allemans joints aux Suéves, ont occupé non-seulement la Germanie, mais encore la Rhétie & une partie des Gaules le long de l'Aar : *mixti Alamannis Suevi, partem Galliæ circa Ararim obsederunt.* * C'est d'eux enfin, dont Notker dans son Martyrologe, a dit que Sainte Verine qui s'étoit retirée dans une grotte auprès de Soleure & de l'Aar, convertit plusieurs Allemans. Comme l'Aar touche le Mont-Jura dans un assez long espace vers son embouchure dans le Rhein, c'est ce qui a pû faire dire à Grégoire de Tours, que ce Mont étoit entre l'Allemagne & la Bourgogne.

Le passage de Grégoire de Tours, ne prouve donc pas qu'il y ait eu une Ville d'Avanche en Franche Comté. Celui de Ptolomée cité aussi par l'Auteur de la découverte, le prouve encore moins ; car quoi qu'il mette *Aventicum* chez les Séquanois ; après avoir nommé les Helvétiens, & dit que leurs Villes étoient *Ganno-*

* *Fredeg. Chron. lib. 5.*
* *Hist. lib. 1.*

* *Lib. 9.*

* *In præf. ad vit. Sanct. Galli.*

durum & *Forum Tiberii* ; c'eſt néanmoins d'Ayanche en Suiſſe dont il parle, parce que de ſon tems la partie de l'Helvétie dans laquelle eſt Avanche, avoit été unie à la Province Séquanoiſe, & en avoit pris le nom. Il n'y avoit plus que l'autre partie qui touche le haut Rhein, en remontant ce Fleuve dès l'embouchure de l'Aar, dont les Habitants euſſent conſervé le nom d'Helvétiens.

Eutrope nous fournit une preuve de ce fait, quand il dit que Céſar vainquit les Helvétiens, qui ont porté depuis le nom de Séquanois ; *Cæſar vicit Helvetios, qui nunc Sequani vocantur.* * Les Notices de l'Empire nous en donnent une autre, quand elles mettent dans la Province Séquanoiſe, Avanche, Nion, Iverdun & Vindiſc, qui ſont certainement en Suiſſe. La qualité de Suffragant de Beſançon, qu'a l'Evêque de Lauſane, le prouve de même ; puiſqu'on ſçait que les Provinces Eccléſiaſtiques ont été réglées ſur le plan des Civiles. Enfin, l'Auteur de la découverte convient de cette union, mais il dit qu'elle n'a été faite que ſous le bas Empire ; c'eſt ce qu'il faut encore examiner.

* Lib. 5.

Le paſſage de Pline qu'il a cité, ne fait rien pour ſon opinion ; on y lit ſeulement, *adjecit formulæ Galba Imperator, ex inalpinis, Aventicos atque Ebroduntios ; quorum civitas Dinia.* Ce n'eſt pas d'Avanche en Suiſſe dont Pline a parlé, puiſqu'il fait en cet endroit le dénombrement des Habitans & des Villes de la Gaule Narbonnoiſe, dont les Helvétiens n'ont jamais dépendu. Il nomme des Peuples qui demeuroient dans les Alpes, & qui avoient la Ville de Digne pour Capitale. Or Avanche n'eſt pas dans les Alpes, elle eſt fort éloignée de Digne, & le paſſage entier de cet Auteur ne prouve autre choſe, ſi ce n'eſt que les Alpes Maritimes, Grecques & Pennines, ont été détachées du Gouvernement d'Italie, pour être unies à celui des Gaules.

Lorſqu'après cela, il nomme les Nations & les Villes de la Gaule Belgique, l'on y trouve les Helvétiens qui avoient été de la Gaule Celtique du tems de Jules

Céfar. Il y avoit donc eu un changement à leur égard, avant le régne de Vefpafien fous lequel cet Auteur écrivoit ; & quand eft-ce qu'ils auroient été unis aux Séquanois pour ne faire avec eux qu'une Province, fi ce n'eft lorfqu'ils furent détachés de la Gaule Celtique, & placés dans la Belgique dans laquelle Pline met auffi les Séquanois?

Strabon dit à la vérité, que le Mont-Jura diftingue les Séquanois des Helvétiens : *in Sequanis Mons eft Juraffus, qui eos ab Helvetiis diftinguit.* Mais ce paffage fignifie feulement, que ces deux Nations originairement indépendantes l'une de l'autre, habitoient aux deux côtés du Mont Jura ; & il n'en faut pas conclure qu'elles ne fuffent déja pas réunies dans une même Province, fous le gouvernement d'un Préfident qui réfidoit à Befançon ; quoiqu'elles fuffent encore diftinguées par raport à leur origine, & féparées en ce sens par le Mont-Jura. L'on fçait d'ailleurs que Strabon a copié Céfar, fous lequel les Helvétiens n'étoient pas encore unis aux Séquanois, pour faire une feule Province.

* Lib. 4. init.

Nous lifons dans un autre endroit de Strabon, * qu'Augufte divifa en quatre parties les Gaules qui ne l'avoient été auparavant qu'en trois, (car on n'y comprenoit pas avant lui la Province Romaine) & qu'il diminua l'ancienne Celtique pour augmenter la Belgique. Florus nous infinuë auffi cette divifion dans fon Epitome, quand il dit : *Caïus Cæfar, rebus compofitis, & omnibus Provinciis in certam formam redactis, Auguftus quoque cognominatus eft.* *

* Lib. 4.

C'eft donc Céfar Augufte, qui a joint une partie de l'Helvétie à la Province Séquanoife, puifqu'il eft certain qu'il a donné une nouvelle forme aux Provinces de l'Empire ; qu'on ne peut pas prouver qu'un autre Empereur ait fait cette union, & que les Auteurs qui ont écrit dèflors, ont confondu les principales Cités des Helvétiens avec celles des Séquanois, dans une même Province.

Cinquiéme Dissertation. 145

Ceux des Helvétiens qui habitoient vers le Rhein, conservèrent leur nom. Ptolomée qui écrivoit sous Adrien, le leur donne encore, & dit que leurs Cités étoient *Gannodurum* * & *Forum Tiberii*. * Mais quant aux autres qui avoient été vaincus par Jules César, Ptolomée ne les apelle plus Helvétiens, & il nomme leurs Cités *Aventicum* & *Equestris*, parmi celles de la Province Séquanoise, chez les Belges. Pourquoi cela ? si ce n'est parce que de son tems ils s'apelloient déja Séquanois, & qu'Auguste les avoit unis à la Province Séquanoise, qu'il avoit tirée de la Gaule Celtique, pour la mettre dans la Belgique, lorsqu'il donna une nouvelle forme aux Provinces de l'Empire.

* Constance.
* Zurzac.

Avanche en Suisse qui étoit une Ville Capitale & une Colonie, méritoit bien d'avoir place dans Ptolomée. Il n'en auroit cependant pas parlé, s'il devoit être entendu d'un Avanche en Franche-Comté, dont aucun autre Auteur n'a fait mention. Il faut donc convenir que c'est Avanche en Suisse, qu'il a nommé parmi les Cités des Séquanois ; que cette Ville étoit déja dans la Province Séquanoise sous le haut Empire, & qu'il n'y en a point eu de ce nom dans le Comté de Bourgogne. L'on doit d'autant plûtôt s'en raporter à cet Auteur & à Pline, qu'il paroît qu'ils ont pris pour modéle, la Topographie de l'Empire Romain, qu'Agrippa avoit fait représenter dans le fameux Portique de son nom. *

* Plin. lib. 3. cap. 2.

Cependant l'Inscription trouvée au Lac d'Antre, qui prouve qu'il y a eu une Garnison dans le voisinage ; les Bains & les beaux restes d'antiquité qu'on a reconnus auprès du Lac & aux Villars, font voir qu'il y avoit une Ville en cet endroit ; & comme j'estime que ce n'étoit ni Avanche ni Isernodore, il me reste à vous dire, Monsieur, le nom que je lui donne.

Dans le silence des Historiens sur ce fait, j'ai eu recours aux vies de nos Saints, & j'ai trouvé que dans le huitiéme siécle, S. Marin Religieux en Italie, craignant d'être élû Evêque, & voulant se dérober à cette dignité,

T

se retira en Bourgogne dans un Monastére apellé *Condat*, auprès de la Ville Mauriana, laquelle étoit située sur un ruisseau, qu'on nommoit Suria : *& consurgens mediâ nocte, cœpit pergere in partes Burgundiæ, in locum qui dicebatur Juga Montium, ubi erat Monasterium. Locus autem ille vocabatur Condarensis, prope urbem Maurianam, super rivulum Suriæ.*

Arrivé dans ce Monastére, il y fut choisi pour enseigner l'écriture. Mais sa capacité qui lui attira un grand nombre d'Auditeurs, lui fit retrouver les honneurs qu'il avoit voulu éviter. Marin toujours constant à les fuir, obtint permission de l'Abbé de se retirer dans la solitude; *in Montem Magnum, prope urbem Maurianam secessit.* Pendant qu'il y étoit, les Sarrazins entrérent dans la Bourgogne, & s'aprochérent de la Ville Mauriana pour la piller & la brûler ; *venerunt ad urbem, ut illam concremarent.* Le Saint aussi zélé qu'il étoit humble, sortit de sa solitude pour venir prêcher la Foi à ces Infidéles, qui lui firent souffrir le martyre l'an 731. *

* *Acta Sanct. Ord. Sti. Bened. part. 2, fol. 555. Annal Ord.Sanct. Bened. ad annum. 731.*

* *Ann. Bened. ad anu. 732.*

L'Histoire nous aprend, que ce fut dans ce même tems que les Sarrazins qui étoient entrés en France sous la conduite d'Abderame, s'emparérent d'Arles, & firent des courses jusques dans la haute Bourgogne ; qu'ils pillérent, & y renversérent les Monastéres de Luxeul & de Bêse.* Ce fait soutient la foi de la légende que je vous cite ; & souvenez-vous, je vous prie, Monsieur, que le Monastére de Condat est celui de Saint Claude ; qu'il étoit dans le Royaume de Bourgogne, *in partibus Burgundiæ*, & dans le Mont-Jura que les Actes de la Vie de Saint Marin nomment *Juga Montium*, par corruption du mot *Jura*; ou pour désigner les plus hautes montagnes de ce Royaume. Ils portent que le Monastére de Condat étoit situé auprès de la Ville Mauriana. Les Villars & le Lac d'Antre ne sont qu'à deux lieües de l'Abbaïe de Saint Claude.

Saint Marin sortant du Monastére de Condat, s'aprocha encore de Mauriana, *secessit in Montem Magnum*,

Cinquiéme Dissertation.

prope urbem Maurianam. C'est la Montagne de Saint Lupicin, fort élevée & fort étenduë, dans laquelle est le Lac d'Antre. La Ville Mauriana étoit sur un ruisseau qu'on apelloit, *Suria.* C'est celui d'Héria, qui coule dans les Aqueducs des Villars, & dont les Copistes ont un peu altéré le nom dans les Actes, en écrivant *Suria* pour *Heria.* Cette Ville fut prise & brûlée par les Infidéles, qui y étoient venus dans ce dessein, *venerunt ad urbem, ut illam concremarent.* Dèslors elle fut abandonnée, parce qu'elle étoit dans un lieu stérile, où la Religion Payenne avoit donné occasion de la bâtir, & que cette raison ne subsistoit plus après la conversion des Habitants.

Ceux qui restérent du sac de la Ville, & qui s'étoient retirés dans le fond des montagnes pour échaper à la fureur des Sarrazins, revinrent, & trouvant leur Ville ruinée, ils la rétablirent ; non plus au même endroit, mais à une demie lieuë, de l'autre côté de la montagne, dans une meilleure situation. C'est où l'on trouve aujourd'hui Moirans, dont le nom me paroît être tiré de celui de Mauriana.

La Ville Mauriana étoit encore considerable dans le huitiéme siécle, puisque les Actes que je viens de citer l'apellent *Urbem*, & non pas *Pagum* ou *Vicum* ; & c'est aparemment de cette Ville, dont a parlé aussi l'Auteur anonyme de la Vie des Saints Romain, Lupicin & Oyan, qui écrivoit au sixiéme siécle, lorsqu'il a dit que Saint Romain se retira dans les Déserts voisins de la Ville du Mont-Jura : *Vicinas Jurensium Villæ, silvas intravit.* Ce n'étoit pas d'un simple Village qu'il entendoit parler. *Villa Jurensium*, signifie quelque chose de plus. Car un Village que l'Auteur ne nomme point, n'auroit pas suffisamment désigné le lieu de la retraite des saints Solitaires. Il a donc cité *Villam Jurensium* comme un lieu distingué & connu, & comme on diroit aujourd'hui de Saint Claude, que c'est la Ville des Habitants du Mont-Jura. Et quel autre lieu pouvoit-ce être que celui qui est apellé Mauriana dans les Actes de la Vie de S. Marin, qui est si voisin de Saint Claude où Saint Romain fonda son premier Monastére, & qui étoit deffendu par un Château qui portant encore aujourd'hui le nom de *Jeurre*, convient si bien à une dépendance de l'ancienne Ville du Mont-Jura : *Jurensium Villæ* ?

S'il est vrai que les Soldats qui étoient en garnison dans cette Ville, fussent des bords du Nil ; & qu'on doive lire dans l'Inscription qui y a été trouvée, *Milites Niliaci*, comme le prétend l'Auteur de la découverte ; Moirans anciennement apellé Mauriana, a pû tirer son nom de la patrie de ces Afriquains. Et pourquoi ne croirions-nous pas qu'ils fussent nommez *Niliaci*, puisque nous trouvons qu'ils avoient élevé un Temple, par lequel ils avoient voulu honorer Auguste ! Et que cet Empereur a amené des Soldats d'Egypte dans les Gaules, où ils fondérent la Colonie de Nismes, qui est désignée dans les Médailles par un Crocodile, parce que ses Habitans venoient des bords du Nil ! On lit aussi qu'Antoine avoit levé plusieurs Légions surnuméraires, & que celles qu'il tenoit en Afrique, se rendirent à Auguste, qui dût les placer dans l'Empire. Ce fut probablement dans les Gaules, où elles s'anéantirent insensiblement, puisque leur nom n'a pas passé jusqu'à nous.

Si vous allez à Moirans, on vous dira, Monsieur, que suivant la tradition de tous les tems, on croit qu'il a été bâti par des Afriquains ; & que c'est pour en conserver le souvenir, qu'il porte une tête de Maure dans ses Armes.

Voilà, Monsieur, tout ce que j'ai pû découvrir de la Ville d'Antre, qui a fait bruit parmi les gens de Lettres, à la fin du dernier siécle & au commencement de celui-ci. Vous me ferez plaisir lorsque vous aurez été sur les lieux, de me marquer si vous aprouvez ce que je vous en écris ; parce que je ne suis pas entêté de mon sentiment, & que je me rendrai sans peine à un autre, qui me paroîtra fondé sur de meilleures raisons.

Je vous ai dit, Monsieur, que le Temple d'Isernodore

Cinquiéme Dissertation.

étoit dédié à Mercure. L'Inscription, qui suit, trouvée dans les ruines de ce Temple, me paroît en faire la preuve.

> MERCVRIO
> SACRVM
> LVCIVS TVTELLVS
> ET SVI
> V. S. L. M.

Mais comme l'Auteur de la découverte & le Critique, ne sont pas d'accord sur celle qui étoit au Lac d'Antre, & que ne la trouvant plus en état d'être lûë, vous pouriez souhaiter de sçavoir ce que j'en pense; j'ai crû, Monsieur, que vous me sçauriez gré de vous prévenir.

Inscription, suivant l'Auteur de la découverte.	*Inscription, suivant le Critique.*
MARTI AVGVSTO	MARTI AVGVSTO
Q. PETRONIVS METELLVS	Q. PETRONIVS METELLVS
M. PETRONIVS MAGNVS......	M. PETRONIVS MARCVS IIIIVIR
VNA CVM MILITIBVS NILIACIS.	VNA CVM MILITIBVS ILIACIS
V. S. P. M.	V. S. P. M.

Lorsque je vis cette Inscription, il y avoit déja plusieurs lettres effacées, ce qui faisoit qu'on ne pouvoit la lire entiérement, qu'à l'aide d'une ancienne copie qui étoit conforme à ce que l'Auteur de la découverte a fait imprimer. Le Critique s'est trompé à la troisiéme ligne : il faut y lire *Magnus* ou *Metellus*, au lieu de *Marcus*, qui étant un prénom, ne conviendroit pas après le nom; du moins le cas n'est pas ordinaire.

Il y avoit un mot à la fin de cette troisiéme ligne, qu'on

ne pouvoit déja plus lire dans le tems que la copie que j'ai vû a été tirée, puisqu'il n'y est pas. Il me semble qu'il devoit exprimer la qualité de Quintus Petronius Metellus, & de Marcus Petronius Metellus ou Magnus, qui commandoient les Soldats nommés dans l'Inscription. Le Critique l'a pensé de même, & a écrit IIIIVIR. en place du mot qui étoit effacé. On peut également y substituer IIVIR. qui convenoit comme IIII VIR. à des Officiers Municipaux ou à des Chefs de Colonie, & qui s'aplique mieux aux Auteurs de l'Inscription, parce qu'il n'y en a que deux. On pouroit dire dans ce sens, que les Duumvirs de la Colonie de Nismes, avoient été chargés d'établir dans la Ville Mauriana une garnison des Soldats qu'ils avoient amenés d'Egypte, & qu'ils firent élever par ces Soldats un Temple à Mars surnommé Auguste, ensuite de quelque vœu qu'ils avoient fait.

Reinesius a raporté notre Inscription, avec cette différence qu'on trouve dans cet Auteur à la pénultiéme ligne, IIIIVIR. CN. RESPICIUS. Mais cette leçon ne convient, ni avec ce que j'ai pû déchiffrer sur les lieux, ni avec la tradition & les différentes copies que j'ai vû. Et qui seroit ce Respicius, dont la qualité n'est pas exprimée?

L'on a découvert il y a quelques années à Besançon auprès des Arénes, une pierre sur laquelle étoit écrit en gros caractéres, AVG. NILI. La pierre étoit rompuë en cet endroit. Je conjecture qu'il y avoit *Niliaci Milites*, & que c'étoient encore de ces Soldats d'Egypte qu'Auguste avoit envoyés dans les Gaules, qui lui marquoient leur reconnoissance dans les différents endroits où ils étoient établis, par des Monuments & des Inscriptions. Ils portoient la qualité de *Niliaci Milites*, parce qu'on ne les avoit pas conservés en Légions. Ils ont été incorporés à la suite, & leurs Corps se sont éteints insensiblement, parce qu'ils n'ont pas été recrutés ; comme on le pratique encore aujourd'hui à l'égard de certaines Troupes étrangéres.

Mars & Mercure, étoient les Dieux pour lesquels les Celtes avoient le plus de vénération ; & c'est à ces deux Divinités, que les Temples de Mauriana & d'Isernodore avoient été consacrés ; car je ne crois pas ce que disent l'Auteur de la découverte & le Critique, que celui de Mauriana ait été bâti à l'honneur d'Auguste. Ce Prince n'avoit permis qu'on lui élevât des Autels qu'en commun avec Rome comme Suétone nous l'aprend, & que nous le voyons dans toutes les Médailles de cet Empereur qui ont pour revers la figure des Autels qui lui ont été consacrés.

Le mot *Augusto*, n'est donc dans nôtre Inscription qu'une épithéte de celui de *Marti*, qui y tient la premiére place, & qui ne désigne pas une personne différente ; puisqu'il n'est pas séparé par la particule *&*, du mot *Augusto*, comme dans les Inscriptions des Autels dédiés à Rome & à Auguste, où on lit, *Romæ & Augusto*

J'avouë cependant, qu'il est probable qu'on a donné cette épithéte à des Divinités, pour honorer indirectement la mémoire du Prince qui a mérité le premier le nom d'Auguste, & qui le portoit si dignement. L'on a trouvé à Genève une Inscription semblable à la nôtre. MARTI AVGVSTO SACRVM. SENNIVS SABINVS. Et une autre à Lyon. DEO MARTI AVG. CALLIMORPHVS SECVNDA RVDIS V S L M. Le mot *Deo* au singulier, prouve encore, que ces Inscriptions étoient pour Mars seul.

On voit aussi à Lyon, une Inscription dressée par Q. Adginnius Séquanois & homme de grande distinction, au Dieu Mars, avec l'épithéte de *Segomon* : MARTI SEGOMONI SACRVM ANNVA, &c. Ce terme *Segomoni*, qui n'est ni grec ni latin, a paru inintelligible ; mais je crois qu'on peut l'expliquer par la langue Allemande.

Car *Seg* est un mot Celtique, dont suivant Pline & Saint Augustin, les Latins ont tiré ceux de *Seges* moisson, & de *Segetia* Déesse des moissons. *Man* signifie un homme en Allemand, & *Siken* moiſſonneur, ou celui qui moiſſonne, qui coupe avec la faucille. Ainſi *Sikman* en cette langue, déſigne celui qui moiſſonne les hommes ; épithéte qui convient parfaitement au Dieu de la Guerre, & qui paroît avoir la même analogie que le mot Celtique *Segomon*.

On peut expliquer par la même métode, cette autre Inſcription, qui embaraſſe les Sçavans. APPOLLINI SIANNO SACRVM, &c. Vous ſçavez, Monſieur, qu'Apollon eſt repréſenté avec un Arc & un Carquois ; que les Poëtes le nomment illuſtre & redoutable par ſes fléches. Horace pour nous peindre l'immortalité de ce Dieu, nous dit de lui, *numquam humeris, poſiturus arcum*. On ne le définiroit donc pas mal, en l'apellant le Dieu qui tire de l'Arc. Or *Siehen* en Allemand, ſignifie tirer ou un tireur ; ce qui convient auſſi avec le mot Celtique *Sian*, qu'on lit dans l'Inſcription.

Mais je crains d'abuſer de la liberté qu'on a de conjecturer dans les choſes obſcures & anciennes. Permettez moi cependant, Monſieur, d'ajouter encore pour confirmer le ſentiment où je ſuis, qu'on peut expliquer nos termes Celtiques par la langue Allemande ; qu'*Eiſern Thor* en Allemand, ſignifie une porte de fer, & que l'Auteur de la vie de nos Saints Romain & Lupicin, dit qu'Iſernodore a la même ſignification en langue Celtique : *vicus eſt, cui vetuſta paganitas, gallicâ linguâ, Iſarnodori, id eſt, ferrei oſtii, nomen indidit*. Vous ne douterez pas du moins, Monſieur, que les Langues Celtique & Allemande, expriment ici la même choſe, en termes tout à fait ſemblables.

Comme je ne connois Iſernore que de nom, j'ai prié un ami qui étoit au voiſinage, de s'informer de ce qui en eſt ; & cet ami obligeant a pris la peine d'y aller lui-même, pour s'inſtruire plus ſûrement de ce que je lui demandois. Je vous envoie la relation qu'il a faite de ce qu'il y a vû & apris. Elle prouve une partie de ce que je vous écris. Vous y verrez d'ailleurs la ſituation, l'anti-

quité

quité, & les particularités du lieu de la naissance des Saints Romain, Lupicin & Oüyan, Fondateurs de notre illustre Monastére de S. Claude, qui ont introduit au cinquiéme siécle, la vie cénobitique & religieuse dans la Province Séquanoise, leur patrie. J'ai l'honneur d'être, &c.

Monsieur,

Je suis allé à Isernore en Bugey, éloigné de Moirans d'environ six lieuës, pour me mettre en état de vous en dire quelque chose de plus certain que ce que j'aurois pû aprendre de plusieurs personnes qui y ont été. J'ai examiné avec attention tous les restes d'antiquité que l'on y trouve ; mais il faudroit être plus connoisseur & meilleur Architecte que je ne le suis, pour vous en faire une description juste.

Isernore est un Village d'une trentaine de maisons, dont M. de Mongefon est Seigneur, comme étant une dépendance de sa Terre de Matafelon. Ce Village où il y a une Paroisse, est situé au milieu d'une plaine, qui s'étend du Midi au Septentrion, sur la longueur d'environ deux lieuës, & la largeur d'une demie lieuë. Cette plaine est fermée à l'Orient & à l'Occident, par deux montagnes. Celle qui est à l'Orient la sépare de la vallée de Montreal & de Nantua, & celle qui est à l'Occident de la vallée où coule la riviére Dain. La plaine d'Isernore est graveleuse & fort unie ; elle est arrosée à l'Occident par une riviére apellée l'Ognin ou l'Ognien, qui coule du Midi au Septentrion à environ cinq cens pas d'Isernore, & qui vient du Haut Bugey & du Lac de Nantua ; & à l'Orient par un ruisseau apellé Angonan, qui se perd dans l'Ognin à une lieuë plus bas qu'Isernore. Cette riviére que l'on m'a dit être fort poissonneuse, aussi bien que le ruisseau d'Angonan, & qui est grosse à peu près comme l'Oignon l'est à Voray, s'unit

* A deux lieuës de Besançon.

au Dain fous le Château de Coifelet en Bugey, à deux petites lieües d'Ifernore, & à une lieüe plus bas que le Village de Condat où eft le confluent du Dain & de la Bienne.

A une portée de piftolet du Village d'Ifernore, l'on voit trois piliers & la bafe du pied-d'eftal d'un quatriéme, qui dans leurs pofitions forment un quarré long de vingt-cinq pas en longueur, fur vingt de largeur. C'eft dans l'enceinte de ces piliers, que l'on affure qu'étoit un Temple. Les fufts de deux de ces piliers font encore entiers, & ils font hauts le pied-d'eftal compris, de vingt à vingt-cinq pieds ; le troifiéme qui eft du côté de l'Orient, n'eft pas tout à fait fi haut. Ils font larges d'environ deux pieds & demi dans chaque face, & faits de gros quartiers de pierres taillées en pilaftres dans leurs faces extérieures, & en colomnes dans leurs angles intérieurs. Ces colomnes qui ont leur demi diamétre de faillie, font avec les pilaftres, d'une feule pierre dans leur circonférence. Elles paroiffent avoir été polies. Le Temple femble n'avoir été fermé que par le bas & tout autour par un mur de groffes pierres, qui prenoit au-deffous de la corniche du pied-d'eftal, & qui fur la même largeur que celle du pied-d'eftal auquel il étoit uni, avoit environ fix pieds de haut. Le terrain qui eft entre les quatre piliers, eft fort inégal comme celui d'un bâtiment ruiné. Il eft cependant couvert de gazon, & il y eft crû cinq à fix ormes & frênes de trois ou quatre pieds de tour.

L'on voit dans le mur de cloture de la cour de la maifon Curiale, un pierre haute d'environ trois pieds, & large d'un pied & demi, fur laquelle eft gravée une Infcription d'un très beau caractere romain. La pierre eft un peu écornée d'un côté, parce qu'elle eft là depuis très long tems, expofée aux injures de l'air. Elle a été tirée du Temple qui étoit dédié à Mercure fuivant cette Infcription, à laquelle il ne manque que la premiére lettre de la premiére ligne, & la premiére & la feconde lettre de la troifiéme.

Cinquiéme Dissertation. 155

Il y a dans le Cimetiére une piéce de colomne avec sa base. La colomne a deux pieds & demi de diamétre, sur la hauteur de sept à huit pieds. Elle sert à porter une Croix de pierre, qui a été placée en 1607. Il y en a deux autres de la même grosseur, couchées au-devant de l'Eglise, dont l'une a environ cinq pieds, & l'autre huit pieds de haut. L'on voit encore une quatriéme pierre de semblable diamétre, haute d'environ six pieds, sur laquelle est posée une Croix, placée au milieu du Temple & sur ses ruines.

L'on trouve aussi dans plusieurs endroits du Village, de gros quartiers de pierres de taille, tels qu'on les voit au Pont de la Ville de Mauriana, qui ont des trous en plusieurs endroits, larges & profonds de deux à trois pouces, & longs de cinq à six. Ces trous ne peuvent avoir servi, qu'à élever & mettre en place ces pierres monstrueuses, & non à les cramponner, parce qu'il y a de semblables trous sans crampons dans celles qui n'ont pas encore été déplacées.

Il y a dans la montagne qui est du côté de l'Orient, & à un quart de lieuë d'Isernore, une gorge forte étroite, par où l'on passe pour aller à Montreal & à Nantua. On apelle encore aujourd'hui cet endroit *Porte de Fer*, mais l'on n'y remarque aucuns restes d'antiquité.

Toute la plaine est remplie de piéces de briques de différente épaisseur, & la plûpart ouvragées. Le Curé du lieu m'assura que l'on trouvoit dans les champs quantité de Médailles de toute espèce, & que qui voudroit suivre une charuë avec attention, en trouveroit dans chaque sillon. Il m'en fit voir neuf petites qu'il me donna. Elles ne me paroissent pas valoir grand'chose.

Je m'informai de lui si l'on disoit Isarnore, comme le Pere Dunod l'apelle dans son Livre de la découverte de la Ville d'Antre, ou Isernore comme vous le nommez dans votre Lettre. Il me dit que c'étoit Isernore. Je le remarquai aussi dans les Inscriptions de deux tombes, dont l'une est de 1594, & l'autre de 1609, si je ne me trompe pour les dates.

V ij

Voilà, Monsieur, tout ce que j'ai pû découvrir. Je souhaite que ma relation vous fasse autant de plaisir que j'en ai eu à m'aller informer de ce qu'elle contient. Je joins à cette Lettre, les figures de toutes les piéces & de l'Inscription dont il y est parlé, parce que comme je ne sçai ni les termes ni les ordres d'architecture, j'ai crû qu'elles vous feroient mieux comprendre ce que mon peu de capacité m'empêche de vous bien expliquer. Je les ai tirées exactement sur les lieux, mais non pas pour leurs proportions. J'ai l'honneur d'être, &c.

SIXIEME DISSERTATION.

Monsieur,

J'étois allé à Besançon, avant que de faire le voyage dont vous êtes informé, dans le deffein de passer quelques jours avec vous, & de m'instruire à fond des antiquités de cette Ville. Votre absence m'a dérobé cette satisfaction. Je vous écris pour vous faire mes adieux & vous demander la continuation de votre amitié. Je vous prie de m'en donner une nouvelle preuve, en me marquant ce que vous pensez sur ce que j'ai observé dans ce dernier voyage.

Nous fumes dîner à la Citadelle, le Marquis de N. & moi. Comme nous y montâmes en carosse, je suis persuadé que la montagne sur laquelle elle est bâtie, & sa pente même du côté de la Ville, quoiqu'assez rapide, ont été habitées anciennement, suivant que vous me l'avez dit plusieurs fois.

On lit dans l'Histoire de Besançon, dont nous nous servîmes pour nous guider dans nos recherches, que suivant d'anciens manuscrits, cette montagne portoit le nom de Mont Cœlien. L'on me fit voir le lieu où étoit encore dans le dernier siécle, les restes de quatre grandes Colomnes antiques, que l'on disoit être de pierre fondüe; & j'en ai vû plusieurs autres fort grosses de cette matiére, en différents endroits de la Ville. Nous vimes aussi derriére la montagne, une colline chargée de vignes, qu'on nous dit s'apeller Mercurot & avoir été dédiée à Mercure.

La Citadelle de Besançon me parut d'une grande deffense, parce qu'elle est fort vaste, que ses flancs sont inaccessibles, & que ses faces ne peuvent être attaquées que du bas en haut. Comme elles ont peu d'étenduë, il ne faut guére de monde pour les garder. Le Roi d'Espagne avoit commencé cette Place. Le feu Roi Loüis XIV. après l'avoir prise en personne en 1674, l'a mise au point de perfection où nous la voyons aujourd'hui.

A notre retour dans la Ville, nous vimes l'Arc de Triomphe, que vous croyez avoir été dressé pour Crispus César; quelques restes du Canal d'Arcier, qui sont dans des maisons voisines; le quartier de la ruë du Cloz que l'Historien de Besançon apelle *Sacra Septa*; la ruë de Ronchaux, qu'il nomme *Romæ Collis*; les ruës du Chateur & de la Luë, qu'il prétend avoir été ainsi apellées, *à Castore & Luâ*. Nous fumes ensuite à Chamars, *Campus Martis*. C'est un terrain uni & fort vaste, où l'on pouvoit assembler le Peuple, exercer les Soldats, donner des Spectacles, & faire des Naumachies; car on en innonde encore aujourd'hui la plus grande partie, quand on le veut. C'en étoit assez pour un jour; nous remimes au lendemain à continuer nos recherches.

Nous nous levâmes matin, & nous passâmes le Pont, auquel aboutissent trois Ruës: celle de Battant qui est à droite, est ainsi nommée, parce que, dit notre Historien, il y avoit à son extrêmité, au lieu qu'on apelle aujourd'hui Champ-rond, un Gimnase pour exercer les Gladiateurs; *Battualia, quæ vulgo Battalia dicuntur, exercitationes gladiatorum, vel militum significant.* * La Ruë oposée au Pont, s'apelle Charmont, *Charitum mons*, parce qu'elle conduit sur une colline qui étoit dédiée aux Graces. Quand nous fumes au pied de cette colline, nous tournâmes à gauche dans une Ruë de traverse, qui porte le nom de Vignier, *Vicus veneris*. De là nous passâmes dans une grande Ruë apellée d'Arénes, *Vicus Arenarum*, à l'extrémité de laquelle on dit qu'étoit un Amphitéatre, dont les restes ont été détruits pour faire de nouvelles Fortifications après la Conquête du Comté de Bourgogne, & nous en vimes encore quelques vestiges dans le fossé.

* *Lips. Saturn. Lib. 1, Cap. 15.*

Sixiéme Dissertation.

Nous fortimes ensuite de la Ville par la Porte d'Arénes, & nous laissâmes à notre droite, une colline qui porte le nom de Champ Noir, *Campus Niger*. L'Historien de Besançon dit, que c'étoit le lieu ordinaire des Sépultures, & qu'on y trouvoit encore de son tems, des Tombeaux & des Inscriptions sépulcrales.

Nous montâmes sur Chaudâne, *Collis Dianæ*, ainsi apellée, parce que Diane y étoit révérée. Nous y trouvâmes les débris d'une enceinte, qui en renfermoit presque tout le sommet; & y ayant fait creuser en plusieurs endroits, nous découvrimes des murs de pierres quarrées, liées par du mortier composé de chaux vive & de gravier, & une grande quantité de morceaux de briques plates & épaisses, qui marquent qu'il y avoit eu des bâtiments anciens. Nous y avions fait porter le dîner, que le chemin & la vivacité de l'air, nous firent faire avec apétit. La vûë de la Citadelle, de la Ville & d'une grande étenduë de Païs, nous fit plaisir.

De là nous descendimes à Chamblon, *Campus Bellonæ*; nous vimes la montagne de Chamuse, *Campus Musarum*; nous passâmes à Champ-Forgeron, *Campus Vulcani*; nous vinmes à Montarmot, *Mons Termini*; nous laissâmes sur notre gauche la montagne & le bois de Challuc, *Campus Lucinæ*, pour venir à Palante, *Campi Pales*; d'où nous découvrimes les Villages de Chalezeule & de Chalêze, *Collis Elisius* ou *Eleusis*, & *Collis Hesi*; c'est un nom que les Gaulois donnoient au Dieu Mars.

Nous descendimes à Chalezeule, où nous fimes le tour de la colline, pour retourner à Besançon en suivant le Doux par les prés de Vaux. Nous laissâmes sur la droite Charmarin, *Collis Neptuni*; & sur la gauche les prés de Pandeur, *Prata Pandæ* ou *Pandoræ*; nous vimes Portjan, *Portus Jani*, qui est sur le bord de la riviére; nous passâmes sous le Mont de Brigille, *Mons Berecinthiæ, Phrygiæ* ou *Brigiæ*, dédié à la Mere des Dieux; nous continuâmes à côtoyer la riviére, & nous laissâmes à notre droite le Mandelier, *Mons Delii*; au revers duquel on nous montra une grande colline chargée de vignes, qu'on apelle Champ Vachot *Campus Bachi*, & une autre qui est à la Porte de Battant, nommée Montjoüot, *Mons Jovis*.

Je vous avouë, Monsieur, que tant de dénominations de l'antiquité Payenne, raportées dans l'Histoire de Besançon & la plûpart tirées de loin, me paroissent suspectes.

Nous rentrâmes après cela dans la Ville, parce qu'il étoit tard, & qu'il n'y avoit plus rien à voir au dehors. Nous avions parcouru un grand espace en peu de tems, n'y ayant aucun vestige ni monuments d'antiquité à examiner. Je restai encore trois jours à Besançon, pour visiter ce qu'il y avoit de curieux dans les Eglises, chez les Particuliers, & la Ville même.

Nous n'avons trouvé aucune des Inscriptions découvertes dans cette Ville, & dont il est parlé dans les livres. L'on dit qu'elles avoient été consumées par le tems, ou détruites, parce qu'elles étoient sur de la pierre qu'on recherche pour l'employer à de nouveaux ouvrages, à cause qu'elle résiste aux injures de l'air ; & j'apris avec douleur, que le riche Cabinet de l'Historien de Besançon a passé en Angleterre.

Nous avons vû à la Métropolitaine, le S. Sébastien de Fra-Bartolomeo, un tableau de la mort de Saphire qu'on dit être du Tintoret, le Couronnement de la Vierge de Mariotto, & un Crucifix du Trevisan. Nous vimes aux Carmes de l'ancienne Observance, l'excellent Tableau du Bronzin, qui represente une Descente de Croix ; & dans la Chapelle intérieure de Grandvelle, la Vierge de Douleur & le Crucifix, qu'on prétend être d'Albert Durer. Il y a aussi de bons Tableaux aux Grands Autels des Jésuites, de Saint Antoine, des Carmes Déchaux, & dans des Chapelles à Saint Maurice & aux Cordeliers. Nous fumes ensuite à la Bibliotéque de Saint Vincent, chez Messieurs Boizot, Chifflet, Mareschal de Vezet, Jacquard d'Annoire, & chez vous, où nous

trouvâmes

trouvâmes plusieurs Originaux. Nous reconnûmes par l'inventaire des meubles du Palais de Grandvelle, qu'il y avoit eu grand nombre de Tableaux d'Italie, de Flandres & d'Allemagne, qui ont été vendus ou donnés.

Nous vîmes à la Bibliotéque de Saint Vincent, une Tête en bronze qu'on nous dit être d'Apollon; une autre en marbre, qui ressemble à Brutus; une parfaitement belle Tête d'Antinoüs; celle d'une jeune Fille, qui étoit aparemment un Vœu, parce qu'elle a une jouë enflée & la bouche torduë, comme dans une paralysie; une autre Tête d'un jeune Garçon, & le Buste d'une Femme. Nous visitâmes le riche Cabinet de Messieurs Boizot, dont les plus belles Antiques sont gravées dans l'ouvrage du Pere de Montfaucon; nous en vîmes aussi dans le Cabinet de Monsieur Mareschal de Vezet & dans le votre, qui mériteroient de l'être.

Mais nous ne trouvâmes que les pieds-d'estaux du Jupiter & de la Junon, qui étoient dans le Jardin de Grandvelle. L'on nous dit que ces Statuës sont à Versailles, dans un des Bosquets à main gauche, en descendant vers le Théatre d'eau. Je m'en rapellai l'idée, parce que le Jupiter qui y est, m'avoit frapé; car il est si majestueux, que je ne crois pas qu'on puisse representer le Maître des Dieux, sous une figure plus digne de lui.

Nous avons vû enfin les Médailliers de S. Vincent, du Collége des Jésuites, de Messieurs Chifflet, Jannet & le votre. L'on nous a assuré que le Pere Dunod a formé dans vingt ans, celui du Collége qui est le plus riche en bronze, avec les seules Médailles trouvées à Besançon & dans le Comté de Bourgogne; ce qui prouve qu'il y en a beaucoup eu, si l'on considére d'ailleurs combien l'on en a fondu ou envoyé dans les autres Provinces, avant que la curiosité de nos Concitoyens fut réveillée sur cette espèce d'antiquité.

Nous visitâmes ensuite les édifices publics; le Palais de Grandvelle, dont le frontispice est orné des trois ordres d'Architecture; l'Hôtel de Ville, au-devant duquel est cette belle Statuë de Charles-Quint, qui ne céde à aucune, même des anciennes. Nous en avons remarqué une de pierre, fort bien faite, devant les Carmes de l'ancienne Obfervance, qui repréfente, à ce qu'on nous dit, le Duc d'Albe fous la figure de Neptune. Elles font toutes deux pour des Fontaines. Les eaux de fources belles & vives qui abondent à Befançon, y fervent également au plaifir, à la fanté & à l'ornement. L'Hôtel-Dieu eft fort grand, folidement bâti, bien entendu, propre & bien fervi; fa grande cour eft fermée par un grillage de fer, qui mérite d'être vû. La Porte du Pont, le Quai, la Maifon des Jéfuites, leur Eglife & le Collége, font dignes auffi de l'attention des Etrangers; de même que le Séminaire, le Couvent des Carmes de l'ancienne Obfervance & plufieurs autres; car nous remarquâmes que toutes les Communautés Religieufes y bâtiffent de belles Maifons, dont les unes font achevées & les autres commencées.

Les Eglifes Paroiffiales de Befançon, font la plûpart anciennes & ruineufes; mais on les rétablit à neuf. L'on nous a fait obferver, que le tiers de cette Ville a été bâti ou rétabli depuis cinquante ans; & il n'y reftera plus de vuides, fi l'on continuë à y faire de nouveaux édifices pendant le cours de ce fiécle, comme il y a bien de l'aparence.

Sa fortification l'orne auffi confiderablement. Une Citadelle d'un côté, un Fort de l'autre; les demi-Lunes & les Baftions de la premiére enceinte; les Murs & les Tours baftionnées de la feconde à laquelle le Doux fert de Foffé, font un bel effet à la vûë, & rendent forte par l'Art, cette Ville qui l'eft d'ailleurs par la nature, à caufe de la difficulté qu'il y a d'y ouvrir la tranchée, & que les montagnes qui l'environnent, empêchent qu'on ne puiffe en faire une circonvallation réguliére. Ces montagnes même y fervent d'ornement, parce qu'encore qu'elles foient fort élevées, elles font toutes chargées de vignes ou d'une belle verdure; elles mettent la Ville à

Sixiéme Dissertation.

couvert des vents pernicieux, & font qu'on y respire un air vif & sain, particuliérement sur la montagne où l'on nous a dit qu'on ne mouroit que de vieillesse. Les eaux, les ombrages & la belle verdure de Chamars, forment à mon goût des promenades préférables à celles des plus beaux Cours, parce qu'elles sont dans l'enceinte de la Ville, & qu'on peut les augmenter & les embellir à peu de frais.

Besançon est fort animé, & j'ai vû peu de Villes dans le Royaume, où l'on trouve plus de monde & d'équipages dans les ruës. C'est un lieu de passage & de commerce. Il y a toujours une Garnison brillante, des Etats-Majors, à la Ville, à la Citadelle & au Fort. C'est le lieu de la résidence du Gouverneur de la Province, & de l'Intendant. Il y a Parlement, Université, Présidial, Bailliage, plusieurs autres Justices subalternes, & une Académie où la jeune Noblesse vient aprendre les exercices qui lui conviennent. Les Gentilshommes Allemans la fréquentoient beaucoup, avant les derniéres Guerres que nous avons euës avec l'Empire. Ils ont cessé d'y venir, mais les Anglois commencent à les remplacer.

C'est le Siége d'un Métropolitain : le Chapitre de sa Cathédrale, est composé d'un grand nombre de Supots, dont l'habit de Chœur & de Ville, les distingue ; car il ressemble à celui des Evêques. Il y a deux Eglises Collégiales, Saint Paul & Sainte Madeléne ; la premiére est Réguliére & Abbatiale ; celle de Saint Vincent l'est aussi. Enfin il y a sept Paroisses, vingt Communautés Séculiéres ou Réguliéres, & quatre Hôpitaux.

Tout cela forme une belle & grande Ville ; & je doute fort que Besançon ait aproché sous l'Empire Romain, de ce qu'il est aujourd'hui. L'on m'a même assuré, qu'il ne s'étendoit pas alors au-delà du Doux, qu'il étoit sur la montagne, & que la Riviére passoit plus près de cette montagne qu'à présent. J'ai l'honneur d'être, &c.

OBSERVATIONS
sur la Lettre précédente.

LE Tableau de S. Sébaſtien eſt ſur bois; il repréſente la Vierge aſſiſe dans une gloire, tenant l'Enfant Jeſus. Au deſſous eſt un païſage, à côté duquel à droite, on voit S. Jean-Baptiſte un genou à terre, dont la ſituation & le corps pâle & exténué, fait un contraſte avec la figure noble & les belles carnations de S. Sébaſtien, qui eſt du même côté & debout. S. Bruno eſt au côté gauche, & a devant lui un Magiſtrat à genoux, vêtu d'une robe d'écarlate, doublée de ſatin noir. Au bas du Tableau eſt écrit Fra-Bartolomeo; c'eſt le nom du Peintre qui l'a fait.

Il peignoit à Florence, & étoit Diſciple de Côme Roſſelli. Il portoit dans le monde le nom de Braccio, & s'étant fait Dominicain, il fut apellé Fra-Bartolomeo. Il avoit étudié la maniére de Leonard de Vinci, & s'étoit tellement perfectionné dans le coloris, que Raphael ne dédaigna pas de l'imiter. Comme il étoit fort chaſte, il ne peignoit pas le nud. Ses envieux en prirent prétexte, de publier qu'il ne ſçavoit pas le deſſiner. Ce fut pour prouver le contraire, qu'il peignit notre S. Sebaſtien. Son Tableau fut expoſé à Florence dans l'Egliſe des Dominicains; mais comme ils s'aperçurent que la beauté du corps de ce Saint, étoit une occaſion de péché, ils mirent le Tableau dans leur Chapitre.

M. Felibien qui raporte ces faits, ajoute qu'ils le vendirent à un étranger, & qu'il paſſa entre les mains de Loüis XII. mais il n'a pas été bien informé: car ce fut Ferjeux Carondelet, Archidiacre de Beſançon, Abbé de Montbenoît & Ambaſſadeur de Charles-Quint à Rome, qui l'acheta & l'envoya à ſon Chapitre, après y avoir fait peindre le Magiſtrat, qui eſt d'auſſi bonne main que celle de Fra-Bartolomeo.

Ce Magistrat est Jean Carondelet de Poligny, Maître des Requêtes de l'Hôtel du Duc de Bourgogne, l'un des Commissaires à la rédaction de la Coutume de Franche-Comté, & Chancelier de Flandres. Il est inhumé dans l'Eglise Collégiale de Dole, en un Tombeau que ses enfants lui ont fait dresser.

Jean Carondelet l'un de ses fils, Chancelier de Flandres après lui & Archevêque de Palerme, envoya à l'Eglise Métropolitaine de Besançon, le corps de son frere Ferieux avec un Mausolée & plusieurs belles figures de marbre, qui ont étés mutilées par la chute du clocher de l'Eglise de S. Jean, arrivée en 1729, au mois de Janvier.

Le Mariotto a peint le Couronnement de la Vierge, & y a mis son nom. Il étoit comme Fra-Bartolomeo, Disciple de Rosselli. Ce Tableau est sur bois.

Celui qui représente la mort de Saphire, céde aux deux précédents pour le coloris; mais il les surpasse dans l'ordonnance, la facilité, la force & la variété des expressions. Comme c'étoit la maniére du Tintoret, nos connoisseurs croient que ce Tableau est de lui, quoique son nom n'y soit pas. Il est peint sur toile, & quelques deffauts qui y sont dans l'architecture & la perspective, me font croire qu'il est plûtôt d'un Peintre Allemand ou Flamand, que du Tintoret ou d'un autre Peintre Italien.

La Descente de Croix qui est aux Carmes de Besançon, est un des beaux ouvrages du Bronzin, fameux Peintre de l'Ecole de Florence. Ce Tableau est sur bois, & remarquable, en ce que le Chancelier de Grandvelle y est représenté sous la figure de Nicodême, Nicole Bonvalot son épouse, sous celle de la Vierge, & leurs onze enfants par d'autres personnages. Le nom du Bronzin y est écrit.

Le Jupiter de Grandvelle a été trouvé à Rome. C'étoit une Statuë Colossale, dont les bras & les cuisses avoient été cassés; mais comme tout le reste étoit d'une conservation parfaite, on en a fait un Buste à mi-corps. On lit dans l'Inscription de son pied-d'estal, qu'il avoit fait l'ornement de la Vigne de Médicis à Rome, & que Marguerite d'Autriche Marquise de Camerin, l'ayant donné en 1540, au Cardinal de Grandvelle, il l'envoya dans le Palais qu'il avoit fait construire à Besançon depuis peu. Il fit probablement faire le Buste de Junon qu'on y voyoit aussi, pour la simétrie avec celui de Jupiter ; car il ne paroît pas antique, quoiqu'il soit de bonne main.

Le Roi Loüis XIV. étant venu en 1683, visiter sa Conquête de la Franche-Comté, & ayant vû ces deux Bustes au Palais de Grandvelle où il logeoit, témoigna qu'il les trouvoit beaux. Le Comte de la Beaume S. Amour, héritier de la maison de Grandvelle, & à qui le Palais de ce nom, que la Ville a acheté depuis, apartenoit alors, suplia Sa Majesté de les accepter.

Madame, dont le goût étoit excellent, & qui avoit une grande connoissance de l'antiquité, estimoit notre Jupiter le plus beau morceau qu'il y eut à Versailles. Le Pere de Montfaucon le met en parallele avec l'Hercule Farnèse, l'Apollon du Belveder & les autres plus précieux restes de l'antiquité. Il dit qu'il n'a trouvé personne qui ait pû exprimer l'élégance, la noblesse & la majesté de cette figure. En effet, la copie qu'il en a donnée dans son Ouvrage, n'aproche point de l'original, & ne le ressemble même pas. Il conclut de diverses conjectures qu'il raporte, que c'est la belle Statuë Colossale de Jupiter, dont parle Strabon, faite par Miron, pour le Temple de Junon à Samos, & envoyée à Rome par Antoine.*

* Supl. de l'Ant. Expl. Tom. 1, pag. 47.

MONSIEUR,

Il est malheureux pour moi, qui ne sors presque plus de Besançon, que je me sois trouvé absent & éloigné, dans le tems que vous y êtes venu, que je pouvois vous y être utile, & que je suis à la veille d'être privé du plaisir de vous voir pour long-tems. Je compte pour une autre infortune, que ma santé ne me permette pas de vous rendre visite avant votre départ, & de vous assurer de bouche, que je n'oublirai jamais l'amitié & la confiance dont vous m'honorez. Je vous envoie un de mes fils, pour vous dire à mon deffaut, combien nous vous sommes dévoüés, & vous demander la grace de continuer à nous honorer de votre souvenir, & de compter sur nous comme sur vos serviteurs les plus zélés.

Vous souhaitez, Monsieur, de sçavoir ce que je pense des observations que vous avez faites à Besançon, dans votre dernier voyage. J'entreprends volontiers de vous le dire, & si je ne vous satisfais pas également sur tout, je vous prie de m'excuser, sur la briéveté du tems que j'ai pour vous répondre.

Vous avez vû dans les Commentaires de César, que Besançon étoit de son tems, la plus grande & la plus forte des Villes des Séquanois; & il faut que sa situation l'ait frapé, puisqu'il s'est arrêté à la décrire; ce qu'il n'a fait que rarement à l'égard des autres Villes, & lorsqu'il y a été engagé par les Siéges qu'il en a faits.

Elle est, dit-il, enceinte de toutes parts de la riviére du Doux, hormis l'espace de six cens pas, qui est fermé d'une haute montagne, dont le pied touche des deux côtés à la riviére, & qui est enclose avec la Ville, par un mur qui l'environne; si bien qu'elle lui sert comme de Citadelle. *

* *De Bello Gallico, Lib. 1.*

Il y avoit donc deux parties dans cette Ville; la basse que César apelle *Oppidum*, qui étoit environnée d'une riviére large & profonde, comme d'un fer à cheval, & fermée par une montagne; sur laquelle étoit la Ville haute qu'il nomme *Arx*, Citadelle.

L'Empereur Julien également sçavant & grand Capitaine, a trouvé comme César la situation de Besançon singuliére. Il dit que cette Ville étoit forte par l'art &

par la nature, *oppidum mœnibus firmissimis, & loci naturâ munitum*; parce qu'elle est dans le Doux, comme une Péninsule dans la Mer, & qu'elle s'éléve insensiblement sur une montagne escarpée & si haute, qu'elle est à peine accessible aux oiseaux. *Propterea quod cingitur Dubio; estque ut in mari rupes excelsa, prope modum ipsis avibus inaccessa; nisi qua flumen ambiens, tanquam littora quædam habet projecta.* *

* *Julianus Epist. ad Maximum.*

Vous avez observé, Monsieur, combien il étoit difficile de prendre la Ville haute. Le Doux large & profond, flottoit au pied des murs de la Ville basse, & lui servoit de fossé. Quand on l'auroit prise, on auroit trouvé un nouveau mur qui la séparoit de la haute, & qui en empêchoit la communication. Ce mur existoit déja du tems de César, car il dit *murus circumductus, montem hunc arcem efficit*, & l'on en a trouvé les restes en creusant des fondations pour l'Eglise Métropolitaine. Il étoit large de dix pieds, si solide & si bien lié, que les ouvriers qui furent obligés de le démolir en quelques endroits, disoient qu'ils auroient mieux aimé avoir à enlever du roc.

Ce fait & les autorités que je viens de vous citer, prouvent que Besançon étoit anciennement une Ville très-forte. Elle étoit aussi une des plus grandes qu'il y eut dans les Gaules, suivant les témoignages de Jules César qui l'apelle *Maximum Sequanorum oppidum*; de l'Empereur Julien qui lui donne l'épithète de *Magnum*; & du Comte Marcellin qui la préfére à beaucoup d'autres Villes, *cæteris potiorem oppidis multis*.

Je ne crois pas, Monsieur, que le Doux passât alors plus près de la montagne qu'aujourd'hui, car plusieurs raisons me semblent prouver le contraire. 1°. Il coule par sa pente naturelle, comme au lieu le plus bas, dans le lit où il est à présent; quoiqu'il ait été considerablement élevé, par les digues de cinq moulins, qui ont été construits sur le cercle qu'il décrit autour de la Ville. 2°. L'on ne trouve point ailleurs de vestiges qu'il y ait passé,

quoique

l'ancien lit d'une Riviére soit toujours reconnoissable, par les graviers & les cailloux dont il est rempli. 3°. Le Pont qui est sur la partie de ce cercle oposé à la montagne, est un ouvrage Romain, & l'un des plus beaux qui nous reste de cette espèce, par sa solidité, sa largeur & sa conservation. Il est tout entier de pierre de *Vergenne*, qui est celle qu'on employoit dans les premiers tems à Besançon aux ouvrages publics. 4°. En quel lieu qu'on creuse entre la montagne & le lit actuel de la Riviére, on trouve des Monnoies Romaines, & des bâtiments faits par les Romains. Vous en verrez les preuves à la suite.

Je conviens que la partie de Besançon qui est au-delà du Doux, ne faisoit pas comme aujourd'hui une portion de la Ville; puisque les Auteurs que j'ai cités, disent que cette Riviére l'environnoit. Mais il y avoit déja un Fauxbourg considerable; car nos anciens Evêques y ont fait construire deux Eglises, l'une dédiée à Sainte Madeléne, & l'autre à S. Laurent. D'ailleurs la montagne sur laquelle est la Citadelle, & sa pante, étoient habitées. César l'insinuë, & l'Empereur Julien le dit clairement. C'est au sommet de cette montagne, qu'on voyoit les quatre colomnes qui portoient les Statuës des Dieux; c'est dans sa pante, que le premier Baptistaire a été établi; c'est où l'on a bâti les deux Cathédrales, de S. Jean & de S. Etienne; il y avoit deux autres Eglises dédiées à Saint André & à Saint Michel, & deux Chapelles sous l'invocation de Saint Martin & de Saint Ouïan. Or les bâtiments qui étoient sur la montagne, tenoient lieu de ceux qui sont à présent au-delà du Doux; & nous sçavons de nos peres, qui ont vû dans la pante du côté de la Ville, l'Eglise de S. Etienne & plusieurs maisons Canoniales que l'on a rasées pour la fortification, que ces édifices en Amphithéatre faisoient un bel effet à la vûë.

Besançon au reste étoit une Ville fort peuplée, puisqu'elle étoit la Capitale d'une des plus grandes Provinces que les Romains eussent dans les Gaules; qu'elle avoit son Sénat, ses Duumvir & ses Décurions; * que c'étoit

* Voyez aux Notes.

le lieu de l'Assemblée des Députés de la Province Séquanoise ; que le Président Romain qui commandoit dans cette Province, & les autres Magistrats Provinciaux, y faisoient leur résidence ; que c'est où l'on venoit leur faire la cour, & leur demander justice. Il y avoit aussi des Troupes ; l'Inscription d'un monument dressé à Auguste par les Soldats du bord du Nil, le prouve, * Et nos Légendes parlent souvent de Tribuns Militaires ; car c'en fut un, nommé Onnalius, qui reçut chez lui S. Lin, l'un de nos plus anciens Evêques, & qui lui donna la place où il érigea notre premier Baptistaire. Ce fut un autre Tribun, qui étant à la chasse, découvrit dans le quatriéme siécle, les Corps de nos premiers Apôtres Ferreol & Ferjeux.

* Voyez la cinquiéme Dissertation.

Il y avoit à Besançon, une de ces Ecoles publiques peu communes dans les Gaules, qui attiroit dans cette Ville une nombreuse & brillante jeunesse. C'étoit aussi une Ville de commerce, puisque César parle du concours des Marchands qui y étoient, & qui mirent la terreur dans son Armée, en décrivant à ses Soldats, la haute taille & l'air terrible des Germains. Elle étoit en effet très-bien située pour un dépôt de marchandises, car elle est à portée de la Germanie, des Gaules & de l'Italie. Elle communiquoit avec l'Océan par le Rhein qui en est peu éloigné, & avec la Méditerranée par le Doux qui portoit alors batteau jusques au dessus de Mandeure ; puisqu'on lit dans Strabon, *Arar ex Alpibus labitur, dubim assumens ex iisdem montibus navigabilem.* * Il faut observer sur ce passage de Strabon, qu'il donne le nom d'Alpes aux Montagnes de Vauges & au Mont-Jura, parce que ce sont des racines des Alpes. Les Celtes comme les Germains apelloient Alpes les hautes montagnes, & *al* en langue Celtique, signifie un lieu élevé.

* Lib. 4.

Enfin l'on avoit à Besançon, tout ce qui est nécessaire pour construire des bâtiments solides & magnifiques. Les bois de chêne & de sapin, propres à la charpente & à la menuserie ; des pierres grises, noires & rouges, qui prennent le poli & l'éclat du marbre ; & une autre pierre

Sixiéme Dissertation.

tendre & facile à tailler, qui résiste à la gelée, & que nous apellons *Vergenne* ; c'est pourquoi on l'employoit aux édifices publics. Mais soit que la carriére ait été épuisée, ou qu'on la fit venir de loin, l'on n'en trouve plus qu'à quatre ou cinq lieuës de Besançon, sur le chemin de Gray.

L'Empereur Julien écrivoit au Philosophe Maxime, que notre Capitale avoit été ornée de Temples superbes. *Oppidum magnum, magnificis Templis ornatum.* L'on a découvert les vestiges de plusieurs de ces Temples, & vous jugez bien, Monsieur, que les autres bâtiments publics y répondoient. L'on voyoit sur une place au sommet de la montagne, quatre grandes colomnes, qui n'étoient pas de pierre fonduë, comme dit le vulgaire, car la pierre n'est pas fusible ; mais d'une espèce de granit, que l'on avoit tiré probablement des montagnes du Dauphiné vers l'embouchure de l'Isére, où d'Avillers dit qu'on en a trouvé des carriéres.

Sur ces colomnes, étoient les Statuës de quatre Divinités du Paganisme. Je crois que c'étoient celles de Jupiter, Mars, Apollon & Mercure, qui étoient en vénération parmi les Gaulois, & ausquels ils avoient dressés en commun des Autels à Lyon, sous leur grand Pontife Adginnius qui étoit Séquanois & probablement de Besançon.* Ces quatre colomnes ont été gravées sur les Sceaux anciens de Besançon, qui a pris pour Armes parce qu'il a apartenu à l'Empire, une Aigle qui soutient deux Colomnes. Cette Aigle étoit d'abord au naturel, & on lui a donné deux têtes dans la suite

* Voyez aux Notes.

Auprès de la Ville haute, étoit l'Arc de triomphe que l'on voit encore aujourd'hui, & que l'on a apellé Porte Noire. Je crois que c'est parce que les pierres dont il est fait, sont devenuës noires avec le tems. Une Porte de la Ville de Trèves, avoit le même nom. Il y avoit au côté droit de cet Arc, un vaste Bassin, dans lequel tomboit le ruisseau d'Arcier & formoit une nappe d'eau, qui étoit facilement distribuée depuis cet endroit, dans les ruës & dans les maisons de la Ville basse.

Devant cet Arc de triomphe & ce Baſſin, étoit une place apellée *Forum* par nos Légendaires. L'on croit que ce fut là, dans un lieu où il y a eu une Chapelle dédiée à Sainte Brigitte, & où eſt à préſent l'Hôtel du Grand Chantre, que nos Saints Apôtres, Ferreol & Ferjeux ont ſouffert le martyre, parce que la Ruë voiſine porte le nom des Martelots, que l'on explique en Latin *vicus Martyrum*: mais cette conjecture me paroît foible. On ne faiſoit pas mourir dans les Villes, les Martyrs que l'on regardoit comme des criminels; & je croirois plûtôt que nos Saints Apôtres ont ſouffert hors de Beſançon, auprès des Arénes, d'où leurs Corps ont été facilement enlevés, pour être cachés dans la Grotte de S. Ferjeux, où ils furent trouvés environ cent-cinquante ans après leur mort.

L'Hôtel de l'Aſſemblée du Sénat, étoit ſur la Place dont je viens de parler, plus bas que l'Egliſe dédiée à S. Jean-Baptiſte. On l'apelloit Capitole, ſuivant la Légende de Saint Maximin, l'un de nos premiers Evêques. On voyoit de l'autre côté de cette place, un Temple à Portiques, dédié à Mercure. Une Inſcription qu'on y a trouvée dans le dernier ſiécle, le prouve, & que ce Dieu étoit révéré à Beſançon, avec l'épithète de Ciſſonius.* Si l'Inſcription a été bien luë, c'eſt un nom local comme pluſieurs autres qu'on donnoit aux Divinités dans les Gaules, dont on ne ſçait pas la ſignification. Mais je crois qu'on devoit lire Chthonius, qui ſignifie celui qui va ſur Terre ou aux Enfers; qualité qui convient à Mercure, & qui lui eſt donnée dans des monuments antiques, ſuivant le Pere de Montfaucon. *

* Voyez aux Notes.

* L'Antiquité expliquée, tom. 1, pag. 133.

Je ne crois pas que les Ruës du Clos, de Ronchaux & de la Luë qui aboutiſſent à cette Place, tirent leur nom de quelques Divinités Payennes, comme l'Hiſtorien de Beſançon l'a penſé. J'ay vû des titres fort anciens, dans leſquels cette derniere Ruë eſt nommée *l'Allüe*, comme qui diroit l'Alleu; nom connu ſeulement depuis l'établiſſement des Bourguignons dans la Province. Le Peuple apelle *Allüe* à Beſançon, ce qu'on nomme en françois Alleu, & l'exiſtance de la Déeſſe Lua eſt fort incertaine, puiſqu'elle n'eſt fondée que ſur un paſſage de Tite-Live, que les Sçavans croient être corrompu. *

Demſter. in Ruſin antiq. Rom. lib. 2, cap. 8.

Ronchaux vient plûtôt de *Rotondus collis*, étant au pied de la montagne, que de *Romæ collis*; & la Ruë du Clos a été ainſi apellée, parce qu'elle étoit auprès de l'enceinte de la Ville haute, ou parce qu'elle touchoit aux cloitres de l'Egliſe Métropolitaine & à l'enclos du Chapitre. Quant à la Ruë du Chateur, elle pourroit bien tirer ſon nom de Caſtor qui étoit en vénération chez les Séquanois, parce qu'ils nourriſſoient des chevaux, & que leur Cavalerie étoit renommée. Ils avoient un Temple conſacré à ce Dieu à Mandeure, * & la Ruë du Chateur n'eſt pas éloignée des lieux où l'on a trouvé des pavés à la Moſaïque, qui ont probablement ſervi à des Temples.

Voyez aux Notes.

Rien n'eſt ſi commun dans les découvertes qu'on fait à Beſançon, que celles de ces pavés. Mr. Chifflet rend témoignage qu'on en a trouvé pluſieurs à la Ruë du Clos. * J'en ai vû deux nouvellement découverts au Séminaire, deux dans les Jardins de S. Paul, un au Couvent du Refuge, un autre derriere les Caſernes de la Cavalerie; & dans le tems qu'on imprimoit cet ouvrage, l'on en a encore trouvé deux avec des débris de colomnes, dans la portion du jardin des Bénédictins que Mr. Bocquet de Courbouſon a achetée pour y faire une maiſon. De ces pavés, les uns, comme ceux des jardins de S. Paul & des Bénédictins, étoient en ſimples compartiments; c'eſt ce que les Anciens apelloient *Pavimentum ſegmentatum*. Les autres repreſentoient des fleurs, des vaſes, des animaux, & des poiſſons. On les apelloit *Pavimentum Muſivum*.

Veſ. part. 1e cap. 16.

En 1718, le Propriétaire d'une maiſon qui fait l'angle de la Ruë du Clos du côté de Midi, y creuſant pour des fondations, trouva à 15 pieds en terre, un débris de Statuës antiques de bronze; toutes parfaitement fondües, comme on le voyoit par les doigts des pieds & des mains, & par quelques piéces du viſage qui reſtoient. C'étoient des Idoles qui avoient été brisées & portées chez le Fondeur. Les troncs & les gros morceaux, avoient été employés. Il ne restoit d'entier, que trois petites figures, qui sont dans le cabinet de Mr. Boisot, & la tête que vous avez vûë chez moi, qui a servi à une Statuë haute d'environ trois pieds. Elle est coëffée en cheveux d'une façon singuliere, & comme il n'y a point de simbole qui la fasse reconnoître, je ne puis vous dire ce qu'elle représentoit. J'ai vû aussi dans ce débris, des morceaux de plaques de cuivre brisées, sur lesquelles étoient gravés les vœux des Corps de Métiers ; car après en avoir présenté differens morceaux les uns contre les autres, je lûs distinctement les noms de *Centonarii* & de *Lintearii*. Les premiers faisoient des tentes pour les soldats, & les couvertures des machines de guerre. Les autres étoient des Tisserans, ou faisoient les draps dont on se servoit pour s'essuïer dans les Bains.

Les belles & abondantes eaux d'Arcier, servoient à Besançon non-seulement pour les besoins & les commodités publiques, mais encore pour celles des particuliers. C'est pour cela qu'on y a trouvé tant de canaux de plomb & de briques, * & un grand nombre de lits de ciment, qui servoient probablement à des réservoirs, à des bassins, & à des bains. J'ai vû découvrir depuis peu de ces lits de ciment, épais d'environ un pied & séparés par des murs, dans le jardin des Peres Jésuites à quarante pas de la Riviere, sur la Place neuve à une pareille distance du Doux, dans les fondemens qu'on a faits pour la nouvelle Eglise de S. Pierre, & dans ceux d'une maison de la Ruë de S. Vincent.

* *Chiffl. Vef. cap. 32.*

L'on trouva aussi un Temple sur la place neuve. C'étoit un quarré long terminé par un demi rond, au fond duquel étoit un pied-d'estal, qui avoit servi à porter la figure du Dieu qu'on y adoroit. On découvrit au commencement du dernier siécle, les restes d'un autre Temple élevé au Dieu Mars, dans le lieu où est à présent le Couvent du Refuge, * & où je vous ai écrit que j'avois vû des

* *Chiffl. Vef. part. 1, cap. 17.*

Sixiéme Dissertation. 175

pavés à la Mosaïque. C'est probablement ce Temple, qui a donné le nom au Chamars. Sur la fin du siécle précédent, l'on avoit découvert dans la maison qui apartient à présent aux Peres Jésuites auprès du Couvent des Cordeliers, une Inscription qui prouve qu'il y avoit en ce lieu, un Temple dédié à Apollon & à Mercure. * Cette Inscription & une autre qui est à la Bibliotéque de S. Vincent, * font juger qu'Apollon & Mercure, avoient des Temples & un culte commun à Besançon.

*Chiffl. Vesp. part. 1, cap. 21. Voyez aux Notes.
* Voyez aux Notes.

Le Palais du Gouverneur de la Province, étoit où l'on voit à présent l'Eglise & l'Abbaïe de S. Paul. C'étoit un Château fortifié, * car les fréquentes incursions des Barbares sous le bas Empire, avoient rendu cette précaution nécessaire. S. Donat Evêque de Besançon & fils de Valdaléne Duc de la Haute Bourgogne, y fit construire un Monastere vers le milieu du septiéme siécle.

* Palatium nuncupant, ob veterum munimenta murorum. Jonas in vit. Sti. Colomb. cap. 13.

La plûpart de ces antiquités, comme les Bains & les Temples qui étoient sur la Place neuve, dans le Couvent du Refuge, dans la maison & dans le jardin des Peres Jésuites, qui sont tous peu éloignés du Doux dans le lieu où il décrit son plus grand cercle autour de Besançon, démontrent qu'il a toujours passé où il coule à présent.

Voilà, Monsieur, ce que j'ai pû découvrir de certain sur les antiquités de l'intérieur de Besançon. Passons à présent le Pont, pour examiner ce que vous avez observé au dehors, & suivre la route que vous avez faite.

Je ne crois pas que le nom de la Ruë de Batant, lui vienne d'un lieu d'exercice ; c'est Chamars & les Arénes qui y étoient destinés. Je l'attribuërois plûtôt, à ce qu'on passoit par le lieu où cette Ruë est à présent, pour aller à une fontaine qui fait aujourd'hui tourner un Moulin, & sur laquelle il y avoit anciennement une foule ou Batoir, apellé dans la basse latinité *Battanderium* & *Battenterium*; car cette fontaine est nommée, *Fons batenti*, dans une Charte du mois de Fevrier 1226, donnée par Jean d'Abbeville Archevêque de Besançon. Aussi les Religieuses d'un Monastere établi sous Clotaire Second *

* Chron. de Béze. In Spicil. tom. 2, p. 400.

sur le bord de cette fontaine, qu'on nomme aujourd'hui par cette raison la Fontaine des Dames, & transferées dans la Ville en 1595 ;* portent encore le nom de Dames de Batant, quoiqu'elles n'aient jamais demeuré dans cette Ruë.

* Chifft. Vef. part. 2, in vit. Sancti Donati.

La colline de Charmont, terrain stérile qui ne présente à la vûë que des pierres & des rochers, ne convenoit guére pour être consacrée aux Graces. Je crois plûtôt qu'elle a été apellée *Calvus mons*, Chalmont, dont on a fait Charmont à la suite.

Je pense aussi, que le nom de la Ruë de Vignier vient, non *à Venere*, mais *à vineis* ou *vinitoribus* ; parce que c'est encore aujourd'hui l'un des quartiers que les Vignerons de Besançon habitent le plus communément, & que cette Ruë étoit adossée à un côteau de vignes.

Quant à la Ruë d'Arénes, il est certain qu'elle a tiré sa dénomination de l'Amphitéatre dont vous avez encore vû quelques vestiges. L'on apelloit communément Arénes dans les Gaules, les Amphitéatres. La ruine de celui de Besançon, commença lorsque les Vandales & les Alains assiégérent cette Ville, dans le commencement du cinquiéme siécle ; car ce fut où les Alains prirent leur poste. Le tems a achevé de le détruire. L'on en voyoit cependant encore assez au commencement du dernier siécle, pour connoître sa grandeur ; puisque Mr. Chifflet qui écrivoit alors, dit qu'il étoit large d'environ six-vingts pas. L'on peut juger par là de sa longueur, parce que les Amphitéatres étoient ovales, & reconnoître qu'il étoit fort vaste ; d'où je conclus que Besançon étoit grand & très peuplé dans ces premiers tems.

Ce qu'a dit notre Historien de Champ-noir, est véritable. C'étoit le lieu ordinaire des Sépulchres, pour ceux à qui l'on érigeoit des Monuments. Ils étoient rangez dans le panchant de la colline comme dans un Amphitéatre, & étoient vûs distinctement depuis la voie Romaine, de Besançon à Autun, Chalon & Lyon. Mais l'on a trouvé à Chamars & dans les fondations du dernier

Sixiéme Dissertation.

nier bâtiment qu'on a fait au Séminaire, des Cimetiéres, de grandes Urnes rangées deux à deux. Vous en avez vû chez moi. Je me rapellai lorſqu'on les découvrit, la Loi qui dit, *in urbe ne sepelito neve urito*. Il faut qu'elle ne fut pas en uſage à Beſançon, qui étant un municipe ſe gouvernoit par ſes propres Loix; ou que la deffenſe de brûler les corps & de les inhumer dans l'enceinte des Villes, n'ôtât pas la liberté d'y enterrer les cendres dans des Urnes.

Je penſe que le nom de Chaudâne, ne vient pas de *collis Dianæ*, mais de *collis Dominarum* ; parce que j'ai vû d'anciens titres, dans leſquels cette montagne eſt apellée *Chaudonne* & *Chaudogne*, & que la Légende de Leonce Evêque de Beſançon dans le quatriéme ſiécle, porte qu'il y fit bâtir un Monaſtére pour des femmes. C'eſt de l'enceinte de ce Monaſtére & des bâtiments qu'elle renfermoit, que vous avez vû les veſtiges.

Chamuſe eſt ainſi apellé, parce que c'eſt une montagne fort élevée, qui a deux ſommets & une fontaine, comme le Parnaſſe.

Vous avez bien raiſon, Monſieur, de tenir pour ſuſpectes les étimologies de Chamblon, Champforgeron, Montarmot, Palante, Charmarin, Pandeur, Portjan, Montjoüot, & autres ſemblables que notre Hiſtorien tire des noms des Divinités du Paganiſme. Il n'eſt pas probable, qu'il y en eut tant en vénération à Beſançon. La plûpart n'étoient pas connuës dans les Gaules. Pluſieurs de ces étimologies ſont tirées de loin, & on peut les expliquer ſans recourir à la Religion.

Challuc, par exemple, vient moins naturellement de *collis Lucinæ* que de *collis Luci*, qu'il a pû porter, parce que c'eſt un bois de quatre mille arpents, qui eſt de l'ancien patrimoine de la Ville. Les forêts de notre montagne ſont apellées *Jou*; pourquoi ne ſeroit-ce pas de ce nom qu'on auroit auſſi fait celui de Montjoüot, pour le donner au lieu où commençoit anciennement la forêt de Challuc. Si plutôt que de ſupoſer que Portjan a tiré ſa

Z

dénomination de quelqu'un qui s'apelloit Jean, on veut la tirer du tems Romain, ne vient-elle pas plutôt de *Portus Januæ*, * étant auprès de la Porte Taillée, que de *Portus Jani*; le Dieu Janus n'ayant point été révéré par les Gaulois? ne pouroit-elle pas aussi avoir été donnée par la famille Januaria, qui étoit distinguée dans le Païs des Séquanois sous l'Empire Romain, comme on le voit par des Inscriptions trouvées à Besançon & à Avanche? * famille à laquelle ce Port pouvoit apartenir, puisque nous trouvons dans une Inscription de Genève, que le Lac de cette Ville apartenoit à Julius Brocchus.

* Pour ne pas dire, *Portus portæ*.

Voyez aux Notes.

Je doute même que Chalèse soit dérivé de *collis Hesi*, & Chaleseule de *collis Elisius* ou *Eleusinæ*; car on n'y a rien trouvé qui détermine à le croire. Mais je conjecture, que ces deux Villages étant voisins & au pied de deux petites collines, dont l'une est moins élevée que l'autre; *Chales* est un diminutif de *Chal*, qui signifie colline en langue Celtique, & *Chalesul* un diminutif de diminutif, comme on dit en Latin, *collinus*, *colliculus*. Chalese est nommé *Calesia*, dans une Bulle de l'an 1143.

Je crois cependant qu'il faut faire quartier à Mercurot. C'est une élévation qui dominoit sur la voie Romaine d'Italie à Besançon, & les Anciens donnoient souvent le nom de Mercure Dieu des Voyageurs, à ces élévations.

L'on apelloit Brigille, le terrain qui est entre le Village de ce nom & la Fontaine des Dames, au pied du Mont qu'on nomme le Mandelier; non *à Monte Delii*, comme le dit notre Historien, mais *à Monte Vandalorum*, parce que les Vandales y prirent leur poste lorsqu'ils assiégèrent Besançon avec les Alains en 406. C'est ce que nous aprend la Chronique de Béze, lorsque parlant de notre Bregille, elle dit; *Locus est, haud longè à Besuntionensi Civitate, super fluvium, Dubium appellatum; ipsius fluvii tantum inter cursu, à Civitate sejunctus. Ex aliâ verò parte, habet montem vocatum Vandalenum, à nomine Vandalorum, qui ibi castra habuerunt, ut antiqui incolæ dicunt.* *

* Spicil. tom. 2, p. 400, col. 2.

La même Chronique, dit que le terrain qui est au pied

du Mont, s'apelloit *Dornatiacus & Virzilias*. Virgille & Brigille font la même chose. Brigille à mon avis, venoit de Pont, parce que *Brig* en langue Celtique, signifioit un Pont; & *Dornata*, du mot *Thor*, qui en la même langue veut dire une porte, comme je vous l'ai déja marqué en parlant d'Isernodore. * Je crois donc qu'il y avoit en cet endroit du tems des Romains, une porte & un pont. Le poste qu'y avoient pris les Vandales le fait encore conjecturer, & il convenoit d'y faire l'un & l'autre pour la route de la Germanie, parce que sans cela, une grande Ville comme Besançon n'auroit pas eu assez de portes.

* Cinquiéme Dissertation.

Il se peut au reste, qu'il y eut sur le territoire de Besançon, quelque colline qui portât le nom de Bachus; parce que c'est l'un des vignobles du Royaume, le plus étendu; que les Séquanois ont été des premiers dans les Gaules, qui ont planté des vignes, comme Pline l'assure; * & qu'ils ont aparemment commencé par leur Capitale, où le terroir est très-propre à cette espèce de fruits.

* *Lib. 17, cap. 1.*

Je vous ai décrit, Monsieur, l'ancien Besançon dans sa splendeur; & peut-être pensez-vous à present, qu'il ne cédoit en rien au nouveau, auquel vous donniez cependant la préférence. Cet heureux tems ne dura que jusques au Regne de Constantin, sous lequel & déslors, cette Ville fut prise & saccagée plusieurs fois. C'est ce que prouvent premiérement, les ruines & les differens rez de chaussée que l'on y trouve, souvent trois ou quatre l'un sur l'autre, à six, neuf & douze pieds de profondeur.

Secondement, le témoignage des Auteurs; car l'Empereur Julien écrivoit au Philosophe Maxime, que Besançon grand & orné de Temples superbes, étoit à demi ruiné de son tems: *Oppidum nunc dirutum; magnum tamen olim, & magnificis Templis ornatum.* Il dit dans cette lettre, qu'il avoit été créé César, & qu'il retournoit dans les Gaules, après avoir fait la guerre aux Barbares; ce qui nous marque qu'elle a été écrite après l'an 357. Il y parle du désastre de Besançon, comme d'un fait déja ancien; d'où l'on peut conjecturer, qu'il étoit arrivé au commencement du quatriéme siécle sous l'Empire de Constantin, par les Allemans, qui faisoient alors de fréquentes incursions dans la Province Séquanoise.

Je vous ai écrit, Monsieur, dans une autre Lettre, que Crispus César les en avoit chassés, & que ce fut pour cette raison que Besançon prit le nom de *Crispopolis*, & érigea à Crispus un Arc de Triomphe, à l'entrée de la Ville haute; peut-être parce que la Ville basse avoit été ruinée. Elle fut cependant rétablie dans ce même siécle, puisqu'on voit par nos Légendes, & par la Chronique de Béze, que les Alains & les Vandales qui l'assiégérent en 406, étoient campés au-delà du Doux, vis-à-vis des deux portes d'Arénes & de Brigille. Besançon résista à ces Barbares, mais il n'eut pas le même bonheur contre Attila, qui le prit en 451 & le renversa de fond en comble, suivant nos Légendes, dont la foi est soutenuë sur ce point, par le témoignage des étrangers. *

* *Robert. mon. altiss. Bonfin. rer. Hung. dec. 10, lib. 4, Olahus Strig. Arch. cap. 4.*

Besançon demeura long-tems à se remettre d'une si grande perte. On ne le rebâtit d'abord que sur la montagne, & on l'étendoit insensiblement contre le Doux, lorsqu'il essuïa un nouveau malheur. Ce fut au commencement du huitiéme siécle que les Sarrasins entrérent en Bourgogne, & y mirent tout à feu & à sang. * Ils prirent & brûlérent Besançon, suivant nos Manuscrits. Le Pere Mabillon rend témoignage dans les Annales Bénédictines, qu'ils ravagérent en 732 *Pagum Vesontionensem*, & qu'ils pillérent les Abbaïes de Béze & de Luxeul.

* *Ado Vienn. in Chron. Sti Benign. Chron. Acta Sti. Æmiliani Nannet.*

C'est probablement des Sarrasins qu'a voulu parler un Chanoine de S. Paul, qui a fait la Chronique de nos Archevêques jusques à François de Busleyden, qui remplissoit le Siége Archiépiscopal en 1498; lorsqu'il a dit, *à gente alienâ, Urbs Crispopolitana combusta, & totus Archiepiscopatus adeò vastatus est, quod in principali sancti Joannis, & in sancti Pauli Ecclesiis, vix tres Clerici possent sustentari.* Ce qui est soutenu par les énonciations de quelques anciennes Chartes & des Manuscrits qui sont dans les Archives de notre Métropolitaine.

Sixiéme Dissertation.

Ces mêmes Manuscrits portent que sous l'Archevêque Girfred, les Hongrois firent une irruption dans la Bourgogne, ruïnerent les Villes, pillérent & brûlérent les Eglises, & que celle de S. Etienne de Besançon fut alors renversée. Flodoard, le Continuateur de Réginon, le Comte Herman, & *Marianus Scotus*, mettent cette invasion en l'an 937. Ils disent que ces Barbares ayant passé le Rhein, coururent l'Alsace, la Bourgogne & la France jusqu'à l'Océan, ravageant tout ce qui se trouvoit à leur chemin. La Chronique de Tournus sous l'Abbé Hervé, porte qu'ils pillérent & brûlérent son Abbaye. C'étoit leur chemin de passer par Besançon, & on lit dans la Chronique de S. Gal, qu'ils se rendirent en effet les maîtres de cette Ville.*

Vous voyez, Monsieur, que Besançon a été pris & ruiné quatre fois depuis le troisiéme siécle. Il a été réduit pendant long-tems à la Ville haute, & il n'y avoit que cette partie qui fût fermée de murs dans le onziéme siécle. C'est pourquoi nos Manuscrits que je crois être de ce tems, portent que l'Eglise de S. Jean-Baptiste a été bâtie *propè muros Civitatis*, & celle de S. Pierre, *in suburbio*. La Ville basse n'étoit alors qu'un Fauxbourg, que l'on a entouré à la suite de murs, à proportion qu'il s'étendoit contre la Riviere. C'est à ce que je crois, la cause des vestiges des enceintes différentes, que l'on a trouvé au lieu qu'on apelle le Ganelon & ailleurs.

Tant de désastres, ont jetté de l'obscurité & de la confusion dans notre Histoire ancienne. Les Chartes, les Manuscrits & les Monuments qui la contenoient, ont péri. Les pierres sur lesquelles il y avoit des Inscriptions & des bas-reliefs, ont été calcinées, ou taillées pour être employées à de nouveaux édifices; car l'on en trouve souvent dans les démolitions, & parmi les débris de la chute du Clocher de S. Jean, j'ai remarqué plusieurs pierres, sur lesquelles on lisoit encore quelques mots d'Inscriptions antiques.

Les Statuës de pierre ou de marbre, ont été brisées &

* *Alsatia tandem quà ievant vastatâ & crematâ, Vesontionem veniunt. lib. de cas. Sancti Galli, cap. 5.*

négligées comme inutiles ; & l'on a fondu celles de bronze, dans un tems où l'on ne connoiſſoit que le prix du métal, & où l'on préféroit aux plus beaux Monuments de l'antiquité, une maſſe informe qui pouvoit être réduite à ce qui étoit en uſage alors. Il nous eſt reſté quelques Têtes & de petites Statuës, qu'on a découvertes dans les ruines depuis environ deux ſiécles. Nous en avons encore un aſſez bon nombre, quoiqu'on en ait porté beaucoup plus dans les Païs étrangers, parce que l'eſtime & la connoiſſance de ces ſortes de choſes, s'eſt réveillée un peu tard parmi nous

L'on peut conclure que les Arts ont fleuri à Beſançon ſous l'Empire Romain, de ce que ces morceaux d'antiquité ſont beaux & de bon goût, comme on le voit par ceux qui ſont à la Bibliotéque de S. Vincent & au Cabinet de Mrs. Boiſot. Mr. Maréchal de Veſet a un Jupiter & une Vénus de bronze trouvés dans nos vignes, auſquels on ne peut rien déſirer ; & j'ai un bas-relief de marbre, que l'on eſtime fort. C'eſt une Diane nuë & à demi couchée dans un boſquet, qui tient un Chien d'une main & flate un Cerf de l'autre. J'ai trouvé dans les Mémoires de Mr. Maréchal de Bouclans dont j'ai les Médailles, qu'il a eu une Agate griſe trouvée à Beſançon, haute de cinq pouces ſur trois de large ; ſur laquelle étoit la tête de l'Empereur Adrien, d'un pouce en relief, de couleur de chair & parfaitement taillée. La ſingularité de cette piéce & ſon prix, ont donné occaſion à s'en défaire.

Quant aux Médailles, il y a peu de Provinces & de Villes dans les Gaules, où l'on en trouve plus qu'à Beſançon, & dans la Franche-Comté. C'étoit un Païs riche ſous les Romains ; Tacite & d'autres Auteurs en rendent témoignage. C'eſt pourquoi l'on y fait aſſez facilement des Médailliers. L'on ne creuſe preſque point à Beſançon, qu'on n'y rencontre des piéces antiques ; & il m'eſt ſouvent arrivé, que me promenant hors des Portes, des Jardiniers, des Vignerons & d'autres Ouvriers qui travailloient à la Campagne, m'aportoient des Médailles qu'ils venoient de trouver. Je pourrois, Monsieur, vous faire le récit de plusieurs découvertes considerables en ce genre; mais je me bornerai à une seule, pour finir plûtôt cette Lettre, dont je crains que la longueur ne vous fatigue.

En 1718, un Païsan pris de vin, qui ne pouvoit pas regagner sa maison, se coucha à l'entrée d'une caverne, qui est auprès du chemin sur le territoire de Bussiere, à deux lieuës de Besançon. A son réveil, il aperçut trois piéces d'or, qu'il avoit probablement déterrées par les mouvemens qu'il avoit fait. Il les ramassa, & s'en alla sans réflexion. Arrivé chez lui, il les fit voir à un voisin, qui lui dit qu'il y en auroit peut-être encore d'autres au même lieu, & qu'il falloit les chercher. Ils convinrent d'y aller le lendemain.

Lorsqu'ils furent auprès de la caverne, d'autres Païsans qui travailloient aux environs, & qui virent des étrangers creuser dans leur territoire, s'aprochérent d'eux, & ayant vû découvrir de nouvelles pieces d'or, ils voulurent y avoir part. On s'accommoda en partageant le terrain. Chacun foüit dans la place qui lui étoit marquée, & l'on trouva un grand nombre de Médailles d'or, que l'eau qui sort de la caverne dans les ravines, avoit entraînées avec de la terre. J'en ai vû plus de cent à Besançon, & l'on en a beaucoup porté ailleurs. Elles étoient toutes de Tybere, de Claude & de Néron, avec différents revers, parmi lesquels il y en avoit de rares.

Le lieu de cette découverte n'est pas éloigné d'Oscelle, dont, curieux comme vous êtes, je suis persuadé que vous trouverez bon que je vous entretienne un moment.

Le territoire d'Oscelle est un terrain spacieux, environné par le Doux & fermé par une colline, de laquelle sort une source abondante, qu'on apelle la Fontaine des Neufs-duits, *Novem ductuum*. Ce nom fait juger, qu'elle étoit conduite par différents canaux dans la plaine, & l'on y en a trouvé en effet un grand nombre, de briques & de plomb.

L'un des chemins Romains de Besançon à Chalon y

paſſoit, & il y avoit un pont ſur le Doux, puiſque l'on voit encore au-delà dans la forêt de Chaux, les veſtiges de ce chemin. L'on y a trouvé un grand nombre de Médailles, & les Païſans du lieu ne vont pas à la carriére tirer des pierres pour bâtir leurs maiſons ; ils les trouvent dans les débris des anciens bâtiments, ſur leſquels ſont leurs champs.

En l'année derniére, un Habitant de ce Village conſulta l'un de mes fils, ſur la queſtion de ſçavoir ; ſi le Seigneur avoit droit de prétendre quelque part dans une quantité conſiderable de plomb, qu'il avoit trouvée dans ſon héritage. Je fis examiner le fait. L'on découvrit qu'il y avoit dix-huit cens livres peſant de plomb, qui avoit ſervi à garnir l'intérieur d'un baſſin ovale fait de pluſieurs grandes pierres ; & il paroiſſoit un trou au milieu, comme pour le tuyau d'une eau jailliſſante. On creuſa aux environs, & l'on trouva beaucoup de morceaux de marbre, & des lits de ciment coupés par différents murs ; ce qui me fit croire qu'il y avoit eu des bains.

La belle ſituation d'Oſcelle, les eaux vives & abondantes qui y ſont, le Doux qui fait canal autour du territoire, le bon air qui y régne, parce que les collines des environs le mettent à couvert des vents ; donne lieu de croire qu'il y avoit des maiſons de plaiſance, & que ce lieu étoit habité & conſiderable du tems des Romains. Sa ſituation dans une peninſule, a pû lui faire donner le nom d'Oſcelle, que je trouve que portoit un lieu ſitué dans une Iſle de la Seine. * Il eſt apellé *Aſcella* dans nos Titres des douze & treiziéme ſiécles.

* *Not. Val. v. Oſcella.*

Je ſouhaite fort, Monſieur, que ce que je vous écris vous contente ; & je vous invite à cultiver pendant votre voyage le goût & le talent que vous avez pour les belles Lettres & pour l'Hiſtoire, dont la connoiſſance ſied ſi bien à un homme de qualité, & lui fait plus d'honneur qu'à un autre. Vous verrez où vous allez, des gens habiles qui vous donneront plus de lumiére que moi ; mais vous n'en trouverez point qui ſoit avec un attachement plus ſincére, &c.

NOTES

NOTES ET INSCRIPTIONS.

Inscription portée à Constance, du voisinage.

Page 25.

IMP. CAES. C. AVRE. VAL. DIOCLETIANVS. PONT. MAX.
SAR. MAX. PERS. MAX. TRIB. POT. XI. IMP. X COS. V. P. P. ET.
IMP. CAESAR. M. AVR. VAL. MAXSIMIANVS. AVG. PONT. MAX. SAR·
MAX. PERS. MAX. TRIB. POT. X. IMP. VIII. COS. IIII. P. P. ET. IMPP.
CAESS. MVRVM. VITVDVRENSEM. A SOLO INSTAVRARVNT·
CVR: AVRELIO. PROCVLO. V. C. PROV. MAX. SEQ.

Gruter, p. 166, n. 8.

M. Chifflet a expliqué les deux lettres V. C. par *Viro Consulari*. J'ai crû qu'on devoit lire, *Viarum Curatore*, parce que le mur qui a été rétabli suivant l'Inscription, servoit au grand chemin, & que ce rétablissement convenoit mieux à l'Emploi d'un Grand Voyer, qu'à la Dignité d'un Consulaire. On pourroit lire aussi, *Viro Clarissimo*.

Pages 33 & 133.

Inscription trouvée à Mandeure, sur une pierre quarrée, haute de deux pieds & demi, & large d'un pied & demi.

CASTOR.
SACR.
TI. IVL.
SANCT.
FILIVS.
VOTO.

Chifft. Vef. part. 1. cap. 38.

Castor excelloit dans l'art de manier un cheval, comme Pollux son frere à la lutte. Il étoit en vénération chez les Séquanois, parce qu'ils aimoient les chevaux, & qu'ils avoient de bonne Cavalerie.

A a

Pages 29, 35 & 171.

Inscriptions trouvées à Lyon.

IOVI. O. M.
Q. ADGINNIVS. VRBICI
FIL. MARTINVS. SEQ.
SACERDOS. ROMAE. ET. AVG.
AD ARAM. AD CONFLVENTES
ARARIS. ET. RHODANI
FLAMEN. IIVIR. IN. CIVITATE
SEQVANORVM.

Quintus Adginnius, étoit l'un des deux Flamines, ou Flamine & Duumvir dans la Cité des Séquanois. Mr. Chifflet a crû que c'étoit à Besançon ; mais comme cette Ville n'est pas nommée dans l'Inscription, qu'il y avoit plusieurs autres Cités dans la Province, & que l'on apelloit une Nation entiere *Civitas* ; on peut dire que la Nation Séquanoise en général, avoit ses Officiers & ses Prêtres, & que Quintus Adginnius étoit l'un des principaux.

MARTI. SEGOMONI SACRVM.
ANNVA
...... VRBICI. FILIVS. MARTINVS
...... SACERDOS. ROMAE. ET. AVG.
..... MVNACIO. PANSA. COS.
.... IN CIVITATE SEQVANORVM
..... E GALLIAE HONORES.
.... ET SVIS DECREVERVNT.

Cette Inscription est mutilée, & d'ailleurs il n'y a point eu de Munacius Pansa Consul. Je crois donc qu'il faut lire *Plancus*, au lieu de *Pansa*.

Or Caïus Silius Nepos & Lucius Munacius Plancus, ont été Consuls en l'an 766 de Rome. Quintus Adginnius Séquanois, étoit alors Pontife de Rome & d'Auguste à Lyon; & ce Pontificat étoit perpétuel, comme ceux de Jupiter & de Mars à Rome. C'étoit une des grandes Dignités qu'il y eut dans les Gaules, & l'on n'y parvenoit qu'après avoir passé par d'autres Emplois distingués. Aussi nos Inscriptions portent, qu'Adginnius avoit rempli les plus considerables de sa Nation.

Florus dans l'Epitome de Tite-Live, dit que Caïus Julius Verecundatus Æduois, a été le premier Pontife de Rome & d'Auguste à Lyon; & il n'y avoit en l'an 766 de Rome, que 23 ans écoulés depuis l'érection de l'Autel de Lyon; d'où je conclus, qu'Adginnius Séquanois, en a été le second Pontife.

L'aplication du mot, *honores*, qu'on lit dans la derniere Inscription, paroît difficile. Seroit-ce la Prêtrise de Mars Segomon, accordée à Adginnius & à sa famille par les Députés des Gaules, ou quelque rang de distinction dans leurs assemblées? Les mots, *pro se & suis*, semblent indiquer quelque chose de personnel à Adginnius & à sa postérité. Le terme, *honores*, a signifié les Dignités, les grands Bénéfices, le titre & l'autorité des Comtes.* Il faudroit en ce cas supléer dans l'Inscription à la pénultiéme ligne, *cui*, pour rendre le mot, *honores*, relatif à notre Pontife.

*Gloss. de Du cange. v. honor.

Mais ne seroit-ce pas plûtôt à Mars Ségomon, qu'il faudroit l'apliquer? car on n'honoroit pas les hommes, dans les monuments élevés aux Dieux. Il y en a plusieurs dans Gruter, que les trois Provinces des Gaules ont dressés à leurs Pontifes, & autres Officiers principaux,* où il n'est pas fait mention des Dieux. Le mot *honores*, signifie quelquefois des sacrifices. C'est dans ce sens que Virgile a dit, *meritos aris mactavit honores*;* & un peu après, *meritosque indicit honores*.* Ce sont donc, à ce que je crois, des sacrifices que le Grand Pontife des Gaulois & les trois Provinces des Gaules, ont résolu de faire annuellement à frais communs à Mars Ségomon, & en ce cas il faut lire, *annuâ stipe*, comme dans une Inscription semblable trouvée aussi à Lyon, *Apollini Sianno annuâ stipe*,* & rétablir l'Inscription en la maniere suivante.

*P. 320, n. 8, 375, n. 10, 386, n. 8.

*Æneid. 3, 118.
*264.

*Gruter, 1066, 6.

188 · *Notes*

MARTI. SEGOMONI. SACRVM.
ANNVA. STIPE.
Q. ADGINNIVS. VRBICI. FILIVS. MARTINVS.
SEQ. SACERDOS. ROMAE. ET. AVG.
SILIO. NEPOTE. ET. MVNACIO. PLANCO. COS.
FLAMEN. IIVIR. IN. CIVITATE. SEQVANORVM.
ET. ⋆ III. PROVINCIAE. GALLIAE. HONORES.
PRO. SE. ET. SVIS. DECREVERVNT.

⋆ cui.

On peut conjecturer, que ces deux Inscriptions d'Adginnius qui se sont trouvées au même lieu, faisoient deux faces d'un Autel dédié à Jupiter & à Mars, y ayant plusieurs exemples de pareilles dédicaces ; & peut-être que les deux autres faces de ce même Autel, prouvoient qu'il étoit aussi dédié à Apollon & à Mercure ; ce qui peut être soutenu par l'Inscription découverte au même endroit.

APPOLLINI
SIANNO
STIPE ANNVA.

Celle qui faisoit mention de Mercure, n'a pas été trouvée.

Pag. 38.

Gruter, p. 426. n. 1.

Autre Inscription trouvée à Lyon.

Q. IVLIO. SEVERINO.
SEQVANO. OMNIB.
HONORIBVS. IN-
TER. SVOS. FVNCTO.
PATRONO. SPLENDI-
DISSIMI. CORPORIS.
N̄. RHODANICOR. ET.
ARAR. CVI. OB. INNOC.
MORVM. ORDO. CIVI-
TATIS. SVAE. BIS. STATVAS
DECREVIT. INQVISITO-
RI. GALLIARVM. TRES
PROVINCIÆ. GALL.

La même Inscription est raportée une seconde fois dans Gruter, * avec une addition de deux lignes.

*P. 475, n. 2.

L. CONCOR. AVQV. FELICITATIS.
Q. R. P. M.

On peut lire dans la premiére de ces lignes LVGD. NARB. ET AQV. comme on le lit presque tout au long dans une autre Inscription de Gruter. * La seconde ligne ne paroît pas intelligible.

*P. 440, n. 3.

Il est bien difficile aussi, de deviner ce que signifie le titre *Inquisitori Galliarum*, dont il n'est point parlé ailleurs. Mr. Spon a cru que c'étoit un emploi qui donnoit inspection sur les Magistrats des Gaules. Mais cette fonction apartenoit aux Gouverneurs des Provinces. L'on pouroit dire que c'étoit un Receveur général, ou un Juge des Gabelles & Tributs; s'il n'y avoit pas eu des Questeurs Provinciaux, qui étoient Magistrats ordinaires, préposés pour recevoir les deniers publics, & pour juger toutes les difficultés qui naissoient à cette occasion. Je doute que ce mot n'ait été mal lû par Paradin, sur la foi duquel ceux qui ont écrit après lui se sont reposés.

Quoiqu'il en soit, Julius Severinus étoit un homme de grande distinction, puisque sa Province lui avoit fait dresser deux fois des Statuës par des decrets; qu'il étoit le Protecteur de la navigation du Rhône & de la Sône, fort considerable de son tems; & qu'il avoit un emploi qui lui donnoit de l'autorité sur les Gaules entiéres.

Il étoit Séquanois, & sa famille portoit le nom de *Julia*, probablement pour être entrée dans la clientéle de la Maison de ce nom, qui tenoit le premier rang à Rome; ce qui, joint à d'autres conjectures, m'a fait penser que *Julius Vindex* étoit de cette Province; & ces mots, *cui ordo Civitatis suæ bis Statuas decrevit*, me semblent prouver ce que j'ai dit plus haut, que la Province Séquanoise avoit ses Prêtres & ses Officiers, qui représentoient le Corps de la Nation, & qui administroient ses affaires.

Gruter, 847, 11. L'on a auffi trouvé à Lyon, les deux Epitaphes qui fuivent.

....
ET MEMORIAE
AETERNAE.
DECMIAE DEC
MILLAE CIVIS.
SEQ. FEMIN. SANC
TISSIMAE. DEC-
MIVS. DECMA
NVS. FRATER.
ET SILVINIVS.
BALBINVS. MARI
TVS. P. CVRAVER.
ET SVB ASCIA DEDIC.

Gruter, 1040, 2. Il faut supléer à la premiére ligne DIIS MANIBVS.

D. M.
ET MEMORIAE
AETERNAE
DIVIXTI CIVIS
SEQVANI. Q. VIXIT.
ANNIS. LX. SINE. VLLA.
MACVLA. CVM. VA
RVA. SEXTIANI. CON
JVGE. KARISSIMA..
ANNIS. XXIIII. SINE.
VLLA. DISCORDIA.
QVAE. CONJVX. KA
RA. PONENDVM.
CVRAVIT. ET SVB
A. D.

La qualité de *Civis Sequanus*, donnée dans ces Epitaphes à Divixti & à Decmia Decmilla comme une diftinction, me fait conjecturer que les Séquanois avoient quelque efpèce de Cité. C'eft en ce fens qu'on trouve dans les Infcriptions de Gruter, *Cives Remi.* ⋆ *Cives Batavi fratres & amici populi Romani.* ⋆ *Cives Mediomatrices.* ⋆

*36, 72.
*73, 9.
*631, 8.

& Inscriptions.

Nous lisons aussi dans Tacite, que Galba accorda le droit de Cité aux Peuples des Gaules qui avoient suivi le parti de Vindex ; * & il est certain qu'aucun de ces Peuples, ne lui fut plus attaché que les Séquanois.

* Hist. lib. 1 & 4.

Pag. 41.

Cette Inscription a été trouvée à Entreroche dans le Mont-Jura, entre Yverdun & Romanmoutier : Voici comme Plantin l'a raportée dans son Histoire abregée de la Suisse ; & si on la lit comme lui, ce doit être une colomne miliaire.

IMP.
CAES. TR. F. AILIO.
HADRIANO.
AVG. P. M. TRIB.
POT. COS. III. P. P
AVENTICVM
M. P. XXXXI.

Le Pere Dunod Jésuite qui n'a pas voulu s'en fier à Plantin, & qui n'a pas cru qu'on eut placé une colomne miliaire dans la montagne hors de toute voie Romaine, a pris soin de reconnoître & de rétablir cette Inscription. La voici telle qu'il l'a donnée dans son livre de la Découverte de la Ville d'Antre, pag. 164.

IMP.
CÆS. TRAIANO
HADRIANO.
AVG. P: M. TIB
POT. COS. III. P. P.
ADVN. H II C. M.

Cette Inscription, dit le Pere Dunod, lui fut envoyée par M. Roy Chatelain de Romanmoutier & Mr. Dufour Juré à Echalen & Chatelain à Gumoen, avec un certificat du 17 Octobre de l'an 1700; qui porte qu'ils l'ont tirée exactement, sur une pierre large de 4 pieds & un peu plus longue, qui leur paroissoit avoir servi à quelque bâtiment.

La forme de la pierre & fon Infcription, marquent que ce n'étoit pas une colomne miliaire, & qu'elle avoit été employée dans un monument dreffé à l'honneur de l'Empereur Adriain; qui à fon arrivée dans le Pays, avoit donné ou remis une fomme aux habitans, qui étoit confiderable, fi c'étoit une modération du tribut annuel.

On lit fur différentes Médailles de cet Empereur, *adventus* ou *adventui Augufti*; & Gruter raporte deux Infcriptions, qui parlent de dons femblables à celui dont les Auteurs de l'Infcription d'Entreroche ont voulu conferver la mémoire.

* Gruter p. 10, n. 6, & 254, n. 5.

Pag. 41.

Je ne fçais point d'autre preuve que Pontarlier & Pontaillié, tirent leur nom de l'Empereur *Aurelius Adrianus*, & qu'il y ait fait faire des ponts; que la tradition du Pays, la reffemblance des noms, & l'ancienneté de ces deux lieux, fur laquelle je raporterai ce que j'en ai pû découvrir.

Pontarlier eft l'*Ariarica* de l'Itinéraire, dans lequel il eft nommé & placé entre Orbe & Befançon. Les Cartes de Peutinger l'apellent *Abiolica*, foit par corruption du mot *Ariarica*, foit parce qu'il eft fitué dans les hautes montagnes couvertes de fapins.

On lit dans la Chronique de Saint Benigne, que l'Abbaye de ce nom avoit poffédé dans fes premiers tems, la moitié du Bourg de Pontarlier; & qu'il y avoit eu une Eglife fous l'invocation de ce Saint. *In Burgo quem vocont Pontem-arcie, fuper Dubium fluvium fitum; medietas ipfius Vici, cum Ecclefiâ dedicatâ in honore Sancti Benigni, & Villâ juxta iftum Burgum fitâ, quæ dicitur Ad ftabulos; olim fuerunt poffeffio iftius Abbatiæ, quæ in præftariam, data poffidentium violentiâ, Principum injuftitiâ, ac temporum variis eventibus funt amiffa.* *

* *In Spicil. tom.* 2, p. 363, col. 1.

L'autre partie de Pontarlier, avoit éte donnée par le Roi de Bourgogne S. Sigifmond, pour la fondation du Monaftere d'Agaune. Ce fait eft prouvé par une inféodation faite en 943 au Comte Albéric par l'Abbé de ce Monaftere, de plufieurs Terres, parmi lefquelles on trouve *Poteftatem Arecii*,

Arecii,* & par une reprife de Fief faite en conféquence en 1246 par Jean de Chalon, dans laquelle *Pontarlier* eft nommé. Il eft parlé d'une Obédience ou petit Monaftere à Pontarlier, fous le nom de *Ponte Arleti*, dans une Bulle d'Adrien IV. de l'an 1155 ; & il y a dans cette Ville trois Paroiffes, S. Benigne, S. Etienne, & Notre-Dame. Celle de S. Benigne me paroît être la principale & la plus ancienne, parce que c'eft encore aujourd'hui celle des étrangers qui s'établiffent dans le lieu.

 Il n'y a rien dans ces titres, dont on puiffe conjecturer que l'Empereur Adrien ait donné fon nom à Pontarlier. Je crois plûtôt qu'il porte encore celui d'*Ariarica* un peu altéré, & joint à celui de Pont, depuis qu'on y en a fait un de pierre ; ou que la qualité de ce Pont le lui a fait changer, & prendre celui de *Pontarcie* qu'il porte dans la Chronique de S. Benigne, *ab arcubus* ; comme nous apellons *Arcie*, le Village auprès de Befançon où il y avoit un Aqueduc fur des arcs de pierre, & *Pont des Arches* l'ancien Pont de pierre qui eft au Villars auprès de Moirans.

 Quant à Pontaillié fur Sône, S. Julien dans fes Antiquités de Bourgogne, dit que la tradition de ce lieu, eft qu'il y a eu au voifinage une Ville ancienne : je prouve ailleurs, que c'eft l'*Amagetobria* dont Céfar a parlé.

 Les derniers titres lui donnent le nom de *Pons fciffus*, Pont taillé, à caufe du Pont de pierre qui y eft fur la Sône. Mais je crois que ce nom eft nouveau, car il y a dans les Archives du Chapitre Métropolitain de Befançon, une Charte de l'an 951, par laquelle le Comte Létalde donne au Chapitre, l'Eglife érigée fous l'invocation de S. Maurice, *in rure quod dicitur Pontiliacus, in Comitatu Amoufenfi*. Or il y avoit deux Eglifes à Pontaillié ; l'une qui eft à la rive droite de la Sône dans le Diocèfe de Langres, dédiée à S. Jean ; & l'autre à S. Maurice, à la rive gauche, dans le Diocèfe de Befançon ; c'eft celle-ci qui a été donnée par le Comte Létalde.

* *Bibl. Sebuf. cent.* 1, *cap.* 23.

194 Notes

Page 42.

Voici l'Inscription comme elle est raportée dans Gru-
P. 151, n. 1. ter.*

NVMINI. AVGV
STORVM.
VIA. FACTA. PER.
IC... VR.... VM. PATERNVM.
IIVIR. COL. HELVET.

Elle est sur les terres de Porentru, entre la Vallée de Moutier & la Seigneurie d'Erguel, en un lieu qu'on apelle communément Pierre Porte, où l'on a ouvert un passage dans le rocher, pour entrer du Païs des Helvétiens dans celui des Séquanois. Elle a été gravée sur le rocher même, à la hauteur de 40 pieds, en grands caracteres, & sur un plan qui a été poli & les bords relevés pour la faire paroître.

Le Pere Dunod étant à Porentru chez M. l'Evêque de Basle, le pria de la faire examiner; les ordres furent donnés pour cela; on attacha des échelles l'une à l'autre pour monter jusqu'à l'Inscription; on marqua avec de la craie ce qui paroissoit encore des lettres, & voici comme on lût l'Inscription dès le bas, suivant une Lettre du Pere Dunod imprimée à Porentru en 1716.

NVMINI. AVGVS
..... VM.
VIA ..VCTA. PER. M.
DV I... VM PATERN.
IIVII. COL HELVET.

Il est tombé une partie du rocher, ce qui empêche qu'on ne lise l'Inscription entiere. Mais il est facile de la rétablir, puisqu'elle est dans un chemin pratiqué par une montagne qu'on apelle *Durvau*, qu'il falut couper pour passer d'Avanche Colonie & Ville Capitale des Helvétiens, chez les Séquanois; que ce chemin a été fait par les soins de Paternus Duumvir à Avanche, & dédié aux Divinités des Empereurs qui regnoient alors ensemble ; ensorte qu'il faut lire :

NVMINI. AVGVS
TORVM.
VIA. DVCTA. PER. MONTEM.
DVRVVM. PATERNVS.
IIVIR COLONIAE HELVET.

L'on trouve dans Gruter plusieurs Inscriptions semblables, *Numinibus Augustorum*, &c.

Pages 42 & 128.

L'on a trouvé un Tombeau en 1694 sur le territoire de Besançon, auprès de S. Ferjeux, à côté de la voie Romaine. C'est un Sarcophage de *Vergenne*, de sept pieds & demi de long sur deux pieds & demi de large, composé de deux piéces. Sur le milieu de la piéce supérieure ou couvercle qui est taillé en dos-d'âne, à la maniere ordinaire des Sarcophages, on voyoit la figure d'un homme debout, couvert d'un bonnet & portant un manteau qui ne passoit pas la ceinture. Il tenoit, à ce que l'on croit, un pot à la main droite, & un rouleau de papiers ou un bâton à la main gauche. A l'un de ses côtés étoit un animal couché, que les uns disoient être un chien, & d'autres une brebis. Il y en avoit eu un aussi à l'autre côté, mais il étoit effacé. On lisoit ces mots au bout du Tombeau du côté du chemin, AVE EVSEBI, & ceux-ci de l'autre côté, VALE EVSEBI. L'Epitaphe étoit sur la face du Tombeau, tournée contre Besançon.

On voulut y lire RESPIS & VIENNA. On crut y voir des Croix. Le nom d'Eusebe étoit, disoit-on, celui d'un Chrétien. L'agneau qui étoit sur le couvercle, prouvoit qu'un Chretien étoit inhumé dans ce sépulcre. On prenoit le pot pour un bouclier, & le bâton élevé pour une épée, ou pour un Bâton de commandement. C'étoit, disoit-on, le Tombeau d'un Seigneur de la Maifon de Vienne, l'une des plus illuftres & des plus anciennes du Païs.

Sur ces préjugés, il fut ordonné que le Tombeau & les offements feroient mis dans un lieu décent. Un cercüeil de plomb du poids de fept cens livres, entroit pour beaucoup dans la conteftation ; mais le Propriétaire de l'héritage qui prétendoit que ce plomb céderoit à fon profit, apella du Jugement & obtint qu'on confulteroit des Sçavans. On le fit, & ils dirent qu'il falloit lire ANT. PII. au lieu de *refpif.* & VERNA au lieu de *Vienna* ; que l'agneau reffembloit à un chien, & que ce qu'on prenoit pour des croix, étoit des Afcia, inftrumens qui fervoient à la dédicace du lieu de la fépulture des Payens, & qu'on gravoit ordinairement fur leurs fépulcres. Ils conclurent de là, que celui dont il s'agiffoit, étoit le Tombeau d'une femme payenne; & fur leur raport, on le laiffa au Propriétaire de l'héritage où il s'étoit trouvé. On verra à la fin de ce Chapitre la figure du Tombeau. Voici l'Infcription telle qu'on la copia au tems de la Découverte.

CAESONIAE. DONATAE. QUAE. VIXSIT. ANNIS.
XXXXVII. M... D. XI. HORIS. IIII. CANDIDVS. AVG.
PII. VERNA. EX. TEST. CONIVGI. BENE. MERENTI.
POSVIT. EVSEBI. HAVE. ET. VALE.
LOC. LIB.

L'on convenoit affez parmi ceux qui fe piquoient d'érudition, que ce Tombeau étoit celui d'une femme payenne, dreffé en exécution de fon teftament, par fon mari, Efclave né dans la maifon de l'Empereur Antonin le Pieux; car c'eft ce que fignifient ces mots *Aug. Pii Verna.* Mais on n'étoit pas d'accord fur le refte. Les uns difoient qu'il falloit lire *Eufebia*, au lieu de *Caefonia*, & que le mot *Eufebi* fi fouvent répété avec ceux d'*ave* & *vale*, étoient les derniers adieux de *Candidus* à fa femme, tendrement exprimés par ces répétitions. On leur objectoit, qu'il auroit fallu pour foutenir ce fentiment, qu'on pût lire *Eu-*

sebia en place d'*Eusebi*; ce qui faisoit dire à d'autres, qu'on devoit lire *Candidus Eusebius* au lieu de *Candidus Aug. Pii*; & qu'en ce sens, c'étoit *Caesonia Donata* qui faisoit les derniers adieux à son mari. *Vale Eusebi*, &c. Comme cette opinion souffroit encore beaucoup de difficultés, quelques personnes en formérent une troisiéme qui prévalut, parce qu'elle ne change rien à la lettre, & qu'elle convient au stile des Inscriptions anciennes, & à la maniere dont le Tombeau étoit placé.

Il étoit tourné par le bout contre le grand chemin, depuis lequel les passans lisoient sur le tombeau, *ave Eusebi*; c'est-à-dire, je vous saluë homme pieux, car c'est la signification du mot *Eusebius*, qui est grec, & qui a pû entrer comme plusieurs autres de cette langue, dans le stile des Epitaphes latines. Le passant invité par ce salut, s'aprochoit du tombeau, & en lisoit l'Epitaphe; à la fin de laquelle il trouvoit, *Eusebi iterum ave & vale*. Homme pieux adieu encore une fois & portez-vous bien. Les deux II. qui sont devant *ave*, pouroient être regardés comme un H, parce qu'on écrivoit le mot A V E avec un H comme avec un A. Mais comme il est écrit ici en d'autres endroits du Tombeau avec un A seulement, il est plus naturel d'expliquer ces deux II par *iterum*, encore une fois. Enfin le voyageur qui avoit consideré le Tombeau, tournant à l'entour, trouvoit un autre adieu au bout qui étoit oposé au chemin, *vale Eusebi*.

Il reste deux difficultés à résoudre sur ces explications. L'une tirée de ce que Candidus suposé Esclave, étoit incapable par son état, d'acheter la place d'un Tombeau, & de le faire dresser. L'autre est de sçavoir quelles étoient ses fonctions, & qu'est-ce qui le retenoit à Besançon avec sa famille.

Pour résoudre la premiere de ces difficultés, on pouroit dire que Cæsonia Donata étoit une Affranchie, qui avoir acheté une place pour s'y faire inhumer; comme semblent le marquer les derniers termes de son Epitaphe, LOC. LIB. qui semblent signifier l'achat d'un lieu libre pour y élever un Tombeau ; & que cette femme avoit aussi fait un testament, par lequel elle avoit chargé son mari du soin de sa sépulture. C'est ce que désignent ces autres termes, *ex testamento, conjugi benemerenti posuit*. Or les Esclaves qui n'étoient pas capables d'acquerir ce qui étoit de droit, pouvoient stipuler à leur profit ce qui étoit de pur fait, & être chargés par un testament de faire quelque chose, comme de dresser un Tombeau.

Quant à l'Office de Candidus, si c'est un pot qu'il portoit à la main droite, c'est une marque qu'il avoit servi à boire chez l'Empereur ; *servus à potione*. S'il tenoit un rouleau de papiers à la main, c'est une preuve qu'il étoit chargé de l'administration des Domaines de l'Empereur dans la Province Séquanoise ; *servus à rationibus*. Et si c'est un bâton ou une houlette, cette circonstance jointe à celle du chien, de la brebis ou de tel autre animal que l'on voudra, qui étoit à chacun des côtés de Candidus, peut désigner, que ce qui étoit confié à ses soins, consistoit principalement en pâturages, dont cette Province abonde.

Il me restoit cependant encore des doutes sur l'explication de cette Inscription, & particuliérement sur la qualité de *Candidus*, qui porte un bonnet, *pileum*, tel qu'on le donnoit aux Esclaves quand on les affranchissoit, qui est dans les Médailles & autres monuments anciens, le simbole de la liberté. *Eusebia Donata* est apellée sa femme, *conjux*, ce qui n'auroit pas convenu à la femme d'un Esclave. J'ai demandé l'éclaircissement de ces doutes à un Sçavant. Voici ce qu'il m'a fait l'honneur de me répondre.

Les seuls mots AVG. PII. n'ont jamais distingué l'Empereur Antonin Pie ; car, après lui, presque tous les Empereurs ont porté ces titres, & le Pere Pagi, critic. *in Baron. ann.* 162, n. 3, a fort bien fait voir que par *Antoninus Pius*, il falloit quelquefois entendre Marc Auréle. Il ne faut pas croire non plus, que *Verna* signifie toujours un Esclave ; car ce nom se donnoit aussi aux Affranchis qui étoient nés chez leurs Patrons, circonstance qu'ils ne manquoient guére d'exprimer, parce qu'elle leur faisoit honneur, sur tout quand ils étoient Affranchis des Empereurs ; ce qui est démontré par Fabretti en son Recüeil d'Inscriptions, pag. 296 & 347.

Il y a aparence que *Candidus* étoit de ces derniers. 1°. Parce que sa femme étoit libre, & il étoit rare que les femmes libres épousassent des Esclaves. 2°. Parce qu'on ne voit pas que des Esclaves des Empereurs s'éloignassent si fort de leur séjour, ni que ces Princes leur confiassent la régie de leurs biens ; car ils avoient assez d'Affranchis pour en prendre soin, & Dion Cassius nous aprend, lib. 53, pag. 506, édit. de 1606, que les Empereurs partageoient entre eux & les Chevaliers Romains, la recette & l'administration des deniers publics.

Quoiqu'il en soit, que *Candidus* fut Affranchi ou non, il est toujours à présumer qu'il avoit épousé une Affranchie de la maison de l'Empereur. Or puisqu'elle portoit le nom de *Caesonia*, on peut raisonnablement conjecturer, qu'elle étoit Affranchie de l'Impératrice de ce nom, derniére femme de Caligula. Pour son mari, s'il étoit Affranchi de ce Prince, comme il est aussi à présumer, il devoit s'apeller *Caius Julius Candidus*, à moins qu'il ne fut Affranchi de son pere Drusus ou de l'Empereur Tibére, auquel cas il faudroit seulement changer son prénom.

Il est vrai que le titre de PIVS n'a jamais été donné à Caligula, mais aussi suis-je persuadé, que ce mot n'a pas été sur la pierre. Si elle existe, on peut encore y regarder. Il faut que ce mot & le précédent fussent bien effacés, puisqu'on le lisoit de différentes manieres. On ne peut donc pas en raisonner sûrement ; mais il y a grande aparence qu'il y avoit AVG. N. LI. VERNA. c'est-à-dire, *Augusti nostri Libertus*, comme en cette Inscription du Recüeil de Reinesius, IX. 53. M. VLPIO. AVG. LIB. VERNAE, & en plusieurs autres pareilles.

EVSEBI HAVE, est un adieu de la femme au mari, & une espèce de remercîment de sa piété, de lui avoir fait faire un monument. Ce compliment revient à celui-ci d'une certaine Sabina à son mari dans Gruter pag. 1152, n. 9, C. SABIN. VRSE. HOMO. OPTIME. AVE. Il est même à remarquer, qu'il y est répété deux fois, comme dans votre monument.

La clause LOC. LIB. ne se trouve dans aucune autre Inscription que je sçache, & elle ne signifie pas que ce lieu eut été acheté par la défunte. Il y avoit pour cela une autre formule, comme vous pouvez le voir dans Gruter, pag. 489, n. 12, pag. 751, n. 9, &c. *Liber locus*, est un terrain qui n'est chargé d'aucune servitude, suivant la Loi 90, ff. *de verb. sign.* & plusieurs autres.

Après avoir reçû cette réponse, j'ai cherché à voir le monument. Il est dans un Couvent de Filles à Besançon, & ces bonnes Religieuses qui en ont fait un lavoir de lescive, l'apellent *le Tombeau du Valet d'Eusebe*. Je ne pus y rien découvrir, parce qu'on leur a fait craindre que quelque curieux ne le leur enlevât, & qu'on leur a conseillé d'en faire effacer l'Inscription & les figures, ensorte qu'on n'y lit que le VALE EVSEBI, & qu'on n'y voit plus que la figure des ASCIA.

La ressemblance de cette figure & de plusieurs autres que j'ai vû dans les gravures des Tombeaux antiques, avec les pioches dont nos Vignerons se servent pour faire des fosses dans leurs vignes & pour foüir la terre, m'a fait conjecturer que l'ASCIA dont il est si souvent parlé dans les Epitaphes, étoit un outil avec lequel on creusoit le monument ; qu'on apelloit cet outil ASCIA en latin, & qu'après que le creux étoit fait, celui qui faisoit dresser le Tombeau, le dédioit lui-même par quelque cérémonie dans laquelle on tenoit l'ASCIA élevée, comme étant une partie de la cérémonie ; & que c'est pour cela qu'on marquoit ordinairement la figure de cet instrument sur les Tombeaux, & qu'on y écrivoit, *sub Asciâ dedicavit*. La pioche avec laquelle on a fait le creux pour enterrer un mort, sert aussi parmi nous à la cérémonie de l'inhumation ; car le Prêtre la prend pour jetter trois fois de la terre sur le corps, en faisant le signe de la croix ; & la truelle des Maçons,

Maſſons, entre dans la bénédiction & poſition des premiéres pierres.

L'habillement ſingulier de Candidus, qui étoit d'une étoffe à grands poils avec un manteau ſur les épaules, me paroît être Séquanois, & celui d'un Berger ; parce qu'on portoit dans le Païs des étoffes propres à ſe défendre du froid, qui y eſt long & ſouvent rigoureux. C'eſt à ce que je crois de cette eſpèce d'habits que Martial parle quand il dit,

Hanc tibi Sequanicæ, pinguem textitris alumnam
 Quæ Lacedemonium, barbara nomen habet.
Sordida, ſed gelido non aſpernenda Decembri
 Dona peregrinam, mittimus Endromida. *

L'on en voit d'une autre façon qui ſont legers & de bon goût, dans un bas-relief trouvé à Rome & gravé dans le Recüeil de Boiſſard, tom. 5, pag. 59, & dans celui de Gruter de l'édition de 1707, pag. 815, n. 10, ce ſont ceux de Plocuſa & d'Alduovorix ſon mari, avec cette Inſcription,

* *Martialis, epigr. lib. 9. Endromis, veſtis genus, hirſutum longioriſque pili; venti pluviæque injuriis arcendis, imprimis accommodatum. Calep.*

D. M.
PLOCVSAE. SVAE.
ALDVOVORIX
AVTV. COL. VIC.
SEQVAN.

Il eſt difficile d'entendre la pénultiéme ligne de cette Inſcription. Scaliger a voulu qu'elle ſignifiât, *Coloniæ, Vici Sequanorum*. Mais il n'explique pas le mot AVTV, & aurions-nous une Colonie dans un Village ? J'ai oüi dire à des Sçavans du Païs, qu'il faloit lire, *Coloniæ victricis Sequanorum* ; mais qu'eſt-ce que cette *Colonia victrix* ?

Un Sçavant m'a écrit qu'on pouvoit lire, AV. PV. CO. I. VIG. SEQUAN. *Augur Pullarius, Cohortis* 1. *Vigilum, Sequanus* ; parce qu'on trouve dans une Inſcription de Reinesius *VI. 35. Augur Pullarius, Legionis V.* & dans une autre de Gudius, *Augur Pullarius Legionis III. Parthicæ* ; ce qui lui a fait juger, que chaque Troupe chez les Romains avoit son Augure, & que les Cohortes des Vigiles devoient avoir le leur, qui étoit attaché à la premiere de ces Cohortes.

Quoique cette explication soit fort juste, je ne laisserai pas d'en hasarder une autre. Le mot A V T V est corrompu, parce qu'il ne signifie rien. Il devoit désigner la qualité qui distinguoit *Alduovorix*; & sur ce plan je crois qu'il faut lire A V R V pour A V R V F E X, ou A V G V. pour A V G V S T A L I S. Au premier cas, ce seroit un Orfévre habile du Païs des Séquanois, qui seroit allé à Rome, & qui y auroit perdu sa femme. au second, ce seroit un Augustal de ce Païs. Il y en avoit communément dans les Colonies, comme on le peut voir dans la Table des Prêtres & des Magistrats de Gruter de l'édition de 1707, au mot *Augustalis*. Or entre les Colonies de la Province Séquanoise, il y en avoit une qui avoit été établie par Plancus sous Auguste, & qui s'apelloit *Colonia Augusta*, suivant Pline, suivant une Inscription qui parle de sa fondation, & suivant une Médaille de Tibere. * C'est *Augst* auprès de Basle, dont Ammien Marcellin a dit, *apud Sequanos, Bisuntios vidimus & Rauracos, cæteris præstantiores oppidis multis*. Ainsi je crois qu'il faut lire, *Alduovorix, Aurufex*, ou *Augustalis, Coloniæ Augustæ, Sequanus,* ou *Sequanorum*.

* Cluvier Germ. ant. lib. 2, cap. 5.

Jean-Jacques Boissard qui a conservé le bas-relief & l'Inscription dont on vient de parler, étoit de Besançon & né en 1528. Il a donné au public un livre de Poësie, un traité *de Divinatione & Magicis præstigiis*, des Emblêmes, & la Vie de cent quatre-vingt-dix-huit Personnes illustres, avec leurs Portraits en taille-douce. Mais celui de ses Ouvrages qui a eu le plus de réputation, est son Recüeil des Antiquités Romaines, en plusieurs volumes in folio, gravé par Théodore de Bri & ses fils. Il mourut à Mets le 30 Octobre 1602.

Page 172.

L'on trouva à Besançon en 1679, l'Inscription qui suit. Elle est raportée par Spon *Miscell.* pag. 92, & par Baudelot de l'utilité des Voyages, tom. 1 aux add.

DEO. MERCVRIO. CISSO
NIO*DVBERATIA. CASTVLA
NATIONE. SYRIA. TEMPLVM.
ET. PORTICVS. VETVSTATE.
CONLABSVM. DENVO. DE. SVO.
RESTITVIT.

* Je crois qu'il faut lire ici *Chtonio*; j'en ai dit la raison, dans ma sixiéme Dissertation.

Cette Inscription prouve, que Mercure étoit adoré à Besançon sous un nom singulier. L'on voit dans Gruter plusieurs Inscriptions, dans lesquelles des Particuliers sont nommés Cisonius, Cissonius, Cissonbonnis, &c.

Pages 29 & 169.

Mr. Chifflet dans son Histoire de Besançon, part. 1, ch. 21, en a raporté une autre trouvée en 1591, en creusant un puits dans une maison qui touche le Collége, & il l'a transcrite en ces termes.

APPOLL. ET MERC.
E SVCCVS MINERV. ST
BICCVS. VL. RI.
V. S. L. M.

Il me semble que cette Inscription a été mal copiée, & qu'il faloit lire

APPOLL. ET MERC.
VESVCIVS MINERV. ST
BICCVS IIVIRI.
V. S. L. M.

Vesucius est un nom Romain, car on lit dans les Manuscrits de Mr. de Pereisc, une Inscription d'Antibe, pour une *Vesucia Hermogenia. Minervalis*, est un surnom dont on trouve des exemples dans les Inscriptions de Gruter 783, 11. 950, 3. 1027, 4.

Biccus est un nom Celtique, & peut-être faut-il lire *Urbicus*, qui est un nom Romain, qu'on trouve dans un grand nombre d'Inscriptions de Gruter, & qu'une illustre famille de Besançon portoit, comme on le voit dans les Inscriptions d'Adginnius, qu'on a expliquées plus haut.

Notre Inscription prouve, que Besançon avoit fait un vœu à Apollon & à Mercure. C'est ce que signifient ces quatre lettres, V. S. L. M. *Votum solverunt, lubentes meritis*, & que Vesucius Minervalis & Statius Urbicus Duumvirs, c'est-à-dire premiers Magistrats de la Cité, l'acquittérent.

Page 375.

L'on a découvert depuis peu dans cette Ville l'Inscription suivante: elle est à la Bibliotéque de S. Vincent.

APPOLLINI.
MERCVRO
NORBANVS.
SINISSER. FE.
S. I.

Elle prouve que Norbanus Sinisserus, avoit élevé quelque monument à ses frais, *suis impensis*, à Apollon & à Mercure; & que ces deux Divinités étoient révérées ensemble à Besançon, comme on l'a déja dit.

En l'année 1732, en creusant les fondations d'une nouvelle Eglise qu'on fait bâtir à Besançon sur la Place de S. Pierre, on trouva fort avant dans la terre & parmi des débris d'anciens bâtiments, une pierre de grai, de la matiere de celles dont on se sert pour aiguiser les couteaux. Elle étoit longue de 4 pouces & large de 21 lignes sur 4 de profondeur, avec un biseau sur les bords. Il y avoit à l'une de ses extrémités, des lettres gravées à rebours, qui étant frotées d'ancre ou de couleur, imprimoient les mots suivans:

Les sentiments furent partagés sur le sens de ces mots. Je crus que c'étoit le cachet dont un Droguiste se servoit, pour marquer des drogues qui étoient de son invention, ou qu'il prétendoit être meilleures de sa façon que de celle d'un autre. Que ce Droguiste s'apelloit Gaïus Saturius, Saturninus ou Satrius Sabinianus ; & que le mot *le* par abreviation, signifioit *lecta* ou *legitima*, pour désigner le fin ou le véritable *Diachera* d'un tel.

La forme de la pierre, propre à tenir à la main pour imprimer les caractéres gravés à l'un de ses bouts, ne laisse pas lieu de douter que ce fut un cachet. La préposition *dia*, qui est grecque & qui répond à la latine *de*, signifie une composition, & est fort usitée dans la Médecine, où l'on dit *dia Margariton*, *dia Rodon*, *dia Botanon*, &c. pour marquer un remède composé de semences de perles, de roses, d'herbes, &c.

Mr. Mahudel Docteur en Médecine de la Faculté de Paris & l'un des Quarante de l'Académie Royale des Inscriptions & Belles-Lettres, consulté sur l'explication de *Diachera* ; répondit que ce mot étoit employé par les anciens Médecins Grecs, pour désigner un remède qui sert lorsque la pituite abonde, & qui déterge la langue, la bouche & le gosier ; que c'est dans ce sens que Paul Eginette l'emploie, liv. 1, chap. 46 ; & qu'il y a aparence que la plante du Cheri, apellée en latin *Leucoium luteum*, qui est une espèce de violette ou géroflée, a servi de base à une conserve ou à des tablettes cordiales, atténuantes, discussives & apéritives, sur l'extérieur desquelles le cachet de Gaïus Satrius Sabinianus pouvoit se mettre.

J'ai envoyé une empreinte de ce cachet à un autre Sçavant, & je l'ai prié de m'en dire son avis. Il m'a fait l'honneur de me répondre, que suivant quelques Médecins que Pline a copiés dans son Histoire naturelle, liv. 29, chap. 6; on se servoit pour empêcher les cheveux de tomber, d'une drogue composée de la cendre du Hérisson mêlée avec du miel, ou du cuir brulé du même animal mêlé avec de la poix liquide; que le Hérisson étoit apellé χηιρ par les Grecs, suivant la Remarque de Saumaise sur Solin, page 390 de la premiére édition; & qu'il y a aparence qu'on apelloit la drogue de Gaïus Satrius Sabinianus, διαχηρο, dont le nom avoit été latinisé pour faire Diachera.

L'on a trouvé à Besançon, particuliérement à Champ-Noir, un grand nombre d'Inscriptions sépulchrales. Je ne les raporterai pas ici, parce qu'elles n'aprennent rien d'important ni de particulier, & je me contenterai d'y en inférer deux dont on peut tirer quelques conséquences pour notre Histoire.

D. M.
ET MEMORIAE AETERNAE IANVSSI IANVARII
IVNIORIS QVI VIXIT ANNIS VIIII M. VI.
D. VIIII. IANVSSIVS IANVARIVS BEDVS PATER
ET LVCIOLA LVCVSTA MATER FILIO DVLCISSIMO
A. A. D. P.

Ces quatre derniéres lettres signifient AD ACSIAM DEDICATVM POSVERVNT. La famille Januaria tenoit un rang distingué dans la Province Séquanoise; car on trouve dans Gruter, une Inscription qui fait mention d'un sacrifice fait par Januarius Florianus & Donatius Didymus Curateurs de la Colonie d'Avanche, à la Déesse Aventia & au Génie des Habitants de cette Colonie. Ce peut être cette famille qui a donné le nom au Port-Jan.

D. M.
CLODIO ONESIMO
CARROTALA
VXOR

Cette Inscription prouve qu'il y a eu à Besançon une famille Clodia ou Claudia; car c'est le même nom différemment écrit, comme on le voit dans les monuments qui nous restent de l'illustre famille qui portoit ce nom à Rome, & qui parvint à l'Empire. Celle de Besançon étoit illustre aussi, puisqu'elle a donné deux Evêques à cette Ville, & un Maire au Palais Royal de Bourgogne, dans les six & septiéme siécles.

Page 33.

J'ai dit que Poligni dans le Comté de Bourgogne, est le lieu qui est apellé *Polemniacum* dans le partage de Charles le Chauve & de Loüis de Germanie. Le Pere Mabillon croit au contraire que c'est un Village du Duché, auquel il donne aussi le nom de Poligni. Cependant je n'ai rien pû découvrir de ce Village; ainsi je persiste dans mon sentiment, qui est aussi celui de Mr. de Valois dans sa Notice, au mot *Polemniacum*.

Poligni dans le Comté de Bourgogne, est une Ville ancienne, qui est du Domaine & qui n'a point d'autre Seigneur que le Souverain. Il y a eu un Monastere sous le titre de S. Hyppolite, qui a été uni à l'Eglise Collégiale fondée dans cette Ville par nos Comtes de Bourgogne, & l'Eglise Paroissiale du lieu étoit dédiée à la Vierge. Poligny méritoit d'être nommée dans le partage de Loüis de Germanie & de Charles le Chauve, soit par raport à ce Monastere, soit par sa propre consideration.

Polemniacum étoit dans la part de Loüis, & c'est encore une raison pour mon sentiment, parce que l'on y trouve aussi le Comté de Varasque, dans lequel notre Poligni étoit situé, suivant une Charte du 25 Avril 992, par laquelle Adelaïde sœur de Rodolfe I. Roi de la Bourgogne Transjurane, & veuve de Richard le Justicier Duc de Bourgogne, donna à l'Eglise de Saint Nazaire d'Autun, du consentement du Comte Hugue son fils, *Villam Poligniacum, sitam in Comitatu Warasco, supra rivulum Onnam.*

Cette Charte est transcrite dans l'Histoire de la véritable origine des Rois de France, page 199; mais je crois qu'on a mal lû le nom du ruisseau qui est à Poligni, quand on l'a apellé *Onnam*, parce qu'il s'apelle Orain. Au reste, le Chapitre de S. Nazaire d'Autun ne posséde rien à Poligni; mais cette raison ne décide pas contre l'aplication que je fais de la Charte, soit parce que ce Chapitre peut avoir reçû quelqu'autre bien en échange de ce qu'Adelaïde lui avoit donné, soit parce que les Souverains reprenoient souvent ce que les Comtes Vassaux avoient donné à l'Eglise de leur Domaine, & que les donations n'en étoient assurées, qu'après que les Souverains y avoient consenti; étant à remarquer d'ailleurs, qu'au tems de celle dont je parle, le Comté de Bourgogne n'étoit pas encore possédé héréditairement, & que le Comte Hugue n'en étoit que le Gouverneur.

Page 183.

J'ai été au mois d'Octobre 1733 à Oscelles, voir des tuyaux qu'on y a découverts. Ils sont de brique, ronds, de la longueur de deux pieds & demi, épais de quinze lignes, & ils ont sept pouces de diamétre intérieur. Ils étoient emboités l'un dans l'autre de deux pouces en profondeur, & parfaitement joints. Je n'ai point remarqué qu'on se soit servi de ciment ni de mastic pour empêcher l'eau de couler; peut-être est-ce parce qu'ils étoient dans un terrain égal où l'eau avoit de la pente. La dépense de ces tuyaux n'étoit pas grande, & ils étoient de durée, puisque ceux que j'ai vû étoient entiers, quoiqu'ils eussent restés dans la terre pendant quatorze ou quinze siécles.

J'ai reconnu dans ce voyage, plusieurs restes de chemin Romain entre Grand-Fontaine & Torpe, & depuis ce dernier lieu jusqu'à Oscelles. Il y en a aussi à la sortie d'Oscelles contre le Doux, que l'on passoit en cet endroit pour tirer au Port de Lainé où l'on traversoit la Loüe, & de là près de Viliers les Bois, Mont & Vaudré pour aller à Chalon.

Mr. Chifflet a crû que le Port de Lainé étoit le *Portus*

tus Abucini de la Notice ; mais il s'est trompé, comme je l'ai fait voir à la p. 30 de cet Ouvrage. Cependant le Port de Lainé étoit un lieu considerable, où nos Manuscrits, la Légende ancienne de S. Anatoile dont les Reliques sont à Salins, & quelques Auteurs disent qu'étoit un passage fort fréquenté pour aller des Gaules en Italie. La Loüe a pû porter bateau jusqu'à cet endroit, & c'est probablement ce qui lui a fait donner le nom de Port. L'on y a ajouté celui de Lainé, pour dire *Portus navium*, ou *Portus navis*, soit à cause de l'abord des bateaux, soit parce qu'on y passoit la riviere dans une barque, apellée Nef en vieux gaulois, dont on a fait Port de la Nef, & ensuite Port de Lainé.

J'ajoute aux raisons que j'ai déja raportées, pour prouver que Port sur Sône est le *Portus Abucinus* de la Notice ; qu'il y a des Reliques de S. Valier, martyrisé, suivant sa Légende, au Pont Abucin ; & que suivant le Breviaire de Langres dont il étoit Archidiacre, il a souffert le martyre aux confins du Diocèse de ce nom. C'est la situation de Port sur Sône, où l'on fait régulierement la fête de S. Valier avec concours de Peuple, le 23 Octobre, qui pour cette raison est marquée au Pont Abucin dans l'ancien Calendrier de l'Eglise Métropolitaine de Besançon. 10. *Kal. Nov. apud Castrum Bucinum S. Valerii Archid. Lingon.*

Addition. Après que cet Ouvrage a été imprimé, l'on a découvert dans les ruines de la Ville ancienne qui étoit auprès de Moirans, une Inscription mutilée que Mr. Piard a copiée avec exactitude, comme on en jugera par l'extrait suivant de la Lettre qu'il m'a fait le plaisir de m'écrire sur ce fait, & qui est dattée du 24 Mars 1734.

Extrait de la Lettre.

Des Païsans du grand Villars, labourans il y a sept ou huit jours un champ à trente pas du Pont des Arches, levérent une grosse pierre, qui depuis long-tems résistoit à leur charuë. Ils y aperçûrent des caractères, & le bruit s'en étant répandu, je fus hier sur les lieux, & je transcrivis ces caractères, de maniere que par la distance des lettres, vous puissiez supléer celles que le foc de la charuë a enlevées. La pierre est haute de trois pieds un pouce, sur deux pieds deux pouces de large. Les lettres sont de vingt-deux lignes en hauteur, & les interlignes ont un pouce. Je n'ai point vû de caracteres mieux formés ni plus beaux, dans les Livres les mieux imprimés.

Voici l'Inscription telle qu'elle m'a été envoyée.

VIO·RO·MPT
A·LATINIFI·CAM .
ANO·AEDVO·SA
ERD·III·PROVN-
TARVM·GALLAR
CIS·ET·HONO
SUMNIBVS·
ICIS
TO·SEQ
VBLICE

& Inscriptions.

Je fis tenir d'abord une copie de cette Inscription à Mr. Bouhier Président à Mortier au Parlement de Bourgogne, persuadé que concernant l'Histoire du Duché, elle lui feroit plaisir. Je ne crois pas pouvoir en donner au Public une meilleure explication, que celle que cet Illustre Magistrat me fit l'honneur de m'envoyer quelques jours après.

..LATINIO POMP †   *C'est à-dire,*
A LATINI FIL. CAM   Pomptinâ tribu.
PANO AEDVO. SA
CERD. III. PROVIN-
CIARVM GALLIAR.
OFFICIS ET HON-
ORIBVS OMNIBVS
IN REB. PVBLICIS
FVNCTO. SEQ.
PVBLICE.

Mr. Bouhier m'avertit dans sa Lettre, que la Famille *Latinia* étoit considérable parmi les Gaulois; témoin cette Inscription raportée par Reinesius II. 149, C. LATINIVS ROMANVS BORBONI THERMARVM DEO, ou plûtôt, BORVONI ET MONÆ, suivant une copie plus correcte qu'on lui a envoyée, tirée sur la pierre qui est encore à Borbone. Il ajoute qu'il y a un exemple du mot OFFICIS, employé dans Gruter ccccxlv. 9. & de ceux de IN REB. PUBLICIS ccclxxxviij. 1. dans le sens qu'il leurs a donnés & employés comme il l'a fait.

Sur le Sacerdoce des trois Provinces des Gaules, on peut voir les Inscriptions de Gruter, ccxxxv. 5. cccxx.

8. ccclxxxvj. 8. Mr. Spon dans ses Antiquités de la Ville de Lyon, p. 132 & suiv. & la Dissertation de Mr. Mahudel dans les Mémoires de l'Académie des Inscriptions, Tome 3, p. 235, édit. in 4°.

L'Inscription paroît être du tems des Antonins, par la beauté de ses caracteres : Elle nous fait connoître un Grand Prêtre des Gaules, qui n'étoit pas connu d'ailleurs ; & un Monument dressé à ce Grand Prêtre par un decret de la Nation Séquanoise, me paroît confirmer ce que j'ai dit du lieu où il a été trouvé ; sçavoir, que ce lieu étoit devenu considérable par raport à quelque Temple fameux qui y avoit été élevé, puisqu'on a trouvé des Inscriptions semblables auprès de l'Autel de Rome & d'Auguste à Lyon.

Fin de l'Histoire des Séquanois.

HISTOIRE
DES
BOURGUIGONS
ET DU
PREMIER ROYAUME
DE BOURGOGNE.

ES Barbares faisoient depuis long-tems de vains efforts pour s'établir dans l'Empire ; ils avoient toujours été repoussés, & s'ils avoient pénétré quelquefois dans les Provinces Romaines, on les avoit pris ou exterminés. Cependant l'Empire s'étoit affoibli, par des victoires qui lui avoient coûté la meilleure partie de son sang ; & quoique les Barbares en eussent répandu encore davantage, ils n'en étoient pas moins à craindre, parce que la Germanie qui les produisoit étoit inépui-

D d ij

fable, & que les Nations qui en étoient forties, n'étoient pas plûtôt vaincuës ou même détruites, que d'autres encore plus redoutables venoient prendre leur place.

Tel étoit l'état de l'Empire Romain, quand le Grand Théodofe y fut élevé. Gratien l'affocia en 379 & lui confia l'Orient. L'Illirie & la Trace furent inondées dans les commencements de fon regne d'une fi grande quantité de Barbares, qu'il paroiffoit moralement impoffible de leur réfifter. Mais Théodofe fe tira heureufement de cet embaras, par fes victoires contre les uns, & par l'établiffement qu'il affigna aux autres fur les frontieres, à condition qu'ils aideroient à les défendre. Ses Succeffeurs imitérent fon exemple; mauvaife politique, qui ne peut être excufée que par les malheurs des tems, & par l'impoffibilité de mieux faire; car ce font ces étrangers, qui après s'être folidement établis dans l'Empire, s'en font enfin rendus les maîtres.

Pendant que Théodofe rétabliffoit les affaires en Orient, Maxime fe révolta dans la Grande Bretagne. Il débaucha les Troupes de Gratien, le fit tuer à Lyon en 383, s'empara des Gaules & de l'Efpagne, & obligea Valentinien le Jeune, frere & fucceffeur de Gratien, à les lui céder. Cependant comme non-content de cette belle partie de l'Empire, il chaffa encore Valentinien de l'Italie, & fe jetta dans l'Illirie qui étoit du Département de l'Orient; il attira fur lui les armes de Théodofe, qui après l'avoir vaincu en trois batailles, & l'avoir fait prifonnier dans la derniére, lui fit fouffrir la peine que méritoit fa rébellion.

Théodofe rétablit ainfi Valentinien dans l'Empire d'Occident, & refta pendant trois ans avec lui en Italie, pour affermir fa domination; mais à peine fut-il retourné à Conftantinople, que le Comte Arbogafte Préfet du Prétoire des Gaules, fit étrangler Valentinien à Vienne, & éleva à l'Empire en 394, Eugéne, qui avoit été complice de fon crime.

L'Empereur Théodofe repaffa en Occident pour ven-

& du premier Royaume de Bourgogne. 213

ger la mort de Valentinien & punir les rébelles. Il vainquit Eugéne dans une bataille qui dura deux jours, & dont le succès fut d'abord si douteux, qu'on crut n'en devoir l'heureuse issuë qu'à une protection particuliére du Ciel. Cette victoire réunit les deux Empires dans la personne de Théodose ; mais ce bon Prince n'en joüit pas long-tems, car il mourut à Milan au mois de Janvier 395, à l'âge de 50 ans.

Il laissa deux fils, Arcadius & Honorius. Le premier eut l'Empire d'Orient, & le second celui d'Occident, où il régna sous la tutelle de Stilicon, parce qu'il n'avoit que treize ans. Les commencemens de son régne furent heureux. Stilicon défit en 403 Alaric Roi des Gots Occidentaux ou Visigots, qui étoit entré en Italie ; fit périr l'armée des Huns, & prit Radagaise leur Roi, qui avoit fait une pareille tentative en 405. Mais bientôt après les choses changérent de face, & ce fut, à ce qu'on prétend, par la perfidie de Stilicon.

On dit que ce Ministre, enorgüeilli par ses victoires & par ses alliances avec l'Empereur, (car il avoit épousé sa cousine, & lui avoit donné sa fille en mariage) comptant d'ailleurs sur ses richesses & sur son autorité, s'étoit proposé d'élever son fils Euchérius à l'Empire ; & que pour y parvenir plus facilement, il avoit traité avec les Barbares. Les Historiens ne conviennent pas tous de ce fait ; mais quoiqu'il en soit, il est certain que Stilicon devenu suspect, fut mis à mort avec son fils & sa femme, que sa mémoire fut flétrie par un Decret du Sénat, & que n'ayant pas renvoyé à leurs postes, les Troupes qu'il avoit tirées des frontieres sous prétexte de défendre l'Italie, les Barbares s'en prévalurent pour entrer dans les Gaules.

Elles furent inondées en 407 * par un déluge de Vandales, d'Alains, de Suéves & d'autres Nations de la Germanie, qui mirent à feu & à sang tout ce qui se trouva sur leur route, & ruinérent de fond en comble les Villes qu'ils purent prendre. La tradition de celle de Besançon,

* *Pridie Kal. Januarias, trajecto Rheno, in Galliam penetrarunt; & Honorio septimum, ac Theodosio iterum, Germaniam primam, & Belgicam secundam ingressi, late victoriam protulerunt. Sigon. post. prosp.*

est qu'ils l'assiégérent, mais qu'ils ne s'en rendirent pas les maîtres.

Nos Légendes & nos Manuscrits font foi qu'ils achevérent de dépeupler la Province Séquanoise, qui avoit déja été ravagée plusieurs fois dans le siécle précédent par les Allemans. Une partie des Alains s'arrêta sur le Rhône, à Valence & aux environs ; l'autre entra en Espagne avec les Vandales & les Suéves en 409, d'où les Vandales passérent à la suite en Affrique, & y fondérent un Royaume qui a duré un peu plus d'un siécle.

Pendant que ces Barbares étoient répandus dans les Gaules, les Troupes de la Grande Bretagne, craignant qu'ils ne passassent dans cette Isle, & n'attendant point de secours d'Honorius, qui paroissoit accablé sous le poids de ses ennemis ; élurent pour Empereur en 407 Marc qui les commandoit. Mais elles s'en défirent bientôt après, pour mettre en sa place un de leurs Officiers nommé Gratien, qu'elles firent mourir pareillement, pour élever à l'Empire Constantin simple Soldat. Celui-ci plus heureux ou plus habile que ceux qui l'avoient précédé, passa dans les Gaules, s'y fit reconnoître Empereur, fixa le Siége de son Empire à Arles, résista aux premiéres Troupes qu'Honorius envoya pour l'en chasser, & l'obligea à lui envoyer la Pourpre. Cependant comme Honorius y avoit été forcé par les circonstances, aussitôt qu'elles lui parurent meilleures, il envoya de nouvelles forces contre Constantin, sous le commandement de Constance, qui assiégea le Tyran dans Arles, & le fit prisonnier en 411.

Les Alains qui étoient restés dans les Gaules, & les Bourguignons qui avoient formé le dessein d'y entrer, étoient interessés à entretenir la division dans l'Empire, & à susciter un nouveau Compétiteur à Honorius. Leurs Rois Gohare & Gondahaire, persuadérent à Jovinus le plus noble & le plus puissant d'entre les Gaulois, de se faire Empereur. Il prit la Pourpre à Mayence d'abord après que Constantin fut tombé au pouvoir des Romains, & la plus grande partie des Gaules le reconnut.

& du premier Royaume de Bourgogne.

Les Visigots passèrent en Espagne en l'année suivante 412. Alaric leur Roi qui avoit été repoussé de l'Italie par Stilicon, y étoit rentré, avoit pris Rome en 410, & fait éprouver à cette Capitale du monde, toutes les fureurs de la guerre. L'Empire d'Occident fut déja alors à la veille de sa perte ; mais la mort d'Alaric la différa encore de quelque tems. Ataulphe son successeur, ayant en tête le brave Constance qui étoit repassé en Italie, désespera de pouvoir la conserver. Il entra dans les Gaules pour s'y établir, & il avoit dessein de les partager avec Jovinus. Mais Jovinus n'entrant pas dans ses vûës, & ayant associé à l'Empire le Comte Sébastien son frere ; Ataulphe lui fit la guerre, prit le Comte Sébastien dans Narbonne, & lui fit couper la tête ; assiégea Jovinus dans Valence, le fit prisonnier, & le livra à Dardanus Préfet du Prétoire & son ennemi personnel, qui le fit mourir pour crime de rébellion en 413.

Galla Placidia sœur de l'Empereur Honorius, étoit tombée au pouvoir d'Alaric dans le sac de Rome, & avoit passé sous celui d'Ataulphe, qui l'épousa à Narbonne en 414. Constance suivit Ataulphe dans les Gaules, & l'obligea de se jetter en Espagne, où il s'établit aux environs de Barcelonne ; & Placidia ménagea la paix entre Honorius son frere & Ataulphe son mari. Mais les Visigots qui vouloient la guerre, tuérent Ataulphe, & mirent à sa place Sigeric ; dont s'étant bientôt lassés, ils le firent mourir, & Vallia fut leur Roi. Celui-ci, qui ne crut pas pouvoir faire la guerre avec succès à l'Empire défendu par un aussi grand Capitaine que Constance, occupa son peuple à faire des conquêtes sur les Vandales, & sur les autres Barbares qui s'étoient établis en Espagne peu d'années auparavant ; & échangea ces conquêtes en 418 avec Honorius, contre la Novempopulanie & la seconde Province d'Aquitaine. * C'est à ce tems, qu'on peut fixer l'époque du commencement du Royaume des Visigots dans les Gaules.

* Hist. Miscell. lib. 4.

Les Bourguignons profitérent pour y entrer, du trouble

que causoit l'élection de Jovinus. Ils passérent le Rhein en 415, & s'établirent sur ses bords, * d'où ils s'étendirent insensiblement & formérent un grand Royaume. Mais avant que d'en faire l'Histoire, il paroît nécessaire de parler de l'origine de ce Peuple, de ses précédents établissements, des guerres qu'il avoit soutenuës, de son Gouvernement, de ses mœurs & de sa Religion.

* *Luciano & Herodiano Consulibus, Burgundiones, partem Galliæ Rheno conjunctam, tenuere. Cassiod. Chron. Burgundiones, partem Rheno propinquam, obtinuere. Prosp. Chron*

Cluvier estime, que les Bourguignons étoient Vandales, fondé sur ce passage de Pline; *Germanorum quinque sunt genera; Vindeli, quorum pars Burgundiones, Carini, Varini & Guttones.* * Il dit que la Nation des Vandales comprenoit encore d'autres Peuples que ceux que Pline a nommés, & entre autres celui des Gots; qu'ils habitoient tous, entre l'Elbe, la Vistule & la mer; que les Bourguignons étoient aux environs de Gnesne, entre les rivieres de Varte & de Notez, & qu'ils passérent dans la suite des tems sur la rive septentrionale du Mein, au lieu où sont à présent les Villes de Cassel & de Marpurg.*

* *Lib. 3, cap. 46.*

* *Germ. ant. lib. 3, cap. 36.*

Grotius dit d'autre côté, que les Vandales sont sortis de la Suéde, & qu'ils étoient Gots d'origine; parce que, suivant lui, les Gots sont la tige & le genre de tous les Peuples du Nord; que les Vandales n'en sont qu'une espèce; & qu'on ne les a ainsi nommés, que parce qu'ils erroient dans la Germanie, sans y avoir de demeure fixe. Il ajoute qu'il faut lire *Vindelici*, au lieu de *Vindeli*, dans le passage de Pline où il est parlé des Bourguignons; & c'est en effet en parlant de la Rhétie ou Vindélicie, que Pline nomme les Bourguignons. Grotius croit cependant, que les Vandales peuvent être les auteurs des quatre Peuples, que Pline apelle Vindéliciens. *

* *In proleg. ad hist. Goth.*

Mais comme ces deux Sçavants, & les autres qui font les Bourguignons Vandales ou Gots, ne se fondent que sur la ressemblance des mots de *Vandali* & de *Vindeli*; qu'ils font venir sur cette preuve, d'une extrémité de la Germanie à l'autre les Vindéliciens de Pline, à travers plusieurs Païs qu'occupoient des Nations puissantes qui leurs auroient disputé le passage; & qu'il y a une contrée

qui

& du premier Royaume de Bourgogne. 217

qui portoit anciennement le nom de Vindélicie ; * il me semble qu'on peut dire avec fondement, que les Vindéliciens n'étoient ni Gots ni Vandales, & qu'il faut leur chercher une autre origine.

* C'eſt la Souabe, apellée Rhétie sous l'Empire Romain.

On lit dans Tite-Live, que pendant le régne de Tarquin l'Ancien, les Gaulois envoyérent des Colonies au-delà du Rhein, sous la conduite de Ségovéſe. Cluvier prouve, que les Allemans qui confinoient d'un côté la Vindélicie étoient du nombre, & les Boyens qui habitoient de l'autre côté dans la Bohéme, étoient, de l'aveu de tous les Auteurs, ſortis des Gaules avec Ségovéſe. N'eſt-il pas probable, que les Vindéliciens qui demeuroient entre les Boyens & les Allemans, avoient la même origine qu'eux ?

Pline diviſe les Vindéliciens en quatre Peuples ; *Burgundiones, Varini, Carini, Gutones*. L'analogie de ces noms, *Varini* & *Carini*, me paroît être la même, que celle de quelques Peuples des Gaules ; & quant aux Guttons, je penſe que ce pouroit bien être ceux que Tacite place aux confins de la Rhétie, qu'il apelle Gotins, & dont il dit, qu'ils n'étoient pas Germains, mais Gaulois d'origine ; parce que leur idiome aprochoit plus de la langue Gauloiſe que de la Germanique. *Gotinos, gallica lingua, coarguit non eſſe Germanos.* *

* *Tacit. de mor. Germ.*

Un paſſage d'Ammien Marcellin, peut ſervir à prouver que les Bourguignons étoient originaires des Gaules. C'eſt celui où il dit, que Valentinien Premier leur ayant demandé du ſecours, ils répondirent à ſes Envoyés, qu'ils le lui accordoient d'autant plus volontiers, qu'ils avoient apris de leurs ancêtres, qu'ils étoient de la race des Romains ; *quod jam temporibus priſcis, ſobolem ſe eſſe Romanam ſciunt.* * Ce n'eſt pas ici un fait avancé au hazard par quelque particulier ; c'eſt une réponſe faite à un Empereur au nom de la Nation Bourguignone, & raportée par un Auteur de poids, qui connoiſſoit cette Nation & qui l'avoit fréquentée. Or quand les Bourguignons ſe diſoient de race Romaine, c'étoit vrai-ſembla-

* *Lib. 28.*

blement parce qu'ils defcendoient des Gaulois qui portoient alors le nom de Romains, & qui faifoient une des principales parties des Sujets de l'Empire depuis plufieurs fiécles.

S'ils ont eu avec d'autres Peuples le nom de Vindéliciens, ce peut être par la même raifon qui a fait donner celui de *Vindeli* à une partie des Gots, & parce qu'ils avoient erré comme eux quelque tems dans la Germanie, avant que de fe fixer. C'eft aparemment parce qu'on fçavoit qu'ils avoient habité la Vindélicie conquife par Drufus & par Tibére, qu'Orofe a crû qu'ils avoient été foumis à l'Empire Romain;* mais comme Mammertin & Procope affurent qu'ils avoient confervé leur liberté,* l'on en peut conclure, que pour éviter le joug Romain, ils avoient paffé le Danube au-deffus des Allemans, & s'étoient établis fur le Mein vers fa fource, lorfque les Romains s'emparérent de la Vindélicie.

* *Lib. 7, cap. 22.*
* *In Genetl. Maxim. Procop. de bello Goth. Lib. 1, cap. 12.*

En fuivant ce fyftême, on trouve une origine fimple & probable aux Bourguignons, & l'on évite les tranfmigrations longues & difficiles, que les nouveaux Auteurs leur font faire, dont on ne voit point de preuves certaines dans les anciens. Ceux-ci les nomment *Burgundi, Burgundii, Burgunziones, Burguntiones,* & *Burgundiones.* Paul Diacre apelle leur Païs *Wrgondaib,* & Pontus Hutherus, leur Nation *Burguvonder, id eft vicatim habitans*; c'eft de ce qu'ils avoient coutume d'habiter enfemble dans des Bourgs, qu'ils ont probablement pris le nom de *Burgundi,* en place de celui qu'ils portoient en fortant des Gaules. Auffi les Auteurs conviennent qu'ils n'étoient pas épars comme les Germains dans les forêts & les campagnes, mais qu'ils habitoient par troupes, & ordinairement en des lieux élevés & fortifiés.*

* *Orof. lib. 7, cap. 22. Diacon. & Ifid. relati à Cluv. Germ. antiq. lib. 3, cap. 36.*
* *Lib. 7, cap. 22.*
* *Lib. 28.*

Procope met les Bourguignons en parallele avec les Suéves & les Allemans, pour la puiffance; *Burgundiones, Suabi & Allemanni, validæ nationes.* * Orofe dit qu'ils étoient forts & gens d'exécution, *prævalidæ & pernitiofæ manus*;* & Ammian Marcellin, que c'étoit une

& du premier Royaume de Bourgogne. 219

Nation nombreuſe & belliqueuſe, qui par cette raiſon étoit redoutée de ſes voiſins ; *Burgundii, bellicoſi & turbæ immenſæ ; viribus affluentes, ideoque metuendi finitimis univerſis.* * *Lib. 28.*

Ils étoient blonds & braves comme tous les Germains, & de la plus haute taille que l'on vit alors, puiſque Sidonius Apollinaris leur donne ſept pieds. Mais ils perdoient auprès des Nations policées, le fruit de ces avantages naturels, par leur maniere de s'ajuſter & de vivre ; car ils oignoient leurs cheveux avec du beurre : l'uſage fréquent qu'ils faiſoient de l'oignon & de l'ail, leur rendoit l'haleine forte : ils aimoient à chanter, & l'oreille Romaine ne s'accommodoit pas de leurs tons & chanſons Germaniques. * Cependant ils avoient les mœurs plus douces & plus cultivées que les autres Barbares, ſoit parce qu'ils s'occupoient moins qu'eux du métier de la guerre, & qu'ils s'adonnoient la plûpart aux arts mécaniques ;* ſoit parce qu'ils vivoient en ſociété, & habitoient enſemble dans les Bourgs.

* *Hinc Burgundio ſeptipedes, &c. ſpernit ſenipedem ſtilion Thalia, ex quo ſeptipedes vidit patronos, &c. tos tantique petunt ſimul gigantes, quot vix alcinoi culina ferret, &c. Sid. Appol. ad Catullin. carm.* 12.

* *Burgundiones ſunt fabri fere omnes; & eâ arte vitæ ſumptus tolerant. Socrat. Hiſt. Ecclef. lib.* 7, *cap.* 30.

Pendant qu'ils demeuroient vers la ſource du Mein, ils avoient de fréquentes querelles avec les Allemans, au ſujet de leurs limites & des Salines, qui étoient, à ce que prétend Cluvier, à Salts auprès de la montagne de Fogelsberg, d'où ſort la Riviere de Sala ;* & quoique ces diſſenſions ne cauſaſſent pas une guerre ouverte & ſanglante, elles altérerent néanmoins l'union qui avoit d'abord été entre ces deux Peuples, & déterminerent les Bourguignons à profiter des occaſions qui ſe préſenteroient, de chaſſer les Allemans de leur voiſinage, comme ils firent à la ſuite ; ce qui n'empêcha pas cependant, qu'ils ne s'uniſſent quelquefois avec eux, pour piller les terres de l'Empire.

* *Salinarum flnhanque cauſâ, Alemannis ſæpe jurgabant. Amm. Marcel. lib.* 28.

Car peu de tems après la mort d'Aurélien, pluſieurs Peuples de la Germanie, du nombre deſquels étoient les Bourguignons, entrérent dans les Gaules, & s'y emparérent de ſoixante & dix Villes. Tacite regna trop peu de tems pour les en chaſſer ; mais Probus leur tua quarante mille hommes en deux ans, recouvra les Villes qu'ils avoient ufurpées, & les repouffa bien au-delà du Rhein. On lit dans la lettre par laquelle il informa le Sénat de cette expédition, qu'il avoit vaincu neuf Nations, parmi lesquelles les Bourguignons font nommés.

Ils s'étoient joints à ceux que Probus apelle Vandales dans fa Lettre, & ils eurent la hardieffe d'attaquer l'armée Romaine, mais ils furent défaits. Ils demandérent la paix, & l'Empereur la leur accorda, à condition qu'ils rendroient le butin qu'ils emportoient des Gaules. Ils promirent de le faire; cependant comme ils en cachérent une partie, l'Empereur indigné de leur mauvaife foi, les attaqua à fon tour; les battit encore, & en prit un grand nombre, qu'il envoya dans la Grande Bretagne, où ils rendirent à la fuite de bons fervices aux Romains. *

*Zozim. lib. 1. Vofpifc. in prob.

Auffi-tôt que les Bourguignons furent rétablis de cette défaite, ils formérent une nouvelle entreprife fur les Gaules, & y entrérent avec les Allemans. Maximien qui s'y trouva, les laiffa engager dans le Païs, & leur ayant coupé les vivres & le retour, il les fit périr par la famine & par la pefte. *

*Eumen. in Gepelt. Maxim.

Les Bourguignons demeurérent dèflors tranquiles pendant près d'un fiécle, & s'accrurent tellement dans cette longue paix, qu'ils devinrent la terreur de leurs voifins & le recours de l'Empire; car Valentinien Premier leur demanda du fecours contre les Allemans, qui ne ceffoient pas de faire des irruptions dans les Gaules. Ils le lui accordérent, & fe trouvérent fur les bords du Rhein au jour & au lieu dont ils étoient convenus, mais ce fut avec une armée fi belle & fi nombreufe, que l'Empereur craignit que de tels Alliés ne lui fiffent la loi. Il ne vint donc pas au rendez-vous, & n'y envoya rien de tout ce qu'il avoit promis. Les Bourguignons demandérent du moins qu'on fît quelque diverfion pour faciliter leur retour, & comme ils virent qu'on les amufoit par des

& du premier Royaume de Bourgogne. 221

délais affectés, & par des excuses frivoles, ils se retirèrent fort irrités. *

* *Catervas miseræ lectissimas, quæ antequam miles congregaretur in unum, ad usque ripas Reni progressæ, Imperatore ad extruenda munimenta distracto, terrori nostris fuere vel maximo. Igitur paulisper morati, cum neque Valentinianus, ut spoponderat, die prædicto venisset, nec promissorum aliquid adverterent factum : ad Comitatum misere Legatos, poscentes adminicula sibi dari redituris ad sua, ne nuda hostibus terga exponerent ; quod ubi negari per ambages sentirent, & moras necti, exinde indignati discesserunt.* Amm. Marc. lib. 28.

Ce fut sous le troisiéme Consulat de Valentinien & de Valens, & l'on connoît à deux circonstances que raporte l'Historien qui nous a transmis ce fait, que les Bourguignons n'habitoient pas encore alors sur le Rhein. C'est quand il dit qu'ils vinrent jusqu'au bord de ce fleuve, & qu'ils craignoient qu'à leur retour les Allemans ne les chargeassent en queuë. Mais ils revinrent sur le Rhein trois années après sous le quatriéme Consulat de ces Princes, au nombre de quatre-vingt mille hommes,* & les Allemans épouvantés, leur cédérent la place qu'ils occupoient entre le Mein, le Rhein & le Danube, & passérent dans la Réthie & dans l'Helvétie. *

* *Hyeron. Orof. Cassiod.*

* *Burgundiones, Alemannorum agros occupavere. Eumen. in Genetl. Maxim. Alemannos gentis ante dictæ metu, dispersos per Rhetias, aggressus Theodosius, &c. Amm. Marc. lib. 28.*

Les Bourguignons eurent dèslors de nouveaux ennemis, qui leur causérent beaucoup de dommage. Ce furent d'abord les Gots qui remportérent sur eux une grande victoire.* Les Huns ravagérent ensuite leurs campagnes, & leur tuérent beaucoup de monde. * Socrate dit qu'ils furent réduits à une telle extrémité, que ne comptant plus sur les forces humaines pour se défendre, & ayant apris que le Dieu des Chrétiens pouvoit les délivrer de leurs ennemis, ils s'adressérent à l'Evêque d'une Ville voisine qui les instruisit & les batisa ; après quoi remplis de foi & de confiance, ils attaquérent les Huns, les défirent sans peine, & tuérent Uptare leur Roi. *

* *Gothi, Burgundiones pene excindunt. Eumen. in Genetl. Max.*

* *His, Hunnorum semper imminens natio, fines eorum vastabat, & plures eorum sæpe numero trucidabat. Socrat. Hist. Eccl. lib. 7, cap. 30.*

* *Socrat. ibid. Nyceph. Calisse, lib. 14. Sigebert, Chron. ad an. 433.*

Ce récit est probable. Les Bourguignons avoient oüi parler de la victoire du Grand Constantin sur Maxence, qui l'avoit déterminé à se faire Chrétien ; & le souvenir de celle que Théodose le Grand avoit obtenuë par le secours du ciel sur le Tyran Eugéne, étoit encore récent. Cette connoissance, jointe au péril où se trouvoient les

Bourguignons, d'être chaffés de leur Païs & peut-être exterminés, par la Nation la plus féroce & la plus intraitable qu'il y eut jamais, étoit bien capable de leur infpirer le deffein d'embraffer le Chriftianifme. Ils étoient Payens auparavant, ils adoroient les mêmes Dieux que les Germains & les anciens Gaulois, & ils avoient un Grand Prêtre qu'ils ne deftituoient jamais. On le nommoit Sinift. *

* *Sacerdos apud Burgundios omnium maximus, vocatur Siniftus, & eft perpetuus; obnoxius difcriminibus nullis. Amm. Marc. lib. 28.*

Mais Socrate qui écrivoit en Grece, s'eft trompé quand il a dit, que les Bourguignons avoient été réduits par les Huns au nombre de trois mille hommes, & qu'ils furent convertis en 430 fous le troifiéme Confulat de Théodofe & de Valentinien. Ils étoient déja Chrétiens quand ils pafférent dans les Gaules, & ils n'auroient pas été affez hardis pour y entrer, s'ils n'avoient pas été puiffans & redoutables aux Romains mêmes, qui ne fe trouvérent pas affez forts pour les en chaffer, ou qui crurent que les Bourguignons l'étoient affez pour garentir les frontiéres de l'Empire, contre l'invafion des autres Peuples du Nord. Auffi Jovinus ofa fe faire proclamer Empereur en 411, comptant fur l'amitié & fur le fecours de ce Peuple, qu'on vit dans le même fiécle occuper une vafte étenduë de Pays, & fonder une puiffante Monarchie dans les Gaules; d'où je conclus que les pertes qu'ils avoient fouffertes dans leurs Guerres avec les Huns, ne les avoient pas fi fort affoiblis que Socrate l'a fupofé.

J'ai dit que les Bourguignons étoient Chrétiens, quand ils s'établirent dans les Gaules; plufieurs raifons le prouvent. Premiérement, ils n'auroient pas été à portée d'y être attaqués par les Huns; ce font cependant, fuivant Socrate, les véxations des Huns qui les déterminérent à embraffer le Chriftianifme. Secondement, cet Auteur dit, qu'ils s'adrefférent à l'Evêque d'une Ville des Gaules, & lui demandérent le batême des Chrétiens. *Veniunt in civitatem quamdam Galliæ, & baptifmum Chriftianum ab Epifcopo petunt.* Ils étoient donc dans un Païs Idolâtre au-delà du Rhein, & les Evêques voifins du Païs qu'ils habitoient, ne pouvoient être que ceux de Basle, Besançon, Metz, Mayence ou Trèves, à l'un desquels ils s'adressèrent.

Paul Orose qui a fini son Histoire en 416, dit que les Bourguignons étoient Chrétiens.* Mais comme il ajoute qu'il y avoit peu de tems qu'ils avoient embrassé la religion Chrétienne, *Christiani modo facti* ; je crois qu'il faut fixer l'époque de leur conversion, aux premières années du cinquième siécle. Je pense aussi, que le dessein qu'ils avoient de s'établir dans les Gaules & dont ils voyoient l'exécution prochaine, pût contribuer à leur faire prendre la religion du Païs où ils vouloient entrer, & où ils auroient beaucoup trouvé de résistance, s'ils avoient encore été Payens.

Oros. Hist. lib. 7. cap. 32. Cassiod. Paulus Diac. in suppl. Eutrop. lib. 11.

Les Bourguignons ont donc été les premiers Chrétiens entre les Peuples du Nord ; car quand ils se convertirent, les autres étoient encore Payens, & les premiers d'entre eux qui renoncèrent au Paganisme furent Ariens. Tels étoient les Visigots, les Ostrogots & les Vandales. L'on prétend même que les Bourguignons furent d'abord infectés de cette erreur, & Grégoire de Tours semble l'insinuer en plusieurs endroits de son Histoire.

Cependant l'on vient de voir que l'Evêque qui leur donna le batême, étoit Catholique. Paul Diacre disant que les Bourguignons se firent Chrétiens,* supose qu'ils passèrent du Paganisme à la religion Catholique ; car s'ils s'étoient fait Ariens, il l'auroit exprimé. Socrate l'auroit dit de même ; mais loin de-là, on lit dans son Histoire qu'ils furent bons Chrétiens;* & la victoire miraculeuse qu'ils remportèrent, suivant lui, d'abord après leur conversion, en est une preuve.

Burgandionum quoque plusquam 80000 millia armatorum ripas fluminis insederant : qui tamen non multo post tempore, christiani effecti sunt. In suppl. Eutrop. lib. 11.
Gens ea, christianam religionem ardenti studio excoluit. Socrat. loc. cit.

Enfin l'on trouve dans Paul Orose, qu'ils furent Catholiques dès le commencement ; qu'ils étoient soumis au Clergé des Gaules ; que leurs mœurs étoient douces & innocentes, & qu'ils vivoient avec les Gaulois, bien plus comme avec leurs freres, que comme avec leurs sujets : paroles dignes d'être gravées sur l'airain & sur le marbre pour l'honneur de la Nation Bourguignone.*

* *Providentiâ Dei, omnes christiani modo facti; catolicâ fide, noftrifque Clericis quibus obedirent, receptis; blandè, manfuete, innocenterque vivunt; non quafi cum fubjectis Gallis, fed verè cum fratribus chriftianis. Oros. loc. cit.*

Auffi les Princeffes de cette Nation dont l'Hiftoire a confervé le fouvenir; Sedeleube, Carétêne, Mucutune, & Clotilde, ont été Catholiques & d'une pieté éminente. Il en fut de même de Hilderic, Gundioc, Chilperic, & Sigifmond Rois des Bourguignons. Les Evêques de leur Royaume étoient prefque tous Catholiques, & l'Arianifme n'y fit point de progrès pendant leur régne.

Je conclus de-là, que les Bourguignons avoient été convertis originairement à la religion Catholique. Il eft vrai que Gondebaud & peut-être quelque-uns de fes freres furent Ariens, & que plufieurs Seigneurs du Royaume fe laifférent infecter de cette erreur; mais la plus grande partie conferva la pureté de la foi, à laquelle fe réunirent fous le régne du fucceffeur de Gondebaud, la plûpart de ceux qui avoient eu le malheur de s'en écarter.

Les Hiftoriens ont mis beaucoup de confufion dans la généalogie & la fuite des Rois Bourguignons. Je les abandonne tous fur ce point d'Hiftoire, pour m'en tenir à une feule autorité qui me paroît décifive. C'eft celle de Gondebaud même, qui fçavoit mieux que perfonne qui étoient fes ancêtres, & le nom de ceux qui avoient été Rois avant lui.

On lit dans un article des Loix qu'il a données à fes Sujets au commencement du fixiéme fiécle, que la liberté fera confervée à tous ceux qui l'ont reçûë des Rois fes prédéceffeurs; Gibica, Gondomar, Giflahaire,

* *Si quos, apud Regiæ memoriæ autores noftros; Gibicam, Godomarum, Giflaharium, Gondaharium, patrem quoque noftrum, & patruos noftros, liberos fuiffe conftiterit; in eadem libertate permaneant. Tit. 3.*

Gundahaire, fon pere & fes oncles.* Ceux qui remontent plus haut, fe fondent fur ce que Grégoire de Tours a dit, que les Rois des Bourguignons étoient defcendus d'Athanaric Roi des Gots, mort à Conftantinople en 381, après avoir été chaffé par fes Sujets; & fur ce plan ils font Rois des Bourguignons, ceux qu'ils croient avoir régné fur les Gots avant Athanaric. Mais quelle aparence y a-t-il, que la poftérité de cet étranger ait régné fur les Bourguignons? Gondebaud ne le met pas d'ailleurs au nombre des Rois qui l'ont précédé, quoiqu'il en nomme

& du premier Royaume de Bourgogne.

me de plus anciens que lui. Il faut donc commencer sa généalogie par Gibica qu'il nomme le premier, si l'on ne veut pas donner dans l'illusion.

Ammian Marcellin dit, que les Bourguignons donnoient le titre de Hendin à leurs Chefs (titre qui marquoit leur dignité) qu'ils les déposoient non-seulement quand ils avoient été vaincus à la guerre, mais encore lorsque l'intempérie des saisons avoit causé la disette dans le Païs ;* soit qu'ils voulussent par là les rendre plus attentifs à la défense & aux besoins de leurs Peuples, soit qu'ils crussent que ceux sous lesquels la Nation avoit souffert, lui portoient malheur. C'étoit cependant de véritables Rois, car Ammian Marcellin les nomme tels, & Gondebaud en donne la qualité à ses prédécesseurs, Gibica, Godomar & Gislahaire, * qui regnoient sur les Bourguignons avant qu'ils entrassent dans l'Empire. Il paroît au reste par la généalogie qu'il fait, & par ce qui s'est pratiqué depuis que les Bourguignons ont été dans les Gaules, qu'ils n'observoient plus l'ancienne coutume de déposer leurs Rois, quand il arrivoit quelque malheur à l'Etat, & que le Royaume étoit devenu héréditaire ; puisque les enfans y ont toujours succédé, & qu'il a même été partagé plusieurs fois entre les fils du Roi défunt.

Gondebaud n'a nommé ni son pere ni ses oncles : mais on trouve ailleurs qu'ils s'apelloient Gunderic, Gundioc & Hilderic. Gundioc fut le pere de Gondebaud, Godegesile, Chilperic & Godomar. Gondebaud eut pour fils Sigismond & Godomar ; & Sigismond fut pere de Sigeric qui mourut avant lui, & de Gislahaire & Gondebaud, qui furent les compagnons de son martyre. L'on trouvera à la suite des preuves de cette généalogie, que l'on va cependant donner ici.

*Apud hos, generali nomine, Rex appellatur Hendinus, & ritu veteri, potestate deposita removetur, si sub eo fortuna belli titubaverit, vel segetum copiam negaverit: quo modo solent Ægyptii, casus ejusmodi adsignare Rectoribus. Amm. Marc. lib. 28.

*Si quos apud Regiæ memoriæ auctores nostros. Il y a des exemplaires qui portent, si quos apud piæ memoriæ Reges antecessores nostros. Leg. Burg. tit. 3.

Gibica.

Godomar.

Giflahaire.

Gundahaire, qui entra le premier dans les Gaules.

Gunderic.   Gundioc.   Hilperic.
            Caretene. Sedeleube.

Gondebaud. Godegefile.   Chilperic. Godomar.
            Theodefinde. Agripine.

Sigifmond. Godomar.   ·Mucutune. Clotilde.
1ʳᵉ. *femme*, Teudecode.
2ᵈᵉ. *femme*, Conſtance.

Sigeric. N. mariée à   Giflahaire & Gondebaud
Théodoric Roi d'Auſtraſie,   du ſecond lit.
du premier lit.

Les noms de ces Princes étoient compoſés, & déſignoient des qualités particuliéres à ceux qui les portoient; car Gibgay ſignifie libéral envers les femmes; Godmar, bon Prince; Giſelhais, qui commande aux grands; Gundhais, bon Commandant; Gundryc, qui excelle en bonté; Gudehoc, bon refuge; Hilderich, très-fort; Guntbund, allié bienfaiſant; Godegiſel, bon Seigneur; Sigeſmund, bouche victorieuſe; Sigeric, qui abonde en victoires. *

* Vocab. Alem. Grot. in indice propr. nom. Goth. Vand. & Longob.

GUNDAHAIRE premier Roi des Bourguignons dans les Gaules.

Ce fut ſous Gundahaire, que les Bourguignons paſſérent le Rhein pour s'établir dans les Gaules; & c'eſt par une erreur de Copiſte, que ce Roi eſt apellé Gundicaire dans quelques Auteurs. Gondebaud qui le nomme Gundahaire, doit en être crû ſur tout autre; & comme les anciens ſe ſont contentés de dire en général que les Bourguignons occupérent la partie des Gaules voiſine du Rhein, ils ont laiſſé à deviner quelle étoit cette partie.

Les modernes ſe ſont partagés ſur la queſtion. Les uns ont dit que c'étoit la Germanie premiere, qui s'éten-

& du premier Royaume de Bourgogne.

doit depuis Mayence jufqu'à Strasbourg ; & d'autres la partie de la Province Séquanoife, qui comprend la Haute Alface & le Canton de Bafle.

Les premiers pour foutenir leur fentiment, difent que les Bourguignons établis dans la Province Séquanoife, auroient coupé la communication de l'Italie à la Gaule Belgique, & que c'étoit un pofte trop important, pour que l'on croie que les Romains l'euffent abandonné à des Barbares ; que les Bourguignons avoient dès long-tems des habitudes dans la première Germanie ; qu'ils y étoient paffés avec les Vandales en 407, fuivant S. Jérome, & qu'ils en avoient ruiné les Villes principales ; qu'ils avoient fait prendre la pourpre à Jovinus dans Mayence en 411 ; qu'on trouve dans l'Hiftoire, qu'ils avoient voulu s'emparer de la Gaule Belgique après leur établiffement dans l'Empire, & qu'ils étoient plus à portée de le faire étant dans la première Germanie, qu'ils ne l'auroient été ailleurs ; enfin que les Huns ont encore remporté fur eux dèflors une victoire, & que c'étoit plus probablement dans cette Province que dans aucune autre.

Quelques fortes que foient ces raifons, elles ne me paroiffent cependant pas fans réplique. Les Bourguignons après avoir pouffé les Allemans dans la Rhétie & la partie de l'Helvétie voifine du Rhein, occupoient leur Païs depuis Mayence jufques à Bafle ; ils étoient par conféquent à portée d'entrer dans la Province Séquanoife comme dans la première Germanie, & ils les ont peut-être occupées toutes deux, puifque l'Hiftoire ancienne dit en général, qu'ils s'établirent dans la partie des Gaules voifine du Rhein. Les Romains avoient d'autres chemins que celui de la Province Séquanoife, pour communiquer avec la Gaule Belgique, & ils y venoient plus facilement, plus ordinairement & plus fûrement, par les Provinces Lyonnoifes que par la Séquanoife. Ils fouffrirent les Bourguignons dans l'Empire, parce qu'ils leur furent d'abord foumis. Ils les y laifférent pour défendre les frontieres, & ils demeurérent les maîtres des Villes principales de

F f ij

ces frontieres, comme Besançon & Mayence, même longtems après l'établissement des Bourguignons. Ils ne les regardoient pas comme des ennemis qui leur empêcheroient le passage, mais comme des Alliés qui avoient un interêt commun avec eux, au maintien de l'Empire.

S'ils ont été repoussés de la premiére Belgique, c'est qu'ils avoient tenté d'occuper, sans la permission des Romains, les Païs des Leuquois & des Médiomatriques, qui étoient dans la Gaule Belgique & voisins de la Province Séquanoise ; & si les Bourguignons ont été attaqués dèslors & défaits par les Huns, outre que ce pouvoit être dans la Province Séquanoise comme dans la premiére Germanie, je crois que c'est plus probablement encore, dans le Païs d'au-delà du Rhein qu'ils avoient conservé, n'ayant envoyé que leur jeunesse au-deçà.

La premiére Germanie ne me paroît pas d'une étenduë suffisante, pour contenir un Peuple tel qu'étoit celui des Bourguignons, qui après avoir souffert de grandes pertes dans quatre batailles dont je parlerai à la suite, se trouva encore assez fort & assez nombreux soixante ans après son entrée dans les Gaules, pour y occuper un Païs fort étendu, & s'y maintenir contre des voisins aussi ambitieux que puissants. L'on ne trouve point de trace dans les Anciens, de leur possession & de leur régne dans la premiére Germanie ; au lieu qu'il est certain qu'ils ont dominé dans la Province Séquanoise, qui a retenu leur nom, & où ils ont pû s'étendre plus facilement dès les bords du Rhein entre le Rhône & la Sône, & de là dans ce qu'ils ont tenu des Provinces des Alpes, Viennoise & Lyonnoise, au-delà du Rhône & de la Sône & même dans la Provence entre la Durance & le Rhône ; ce qu'ils ne pouvoient pas également faire depuis la premiére Germanie. Les Nuitons Peuples originaires du Païs qu'on apelle aujourd'hui le Brandebourg, s'établirent dès les commencements du Royaume de Bourgogne, dans le quartier de la Province Séquanoise qu'occupent les Bernois & les Fribourgeois, qui par cette raison avoit pris

& du premier Royaume de Bourgogne. 229

le nom de Nuitlande. On apella aussi ce quartier, la petite Bourgogne, du nom du Peuple supérieur, sous les étendars duquel les Nuitons étoient entrés dans les Gaules, & à la domination duquel ils s'étoient soumis.

Ces raisons ausquelles je ne vois point de bonne réponse, m'ont déterminé à croire, que le premier Royaume de Bourgogne a commencé dans la Province Séquanoise sur les bords du Rhein. Les invasions fréquentes des Allemans dans cette Province, & celles qu'y firent les Alains & les Vandales en 407, l'avoient ruinée, & presque entiérement dépeuplée. Elle avoit besoin de monde pour se rétablir, & d'un Peuple puissant pour la défendre des nouvelles incursions dont elle étoit menacée ; parce que les Romains étoient trop foibles alors pour garder cette frontiere de l'Empire, éloignée & des plus exposées. Les Bourguignons se présentérent pour faire l'un & l'autre, ils furent écoutés & reçûs. C'étoit une bonne nation, & celle d'entre les voisines des Romains, qui leur avoit donné le moins de peine. Elle n'étoit ni cruelle ni ambitieuse, car si elle s'est étenduë dans l'Empire, ç'a été sans guerre, sans ravage & sans siége; ce qui me fait croire qu'elle a eu par des traités tout ce qu'elle y a possédé.

L'on tient communément que ce fut avec Constance Général de l'Empereur Honorius, que les Bourguignons convinrent des conditions sous lesquelles ils demeureroient dans les Gaules ; & on lit dans leurs Lois, qu'ils y furent d'abord reçûs à titre d'hospitalité, mais l'on est fort embarassé à expliquer la nature de ce titre.

J'ai recüeilli de quelques textes de ces Lois, que pendant que la jeunesse campoit suivant la coutume du tems, les Rois envoyoient les familles qui ne pouvoient pas servir à la guerre, aux Habitants du Païs, qui les admettoient à la communion de leurs biens sous la qualité d'hôtes. Dèslors ceux qui n'avoient pas encore été pourvus à titre d'hospitalité, eurent part aux biens des anciens Habitants qui n'avoient pas des hôtes, & emportérent dans le partage qui se fit, le tiers des Esclaves & les deux tiers des fonds, à l'exception des maiſons de la campagne & des jardins, vergers, forêts & défrichements, dont la moitié fut réſervée aux originaires. *

* Leg. Burg. tit. 13, 31, 54, 55 & 67.

Les Bourguignons furent pour ainſi dire les vaſſaux des Romains dans ces premiers tems, & c'eſt dans ce ſens qu'on doit entendre à mon avis, les mots *devotus*, *devotio* & autres ſemblables, dont ſe ſervit Sigiſmond leur Roi dans une lettre qu'il écrivit à l'Empereur Anaſtaſe, par laquelle il lui parloit des engagements de ſes ancêtres avec l'Empire Romain. * Auſſi Idace dans ſa chronique, traite de rébellion leur invaſion dans la Gaule Belgique ſans la permiſſion des Romains; * & Jornandés dit en termes exprès, qu'ils avoient été leurs ſoldats. *

* Avit. Epiſt. 83.

* *Burgundiones, à Romanis rebellaverunt.* Idac. Chron.

* *Burgundiones, quondam Milites Romani; tunc verò jam in numero auxiliariorum exquiſiti.* Jorn. de reb. Get. cap. 36.

C'eſt là tout ce que j'ai pû découvrir de remarquable des Bourguignons avant qu'ils entraſſent dans les Gaules, & ſous l'Empire d'Honorius après qu'ils y furent entrés. Ce Prince mourut ſans poſtérité en 423, & Jean l'un de ſes principaux Officiers s'empara de l'Empire, comme ſi perſonne n'avoit eu le droit d'y ſuccéder; quoique Honorius eut laiſſé des héritiers légitimes. C'étoit Théodoſe le Jeune, fils de ſon frere Arcadius qui regnoit en Orient depuis l'an 408, & Valentinien troiſiéme, fils de ſa ſœur Galla Placidia & de Conſtance, qu'elle avoit épouſé en 417, & qui avoit été déclaré Auguſte en 421, en conſideration de cette alliance & de ſon rare mérite; mais une mort prématurée & fatale à l'Empire, l'enleva cette même année.

Bientôt après, les différends qui ſurvinrent entre Honorius & Galla Placidia, obligérent cette Princeſſe à ſe retirer avec ſa famille en Orient, auprès de ſon neveu Théodoſe, qui déclara Auguſte Valentinien & lui donna une armée, pour qu'il pût ſe mettre en poſſeſſion de l'Empire d'Occident. Jean qui l'avoit uſurpé, fut tué à Ravenne en 425, & Valentinien le poſſéda dèſlors paiſiblement, ſous la tutelle de Galla Placidia, Princeſſe d'une rare prudence & d'une piété ſinguliere, qui gouverna l'Empire heureuſement juſqu'à ſa mort.

Elle ſe ſervit du Comte Aëtius, grand & ſage

& du premier Royaume de Bourgogne.

Capitaine, qui mérita le titre de Défenseur de l'Empire, & qui l'acquit principalement dans les Gaules, où il défit Théodoric Roi des Visigots & successeur de Vallia, battit les Francs qui y étoient entrés sous la conduite de Clodion leur Roi, & les força à repasser le Rhein.

Cependant Gundahaire Roi des Bourguignons, s'étendoit au-delà des bornes qui lui avoient été prescrites. Aëtius l'attaqua, & remporta sur lui une victoire, dans laquelle il lui tua vingt mille hommes. Gundahaire céda au tems, se soumit & obtint la paix.* Ce fut en 435; mais l'on ne convient pas du lieu où se donna la bataille. Il est probable que c'étoit dans la premiere Belgique, parce qu'on lit dans Sidonius Apollinaris, qu'Aëtius a délivré les Belges, du joug que les Bourguignons leurs avoient imposé.

Belgam, Burgundio quem trux
Presserat, absolvit.

Cette défaite fut suivie d'une autre encore plus funeste; car environ cinq années après qu'Aëtius eut battu les Bourguignons, les Huns les taillérent en piéces, & tuérent Gundahaire leur Roi.* Il faut que la perte fut bien grande, puisque certains Historiens ont crû que Gundahaire y périt avec sa famille & son Peuple: *Hunni, Gundicarium cum populo ac stirpe deleverunt.* C'est d'où l'on prend occasion de dire, que Gondebaud ne descendoit pas de Gundahaire; & comme ils ajoutent qu'Aëtius donna aux Bourguignons qui restérent de cette défaite, la Savoye pour y habiter avec les gens du Païs; l'on en conclut que le Royaume des Bourguignons fut alors réduit à la Savoye. Comme c'est là un des points importants de notre Histoire, il paroît nécessaire de le déveloper.

C'est une exagération outrée de ces Historiens peu exacts, quand ils ont dit que le Roi des Bourguignons, sa Race & son Peuple, furent détruits par les Huns: Gondebaud étoit le petit-fils de Gundahaire, puisqu'il

* *Burgundiones, qui à Romanis rebellaverunt, Duce Aëtio, debellantur. Idac. Chron. Aëtius, Gundicarium Burgundionum Regem subegit, pacemque ei reddidit supplicanti. Cassiod. Prosp. Paul. Diac. Sigeb. Burgundio, flexo poplite, supplicat quietem. Sidon. App.*

* *Burgundionum Regem, non multo post Hunni peremerunt. Cassiod. Chron. Pacem Aëtius, Regi Burgundionum dedit; quâ non diu potius est, si quidem illum Hunni, cum populo suo ac stirpe, deleverunt. Prosp. Chron.*

le nomme *son auteur* dans ses Lois, *autorem nostrum* terme qui s'entend naturellement, d'*un auteur* du sang & de la famille. Il parle en d'autres endroits, des donations & des distributions faites par ses ancêtres. *Si quis de populo nostro, à parentibus nostris munificentiæ causâ, aliquid percepisse dignoscatur, &c. Quicumque agrum cum mancipiis, sive parentum nostrorum; sive largitione nostrâ, percepit, &c.* * Ces termes marquent une longue suite de Rois, dont Gondebaud étoit descendu; par conséquent son pere n'avoit pas regné le premier sur les Bourguignons, & il tenoit le Royaume de Gundahaire son ayeul.

* Lex Burg. tit. 13. & 54.

Gondebaud dit d'ailleurs, que son pere avoit eu deux freres qui avoient regné; *patrem quoque nostrum, & patruos nostros, regiæ memoriæ*; par conséquent Gundahaire avoit eu trois fils qui lui ont survécu. Ainsi pour réduire à sa juste valeur l'expression des Historiens qu'on réfute, l'on peut convenir avec eux, que plusieurs Princes de la Maison royale furent tués avec le Roi Gundahaire dans la bataille contre les Huns; mais il est prouvé par des témoignages bien supérieurs au leur, que ce Roi laissa trois fils qui lui succédérent, Gunderic, Gundioc, & Hilperic.

L'on doit juger de même de ce qu'ils disent, que le Peuple de Gundahaire fut détruit dans cette bataille. Ils n'ont voulu marquer autre chose par là, qu'une grande défaite, un combat dans lequel la meilleure partie du sang Bourguignon fut versé; puisque l'on voit dix ans après ce même Peuple faire tête, au passage du Rhein, à Attila, qui menoit avec lui une multitude effroyable de Soldats; se trouver ensuite à la bataille où il fut défait par Aëtius; & dans vingt autres années après, former un puissant Royaume.

La plus grande difficulté consiste à sçavoir qui étoient les Huns qui maltraitérent si fort les Bourguignons. Comme on voit dans l'Histoire, qu'Aëtius avoit des liaisons intimes avec cette Nation, & qu'il l'introduisit dans l'Empire; premiérement pour soutenir le parti de

Jean,

& du premier Royaume de Bourgogne. 233

Jean, contre Valentinien ; enſuite pour ſe maintenir dans la Charge de Maître de la Milice, que Valentinien lui avoit ôtée, & en dernier lieu, pour défendre les Gaules contre les Viſigots, auſquels ils ne croyoit pas pouvoir réſiſter avec les forces de l'Empire. On croit qu'Aëtius chargea les Huns en cette derniére occaſion, d'attaquer les Bourguignons, ou qu'il le leur permit.

Mais Aëtius avoit défait les Bourguignons peu d'années auparavant, & il leur avoit accordé la paix. Il n'avoit plus ſujet de les craindre, & ç'auroit été une perfidie, dont il n'étoit pas capable, de les faire attaquer dans le tems qu'ils repoſoient à l'ombre d'un Traité ſolemnel. Il n'étoit pas même de ſon interêt de le faire, parce que les Bourguignons auroient pû battre les Huns, & le priver du ſecours qu'il attendoit d'eux. Ils auroient pû auſſi s'unir avec les Viſigots & les Francs, pour leur défenſe commune ; & la politique vouloit, qu'Aëtius maintint les Bourguignons, loin de les oprimer, pour balancer dans les Gaules la puiſſance des autres Barbares qui s'y étoient établis, ou qui avoient deſſein de le faire. Car ce fut déja vrai-ſemblablement dans cette vuë, qu'après les avoir vaincus, il ne les renvoya pas dans la Germanie, comme il auroit pû le faire; & que content de les avoir fait ſortir de la Gaule Belgique, il les laiſſa dans leur premier établiſſement.

Il ne s'étoit pas encore écoulé trente ans depuis qu'ils avoient paſſé le Rhein, & il eſt bien probable qu'ils avoient conſervé au moins une partie du Païs qu'ils poſſédoient au-delà de ce Fleuve. Il étoit aſſez bon pour ne le pas abandonner entiérement, & c'étoit un lieu de retraite pour eux, au cas que les Romains entrepriſſent de les faires ſortir des Gaules.

Je crois donc que ce fut au-delà du Rhein, dans la partie du Païs qu'ils y avoient conſervée, qu'ils furent attaqués & défaits par les Huns, leurs ennemis anciens & irréconciliables. L'on peut même ſupoſer ſur ce plan, que ce fut par ceux qu'Aëtius apelloit dans les

G

Gaules. Cette Nation féroce, qui ne connoiſſoit ni la juſtice ni la raiſon, ayant trouvé ſur ſa route & hors des limites de l'Empire, les Bourguignons qu'ils haïſſoient; purent bien entreprendre de ſe vanger ſur eux en les attaquant à l'improviſte, de ce qu'ils avoient été défaits & leur Roi Uptare tué, environ quarante années auparavant.

Ce parti me paroît concilier tout ce que diſent les Anciens à cette occaſion, & faire connoître ce reſte de Bourguignons, que Proſper dit qu'on plaça dans la Savoye *. C'étoient à mon avis, ceux qui étoient reſtés au-delà du Rhein, & qui étant trop foibles pour s'y maintenir après leur derniére défaite, demandérent par l'entremiſe de leurs Compatriotes qui étoient établis dans les Gaules & en bonne intelligence avec l'Empereur, un lieu dans l'Empire où ils puſſent ſe retirer. On leur accorda la Savoye, parce que leur Nation étoit déja répanduë dans l'Helvétie de l'autre côté du Rhône; & je ne crois pas qu'on puiſſe ſe perſuader, ſi l'on réfléchit à ce que je viens de dire, que la Nation entiére ait été réduite à ce Païs fort ſtérile & de peu d'étenduë; ſur tout quand on la trouvera encore quelques années après, ſur le bord du Rhein & dans la Province Séquanoiſe, comme je vais le prouver.

* *Sapaudia, Burgundionum reliquiis, datur cum Indigenis dividenda.* Proſp. Chron. edit. Pith.

GUNDERIC. Genſeric Roi de Vandales, avoit épouſé la fille de Théodoric Roi des Viſigots. Il lui fit couper le nez & les oreilles, ſur le ſimple ſoupçon qu'elle avoit voulu l'empoiſonner, & la renvoya ainſi mutilée à ſon pere. Théodoric reſſentit cet affront auſſi vivement qu'il le devoit, & menaçoit le Roi des Vandales d'une vengeance proportionnée. On prétend que Genſeric pour faire une diverſion, engagea Attila Roi des Huns, à tenter de s'emparer des Gaules. * D'autres diſent avec plus d'aparence, qu'Attila avoit fait demander en mariage à Valentinien, Grata Honoria ſa ſœur; que Valentinien la lui refuſa, & que pour ſe venger de ce refus,

* Jorn. de reb. Get. cap. 36.

& du premier Royaume de Bourgogne. 235

le Roi des Huns forma le dessein d'entrer dans l'Empire d'Occident. * L'ambition, la cruauté & la passion démesurée de ce Barbare, pour le pillage, les meurtres & les incendies, suffisoient d'ailleurs pour l'y exciter.

Il sortit de son Païs en 451, à la tête d'un Armée innombrable. L'orage vint fondre d'abord sur les Bourguignons. Ils défendirent cependant en gens de cœur, le passage du Rhein & l'entrée du Païs qu'ils habitoient ; mais ils succombérent sous le nombre des ennemis. * Le Païs fut ouvert par cette défaite, la mémoire de la fureur des Huns, est restée dans nos manuscrits. Besançon ne pût pas leur résister ; ses ruines anciennes & le témoignage des Auteurs, font foi de ce qu'elle souffrit alors. *

Cette déroute des Bourguignons, ne les mit pas hors d'état de joindre l'Armée Romaine, avec les autres Alliés ou Vassaux de l'Empire, & de se trouver à la fameuse bataille qui se donna, suivant quelques Historiens, auprès d'Orléans, & suivant d'autres, auprès de Chalon en Champagne. * On combattit de part & d'autre avec un acharnement extraordinaire. Il resta, dit Paul Diacre, sur le champ de bataille, cent quatre-vingt mille morts ; & selon Jornandès & Idace, plus de trois cens mille. Les Visigots s'y distinguérent, & Théodoric leur Roi y fut tué. Attila eut le dessous & se renferma dans son Camp, résolu de se bruler s'il étoit forcé. Il auroit été facile au Général Romain d'achever sa défaite, s'il n'avoit craint qu'affoiblissant ses Troupes par un nouveau combat, les Barbares qui étoient venus à son secours, s'unissent pour s'emparer de ce que les Romains possédoient encore dans les Gaules. Il laissa donc échaper Attila, & les Huns qui lui restoient se retirérent dans leur Païs, d'où ils retournérent en l'année suivante ravager l'Italie.

Gondebaud dit dans ses Lois, que son pere & deux de ses oncles avoient regné ; *patrem quoque nostrum, & patruos, regiæ memoriæ.* J'ai suposé sur ce fonde-

* Attila, Gallias ingressus, quasi jure debitam, poscit uxorem. Prosp. chron. edit. Pith. Hist. Miscell. lib. 14.

* Attila itaque primo impetu, mox ut Gallias ingressus est, Gundicarium Burgundionum Regem sibi occurrentem, protrivit. Paul. Diac. lib. 15. Hist. Misc. ad lib. 15.

* Robert. Monach. Bonfin. rer. Hungar. Dec. 1, lib. 4. Olaüs. Ann. Strig. cap 4.

* Fuere interea auxilio Romanis Burgundiones, Alani, Franci, &c. Paul. Diac. lib. 15. Sid. Appol. ad Avit. Jorn. de reb. Geticis. cap. 36. Cette bataille, est nommée dans le titre 17 des Loix Bourguignones, pugna Mauriacensis.

Gg ij

ment, que Gundahaire tué par les Huns environ l'an 440, avoit eu trois fils ; Gunderic, Gundioc & Hilperic. Mais comme après la bataille livrée à Attila par Aëtius, l'Hiſtoire ne parle plus que de deux Rois Bourguignons fils de Gundahaire, ſçavoir de Gundioc & d'Hilperic ; il s'enſuit qu'il y en avoit eu un de tué dans cette Guerre. Ce ne fut pas dans la bataille générale, car les Hiſtoriens du tems ne le diſent pas, quoi qu'ils faſſent mention de la mort de Théodoric Roi des Viſigots, qui y perdit la vie. Ce fut par conſéquent dans l'affaire particuliére des Bourguignons & des Huns au paſſage du Rhein ; ce que l'Hiſtorien inſinuë quand il dit, *Attila, primo impetu, Gundicarium Burgundionum regem ſibi occurrentem, protrivit.*

Mais il le nomme mal Gundicaire ; car ce n'eſt pas un nom de la Langue Bourguignone, & il le prend pour Gundahaire qui avoit été tué dans la défaite des Bourguignons par les Huns, environ l'an 440. Il y a eu un Roi fils de Gundahaire, différent de Gundioc & de Hilperic, qui a régné depuis 440, & qui a été tué en 451. Il eſt difficile de dire ſon nom au juſte, cependant je conjecture qu'il s'apelloit Gunderic, parce qu'il y a eu un Roi Bourguignon qui portoit ce nom, environ ce tems-là.

GUNDIOC & HILPERIC.

Les Hiſtoriens l'ont confondu avec Gundioc pere de Gondebaud, qu'ils apellent, les uns Gunderic, & les autres Gundioc. En les diſtinguant comme je fais, on trouve les trois fils de Gundahaire. Gunderic qui a régné depuis 440 juſques en 451, & je crois qu'il a régné ſeul, comme étant l'aîné, parce que les Hiſtoriens le nomment Roi des Bourguignons au ſingulier, *Burgundionum Regem* ; Gundioc & Hilperic ſes freres, qui lui ont ſuccédé, & qui ont régné enſemble, car les Hiſtoriens les apellent Rois des Bourguignons, comme tenans le Royaume dans le même tems, *Burgundionum Reges* ; & comme il conſte que Hilperic avoit fait de Genève la Capitale de la part qu'il tenoit, l'on en doit conclure que cette part s'étendoit au-delà du Mont-Jura, jusques aux Alpes, & celle de Gundioc au-deçà dans les Provinces Séquanoise & Lyonnoise premiere.

Gundioc avoit épousé Careténe, sœur à ce que je crois du Comte Ricimer; car l'Histoire parle d'un Gondebaud Bourguignon, qu'elle dit être neveu de Ricimer, & qui ne peut être par raport à l'autorité qu'elle lui donne de faire élire des Empereurs, que le fils de Gundioc & son successeur au Royaume de Bourgogne. Mr. Duchesne nous a conservé dans son premier tome des Historiens de France, l'épitaphe de Careténe inhumée à Lyon.

L'on y voit que Careténe avoit épousé un Roi, qu'après la mort de son mari elle se retira dans un Monastére qu'elle avoit fait bâtir, & qu'elle y mourut, après avoir passé plusieurs années dans l'exercice de la vie Religieuse. Ces circonstances ne peuvent convenir qu'à la veuve de Gundioc: on lit d'ailleurs dans son épitaphe, qu'elle eut avant que de mourir, la consolation de voir rapeller ses petits-fils à la Foi Catolique.

Præclaram sobolem, dulcesque gavisa nepotes,
Ad veram doctos, sollicitare fidem.

Ce qui convient parfaitement à Sigismond & Gondomar petits-fils de Gundioc, qui abjurérent l'Arianisme du vivant même de leur pere Gondebaud.

Il est bien probable que Gundioc mari de cette pieuse Reine, étoit Catolique; & il me semble qu'on n'en peut pas douter, à la vûë d'une Lettre du Pape S. Hilaire adressée à Leonce Evêque d'Arles, & datée du Consulat de Basilius, qui est de l'an 465, par laquelle il nomme son fils, Gundioc qui s'étoit plaint à lui de l'intrusion d'un Evêque dans la Ville de Die. *

L'on sçait aussi qu'il y a eu à Genève une Princesse Bourguignone, nommée Sedeleube, qui y fit transporter de Soleurre les Reliques de S. Victor, l'un des Tribuns de la Légion Thébaine, & y fit bâtir une Eglise à l'honneur de ce saint Martyr. L'Histoire en parle comme d'une Princesse d'une piété éminente, & lui donne

* *Quantum enim filii nostri, viri illustris Magistri militum Gunduici sermone est indicatum, prædictus Episcopus invitis Deensibus, &c. Epist. 9. ad Leon.*

le titre de Reine;* ce qui me fait croire qu'elle avoit épousé Hilperic, celui des Rois Bourguignons qui avoit fait de Genève la Capitale de son Etat, & que Fredegaire l'a confonduë avec la sœur de Sainte Clotilde, qui suivant les autres Historiens, s'apelloit Chrone, & fut nommée Mucutune dans le Monastére où elle entra. *

* *Fredeg. Hist. Franc Epit. Cap. 17 & 22.*

* *Greg. Tur. Hist. lib. 2, cap. 28. Roric. lib. 2.*

L'on peut conjecturer de la piété & de la religion de Sedeleube, que le Roi Hilperic son mari étoit Catolique; mais un autre fait le démontre. C'est que Lupicin Abbé de Condate à présent S. Claude, étant allé à Genève où Hilperic tenoit sa Cour, ce Prince lui offrit des terres, que Lupicin s'excusa de recevoir; mais Hilperic l'engagea d'accepter pour son Monastére une pension annuelle de trois cens muids de bled, de cent mesures de vin & de cent écus d'or. * On lit dans l'Histoire de ce saint Abbé, écrite au commencement du sixiéme siécle, que Hilperic étoit un génie supérieur & un Prince débonnaire; elle lui donne le titre de Patrice des Gaules, & porte qu'il y regnoit. ** Gundioc son frere qui étoit Maître de la Milice Romaine, suivant des Lettres du Pape S. Hilaire, † y regnoit aussi; & c'étoit du consentement des Empereurs, puisqu'ils leurs avoient confié les principaux Emplois de l'Empire dans les Gaules.

* *Rex dedit eis præceptionem, ut annis singulis, trecentos modios tritici, eodemque numero, mensuras vini accipiant, & centum aureos, ad comparanda fratrum indumenta, quodusque nunc à fisci ditionibus capere referuntur. Greg. Tur. de vitis Pat. cap. 1.*
** *Vir illustris, Galliæ Patritius Hilpericus, sub quo ditionis Regiæ Jus publicum tempore illo redactum est. . . Hilpericus vir singularis ingenii, & præcipuæ bonitatis. Vit. S. Lupicin. apud Bol. ad diem 21 Martii.*
† *Lib. 5, epist. 6 & 7.*

Les titres de Patrice, de Maître de la Milice, & de Comte du Trésor, que plusieurs Rois Bourguignons ont porté; semblent demander que je parle ici des Charges de l'Empire Romain, qui subsistoient encore de leur tems.

L'autorité des Consuls qui avoit été si grande sous la République, fut bien diminuée sous les Empereurs. Cependant la dignité de cette Charge, dont les Empereurs même voulurent être revêtus, se soutint encore long-tems; & après la division de l'Empire, l'Orient nommoit chaque année un Consul, & l'Occident un autre, jusques en 467 qu'il n'y eut souvent qu'un Consul, quelquefois même il n'y en eut point, ou s'il y en eut, on ne les connoît pas. Cette Charge finit en 567 sous l'Empereur Juſtin, & tandis qu'elle dura, les Barbares même dattérent leurs actes du nom des Conſuls. Ce n'eſt pas qu'ils reconnuſſent en cela la ſouveraineté de l'Empire, mais comme c'étoit la maniere de compter les années dans les Païs où ils regnoient, ils l'adoptérent & la ſuivirent. Théodoric Roi des Oſtrogots, accepta le Conſulat d'Occident en 483. Clovis plus fier & plus ambitieux le refuſa, & les Rois barbares à ſon exemple, dédaignérent un honneur, qui étoit ordinairement poſſedé par des Sujets.

Il y avoit alors dans l'Empire, une autre Dignité d'un grand éclat; c'étoit celle des Patrices. L'on apelloit Patriciens dans le tems de la République, les deſcendans de ceux qui avoient été Sénateurs ſous les Rois de Rome, & ſous le premier Brutus. Leur nombre étant conſiderablement diminué dans les guerres civiles, Jules Céſar & Auguſte en firent de nouveaux, pour remplacer ceux dont les familles étoient éteintes. L'Empereur Claude en créa auſſi, qu'il choiſit dans les meilleures familles des Sénateurs. Les Patriciens étoient donc regardés comme les plus nobles de l'Empire. Ils n'avoient cependant pas le droit de dire leur avis dans le Sénat, s'ils n'avoient été élus Sénateurs à la maniére ordinaire. Enfin, le Grand Conſtantin fit de cette Dignité, qui étoit attribuée à la Haute-Nobleſſe & communiquée à la poſtérité, un titre d'honneur purement perſonnel, qui ſe donna dèſlors à ceux qui avoient exercé avec diſtinction, les premieres Charges de l'Etat. Il n'y eut d'abord que deux Patrices, l'un en Orient, l'autre en Occident; mais il paroît que le Patriciat fut multiplié à la ſuite. Car nous trouvons qu'Aëtius a porté le titre de Patrice des Gaules, & après lui Ægidius ou Giſlon. On leur donna la qualité de très-Illuſtres, & de Peres des Empereurs. On leur prodigua toutes les marques d'honneur, qui n'étoient pas expreſſément réſervées au Maître de l'Empire; & ces diſtinctions déterminérent des Rois à accepter le titre de Patrice.

Hilderic Roi de Bourgogne depuis l'an 451, le porta: Clovis même ne le dédaigna pas. Sigifmond autre Roi des Bourguignons, l'a porté, & les fucceffeurs de Clovis en confervérent le titre dans leurs Etats, après l'extinction de l'Empire; car on voit dans leur Hiftoire, que plufieurs de leurs principaux Officiers prirent la qualité de Patrices, jufques à Clovis II. Ce fut particuliérement dans l'ancien Royaume de Bourgogne, dont les Peuples étoient accoutumés à refpecter cette Dignité, que l'on confondoit quelque fois avec celle de Duc; puifque Grégoire de Tours donne indifféremment ces deux titres, à Mummol fous le Roi Gontran.

Les Gaules étoient gouvernées depuis Conftantin, par un Préfet du Prétoire. Cette Charge avoit commencé fous Augufte, & n'étoit pas d'abord confiderable, car les Sénateurs la croyoient au-deffous d'eux, & elle ne fe donnoit qu'à des Chevaliers Romains. Son emploi étoit de commander les Gardes du Prince; mais cet emploi même qui aprochoit de la perfonne du Souverain ceux qui l'exerçoient, en fit des favoris. Antonin le Philofophe commença à les confulter fur les affaires de Juftice, & Commode leur en abandonna l'adminiftration dans l'Empire; ce qui détermina Alexandre, d'ordonner qu'ils feroient pris dans le Corps du Sénat, pour que les Sénateurs ne fuffent pas jugés dans les affaires même capitales, par des fujets tirés d'un Ordre inférieur au leur. Ils cédoient en dignité aux Confuls & aux Patrices, mais ils les furpaffoient en autorité; car il n'étoit pas permis d'apeller de leurs Sentences, parce qu'ils étoient cenfés juger en place de l'Empereur; & ils devinrent les Miniftres & les Lieutenants Généraux de l'Etat, où ils difpofoient prefque abfolument de toutes chofes.

Cette Charge unique jufqu'à Conftantin, fut divifée fous fon Empire. Il créa quatre Préfets du Prétoire, un pour l'Orient, un fecond pour l'Italie, un troifiéme pour l'Illirie, & le quatriéme pour les Gaules, l'Efpagne & la

Grande

& du premier Royaume de Bourgogne. 241

Grande Bretagne. Le Préfet des Gaules, avoit un Vicaire dans chacune de ces trois Provinces. Ces Vicaires faisoient les fonctions du Préfet en son absence, & ils avoient d'ailleurs une Juridiction propre, qui leur étoit donnée par l'Empereur, dont les fonctions principales étoient de veiller sur les Gouverneurs des Provinces, & d'arrêter les Soldats déserteurs & vagabonds.

Chaque Province avoit aussi son Gouverneur particulier, qui y rendoit la Justice & qui avoit des Officiers subalternes. Des dix-sept Provinces des Gaules, six étoient gouvernées par des Consulaires, & les autres par des Magistrats d'un ordre inférieur, qu'on nommoit Présidents. Ce sont là les Officiers qui administroient la Justice dans les Gaules depuis Constantin.

Il y en avoit d'autres pour les affaires de la Guerre. C'étoient les deux Maîtres ou Généraux, l'un de l'Infanterie & l'autre de la Cavalerie. Ils commandoient les Troupes, & avoient la juridiction sur les Officiers & les Soldats. Il y avoit aussi un Maître de la Cavalerie pour les Gaules en particulier, qui avoit sous son commandement des Troupes ordinaires pour la défense de cette partie de l'Empire, & à qui les Généraux de l'Infanterie & de la Cavalerie envoyoient d'autres Troupes dans le besoin. C'étoit la Charge de Maître de la Milice dans les Gaules, qu'exercérent nos Rois Bourguignons, Gundioc & Chilperic l'un des fils de Gundioc ; & c'est une preuve non-seulement de leur valeur & de leur science dans l'art militaire, mais encore de la confiance que les Empereurs prenoient en leur probité, puisqu'ils leurs confioient les forces de l'Empire.

Les Maîtres de la Milice, avoient sous eux des Comtes & des Ducs. Le titre de Comte, tire son origine de la familiarité du Prince, & ce fut à la suite un nom d'Office & de Dignité. Il y avoit six Comtes Militaires dans l'Empire d'Occident, & douze Ducs. Ils avoient tous leurs propres Troupes comme nos Colonels, sur lesquelles ils exerçoient la juridiction. Les Comtes Militaires

H h

servoient dans les Armées, & les Ducs étoient préposés à la garde des frontiéres.

Parmi les grands Officiers de l'Empire qui portoient le titre de Comte, l'on doit mettre au premier rang, les Surintendans des Finances qui avoient succédé à la Dignité de Questeur, & il y en avoit trois; le Comte préposé aux biens du Fisc, celui qui gouvernoit les biens propres du Prince, & le Comte qui avoit soin des biens destinés à la dépense de sa Maison. Le premier qui étoit apellé le Comte du Trésor, étoit le plus considerable, & Sigismond l'un des Rois Bourguignons, en a eu le titre.

Voilà quelle étoit la Police Romaine du tems des Rois Bourgùignons Gundioc & Hilderic; & comme la décadence de l'Empire qui arriva sous leur regne, leur fournit les occasions d'élever leur Royaume au point de puissance & de grandeur où on le vit dèslors, il ne paroît pas hors de propos d'en parler ici.

L'autorité que Galla Placidia avoit conservée sur Valentinien son fils, l'avoit contenu; mais après la mort de cette Princesse qui arriva en 450, il s'abandonna à ses mauvaises inclinations. Il débaucha la femme de Petronius Maximus, homme Consulaire & Patrice, qui pour se venger de cet affront, conçut le dessein de priver Valentinien de la vie & de l'Empire.

Il dissimula cependant, & comme il étoit persuadé qu'il n'attenteroit pas impunément à la personne de son Prince, pendant qu'Aëtius seroit vivant, il résolut de s'en défaire par Valentinien même. Il gagna dans cette vûë, les domestiques qui aprochoient le plus familiérement de l'Empereur, pour lui rendre Aëtius suspect. Ce Prince foible, les crut trop facilement, & ayant attiré Aëtius dans son Palais, il le tua de sa propre main. La mort de ce grand homme, entraîna la perte de l'Empire. Les Barbares dont plusieurs le respectoient, & qui le craignoient tous, ne furent plus retenus par aucune consideration. Les Soldats irrités du meurtre de leur Général, perdirent le respect qu'ils devoient à l'Empereur,

& quelques-uns d'entre eux excités par Petronius Maximus, tuérent en 455 Valentinien, qui ne laissa que deux filles, Eudoxia & Placidia.

Petronius Maximus envahit l'Empire, contraignit la veuve du défunt Empereur de l'épouser, & maria son fils avec la Princesse Eudoxia. L'Impératrice également irritée de la violence qu'on lui avoit faite, & de la mort de son mari, apella Genseric Roi des Vandales en Afrique. Maximus n'eut pas le courage de l'attendre & de lui résister; il s'enfuit, & fut tué dans sa fuite. Genseric trouvant Rome sans défenseur s'en empara, mit cette Ville au pillage, & enleva tout ce qui avoit échapé aux Visigots; particuliérement les vases sacrés & les ornemens précieux des Eglises, qu'il fit transporter en Afrique, avec l'Impératrice & ses filles, dont Hunneric son fils épousa la plus jeune.

Théodose II. Empereur d'Orient étoit mort en 450, & n'ayant point laissé d'enfans, Pulchérie sa sœur avoit fait élire à sa place, Marcien Capitaine illustre & déja âgé, qu'elle épousa. Il se préparoit à rétablir l'Empire d'Occident, lorsqu'il fut surpris par la mort en 457. Leon fut mis à sa place.

Cependant Maecilius Avitus Général de la Cavalerie dans les Gaules, ayant apris la mort de Petronius Maximus, prit la Pourpre à Toulouse le 10 Juillet 455, après s'être assuré de l'apui de Théodoric Roi des Visigots, & des Rois Bourguignons dont il étoit ami depuis longtems. Cet Empereur né en Auvergne d'une famille illustre, étoit également propre à la guerre & aux négociations. Il avoit eu une grande part aux victoires d'Aëtius, & avoit parfaitement réussi dans plusieurs Ambassades dont il avoit été chargé pour le service de l'Empire; ce qui l'avoit fait passer par tous les grades de la Magistrature & de la Milice.

Après avoit été proclamé Empereur dans les Gaules par les Armées Romaines, & ayant été reconnu par le Sénat, il passa à Rome: mais soit qu'il craignit de ne pouvoir pas fe maintenir contre Marcien ; foit comme il y a plus d'aparence, qu'il fe défiât des Grands, & particuliérement de Majorien & de Ricimer les plus puiffans de tous, il abdiqua l'Empire fur la fin de l'an 456, reçut les Ordres facrés, & fut fait Evêque de Plaifance en Italie.

Peu de tems après, Majorien Maître de la Milice d'Illirie, prit la Pourpre à Ravenne, du confentement de Leon qui tenoit alors l'Empire d'Orient. Les Bourguignons qui étoient dans les interêts d'Avitus, irrités contre Majorien qu'ils foupçonnoient d'être la caufe de fa dépofition, entrérent à Lyon & dans l'Auvergne, où ils furent reçus comme amis ; & les Vifigots par le même motif, pouffèrent leurs conquêtes fur l'Empire Romain en Efpagne. Cependant Majorien chaffa les Vandales d'Italie, & ayant paffé les Alpes pendant l'hiver, il obligea les Bourguignons à lui rendre Lyon & l'Auvergne, où ils n'étoient pas encore bien établis. Il remporta enfuite deux victoires fur les Vifigots. Il avoit formé le deffein de chaffer les Barbares des Gaules, & il vouloit commencer par les Alains qui étoient les plus foibles, & qui en étant avertis, entrérent en Italie pour faire diverfion. L'Empereur y repaffa pour leur réfifter ; mais il y fut affaffiné en 461, par les ordres du Patrice Ricimer.

Ce Patrice étoit un Suéve, grand homme de guerre, qui avoit été élevé aux premieres Dignités de l'Empire par fon mérite. Aucun particulier n'y avoit plus de crédit & d'autorité que lui. Il s'en prévalut pour fe joüer des Empereurs, qu'il faifoit & défaifoit à fon gré. Il ne tenoit qu'à lui de prendre la Pourpre, mais il craignoit que fa qualité d'étranger ne le rendît odieux. Il fit donc proclamer Empereur à Ravenne, Libius Severus à la place de Majorien, fans s'embaraffer du confentement de l'Empereur d'Orient.

Les Vandales d'Afrique qui defcendirent en Sicile fous ce nouvel Empereur, en furent chaffés ; & les Alains qui étoient entrés en Italie fous Majorien, furent entiére-

& *du premier Royaume de Bourgogne.* 245
ment défaits par Ricimer. Mais Libius Severus mourut
en 464. Les Vifigots avoient profité des guerres qu'il
foutenoit en Italie, pour s'emparer de Narbonne; & l'on
tient que les Francs qui s'étoient déja établis dans la
feconde Germanie au-delà de la Somme, fe faifirent alors
de la Germanie premiere & de la feconde Belgique.

Cependant, Ricimer difpofoit en Souverain de toutes chofes en Italie, & la défendoit de fon mieux contre
les Vandales, qui y avoient fait une nouvelle invafion.
Il ne fit point d'abord nommer d'Empereur ; mais il pré-
vit qu'il lui feroit difficile de fe foutenir fans le fecours
de l'Empire d'Orient, & fans faire en Occident un Empereur, dont le titre étoit chéri par les Sujets & refpecté
par les Etrangers. Il en demanda donc un à l'Empereur
Leon, qui envoya Anthémius Patrice & Maître de la
Milice d'Orient, pour prendre cette place en 467.

Anthémius arrivé à trois milles de Rome, fut proclamé Empereur d'Occident, après deux années & quelques mois d'interregne. Il donna fa fille en mariage au
fils de Ricimer, dont la puiffance étoit fi bien établie,
qu'Anthémius fe crut obligé de le maintenir dans fes interêts par cette alliance : mais la jaloufie de l'autorité les
ayant broüillés, ils en vinrent à une guerre ouverte. Ricimer entra de force dans Rome, y prit Anthémius, &
fans refpecter ni fa Dignité, ni l'alliance qui étoit entre
eux, il le fit mourir en 472.

Anicius Olibrius qui fut mis à fa place, regna à peine
trois mois & quelques jours. Il avoit fait Patrice Gondebaud fils de Gundioc Roi Bourguignon, & neveu par
fa mere de Ricimer. Gondebaud qui étoit à Rome au
tems du décès d'Olibrius, & qui y avoit beaucoup de
crédit par raport à Ricimer fon oncle, fit élire Empereur
Flavius Glicerius le 5 Mars 473.

Glicerius après avoir regné un an trois mois, fut forcé
d'abdiquer l'Empire, par Flavius Julius Nepos que l'Empereur d'Orient y avoit nommé, & qui fut proclamé le
24 Juin 474. Mais le regne de Flavius ne fut pas plus

long que celui de son prédécesseur. Il fut dépoüillé de l'Empire par Oreste, Goth d'origine, Patrice & Maître de la Milice en Italie, qui mit à sa place Momillus Augustus son fils, au mois d'Octobre de l'an 475. Les Partisans de Nepos qui n'obéissoient qu'à regret au nouvel Empereur, apellérent en Italie Odoacre Roi des Hérules, qui prit Rome, fit tuer Oreste à Plaisance & Paul son frere à Ravenne, relégua Momillus dans un Chateau de la Campanie & se fit proclamer Roi d'Italie le 23 Aout 476. Il n'y eut plus dèsors d'Empereurs en Occident jusqu'à Charlemagne.

Les Bourguignons demeurérent attachés à cet Empire, tandis qu'il subsista. Gundioc & Hilperic leurs Rois, se joignirent à la priere d'Avitus, à Théodoric II. Roi des Visigots, pour faire la guerre à Richiaire Roi des Suéves, qui avoit pris sur les Romains les Provinces Carthaginoise & Tarragonoise. Richiaire fut défait le 5 Octobre de l'an 456, & ayant été pris dans sa fuite, Théodoric le fit mourir. ★

* *Theodoricus, arma movit in Suevos; Burgundionum Gundiacum & Hilpericum Reges auxiliares habens. Jorn. de reb. Get. cap. 44, sig. de Imp. Occid. in Avit.*

Dèsors & en 470, Riothime Roi des Bretons, apellé dans Bourges par les Romains, pour défendre ce Païs contre Evaric Roi des Visigots, frere & successeur de Théodoric II. ayant été battu, il se retira chez les Bourguignons, que l'Histoire apelle à cette occasion, Alliés des Romains & voisins du Berri ; ce qui marque qu'ils avoient déja passé la Sône, & qu'ils occupoient la premiere Lyonoise en 470. ★

* *Riotimus Britonum Rex, amplâ parte exercitûs amissâ, cum quibus potuit fugiens, ad Burgundionum gentem vicinam, Romanis in eo tempore fœderatam advenit. Jorn de reb. Get. cap. 45.*

* *Burgundiones, partem Galliæ occupavere, & cum Gallis divisere Senatoribus, Joanne & Varane Consulibus. Chron. Mar.*

Les services qu'ils avoient rendus à l'Empire contre Attila en 451, & ceux qu'ils rendirent encore contre les Suéves en 456, engagérent les Romains à leur abandonner tout le Païs dont ils avoient besoin pour établir leurs Soldats. C'est pourquoi nous lisons dans la Chronique de Marius, que les Bourguignons occupérent une partie des Gaules & la partagérent avec les principaux du Païs en 456 ; c'est de ce partage des terres dont il est parlé dans les Lois de Gondebaud. ★

On souffroit qu'ils s'y étendissent, & on les y recevoit

volontiers, dans un tems auquel on n'attendoit plus de secours de l'Empire, contre les Etrangers qui avoient entrepris de l'envahir; parce qu'ils avoient été alliés fidéles des Romains, & qu'ils étoient les plus équitables & les plus humains d'entre les Barbares. ✝ Il n'y avoit plus que les grandes Villes, comme Lyon, Vienne & Besançon, qui fussent encore gouvernées par les Magistrats de l'Empire dans le tems de sa décadence; & ces Villes se donnérent aux Bourguignons après qu'elles le virent entiérement tombé.

* *Hi nimirum sunt, quos se jamdudum perpeti, inter clementiores barbaros, Gallia gemit. Sidon Apol. lib. 5, epist. 7.*

Les Visigots en vouloient sur tout à la premiere Province d'Aquitaine, qui étoit dans leur voisinage. Elle fut vaillamment défenduë par le Comte Ædicius fils de l'Empereur Avitus, qui en étoit Gouverneur. Mais elle succomba à la fin, quoique les Bourguignons fissent des efforts pour la défendre, comme on le voit par une Lettre de Sidoine Apollinaire, qui étoit Evêque de Clermont en Auvergne. ✝ On voit par d'autres Lettres de ce Prélat, que plusieurs des principaux de la Noblesse d'Aquitaine se retirérent dans les Etats des Rois Bourguignons, dont ils préféroient la domination à celle d'Evaric Roi des Visigots, Arrien zélé qui persécutoit les Catoliques.

* *Suspecti Burgundionibus, proximi Gotis, nec pugnantium ira, nec propugnavum caremus invidia. Sidon. Apoll. lib. 3, epist. 4. Jorn. de reb. Get. cap. 45.*

Après cette conquête, les Visigots qui tenoient déja la premiere Province Narbonoise, s'emparérent de la seconde. Ils prirent Arles & Marseille, & battirent les Bourguignons, qui vouloient aparemment s'y oposer. Jornandès qui raporte ce fait, dit qu'ils subjuguérent les Bourguignons: *Evaricus, Burgundiones subegit*: ✝ mais je crois qu'on ne doit l'entendre que d'une simple défaite, parce qu'il ne paroît pas que les Bourguignons aient été soumis aux Visigots.

* *Jorn. de reb. Get. cap. 47.*

Le Royaume de Bourgogne prit alors sa consistance. Entouré des Visigots dans la premiere Aquitaine & la seconde Narbonoise, & des Romains par ce qui leur restoit dans la Gaule Belgique; il comprenoit la Province Séquanoise, la Viennoise, celle des Alpes, la premiere Lyonoise, le Nivernois dans celle de Sens, & la partie de la seconde Narbonoise qui est entre le Rhône & la Durance.

Le Royaume des Visigots, fut aussi composé dèslors, de la partie de la premiere Narbonoise qui est entre la Durance, les Alpes & la mer, de la seconde Narbonoise, des deux Provinces d'Aquitaine, de la Novempulanie, & d'une partie de l'Espagne.

L'on ne sçait pas précisément le tems du décès des Rois Bourguignons, Gundioc & Hilperic. Mais l'on tient qu'Hilperic mourut le premier sans enfans : l'on fixe communément la mort de Gundioc à l'an 476. J'ai dit qu'il avoit épousé la sœur du Patrice Ricimer : il en eut quatre fils, Gondebaud, Godegesile, Chilperic & Godomar.

GONDEBAUD. GODEGESILE. CHILPERIC, ET GODOMAR.

Je les range dans l'ordre dans lequel Grégoire de Tours les a nommés, & je supose que Gondebaud étoit l'aîné, parce qu'il est nommé le premier par cet Auteur. Il fut d'ailleurs le plus honoré pendant la vie de son pere, puisqu'il avoit été fait Patrice, & qu'il eut le crédit de faire en Italie où il étoit en 473, un Empereur d'Occident.

Chilperic son frere s'étoit distingué aussi ; car il étoit Maître de la Milice dans les Gaules, & il y avoit remporté quelques victoires, suivant Sidonius Apollinaris, * qui l'apelle *victoriosus vir*. Il étoit Catolique, suivant Grégoire de Tours ; & l'on peut conclure que Godegesile & Théodelinde son épouse l'étoient aussi, de ce que les Actes de la Vie de S. Victor & de S. Ours, portent qu'ils firent bâtir une belle Eglise dans Genève en l'honneur de S. Victor. *

* *Magister Militum Chilpericus, & victoriosus vir. Sid. Apoll. lib. 5, epist. 6.*

* *In vit. Patr. cap. 1.*

Le Royaume de Bourgogne fut partagé entre les quatre fils de Gundioc, & je crois que ce fut avec subordination à Gondebaud leur aîné, qui portoit seul le titre de Roi, puisque Sidonius Apollinaris parlant de Chilperic ne le nomme que Tétrarque. *

* *Sidon. Apoll lib. 6, epist. 7.*

Il est difficile de déterminer quelle fut la part de chacun de ces Princes. Il me semble que Chilperic avoit la partie de Vienne, parce qu'il fut assiégé & surpris dans

cette

cette Ville par Gondebaud, & que s'il l'avoit nouvellement conquise sur lui, il ne s'y seroit pas confié comme il fit. D'autre côté, il paroît par des Lettres de Sidonius Apollinaris, que Chilpéric étoit irrité de ce que les Visigots s'étoient emparé de Vaison, * & qu'il soupçonnoit quelques parens de Sidonius d'y avoir contribué. Or Vaison convenoit mieux à la partie de Vienne, qu'à toute autre partie du Royaume de Bourgogne.

Sidon. Apoll. lib. 5, epist. 6 & 7.

Gondebaud avoit la partie de Lyon, qui étoit la Ville principale & la plus considerable de l'Etat, où il a presque toujours fait sa résidence. Ce fut auprès d'Autun que Chilperic & Godomar le défirent, ce qui supose qu'Autun Ville de la premiere Lyonnoise, étoit dans le département de Gondebaud, qui étoit attaqué dans cette guerre & poussé par ses freres.

Ils avoient apellé les Allemans à leur secours; d'où je conclus que la part de Godemar ligué avec Chilperic, touchoit le Païs des Allemans; & c'étoit plus probablement la partie de Genève que celle de Besançon, parce que Besançon étoit trop éloigné de Vienne pour que les Maîtres de ces deux Villes pûssent s'unir contre le possesseur de Lyon, & que les Allemans occupoient alors la partie de la Suisse voisine de Genève. C'est ce qui me détermine à placer la part de Godomar à Genève entre le Mont-Jura & les Alpes, & celle de Godegesile à Besançon dans le Diocèse de cette Ville & dans celui de Basle.

Cependant je ne donne ce que je dis sur ce partage, que comme une conjecture; parce que je sçai que de tres-habiles Historiens ont dit que Godomar avoit eu Besançon, & Chilperic Langres & Autun. Mais il faudroit en ce cas attribuer à Hilderic frere de Gundioc, ce que Sidonius Apollinaris a dit de la colére de Chilperic, contre ceux qui avoient contribué à rendre les Visigors maîtres de Vaison; ce qui me paroît difficile par raport au tems qui dût être après l'an 476, auquel Hilperic auroit survécu dans ce systême; & à ce que

Sidonius Apollinaris donne au Prince dont il parle la qualité de Tétrarque, qui fupofe la divifion du Royaume de Bourgogne en quatre parties. Or du tems d'Hilperic, il n'étoit divifé qu'en deux.

L'on ne fçait pas quel fut le fujet de la guerre qui s'éleva entre ces freres, ni en quel tems elle fe fit. Mais il eft probable que ce fut un peu après leurs partages. Chilperic & Godomar qui n'étoient aparemment pas contents de leurs parts, ou qui fe voyoient à regret foumis à Gondebaud, apellérent les Allemans à leur fecours, & lui livrérent une bataille auprès d'Autun, dans laquelle il fut vaincu.

Il s'enfuit, & fe tint caché. Ses freres crurent qu'il étoit refté au nombre des morts, parce qu'ils n'entendoient point parler de lui, & qu'ils ne fçavoient pas le lieu de fa retraite. Ils congédiérent les Allemans qu'ils avoient pris à leur folde, & demeurérent tranquiles dans Vienne. Gondebaud attendoit le moment favorable pour paroître & relever fes affaires. Il fit avertir en fecret les Seigneurs fur la fidélité defquels il comptoit, qu'il étoit encore en vie, afin qu'ils priffent les mefures convenables pour fe joindre à lui, quand il le jugeroit à propos.

Lorfqu'il fe crut affuré d'un parti fuffifant, il fe montra & fut joint par des troupes confiderables, avec lefquelles il marcha à Vienne avec tant de diligence, qu'il furprit fes freres dans cette Ville. Godomar s'enferma dans le Palais, que les Hiftoriens apellent une Tour, parce que les Palais des Rois étoient alors fortifiés & faits en maniere de Tour. Il s'y défendit avec tant de courage, qu'on fut obligé d'y mettre le feu pour le faire fortir; mais il préféra d'y être brûlé, à la honte de fe rendre. Chilperic fut pris, & Gondebaud lui fit couper la tête. Peut-être avoit-il droit de le regarder comme un rébelle, fi comme il eft probable, il avoit été chargé par leur pere de relever de Gondebaud fon aîné. Mais toujours eft-il certain, qu'il le pouvoit traiter comme un agresseur injuste, qui l'avoit dépoüillé de son Royaume, & à qui il n'avoit pas tenu de lui ôter la vie. Si Gondebaud la lui avoit conservée, il se seroit exposé à de nouveaux périls de la part de cet esprit turbulent & inquiet. L'Histoire & les mœurs de ce tems, nous fournissent un grand nombre d'exemples qui le justifient en quelque maniere. Et d'ailleurs il ne fit pas périr ses freres de sang froid & par un assassinat pour regner à leur place, comme tant d'autres Rois Barbares. Ce fut dans la chaleur de la guerre, & après avoir été réduit par ces mêmes freres aux dernieres extrémités.

La femme de Chilperic portoit le nom d'Agrippine,* & elle en avoit l'ambition. Comme elle avoit incité son mari à la guerre, Gondebaud crut qu'il pouvoit lui faire porter la même peine; il la fit donc noyer dans le Rhône. Quelques Historiens disent qu'elle avoit deux fils qu'on fit tuer & jetter dans un puits. Mais n'ont-ils point confondu ce fait, avec celui de la mort des enfans de Sigismond, ausquels Clodomir fit un pareil traitement? car Grégoire de Tours ne donne que deux filles à Chilperic, dont l'aînée nommée Chrone dans quelques Auteurs & Mucutune dans d'autres, fut enfermée dans un Monastere; probablement parce qu'elle étoit déja assez âgée pour conserver du ressentiment de la mort de son pere & de sa mere. L'autre apellée Chrotilde ou Chrotechilde, connuë sous le nom de Clotilde, étant encore fort jeune, fut élevée à la Cour de Gondebaud, qui eut pour elle une affection de pere.

* *Sid. Apoll. epist. 7, lib. 5, & ibi Savaro.*

Son procedé envers Clotilde, prouve que la politique eut plus de part que l'inhumanité, à la conduite qu'il tint envers son frere & sa famille. Encore sa prudence fut-elle trompée, car la conservation & le mariage de cette Princesse, furent dans la suite la cause, ou du moins le prétexte du renversement de son Etat & de l'extinction de sa postérité.

GONDEBAUD & GODEGESILE.

Godegesile n'entra point dans le complot de ses freres, puisqu'il ne fut pas envelopé dans leur disgrace, &

qu'on le voit quelque tems après regner dans Genève, sur la partie du Royaume de Bourgogne qui est entre les Alpes & le Mont-Jura ; soit que Gondebaud la lui eut' échangée contre celle de Besançon, soit que ce fut celle qu'il avoit d'abord eu en partage.

Cependant Odoacre qui s'étoit fait proclamer Roi d'Italie en 476, avoit privé les Consuls & le Sénat Romain de ce qui leur restoit d'autorité ; & pour affermir sa domination, il avoit cédé à Evaric Roi des Visigots, ses conquêtes sur l'Empire dans la Gaule Narbonnoise. Il avoit aussi fait des traités avec Gondebaud & Godegesile Rois des Bourguignons ; mais comme il n'en exécutoit pas les conditions, ces Rois passérent au-delà des Monts en 493 à la tête d'une Armée. Ils y trouvérent peu de résistance, parce que Odoacre étoit occupé à défendre l'entrée de son Etat contre Théodoric Roi des Ostrogots. Ils ravagérent sans obstacle la Ligurie & l'Emilie, & comme ils virent que l'Italie alloit changer de maître, parce que Théodoric avoit eu l'avantage sur Odoacre, ils s'en retournérent avec un nombre prodigieux de prisonniers, qu'ils réduisirent en servitude.

Les campagnes de ces deux belles Provinces, étant ainsi demeurées désertes & sans cultivateurs, les Evêques de Pavie & de Milan, suplièrent Théodoric devenu Roi d'Italie après avoir vaincu & fait mourir Odoacre, d'intercéder auprès des Rois Bourguignons, pour la délivrance de ce pauvre Peuple. Théodoric consentit d'y donner ses soins, & chargea de la négociation Epiphane Evêque de Pavie, parce qu'il sçavoit qu'il étoit agréable à Gondebaud qui l'avoit connu pendant qu'il étoit en Italie en 473 ; il offrit même de fournir l'argent qui seroit nécessaire pour la rançon des prisonniers.

Epiphane fut accompagné dans son Ambassade, par Victor Evêque de Turin ; & Gondebaud informé de leur arrivée, dit à ses Courtisans, qu'ils aloient voir dans l'Evêque de Pavie, un Prélat qui ressembloit à S. Laurent par les traits de son visage comme par ses vertus. Il lui

& *du premier Royaume de Bourgogne.* 253

donna une audiance promte & favorable, dans laquelle le saint Prélat tâcha d'inspirer à Gondebaud par une harangue tendre & chrétienne, la charité qui l'animoit pour la liberté de tant de malheureux. Le Roi voulut bien excuser son irruption en Italie, par le récit des infractions des traités qu'il avoit fait avec Odoacre, & qui l'avoient engagé dans une guerre, dont le droit lui avoit permis d'enlever le Peuple d'un Roi qui l'avoit trompé. Il ajouta qu'il pouvoit garder ses prisonniers sans blesser les régles de la justice, mais qu'il vouloit bien en les renvoyant, donner à Théodoric des marques de son affection, & faire voir à ses Ambassadeurs la consideration qu'il avoit pour eux. Il leur dit, qu'ils pouvoient s'en retourner dans cette esperance, & qu'il aloit régler dans son Conseil, les conditions du traité. Elles furent, que ceux qui avoient été pris les armes à la main paieroient rançon, & que les autres seroient rendus gratuitement.

Epiphane & Victor passèrent ensuite à Genève où Godegesile tenoit sa Cour, & ils obtinrent de lui les mêmes conditions pour la liberté des prisonniers qui étoient dans ses Etats. Le nombre en fut si grand dans l'un & l'autre des Royaumes de Bourgogne, qu'il sembloit, disent les Auteurs du tems, à celui d'une Armée en marche. Les Evêques les remenérent en Italie, où ils furent reçûs avec des larmes de joie, & au bruit des acclamations qu'on entendoit de toutes parts, sur leur zéle & sur la bonté des Princes cléments & miséricordieux, qui avoient rendu la liberté à tant de captifs.[*]

[* *Ennod. in vit. Epiph. Ticin. hist. Misc. lib. 14. Cassiod.*]

Théodoric Roi des Ostrogots ou Gots Orientaux, possesseur paisible, après la mort d'Odoacre, de l'Italie, de la Sicile, de la Rhétie & de la Dalmatie, crut que l'amitié des Rois qui régnoient dans les Gaules, lui étoit nécessaire pour se maintenir dans sa nouvelle conquête. Il rechercha leur alliance dans cette vûë, épousa Audeflede sœur de Clovis, & maria ses deux filles Ostrogothe & Theudicode, la premiere au Roi des Visigots Alaric, &

la seconde à Sigismond fils de Gondebaud Roi des Bourguignons.*

* Jornand. de reb. Get. cap. 58.

Gondebaud avoit aussi deux Princesses à sa Cour. L'une étoit sa fille, qui mourut dans le tems que son mariage étoit conclu avec un Roi que l'Histoire ne nomme pas. * L'autre étoit Clotilde sa niéce fille de Chilperic, dont les Historiens vantent la beauté & la sagesse. Ils disent que les Ambassadeurs que Clovis tenoit à la Cour de Bourgogne, l'ayant informé des belles qualités de cette Princesse, il la fit demander en mariage à son oncle, qui la lui accorda, lui donna une dot considerable en meubles & en argent, & la fit accompagner par les Seigneurs de sa Cour jusques aux frontieres de ses Etats, où elle fut reçûë par les Seigneurs François & conduite à Clovis ; que ce Prince ayant reconnu qu'on ne lui en avoit rien dit qui ne fut au-dessous de la verité, l'épousa avec joie, l'aima constamment à la suite, & se rendit dans peu aux invitations qu'elle lui faisoit d'embrasser la Religion Catolique ; car il étoit Païen dans le tems de leur mariage. *

* Potest equidem durum videri, vicinam thalamis virginem, præreptam ; quæ tamen ambita est ut Regina, defuncta est incontaminata. Avit. epist. 5.

* Porro Clodovæus, dum legationem in Burgundiam sæpius mittit; Chrotildis puella reperitur à legatis ejus ; qui cum eam vidissent elegantem atque sapientem, & cognovissent quòd de regio esset genere, nuntiaverunt hæc Clodovæo Regi. Nec moratus ille, ad Gundobaldum legationem dirigit, eam sibi in matrimonio petens, quòd ille recusare metuens, tradidit eam viris; eamque accipientes puellam, Regi velociùs repræsentant ; quâ visâ Rex valde gavisus, suo eam conjugio sociavit. Greg. Tur. Hist. lib. 2, cap. 28.

Je passe sous silence, les circonstances dont Frédegaire, Roricon & Aimoin ont chargé ce récit, parce qu'elles sentent la fable & le roman ; qu'elles ne conviennent pas à la prudence ni à la dignité de Gondebaud, qui étoit l'un des Princes de son tems le plus politique & le plus mesuré ; & qu'elles sont injurieuses à la mémoire de Clotilde dont ces mêmes Auteurs vantent la sagesse, qui a mérité d'être mise au catalogue des Saints, & qui devoit avoir de la reconnoissance pour Gondebaud, quoiqu'il eut fait mourir son pere & sa mere, puisqu'il l'avoit conservée, élevée comme son enfant, & mariée au plus grand Roi qu'il y eut alors.

Je ne crois pas d'ailleurs, que sur ce fait ni sur beaucoup d'autres qui concernent nos Rois Bourguignons, on doive ajouter une foi entiere aux Auteurs François

& du premier Royaume de Bourgogne. 255

d'un tems postérieur ; parce qu'ils ont écrit sans discernement ni critique, qu'ils ont adopté tous les contes du vulgaire, & que les enfans de Clovis ayant usurpé le Royaume de Bourgogne, oprimé & fait mourir ses Rois quoique leurs proches parents ; on a cherché après coup dans leur Nation, à les excuser par des faits inventés à plaisir, & à rejetter la haine de ces actions injustes & barbares, sur Clotilde qui n'en étoit pas capable, parce que c'étoit une Princesse vertueuse & modeste, & en un mot une Sainte.

Le regne de Clovis & de ses enfants, & l'établissement des François dans les Gaules, influëront tellement à la suite sur l'Histoire du Royaume de Bourgogne, qu'on ne peut se dispenser de prémettre ici quelque chose de cet établissement, & de l'origine de la Nation illustre, qui a porté la premiere le nom François.

Elle habitoit entre le Rhein, l'Océan Germanique & l'Elbe. Elle étoit habile dans la navigation, & s'est renduë fameuse dans les commencements, par ses courses sur la mer. Mais l'on doute si c'étoit une seule Nation, qui s'étoit étenduë depuis les bords de l'Océan le long de la rive droite du Rhein, d'où elle a passé plusieurs fois dans les Gaules ; ou si divers Peuples qui occupoient cette contrée, ne portoient pas le nom général de Francs. Ce qui semble faire prévaloir cette derniere opinion, est qu'on trouve dans les Cartes anciennes de l'Empire Romain, le nom de *Francia* donné à tout le Païs, & que plusieurs Nations y sont placées, sans qu'il y en ait aucune en particulier qui portât le nom de *Franci*. L'on voit aussi que les Saliens, les Sicambres, les Bructériens, les Ansivariens, les Chauques, les Hérusques & les Chattes, ou ceux qui avoient occupé leur place & qu'on fait venir des bords de la mer Baltique, sont souvent apellés *Franci* par les Auteurs. L'on peut comprendre aussi sous ce nom les Frisons voisins de l'Isle des Bataves, parce que l'Histoire nous aprend, que les François s'étoient emparé de cette Isle. Il est donc probable que les François étoient plusieurs Peuples unis comme le sont les Cantons Suisses, qui avoient chacun leur nom particulier, mais qui prirent en général le nom de Francs qui leur est resté, soit parce qu'ils avoient maintenus leur liberté contre les Romains, soit parce qu'ils avoient secoüé leur joug ; car ce nom signifie en langue Tudesque une Nation libre.

Ils tentérent d'entrer dans les Gaules avant qu'Aurélien fut Empereur, & dans le tems qu'il commandoit dans Mayence. Ils furent du nombre des Barbares, que Probus défit & chassa au-delà du Rhein. Ils firent d'autres irruptions dans les Gaules, sous Maximien, Constance, Constantin, Constans, & Julien. Ils y voulurent entrer pendant que le Tyran Maxime y regnoit, & il leur résista. Arbogaste sous Valentinien II. & Stiilicon sous Honorius, les arrêtérent dans une pareille entreprise. Ils se joignirent aux Romains pour empêcher les Vandales d'y pénétrer, en 407. Ils y entrérent eux-mêmes dans la suite, prirent la Ville de Tréve du tems d'Honorius, mais ils furent forcés à repasser le Rhein. Ils y revinrent sous Valentinien III. & furent repoussés par Aëtius en 428. Enfin ils y retournérent sous leur Roi Méroüé en 449, occupérent la seconde Germanie, & ils y furent soufferts par raport au péril dont l'Empire étoit menacé par les Huns. Ils le servirent utilement contre eux, & s'étendirent après la mort d'Aëtius, dans la premiere Belgique & dans la premiere Germanie. Ils donnérent du secours à Majorien contre les Visigots, & l'on a trouvé, dans le milieu du dernier siécle, auprès de Tournay, le tombeau de Childeric leur Roi, fils de Meroüé.

Childeric mourut en 481, & Clovis son fils lui succéda à l'âge de 15 ans. Siagrius tenoit alors la seconde Belgique, & tout ce qui restoit de l'Empire Romain dans ce quartier des Gaules. L'Empereur Avitus y avoit placé le Patrice Ægidius pere de Siagrius, & l'avoit fait Maître de la Milice Romaine, pour s'oposer aux progrès qu'y faisoient les François. Siagrius après la chute de l'Empire tenoit ce Païs comme Souverain.

Clovis

& du premier Royaume de Bourgogne. 257

Clovis qui avoit toutes les qualités des Conquérans, & qui ne cédoit à aucun en ambition, forma le dessein de s'emparer de ce reste de l'Empire, & peut-être déja de conquérir les Gaules entieres. Il réunit dans cette vûë plusieurs autres Rois des François, & tous ensemble marchérent à Soissons, où Siagrius avoit fixé sa résidence. Siagrius assembla ses troupes, fut à la rencontre des François, & leur donna bataille; mais il la perdit, & fut réduit à se retirer chez les Visigots en 485.

Il auroit pû relever son parti, & engager les Rois des Visigots & des Bourguignons à s'unir contre les François, dont la puissance & le voisinage étoient à craindre. Ce fut ce qui détermina Clovis à le demander à Alaric, qui avoit succédé à Evaric son pere au Royaume des Visigots. Alaric jeune Prince & courageux, fut choqué de cette demande, qui blessoit le droit des gens. Mais son Conseil lui ayant fait apréhender la guerre avec une Nation victorieuse, il remit l'infortuné Siagrius entre les mains des Envoyés de Clovis, qui lui fit couper la tête, conquit ensuite sans peine & dans peu de tems, tout ce qui restoit de l'Empire Romain dans les Gaules, & étendit son Royaume jusques aux frontieres de ceux des Visigots & des Bourguignons.

Après avoir passé quelques années à s'y affermir, il épousa Clotilde. L'on a vû les motifs de ce mariage, & peut-être encore que Clovis se persuadoit que les Gaulois qu'il avoit nouvellement subjugués, lui obéiroient plus volontiers quand ils le verroient marié avec une Princesse de la même Religion qu'eux. Grégoire de Tours nous aprend, que Clotilde obtint du Roi son mari, la permission de faire batiser leurs enfants, & qu'elle le sollicitoit souvent d'embrasser le Christianisme; mais que fortement prévenu des erreurs dans lesquelles il avoit été élevé, il y persista, jusqu'à ce qu'un péril pressant l'obligea de recourir au Dieu de Clotilde, & lui fit connoître que ce Dieu étoit le maître des Armées & du sort de la guerre.

J'ai dit qu'en 373, sous le 4e. Consulat de Valentinien & de Valens, les Allemans épouvantés de voir descendre dans leurs Païs quatre-vingt mille Bourguignons, se retirérent dans la Rhétie, d'où ils s'étendirent dans l'Helvétie, & que les Bourguignons occupérent leur place sur le bord du Rhein. Lorsque ceux-ci furent entrés dans les Gaules, & que ce qui en restoit au-delà du Rhein, eut été défait par les Huns en 440, les Allemans rentrérent dans leur ancien Païs, sans quitter cependant l'Helvétie ni la Rhétie, car ils occupérent encore dèslors l'un & l'autre bord du fleuve, suivant ces vers de Sidonius Apollinaris.

Rhenumque ferox Alemanne bibebas
Romanis ripis, & utroque superbus in agro,
Vel civis vel victor eras.

Nos Chartes & nos Légendes, les placent encore long-tems après au-deçà du Rhein, le long du Mont-Jura, jusqu'au Païs d'Avanche ou Evêché de Lausane. L'Auteur anonime qui a écrit dans le sixiéme siécle la Vie des Saints Abbés Romain & Lupicin, & Grégoire de Tours, disent que ces Saints établirent des Monasteres dans le Mont-Jura auprès de l'Allemagne, & que du tems de Saint Oyan troisiéme Abbé de Condate, les Allemans empêchoient par leurs incursions, qu'on ne pût aller prendre librement du sel coctile dans la terre des Hériens, qui est Salins dans le Comté de Bourgogne ; ce qui les supose voisins de ce lieu, & Habitants de l'autre côté du Mont-Jura.

Cette Nation formidable, qui avoit si souvent fait trembler l'Empire Romain, voyoit d'un œil de jalousie, les François établis dans les Gaules. Résoluë de les en chasser, & d'occuper le Païs qu'ils y tenoient, elle descendit le long du Rhein, & le passa, suivant l'opinion commune, auprès de Cologne. Clovis attentif aux démarches des Allemans, alla à leur rencontre, & les joignit à Zulpik dans le Païs de Juliers. Les deux Armées en

& du premier Royaume de Bourgogne. 259

vinrent aux mains, & combattirent au commencement avec un acharnement & une valeur égale; mais celle de Clovis ayant commencé à plier, ce Prince se vit presque au moment d'une honteuse défaite & d'une ruine entiere.

Ce fut dans cet instant critique, qu'il invoqua tout haut le Dieu des Chrétiens, & qu'il promit de se faire batiser. Animé d'une nouvelle ardeur après cette promesse, il réunit tous ceux qui se trouvérent auprès de lui, chargea les ennemis, les rompit partout où il les rencontra, donna le tems à ses troupes ébranlées de se rétablir, & remporta une victoire complette, * dont il sçut bien profiter; car il passa le Rhein, poursuivit les débris des Allemans jusques aux Alpes Rhétiques, & les obligea à se soumettre à sa domination, qui s'étendit dèslors dans la Germanie tout le long de la rive droite du Rhein, depuis son embouchure dans la mer jusques auprès de sa source; ce qui joint aux deux Provinces Belgiques & aux deux Germaniques qu'il possédoit dans les Gaules, forma le plus grand Royaume qu'il y eût alors en Europe.

* Greg. Tur. cap. 29, lib. 2, epist. S. Nicetii apud Chesn. tom. 2.

Le Pere Bolandus sur la Vie de S. Sigebert, croit que cette action se passa auprès de Strasbourg, parce que les Historiens la mettent sur les bords du Rhein, dont Zulpik est éloigné de 16 lieuës, & que Clovis en retournant passa par Toul. Il n'est pas probable en effet, que les Allemans aient descendu jusqu'à Cologne au travers des Etats de Clovis, & passé ce grand fleuve dans un lieu fort éloigné de leur Païs, où ils n'auroient pas pû se retirer en cas de défaite.

Clovis de retour de cette expédition, aprit à la Reine Clotilde qui lui étoit venüe à la rencontre, la résolution où il étoit de se faire Chrétien, & qu'il ne différoit l'exécution du vœu qu'il en avoit fait, que jusqu'à ce qu'il eût tenté de déterminer son Peuple à suivre son exemple. Il assembla donc les principaux de la Nation Françoise, & les ayant trouvés disposés à embrasser le Christianisme, il reçut le Batême avec une partie de ses Sujets, par les

K k ij

mains de S. Remi Evêque de Rheims, que Clotilde avoit envoyé chercher en secret, pour concerter avec lui les moyens de parvenir à la conversion de son mari. Ainsi c'est à une Princesse Bourguignone, que nos Rois doivent en partie l'avantage qu'ils ont d'être les Fils aînés de l'Eglise. Cette action mémorable se passa en 495.

Cependant Godegesile l'un des Rois Bourguignons, qui portoit une secrette envie à Gondebaud, voyant la puissance de Clovis considérablement augmentée par sa victoire contre les Allemans, offrit de lui payer tribut s'il vouloit lui aider à se rendre maître des Etats de son frere. Clovis qui n'avoit pas cessé d'être politique & ambitieux, quand il s'étoit fait Chrétien, accepta le parti qui lui étoit offert, & arma puissamment, sous prétexte de punir une révolte des Habitans de Verdun.

Gondebaud vit bien que de si grands préparatifs n'avoient pas un si petit objet, & que l'orage alloit fondre sur lui. Il se prépara à s'en mettre à couvert ; & comme il n'avoit pas le moindre soupçon de la perfidie de son frere, il lui donna avis d'un péril qu'il croyoit être commun entre eux. Godegesile voyant que son complot n'étoit pas découvert, & que le secret dans lequel il étoit, encore lui fournissoit le moyen de perdre plus facilement son frere ; fit semblant d'être allarmé des démarches de Clovis, leva des troupes, les joignit à celles de son frere, & ils marchérent ensemble au-devant du Roi des François.

Ils le rencontrérent sur la riviere d'Ouche auprès de Dijon, & ne tardérent pas à donner bataille. Mais tandis que Gondebaud se défendoit contre les François qui l'attaquoient de front, le perfide Godegesile le prit en flanc. La victoire fut aisée à remporter. L'Armée de Gondebaud surprise, attaquée de toutes parts, & par ceux même sur qui elle comptoit, se mit en déroute : Gondebaud s'enfuit à l'autre extrémité de ses Etats, jusqu'en Avignon, où il s'enferma avec ce qu'il pût ramasser de ses meilleures troupes.

& du premier Royaume de Bourgogne. 261

Clovis le poursuivit, pendant que Godegesile s'emparoit des Places de son Royaume, & mit le siége devant Avignon. Les Auteurs François disent qu'Aredius Ministre de Gondebaud sortit de cette Ville, feignant d'avoir été maltraité par son Maître, & qu'il persuada à Clovis de lever le siége, & de se contenter d'un tribut que Gondebaud lui paieroit. Cette maneuvre a l'air de celle de Sinon inventée par les Poëtes, mais elle n'est pas si bien ménagée. Car il n'est pas probable que Clovis ait donné si légérement sa confiance au Ministre de son ennemi, qu'il ait manqué de propos délibéré au traité qu'il avoit fait avec Godegesile, & qu'il l'ait abandonné, comme il le fit volontairement, & avec des troupes considerables qu'il lui avoit données, au ressentiment de Gondebaud. Il est bien plus vrai-semblable que la Place étant forte, bien munie, & défenduë par son Roi, Clovis désespera de la prendre; & qu'il vit armés contre lui, les Rois des Gots d'Italie & des Gaules, au voisinage desquels Gondebaud l'avoit attiré par une fine politique, pour leur donner de la crainte & de la défiance.

Quoiqu'il en soit, Clovis content des dépoüilles que ses Soldats avoient enlevées dans le Royaume de Bourgogne, se retira dans ses Etats; & Gondebaud loin de lui payer tribut (car les mêmes Auteurs qui disent qu'il s'étoit soumis à le lui payer, ajoutent qu'il n'en voulut plus entendre parler) marcha contre Godegesile qui s'étoit emparé de Vienne, & s'y étoit enfermé avec ses Sujets les plus affidés & cinq mille François.

Gondebaud l'y assiégea & comme on avoit mis dehors les bouches inutiles, un Artisan qui étoit du nombre & qui connoissoit les issuës des Aqueducs de la Ville, parce qu'il étoit un de ceux qui en avoient soin; enseigna un moyen facile pour surprendre Vienne, en entrant par ces Aqueducs. Gondebaud en profita. Il introduisit secretement par cette voie, un bon nombre de troupes, qui forcérent les portes & les ouvrirent à l'Armée. Ce ne fut plus après cela, qu'un massacre des Partisans de Godegefile, qui fut tué lui-même dans une Eglife où il s'étoit retiré. Les François qu'il avoit avec lui, furent les feuls qui fe défendirent. Gondebaud mit ordre qu'on ne les accabla pas ; & les ayant pris à difcrétion, au lieu de les renvoyer à Clovis, comme il auroit fait s'ils avoient fait un traité peu de tems auparavant, il les livra au Roi des Vifigots : ce qui marque encore qu'ils étoient d'intelligence, comme je l'ai dit. Ces chofes fe pafférent en 499 ou 500.

GONDEBAUD feul.

Procope de Céfarée en Paleftine qui a écrit dans le fiécle fuivant, dit (& ce fait a été adopté par quelques-uns de nos Hiftoriens modernes) que Théodoric Roi des Gots en Italie & Clovis Roi des François, étoient convenus de conquerir le Royaume de Bourgogne, & de le partager, fous peine d'une fomme d'argent contre celui dont les troupes ne fe trouveroient pas à point nommé au rendez-vous ; qu'en exécution de ce traité, Clovis entra dans le Royaume ; mais que Théodoric donna ordre à fes Généraux de refter fur la frontiere, & d'y attendre le fuccès de la guerre, pour prendre part aux dépoüilles fi elle étoit heureufe, en payant la dédite, & s'en retourner fi elle ne l'étoit pas ; que les François combattirent feuls, & que la victoire leur fut long-tems difputée ; mais qu'ayant enfin mis les Bourguignons en fuite, les Gots parurent pour demander leur part des conquêtes, s'excuférent fur la difficulté des chemins de n'être pas venus à tems, & payérent la peine dont on étoit convenu ; que les François fe plaignirent de ce qu'ils avoient été abandonnés par des Alliés, & qu'ils ne laifférent pas de leur faire part du Royaume de Bourgogne, qui fut divifé entre eux & les Gots. Procope loüe enfuite la prudence de Théodoric, d'avoir fçû, fans hafarder la vie de fes Soldats & pour une fomme d'argent, acquerir la moitié d'un grand Royaume.

Ce récit n'a rien de vrai, ni de vrai-femblable. Il impute un procédé indigne à Théodoric, qui étoit cependant un grand Roi, ami de l'équité, allié du Roi de Bour-

& du premier Royaume de Bourgogne. 263

gogne, & interessé à le soutenir contre les François, dont la puissance étoit la seule qu'il eut à redouter. Clovis étoit trop fier, pour faire part d'une conquête qui lui convenoit si fort, à un Roi qui l'auroit trompé. Aucun Historien François ancien, ne parle de ce fait. Tous avouënt au contraire, qu'après la levée du siége d'Avignon, Gondebaud resta paisible possesseur de ses Etats. Il est certain d'ailleurs qu'il en joüit jusqu'à sa mort, & qu'ils passérent entiers à Sigismond son fils.

La puissance des Visigots dans les Gaules, étoit celle qui faisoit le plus d'ombrage à Clovis, parce qu'elle étoit la plus grande. Il avoit dès long-tems formé le dessein de l'abattre. Il vit bien qu'ils seroient toujours prêts à secourir le Roi de Bourgogne, & empécheroient qu'il ne fut opprimé. C'est pourquoi il résolut de les attaquer, pendant que les Bourguignons encore affoiblis & intimidés par leurs dernieres pertes, ne seroient pas en état de leur donner du secours. Il sçut même les engager dans son parti.

Il ne faut pas de grands prétextes aux Conquérans, pour déclarer la guerre. Aussi Clovis n'en attendit pas pour la faire aux Visigots. Il leur chercha querelle sur ce qu'ils étoient Ariens, & il prétendit que leur Roi avoit tenu des discours désobligeants de lui. Ces raisons parurent si foibles à Théodoric Roi des Gots en Italie, qu'il ne le dissimula pas à Clovis, dans une lettre qu'il lui écrivit pour le dissuader de cette entreprise,* & l'engager à s'en remettre à des amis communs, pour le réglement de ses difficultés avec Alaric. Il invita aussi Gondebaud de s'unir avec lui, pour accommoder le différend de ces deux Rois.

Alaric y consentit. Mais le parti de Clovis étoit pris, & il vouloit se rendre maître des Gaules. * Il assembla donc ses troupes, & marcha contre les Visigots. Les deux Armées se rencontrérent auprès de Poitiers, & le succès de la bataille fut douteux pendant quelque tems. L'on dit que les deux Rois s'étant rencontrés, comme ils se

* *Mirantur animos vestros, sic causis mediocribus excitatos, ut cum Alarico filio nostro, durissimum velitis subire conflictum. Cassiod.*

* *Gallia regnum affectabat. Isid. Hisp. Chron.*

haïssoient mutuellement., il se fit entre eux un combat singulier & furieux, & qu'Alaric ayant été renversé de dessus son cheval, Clovis lui porta un coup dont il expira sur le champ. Il est certain qu'Alaric perdit la vie dans cette occasion, que son Armée fut mise en déroute, & que les François se rendirent maîtres de Toulouse, Bordeaux & Angoulême dans la même année, qui fut celle de 507.

Isidore de Seville, dit que les Bourguignons servirent Clovis dans cette bataille.* Il ajoute, que les Visigots des Gaules, ayant élevé sur le Trône Gisalaric fils d'Alaric & d'une concubine, Gondebaud le défit, le réduisit à se retirer à Barcelonne, & s'empara de Narbonne. †

Alaric avoit aussi un fils encore enfant, de son mariage avec la fille de Théodoric. On le conduisit en Espagne, dont les Visigots possédoient une grande partie. Son ayeul touché de son infortune, y envoya un de ses Capitaines, pour prendre soin de lui & lui servir de tuteur. Il fit ensuite passer des troupes dans les Gaules, pour sauver ce que l'on pourroit du débris de son Royaume. Il recouvra Marseille & Toulon, fit lever le siége de Carcassonne, & celui d'Arles. Il y eut un grand combat devant cette derniere Ville, où les Assiégeans perdirent trente mille hommes. L'Auteur de la vie de S. Césaire, dit que ce siége se faisoit par les François & par les Bourguignons. Grégoire de Tours fait aussi entendre, que Théodoric s'empara d'Avignon & des forteresses que Gondebaud avoit sur la Durance.

Enfin la paix se fit. La Provence & le Languedoc restérent à Théodoric, qui garda ces Provinces sous son nom, pour qu'elles fussent à couvert par son autorité, des nouvelles invasions des voisins, sur les biens d'un Roi pupille. Les François retinrent les autres conquêtes, & le Roi de Bourgogne rendit les Places dont il s'étoit emparé.

Peu de tems après, Clovis subjugua la Bretagne. C'est l'ancienne Armorique, dans laquelle il s'étoit établi un

petit

*Adversùs Alaricum, Hludovicus Francorum Princeps Galliæ regnum affectans, Burgundionibus sibi auxiliantibus, bellum movit susísque Gothorum copiis, ipsum postremum regem apud Pictavos superatum, interficit. Isid.

† Gisalvicus, ex concubinâ Alarici filius, Narbonæ Princeps efficitur; denique cum eadem civitas, à Gundebado, Burgundionum rege direpta fuisset, cum multo sui dedecore, & cum multâ suorum clade, apud Barcinonem se contulit. Isid.

& du premier Royaume de Bourgogne.

petit Royaume sous le Tyran Maxime. Cet Etat s'étoit maintenu par son attachement aux Romains, & parce qu'il étoit éloigné des frontieres des Barbares & des Provinces qu'ils occupérent d'abord dans les Gaules.

Il y avoit plusieurs Rois François dans les Etats de Clovis qui lui donnoient de l'ombrage, parce qu'ils étoient interessés à empêcher qu'il ne devînt assez puissant pour les oprimer. Il les fit tuer, en tua quelques-uns de sa propre main, & se fit élire en leur place. * Seul maître d'un grand Royaume aprés ces exécutions, & avide de conquêtes, il est à croire qu'il les auroit poussées plus loin. Mais il mourut en 511, à l'âge de 45 ans, ou suivant quelques Auteurs en 514,* & laissa quatre fils: Thierri qu'il avoit eu avant son mariage avec la Princesse de Bourgogne, Clodomir, Childebert & Clotaire, nés de ce mariage.

* *Greg. Tur. hist. lib. 2, cap. ult.*

* *Vid. Nat. Binik. ad Conc. 2 Aurel.*

Ils partagérent entre eux le Royaume de leur pere. Thierri eut toutes les frontieres au-deçà & au-delà du Rhein, même du côté des Gots & des Bourguignons; parce qu'on crut qu'étant l'aîné, & qu'ayant déja donné des preuves de sa capacité & de sa valeur, il étoit le plus en état de les défendre. Ce fut ce qu'on apella dèslors le Royaume d'Austrasie, dont Thierri établit le Siége à Metz. Le reste du Royaume fut partagé entre les trois fils de Clotilde. Clodomir fut apellé Roi d'Orléans, Childebert de Paris, & Clotaire de Soissons.

Les Gaules respirérent pendant quelques années après la mort de Clovis, & elles auroient été long-tems tranquiles, si ses fils n'avoient pas hérité de son ambition aussi bien que de ses Etats.

Cependant Gondebaud, dès qu'il fut seul Roi des Bourguignons, songea à policer son Etat par de bonnes Lois. Il fut porté à les faire, comme il le dit dans leur préambule, par l'amour de la justice, qui est agréable à Dieu & qui fait la véritable grandeur des Rois. * Il les fit dans des assemblées des Grands & des Juges de son Royaume, *communi tractatu*, & il ordonna qu'elles seroient obser-

* *Amore justitiæ per quam Deus placatur, & potestas terrenæ dominationis, acquiritur.*

Ll

vées, dans toutes les affaires passées, présentes & futures, pourvû toutesfois qu'elles ne fussent pas encore décidées par un jugement définitif ; voulant que dans les cas qui ne se trouveroient pas décidés par les Lois, on recourut à lui pour en avoir la décision & la régle.

Comme ses Sujets étoient en partie Gaulois & en partie Bourguignons, il donna ou conserva à chacun des Juges de sa Nation, qui les devoient juger suivant leurs Lois particuliéres. L'on voit qu'il s'étoit proposé de faire recüeillir les Lois Romaines qui étoient en usage, pour que les Juges Romains ne pussent pas s'excuser sur ce qu'ils les ignoroient. * Mais il ne le fit pas, ou cet ouvrage n'est pas venu jusqu'à nous. Cependant il y a quelques-unes des Lois de Gondebaud, qui devoient aussi servir de régle aux Romains.

Il déclara digne de mort, tout Juge qui se laisseroit corrompre, ou qui auroit reçû des présens des Parties, même après avoir jugé, & quand il auroit décidé la cause suivant les Lois. Il défendit de tenter de les séduire par des gratifications & des sollicitations, & étendit cette défense aux sollicitations qui se feroient à la Personne Royale ou à son Conseil.* Il imposa la peine de 30 sols romains, à ceux qui par négligence ou inadvertance, ne jugeroient pas suivant les Lois ; & régla cependant des sportules, que les Greffiers pouroient exiger à proportion de l'importance de la cause, mais qui ne passeroient point la troisiéme partie du sol romain.

Il fixa le tems de l'absence des Juges, imposa la peine de 12 sols à ceux qui n'auroient pas décidé les procès qui étoient en état, après en avoir été requis trois fois ; & défendit sous la même peine, de se plaindre du déni de justice, avant que d'avoir fait les trois sommations. Il ordonna le talion, contre ceux qui accuseroient les Juges de s'être laissés corrompre, quand ils ne pouroient pas les en convaincre.

Il confirma les donations de ses Prédécesseurs, & les partages qu'on avoit précédemment faits avec les Habi-

---

* Inter Romanos Romanis Legibus præcipimus judicarii qui formam & expositionem Legum qualiter judicent, se noverint accepturos : ut per ignorantiam se nullus excuset.

* A nobis repellentes, quòd à cunctis sub regno nostro judicantibus, fieri prohibemus.

& du premier Royaume de Bourgogne. 267

tants du Païs, à titre d'hospitalité ou autrement; déclarant néanmoins, qu'à l'avenir les Bourguignons qui n'auroient pas encore été pourvûs en l'une ou l'autre de ces manieres, ne pouroient plus prétendre que la moitié des esclaves ou des terres; & que ceux qui croiroient avoir mérité quelques libéralités, feroient certifier leurs services par les Comtes ausquels ils étoient soumis. Il enjoignit à son Conseil, d'examiner attentivement ces demandes, & de voir s'il étoit juste d'y déférer.

Il défendit aux Bourguignons de vendre leurs fonds, à moins qu'ils n'en eussent de suffisants d'ailleurs; & voulut que quand ils les vendroient, les Romains leurs hôtes fussent préferés aux Etrangers.

Il ordonna de respecter l'Eglise & les Ecclésiastiques, & de conserver leurs droits. Il recommanda l'hospitalité aux Bourguignons & aux Romains, & la fit consister à donner le feu & le couvert; statuant des amandes contre ceux qui la refuseroient, & en particulier contre les Bourguignons, qui pour s'en défendre, montreroient aux étrangers les maisons des Romains, pour qu'ils y allassent loger. Il ordonna cependant à ceux qui les recevroient, s'ils étoient inconnus, d'en avertir le Juge du lieu. Il défendit d'attenter à la liberté des étrangers qui viendroient s'établir dans son Royaume, & permit d'y recevoir les Gots qui auroient été faits esclaves par les François. Cet article marque la bonne intelligence qui régnoit au tems que ces Lois furent faites, entre les Gots & les Bourguignons; & que ceux-ci ne ménageoient pas les François, bien loin d'être leurs tributaires, comme quelques Auteurs l'ont prétendu.

Il enjoignit aux Communautés de fournir aux Envoyés des Princes & des Peuples, les logements & les aliments pour eux & pour leurs équipages, dans les lieux où ils passeroient. Si cependant il y avoit quelqu'un qui eut reçû des bienfaits considerables du Prince, il le chargea de leur fournir gratuitement le logement & les aliments pour une nuit.

Il accorda à tous ſes Sujets qui n'auroient pas des bois en propre, le libre uſage des arbres giſans dans les bois d'autrui, & de ceux qui ne portoient point de fruits. Il permit aux communiers dans les forêts, d'extirper les bois pour les réduire en culture, à charge de dédommager les copropriétaires ; & régla le prix des denrées, viandes & volailles dont on uſoit ordinairement.

Une plus grande énumération de ces Lois, pouroit paroître hors de ſa place. L'on finira donc ce qui les concerne, en obſervant qu'elles ſont d'un ſtile aſſez bon pour le tems, claires & intelligibles ; qu'elles ſont la ſource de beaucoup d'uſages qui ſubſiſtent encore parmi nous, & qu'elles contiennent un détail qui laiſſoit peu de doute ſur chaque affaire ; le Légiſlateur s'étant particuliérement attaché, à découvrir & punir les fraudes, réprimer & prévenir les querelles, les uſurpations & les larcins, qui étoient alors les cauſes ordinaires des difficultés.

Les peines des crimes & délits y ſont ordinairement pécuniaires, & quelquesfois de la perte d'un membre ou de la vie, mais toujours proportionnées. Il étoit défendu de prononcer des amendes en faveur du fiſc, hors des cas pour leſquels elles étoient ſtatuées, & plus conſiderables qu'elles n'avoient été réglées. L'on rejetta auſſi les confiſcations des biens du criminel ; pour que, dit la Loi, le même crime qui avoit déja été puni dans la perſonne de celui qui l'avoit commis, ne le fut pas encore dans celle de ſes héritiers innocens de ſa faute.

Les peines prononcées en argent, ſont réglées par ſols romains, & ce ſol revenoit à notre écu d'or, dont 40 font le marc, & 72 la livre romaine. Il y a un article dans ces Lois, qui ordonne de recevoir dans le commerce toutes les monnoies qui ſeront de poids, à l'exception de celles de Valentinien, de Genève, des Gots & des Ardaricains, qui étoient aparemment des eſpèces alterées.

L'on voit par pluſieurs textes, qu'on y a inſeré des Lois anciennes, dont quelques-unes avoient déja peut-

& *du premier Royaume de Bourgogne.* 269
être été faites dans les Malbergues ou assemblées de la Nation, lorsqu'elle habitoit encore au-delà du Rhein. Ainsi Godefroy n'a pas eu raison d'avancer qu'elles avoient été portées à Genève, sur un fragment qu'on a trouvé d'une Loi dressée dans cette Ville. Il est certain d'ailleurs qu'elles ont été publiées à Lyon, puisqu'elles en sont datées à la tête, du 4 des Kal. d'Avril, après avoir été rédigées dans une assemblée tenuë au Château d'Ambérieu qui est dans les Dombes, le 3 des Nones de Septembre, sous le Consulat d'Avienus, qui revient à l'an 501 ou 502, car il y a eu un Avienus Consul dans chacune de ces années.

La date d'Ambérieu se trouve après le quarante-deuxiéme titre, & chaque titre est composé de plusieurs paragraphes. L'on voit ensuite trois titres rédigés à Lyon, le 5 des Kalendes de Juin, sous le Consulat d'Avienus. Les trois titres suivants, sont datés du 4 des Kalendes d'Avril sous le Consulat d'Agapit. Mais il faut que les Copistes aient altéré le nom du Consul, ou que Marius se soit trompé dans sa Chronique, où il met la mort de Gondebaud sous l'an 516; car Agapit ne fut Consul qu'en 517. Cependant tous les titres qui suivent en grand nombre, paroissent faits sous Gondebaud même. Il y en a plusieurs qui contiennent des Jugements qu'il a rendus sur des cas douteux, & qu'il donne pour Lois à l'avenir; & le titre 89 est certainement de lui, puisque c'est une Ordonnance qu'il adresse à ses Juges. *Gundebaldus Rex Burgundionum, omnibus Comitibus,* &c.

Après ces quatre-vingt-neuf titres, on trouve un premier suplément de vingt titres, & un second d'un titre composé de 13 paragraphes, sans date du tems ni du lieu, mais qui paroissent de même main & du même Roi. On a nommé dans la suite tout ce Corps de Droit, la Loi Gombette, & les Peuples qui y étoient soumis, ont été apellés Gondebaldiens dans quelques Auteurs anciens. * Agobard Archevêque de Lyon, en obtint l'abolition de Loüis le Débonnaire, sous prétexte qu'elle préféroit la preuve qui se faisoit par le duel, à toutes les autres. Cette

* *Cap. Caroli Magn.* 43.

preuve étoit communément admife dans les autres Lois des Barbares, mais il n'y en a point qui lui donne plus de faveur que celle de Gondebaud.

Ce Prince avoit ordinairement des Miniftres, gens éclairés & de probité, en qui il prenoit confiance. L'Hiftoire nomme entr'autres, les Comtes Litorius & Arédius, & fes Lois nous aprennent quels étoient les autres Officiers dont il fe fervoit pour l'adminiftration de la Juftice. C'eft quand il défend de prendre aucun préfent des Parties, & qu'il dit; *Sciant itaque Optimates, Comites, Confiliarii, Domeftici, & Majores Domus noftræ; Cancellarii, & tam Burgundiones quam Romani, Civitatum aut Pagorum Comites, vel Judices deputati omnes, etiam militantes; nihil fe de caufis accepturos*, &c. Par les noms généraux d'*Optimates* & de *Comites*, il entend parler des Courtifans & des Grands de fa Cour, dont il veut éviter les follicitations dans les affaires de Juftice, ou qu'il prétend empêcher de fe laiffer féduire dans celles dont ils feront chargés. Il y avoit auffi dans ces anciens tems, des Officiers principaux qui portoient le nom de Comtes du Palais, qui étoient les Affeffeurs des Rois, quand ils connoiffoient des affaires d'importance, & de l'apel des Jugements rendus par les Comtes Provinciaux. Ce font ceux qui font nommés Confeillers du Roi dans les Lois des Bourguignons.

Les Gardes du Corps des Empereurs étoient apellés Domeftiques, & les Grands Officiers de l'Empire avoient auffi des Gardes fous ce titre. Ce fut à la fuite un nom de Charge & de Dignité, lorfque les Empereurs choifirent de leurs Gardes, pour remplir de grands Emplois. Sous les Rois Barbares, l'on apella Domeftiques, ceux à qui le Prince avoit confié le foin de fa Famille, de fes Palais & de fes Domaines; & l'on voit par les anciennes Chartes, qu'ils furent fouvent envoyés dans les Provinces, pour les gouverner & pour y adminiftrer la Juftice.

Les Majordomes avoient la Surintendance des Serviteurs attachés à la perfonne du Prince, & ils étoient les

& du premier Royaume de Bourgogne. 271

Maîtres d'Hôtel de fa Maifon. Ce font eux qu'on apella dans la fuite, les Maires du Palais fous les Rois François de la premiere race, dont l'autorité devint fi grande, qu'ils ne laiſſérent à leurs maîtres que le nom de Rois; ce qui donna lieu à la Nation de s'arroger le droit de les élire. L'adreſſe qui eſt faite aux Majordomes des Lois Bourguignones, fupofe qu'ils avoient auſſi-bien que les Domeſtiques, une Juridiction ordinaire ou déléguée.

Les Chanceliers raportoient les Requêtes au Prince, rédigeoient fes décifions & les fcelloient de fon fceau. C'eſt ce que les Romains apelloient, Référendaires. Mais les Juges ordinaires dans le Royaume de Bourgogne, étoient les Comtes des Villes & des Contrées. *Civitatum & Pagorum Comites.* Befançon qui étoit une Cité, avoit fon Comte. Les Annales de S. Bertin, nos Chroniques, nos Chartes & nos Légendes, ont confervé le fouvenir de quatre Contrées ou Païs qui avoient auſſi leurs Comtes particuliers. L'un à l'orient de Befançon qu'on apelloit le Comté de Varafque; l'autre au couchant, nommé le Comté d'Amaous; le troifiéme au midi, qui eſt le Comté de Scoding; & le quatriéme au feptentrion, apellé Comté des Portifiens.

Les Romains n'avoient que des Comtes Militaires, qui commandoient dans les Armées; mais nos Rois donnérent ce titre aux Seigneurs qu'ils prépoférent au gouvernement des Cités ou grandes Villes, & des Contrées. Ils y rendoient la Juſtice, conduifoient à la guerre les Soldats de leurs Départements, & veilloient à l'adminiſtration des Domaines que le Souverain s'étoit réfervés dans le partage des terres. Il eſt fouvent parlé de ces Domaines dans les Lois de Gondebaud, & elles font fignées par trente-deux Comtes, qui promirent de les obferver.

Ces Lois font auſſi mention des Juges délégués, qui n'avoient point de Juridiction ordinaire, & qui ne connoiſſoient que des affaires particuliéres qui leurs étoient attribuées. La délégation des uns, venoit du

Roi ; & il paroît qu'il y en avoit dans les Armées, pour juger les différends des Soldats & les délits militaires. Ce font ceux que les Lois de Gondebaud, nomment *Judices deputati militantes* ; les autres tiroient leur Juridiction des Comtes qui leur commettoient l'instruction, & quelquesfois le jugement de certaines affaires. C'est de là que font venus les Viguiers & les Vicomtes.

Ces Officiers avoient fous eux des Greffiers, apellés Notaires dans les Lois de Gondebaud, qui rédigeoient leurs Jugements, & qui les délivroient aux Parties. Ils avoient aussi des Prevôts ou Sergens, que ces Loix apellent Vittefcalc, qui portoient leurs ordres & exécutoient leurs Sentences.

Les premiers titres de la Loi Gombette, font dattés de la seconde année du regne de Gondebaud, sous le Consulat d'Avienus ; ce qui nous prouve deux faits. Le premier, que ce Prince ne se crut véritablement Roi, que lors qu'il regna seul dans le Royaume de Bourgogne ; ou qu'il commença seulement dès-lors, à dater des années de son regne. Le second, que la mort de son frere Godegesile, arriva en 499 ou 500.

Grégoire de Tours dit que Gondebaud survécut à Clovis, & Marius fixe le tems de sa mort à l'an 516. Le meurtre de ses freres & l'Arianisme dont il a fait profession, l'ont rendu odieux à la postérité ; mais j'ose dire qu'elle ne lui a pas fait justice.

Le Grand Clovis avoit fait mourir tous ses proches. Clodomir l'un de ses fils, fit couper la tête à Sigismond son cousin, à sa femme & à ses enfans, qui étoient ses prisonniers de guerre, & qu'il avoit attaqués sans sujet. Clotaire son autre fils, tua ses deux neveux encore enfans, de sa propre main. Théodoric, Roi des Visigots, se défit de son frere Thorismond, pour regner à sa place; & l'Histoire de cet ancien tems, est remplie de pareils exemples.

Gondebaud

& du premier Royaume de Bourgogne. 273

Gondebaud étoit l'aîné de sa famille ; il joüissoit tranquilement de la partie du Royaume que son pere lui avoit laissée, lorsque Chilperic & Godomar qui lui avoient été probablement soumis dans le partage de leur Etat, s'unirent contre lui, apellérent des étrangers, l'attaquérent à l'improviste, le dépoüillérent de tous ses biens, & peut-être ne tint-il pas à eux de lui ôter la vie. Ayant rétabli ses affaires par sa prudence, il les attaqua à son tour pour recouvrer son patrimoine. Godomar périt dans l'incendie d'une Forteresse, & si Gondebaud fit mourir son frere Chilperic & sa femme, ce fut aparemment parce qu'il les connoissoit pour des esprits turbulents & inquiets, qui n'auroient manqué aucune occasion de le perdre & de troubler la paix de l'Etat.

Quant à Godegesile, il eut la lâcheté de se soumettre à un tribut pour détrôner son frere, & profiter de ses dépoüilles. Il abusa de sa confiance jusqu'au dernier moment, par la plus noire de toutes les perfidies, & il périt dans le tumulte que cause la surprise d'une Ville ; car l'Histoire ne dit pas qu'il ait été tué par les ordres de Gondebaud, qui en plusieurs autres occasions, donna des preuves de douceur & d'humanité, dans un siécle auquel les Princes ne se faisoient guére honneur de cette vertu.

Il naquit Catolique, puisque ses pere & mere l'étoient, Mais les liaisons qu'il eut avec les Rois des Vandales, des Gots & des Visigots, l'engagérent dans l'Arianisme. & la politique l'y retint. Car l'amitié de ces Rois qui étoient des Ariens zélés, lui étoit nécessaire pour se défendre contre Clovis qui en vouloit à son Trône ; & s'étant trouvé à une Conférence qui se fit à Lyon, entre les Evêques Catoliques & les Ariens, il dit à Avitus Evêque de Vienne, qui le sollicitoit de renoncer à l'erreur ; *si vôtre créance est la véritable, pourquoi est-ce que les Evêques de votre Communion, n'empêchent pas le Roi des François de me faire la guerre, & de se liguer avec mes ennemis pour me perdre ? Comment conciliez-vous la vraie Religion, avec l'ambition insatiable & la soif du sang des Peuples*

M m

qui le dévore ? Qu'il nous prouve sa foi par ses œuvres. *
Jamais il ne persécuta l'Eglise, & il aima toujours les Evêques Catoliques. Il invita Avitus d'écrire contre les erreurs d'Eutichés ; ce Prélat le fit, & lui dédia son ouvrage. Il loüa dans son Epitre Dédicatoire, le zéle & la piété de Gondebaud, * & les traits de religion qu'on trouve dans la Préface de ses Loix, font voir qu'il méritoit cet éloge. Il chercha même à dissiper son erreur, & assista dans cette vûë, à la Conférence des Catoliques & des Ariens dont on a parlé, qui se fit au commencement du sixiéme siécle. S'il n'y renonça pas alors, ce fut parce que Clovis lui étoit toujours redoutable ; mais après que ce Roi fut mort, Gondebaud rentra probablement dans le sein de l'Eglise, quoique Grégoire de Tours ait dit qu'il perdit son ame ; car il dit en même-tems, qu'il perdit son Royaume, ce qui est contraire à la vérité.

L'on peut tirer la preuve de sa conversion, de plusieurs circonstances. Premiérement, il conste par une Lettre d'Avitus, qu'il avoit avec lui sur la fin de sa vie, des conférences particulieres pendant plusieurs jours. * Sur quoi auroient roulé ces conférences, si ce n'étoit sur la Religion, dont plusieurs Epitres d'Avitus prouvent que le Roi s'instruisoit auprès de lui ? * Secondement, l'on voit par deux autres Lettres de ce saint Evêque, que Gondebaud assistoit à Lyon ou à Vienne, aux Offices qui se faisoient aux Fêtes solemnelles. * Il étoit donc en Communion avec les Evêques de ces deux Villes, qui étoient Catoliques. En troisiéme lieu, Sigismond son fils aîné abjura l'Arianisme, & cependant il le fit son seul héritier. Enfin, quoique Grégoire de Tours dise qu'il mourut dans l'erreur, il convient cependant qu'il avoit été convaincu par les discours d'Avitus, & demandé d'être reconcilié en secret à l'Eglise, n'osant pas faire une abjuration publique par des raisons d'Etat ; * d'autre côté, le saint Evêque de Vienne qui avoit fort à cœur sa conversion, lui mande qu'il regarde comme une grace du

& du premier Royaume de Bourgogne. 275

Ciel, le zéle qu'il témoigne pour la défense de la Religion *Catolique*. *

Gondebaud fut au reste, un grand Roi. Les objections qu'il faisoit à Avitus, & les questions qu'il lui proposoit sur la Religion, marquent qu'il avoit beaucoup d'esprit, & plus de sçavoir que les autres Princes de son tems. Il parvint, n'étant encore que particulier, aux premieres Dignités, & au plus grand crédit dans l'Empire; puisqu'il fut Patrice Romain, & qu'il fit un Empereur. Depuis qu'il fut élevé à la Royauté, il eut les plus fortes traverses qu'un Roi puisse essüier; ayant perdu deux fois son Royaume. Mais il se releva toujours de ses pertes, & devint plus puissant qu'auparavant, par sa prudence, sa valeur & l'amour de ses Peuples, qu'il avoit sans doute mérité, puisqu'ils lui demeurérent fidéles, après même qu'il fut dépoüillé de son Royaume par ses freres. Aussitôt qu'il se vit débarassé des guerres civiles & étrangéres, il s'apliqua à rendre la justice, à policer son Etat par de bonnes Lois, & à défendre la Nation foible & conquise, contre l'opression qu'elle auroit pû souffrir de la part des Conquérans ses Sujets naturels. Enfin, il ne fit point de guerres injustes, & il n'en commença aucune; car si on le vit souvent en armes, ce ne fut que pour défendre sa Couronne ou pour la recouvrer.

* *Unicum simul & multiplex donum, sæculo nostro nuper Divinitatis indultum est; ut inter Regias ordinationes gloriosissimi Principatus vestri, principaliter detuendâ Catholicæ partis veritate curetis. Auit. epist. 2.*

Il laissa deux fils, Sigismond & Godomar. Mais il avoit connu par une triste expérience, que le partage d'un Royaume étoit une source de division & de guerres civiles, qui l'affoiblissoit & l'exposoit à être envahi par ses voisins. Ces réflexions le déterminérent à laisser Sigismond son successeur unique, & à le faire proclamer Roi pendant sa vie, pour affermir son autorité; ce qui se faisoit alors en élevant sur un bouclier, dans une assemblée des Grands & des Troupes, celui qu'on faisoit Roi. Ce fait est prouvé par la Chronique de l'Abbaïe de Saint Benigne de Dijon, qui porte que cette cérémonie se fit auprès de Genève, par l'ordre de Gondebaud; * & comme Marius parlant de la fondation du Monastere d'Agaune qu'il met en 515, donne à Sigismond le titre de

SIGISMOND.

* *Gundebaldi filius Sigismundus, apud Genevensem urbem, villâ Quadruvio, sublimatur in regno.*

M m ij

Roi; cette circonstance, la fondation d'Agaune, & les Lettres d'Avitus, font voir que Sigismond avoit abjuré l'Arianisme pendant la vie de son pere.

Sigismond reçut d'Anastase Empereur d'Orient, les titres de Patrice & de Comte du Trésor. La Lettre qu'il lui écrivit pour le remercier de cette faveur, prouve qu'il étoit déja élevé à la Royauté quand il la reçut ; puisqu'elle porte qu'il a autant de plaisir de servir l'Empire, que de commander à ses Sujets, & qu'il a hérité des sentiments de ses ancêtres, qui n'estimoient pas moins les Grades militaires & les titres d'honneur qu'ils avoient eu des Empereurs, que le Thrône auquel ils avoient succedé.*

* Epist. Avit. 83. Adri m. Valef. ver. Francic. lib. 7, p. 329.

Les Empereurs d'Orient n'avoient pas perdu l'esperance de recouvrer l'Empire d'Occident, car Justinien entreprit de le faire peu de tems après la mort d'Anastase. Ils y ménageoient des amis dans cette vûë, & particuliérement les Rois Bourguignons, qui leurs étoient les plus affectionnés, & qui conservoient de la reconnoissance de ce qu'ils y avoient été reçûs & établis. Ces Rois d'autre côté, cultivoient avec soin cette bonne intelligence, parce qu'elle leur concilioit l'affection de leurs nouveaux Sujets qui avoient toujours un secret attachement pour l'Empire, & qu'elle les rendoit plus respectables à leurs voisins.

Sigismond zélé Catolique, songea dès la premiere année de son regne, aux besoins de l'Eglise. Il assembla un Concile à Epaone, auquel assistérent vingt-six Evêques, qui étoient tous ses Sujets. On peut voir par le nombre & le Siége de ces Prélats, quelle étoit l'étenduë du Royaume de Bourgogne ; c'est pourquoi je les nommerai ici, non dans l'ordre dans lequel il ont signé, mais dans celui de la situation de leurs Siéges.

Ces Evêques étoient ceux de Basle, de Besançon, de Langres, d'Autun, de Nevers, de Chalon, de Lyon, de Valence, d'Orange, de Vaison, de Sisteron, de Cavaillon, de Viviers, de Carpentras, d'Apt, de Gap, de Die, de S. Paul-Trois-Châteaux, de Vienne, d'Ambrun, de Grenoble, de Genève, de Tarantaise, de Sion, * d'Avanche & de Vindisc.

* Octodorensis. Martinac. A present Sion.

Chorier, le Pere Lacari & Mr. le Préfident de Valbonais, ont penfé que le Concile d'Epaone avoit été tenu à Ponas, Village du Dauphiné à quatre lieuës de Vienne & de Lyon. Ils fe font fondés fur la reffemblance du nom, fur ce qu'on fupofe qu'un Evêque de Vienne a convoqué ce Concile, qu'il femble y avoir préfidé puifqu'il a figné le premier, & que le lieu où il devoit fe tenir eft indiqué par la Paroiffe d'Epaone, ce qui paroît ne convenir qu'à un lieu de la campagne. Le Pere Mabillon ajoute, que Loüis le Débonnaire rendit à l'Eglife de S. Maurice de Vienne, un Village qu'on apelloit *Eppaonis*, comme apartenant à cette Eglife & étant du Diocèfe de ce nom. D'où il conclut qu'on ne doit pas chercher le lieu du Concile d'Epaone hors de ce Diocèfe.

Cependant la Lettre de convocation de l'Evêque de Vienne qui nous eft reftée, n'eft adreffée qu'à fes Suffragans. L'on en trouve une femblable de l'Archevêque de Lyon pour le même Concile; & l'on ne doit pas conclure que celui de Vienne y ait préfidé, de ce qu'il a figné le premier; parce que fa foufcription ne le porte pas, & qu'elle eft reftrainte à fa Province. * L'Archevêque de Lyon a foufcrit de même. L'on fignoit les Conciles dans ces premiers tems, fuivant la date des Ordinations, & fouvent au hafard fans attention à l'ancienneté de l'Ordination, ni à la dignité du Siége; * ce qui obligea dèflors S. Grégoire, de recommander aux Evêques de faire plus d'attention à l'avenir à la date de leurs Ordinations, pour prendre leur rang dans les Conciles & les figner. * Les Evêques de Chalon, de Vaifon, de Valence, de Sifteron & de Grenoble, qui n'étoient que des Suffragans, ont figné le Concile d'Epaone avant l'Evêque de Befançon qui étoit Métropolitain; & dans le Concile de Lyon tenu en la même année par onze Evêques qui avoient affifté à celui d'Epaone, Julien Evêque de Carpentras, a figné avant l'Evêque de Befançon, quoiqu'il n'eut figné qu'après lui à Epaone.

L'indication de ce Concile dans une Paroiffe, ne fignifie pas proprement un Village ou un lieu de la campagne; car le mot *Parroecia*, marquoit anciennement en géné-

* *Avitus, conftitutiones noftras, id eft Sacerdotum Provinciæ Viennenfis, relegi & fubfcripfi.*
* *Difcipl. Eccl. du Pere Thom. part. 2. liv. 1. chap. 9. n. 8.*
* *Lib. 7. epift. 114.*

ral, un district, un territoire; & même celui d'un Evêque. La ressemblance du nom de Ponas avec celui d'Epaone n'est pas seule décisive, & on la trouve bien mieux dans un lieu du Diocèse de Bellai sur le Rhône, qu'on apelle aujourd'hui Yenne, & qui portoit anciennement le nom d'*Epaonium*, à cause que la Déesse Epaona ou Hyppona y avoit été révérée, suivant qu'on le voit par d'anciennes Inscriptions qu'on y a trouvées. Les restes d'antiquité de ce lieu, marquent qu'il a été fort considérable, bien plus propre par conséquent pour un Concile de 26 Evêques, qu'un simple Village comme Ponas, & plus à portée de tous ces Evêques. C'est ce qui a déterminé Mr. Fleuri, le Pere Hardoüin & Mr. l'Abbé Chatelain, de dire que le Concile d'Epaone y a été tenu. Les Peres Sirmond & Pagi l'avoient déja conjecturé, fondés sur un passage de la Vie de S. Firmat, qui porte qu'ayant quitté Tours, il vint à Eone sur le Rhône & qu'il s'y arrêta. Ce Concile fut commencé le 6 Septembre de l'an 517. Il finit le 15, & il contient quarante Canons.

Onze des Evêques qui y avoient assisté, en tinrent un autre à Lyon en la même année, au sujet du mariage d'Etienne Comte du Trésor ou Intendant des Finances, qui étant veuf, avoit épousé Palladia sa belle-sœur. Etienne & Palladia, furent excommuniés; & cependant on leur permit en considération de Sigismond qui s'interessoit pour eux, d'assister à l'Office divin jusques aux prières qui se font avant l'Evangile, à condition qu'ils se retireroient avec les Catecuménes, lorsqu'on feroit les prières par lesquelles commençoit la Messe des Fidéles. Il paroît que le Roi les protégeoit, parce que les Evêques déliberérent, que si étant irrité de la condamnation d'Etienne, il s'abstenoit de leur communion, ils se retireroient tous dans des Monastéres; & que si quelqu'un d'eux étoit persécuté à cette occasion, les autres le dédommageront de ses pertes. Ces onze Evêques, étoient ceux de Lyon, de Carpentras, de Chalon, de Valence, de Grenoble, de Besançon, de Langres, de Genève, de Die, d'Orange & de Cavaillon.

& du premier Royaume de Bourgogne. 279

Sigifmond avoit perdu fa premiere femme, fille de Théodoric Roi d'Italie. Il en avoit eu deux enfans ; une Princeſſe qui fut mariée à Thierri Roi d'Auſtraſie, le plus puiſſant des Rois François ; & un fils qui portoit le nom de Sigeric. C'étoit un Prince d'une belle eſpérance, mais qui avoit une antipathie invincible pour la ſeconde femme que Sigifmond avoit épouſée. L'Hiſtoire n'a pas fait connoître qui elle étoit ; l'on y voit ſeulement qu'elle s'apelloit Conſtance ; ce qui joint au mépris que Sigeric avoit pour elle, doit faire penſer qu'elle étoit née ſujette du Roi ſon mari.

Un jour qu'elle étoit parée des pierreries de la défunte Reine, Sigeric en témoigna publiquement de l'indignation. Comme elle ne le haïſſoit pas moins qu'elle en étoit haïe, & qu'elle prévoyoit avec frayeur, qu'il feroit un jour ſon Souverain & celui de ſes enfans, elle ſe détermina à le perdre.

Elle avoit beaucoup d'aſcendant ſur l'eſprit du Roi, ſoit par la ſupériorité de ſon génie, ſoit parce qu'il étoit prévenu d'une forte inclination pour elle, puiſqu'il l'avoit tirée du nombre de ſes Sujettes, pour en faire une Reine. Elle avoit eu ſoin de placer auprès de lui, & de faire entrer dans ſa confiance, des perſonnes qui lui étoient entiérement dévoüées. Elle les fit parler, elle parla elle-même, & tous enſemble perſuadérent à Sigifmond, que Sigeric en vouloit à ſa vie & à ſon Trône.

Sigifmond les crut trop légérement, & dans un premier mouvement, il fit étrangler ſon fils. Conſtantin dans un ſiécle plus éclairé, s'étoit laiſſé ſurprendre de même, par les artifices de ſa ſeconde femme ; & de nos jours, de grands Monarques ont fait mourir leurs fils uniques, ſur de ſemblables prétextes. Mais ſi on ne peut excuſer devant les hommes cette faute de Sigifmond, elle a du moins été réparée devant Dieu, par le repentir qu'il en a eu. Sa colere étant calmée, il entrevit qu'il avoit été trompé. Il conçût alors la plus vive douleur, & ſe jetta dans le Monaſtere d'Agaune, où il fit une pénitence rigoureuse, & fonda une Psalmodie continuelle. La date de cette fondation qui s'est conservée, nous fait voir qu'il fit mourir son fils en 522.

L'on prétend que le Monastere d'Agaune existoit avant le regne de Sigismond, puisqu'on y trouve des Abbés avant l'an 514, que Marius dit qu'il le fonda; & la Charte de la fondation qui est restée, paroît être de l'an 523. Pour concilier ces faits, on peut dire que Sigismond rétablit le Monastere d'Agaune en 515, & qu'il y fonda une Psalmodie perpétuelle en 523.

Après y avoir passé près d'une année dans les mortifications & les exercices de piété, il revint à Lyon, sur le bruit qui s'étoit répandu, que les Rois d'Orléans, de Paris & de Soissons, armoient pour envahir son Royaume. Grégoire de Tours dit qu'ils y avoient été engagés par Clotilde leur mere, qu'il supose toujours remplie du desir de venger son pere & sa mere, que Gondebaud avoit fait mourir, près de cinquante ans auparavant. Ces sentimens ne conviennent pas à une Sainte, retirée à Tours, où elle passoit ses jours en priéres auprès du tombeau de S. Martin; & l'ambition de ses fils, suffisoit pour les déterminer à s'emparer du Royaume de Bourgogne.

Sigismond avoit irrité Théodoric Roi d'Italie, & s'étoit privé de son apui, en faisant donner la mort à Sigeric petit-fils de ce Roi. Ce fut la circonstance favorable, que prirent les Rois François pour entrer en Bourgogne. Sigismond fut à leur rencontre, & leur donna bataille, mais il eut le malheur de la perdre. Croyant ses affaires désesperées & sans ressource, il se retira dans un lieu solitaire, où il prit l'habit religieux, pour mettre au moins sa vie en sûreté; car avant ce tems & long-tems après, on faisoit ordinairement prendre les Ordres & l'habit monastique aux Empereurs & aux Rois qu'on détronoit, & aux Princes qu'on vouloit empêcher de succéder, plûtôt que de les faire mourir. Le lieu où Sigismond se retira, est nommé *Versalia*, & l'on croit que c'est Versailles auprès de Dombes.

Quelques

Quelques Seigneurs du Royaume de Bourgogne, pour en empêcher la ruine entiere (car les François y faisoient de grands ravages en cherchant Sigismond) ou parce qu'étant Ariens, ils étoient ennemis dans le cœur d'un Roi qui avoit hautement protégé la Religion Catolique; le prirent & le livrérent à Clodomir Roi d'Orléans, qui avoit déja en son pouvoir la Reine & ses fils Gislahaire & Gondebaud.

Clodomir les mena prisonniers à Orléans; mais les Rois ligués ne furent pas plûtôt retournés chez eux, que les Bourguignons se joignirent à Godomar frere de Sigismond, & secoüérent le joug des François. Childebert & Clotaire, abandonnérent le dessein de conquerir le Royaume de Bourgogne, soit qu'il fut survenu entre eux & Clodomir quelque mésintelligence, ou pour quelqu'autre raison que l'Histoire ne dit pas. Clodomir le plus fier & le plus impétueux de tous, l'entreprit seul, & dit qu'avant que de la tenter il feroit mourir Sigismond, sa femme & ses enfans.

Un saint Abbé de Mici, lui représenta qu'ils étoient Princes & ses proches parents, prisonniers faits en guerre, ausquels il y auroit de l'inhumanité d'ôter la vie après la chaleur de l'action, & dans le tems qu'il n'y avoit plus rien à craindre d'eux. Il demanda leur grace au nom de Jesus-Christ, & promit la victoire au même nom, si cette grace étoit accordée. Trouvant Clodomir infléxible à ses priéres, il le menaça des jugements de Dieu s'il exécutoit son dessein, & d'un désastre semblable pour lui & pour sa famille, à celui qu'il vouloit faire souffrir à Sigismond & à la sienne. Clodomir ne fut pas plus ébranlé par les menaces, qu'il l'avoit été par les priéres. Il disoit pour toute réponse, qu'il ne convenoit pas de laisser des ennemis derriere lui, pendant qu'il en auroit en tête; & qu'il auroit meilleur marché d'un frere, après s'être défait de l'autre.

Il fit donc couper la tête à Sigismond en 524, à sa femme & à ses deux fils, & jetter leurs corps dans un puits, à Coulmiers auprès d'Orléans. Cependant Sigifmond, fa femme & fes enfans, furent regardés comme des Martyrs, qui avoient été injuftement mis à mort. La voix du Peuple s'éleva pour les mettre au nombre des Saints, & leurs Corps furent rendus trois années après leur décès, à Ancemon Abbé d'Agaune, & portés dans fon Monaftére, où Dieu fit voir par les miracles qu'il opéra par l'interceffion de Sigifmond, qu'il lui avoit pardonné fes fautes, & agréé fa pénitence. Il avoit demandé plufieurs fois à Dieu, de le punir dans cette vie plûtôt qu'en l'autre, du meurtre de fon fils. Il avoit fouffert fes malheurs & fa mort, avec une patience & une réfignation qui avoient édifié le public & attiré fa compaffion.

Charles IV. Roi de Bohême & Empereur, paffant à Agaune pour aller en Italie, pénétré de dévotion à la vuë des Reliques de S. Sigifmond, les demanda & elles lui furent accordées. Il les fit conduire à Prague, y fit bâtir une belle Eglife en l'honneur de ce faint Roi, dont plufieurs Souverains fe font fait honneur de porter le nom. Le corps de fon époufe a été à Auffone & transferé à Imola en Italie, fans fon Chef néanmoins qui étoit refté à Agaune, qu'on nomme à préfent S. Maurice en Valais. Il y a auffi des Reliques en Suiffe, à Milan, en Efpagne, à Smolenko & ailleurs, qui paffent pour être de S. Sigifmond; mais qui font plus probablement celles de fes enfans.

GODOMAR. Cependant Clodomir raffembla toutes fes forces, & entra une feconde fois dans le Royaume de Bourgogne. Godomar y regnoit à la place de fon frere. Il attendit les François dans la plaine de Voiron en Dauphiné, & fon Armée fut ébranlée du premier choc toujours redoutable de la Nation Françoife. Mais Clodomir ayant été percé d'un javelot, les Bourguignons qui le reconnurent à fes grands cheveux (car c'étoit ce qui diftinguoit particuliérement alors, les Rois & les Princes de la Maifon qui regnoit en France) lui coupérent la tête, la firent mettre fur une pique & porter dans les premiers rangs.

Les François surpris & consternés à la vûë de la tête de leur Roi, perdirent courage, reçurent les conditions que Godomar leur imposa, & s'estimérent heureux, qu'il leur permit de s'en retourner chez eux la vie sauve. *

Les Auteurs François, racontent la fin de cette bataille d'une autre maniere. Ils disent que les troupes de Clodomir animées à la vengeance par leurs Chefs, firent une charge si furieuse sur les Bourguignons, qu'elles achevérent leur défaite, & qu'elles s'emparérent du Royaume. Je leur ai préféré le récit d'Agathias quoiqu'étranger, parce qu'il étoit contemporain, désinteressé, & bien plus judicieux que ces Auteurs, qui ont mêlé tant de fausses circonstances dans les faits historiques dont ils ont parlé, qu'on se sent porté à les prendre pour des fables. Il est bien évident qu'ils se sont trompés dans cette occasion, & que la victoire resta à Godomar, puisqu'il regna paisiblement sur tout le Royaume de Bourgogne, pendant plusieurs années après cette bataille, qui fut donnée en 524.

La mort de Clodomir, fut suivie d'événements bien funestes à sa famille. Ses freres Childebert & Clotaire, s'emparérent de son Royaume. Clotaire épousa sa veuve, & cependant il poignarda deux de ses enfans de sa propre main, en présence & de l'aveu de Childebert. Il en restoit un troisiéme, qui ne se déroba à la barbarie de ses oncles, qu'en prenant l'habit religieux. Ainsi s'accomplit la prédiction du S. Abbé de Mici, que Clodomir & ses enfans recevroient le même traitement, qu'il feroit à Sigismond & aux siens.

Théodoric Roi des Gots en Italie, profita du trouble que ces guerres avoient causé dans le Royaume de Bourgogne, & de l'impossibilité où se trouvoit Godomar de faire tête à plusieurs ennemis à la fois, pour s'emparer des Villes que les Bourguignons tenoient dans son voisinage. Car on voit, que les Evêques de Cavaillon, d'Apt, de Carpentras, d'Orange, de Trois-Châteaux & de Gap, qui avoient signé au Concile d'Epaone, comme ayant leurs Siéges dans le Royaume de Bourgogne, signérent à un Concile tenu à Arles dans les Etats de Théodoric en 529.

* *Non multo post, Chlodhomerus dum in Burgundiones bellat, jaculo in pectus adacto, interiit. Colapso eo, Burgundiones, ut capillum videre solutum, inque terga demissum, agnovere hoc indicio, occisum à se hostium regem, at Chlodomeri caput abscisum, secutis ipsum cum ostentarent, crepidationem eis injicere tantam, ut spem abjicerent Franci, frangerentur que animis; velut arma nunquam resumpturi. Victores quibus volebant legibus, bello finem imposuerunt; Francicus exercitus, pro magno habuit, vitam domum reportare. Agath. de bello Got.*

Ce Roi puissant, à qui les Historiens de sa Nation ont donné de grands éloges, mourut en 526. Il n'eut qu'une fille nommée Amalasonte, de son mariage avec Audeflede sœur de Clovis. Il l'avoit mariée avec Eutharic, Prince de la famille des Rois Visigots. Ce Prince ne vivoit plus, & Amalasonte en avoit eu un fils apellé Athalaric, quand Théodoric mourut. Il laissa son Royaume à son petit-fils, sous la tutelle d'Amalasonte, parce qu'il étoit encore enfant.

Godomar demanda à Amalasonte, la restitution des Places que Théodoric lui avoit prises, & elle les lui rendit, à condition qu'il reconnoîtroit les tenir d'elle. *

* *Burgundio, ut sua reciperet, devotus effectus est. Recuperavit prece, quod amisit in acie. Cassiod. Var. lib. 11. epist. 25. 1 dau.*

L'état du Royaume de Bourgogne, obligea Godomar d'accepter cette condition; & il n'osoit s'engager dans une guerre, tandis qu'il voyoit les Rois François toujours prêts à fondre sur lui.

Il régna en paix encore quelques années. Mais enfin l'orage qui le menaçoit, vint fondre sur lui & l'accabla sans qu'il pût s'en défendre. Athalaric Roi des Gots ne vivoit plus, & Théodat régnoit à sa place en Italie. Il avoit sur les bras les armes de l'Empereur Justinien, qui après avoir rejoint l'Affrique à l'Empire, vouloit encore y réunir l'Italie. Amalaric Roi des Visigots dans les Gaules & dans l'Espagne, étoit mort après avoir été vaincu par les Rois François. Ainsi Godomar n'avoit plus de secours à attendre de ses voisins. Childebert & Clotaire profitérent de cette circonstance, pour le dépoüiller. Ils voulurent engager dans leur entreprise, Thierri Roi d'Austrasie leur frere aîné; mais ce Prince qui étoit humain, & qui respectoit dans Godomar, la justice de sa cause & l'alliance qu'il avoit avec lui (car il avoit épousé sa niéce) refusa d'y entrer. Ses troupes sollicitées aparemment par ses freres, en murmurérent, & furent prêtes à en venir à la sédition. Il les apaisa en leur promettant le pillage de l'Auvergne, & mourut peu de tems après.

Théodebert son fils & son successeur, ne fut pas si religieux que lui, sur la guerre projettée par ses oncles

& du premier Royaume de Bourgogne. 285

contre Godomar. Ils ne pouvoient la faire fans lui que difficilement, parce que fes Etats couvroient le Royaume de Bourgogne. Il fe joignit à eux, & tous enfemble attaquérent Godomar, qui étoit venu à leur rencontre auprès d'Autun. Il fuccomba fous de fi puiffans ennemis; fon armée fut défaite, & il fut obligé de prendre la fuite. Il fe défendit encore quelque tems dans le cœur de fon Royaume; mais il étoit vaincu, entouré de toutes parts de fes ennemis, & fans reffource du côté des étrangers.

Quelques Auteurs modernes, ont dit que Godomar avoit paffé en Efpagne, & de là en Affrique où il étoit mort. Mais comme ils n'ont point de fondement dans les Hiftoires anciennes, il faut s'en tenir à ce que dit Procope; que les Rois François ayant fait prifonnier Godomar, ils l'enfermérent dans une Foretereffe, où ils le gardérent jufques à fa mort; * & qu'ils foumirent alors pour toujours les Bourguignons.

L'on ne convient pas du tems de l'éverfion du Royaume de Bourgogne. Mr. de Valois la met en 532, & Marius en 534. Il paroît qu'on en doit croire ce dernier Auteur, exact & bien inftruit, qui écrivoit fur les lieux peu de tems après cette mémorable époque. Le fentiment de Mr. de Valois, eft principalement fondé, fur ce que les Evêques d'Autun, de Vienne & un Député de celui de Bafle, ont figné au fecond Concile d'Orléans, qui fut tenu en 533, fuivant l'opinion commune.

L'on peut y répondre, que ce Concile ne fut tenu qu'en 536, fuivant le Cardinal Baronius, ou en 534, fuivant le Pere Hardoüin. Qu'en le fupofant de l'année 534, les Evêques d'Autun & de Vienne ont pû s'y trouver, parce que ces Villes étoient déja occupées par les François, qui s'en emparérent d'abord après le gain de la bataille d'Autun. Quant à l'Evêque de Bafle, on prétend qu'il y avoit envoyé un Député, parce qu'on y lit, que le Prêtre Afclepius a figné *pro Adelphio Ratiaftenfi Epifcopo.* On a eftimé qu'il falloit lire *Rauracenfi*; mais on

* Deinde Germani, cum Burgundionibus qui fuperérant, armis congreffi, adeptique victoriam; eorum regem in Caftellum quoddam regionis illius conjectum, afservarunt cuftodiis. Ipfos vero ad obfequium redactos, fecum in pofterum militare coegerunt, ut bello captorum conditio poftulabat; & locis omnibus quos Burgundiones ante coluerant, vectigal impofuerunt. Procop. de bell. Goth. cap. 13.

peut foutenir qu'il n'y à rien à changer, & que le Prêtre Afclepius avoit été envoyé par l'Evêque de Limoges fuffragant de Bourges, dont l'Evêque préfida à ce Concile, puifque Limoges s'apelle en latin *Ratiaftum*. D'autres penfent qu'Afclepius avoit été envoyé par l'Evêque de Poitiers, parce qu'on trouve un Evêque de cette Ville nommé *Adelphius*, & figné au premier Concile d'Orléans en 511, qui a pû prendre le titre de *Ratiatenfis*, à caufe d'une contrée confiderable du Diocèfe de Poitiers, qui eft apellée *Pagus Ratiatenfis* par Grégoire de Tours.

Il ne fe trouva donc, que deux Evêques du Royaume de Bourgogne, au Concile d'Orléans tenu en 534; d'où je conclus que nonobftant la défaite d'Autun, Godomar fe défendoit encore, & qu'il ne fut arrêté & le refte du Royaume fubjugué, qu'à la fin de cette année, ou peut-être feulement en l'année fuivante; car fi Marius fixe cette époque à 534, c'eft parce que la bataille d'Autun en décida, & que la plus grande partie du Royaume avoit déja paffé fous la domination Françoife avant la fin de cette année.

Les Auteurs François fupofent encore, que cette conquête fut l'ouvrage de Childebert & de Clotaire feuls. Marius dit au contraire, qu'ils engagérent Théodebert à fe joindre avec eux; & fon fentiment doit être fuivi, non-feulement parce que fon autorité eft bien plus fûre, mais encore parce qu'elle eft très probable en ce point. En effet, Thierri mourut fur la fin de l'an 433, ou au commencement de 434. Théodebert fon fils, a donc pû fe joindre à fes oncles en cette année, pour conquérir le Royaume de Bourgogne. Il étoit difficile de s'en emparer fans lui, ou du moins fans qu'il en conçut de l'ombrage, par raport à la fituation de fes Etats. C'eft pourquoi Clotaire & Childebert n'en tentérent pas la conquête, pendant la vie de Thierri qui ne l'aprouvoit pas. S'ils avoient conquis feuls ce Royaume, ils n'en auroient pas fait part à Théodebert. On voit cependant qu'il en tira prefque tout l'avantage; car l'on a de fes

& du premier Royaume de Bourgogne. 287

Médailles frapées à Chalon, Fortunat dans la vie de S. Germain Evêque de Paris, dit que ce Prélat fut trouver Theodebert à Chalon, pour répéter quelques métairies qui dépendoient de l'Eglife d'Autun ; & d'autre côté, il eft certain qu'il dominoit fur les Bourguignons, puifqu'il les envoya en Italie faire la guerre, comme on le verra dans la fuite. Auffi avoit-il droit au Royaume de Bourgogne, parce que fa mere étoit fille & niéce de fes derniers Rois.

C'eft ainfi que finit le regne des Rois Bourguignons, cent vingt-deux ans après qu'ils furent entrés dans les Gaules. Ils ont eu l'avantage d'être les premiers Catoliques, d'entre les Barbares qui envahirent l'Empire Romain. C'étoit un Peuple bon & équitable, qui n'étendit fa domination que par les conceffions des Empereurs, ou par des traités avec les naturels du Païs ; & il n'eut de guerre avec l'Empire, que celle dans laquelle il fut défait par Aëtius, pour être entré dans la Gaule Belgique qui ne lui avoit pas été affignée. Il n'a pas au refte donné une bataille, ni pris une Ville pour fonder fon Royaume. Il a été apellé ou reçû volontairement, par tout où il s'eft établi ; & l'Hiftoire ne dit pas qu'il ait verfé une goute du fang des Habitants des Gaules, avec lefquels il a partagé amiablement les terres qui étoient la plûpart défertes & abandonnées. Il étoit brave & courageux, car il ne refufoit jamais le combat, quelque péril qu'il y eut par raport aux circonftances & au nombre des ennemis ; mais il a été malheureux, puifqu'il a prefque toujours été battu. Cependant il fe foutenoit par fa prudence, fes alliances & la douceur de fa domination.

Quant aux Rois Bourguignons, ils eurent tous de la piété & de la religion, depuis qu'ils furent convertis au Chriftianifme ; & on ne leur a pas reproché l'injuftice, l'incontinence, l'incefte & la pluralité des femmes, comme aux autres Rois de leur tems. Attachés par reconnoiffance aux Empereurs qui les avoient reçus dans leur Etat, ils les ont fervi fidélement, tandis que l'Empire a subsisté ; & ils ont mérité les honneurs militaires & les titres de distinction qu'ils ont reçûs des Empereurs, de pere en fils. Apliqués par eux-mêmes au gouvernement de leur Royaume, ils l'ont policé par de bonnes Lois, maintenu la paix entre leurs sujets naturels & les Habitans du Païs où ils étoient entrés ; & leur domination étoit si douce, que les grands Seigneurs Gaulois, la préféroient à celle des autres Rois étrangers. Mais c'est la destinée des Rois bons & justes, de succomber sous les armes des Conquérans ; & celle des Peuples pacifiques, de devenir la proie des Peuples guerriers.

Les Rois Bourguignons, avoient choisi Lyon & Vienne, pour leurs Capitales ; & quand leur Etat étoit partagé, un de leur Roi demeuroit à Genève. Mais ils passoient la plupart du tems, dans des Châteaux à la campagne. Les Actes de la Conférence de Lyon entre les Catoliques & les Ariens, nomment celui d'Arbigni ou Savigni, *Sarbiniacum* ; & les Lois de Gondebaud, ont été faites au Château d'Ambérieu. Ils donnérent d'abord le nom de leur Nation au Païs qu'ils occupérent, comme on le voit dans une Lettre de Théodoric Roi des Gots d'Italie à Gondebaud, dans laquelle il apelle ces Païs, *Burgundia*. La Province de Vienne & une partie de la Suisse, l'ont retenu quelque tems après la fin des Royaumes de Bourgogne ; & les Païs des Eduois & des Séquanois le portent encore aujourd'hui.

Cependant l'Empereur Justinien avoit déclaré la guerre en 534, à Théodat Roi d'Italie. Il lui enleva la Sicile & la Dalmatie en 535, prit Naples & fut reçû à Rome dans l'année suivante. Les Gots étonnés de ces progrès, les imputérent à la négligence de Théodat, le déposérent & mirent Vitigès à sa place. Ce nouveau Roi envoya des Ambassadeurs aux Rois François, pour consommer avec eux un traité qui avoit été commencé par Théodat. Il leur donna une somme, & leur relâcha ce qu'il tenoit encore dans les Gaules, à condition qu'ils lui fourniroient des secours contre Justinien. Ils

& du premier Royaume de Bourgogne. 289

Ils le lui promirent, mais ils étoient embarraſſés par un traité précédent qu'ils avoient fait avec l'Empereur, par lequel ils avoient reçû ſon argent, & s'étoient engagés de faire la guerre aux Gots d'Italie. Théodebert, quoiqu'il eut été adopté par Juſtinien, les tira de peine, & envoya dix mille Bourguignons au ſecours de Vitigès, pendant que ſes oncles & lui amuſoient l'Empereur par de vaines excuſes, ſur l'exécution des promeſſes qu'ils lui avoient faites, & qu'ils diſoient que les Bourguignons avoient paſſé les Monts contre leur gré.

Vitigès avec ce ſecours, aſſiégea Milan, l'une des plus grandes Villes d'Italie, & des plus peuplées. Elle avoit ſecoüé le joug des Barbares & reçû les Troupes de l'Empereur. Le ſiége fut long, & la Ville affamée, ſe rendit à diſcrétion en 538. Le Gouverneur & la garniſon, furent faits priſonniers de guerre. Tout ce qui ſe trouva d'hommes & d'enfants mâles, au nombre de trois cens mille, fut maſſacré, & les femmes livrées aux Bourguignons pour en faire des eſclaves, en récompenſe des ſervices qu'ils avoient rendus. *

En l'année ſuivante, les Généraux de Juſtinien aſſiégérent Fieſole & Oſme, & placérent une Armée à Tortone pour couvrir ces ſiéges. Les Oſtrogots étoient en préſence de cette Armée qu'ils avoient entrepris de forcer, lorſque Théodebert parut à la tête de cent mille hommes. Vitigès crut qu'il venoit à ſon ſecours, étant ſon allié. Les Généraux de l'Empereur ne ſçavoient qu'en penſer, parce qu'il n'avoit pas aidé ouvertement Vitigès, ni rompu le traité fait avec leur maître. Il les tira bientôt de l'erreur où ils étoient les uns & les autres. Les Oſtrogots l'ayant reçû comme ami dans leur poſte, il les chargea, & après les avoir mis en fuite, il fondit ſur l'Armée de l'Empereur, qu'il diſſipa aiſément. Son deſſein étoit d'achever de détruire les deux partis, qui s'étoient déja fort affoiblis par une longue guerre, & de ſe rendre maître de l'Italie. Mais ayant trouvé un Païs ruiné, & la maladie s'étant miſe dans ſes Troupes, il fut obligé

* Procop. de bell. Got. lib. 2. cap. 12. & 21.

de repasser les Alpes, après avoir pris & pillé Génes & ravagé l'Emilie & la Ligurie, où il garda quelques places qui lui facilitoient la liberté d'y rentrer.

Ce procédé mit Vitigès dans une telle défiance, qu'il aima mieux traiter avec Justinien, que d'écouter les Députés que les Rois François lui envoyérent dans la suite, pour lui offrir du secours. Voyez, lui disoit-on de la part de l'Empereur, comme ils ont traité les Rois de Bourgogne, & comme ils en ont usé avec vous en dernier lieu, quoique vous dussiez compter sur l'alliance qui étoit entre-eux & vous *. Mais l'Empereur le trompoit aussi, car pendant qu'il lui faisoit des propositions de paix dans Ravenne où il le tenoit assiégé, il lui prenoit ses meilleures Places ailleurs. Il le réduisit enfin à se rendre prisonnier en 540, & à lui remettre Ravenne qui étoit la Capitale de son Royaume.

* *Eidem autem quam Barbaris servire gloriantur, post Thoringos & Burgundiones, in vos quoque socios suos, quam certa sit, declaraverunt. Procop. de bell. Got. lib. 2. cap. 28.*

Cette perte, quoique grande, n'abattit pas le courage des Gots. Ils élûrent Ildebalde, & ensuite Araric, qui ne regnérent qu'environ 18 mois. Après la mort d'Araric, Totila fut mis à sa place; & comme il n'avoit pas moins de prudence & de modération, que de valeur & de capacité, il rétablit pour quelque tems, les affaires des Gots, quoiqu'elles parussent désespérées. Il gagna des batailles, reprit des Provinces, des Villes fortes & Rome même.

L'Empereur craignant de ne pouvoir lui résister, si les Rois François se joignoient à lui, tâcha de les gagner par des caresses. Il avoit des prétentions sur la partie de la Provence que Vitigès leurs avoit cédée, parce que selon lui, Vitigès n'en étoit pas possesseur légitime. Il leurs abandonna les droits qu'il disoit y avoir, consentit qu'ils présidassent au Jeux du Cirque dans Arles, comme avoient faits les Empereurs ou les Gouverneurs de la Province à leur place, & permit que la Monnoie d'or à leur coin, fut reçûë dans l'Empire; ce qui n'avoit encore été accordé à aucun Prince. *

* *Procop. de bell. Got. lib. 3. cap. 33.*

Ils acceptérent toutes ces faveurs; mais Totila qui

avoit un grand interêt à empêcher leur union avec l'Empereur, prit Théodebert par un endroit plus fenfible. Il lui promit une part dans les conquêtes qu'il feroit dans l'Empire, à condition qu'il lui donneroit du fecours, & qu'il feroit une diverfion du côté du Danube; ce qu'il pouvoit faire aifément, étant maître de la Baviere & d'une partie de la Pannonie, comme Roi d'Auftrafie.

Le prétexte que Théodebert prit pour rompre avec l'Empereur, fut que parmi les titres pompeux qu'il ajoutoit à fon nom, il s'étoit donné celui de Francique; comme s'il avoit dompté la Nation Françoife, qui ne lui étoit cependant pas foumife, & qu'il n'avoit jamais vaincuë. Seroit-ce pour opofer à ce vain titre, un titre femblable, que Théodebert prit dans fes Monnoies la qualité d'Augufte, ou à caufe de fon adoption & des conquêtes qu'il avoit faites en Italie? Ce Roi puiffant, courageux & qui avoit conçû de grands deffeins, mourut en 548, dans le tems qu'il fe préparoit à porter la guerre dans l'Empire.

Théobalde fon fils naturel lui fuccéda, & Juftinien lui envoya des Ambaffadeurs pour le diffuader de fuivre les projets de fon pere. Ils y réuffirent. Théobalde en envoya à fon tour à Juftinien, & ils conclurent un traité, par lequel cet Empereur confirma au Roi François, la poffeffion des Villes qu'il tenoit en Italie.

Juftinien ayant apaifé ce redoutable ennemi, envoya contre Totila une Armée formidable, qui remporta une victoire fignalée, & Totila périt dans l'action. Theïas fut élû à fa place; mais il fut vaincu & tué dans un nouveau combat. Avec lui finit le Royaume des Oftrogots en Italie en 553, car ceux qui reftoient de tant de défaites, fe foumirent à l'Empire; à l'exception de quelques-uns qui tinrent encore dans de bonnes Places, comptant que les François feroient leurs efforts pour reprendre l'Italie fur l'Empereur, qui étoit un voifin trop à craindre.

Il y en entra en effet soixante & quinze mille en l'année suivante, sous le commandement de Bucelin & de Leutaire Généraux de Théobalde. Ils se partagérent sous ces deux Chefs, pour parcourir & ravager l'Italie. Narsès qui commandoit les troupes de Justinien, céda pour un tems à leur impétuosité. Leutaire chargé de butin, retourna en arriere pour le mettre à couvert. Il en perdit la plus grande partie en chemin, & la maladie ruina son Armée. Narsès profita de cette circonstance pour attaquer Bucelin, & remporta sur lui une victoire si complette, que suivant les Historiens contemporains, de trente mille hommes dont l'Armée de Bucelin étoit composée, il n'en retourna que très-peu.

Le Roi Théobalde mourut peu de tems après, & comme il ne laissoit point d'enfants, Childebert & Clotaire ses oncles lui devoient succéder par égales parts. Mais Childebert n'avoit point d'enfants lui-même, & il étoit vieux & malade. Clotaire profita de cette circonstance, pour s'emparer du Royaume d'Austrasie. Ce fut en 555.

Childebert en eut un vif ressentiment. Il se prépara à la guerre, fit révolter Chramne fils aîné de Clotaire, & apuïa sa rébellion. La mort de Childebert qui suivit de près, exposa Chramne à toute la colére de son pere, qui le fit brûler avec sa femme & ses enfants, dans une chaumière où ils s'étoient retirés, & dans laquelle ils furent investis après la perte d'une bataille. Enfin Clotaire mourut lui-même en 562, & laissa quatre fils de différentes femmes ; Caribert, Gontran, Chilperic & Sigebert, sous lesquels commença un second Royaume de Bourgogne.

Sous le regne de Sigismond, Naamat avoit porté le titre de Patrice en Bourgogne, avant que d'être fait Evêque de Vienne. Adon nous aprend qu'il étoit d'une haute noblesse, mais plus distingué encore par ses vertus & par sa capacité. Son épitaphe qui s'est conservée dans les manuscrits anciens, montre qu'en qualité de

& du premier Royaume de Bourgogne. 293

Patrice, il préſidoit à l'adminiſtration de la Juſtice. *   * Chorier Hiſt.
Ancemon fut auſſi Duc & Patrice en Bourgogne, envi-   du Dauph. liv. 8.
ron l'an 550. Il y avoit, ſuivant les Lettres d'Avitus, un   chap. 11.
Seigneur de ce nom, qui étoit en faveur à la Cour de
Gondebaud. Clotaire conſerva le titre de Patrice au
Gouverneur qu'il prépoſa au Royaume de Bourgogne,
& qui s'apelloit Agricole.

*Fin de l'Hiſtoire des Bourguignons, & du premier
Royaume de Bourgogne.*

OBSERVATIONS.

J'AI dit à la page 271 de l'Hiſtoire des Bourguignons,
que la partie de la Province Séquanoiſe qui porte aujourd'hui le nom de Comté de Bourgogne, avoit été diviſée en quatre Comtés ou Païs, qu'on apelloit Varaſque, Scodingue, Amous & Port.

La Porte de Beſançon du côté de la montagne, qui eſt
à preſent celle de derriere ou du ſecours de la Citadelle,
portoit le nom de *Vareſco*. C'eſt encore celui du Doyenné ou Archiprêtré, dont Pontarlier eſt le lieu principal.
Hugue I. Archevêque de Beſançon, a nommé en Varaſco dans une Charte de l'an 1040, l'Egliſe Paroiſſiale de
Tarcenay, Village à deux lieuës de Beſançon ; *Eccleſiam
ſancti Martini in pago Waraſco, in villâ Terceniaco.*
Le Village de Scey dans le Bailliage d'Ornans, eſt apellé Scey en Varais, pour le diſtinguer de Scey ſur Sône.
D'autres Villages des Bailliages de Baume & d'Ornans,
portent cette qualité, *en Varais*, pour la même raiſon,
dans les anciens titres. L'Auteur de la Vie de ſainte Saleberge, dit que S. Euſtéſe ſecond Abbé de Luxeul au
commencement du ſeptiéme ſiécle, convertit les Varaſques, Peuples de la Province Séquanoiſe, qui étoient
dans ſon voiſinage, & infectés des erreurs de Photin

& de Bonose. Il ajoute, qu'ils habitoient aux deux rives du Doux. *Eustesius ad Luxovium regressus est; deinde ad Varascos, qui partem Sequanorum Provinciæ & Duvii amnis fluenta, ex utraque parte incolunt; qui & ipsi, Bonosi Photinique maculati errore, jam senes tabescebant. Ad quos vir Dei veniens, eos ad sanctæ Ecclesiæ gremium revocavit.* L'Abbé de Luxeu, qui a écrit, les miracles de S. Valbert, troisiéme Abbé de cette illustre Abbaïe, en raporte un qui fut fait, *in pago rusticorum*|*su, Warascum nuncupato.* Les Annales de S. Bertin, nomment le Comté de Warasque sous l'an 839, & le placent entre ceux de Scodingue & de Port. Ce Comté est compris dans le partage des Etats du Roi Lotaire, entre Loüis de Germanie & Charles le Chauve ses oncles en 870, & mis entre Elischou que je crois être la Haute Alsace, & *Scudingum* qui est le Bailliage d'Aval au Comté de Bourgogne. Une Charte de l'an 922 parle de Poligni, *in Comitatu Varasco.* Une autre Charte de l'an 941, contient l'inféodation de plusieurs Terres, données au commencement du dixiéme siécle par Sigismond Roi de Bourgogne, au Monastere d'Agaune, *in pago Warascum.* Ces Terres sont situées au Bailliage de Pontarlier. La Chaux d'Arlier y est nommée, *Etusie in turmâ Jurensi*, c'est-à-dire dans la région du Mont-Jura. Mr. Guichenon qui a donné cette Charte, l'a datée de 943: mais il s'est trompé en cela, & en ce qu'il ajoute que le Comté de Varasque est la partie de la Franche-Comté voisine de la Bresse, car le Comté de Scodingue étoit entre deux.

Je crois donc, que le Comté ou Païs des Varasques, occupoit ce que nous apellons aujourd'hui le Païs d'Ajoie dont Porentru est la Capitale, le Comté de Montbéliard, les Bailliages de Baume, d'Ornans & de Pontarlier, & la partie de ceux de Salins & de Poligni qui est dans la montagne, avec Poligni même suivant la Charte de l'an 922.

La Contrée de Scodingue, est énoncée dans le partage des Etats du Roi Lotaire de l'an 870, après celle de

Varafque, & avant la contrée d'Amous. L'on en peut conclure, qu'elle les touchoit toutes deux. Frédegaire parlant de Protade qui fut Maire du Palais de Bourgogne au commencement du feptiéme fiécle, dit qu'il avoit été Patrice de la Bourgogne Transjurane, & de la Contrée de Scodingue. Les Annales de S. Bertin font mention du Comté de Scodingue, fous l'année 839. Le Roi Lotaire donna à Arduic Archevêque de Befançon, les Abbaïes de Chateau-Chalon & de Baume les Religieux, pour le dédommager de quelques Villages que fes prédéceffeurs avoient, poffédés, & qui avoient été ufurpés. La Charte de cette donation, porte que ces deux Abbaïes font fituées *in pago Scodingorum*. Loüis fils de Bofon Roi de Bourgogne, donna en 901, *Morgas villam in Comitatu Scutiacenfi,* à Alvalon Archevêque de Lyon. Je crois que c'eft Morges dans le Bailliage d'Orgelet.

L'inféodation de 941, faite par le Monaftére d'Agaune de plufieurs Terres fituées dans la contrée des Varafques au Bailliage de Pontarlier, en contient auffi qu'elle dit être *in Comitatu Scodingum* ; & nomme entre autres, Bracon, Fetigni & Aréche, qui font dans les Bailliages de Salins & d'Orgelet. Un ancien Martyrologe de l'Abbaïe de S. Claude, met au neuf des Kalendes de Décembre, la fête de S. Lamain Martyr, *in pago Scodingorum*. Le vieux Cartulaire de cette Abbaïe, raporte la donation de la Terre de S. Chriftophe *inter, Cartas Seudingenfes*. La Vie de S. Anatoile, parlant du Val & de la Ville de Salins, dit *Vallis eft Romano itineri pervia, Scodinga in Sequanis, ubi nunc Salinarum locus.* Enfin, Guillaume premier du nom Archevêque de Befançon au commencement du douziéme fiécle, donna pour fon anniverfaire à fon Eglife, *Altare de Vincellâ, in territorio Scodingo*. Vincelle eft un Village du Bailliage de Lons le Saunier.

Il paroît par ces autorités, que le Comté de Scodingue, comprenoit une partie des Bailliages de Salins, d'Arbois & de Poligni ; ceux de Lons le Saunier &

d'Orgelet; & probablement encore la Terre de S. Claude, en ce qui dépendoit du Diocèse de Besançon.

 Le Comté d'Amous, est nommé après celui de Scodingue, dans le partage des Etats de Lotaire, & doit par conséquent le toucher. Par une Charte datée de la douziéme année du regne de Conrad le Pacifique Roi de la Bourgogne Transjurane, qui revient à l'an 967 ; le Comte Letalde donna à la Métropolitaine de Besançon, les Eglises dédiées à S. Maurice à Grai la Ville & à Pontaillé sur Sône, qu'il dit être situées *in Comitatu Amousensi*. Le Prieuré de S. Vivant entre Dole & Auxonne, est apellé S. Vivant en Amous, pour le distinguer de celui de S. Vivant sous Vergi. On nomme Val d'Amous, une partie du Bailliage de Dole & de celui d'Arbois. Celle du Bailliage de Quingé qui la touche, porte le nom de Valois, comme étant une continuation du même Val.

 Je conclus de là, que le Comté d'Amous comprenoit les Bailliages de Dole & de Quingey, ceux d'Arbois & de Grai en partie, & la Vicomté d'Auffonne.

 Les Comtés de Varasque, Scodingue & Amous, étoient du partage de Loüis de Germanie. Celui de Port échut à Charles le Chauve. Il tiroit son nom du Port Abucin, ainsi nommé dans la Notice de l'Empire, & que nous apellons aujourd'hui Port sur Sône. Les Annales de S. Bertin sous l'année 839, donnent le Comté des Portisiens pour confin à celui des Varasques, & suivant ce qu'on a dit des autres Comtés, il comprenoit le Bailliage de Vesoul, les Terres de Lure, de Luxeul, de Vauvillers, une partie du Bailliage de Gray ; & il s'étendoit jusqu'à Besançon, puisque Charles le Chauve qui eut dans son partage le Comté de Port, eut aussi l'Abbaïe de S. Martin de Bregille, qui n'est séparée de Besançon que par la Riviere du Doux.

 S. Agile Religieux à Luxeul & premier Abbé de Rebês au Diocèse de Meaux, étoit fils de Chanoald Conseiller & Commensal du Roi Childebert, & de Deutérie descenduë

& du premier Royaume de Bourgogne.

descenduë des anciens Rois de Bourgogne. On lit de lui qu'il étoit né dans un lieu de la Contrée de Port sur la Sône, apellé Honorisiac. * C'étoit le Château de ses parents, & je crois que c'est celui de Ray voisin de Port sur Sône, & l'une des plus grandes Seigneuries du Comté de Bourgogne, qui a donné son nom à l'une des plus illustres Familles du Païs, après celle de nos Comtes; car elle leur étoit alliée, & elle a donné des Conétables à la Province.

* Annal. Bened. lib. 11. art. 13.

Les Armes de la Maison de Ray, sont de gueules à l'Escarboucle fleuronné & pommeté d'or, de huit Rais; timbrées d'une Couronne d'or, & suportées par deux Tigres d'argent. Gautier Seigneur de Ray, fonda un Chapitre dans cette Terre en 1341. Mr. du Cange dans son Histoire des Familles Bisantines, croit que les Seigneurs de la Roche, qui ont tenu pendant plus d'un siécle, les Duchés de Thébes & d'Athénes, étoient de la Famille de la Roche-Villersexel dans le Comté de Bourgogne, très-ancienne & distinguée dans le Païs. Mais il s'est trompé, car ils étoient de la Maison de Ray, qui possedoit la Seigneurie de la Roche sur l'Oignon. Cette Terre est sortie de leur Famille, par le mariage d'une de leurs Filles dans la Maison de Plaine, d'où elle a passé dans celle du Hautois, & ensuite dans la Maison de Grammont qui la possede aujourd'hui. Otton de Ray Seigneur de la Roche, se rendit fameux dans les Croisades, & conquit les Villes d'Athénes & de Thébes, que ses descendants possedérent après lui. Il conste de ce fait par le Cartulaire de l'Abbaïe de Bellevaux, où l'on trouve les titres de plusieurs dons faits à cette Abbaïe, par les Seigneurs de Ray & de la Roche, datés de leurs Villes d'Athénes & de Thébes, & où sont nommés entr'autres témoins, des Seigneurs de Cicon & de Charmoille, qui étoient des Gentilshommes de nom & d'armes du Comté de Bourgogne.

L'on voit de beaux Tombeaux de la Maison de Ray, à l'Abbaïe de la Charité de l'Ordre de Saint Bernard

298 *Histoire des Bourguignons, &c.*
au Bailliage de Vesoul. Claude-François Baron de Ray, dernier mâle de cette illustre Famille, ne laissa qu'une fille qui fut mariée le 23 Juillet 1636, avec Albert de Mérode Marquis de Trelon, dont la postérité joüit aujourd'hui des biens de la Maison de Ray au Comté de Bourgogne.

HISTOIRE
DE L'EGLISE
DE BESANCON.

HISTOIRE
DU CLERGÉ
DE BESANÇON.

AVERTISSEMENT.

COMME j'ai tiré principalement des Manuscrits que l'on conserve dans les Archives de l'Eglise Métropolitaine de Besançon, ce que j'ai dit des premiers Evêques de cette Eglise; je crois devoir rendre compte au Public de la qualité de ces monuments, pour qu'il sçache quelle foi il y doit ajouter.

Il y en a deux, ornés d'un côté seulement, de feüilles d'argent ciselé, & garnis de cristaux & d'agates. C'est une preuve qu'on les mettoit sur l'Autel : aussi est-ce un Missel, & un Livre d'Epitres, qu'on porte encore aujourd'hui sur l'Ambon, quand on y va chanter l'Epitre & l'Evangile aux jours de solemnité. Leur caractére confronté sur la Diplomatique, a paru être du onziéme siécle, & il y a plusieurs autres preuves qu'ils sont de ce tems.

On trouve dans le Missel, un Catalogue des Evêques de Besançon, & un Martyrologe. Le Catalogue finit par Hugue Premier, qui a tenu le Siége Episcopal depuis 1031 jusques en 1071, & dont le nom est écrit en lettres majuscules. C'est une marque qu'il a été fait de son tems. Il y a une preuve semblable pour le Martyrologe; car on y lit les jours de l'ordination & de l'installation d'Hugue Premier, écrits de même encre que le corps de l'Ouvrage; & les Obits de sa mere, de son frere & de sa sœur, mais d'encre différente. Celui de Charlemagne qu'on y voit aussi, y a été marqué quand on l'écrivoit, parce que cet Empereur étoit bienfacteur de l'Eglise de Besançon; car elle est nommée dans son testament au nombre de ses héritiers; & l'on gardoit dans le siécle dernier au Trésor de notre Métropolitaine, une Table d'or qu'elle avoit euë de la succession de Charlemagne. On trouve encore sur ce Martyrologe, la note du décès d'Ebalus Archevêque de Reims au 21 Mai. Ce Prélat avoit été élû en 1024, & il mourut en 1033.

Je ferai imprimer le Catalogue, & le Martyrologe auquel il manque un feüillet, qui contenoit les 29 derniers jours de Septembre & les 16 premiers d'Octobre. Je les ai supléés par un autre Martyrologe qui est à la tête d'un Missel de l'Eglise Collégiale de Sainte Marie-Madeleine, & qui m'a paru être aussi du onziéme siécle.

J'y joindrai un second Catalogue de nos anciens Evêques, qui contient quelques particularités de leurs vies, & qui est tiré des mêmes Manuscrits. Il finit comme le précédent à Hugue Premier; d'où je conclus qu'il a été aussi dressé de son tems. J'ai tiré de ces Livres, les Litanies & les Acclamations qu'on chantoit à la Messe Pontificale, notées pour être chantées, par des points, des accents & des virgules sur les lignes, comme l'on marque la quantité par des longues & des bréves; & j'ai fait imprimer ces Prieres, soit parce que l'on y voit les rites de l'Eglise de Besançon, soit parce qu'elles servent de preuve à l'Histoire de cette Eglise.

L'on peut dire pour diminuer la foi des Catalogues, qu'ils ne sont pas d'accord entr'eux, puisque l'un fait Hugue Premier le quarante-huitiéme Evêque de Besançon, & l'autre le quarantiéme; qu'ils en transposent quelques-uns; qu'ils ne nomment qu'un Silvestre, un Claude & un Tetrade, quoiqu'on estime communément qu'il y en a eu deux; & que l'on n'y trouve pas le nom d'Urbicus, quoiqu'il ait signé comme Evêque de Besançon, à des Conciles.

La réponse est, que celui des Catalogues qui contient le moindre nombre d'Evêques, est une espèce de diptique, où l'on n'a compris que ceux qui ont tenu certainement le Siége de Besançon, & où l'on n'a pas nommé ceux dont on n'avoit pas une certitude entiere, qui avoient été intrus, ou qui ont été juftement dépofés ; tels que font Importunus, Gelmefilus, Felix, Tetradius Second, Aiminius, Gontefius & Bertaldus ; dont on lit les noms dans l'autre Catalogue, avec la note par raport à quelques-uns, de leur intrufion ou de leur dépofition. Cette difference, loin de diminuer la foi de nos Catalogues, leur donne à mon avis encore plus de poids ; parce qu'elle prouve, pour ainfi dire, que l'un eft la critique de l'autre.

J'avoüe au refte, qu'il y a quelques tranfpofitions, & des omiffions au fujet des Evêques des premiers fiécles. Mais quelle eft l'Eglife des Gaules, dont l'Hiftoire ancienne ne foit pas fujette à cet inconvénient, & qui ait une fuite exacte & certaine de fes premiers Prélats ? L'on peut corriger nos Catalogues fur de meilleurs titres, rétablir l'ordre qu'ils ont interverti, & réparer les omiffions qu'on y trouve ; mais il ne fuit pas de ces défauts, fi communs d'ailleurs, qu'on doive rejetter nos Catalogues & ne pas s'y conformer, lorfqu'on n'a point de preuves plus fortes & contraires.

L'on trouve dans le Martyrologe, la Commémoraifon des Trépaffés, qui n'a été inftituée qu'en 998 pour Cluni par Saint Odilon, & qui n'a pas d'abord été reçûë dans toute l'Eglife d'Occident. Mais il n'en faut pas conclure, que notre Manufcrit ne foit pas du commencement du onziéme fiécle ; car les premiers Abbés de Cluni, dont la Congrégation avoit pris naiffance dans le Diocèfe de Befançon, étoient en grande rélation avec nos Archevêques, par lefquels les deux premiers fe font fait bénir. Il eft à croire que Saint Odilon avoit concerté l'inftitution de la Fête des Morts, avec celui de nos Prélats qui tenoit alors le Siége Epifcopal ; ou que ce Prélat l'introduifit des premiers, à l'exemple de ce qu'il voyoit pratiquer dans plufieurs Maifons Religieufes, qui étoient dans fon Diocèfe.

L'Auteur de la Légende de Saint Protade, Evêque de Befançon au commencement du feptiéme fiécle, dit que ce Prélat composa un Rituel, à la priere d'Etienne & d'Aiminius, Doyens des Eglises Cathédrales de S. Jean & de S. Etienne. *Inter cætera quidem, hujus beatissimi viri laudibus adscribitur; quòd dubitantibus inter se Clericis, de diversis Ecclesiarum usibus, (rogantibus Stephano sanctæ matris Ecclesiæ beati Joannis Evangelistæ, & Haiminio sancti Stephani ejusdem civitatis, Decanis) libellum ediderit, in quo ad separandum omne ambiguum, hæc scripta reliquerit; quid tenere Ecclesiam, quidve vitare oporteat; quot sacri Ordinis Ministros, festivi dies habeant; quò & quando, processiones fiant; quo tempore Congregationes totius Urbis, ad matrem Ecclesiam conveniant; quidquid etiam agendum sit, per anni curriculum in Ecclesia, sancta ejus educuit posteros industria.*

L'on trouve dans les Archives de notre Métropolitaine, un Rituel qui porte le titre d'Ordinaire pour les Chanoines, *Ordo Canonicorum*; qui contient tout ce que l'on vient de raporter de celui de S. Protade, & à la tête duquel, est une Lettre de ce saint Evêque, qui lui sert de Prologue, & qui est adressée à Etienne Doyen de l'Eglise de Besançon. *Protadius sanctæ Crisopolitanæ Ecclesiæ Archiepiscopus, Stephano ejusdem Ecclesiæ Decano, suo charissimo filio, salutem.* Je ne crois cependant pas que ce Rituel, soit le même que celui qui a été composé par S. Protade, & voici mes raisons.

1°. S. Protade est qualifié Archevêque de Crisopolis dans le titre de la Préface, *sanctæ Crisopolitanæ Ecclesiæ Archiepiscopus*, & l'Evêque de Besançon est souvent nommé *Archipresul* dans le corps du Rituel; cependant les Métropolitains ne portoient pas encore de son tems le titre d'Archevêques, & l'on n'apelloit pas alors Besançon, *Crisopolis*. 2°. L'on ne trouve pas dans cet Ordinaire, le Rit Gallican qui étoit suivi du tems de S. Protade; l'on s'y est conformé au Rit Romain, dont Charlemagne avoit ordonné l'observation; ce qui fut exécuté d'un consentement si unanime dans les Gaules, que sous le regne de son petit-fils, la Messe Gallicane n'étoit déja plus

plus en usage. 3°. L'on y voit que quand l'Evêque célébroit en certains jours de solemnité, il étoit revêtu du Pallium, & qu'on lisoit pendant la Messe, le Privilege en vertu duquel il le portoit : or l'on tient communément, que ce Privilege n'a été donné aux Métropolitains des Gaules, que depuis l'an 742 ; & quand il seroit vrai que Miget Evêque de Besançon d'abord après l'an 661, auroit déja obtenu ce Privilege, comme le Pere Pierre-François Chifflet l'a crû; ce ne seroit toujours qu'après le tems de S. Protade. 4°. On y lit l'Office de la Dédicace de l'Eglise de S. Jean l'Evangéliste, & il y est dit à cette occasion, qu'il se faisoit le 21 Avril, mais qu'il a été remis au 23 Septembre, jour auquel cette Eglise a été consacrée de nouveau, aprés avoir été rebâtie par Hugue Premier. 5°. On y trouve aussi les Prologues de l'Office de certaines Fêtes, écrits en prose rimée ; c'est le goût des 10 & 11e. siécles. 6°. On y lit la Mémoire de la Consécration de l'Autel de S. Etienne par Leon IX. qui est de l'an 1048. Enfin il est fait mention dans le même Manuscrit, d'Amalaire & de Charles le Chauve, qui ont vécu aprés S. Protade. Amalaire étoit un Diacre de l'Eglise de Metz, qui vivoit encore en 840, & qui a composé quatre livres des Offices divins, qui sont cités dans notre Rituel.

Toutes ces circonstances, prouvent que l'Ouvrage n'est pas de S. Protade, & que si l'on y a mis à la tête, la Préface de son Rituel, c'est pour donner plus de poids au nouveau ; ou parce qu'il a été composé de ce qu'on avoit pû conserver du Rituel ancien, joint à ce qu'il avoit fallu y changer ou ajouter, jusques au tems d'Hugue I. sous lequel celui que nous avons, paroît avoir été rédigé, soit par raport aux Offices institués sous ce Prélat qui y sont raportés, soit parce que nous avons des Chartes de lui, dans lesquelles on lit qu'il a rétabli le Clergé de Besançon par ses libéralités, & par la régle qu'il y mit. *Ecclesiam Protomartyris Stephani Patroni nostri, inveni destructam, atque omni Clericali ordine & honestate deso-*

latam , &c. Dispoſui ergo Canonicos, qui ſub norma religionis Eccleſiaſticæ , fraternam vitam ducerent , &c.

Cependant le Manuſcrit qui nous reſte du Rituel, me ſemble avoir été écrit ſous l'Archevêque Anſeric , qui a tenu le Siége de Beſançon depuis l'an 1117 juſqu'en 1134 ; parce qu'à la ſuite & du même caractere, on lit deux preſtations de ſerment entre ſes mains par l'Abbeſſe de Baume & par l'Abbé de Lure.

J'ai fait imprimer ce Rituel qui n'a encore point paru. Il eſt ample & différent des autres Ordinaires qu'on a donnés au Public. L'on y trouve de beaux veſtiges de l'ancienne diſcipline de l'Egliſe en général, de la magnificence & de la majeſté de celle de Beſançon en particulier , de la dignité de ſes Prélats , & de la vie réguliere & édifiante de ſon nombreux Clergé ; principalement de ſes deux Cathédrales, qui vivoient alors en Communauté & ſous une Régle.

Cette Régle eſt dans le même Manuſcrit que le Rituel. Je ne la ferai cependant pas imprimer, parce que c'eſt un extrait d'autres Régles qu'on trouve ailleurs ; & je me contenterai de raporter à la ſuite du Rituel, les titres de chacun des chapitres de la Régle de nos Chanoines, avec une note du lieu d'où ils ont été tirés. Ç'a été principalement du ſecond livre des Offices Eccléſiaſtiques de S. Iſidore, & de la Régle de S. Chrodegant. Il y en a qui ſont attribués à S. Iſidore dans notre Manuſcrit, que je n'ai cependant pas trouvé dans ſes Ouvrages ni ailleurs.

Cette Régle & le Rituel attribué à S. Protade, qui font connoître quel étoit l'état du Clergé de Beſançon dans le 11e. ſiécle, peuvent auſſi faire juger de ce qu'il avoit été auparavant.

Hugue Premier Archevêque de Beſançon, étoit de la Maiſon de Salins, la plus noble & la plus riche du Comté de Bourgogne. Ses ſentiments répondoient à ſa haute naiſſance, & à la Dignité dont il étoit revêtu. Car il rebâtit l'Egliſe Cathédrale de S. Jean qui tomboit en ruine, acheva celle de S. Etienne que ſon Prédéceſſeur avoit

AVERTISSEMENT.

commencé de rétablir, & en releva le Chapitre par les grands dons qu'il lui fit. Il répara l'Eglife de S. Paul, & la dota de nouveau. Il réédifia celles de S. Laurent & de Sainte Marie Madeleine, & y fonda des Chanoines. Ce Prélat pieux & libéral, fit probablement faire pour l'ufage de ces Eglifes, les livres dont elles avoient befoin. Tels étoient le Miffel & l'Epiftolaire dont j'ai parlé; un Miffel qui eft dans l'Eglife de Sainte Marie Madeleine, & un livre d'Evangiles qu'on voit dans celle de S. Jean, qui font écrits en mêmes caracteres, & qui ont des ornements femblables.

Mais comme on lifoit les Vies des Saints, à l'Eglife & dans les Réfectoires des Chanoines qui vivoient en commun, il fit auffi compofer & écrire, fuivant toutes les aparences, les Légendaires des Eglifes de S. Jean, de S. Etienne, de S. Paul, & de Sainte Marie Madeleine, dont la plûpart nous reftent encore. L'on y voit ce qui devoit être chanté, noté par des points, des accents & des virgules; circonftance qui prouve leur ancienneté, parce que Aretin, qui inventa la Gamme dont on fe fert aujourd'hui, vivoit au commencement du 11e. fiécle, & que cette nouvelle maniere fit bien-tôt tomber l'ancienne.

Ces Légendaires contiennent entr'autres Vies, celles de nos premiers Archevêques qui font regardés comme Saints, & nommés tels dans nos anciens Catalogues. L'on peut dire pour diminuer l'autorité de leurs Légendes, qu'elles contiennent des détails, qui ne font pas probablement venus à la connoiffance de ceux qui les ont compofées; qu'elles prêtent au premier fiécle de notre Eglife, les mœurs & la difcipline des 11e. & 12e. fiécles; qu'elles font remplies de fautes contre la Chronologie, & qu'on lit dans quelques-unes, des faits incroyables & fabuleux.

Je n'eftime cependant pas qu'on les juge indignes de foi, fi l'on réfléchit au tems auquel je fupofe qu'elles ont été rédigées. C'étoit dans l'onziéme fiécle, tems de fimplicité & d'ignorance, auquel l'ancienne discipline de l'Eglise, n'étoit connuë que par ce qu'on en pratiquoit encore ; & où le défaut de critique & de connoissance dans la Chronologie, a fait aisément confondre les faits & le tems de la vie de nos premiers Evêques. Les Ecclésiastiques qui ont été chargés de les composer (car on connoît à la difference des stiles, qu'elles sont de differens Auteurs) ont pû y ajouter des circonstances qu'ils ont imaginées pour édifier les Lecteurs, & faire plus d'honneur au Saint dont ils écrivoient la vie ; sur laquelle ils avoient peu de chose à dire d'ailleurs, parce que le détail en étoit inconnu. C'est un innocent artifice qui ne doit pas faire préjudice à la vérité des faits principaux, dont la tradition ou des monuments plus anciens avoient conservés la mémoire.

Quant aux récits peu croyables qu'on trouve dans quelques-unes de ces Légendes, ils ne doivent pas déterminer à les rejetter en tout, ni à plus forte raison celles où il n'y a rien que de vrai-semblable ; car c'est une régle de critique en cette matiere, suivant le Pere Mabillon dans sa Diplomatique, que la crainte qu'on a d'accorder à des faits fabuleux, la foi qu'ils ne méritent pas ; n'est pas un motif suffisant, pour ôter toute croyance à ceux qui y sont joints, & qui sont probablement vrais. *Si falso assentiri turpe est, cavere debemus, ne alio extremo vitio circumveniamur ; neque enim veritas minus religionis meretur, propter circumfusos errores.*

La plûpart des anciennes Légendes, ont les mêmes défauts qu'on reproche aux notres. Elles se ressentent presque toutes, de l'ignorance grossiére & de la crédulité, des siécles dans lesquels elles ont été écrites. C'est ce qui m'a déterminé à raporter comme vrais, les faits que j'ai trouvés dans les notres, qui n'ont rien que de vrai-semblable, & ceux particuliérement qui sont soutenus d'autres preuves ; suivant cette autre régle que le Pere Mabillon admet. *Cum vero hic incurrant duo extrema vitia ; alterum eorum, qui quævis maxime an-*

tiqua diplomata, tanquam spuria rejiciunt, ob quædam falsa genuinis intermixta; alterum aliorum, qui omnia sine discrimine probant. Media nobis incedendum viâ, ea que tenenda æquitatis ratio est, ut & legitimorum veritatem ratione propugnemus,& adulterinorum falsitatem, certis aut probabilibus indiciis refutemus.

J'ai confideré d'ailleurs, que ces Légendes compofées fous les yeux & par les ordres de nos Prélats, foit dans le onziéme fiécle foit dans un autre, pour fervir aux Chanoines de leurs Cathédrales & au Clergé de leur Diocèfe, ont une efpèce d'autorité publique; qu'on les a recüeillies avec le foin & la diligence dont on étoit capable, lorfqu'elles ont été faites; qu'on les a tirées de la tradition de l'Eglife, & de quelques monuments plus anciens qu'on avoit alors, mais qui ne nous reftent plus; & que fi l'ignorance ou le mauvais goût du fiécle, y ont fait inférer les fauffes opinions du vulgaire, on doit encore y refpecter la tradition de l'Eglife de Befançon qui les a adoptées, puifqu'elles ont fervi à compofer les Leçons propres des Offices de ceux de nos Evêques, dont on a fait la mémoire dans cette Eglife.

Nos Catalogues font revêtus de la même autorité; & fi l'on dit que tous ces Actes ne font pas affez anciens, puifque je ne les fais que du onziéme fiécle; je répons que cette antiquité eft déja confiderable, mais qu'ils ont probablement été tirés d'autres actes plus anciens qu'ils ont fait négliger & perdre, parce qu'on a crû qu'ils fuffifoient, pour inftruire de la fuite de nos Evêques, de leurs Vies & des Ufages de nôtre Eglife. Nous ajoutons foi à ce qu'ont écrit Aimoin, Flodoard & Réginon au dixiéme fiécle. Nos Actes qui ne font guére poftérieurs, en méritent encore davantage par leur qualité.

Il eft certain que nous avions des Manufcrits plus anciens dans les Eglifes Cathédrales de S. Jean & de S. Etienne, qui ont été perdus & qui ont pû fervir de fondement à nos Catalogues & à nos Légendes. L'un de ces Catalogues porte, que notre Evêque Juste étoit ami particulier de S. Eusebe de Verceil, suivant qu'on le lisoit ; *legitur, familiaritatem habuisse cum Eusebio Vercellensi.* Il y avoit donc quelque Acte qui en parloit. La Légende de Ternace qui tenoit le Siége de Besançon environ l'an 675, nous aprend qu'il avoit composé une Chronique de ses Prédécesseurs, & l'on a détourné des Piéces rares & curieuses des Archives de nos Chapitres. Telle est par exemple une Bible manuscrite, qui fait l'un des principaux ornements d'une fameuse Bibliotéque du Royaume, & qu'on sçait avoir été tirée de notre Eglise Métropolitaine. L'on voit encore dans le Trésor de S. Jean une couverture ancienne, ornée de lames d'or & de pierreries. Mais ce qu'elle renfermoit ne se trouve plus. C'étoit sans doute quelque Manuscrit qui a été enlevé à cause de son antiquité & de sa rareté. Je sçai même que dans le dernier siécle, des Sçavants de la Province & des Etrangers, en ont eu plusieurs en communication, qui n'ont pas été rétablis dans les Archives.

Il y a encore un livre des Evangiles, garni sur l'un de ses côtés de feüilles d'or, & orné de nacres, de pierres prétieuses & de figures émaillées, ayant au milieu une plaque d'ivoire, sur laquelle Jesus-Christ est representé debout, élevé sur une estrade & couronnant un Empereur & une Impératrice, qui sont aussi debout à ses côtés. Sur la tête de l'Empereur, on lit ces mots en caractéres Grecs, *Romanos Basileis Romaion*, & sur celle de l'Impératrice, *Eudokia Basilis Romaion.*

Mr. du Cange a fait graver au troisiéme tome de son Glossaire, avant la Dissertation qu'il a faite sur les Monnoies des Grecs, une figure qu'il a tirée de la Bibliotéque du Roi, & qui est semblable en tout à la notre. Il croit qu'elle représente Romain Diogéne Empereur de Constantinople, & l'Impératrice Eudokia son épouse.

Cependant, je pense que notre Manuscrit est un present fait à l'Eglise de Besançon, par Romain le Jeune

AVERTISSEMENT.

fils de Constantin sixiéme, qui avoit épousé Berte fille d'Hugue Marquis deProvence,à laquelle les Grecs donnérent le nom d'Eudokia. Cette alliance fit connoître l'Eglise de Besançon à l'Empereur Grec, & la lui rendit chére, parce qu'on pouroit prouver, que le Marquis Hugue étoit originaire du Païs. Il est certain qu'il gouverna le Royaume de Bourgogne sous Loüis l'Aveugle fils de Boson, & qu'il étoit petit-fils par sa mere, de Lotaire aussi Roi de Bourgogne. On lit dans nos Manuscrits, que joint à Rodolphe premier Roi de la Bourgogne Transjurane, il repoussa les Hongrois qui avoient pénétré dans notre Province.

Romain le Jeune fut fait Empereur le 9 Novembre de l'an 959, & mourut à l'âge de 24 ans le 15 Mars 964. L'Empereur & l'Impératrice représentés sur notre Manuscrit & sur celui de la Bibliotéque du Roi, paroissent fort jeunes. Romain Diogéne étoit fort âgé lorsqu'il fut Empereur en 1068, puisque son pere étoit mort en 1031. L'on pouroit conjecturer de là, que le Manuscrit de la Bibliotéque du Roi représentant les mêmes personnes que le notre, vient de l'Eglise de Besançon; car l'Empereur Grec n'y a pas envoyé un livre seul. Au reste, la representation qui est sur l'un & sur l'autre, est un diptique, dont les Souverains ornoient les présents qu'ils faisoient à leur avenement, aux personnes qu'ils honoroient de leurs bonnes graces.

Pour revenir au but de cet Avertissement, je me suis fondé pour l'Histoire de l'Eglise de Besançon & de ses Evêques jusques au milieu du cinquiéme siécle; 1°. Sur nos anciens Catalogues, sans m'assujettir cependant à l'ordre dans lequel ces Evêques y sont nommés, lorsque j'ai trouvé des raisons qui m'ont paru assez fortes pour l'intervertir. 2°. Sur notre ancien Martyrologe, les Litanies & les Acclamations qui se faisoient à la Messe de l'Evêque. 3°. Sur le Rituel attribué à S. Protade. 4°. Sur les Légendes de ces Evêques; avec la précaution toutefois, de rejetter ce qui paroît peu croyable; d'omettre les détails qui n'étoient pas probablement connus aux Auteurs des Légendes, ou qui font inutiles; & de corriger ce que j'y ai trouvé, de contraire à la discipline du tems auquel ces Prélats ont vécu. Je n'ai pas fait imprimer ces Légendes, parce que j'ai pour garent de ce que j'en ai tiré, Mr. Chifflet qui en avoit fait avant moi des extraits qu'il a donnés au public, & nos Breviaires qui les ont adoptées. 5°. Je me fuis fervi des Breviaires Manufcrits de l'Eglife de Befançon, des treiziéme & quatorziéme fiécles, & de ceux qui ont été imprimés fous Mr. de Neufchatel en 1489 & 1501, fous Mr. de la Baume en 1564, fous Mr. de Rye en 1589 & 1590, fous Mr. d'Achey en 1653, & fous Mrs. de Grammont en 1688 & en 1712. Enfin, j'ai tiré des lumieres du Miffel Gallican, de Grégoire de Tours, & de quelques monuments qui nous reftent encore de ces premiers Evêques. Un Concile tenu en 346, & une Lettre de S. Leon écrite en 445, m'ont encore fourni de nouvelles preuves fur deux de ces Prélats, par des Actes certains & qui nous font étrangers.

Les Catalogues & les Légendes, donnent le titre de Saints à nos vingt-deux premiers Evêques, & à Gédeon qui eft le vingt-huitiéme dans l'un des Catalogues & le trente-troifiéme dans l'autre. Cependant il n'y en a que dix dont l'Eglife de Befançon faffe commémoraifon ou un Office propre; fçavoir, Ferreol, Anian, Silveftre, Defiré, Germain, Antide, Nicet, Protade, Donat, & Claude; c'eft pourquoi je les nommerai tous dans l'Hiftoire fans ce titre d'honneur, pour ne pas l'ôter ou donner témérairement; & quoiqu'ils ayent été Métropolitains dès le commencement, j'apellerai fimplement Evêques, ceux dont j'écrirai la Vie dans ce premier volume, parce que les Métropolitains ne prenoient pas encore de leur tems, la qualité d'Archevêques.

Je me fuis attaché d'abord, à fixer l'époque de la Prédication & de l'établiffement de l'Evangile, dans la Province de Befançon. J'ai crû que S. Ferreol qui l'y

étoit

étoit venu annoncer avec miffion, & qui y a fouffert la mort pour la vérité qu'il enfeignoit, en a été le premier Evêque. Le docte Pere Pierre-François Chifflet Jéfuite, l'a foutenu avant moi. J'ai tranfpofé S. Antide du cinquiéme fiécle auquel nos Catalogues le mettent, au troifiéme, & j'ai fupofé que nous avons eu deux Evêques de ce nom. Les Bolandiftes l'ont penfé de même. J'efpere que l'autorité de ces Sçavants, empêchera qu'on ne condamne mon fentiment en ces deux points, fur les préjugés & l'opinion commune qui font contraires; du moins avant que d'avoir examiné mes raifons. Je demande la même grace pour la tranfpofition que j'ai faite de S. Germain, du quatriéme au troifiéme fiécle, que j'ai eftimé fondée fur des raifons fuffifantes.

Je trouve par le moyen de ces tranfpofitions, des fujets pour remplir les vuides de nos Catalogues, après la Prédication de l'Evangile dans notre Province; & pour faire une fuite d'Evêques non interrompuë jufques à nous, depuis le tems de la mort de notre Apôtre S. Ferreol. Cet avantage qui fe rencontre dans mon fiftême, eft une des raifons principales, qui m'ont engagé à l'adopter.

On opofera, qu'il dérange l'ordre des Catalogues. Mais je répons qu'ils ont méconnu Urbicus, l'un de nos Evêques, qui a figné en cette qualité à des Conciles du fixiéme fiécle; qu'ils n'ont nommé qu'un Silveftre, un Tétrade, & un Claude, quoique nous ayons eu deux Evêques de chacun de ces noms; ou du moins qu'ils ont reculé l'Evêque Claude d'un fiécle & plus, s'il eft vrai qu'il n'y en ait eu qu'un de ce nom, comme quelques Sçavants le prétendent.

Ces erreurs, dans l'arrangement de nos Evêques, qui ont tenu le Siége en des tems plus proches de nous, conduifent naturellement à croire, même fur des conjectures, que les Auteurs de nos Catalogues ont pû aifément confondre d'autres Evêques qui ont porté le même nom, & attribuer à un feul ce qui devoit être écrit des deux; ou à tirer du premier fiécle de notre

Eglife qui étoit peu connu, des Evêques dont les noms étoient célébres, pour les placer dans des tems plus proches d'eux; comme ils en ont fait d'autres plus anciens qu'ils ne le font effectivement, fur de fauffes idées & par émulation. Car plufieurs Eglifes des Gaules, s'étant flatées d'une antiquité qu'elles n'avoient pas, celle de Befançon qui fçavoit par la tradition qu'elle étoit l'une des plus anciennes, & qui ne vouloit pas céder fur ce point; a tiré Lin l'un de fes Evêques du troifiéme fiécle, au-deffus duquel il ne doit pas être placé comme on le verra dans cette Hiftoire, pour le mettre au premier, & le confondre avec celui du même nom, qui a fuccedé à S. Pierre au Siége de Rome. Ces faits qui font certains, me femblent devoir porter à croire plus facilement, ce que j'ai écrit de la confufion des deux Antides, & de la tranfpofition de Germain; fur lefquels feulement & fur ce qui regarde l'Evêque Lin, je me fuis écarté de l'ordre de nos Catalogues dans ce premier volume. Cependant je raporterai les differens avis, & je foumets le mien fans répugnance, au jugement du Public; n'ayant point d'autre deffein que de concourir à la découverte de la verité.

HISTOIRE DE L'EGLISE DE BESANÇON.

A Ville de Besançon se flate avec fondement, d'être l'une des premieres dans les Gaules, qui ait reçû la Religion Chrétienne. Il y a toutefois peu d'aparence, qu'elle ait eu, comme on le dit, S. Lin successeur de S. Pierre pour Apôtre, & pour premier Evêque. S. Pierre après avoir établi son Siége à Rome, y laissa S. Lin pour prendre soin de cette Eglise, pendant les absences ausquelles le bien de l'Eglise universelle l'engageoit. Ce ministere demandoit la résidence de S. Lin. Son histoire ne dit pas qu'il soit venu dans les Gaules, & l'Eglise de Besançon ne le regarde pas comme son Fondateur, puisqu'elle n'a jamais fait son Office de premiere classe, & qu'elle ne le qualifie que Pape & Martyr. S'il avoit été Evêque de Besançon, il y auroit laissé des successeurs & des Dis-

ciples. L'on n'y connoît cependant point de Chrétiens avant le commencement du 3e. siécle, & l'on croit communément, que la Religion Catolique a commencé au second siécle à s'établir dans les Gaules.

En effet, Sulpice Sévére dit que l'on y vit des Martyrs pour la premiere fois, sous l'Empire de Marc-Auréle, quoique ce fut le tems de la cinquiéme persécution; & c'est, ajoute-t-il, parce que l'Evangile avoit été reçû plus tard au-deça des Alpes, qu'au-delà.* On lit dans Grégoire de Tours, que ce fut sous l'Empire de Déce, pendant son Consulat avec Gratus en l'an 250, que S. Saturnin fut envoyé à Toulouse, S. Gratien à Tours, S. Trophime à Arles, S. Paul à Narbonne, S. Denis à Paris, S. Austremoine en Auvergne, & S. Martial à Limoges.* Ce sont néanmoins les Siéges qui se piquoient de la plus haute antiquité; & le même Auteur raporte une Lettre de sept Evêques à Sainte Radegonde, dans laquelle ils disent, que Dieu a envoyé S. Martin dans les Gaules, afin qu'elles ne fussent pas inférieures aux régions dans lesquelles les Apôtres avoient annoncé l'Evangile.* Peut-être y avoit-il été prêché du tems des Apôtres, mais il n'y avoit pas été établi, puisque l'on n'y voit point d'Evêques dans le premier siécle.

L'Eglise de Besançon en a eu un nommé Lin, mais ce n'a pas été le premier; & c'est à mon avis la ressemblance du nom, qui a donné lieu de le confondre avec le successeur de S. Pierre; comme il est arrivé à plusieurs Villes des Gaules, qui ayant eu des Evêques du nom de quelques Disciples de Jesus-Christ, ont suposé que ces Disciples avoient été leurs premiers Evêques. Paris même a crû long-tems, que S. Denis son premier Pasteur, étoit S. Denys l'Aréopagite; mais cette opinion n'est plus suivie.

Enfin le Rituel qu'on attribuë à S. Protade, & qui est le plus autentique de nos Manuscrits, prouve à ne laisser aucun doute, que S. Ferreol & S. Ferjeux ont été nos premiers Apôtres; quand il dit à l'occasion de l'Of-

Sub Aurelio Antonini filio, persecutio quinta agitata. Tunc primum intra Gallias, martyria visa, serius trans-Alpes, Dei religione susceptâ. Lib. 2. Hist. Sac.

Lib. 1. Hist. Franc. cap. 30.

Lib. 9, cap. 39.

fice qui se fait le jour de leur Fête, que c'est d'eux que nous avons reçû la Foi, & qu'ils nous ont mis dans la voie du salut. *Hi sunt, per quos ad fidem venimus ; per quos salutis viam cognovimus.* Il reste à fixer l'époque de leur prédication, pour déterminer celle de l'établissement de la Religion Chrétienne dans notre Province.

L'on ne peut disputer à l'Eglise de Lyon, l'avantage d'avoir les meilleures preuves de son ancienneté. Les Lettres des Martyrs de cette Ville, aux Chrétiens d'Asie & de Phrigie & au Pape Eleuthere, la mort de S. Pothin qui en a été le premier Evêque, & les illustrations de l'Episcopat de S. Irenée, sont des monuments autant certains que respectables. S. Pothin mourut dans la prison, pendant la persécution excitée sous Marc-Auréle en l'an 177. S. Irenée lui succéda, & fut massacré avec une partie de son Peuple par voie de fait & en haine de la Religion Chrétienne, à la célébration des Décennales de l'Empereur Sévére environ l'an 203, suivant le Pere de Colonia dans son Histoire Littéraire de Lyon. D'autres disent, qu'il souffrit le martyre dans une persécution faite par cet Empereur, quelque tems avant sa mort.

S. Policarpe Evêque de Smirne, l'avoit envoyé dans les Gaules avec plusieurs de ses autres Disciples, du nombre desquels étoient Ferreol, & Ferrution que j'apellerai Ferjeux, parce que c'est le nom qu'on lui donne parmi nous. Nos Manuscrits portent qu'ils étoient Athéniens, probablement parce qu'ils avoient été en Gréce, & que S. Irenée étoit Grec. Mais leurs noms qui sont latins, fait conjecturer qu'ils étoient Gaulois, & qu'étant alés étudier en Gréce, ils avoient heureusement pour eux & pour leur Patrie, connu S. Policarpe qui les convertit à la Foi Catolique. L'on pouroit ajouter qu'ils déterminérent S. Irenée à venir avec eux dans les Gaules, où retournérent en même tems Félix, Fortunat & Achillée, Martyrs de Valence, amis particuliers de nos Saints.

Apôtres, & qui étoient comme eux originaires des Gaules, suivant que leurs noms latins le prouvent.

S. Ferreol & S. Ferjeux furent envoyés par S. Irenée à Besançon, qui étoit alors dans sa splendeur & en grande relation avec Lyon. Ils convertirent beaucoup de Payens, & y furent mis à mort, sous Claude Président de la Province Séquanoise. Leur Messe propre, que l'on trouve dans le Missel Gallican, apellé Gotique, ancien d'environ douze cens ans ;* fait voir que leur mémoire étoit en grande vénération dans les Gaules. On voit dans la Préface de cette Messe, qu'ils souffrirent le feu & les ongles de fer, & qu'ils furent décapités. Nos Manuscrits, & les Martyrologes de Bede & de Rabanus, ajoutent qu'ils furent mis sur le chevalet & flagellés, qu'ils eurent la langue coupée, & qu'on leur planta des clous dans la tête, & des alênes dans les jointures des mains & des pieds. Leurs Corps furent enlevés secrettement pendant la nuit, & cachés dans une grote à un mille & demi de Besançon.

*Ce Missel est du cinquiéme siécle, puisqu'on y lit dans la Messe propre de S. Martin, quem tempora nostra tulerunt ; termes qui supposent qu'il avoit été fait peu de tems après la mort de ce Saint.

Ils furent martyrisés suivant les Bolandistes, environ l'an 212 sous le regne d'Aurélius Caracalla ; & ils étoient à Besançon dès le commencement du troisiéme siécle, si S. Irenée qui les y avoit envoyés, mourut en 203. Leurs Corps furent découverts sous l'Empire de Valentinien & de Valens, par un Tribun qui chassoit, & dont les chiens poursuivirent un renard dans la grote où ils avoient été mis. Les palmes gravées sur leur tombeau, annoncérent que c'étoit celui de quelques Martyrs. Deux corps inhumés ensemble, les alênes qu'on trouva dans les jointures des membres, & les clous qui étoient encore dans les deux têtes, firent connoître que c'étoit les Corps de nos Saints Apôtres. Les miracles qui arrivérent par leur intercession, ne laissérent pas lieu d'en douter.

Anian qui étoit alors Evêque de Besançon, les leva de terre & les fit déposer dans sa Cathédrale, jusques à ce qu'on leur eût bâti une Eglise au lieu de leur sépulture, où ils furent remis dans une Confession ou Chapelle souterraine, aussi-tôt que cette Eglise fut achevée. Notre

Eglife célébre la fête de cette Invention le 5 Septembre, & celle du Martyre le 16 Juin.

Hugue I. Archevêque de Befançon, ouvrit leur fépulcre le 30 Mai de l'an 1063, jour auquel nous faifons l'Office de la Tranflation de leurs Reliques; dont après avoir mis une petite partie dans l'Autel principal de l'Eglife bâtie fur leur tombeau, il aporta les autres dans la Ville, & les dépofa fur l'Autel dédié à la fainte Vierge dans la Cathédrale de S. Jean l'Evangélifte. Elles en furent tirées le 2 Septembre de l'an 1246, & mifes dans des Châffes de bois doré, par Guillaume Archevêque de Befançon, en préfence de Jean Evêque de Laufane, de Seguin Evêque de Mâcon, d'Aléxandre Evêque de Chalon, & de plufieurs autres Prélats.

Le 30 Mai de l'an 1421, une partie de ces Reliques fut transférée de la Cathédrale de S. Jean, dans l'Eglife Abbatiale de S. Vincent. Le 8 Mai 1424 l'Archevêque Thiébaut de Rougemont, mit dans une Châffe nouvelle, celles qui étoient reftées à S. Jean; après en avoir donné une Côte à l'Eglife de Sainte Madeleine, la moitié d'une autre Côte à celle de S. Pierre, un petit os aux Peres Cordeliers de Salins, & un autre à Jean Porcelet. Il garda deux Dents pour lui. Antoine de Vergi les plaça en 1539 dans une Châffe d'argent, du poids de cent quarante marcs; que le Chapitre & les Gouverneurs de Befançon avoient fait faire; & le 12 Juin 1636, la guerre étant enflamée dans le Païs, les Reliques qui étoient reftées dans l'Eglife de la fépulture de nos Saints, furent tranfportées à S. Vincent de Befançon.

Lorfqu'on trouva les Corps de ces faints Martyrs, on les diftingua à quelques marques, puifque leurs Chefs ont été diftingués dèflors. Celui de S. Ferreol, eft à la Métropolitaine. Nos Evêques prêtent ferment fur ce Chef, lorfqu'ils font inftallés. Celui de S. Ferjeux, eft à S. Vincent. Quant aux offements, ils font fort diminués par le long tems, comme on peut le voir par les Procès verbaux qui furent dreffés en 1640 & 1723, à l'ouverture des Reliquaires dans lesquels ils sont enfermés. L'on garde dans l'Eglise de S. Ferjeux, un des clous trouvés dans la tête de ce Saint ; & au Séminaire, une vertébre tirée de la Châsse qui est à la Métropolitaine.

Ce qui reste des précieuses Reliques de nos Apôtres, est donc encore presque tout, dans les Eglises Cathédrale de S. Jean l'Evangéliste & Abbatiale de S. Vincent. Nous n'avons pas les mémoires des miracles qui se firent lorsqu'elles furent découvertes ; mais Grégoire de Tours atteste qu'il s'en faisoit de son tems à leur Tombeau, & il raporte que son beau-frere recouvra la santé par leur intercession. *

* *Vesunticorum civitas, propriis illustrata Martyribus, plerumque miraculis præsentibus gaudet, &c. De glor. Martyr. cap. 91.*

Voilà l'époque de la prédication de l'Evangile à Besançon & dans la Province Séquanoise ; c'est au commencement du troisiéme siécle, tems auquel, si l'on excepte Lyon & Vienne, il est difficile de prouver démonstrativement, qu'il y eut des Eglises dans les Gaules. Il faut voir à présent, qui ont été nos premiers Evêques.

I. FERREOL. Si S. Ferreol étoit Evêque, il a été certainement le premier Evêque de Besançon, puisqu'il y avoit été envoyé pour prêcher l'Evangile, qu'il y a fait beaucoup de conversions, & qu'il y a souffert le martyre. Mais je crains qu'on ne prenne pour un paradoxe, ce que je dis de son Épiscopat ; parce que les Manuscrits qui nous restent de sa Vie, ne lui donnent que le titre de Prêtre, & qu'on ne le révére dans le Diocèse de Besançon que sous cette qualité. Il y a cependant de si fortes raisons pour croire qu'il étoit Evêque, que je me persuade que l'opinion qui le dit tel, paroîtra du moins probable, à ceux qui se défaisant des préjugés, examineront la chose sans prévention.

De trois Catalogues anciens de nos Evêques, il y en a deux, l'un à la Métropolitaine & l'autre à l'Eglise de Sainte Madeleine, qui mettent S. Ferreol à la tête de ces Prélats. C'étoit donc déja anciennement un sentiment commun dans le Diocèse, qu'il avoit été Evêque. Il est probable que ce sentiment étoit fondé sur quelque

monument

monument qui n'est pas venu jusques à nous. Le troisiéme Catalogue qui ne le nomme pas, est moins ancien que les deux autres, suivant le Pere Pierre-François Chifflet qui les a conferés & soigneusement examinés. Le titre de ce Catalogue, porte qu'il ne contient que les noms de ceux qui ont été certainement Evêques de Besançon; il suffisoit donc qu'au tems qu'il a été fait, il y eut du doute sur l'Episcopat de S. Ferreol, pour qu'il ne le comprit pas.

Le Pere Quesnel prouve par plusieurs passages d'Eusébe, que S. Irenée étoit seul Evêque dans les Gaules. * N'est-il pas à croire qu'il avoit reçû du S. Siége, le pouvoir de faire d'autres Evêques & de les envoyer dans les Villes, pour y établir la Foi, s'il ne l'avoit pas de lui-même comme seul Evêque dans cette grande Région, & homme Apostolique! Est-il vrai-semblable, qu'il ait chargé S. Ferreol & S. Ferjeux, d'aller prêcher l'Evangile dans une grande Métropole éloignée de Lyon de 40 lieuës, sans avoir conferé à l'un d'eux la plénitude du Sacerdoce, qui étoit en quelque maniere nécessaire pour l'exécution de leur Mission? C'est par raport à cette nécessité, qu'on ordonnoit plus d'Evêques que de Prêtres dans les premiers tems de l'Eglise; & il est difficile de se persuader, que nos saints Apôtres ayent resté plusieurs années à Besançon occupés au ministere Apostolique, sans pouvoir y faire de parfaits Chrétiens par la Confirmation qu'on donnoit d'abord après le Batême, & perpétuer par des Ordinations l'Eglise qu'ils formoient par leurs travaux & qu'ils ont cimentée de leur sang.

* *In edit. S. Leon. diss. 5. cap. 13.*

La compagnie d'un Diacre venu à Besançon avec S. Ferreol, est encore un argument de son Episcopat; parce que le Diacre servoit à l'Evêque, & qu'il n'étoit pas nécessaire aux fonctions du Prêtre.

Les Peres Petau & Martinon, prouvent que dans les premiers siécles de l'Eglise, les Apôtres & leurs Successeurs, faisoient Prêtres & Evêques en même-tems, ceux qu'ils envoyoient dans les Villes & dans les Provinces, pour y anoncer l'Evangile ; d'où le Pere Pierre-François Chifflet conclut, que S. Ferreol à Besançon, S. Benigne à Langres, & S. Andoche à Autun, en ont été les premiers Evêques, quoiqu'ils ne soient nommés que Prêtres dans le Martyrologe.

Le Pere Mabillon observe dans sa Préface sur la Liturgie Gallicane, que dans les Missels Gallicans qu'il a donnés au public, les Evêques sont communément apellés *Sacerdotes*. C'est aussi le nom qui leur est donné dans le chapitre des Offices de S. Isidore, qu'on lit dans nos anciens Manuscrits, au titre sous lequel il est parlé de la dignité des Evêques & de leurs fonctions. Il ne faut donc pas conclure absolument, que S. Ferreol n'étoit pas Evêque, de ce qu'il a été nommé Prêtre dans les Actes des Martyrs de Valence, Felix, Fortunat & Achillée, dont on a tiré nos Manuscrits sur lesquels on a réglé son Office parmi nous. Ces Actes même, portent que S. Ferreol & S. Ferjeux furent envoyés à Besançon pour y fonder une Eglise. *Sanctum vero Fetreolum Presbyterum, & Sanctum Ferrutium Diaconum, Vesontionensem civitatem vere ut fundamentum fortissimum, ad fundandam Christi Ecclesiam misit Irenæus ; qui sicut angulares lapides sponsi cœlestis, & margaritæ splendentes fulgebant.* Un Prêtre étoit bien moins propre qu'un Evêque à établir une Eglise, & à en être la pierre angulaire.

La barbarie du stile des Actes que je cite, marque d'ailleurs qu'ils sont postérieurs de plusieurs siécles à la mort de nos saints Apôtres. Leur Messe qui est un monument beaucoup plus sûr, ne leur donne que le titre de Martyr, & ne les qualifie ni Prêtres ni Diacres. Il en est de même de nos anciens Martyrologes. D'où je conclus qu'on ne tenoit pas pour certain quand cette Messe a été composée & les Martyrologes écrits, que S. Ferreol fût simplement Prêtre; puisque d'ailleurs les Interprétes de l'Écriture conviennent, que S. Paul parloit d'Evêques quand il écrivoit à Tite de mettre des Prêtres dans les Cités ; & qu'on doit entendre dans ce sens, l'endroit des Actes des Apôtres, où on lit que S. Paul établit des Prêtres dans les Villes; de même que cet autre de la Lettre à Timothée, *qui bene præsunt Presbyteri*, &c. Enfin S. Irenée même qui a envoyé S. Ferreol & S. Ferjeux, apelle quelquefois Prêtres simplement, ceux qui avoient été élevés à l'Episcopat. *Eis qui in Ecclesiâ sunt Presbyteri, obedire oportet; his qui successionem habent ab Apostolis, sicut ostendimus. Qui cum Episcopatus successione, charisma certum veritatis acceperunt.* *

* *Iren. lib. 4. adverf. Hæref. cap. 26.*

Le titre de S. Jean l'Evangeliste que notre Eglise Métropolitaine a porté dès le commencement, est une preuve de son origine, & qu'elle a été fondée par S. Ferreol Disciple de cet Apôtre bien-aimé, par la médiation de S. Irenée & de S. Policarpe. Aussi suivant nos plus anciens Martyrologes, l'on faisoit dans le Diocèse, la mémoire de S. Policarpe le jour de sa Fête 26 Janvier, quoiqu'on n'y voie point celle de tant d'autres Martyrs d'Orient; & l'on trouve après S. Ferreol, une suite d'Evêques à Besançon, qui peut faire juger qu'il a été le premier, puisque l'Episcopat y a été continué après sa mort sans interruption, comme on le verra dans la suite.

II. LIN. Nous avons eu un Evêque qui s'apelloit Lin. C'est la tradition de tous les tems dans notre Eglise. Nos Catalogues le nomment tous, mais ils le placent avant S. Ferreol même, parce qu'ils le confondent avec S. Lin qui a tenu la Chaire de Rome après S. Pierre. Notre ancien Rituel, porte qu'il dédia à Sainte Marie Madelaine, l'Eglise qui est sous ce titre à Besançon. Mais c'est une erreur, car l'on ne dédioit pas les Eglises à des Saints dans ces premiers tems. Notre Evêque Lin, avoit probablement établi une cripte dans le grand Faux-bourg qui étoit sous l'Empire Romain, au bord du Doux sur le chemin des Arénes & du lieu des Sépultures, où l'on a érigé dans la suite une Eglise sous le titre de Ste. Marie Madelaine, dont le Compilateur du Rituel a

S s ij

mal à propos attribué la Dédicace à notre Lin ; au lieu de dire seulement, qu'il avoit donné commencement à cette Eglise.

On trouve dans nos Manuscrits, qu'Onnasius Tribun Militaire, lui donna une place pour faire un Baptistaire. L'un de nos Catalogues porte, qu'il a établi la premiere Eglise de Besançon ; c'est celle qui est apellée dans l'ancien Rituel l'Eglise du Baptistaire, & qui étoit séparée de l'Eglise de S. Jean, suivant ce Rituel.

Notre Eglise du Baptistaire, dans de vieux Actes, est nommée la Chapelle primitive. Cette qualité prouve ce qu'on a dit de son origine. C'étoit le seul endroit où l'on administrât le Baptême à Besançon, avant l'Episcopat de Miget qui vivoit en 665, & qui établit cinq autres Baptistaires dans cette Ville. L'on a cependant retenu jusques à nous, l'usage de porter aux Fonts qu'on nomme de S. Lin, tous les enfants qu'on fait baptiser dans les semaines de Pâques & de la Pentecôte, en reconnoissance de la primauté de ce Baptistaire.

Mais il n'étoit pas où sont aujourd'hui les Fonts baptismaux de la Métropolitaine, qui sont attribués à S. Lin. Ils y ont été établis, depuis qu'on a cessé de baptiser par immersion, & qu'il a été défendu d'administrer le Baptême hors des Eglises. L'ancien Baptistaire étoit où l'on voit à présent une maison canoniale, qui touche celle des Enfants de Chœur, bâtie à la place d'une Chapelle qui a porté dans les tems postérieurs, le titre de S. Ouyan 3e. Abbé de S. Claude, à qui elle fut probablement dédiée, après que l'on en eut tiré le Baptistaire. Car c'est où la tradition le met, & c'est le lieu que nos anciens Rituels apellent la Chapelle primitive. *Primitiva Capella Sancti Eugendi.*

L'on voit son emplacement & sa figure, dans un plan du Chapitre gravé en 1668. Elle étoit pour la plus grande partie ouverte par le bas, & soutenuë par des colomnes. C'est où étoit le Baptistaire. Le dessus servoit de Sale Capitulaire & de Classe.

Puifque notre Evêque Lin, n'eft pas d'un côté le même qui a fuccédé à S. Pierre, & que d'autre part, nos Actes lui donnent le premier rang parmi nos Prélats; je crois qu'on doit le placer immédiatement après nos Apôtres. C'eft pourquoi je l'ai fupofé le fecond Evêque de Befançon.

III. ANTIDE I. L'on ne révoque pas en doute, que nous ayons eu un Evêque qui portoit le nom d'Antide; mais la difficulté eft de fçavoir quand il a vécu. Nos Catalogues le mettent au milieu du 5e. fiécle. On lit dans fa Légende, qu'il fut mis à mort en même tems que S. Didier & S. Valier, l'un Evêque & l'autre Archidiacre de Langres, par Chrocus Roi des Vandales, fous l'Empire d'Honorius & de Théodofe le Jeune; que ce Roi paffa le Rhein à la tête d'une Armée d'Alains & de Suéves, ruina Mayence, faccagea Mets & plufieurs autres Villes; qu'il attaqua inutilement Befançon; qu'il ravagea la Gaule Lyonnoife; qu'il renverfa les Eglifes & perfécuta les Chrétiens dans tous les endroits de fon paffage, par le confeil de fa mere qui les haïffoit; mais qu'il fut fait prifonnier dans Arles, où Marius qui y commandoit pour l'Empereur, lui fit fouffrir le dernier fuplice. Celui de nos Catalogues qui contient quelque chofe de la vie de nos Evêques, porte auffi que S. Antide fut martyrifé par Chrocus Roi des Vandales. Un fragment très ancien de l'Hiftoire de l'Eglife d'Avignon, nous aprend que ce même Chrocus fit mourir un grand nombre de Prélats dans la Gaule Narbonnoife. *

* Dion. Samm. Gall. Chrift. tom. 1. in prob. fol. 137.

Le Pere Pierre-François Chifflet, croit que les Allemans que Chilperic apella à fon fecours en 476 contre fon frere Gondebaud Roi de Bourgogne, firent mourir S. Antide. Mais cette Chronologie ne convient pas avec notre Légende, ni avec celle de nos Catalogues. Les Allemans que Chilperic apella, ne firent pas le chemin que marque cette Légende. Ils étoient établis alors dans la Rhétie, & dans la partie de l'Helvétie qui eft au-delà de l'Aar. Ils venoient comme amis d'un Roi Chrétien; il n'est pas probable qu'ils aient persécuté ses Sujets pour la Religion, & ruiné un Païs que leur allié vouloit conserver ou recouvrer.

Mr. Jean-Jacques Chifflet, dit plus vrai semblablement, que S. Antide fut mis à mort par les Vandales qui entrérent dans les Gaules en 406 ; mais Honorius & Théodose sous lesquels sa Légende le fait vivre, n'ont régné ensemble que depuis l'an 408 jusques en 423 ; & nos Catalogues nomment S. Antide, après Célidoine qui tenoit le Siége de Besançon en 445.

Je crois comme les Bolandistes, * qu'il y a eu deux Antides Evêques de Besançon ; l'un dans le 3e. siécle, & l'autre beaucoup plus tard ; & que les Auteurs des Catalogues & de la Légende, les ont confondus & pris pour un seul. Cette Légende contient en effet des choses qui ne conviennent pas à la même personne, parce que les unes ressentent la haute antiquité & la Religion encore foible & cachée, & que les autres suposent le Christianisme déja établi & exercé publiquement. Mais sans m'arrêter ici à cette discussion, que je ferai en parlant d'Antide II. l'autorité de Grégoire de Tours me paroît suffisante, pour fixer l'époque de l'Episcopat d'Antide I. & préférable sur ce point, à celle de la Légende & de nos Catalogues ; parce qu'il étoit beaucoup mieux instruit des faits historiques, & qu'il écrivoit dans un tems plus proche de ce Saint Evêque.

Cette époque est clairement déterminée par tous nos Actes, au tems de l'invasion de Chrocus. Notre Catalogue qui contient une espèce de Chronique, dit seulement de S. Antide, qu'il souffrit la mort sous ce Roi barbare. Ce que la Légende ajoute, est ou évidemment fabuleux, ou ne convient qu'à un tems bien postérieur à celui de Chrocus. Or Grégoire de Tours, dit que c'étoit un Roi des Allemans, qui entra dans les Gaules & les ravagea sous l'Empire de Valérien & de Gallien ; qu'il y détruisit les Temples & les autres bâtiments anciens, & qu'il y fit plusieurs Martyrs par le conseil de sa

* Ad diem 6 Jun. pag. 684.

mere; mais qu'ayant été pris à Arles, il porta par la mort honteufe qu'on lui fit fouffrir, la peine qui étoit dûë à fes cruautés.*

*Greg. Tur. lib. 1. cap. 32 & 34.

Les circonftances de ce récit, font les mêmes que celle de la Légende de S. Antide. Grégoire de Tours ajoute que ce même Chrocus détruifit à Clermont en Auvergne un Temple fameux dédié à Mercure. Ce fait marque un tems auquel la Religion Payenne étoit encore dominante, ou du moins foufferte dans les Gaules. Il dit à la vérité, que c'étoit un Roi des Allemans, & nos Actes le font Roi des Vandales. Mais Flodoard, Hincmar, Réginon & les autres Ecrivains, apellent indiftinctement Vandales, les Peuples de la Germanie qui faifoient des irruptions dans l'Empire Romain.

Une autre preuve que S. Antide, S. Didier, S. Valier & plufieurs autres que Chrocus fit mourir, ont fouffert le martyre dans un tems éloigné de Grégoire de Tours, & non pas au 5e. fiécle; c'eft qu'il femble l'avoir ignoré, puifqu'il ne parle que de celui de S. Privat; & le Pere Denis de Sainte Marthe dans fa *Gallia Chriftiana*, eftime que tous ces Martyrs fouffrirent environ l'an 260.

L'on fçait d'ailleurs, que fous l'Empire de Valérien & de Gallien, les Allemans firent de grands maux dans les Gaules, & que Gallien qui y commandoit, prit le titre d'Alemanicus Maximus, à caufe des victoires qu'il remporta fur eux, par lui-même ou par fes Lieutenants. Or Valérien & Gallien ont régné enfemble, depuis l'an 253 jufques en 260, que Valérien fut fait prifonnier par les Perfes qui ne le relâchérent point, & Gallien mourut en 268. Donc fi Antide a fouffert le martyre fous ces Empereurs, ce doit être environ l'an 260, & par conféquent il a été notre troifiéme Evêque, antérieur à Maximin & à Paulin que nos Légendes placent fous Dioclétien & Maximien.

Il fouffrit le martyre à Ruffé, Ville forte à dix mille de Befançon, où le Peuple de la campagne fuyant devant les Barbares, s'étoit retiré. Il implora pour ce Peuple, la miséricorde de Chrocus, qui étant informé qu'il étoit un Chef des Chrétiens qu'il persécutoit, le fit flageller & ordonna qu'on lui coupât la tête.

Son Corps avoit été inhumé à Ruffé, & y étoit demeuré jusques sous l'Episcopat d'Hugue Premier, qui le fit lever de terre & transférer le 24 de Janvier 1042 dans l'Eglise de Saint Paul à Besançon, & mettre dans un Tombeau de pierre. Il en fut tiré pour être exposé dans une Châsse à la vénération du Peuple, le 17 Juin 1360, par Jean de Vienne Archevêque de Besançon. C'est à ce même jour 17 Juin, que sa Fête se trouve fixée par nos Martyrologes. Cependant le Martyrologe Romain, la met au 25 du même mois. Il est nommé parmi les Martyrs, dans les Litanies & les Acclamations de nos plus anciens Rituels, & il a une Office propre dans nos anciens Breviaires. Son Crane est à Dijon, un de ses os est à Flumet dans le Faucigni, & le reste de son Corps à Saint Paul de Besançon.

Il est en grande vénération à Lisbonne, où l'on a bâti en son honneur une Chapelle, dans le magnifique Monastére de Saint Vincent. L'on y conserve son Image qui est miraculeuse, & qui a été portée en Espagne, suivant les Auteurs du Païs, par des étrangers qui se trouvérent au siége de Lisbonne, lorsque cette Ville fut reprise sur les Maures. Ceux qui furent tués dans cette action, furent inhumés dans les caveaux de la Chapelle de Saint Antide. L'on crut devoir le succès de l'entreprise, à l'intercession du saint Evêque ; * & les étrangers qui avoient porté son Image en Portugal, étoient probablement Raimond Comte de Bourgogne & Henri de Bourgogne son cousin, qui furent au secours d'Alphonse VI. sur la fin du onziéme siécle, ausquels ce Roi fit épouser ses filles, & qui devinrent par leurs mariages, les tiges des Princes qui ont régné dèslors en Castille & en Portugal.

Acta Sanct. ad diem 25 Jun.

IV. GERMAIN. Le nom de cet Evêque est dans tous nos Catalogues, & il y en a un des plus anciens, qui porte que Dieu a opéré un grand miracle en sa faveur

auprès

auprès de Saint Vite à trois lieuës de Besançon, où il y a eu une ancienne Abbaïe. L'on ne trouve pas sa Légende dans les Manuscrits de nos Eglises. Le feüillet du plus ancien Martyrologe de la Métropolitaine, dans lequel il devoit être nommé, ne se trouve plus ; & celui de Sainte Marie Madelaine que je crois du même tems, ne fait pas mention de lui. Mais il est nommé Evêque & Martyr, dans tous les autres Martyrologes postérieurs. Sa Fête y est marquée au onziéme d'Octobre, jour auquel nos anciens Breviaires, * font les uns sa mémoire & les autres son Office propre. Ses Reliques reposent dans l'Eglise de l'Abbaïe de Baume-lès-Nones.

* Des 13, 14 & 15 siécles.

Les Leçons du Breviaire fait sous l'Archevêque de Rye, portent qu'il a été traduit plusieurs fois aux Tribunaux des Infidéles, soit avant qu'il fut Evêque soit après, & qu'il a toujours confessé constamment la foi. *Antequam fieret Episcopus, jam fuerat Confessor coram Tyranno examinatus. Factus quoque Episcopus, non semel tantùm, sed septies ad tribunal Præsidis pertractus, semper in Christi veri Dei confessione permansit.* C'est le premier Breviaire, dans lequel Saint Germain ait eu des Leçons propres.

Elles ont été tirées d'un ancien Manuscrit que l'on conserve dans l'Abbaïe de Baume, & qui après avoir raporté comment Saint Germain a confessé la foi ; ajoute qu'il chassa les Hérétiques de Besançon, qu'ils se retirérent à Grandfontaine Bourg fermé de murs à deux lieuës de cette Ville, qu'ils lui dressérent des embûches, & que l'ayant surpris à Grandfontaine même, ils le tuérent à coups de fléches & lui coupérent la tête ; qu'il se releva, prit sa tête entre ses mains, & la porta jusques à Baume, où il avoit fondé un Monastére de Filles & où il fut inhumé ; qu'en passant devant l'Eglise de nos Saints Apôtres à Saint Ferjeux & devant la Ville, il s'inclina profondément, & que le Saint Esprit paroissoit sur son Chef sous la figure d'une Colombe.

Ces dernieres circonstances qui sont évidemment fa-

T t

buleufes, ont été probablement inventées, à la vûë de quelque Statuë ancienne, ou Image de notre Saint, par laquelle il étoit reprefenté ayant fa tête entre les mains, & une colombe deffus. L'on aura auffi imaginé fon voyage jufques à Baume, parce qu'on a ignoré que fon Corps y a été transferé, & pour le fupofer Fondateur de cet ancien Monaftere. Cependant on attribuë cette fondation avec plus de vrai-femblance, à un Seigneur du Royaume de Bourgogne, qui a été inhumé dans le chœur de l'Eglife du Monaftere. Mr. Chifflet croit que c'eft un Comte Garnier qui vivoit fur la fin du 6e. fiécle, qui obtint probablement de l'Evêque de Befançon le Corps de S. Germain, & qui le fit transferer dans l'Eglife de l'Abbaïe de Baume, fuivant l'ufage des premiers fiécles de l'Eglife, où l'on recherchoit avec empreffement des Reliques, particuliérement celles de quelques Martyrs, pour les mettre dans les nouvelles Eglifes. Le long-tems qui s'eft écoulé, & les malheurs de la Province dont la Capitale même fouffrit beaucoup par l'invafion des Sarrafins & des Hongrois, ont fait perdre la mémoire de cette tranflation, & prefque celle de S. Germain dans Befançon même ; ou fi l'on ne fçavoit que peu de chofes de ce Prélat, c'eft probablement parce qu'il étoit du premier fiécle de notre Eglife.

Sa Légende fupofe que Grandfontaine où elle dit que les Arriens le mirent à mort, étoit un lieu confiderable & fortifié, auquel elle donne le nom de Cité. *Erat autem quarto ab Urbe milliario, quædam Civitas, turribus & muris tunc munitiffima, nomine videlicet Grandifons.* Cependant l'on ne trouve à Grandfontaine aucun veftige de ces murs, ni du tems Romain fous lequel S. Germain a vécu. Point de monuments, de Médailles, ni de refte d'anciens bâtiments. C'eft feulement une Paroiffe de grande étenduë, où il y a eu un Monaftere dont la dédicace eft marquée dans notre ancien Martyrologe au cinquiéme Décembre, & ce Monaftere n'exifte plus depuis long-tems. Il dépendoit de l'Abbaïe de Baume les Religieux, qui joüissent encore de la dîme & de la nomination à la Cure du lieu.

Je ne crois cependant pas qu'on puisse douter de l'existence de S. Germain, ni de son martyre. Le témoignage de nos Catalogues, sa mémoire que l'Eglise de Besançon fait depuis plusieurs siécles, l'addition au Martyrologe d'Usuard par Molanus dans laquelle il est nommé Evêque de Besançon & Martyr, la tradition immémoriale de l'Abbaïe de Baume, ses Reliques qu'on y conserve & les Eglises dans le Diocèse qui lui sont dédiées, en sont des preuves trop fortes, pour qu'on puisse les révoquer en doute. Mais comme je viens de faire voir, que S. Antide Martyr a été mal placé dans l'ordre de nos Evêques, & qu'il est plus ancien de deux siécles qu'on ne le suposoit ; je pense qu'il en a été de même de S. Germain, que nos Catalogues nomment avant S. Antide.

Les uns le font le 13e. de nos Evêques, les autres le 12e. & ils le placent tous au commencement du cinquième siécle. Le Cardinal Baronius le nomme le septiéme, & met sa mort à l'an 372. On voit par là que le rang qu'il doit tenir parmi nos Prélats, est fort incertain.

Je le nomme le quatriéme; 1°. Parce qu'il y a un vuide entre Antide & son successeur, qu'il paroît nécessaire de remplir. 2°. Parce qu'il n'y a pas place, pour le mettre comme font nos Catalogues, entre Desiré & Leonce; cette proposition sera prouvée à la suite. 3°. Parce qu'il a été Martyr, & qu'il a souffert hors de la Ville de Besançon ; circonstances qui marquent un tems de persécution, auquel nos Evêques n'osoient pas paroître dans la Capitale, comme on l'a vû dans la vie d'Antide son prédécesseur, & qu'on le verra dans celles de Maximin & Paulin qui lui ont succédé. 4°. Parce que nous n'avons rien de lui dans les Manuscrits qu'on conserve à la Métropolitaine, quoi qu'ils parlent des Evêques qui l'auroient précédé & qui l'auroient suivi immédiatement, dans l'ordre qu'on lui a donné par les Catalogues;

d'où je conclus qu'il a été Evêque au premier siécle de l'Eglise de Besançon.

Enfin, sa Légende trouvée à Baume, & nos derniers Breviaires portants qu'il a confessé la foi devant les Tribunaux des Infidéles ; il s'ensuit qu'il est venu avant l'Empire de Constantin, & dans le tems des persécutions que l'Eglise a souffertes sous les Empereurs Payens. Il est vrai qu'ils ajoutent qu'il fut mis à mort par les Ariens ; mais ils se contredisent en cela, car les Ariens n'ont paru qu'après que les persécutions des Infidéles ont cessé. Honorius sous lequel notre Evêque auroit souffert le Martyre, suivant le rang qu'il a dans nos Catalogues, étoit un Prince très Catolique, sous l'Empire duquel les Ariens n'auroient pas eu la hardiesse d'attenter à la vie de notre Prélat. Les Evêques qui l'ont précédé & suivi dans l'ordre de ces Catalogues, sont tous morts en paix, & il n'est pas fait mention des Ariens dans leurs Légendes.

V. MAXIMIN. Tous les Catalogues de nos Evêques comprennent Maximin. Il y en a un qui porte, qu'il se retira à six milles de Besançon dans un lieu solitaire, qu'il y mourut & qu'il y fut inhumé.

Il n'est pas nommé dans nos Martyrologes, & l'on a commencé à faire mémoire de cet Evêque, dans les Breviaires imprimés sous l'Archevêque de Neufchatel en 1489 & 1501.

On trouve dans sa Légende, que le nombre des Chrétiens s'étant augmenté considerablement à Besançon sous son Episcopat, il agrandit l'Eglise du Baptistaire, & qu'il en bâtit une nouvelle en l'honneur de S. Jean-Baptiste, *in foro Civitatis juxta Capitolium.* Cette Eglise tient le premier rang, parmi les Paroissiales de Besançon qui ne sont pas en même tems Collégiales. Mais l'Auteur de la Légende s'est trompé, quand il a crû qu'elle avoit été dédiée par Maximin même, à S. Jean-Baptiste. La coutume de dédier des Eglises à des Saints, n'a commencé qu'au 4e. siécle. Ainsi l'Eglise de S. Jean-Baptiste n'a été dans son commencement sous l'Evêque Maximin, qu'un lieu destiné à l'assemblée des Fidéles & à la célébration des saints Mystéres, qui a été augmenté dans la suite & dédié au Précurseur de Jesus-Christ.

On voit dans cette Légende, que Maximin avoit le don des miracles ; qu'il mourut dans la solitude, & qu'il y fut inhumé, comme il est dit dans le Catalogue. Il y a en effet auprès de Trepot à trois lieuës de Besançon, une Chapelle qui porte d'un tems immémorial le nom de ce Saint, & où il se fait un grand concours de Peuple le jour de sa Fête, qu'on célébre le 29 de Mai.

VI. PAULIN. Nos Catalogues nomment Paulin après Maximin. Il y en a un qui ajoute qu'il fut son Disciple, & qu'il se tint caché dans la même solitude que son prédécesseur pendant la persécution de l'Empereur Maximien. On lit la même chose dans sa Légende. Ces circonstances, peuvent servir à fixer l'époque de l'Episcopat de nos deux Evêques ; car leur retraite marque qu'ils vivoient l'un & l'autre dans un tems de persécution, & celle de l'Empereur Maximien est nommée.

L'Evêque Maximin tenoit le Siége Episcopal avant qu'elle commençât, puisqu'il fut tranquile assez long-tems, pour avoir la liberté de faire de nouvelles Eglises. Elle finit avant la mort de Paulin, puisqu'il retourna à son Siége, & qu'il y mourut en paix. Ils vivoient donc l'un sur la fin du 3e. siécle, & l'autre au commencement du 4e. Antide étant mort environ l'an 260, Germain & Maximin avoient été Evêques pendant le reste du 3e. siécle ; & l'Episcopat de Paulin doit être mis au commencement du 4e.

J'ai crû qu'on pouvoit ainsi former l'ordre de nos Evêques, pendant un siécle qui s'est écoulé depuis S. Ferreol Martyr en 211, & y placer Lin, Antide, Germain, Maximin & Paulin, qui suffisent pour le remplir ; & que ce sentiment qui ne laisse aucun vuide dans leur succession, devoit être adopté, s'il ne se trouvoit pas combattu par des raisons plus fortes que celles que j'ai alléguées pour le soutenir.

Les Critiques prétendent que Maximin & Paulin font des Evêques empruntés, parce qu'il y en a eu deux de suite de ce même nom, à Tréves Ville principale de la Gaule Belgique, dont la Province Séquanoife faifoit une partie; & que nous célébrons la Fête de notre Evéque Maximin, le même jour qu'on fait celle de S. Maximin Evêques de Tréves.

L'incertitude du jour du décès de notre Evêque, a fait prendre pour fa Fête, celui de la mort du faint Evêque de Tréves, dont nous ne faifions pas la mémoire auparavant, comme on le voit par nos anciens Breviaires & Martyrologes. C'eft ce qui eft arrivé dans plufieurs Eglifes en femblable cas, & même dans celle de Befançon à l'occafion de S. Donat l'un de fes Evêques dans le 7e. fiécle, dont on ne révoque pas l'exiftence en doute, & dont elle a fixé la Fête au 7e. Aout ; parce que c'eft le jour que l'on faifoit celle de S. Donat Evêque d'Arezzo & Martyr dans le 4e. fiécle.

Quoiqu'il foit rare de trouver deux Evêques de fuite en deux Siéges différens, qui aient eu des noms femblables, ce fait n'eft cependant pas impoffible. Il peut même arriver fans grande difficulté, quand ce font des noms auffi communs que ceux de Maximin & de Paulin. Une fimple difficulté ne paroît pas d'ailleurs fuffifante, pour faire rejetter la tradition d'une Eglife, quand elle eft fondée fur des titres & fur des faits.

Les titres qui prouvent que nous avons eu deux Evêques apellés Maximin & Paulin, font les Légendes de leur vie & les Catalogues de nos Prélats. Je conviens que ces titres ne font pas de la haute antiquité, puifqu'ils n'ont que fept cens ans, & j'avoüe qu'il y a quelques erreurs fur la Chronologie & fur le rang des Evêques dont ils parlent. Cependant une antiquité de fept cens ans, eft encore refpectable; & des Actes du tems d'Hugue I. l'un des plus grands Archevêques que nous ayons eu, qui concernoient l'état de fon Eglife, aufquels il donnoit lui-même une attention finguliere, & qui ont été rédigés par fes ordres pour servir dans cette même Eglise, méritent qu'on y ajoute foi ; parce qu'ils ont été dressés avec soin, & probablement tirés des anciens monuments qui restoient alors, ou d'une tradition mûrement examinée. Au reste les fautes dans la Chronologie & dans le rang des Evêques des premiers siécles, sont communes dans les Eglises des Gaules, & plus excusables à Besançon qu'ailleurs ; parce que cette Ville avoit été prise & ruinée, & la Province dont elle étoit la Capitale, ravagée plusieurs fois avant le onziéme siécle dans lequel Hugue I. a vécu.

Mais si l'on a pû s'y tromper dans ces conjonctures, sur le tems & sur l'ordre de quelques-uns des anciens Evêques, il n'a pas été également facile d'errer sur leurs noms & sur leurs personnes ; parce qu'il y avoit un fond de vérité connuë & une tradition qui devoit être plus certaine sur ce point. Car on peut bien moins douter si une Ville a eu des Evêques d'un tel nom & en tel nombre, que du tems auquel ils ont vécu & du rang qu'ils ont tenu ; ce qui ne fait rien contre la vérité des faits principaux qui concernent leur existence, dont il n'est pas probable qu'on se soit écarté dans des Catalogues qui devoient servir de monument à la postérité.

Les faits qui prouvent que nous avons eu dans le 3e. siécle deux Evêques nommés Maximin & Paulin, sont que Maximin donna plus d'étenduë à l'Eglise du Baptistaire fondée par S. Lin ; qu'il en établit une autre, qui subsiste encore dans le rang que nos Actes portent que Maximin lui a donné ; qu'il se retira dans une solitude pendant la persécution qui étoit violente sous l'Empire de Dioclétien & de Maximien, pendant lequel nos Légendes supposent qu'il a vécu ; qu'il mourut dans le lieu de sa retraite, qui a toujours porté son nom & où il est révéré d'un tems immémorial ; que Paulin lui succéda & resta dans la retraite de son prédécesseur, jusqu'à ce que la persécution étant passée, il eut la liberté de retourner à Besançon, où il gouverna son troupeau & mourut saintement.

Il n'y a rien là qui ne convienne aux tems, à l'Histoire générale & aux monuments qui nous restent ; rien qui ne marque que nous avons eu des Evêques, ausquels seuls ces faits peuvent être attribués ; rien qui ne prouve que ces Evêques, quoique du même nom que ceux de Tréves, sont néanmoins différents. Et par quelle raison aurions-nous adopté & confondu deux Evêques de Tréves parmi les notres ; nous qui n'avons jamais été soumis à cette Métropole, & qui avions un Siége égal au sien, qui en sommes fort éloignés, qui n'y avions point de relation particuliére, & qui ne faisions pas mémoire des Saints Maximin & Paulin de Tréves, dans le tems que nos Légendes & nos Catalogues ont été écrits, comme on le voit par nos anciens Martyrologes? Lorsque ces Evêques tenoient le Siége de Tréves depuis 332 jusqu'en 358, nous en avions certainement d'autres à Besançon. Car Panchaire a assisté au Concile de Cologne en 342 avec Maximin de Tréves, & Anian est connu par la découverte des Reliques des Saints Ferreol & Ferjeux sous son Episcopat en 370.

La Religion Chrétienne étoit alors tranquile & florissante sous des Princes Catoliques, & nos Evêques Maximin & Paulin, sont représentés comme ayant vécu dans un tems de persécution, sous la domination des Princes Payens. Enfin ce qui est dit d'eux dans nos Catalogues & dans leurs Légendes, ne convient en aucune maniere aux Saints Maximin & Paulin de Tréves. Il doit donc être entendu d'Evêques différents.

Concluons donc, que nous avons eu deux Prélats nommés Maximin & Paulin sur la fin du troisiéme siécle; sans lesquels d'ailleurs, on ne pouroit pas remplir la suite de nos Evêques depuis Ferreol & Lin, jusques à Hilaire, qui tenoit certainement le Siége de Besançon sous Constantin. Or, il n'est pas probable, qu'une Ville principale qui a eu ses Apôtres & ses Martyrs au commencement du troisiéme siécle, ait resté dèslors sans Evêques, pendant qu'elle étoit environnée d'autres Villes qui avoient les leurs.

VII.

VII. EUSEBE. La fin de la vie de Paulin, nous marque un tems auquel la Religion Chrétienne étoit tranquile, & faisoit du progrès dans les Gaules. L'Episcopat d'Eusebe, nous donne la même idée ; car on voit dans sa Légende, qu'il convertit à la foi presque tout le Peuple de Besançon, & qu'il fit bâtir l'Eglise qui a été dédiée à S. Pierre, & qui est la seconde Paroissiale de cette Ville.

Ces faits conviennent au regne de Constance Chlore, qui commandoit dans les Gaules au commencement du quatriéme siécle, & à celui de Constantin son fils qui lui succéda en 306. Car Constance ne persécuta pas les Chrétiens, & Constantin les favorisa, même avant que d'avoir embrassé leur Religion.

On lit dans nos Catalogues, que l'Evêque Eusebe avoit été Diciple de S. Melchiade, qui fut élevé sur la Chaire de S. Pierre en trois cens onze. Mais j'ai peine à croire ce qu'on y trouve encore, qu'il n'a tenu le Siége de Besançon que deux ans, parce qu'il ne convient pas avec ce qu'on lit dans sa Légende, des grandes conversions qui se firent de son tems dans cette Ville.

VIII. HILAIRE. Eusebe eut pour successeur Hilaire, sous l'Episcopat duquel Ste. Héléne étant venuë à Besançon, elle eut plusieurs conférences avec lui sur la Religion Chrétienne. Il lui proposa le dessein qu'il avoit d'élever une Eglise en l'honneur de S. Etienne, & la pria de lui procurer des Reliques de ce saint Martyr. La pieuse Princesse le lui promit, & lui donna libéralement de quoi édifier une Eglise, qui fut, suivant nos Légendes, sous le titre de S. Etienne, * & ensuite sous celui de S. Jean ; après qu'on en eut bâti une autre au sommet de la montagne, où les Reliques qu'on avoit de S. Etienne furent déposées, & qui porta le nom de ce Martyr.

Lorsque Ste. Héléne fut à Jérusalem, elle se souvint de la promesse qu'elle avoit faite à Hilaire, & lui envoya du sang & un morceau des habillements de S. Etien-

* Il est plus probable qu'elle fut d'abord dédiée à Dieu sur les Reliques de S. Etienne, comme celle que S. Augustin éleva auprès de sa Cathédrale, pour déposer les Reliques de ce premier Martyr.

ne. Elle fit partir auſſi des vaiſſeaux chargés de marbres & d'autres matériaux, pour ſervir à l'ornement de la nouvelle Egliſe de Beſançon. Mais ces vaiſſeaux firent nauffrage. Cependant Hilaire après avoir achevé l'Egliſe où eſt à preſent celle de S. Jean, en commença une autre ſur la montagne, qui a été dèſlors ſous le titre de S. Etienne, mais il ne l'acheva pas. C'eſt ainſi que nos Manuſcrits raportent ſa vie, & ils ne diſent rien de précis ſur le tems de ſa mort, ſi ce n'eſt qu'elle arriva le onze des Kalendes d'Août, ſans déſigner l'année.

Quelques Auteurs ont crû que Ste. Héléne étoit née Chrétienne; mais Euſebe dit, qu'elle n'a embraſſé le Chriſtianiſme qu'après ſon fils. Or, Conſtantin n'a commencé à ſe déclarer Chrétien qu'en 311, que ſe préparant à la guerre contre Maxence, il vit dans le Ciel le ſigne de la Croix, avec ces mots, *In hoc ſigno vinces*; & fit faire une Enſeigne militaire ſur laquelle ils furent écrits, qui fut portée dèſlors dans toutes ſes expéditions. Il avoit donné à ſa pieuſe mere, la liberté de prendre dans ſes tréſors, tout ce qu'elle voudroit pour l'employer en aumônes, & aux bâtiments des Egliſes. Elle en uſa amplement, & l'Egliſe de Beſançon eut part à ſes libéralités. Elle découvrit la Croix de Jeſus-Chriſt en 325 à Jéruſalem, & fut nommée Auguſte en la même année. L'on ne ſçait pas préciſément le tems de ſa mort. L'on peut conclure de là, que ce fut avant l'an 325, que l'Evêque Hilaire reçût de cette ſainte Impératrice, l'argent qu'il employa à bâtir notre Egliſe Métropolitaine, & qu'elle lui promit des Reliques de S. Etienne, qu'elle lui envoya en effet de Jéruſalem; car on lit dans l'Hiſtoire Eccléſiaſtique, qu'il y en avoit déja avant que ſon Corps fût trouvé; comme du ſang, de la terre qui en avoit été arroſée, & une pierre qui avoit ſervi à ſon martyre.* Il ſe peut faire qu'il y eût auſſi des morceaux de ſes vêtements; car outre la Légende de notre Evêque Hilaire qui en parle, on trouve dans le Manuſcrit de la Vie de Bernuin qui étoit notre Archevêque du tems de

* *Roma ſubt. lib.* 1. *cap.* 16. *n.* 21.

Charlemagne, que ce Prélat renferma dans l'Autel de l'Eglise Cathédrale de S. Jean entr'autres Reliques, du sang de S. Etienne & une piéce de son habit.

IX. PANCHAIRE, nommé Pancrace dans nos Catalogues & nos Légendes, Disciple & successeur d'Hilaire, fut fait Evêque sous Jule I. qui a rempli le saint Siége depuis l'an 337 jusques en 352. On trouve sa souscription aux Actes du Concile de Cologne tenu en 346, pour déposer l'Evêque de cette Ville. * Le Cardinal Baronius a crû que ce Concile & les Actes qu'on lui attribuë sont suposés; mais de sçavants Critiques, les ont jugés véritables, sur des raisons de fait qui n'étoient pas connuës au docte Cardinal, & ont répondu à ses objections; comme on peut le voir dans l'édition des Conciles à Venise de l'an 1728, tom. 2, pag. 648.

* *Pancharius, Vesontientium Episcopus.*

Nos Manuscrits portent, que Panchaire fit travailler à l'Eglise de S. Etienne sur le mont, que son prédécesseur avoit commencée, mais qu'il ne l'acheva pas; & que persécuté par l'Empereur Constance fils de Constantin, il fut obligé de se retirer dans la solitude où il mourut peu de tems après.

L'Histoire de cet Empereur nous aprend, qu'il fut l'un des plus zélés partisans de l'Arianisme, & qu'il força les Evêques à quitter leurs Siéges, ou à recevoir les Ariens dans leur Communion. Ce dût être dans les Gaules après l'an 353, qu'il acheva de vaincre & de défaire le Tyran Magnence qui s'en étoit emparé.

X. JUST est, suivant nos Manuscrits, le premier qui ait donné le titre de S. Jean l'Evangéliste, à l'Eglise qu'Hilaire avoit fait élever des libéralités de l'Impératrice Héléne; & ce fut probablement, parce que l'Eglise de Besançon avoit été fondée par les Disciples de cet Apôtre. Car nous lisons dans la Préface de l'Office solemnel prescrit par le Rituel attribué à S. Protade, que nous devons particuliérement honorer S. Jean, ayant reçû l'Evangile de lui par la médiation de S. Policarpe son Disciple & de S. Irenée.

V u ij

Notre Evêque Juſt, étoit lié d'une amitié étroite avec
ſaint Euſebe Evêque de Verceil, ſuivant un de nos Catalogues. Sa Légende ajoute, qu'il ſe retira auprès de lui,
en fuyant la perſécution de Julien l'Apoſtat.

Ce Prince fut fait Céſar le 6 Novembre 355, & eut
le gouvernement des Gaules, de l'Eſpagne & de la grande
Bretagne. Les Légions le proclamérent Auguſte en 360,
& il devint maître de l'Empire par le décès de l'Empereur Conſtance, qui arriva le 3 Novembre de l'an 361.
Il paſſa deux fois à Beſançon, ſuivant le Comte Marcellin; la premiere en 356, & la ſeconde en 360, après avoir
été proclamé Auguſte. Il ſe rendit en Orient d'abord après
la mort de Conſtance, & ce fut alors ſeulement qu'il fit
profeſſion publique de la Religion Payenne; car auparavant & pendant qu'il étoit dans les Gaules, il avoit diſ-
ſimulé & feint d'être Chrétien. Ce ne peut donc être
qu'après l'an 361 & juſqu'en 363, que notre Evêque a
été perſécuté; non par Julien qui n'étoit plus dans les
Gaules, mais par ceux qui y commandoient à ſa place.
L'on trouve d'ailleurs, qu'Euſebe de Verceil étoit en Orient
en 362, qu'il retournoit d'Egypte où il avoit été envoyé
en exil par Conſtance. Ce ne peut donc être que ſur la
fin de cette année ou dans la ſuivante, que notre Prélat s'eſt retiré auprès de ce ſaint Evêque, & on lit que
dans ce tems il y eut des Martyrs dans le Diocèſe de Toul
voiſin de celui de Beſançon.

XI. ANIAN. L'Epiſcopat d'Anian, fut ſignalé par
la découverte des Corps de nos ſaints Apôtres, Ferreol &
Ferjeux. Ce Prélat les leva de terre, & les fit aporter en
pompe dans ſa Cathédrale de S. Jean l'Evangéliſte, juſqu'à ce que l'Egliſe qu'il érigea en leur honneur au lieu
de leur ſépulture à un mille & demi de Beſançon, fut
bâtie. Il les fit reporter enſuite dans ce lieu, où l'on
voit un Tombeau d'albâtre ſur lequel ils ſont repréſen-
tés.

Cette heureuſe découverte, ſe fit ſous l'Empire de
Valentinien & Valens, environ l'an 370, le 5 Septembre,

jour auquel on célèbre l'Invention de ces Corps saints ; & nos Manuscrits portent, que l'Evêque Anian mourut à pareil jour environ l'an 374. On faisoit sa mémoire suivant nos anciens Martyrologes, le même jour 5 Septembre, & il est nommé le premier de nos Evêques Confesseurs, dans les anciennes Litanies de notre Eglise.

XII. SILVESTRE premier du nom, s'étoit marié pour obéir à ses parents ; mais son épouse & lui gardérent la continence, & se consacrérent à Dieu. Elevé à l'Episcopat après la mort d'Anian, il fit bâtir une nouvelle Eglise à Besançon, qui a été dédiée aux saints Martyrs d'Agaune, Maurice & ses Compagnons. C'est la troisiéme Paroissiale de cette Ville.

Dieu le favorisa du don des miracles. Sentant l'aproche de sa derniere heure, il fit assembler son Clergé, monta sur son Siége Pontifical, & y mourut. La Fête de Silvestre est marquée au 10 de Mai dans nos anciens Martyrologes.

Quelques monuments découverts au commencement de ce siécle & dans le précédent, ont aporté du jour à l'Histoire de notre Prélat. En faisant une Chapelle au commencement de ce siécle, à la place de l'ancienne Cripte ou Confession souterraine, bâtie sur le lieu où avoient été découverts, relevés & déposés les Corps de Saint Ferreol & Saint Ferjeux ; l'on trouva en remuant la terre, une pierre sur laquelle étoient gravés ces mots.

SILVESTER
EPISCOPVS
QVI VIXSIT IN PACE
ANN. XXXXVIII ET
MANSIT IN EPISCOPATV
ANN. XXII.

Cette Inscription qui est incontestablement antique, paroît être du 4e. siécle, & les Peres Bénédictins de S. Ferjeux l'ont fait incruster dans le mur du côté droit de leur Eglife. Elle prouve que Silveſtre a été fait Evêque à vingt-ſept ans, & que ſon Epiſcopat en a duré vingt-deux; enforte qu'il eſt décédé en 396, ſi ſon prédéceſſeur eſt mort en 374, comme le portent nos Actes.

On trouva au même lieu, un grand Sarcophage de pierre de Vergenne couvert en dos-d'âne, dans lequel il n'y avoit point d'oſſements. Je ſuis perſuadé que c'étoit le Tombeau de Silveſtre, qu'on avoit inhumé dans l'Egliſe de nos ſaints Apôtres, auſſi-bien qu'Anian ſon prédéceſſeur, car leurs Corps ont été relevés enſemble & tranſférés ailleurs.

En effet, la Fête de Silveſtre eſt marquée dans nos anciens Martyrologes au 10 de Mai, & la Tranſlation de ſon Corps & de celui d'Anian, au 5 de Juin. L'on ne ſçavoit cependant pas où étoient leurs Corps; mais ils furent trouvés dans le mur de la Chapelle de S. Agapit, à S. Etienne en 1625. Voici la relation de cette découverte, tirée d'un Manuſcrit de Mr. Jean Dorival Chanoine de l'Egliſe Métropolitaine de Beſançon.

Ex Martyrologio Sancti Joannis, Nonis Junii, facta fuit tranſlatio Sanctorum Confeſſorum Aniani & Silveſtri, Archiepiſcoporum Biſuntinorum. Sed unde quo & quando facta fuerit, numdum ſatis conſtat. Velim tamen te ſcire, Chriſtiane Lector, me in anno 1625, dum in Baſilica Sancti Stephani Fabricæ Præfecti Officio fungerer; memorem me dictam Tranſlationem in dicto Martyrologio perlegiſſe, & ex veteri traditione accepiſſe, Archiepiſcoporum Biſuntinenſium ſepulchrum in Sacello Sancti Agapiti, priſcis temporibus fuiſſe conſtitutum; & cum juxta Altaris dextrum latus, in ipſo pariete quaſi tumulus appareret, lapideis columnis trium circiter pedum longitudine altis, ſuffultus duobus angulis, in utroque dicti tumuli angulo ſtantibus; ut certior redderer, de mandato Dominorum meorum dictum tumulum apperuiſſe. Patefacto igitur ſepulchro ſatis anguſto, duorum corporum oſſa omnia promiſcue poſita, & ſine dubio tranſlata, ſtatim reperta ſunt; quæ reverenter extraxi, & excuſſo pulvere ac purgato ſepulchri concavo, decen-

ter in eodem loco repoſui. Neque te latere volo, quod inter pulveris arenas, annulum aureum, gemmâ rubeâ fulgentem reperi, quem in præfatæ Ecclefiæ facrario repoſui.

Le Pere Pierre-François Chifflet, rend témoignage qu'il a été préſent à cette découverte; & il croit que les Corps de nos Evêques Anian & Silveſtre, ont été tranſferés de l'Egliſe de S. Ferjeux en celle de S. Etienne, lorſque Gautier ou Hugue Premier Archevêques de Beſançon, ont fait réparer l'Egliſe de S. Ferjeux. Ils ont été aportés au Charnier des Archevêques de Beſançon qui eſt dans l'Egliſe de S. Jean, avec ceux des autres Archevêques qui étoient inhumés à S. Etienne, lorſqu'on en a démoli l'Egliſe.

XIII. FRONIME étoit, ſuivant nos Manuſcrits, un Prélat charitable, mortifié & homme d'oraiſon. Il acheva l'Egliſe de S. Etienne ſur la montagne. Les Manuſcrits ajoutent, qu'il y établit des Chanoines Réguliers, & qu'il obtint à ce ſujet des Privileges des Papes Damaſe & Sirice.

Il ne vivoit pas du tems de Damaſe, qui mourut en 385, & il a dû être Evêque ſous le Pontificat de Sirice, qui n'eſt mort qu'en 398. Mais il n'a pû ni établir des Chanoines Réguliers à S. Etienne, ni obtenir des Privileges à cet effet. Car les Chanoines des Cathédrales n'ont vécu ſous une Régle, que long-tems après; & l'on n'obtenoit point alors pour ces établiſſements, des Privileges des Souverains Pontifes.

Le Manuſcrit de Mr. le Chanoine Dorival, porte que Fronime a été inhumé au côté droit de l'Egliſe de S. Etienne. *Jacet Fronimius, ad dextram partem Altaris majoris Sancti Stephani, quod nunc ampliata Ecclefia, Sancto Agapito dicatum eſt.* Mr. Chifflet dit la même choſe, & ils ont tiré ce fait l'un & l'autre, des anciennes Légendes.

XIV. DESIRE'. Cet Evêque, s'apliqua tout entier au gouvernement de ſon Egliſe. Il exerça de grandes charités envers les Captifs & les Priſonniers; il défendit & nourrit les veuves & les orphelins; il prêcha la parole de Dieu avec succès ; il fut favorisé du don des miracles; mourut à Lons-le-Saunier, & y fut inhumé. Il est le Patron de cette Ville.

L'on y voit encore le Sarcophage duquel ses Reliques ont été tirées, pour être exposées à la vénération du Peuple. Elles furent déposées d'abord dans une Châsse de bois, & ensuite dans une d'argent ; cette derniere fois le 27 Juillet 1645, par Etienne Fauquier Abbé de Saint Claude, en vertu de Commission de notre Archevêque Charles de Neufchatel. L'on fait son Office & sa Fête le même jour 27 Juillet. Il est nommé parmi nos saints Evêques Confesseurs, dans les Litanies & les Acclamations de notre Eglise.

XV. LEONCE. Ce Prélat fut libéral & pieux. Il employa ses biens à orner & agrandir les Eglises. Il en fit bâtir une sous le titre de S. Laurent, qui fut érigée en Collégiale réguliere par Hugue Premier, & détruite par une incendie le lendemain de Noël de l'an 1239. Elle étoit au-delà du Pont, dans le lieu où sont à présent les Halles, & où nos peres ont encore vû une Chapelle dédiée à S. Laurent.

Les Actes anciens qui parlent de Leonce, portent qu'il établit un Monastere de Filles sur le Mont de Chaudane, dont les vestiges se trouvent encore dans la terre. L'on tient que ce Monastere trop exposé aux incursions des Barbares, fut transferé dans la Ville, qu'on lui donna l'Eglise de Sainte Madelaine, & qu'il portoit le nom de Sainte Colombe Vierge, qu'on croit être la premiére Martyre des Gaules. L'on ignore s'il a été mis ailleurs dans la suite, ou s'il fut éteint. L'on sçait seulement, que l'Eglise de Sainte Madelaine possède un canton de vignes apellé de Sainte Colombe, situé sous Chaudane, qui passe pour avoir apartenu aux Religieuses qui ont été placées sur cette montagne, à laquelle elles ont donné leur nom ; *Collis Dominarum Chaudanne*, comme nous apellons un Village à deux lieuës de Besançon fançon, Dannemarie, qui est nommé dans nos Manuscrits, *Domna Maria* ; mais je suis persuadé que ce Monastere est postérieur à Leonce, comme on le verra par ce que je dirai de celui de Baume-les-Nones.

Enfin on lit dans nos Manuscrits, que cet Evêque fit bâtir des maisons pour nos Chanoines auprès de l'Eglise de S. Jean ; l'on en peut conclure qu'il fut le premier qui rassembla son Clergé, pour vivre avec lui auprès de sa Cathédrale.

Il tint le Siége de Besançon pendant 30 ans, & c'est une des raisons qui m'a fait tirer Germain de l'ordre de nos Catalogues, où il est son prédécesseur immédiat ; parce que d'une part, Silvestre mourut en 396, & que Célidoine successeur de Leonce fut Evêque en 443, comme je le prouverai dans peu. Il n'y a donc que 47 ans d'intervalle entre Silvestre & Célidoine, dont Leonce en ayant rempli 30, il n'en resteroit que 17 pour Fronime, Desiré & Germain. J'ai crû que les deux premiers devoient remplir tout cet espace.

XVI. CÉLIDOINE. Il y a lieu de croire, comme on le verra dans la suite, que le Siége de Besançon vaqua par la démission de Leonce, plutôt que par sa mort. Lorsque Célidoine fut mis à sa place, il avoit été marié & il exerçoit la Magistrature. Ses ennemis en prirent occasion, de dire qu'il n'avoit pas pû être promû au Sacerdoce, supposant qu'il avoit épousé une veuve, & qu'il avoit jugé à mort ; ce qui opéroit à l'égard du premier fait, une bigamie que les Canonistes apellent interprétative. ★   * *Vita S. Hil.*

Ils l'accuférent devant Hilaire Evêque d'Arles, qui étoit venu à Besançon accompagné de Germain d'Auxerre. Hilaire trop prévenu de la Dignité & des prérogatives de son Siége, affectoit la supériorité sur les autres Évêques des Gaules. Il reçut l'accusation portée contre Célidoine, entendit des témoins, & assembla un Concile, dans lequel Célidoine fut déposé,★ & Importunus mis à sa place.★   * *Vit. S. Hil.*
* *Catal. Episc. Bis.*

Célidoine qui n'avoit probablement pas voulu entrer

dans le fond de l'accusation, parce qu'étant Métropolitain, Hilaire n'avoit pas eu droit de lui faire son procès; alla porter à Rome des plaintes contre cette entreprise. Hilaire le suivit, & on lit dans son Histoire, qu'il passa les Alpes pendant la rigueur de l'hiver.

Leon le Grand qui remplissoit alors le saint Siége, assembla un Concile pour juger cette importante affaire. Hilaire ne voulut pas communiquer avec Célidoine, & trouva mauvais que le Pape l'eut reçû dans sa communion. Il dit qu'il n'étoit pas venu pour plaider, mais pour protester, * & il parla avec tant de hauteur, que le Pape & le Concile en furent également choqués. On lui donna des gardes, mais il s'échapa & s'en revint à Arles.

* Vit. S. Hilar.

Cependant Célidoine avoit produit des témoins, & s'étoit justifié en présence d'Hilaire même, d'une maniere qui avoit ôté à Hilaire tout sujet de réplique. Il fut absous & renvoyé dans son Siége. *Absolutus est Celidonius Episcopus, quoniam se injuste Sacerdotio fuisse dejectum; manifesta testium responsione, ipso etiam præsente Hilario, monstraverat; ita ut, quod Hilarius nobiscum residens, posset opponere, non haberet. Remotum est ergo judicium*, &c. *

* Leon. epist. 10.

Dans le tems que le Concile étoit encore assemblé à Rome, après la fuite d'Hilaire, l'on y reçut des Lettres de l'Evêque Projectus & de son Clergé, qui portoient que Projectus étant malade, Hilaire étoit venu dans sa Ville; & qu'encore qu'elle ne fut pas sujette à sa juridiction, il avoit ordonné un autre Evêque à sa place, comme s'il avoit déja été mort, sans entendre ni le Clergé ni le Peuple. Cette nouvelle affaire ne souffrit pas beaucoup de difficulté : il fut ordonné que Projectus demeureroit en possession de son Siége.

Cependant les prétentions d'Hilaire parurent devoir être réprimées, & ses entreprises dignes de punition. Il fut séparé de la communion du saint Siége, & privé du droit qui avoit été donné à ses prédécesseurs, sur une partie de la Province Viennoise. Il lui fut défendu, de s'ingérer à l'avenir d'ordonner des Evêques, & on crut lui faire grace de ne pas le déposer. Saint Leon fit sçavoir ces Decrets aux Eglises des Gaules par une Lettre.* Il en raporta plus au long le fait, dans une autre Lettre adressée aux Evêques des Provinces Séquanoise & Viennoise; * & pour leur donner plus de force, il les fit accompagner d'une Constitution Impériale. *

* *Epist. 9.*
* *Epist. 10.*
* *Nov. Valent. tit. 24.*

On lit dans la Lettre de Saint Leon aux Evêques des Provinces Séquanoise & Viennoise, que pour honorer l'ancienneté de l'Episcopat de Leonce, il souhaite que nul n'assemble le Concile d'une Province dont il ne sera pas Métropolitain, sans le consentement de cet ancien Evêque. *Et quoniam honoranda est semper antiquitas, fratrem & Coëpiscopum nostrum Leontium probabilem Sacerdotem, hac, si vobis placet, dignitate volumus decorari; ut præter ejus consensum, alterius Provinciæ non indicatur à vestra sanctitate Concilium, & à vobis omnibus quemadmodum vetustas & probitas exigit, honoretur; Metropolitanis privilegii sui dignitate servata.* C'est une espèce de Légation, donnée par le S. Siége à cet ancien Evêque.

Il y a eu un Leonce Evêque de Fréjus, & l'on a cru que S. Leon avoit parlé de lui dans sa Lettre, qui est de l'an 445. Mais il a été démontré, que Leonce Evêque de Fréjus étoit mort en 432, & que Théodore son successeur avoit souscrit à des Sinodes en 439 & 449; * d'où l'on peut conclure avec fondement, que la Légation Apostolique fut adressée à Leonce ancien Evêque de Besançon, qui au tems de la Lettre de Saint Leon, avoit plus de 30 ans d'Episcopat, & étoit probablement le plus ancien Evêque des Gaules. Il s'étoit aparemment oposé au Concile des Evêques de la Province Séquanoise, qu'Hilaire d'Arles avoit convoqué pour faire déposer Célidoine; & il paroît que c'est à cette oposition que S. Leon a voulu faire allusion, lorsque après avoir dit que les Evêques doivent respecter Leonce, comme son mérite & l'ancienneté de son Ordination le demandoient, il ajoute; *æquum est enim, nec ulli de fratribus fieri videtur injuria,*

* *Anselm. Dissert. sur l'origine de l'Eglise de Fréjus.*

fi his qui sacerdotii vetustate præcedunt, pro ætatis suæ merito, in suis Provinciis à Sacerdotibus cæteris deferatur.

 Célidoine étoit un grand Prélat. Il gagna l'estime de Saint Leon, & la faveur de l'Impératrice Galla Placidia, qui gouvernoit l'Empire d'Occident pour son fils Valentinien Troisiéme. Soit que l'Eglise de Besançon n'eût point de Reliques bien certaines de Saint Etienne, soit qu'elle ne fût pas contente de celles que la tradition porte que Sainte Héléne y envoya; Célidoine employa pour en obtenir, le crédit de l'Impératrice auprès de Théodose le Jeune son neveu Empereur d'Occident; & cependant il raporta à Besançon le Chef de Saint Agapit, que Saint Leon lui avoit probablement donné.

 Saint Agapit à l'âge de 15 ans, confessa la foi de Jesus-Christ à Preneste, sur la fin du regne d'Aurélien; & souffrit si constamment le martyre, que le Greffier nommé Anastase, qui assistoit à l'instruction de son procès, se convertit, & voulut participer à sa couronne. * L'Eglise de Besançon fait son Office double de seconde classe, le 18 Aout. Célidoine fit déposer son Chef en terre, au Chœur de l'Eglise de S. Etienne, dans un massif de grosses pierres, & élever au-dessus un Autel orné de quatre colomnes d'argent. Il s'y faisoit beaucoup de miracles. Notre Archevêque Vautier qui tenoit le Siége au commencement du 11e. siécle, étant tombé dangereusement malade, se fit porter devant cet Autel. Il y eut la vision du saint jeune homme habillé de blanc, qui le guérit en faisant le signe de la croix sur lui. Hugue I. son successeur fit chercher cette précieuse Relique, & l'ayant trouvée, il l'exposa à la vuë du Peuple, & lui fit bâtir une Chapelle au côté droit de l'Autel principal de l'Eglise de S. Etienne, qu'il répara. On fait l'Office de cette Invention le 20e. d'Avril, & la Fête de Saint Agapit le 18 Aout.

 Le Corps de Saint Etienne avoit été trouvé en 415. La vérité de cette Relique, fut confirmée par plusieurs miracles, dont Saint Augustin atteste quelques-uns, comme témoin oculaire. L'on ne peut exprimer l'empresse-

* Lib. Pontif.
Lect. Brev. Bis.

ment des Eglifes Chrétiennes du monde, à en obtenir des parcelles. Celle de Befançon fut des mieux partagées. Théodofe le Jeune, y envoya deux os du bras de ce Premier Martyr. On lit dans nos Manufcrits, que l'Impératrice Galla Placidia vint à Befançon pour les recevoir, & qu'il s'y trouva dix Evêques étrangers.

Ils ajoutent, que les Evêques demandérent quelques portions de cette précieufe Relique, & que Célidoine ayant voulu la rompre avec des pincettes, il en fortit une fi grande abondance de fang, qu'il y en eut de quoi remplir plufieurs fioles. L'Eglife de Befançon fait tous les ans la mémoire de ce miracle, par un Office particulier avec octave, le 13 Juillet.

Les preuves des faits du miracle, fe tirent premiérement de nos Manufcrits & de nos Breviaires, dans lefquels il eft raporté avec toutes fes circonftances. Secondement, de ce qu'on a eu dèflors plufieurs fioles remplies du fang de Saint Etienne. Il y en avoit trois à Befançon. * Grégoire de Tours dit qu'on en voyoit une de fon tems dans l'Eglife Cathédrale de Bourges, & parle encore d'une autre qui étoit ailleurs.* Il y en a une dans le Tréfor des Reliques de l'Eglife de S. Severin de Cologne. Peut-être que la fiole que S. Gaudiofe qui vivoit au tems de notre Evêque Célidoine, porta en Italie, venoit de Befançon ; & l'ancien Cartulaire de l'Eglife de Saint Etienne de Dijon fait foi, qu'on en avoit tiré celle qu'on trouva dans l'Autel principal de cette Eglife en 1137, après l'incendie de Dijon. Ce Cartulaire fait auffi mention du miracle, & s'accorde fur ce point avec nous,* de même que les Leçons de l'Office propre de l'Invention de S. Etienne à Dijon.

Nos Manufcrits portent, qu'il y avoit deux os du bras de Saint Etienne, un petit & un grand. Leon IX. reconnut l'autenticité de cette Relique, & enferma le plus gros des offements en 1048, dans l'Autel principal de S. Etienne. Le moindre fut mis dans un Reliquaire en forme de bras, qui eft d'or & orné de pierres précieufes.

* *Chiffl. Vef. part. 2. cap. 15. fol. 111.*

* *De gloriâ Mart lib. 7. cap. 33. & Hift. lib. 5. cap. 31.*

* *Hift. de S. Etienne. p. 26. Unciam manus beati Stephani, cum ampulla fanguinis ejus ; quo tempore quo Epifcopi totius Galliæ convenerant Bifuntium, ad participandum de brachio S. Stephani. Ibidem allata eft, quæ in facello lapideo, plumbo interius illito, reperta eft. Cart. S. Steph*

L'Acte de la consécration de l'Autel, & une Bulle de ce saint Pape du 11 Janvier 1051, prouvent ce fait. On lit aussi dans la Chronique des Évêques de Mets, que Théodoric 47ᵉ. Évêque de cette Ville, y fit bâtir une Eglise en l'honneur de Saint Etienne, & y enferma une parcelle de l'os du bras de ce saint Martyr, qui lui avoit été donnée à Besançon du tems de Leon IX.

Notre Eglise de Saint Etienne ayant souffert une incendie en 1674, & sa place étant destinée pour la fortification d'une Citadelle, le Chapitre commit des Députés pour reconnoître & retirer les Reliques qui y étoient. Ils trouvèrent dans l'Autel principal de cette Eglise, le gros ossement du bras de S. Etienne, & les autres Reliques mentionnées dans le Verbal de la consécration de l'an 1048; & les ayant aportées dans l'Eglise de S. Jean, l'on mit cet os dans le Reliquaire en forme de bras, à la place du petit qu'on en tira & qui a été enfermé dèslors dans le Grand Autel de S. Jean, lorsqu'il fut consacré de nouveau ensuite de la délibération qu'on avoit prise de le rabaisser.

Il est peu de Relique plus prétieuse & plus certaine. Plus prétieuse, parce qu'elle est du Premier Martyr, & de celui d'entre les Saints, qu'on croit que l'Eglise a honoré le premier, par une Fête particulière. C'est d'ailleurs une portion de ses ossements bien considerable, par raport à celles qu'on donnoit dans les premiers tems, & qui étoient en si grande vénération; puisque celles dont parlent S. Augustin & Orose, n'étoient que de la poussiere du sépulcre de S. Etienne, quelques fragments de ses os, & de la terre détrempée de son sang.

Les preuves de sa certitude se tirent. 1º. De ce que Eudocie femme de Théodose le Jeune, raporta de Jérurusalem en 439 des Reliques de Saint Etienne à Constantinople, où l'on a conservé long-tems sa main. Il est probable que les os du bras, que cet Empereur envoya à Besançon en 445, avoient été aportés par Eudocie. 2º. De nos Légendes, qui contiennent le fait de la réception de

de Besançon.

ces Reliques à Besançon, que nos Breviaires ont adopté. 3°. De l'ancien Catalogue, qui parle de ce fait à l'occasion de Célidoine. 4°. De la solemnité grande & particuliére, avec laquelle notre Eglise a célébré cette réception. * 5°. Du concours ancien des Peuples en cette Ville aux Reliques de Saint Etienne, & des miracles qui y sont arrivés fréquemment par l'intercession de ce Premier Martyr, dont nos Breviaires font mention à différents jours. 6°. De l'honneur que se sont fait d'ancienneté les Evêques voisins, des Reliques de Saint Etienne, qu'ils disent avoir tirées de chez nous. 7°. Du titre de Saint Etienne donné à nos Cathédrales, & qui est resté à l'une d'elles, à laquelle les Rois, les Princes, les Prélats & les Seigneurs, ont fait des dons à l'envi. Les Chartes qui nous en restent, portent qu'ils ont donné à Saint Etienne, *Sancto Stephano*, dont les Reliques reposoient dans notre Eglise. 8°. Du témoignage donné à l'autenticité de ces Reliques, par un saint Pape qui les a vûes & examinées sur les lieux dans le 11ᵉ siécle, avec tout ce qui en prouvoit alors la vérité. 9°. De la conservation de ces Reliques, déposées par un Pape dans un Autel, tirées de cet Autel après six siécles, & remises dans un Reliquaire, suivant des Procès verbaux en bonne forme. Ces raisons réunies, semblent démontrer la certitude que j'allégue sur nos Reliques de S. Etienne. Reliques qu'on

---

* **La Fête de la Susception des Reliques de S. Etienne**, & du miracle qui arriva alors, étoit du second Ordre, suivant nos anciens Rituels & Breviaires. Elle avoit un Office propre avec octave, & quoiqu'elle ne fut que sémi-double, il n'en étoit pas moins solemnel, parce que les sémi-doubles tenoient autrefois le rang que tiennent aujourd'hui les Fêtes de la seconde Classe. Ce qui marque la distinction de cette Fête, est que son Octave étoit pareillement sémi-double, & on la célébre encore aujourd'hui de ce rite dans l'Eglise Métropolitaine, sous le titre de premiere & seconde mémoire de S. Etienne. Bien plus, on continuoit en quelque façon cette Fête pendant 42 jours, par une mémoire solemnelle de S. Etienne, qui se faisoit chaque jour dans l'Office Canonial & qui finissoit au 23 du mois d'Aout par un Office de neuf Pseaumes & de trois Leçons. Toutes les fois que le Chapitre de S. Etienne venoit en station à l'Eglise de S. Jean pour y assister à la Messe Pontificale, & qu'il aportoit les Reliques du Saint, renfermées dans le bras d'or, le Clergé de S. Jean & ceux des Eglises Collégiales de S. Paul, & de Sainte Marie-Madelaine qui devoient aussi y venir, accompagnoient la Relique jusques au dessus de la montagne ; où le Chanoine qui la portoit, donnoit la bénédiction aux Assistans, qui s'en retournoient après cette cérémonie.

peut apeller uniques, parce que, si l'on en croit M. Baillet, il n'y en a plus aujourd'hui qui soient certainement de ce saint Martyr; & les preuves des notres sont d'autant plus fortes, qu'elles remontent presque toutes au-delà des Croisades.

On voit dans les Leçons de l'Office que nous faisons de la Réception du bras de Saint Etienne le 13 Juillet, que le miracle du sang qui coula de cette Relique, fit un tel éclat & parut si grand à l'Eglise universelle, qu'elle se détermina dèslors comme de concert, à transferer au 3 Aout, jour de cette Réception, la Fête de l'Invention de Saint Etienne, dont le Corps avoit cependant été découvert au mois de Décembre. Cette raison est plus probable que celle que le Cardinal Baronius raporte de cette Translation, qui a fait fixer au 13 Juillet la Fête de la Réception des Reliques de S. Etienne à Besançon, qui auroit dû se faire le 3 Aout, jour auquel elles y furent reçûës.

Nos Légendes portent, que l'Empereur Théodose envoya à Besançon avec les deux os du bras de S. Etienne, les Corps de Saint Epiphane & de Saint Isidore, Martyrs en Orient. Je n'ai rien pû aprendre de leurs vies, de leur origine, du tems ni du lieu de leur mort. Nous faisons leur mémoire le quatriéme d'Aout, le lendemain du jour que leurs Corps furent reçûs à Besançon.

Ces saints Corps avoient été déposés dans l'Autel d'une Chapelle souterraine, qui étoit sous le Presbytéral de l'Eglise de Saint Jean. Ils en furent tirés en 1319, par Vital Archevêque de Besançon. L'Acte qui en fut dressé, porte qu'ils étoient dans une caisse de plomb, sur laquelle étoit écrit, *Reliquiæ sanctorum Epiphani & Isidori*. En l'année suivante 1320, Vital les mit dans une Châsse d'argent, donnée par Jeanne fille d'Othon Comte de Bourgogne & Reine de France, dans laquelle ils sont aujourd'hui.

L'Eglise de Besançon avoit donc déja pour Reliques dans le cinquiéme siécle, avec les Corps de ses saints Apôtres Ferreol & Ferjeux, deux ossements du Premier

Martyr

Martyr de Jesus-Christ ; le Chef de Saint Agapit Martyr de Preneste, & les Corps de S. Epiphane & de S. Isidore Martyrs d'Orient : ceux de ses deux Evêques Antide & Germain, qui avoient aussi souffert pour Jesus-Christ, ne paroissent par avoir été levés de terre alors, non plus que les Corps des Ss. Desiré, Anian & Silvestre, dont elle a fait commémoraison dans ses Offices. Tous ses autres Prélats, quoiqu'elle n'en ait pas fait la mémoire, sont dénommés Saints dans les Catalogues, & leurs Légendes leur donnent cette qualité. Les Evêques vivoient presque tous en saints dans les premiers siécles de l'Eglise, & mouroient en odeur de sainteté. Mais on n'honoroit encore par un culte public, que les Reliques des Martyrs.

La joie que notre Eglise avoit de posseder ces précieux dépots, & la paix dans laquelle Célidoine la gouvernoit, furent troublées par un des plus grands malheurs. Ce fut la ruine presque entiere de Besançon par l'armée d'Attila en 451. Les Reliques des Saints échapérent à la fureur de ce Barbare, parce qu'elles étoient cachées en terre. Mais il est probable qu'on perdit les monuments qui en faisoient mention, & que la tradition seule en conserva la certitude & le souvenir.

Il y a lieu de croire, que plusieurs Chrétiens souffrirent à Besançon pour la foi, dans l'invasion d'Attila ; car on lisoit dans le Cancel de l'Eglise Paroissiale de S. Pierre, cette Inscription.

SANCTORVM SEPELIT CANCELLVS
CORPORA MVLTA
HAC IGITVR CAVSA NON
SVSCIPIT ALIA

Le caractere de cette Inscription, n'étoit que du treiziéme siécle; mais comme ce qui s'est passé dans ce tems nous est connu, & que nous n'avons ni Actes ni Mémoires qui parlent d'une Translation de Corps saints dans le Cancel de l'Eglise de Saint Pierre ; j'en conclus que l'Inscription a été faite sur une plus ancienne qui commençoit à s'effacer. Y y

Comme l'on travailloit à rebâtir cette Eglife, l'on a levé la pierre fur laquelle étoit l'Infcription, & l'on a trouvé à trois pieds en terre dans le Cancel & fous l'Autel, un lit de corps, dont quelques-uns étoient fans tête. La plûpart de ces corps, étoient entourés de pierres plates, aux côtés, deffus & deffous, difpofées en forme de cercuëil. Il y avoit auffi des têtes feules entre des pierres, comme dans des étuis. L'on creufa un piéd plus bas, & l'on trouva un fecond lit de corps femblable au premier. Il y en avoit trente en tout, & ils avoient prefque tous les pieds au levant. Comme ils étoient entiers & fans dérangement, il eft évident qu'on n'y a point enterré d'autres corps.

L'Infcription, le lieu & la forme de cette fépulture, font juger que ces corps étoient ceux de quelques Martyrs, qui avoient fouffert enfemble, & qui avoient été inhumés à la hâte, dans un tems de tumulte & de défolation. La clef de la voute du Chœur, en étoit encore une preuve; car c'eft une pierre ronde, ornée de palmes. Il y a auffi au bas du Chœur, une Infcription du tems de celle dont on vient de parler, fur laquelle on lit ces mots.

MVLTA SANCTORVM CORPORA
IBIDEM SEPVLTA SVNT QVORVM
ANIMAE FELICES IN COELIS CORONANTVR.

L'on n'a pas encore levé cette Infcription, & cherché deffous. L'on y trouvera probablement auffi des Corps faints. L'Eglife de Saint Pierre eft une des plus anciennes de Befançon. L'on croit qu'elle a été bâtie par Eufebe, Evêque de cette Ville au commencement du quatriéme fiécle, & Nicet la rétablit au feptiéme. D'anciens actes qui en parlent, portent qu'il y avoit vingt Autels, fans celui qui étoit *in fecreto*, c'eft-à-dire dans une Cripte fouterraine; car on apelloit les Chapelles de cette efpèce, *fecretum, confeffio, thefaurus*.

L'on a trouvé fous l'Autel du collatéral de l'Eglife de Saint Pierre du côté de l'Evangile, un monument de pierre blanche, large d'un pied & long de deux, fait en ceintre par un bout comme une niche, dans lequel étoient des offements, & une fiole de verre longue de huit pouces, & de quatre lignes de diamétre. Elle étoit caffée, mais il y avoit eu une liqueur, que les connoiffeurs jugérent être du fang, par la qualité du fédiment & de ce qui s'étoit congelé dans la fiole. Elle avoit été fermée d'un cachet fur de la cire, & ce cachet reprefentoit un Evêque habillé à l'antique, avec une légende autour qui étoit fi effacée, qu'on ne pouvoit pas en diftinguer les caracteres. La fiole & les offements avoient été envelopés d'un linge & d'une étoffe brodée d'argent, que le tems avoit entiérement confumés; mais les fils du linge paroiffoient imprimés fur quelques os, & d'autres brilloient des paillettes d'argent qui s'y étoient attachées.

La maniere dont ces offements avoient été envelopés & enfermés, le lieu où ils furent trouvés dans une Eglife & fous un Autel, prouvent que ce font ceux d'un Saint & même d'un Martyr; foit par raport à la fiole qui avoit été remplie de fang, foit parce que dans les premiers fiécles de l'Eglife, l'on élevoit les Autels fur les Reliques des Martyrs; mais ce dépôt étoit bien ancien. L'on peut en juger par la confomption totale du linge & de l'étoffe dans lefquels il avoit été envelopé, & parce qu'il n'en reftoit ni titre ni tradition. Auffi perfonne ne pût dire de qui étoit ce Corps faint. Cependant il me femble que je l'ai découvert.

Notre ancien Martyrologe, marque au premier Juin la Fête de Saint Nicoméde Martyr, & porte qu'on avoit à Befançon une partie de fes Reliques. *K. Junii, fancti Nicomedis Martyris. Hujus maxima pars Corporis, Vefuntii habetur.* Ce fait eft foutenu par nos anciens Miffels & Breviaires, où l'on voit que ce Saint avoit à Befançon une Meffe & un Office propre, au premier de Juin. Les Editeurs des nouveaux Miffels & Breviaires qui n'en ont pas fçû la raifon, ont retranché fa Meffe, & fe font contentés de faire une simple mémoire de ce saint Martyr; le 15 Septembre.

Ses Reliques ne sont pas exposées, ni même connuës par tradition dans aucune de nos Eglises. D'où je conclus, qu'elles ont été déposées sous quelque Autel à la maniere ancienne, & que le souvenir s'en est perdu à la suite. Je crois que ce sont celles qui ont été trouvées sous l'Autel du Collatéral de l'Eglise de S. Pierre. 1°. Parce qu'on ne sçait pas qu'elles soient ailleurs. 2°. Parce que celles qui ont été trouvées à S. Pierre, sont les Reliques d'un Martyr. 3°. Parce que c'est un dépôt des plus anciens. 4°. Parce qu'il n'y a qu'une partie du Corps & le crâne entre autres ossements ; ce qui vérifie parfaitement l'indication de notre Martyrologe. *Hujus maxima pars Corporis, Vesuntii habetur.* 5°. Mr. Richard Curé de S. Pierre, qui a la garde de ces Reliques jusqu'à ce qu'on les ait placées dans la nouvelle Eglise, ayant bien voulu que nous les examinions ensemble ; nous avons trouvé plusieurs ossements, particuliérement ceux des bras, meurtris, fendus & imbibés de sang, ce qui les rend de couleurs de lie de vin, fort différents en cela des autres, qui sont blancs & de la couleur ordinaire. D'où nous avons conclu, que notre Martyr avoit été tué à coups d'instruments contondants. C'est en effet l'espèce du Martyre de S. Nicoméde, & Leon IX. raporte une pareille conjecture parmi les preuves de la vérité du Bras de S. Etienne, que nous avons à Besançon, car il dit avoir remarqué que ce bras a été contus. *Ictibus judeorum quassatum.*

S. Nicoméde étoit Prêtre de l'Eglise de Rome, & Disciple de S. Pierre. Il eut soin de Ste. Pétronille & de ses funérailles. Il tira des cloaques le Corps de Ste. Félicule Martyre, qui y avoit été jetté, & le fit porter dans une terre qui lui apartenoit à deux lieuës de Rome. Le Magistrat qui en fut informé, le fit saisir, & voulut l'obliger à sacrifier aux Idoles. Il refusa de le faire, & confessa Jesus-Christ. Le Magistrat le condamna à la mort, & le fit battre à coups de *plombeaux*, jusqu'à ce qu'il expira sous les coups.

de Besançon.

Son Corps fut enterré sur le chemin de Nomente. L'on estime qu'il souffrit sous Domitien, & ce seroit sous Trajan, si l'on en croit les Actes du Martyre des Saints Nerée & Achillée. Sa Fête est marquée au 15 Septembre, dans le Martyrologe qui porte le nom de S. Jérôme & autres postérieurs. Le Sacramentaire de S. Grégoire & le Martyrologe qu'on croit être l'ancien Romain, la mettent au premier de Juin comme le notre. C'est le jour de la Dédicace de son Eglise à Rome, dont il est parlé dans les Conciles tenus sous le Pape Simmaque. Il a eu un Cimetiere & un titre, dans cette Capitale du monde Chrétien. Ce sont des preuves de la grande vénération qu'on y avoit pour notre saint Martyr.

Cependant son Corps n'est plus à Rome. L'on croit qu'il a été transféré à Milan. Mais c'est, suivant M. Baillet, sur des preuves assez légéres. La partie de ses Reliques qui nous manque, pouroit y avoir été portée. Mais quoiqu'il en soit, l'on ne peut disconvenir que nous en ayons eu la plus grande portion, suivant ce qu'en dit notre Martyrologe, & sur ce que nous avons eu si long-tems un Office & une Messe propre de S. Nicomède.

Je crois qu'elle a été donnée à Nicet Evêque de Besançon, lorsqu'il voulut rétablir l'Eglise de S. Pierre, & qu'il ne la mit pas sous le grand Autel, parce qu'il étoit déja sur les Reliques des Martyrs de la Ville. Il la plaça donc sous l'Autel collatéral du côté de l'Evangile, & je pense que le cachet qui étoit sur la fiole, est celui de ce saint Evêque, si ce n'est pas le cachet de l'Evêque chargé à Rome de donner les Reliques, à ceux à qui le Pape en accordoit.

Nos Manuscrits ne parlent plus de Célidoine, après avoir raporté comme il reçut le Bras de S. Etienne & les Corps de S. Epiphane & de S. Isidore; que pour dire que sentant l'heure de sa mort aprocher, il demanda d'être inhumé auprès de Leonce, qui avoit été son prédécesseur. L'on croit que ce fut dans l'Eglise de S. Etienne, en l'endroit qu'on apelle la Chapelle de S. Agapit, que nos Manuscrits nomment le Cimetiere de nos Archevêques, & où l'on voyoit avant que cette Chapelle fût démolie, deux tombeaux qui passoient pour être ceux de Célidoine & de Leonce. Les offements qui s'y sont trouvés, ont été transportés dans le caveau des Archevêques à S. Jean l'Evangéliste, où ils sont dans des caisses de chêne, & le nom des deux Prélats est écrit au-dessus contre le mur.

L'on ne sçait pas l'année de la mort de Célidoine. Elû en 444 ou peu auparavant, il fit le voyage de Rome en cette année, & retourna en 445. Il paroît qu'il étoit encore dans le bel âge & plein de vigueur; ainsi l'on pouroit conjecturer, qu'il a tenu le Siége Episcopal long tems.

L'un de nos Catalogues nomme après lui Importunus, & ajoute que cet Evêque fut rejetté après avoir été reçû. *Importunus Pseudo-Episcopus, receptus, sed turpiter ejectus*. Comme l'on ne trouve pas son nom dans l'autre Catalogue, qui ne fait mention que des véritables Evêques; j'ai crû qu'il avoit été élû après la déposition de Célidoine, & rejetté lorsque Célidoine fut rétabli. Comme il est dit qu'il fut chassé honteusement, l'on en peut conclure qu'il avoit été un des accusateurs de Célidoine, & des principaux instruments de sa déposition.

J'avoüe cependant, que les Bolandistes estiment qu'il avoit succédé à Célidoine, fondés sur ce que la Lettre de S. Leon, ne porte pas qu'Hilaire eut ordonné un Evêque à sa place. Mais il n'est pas probable qu'Hilaire après avoir fait déposer Célidoine dans un Concile, & ne voulant pas acquiescer à son apel au Pape, ait laissé le Siége vaquant. La Lettre de S. Leon & la Novelle des Empereurs, portent en général; qu'Hilaire avoit fait des Ordinations contre le droit dans les Gaules; & la note de notre Catalogue, qui est le seul Acte qui parle d'Importunus, conduit naturellement à croire qu'il avoit été fait Evêque par la déposition de

Célidoine. C'est à mon avis le véritable sens de la qualité de *Pseudo-Episcopus* qui lui est donnée, & le cas d'un Evêque reçû & rejetté à la suite, parce que le Siége ne s'est pas trouvé vaquant.

XVII. ANTIDE II. J'adopte ici l'opinion des Bolandistes, qui persuadés que notre Evêque Antide, Martyr sous Crocus, vivoit dans le milieu du troisiéme siécle; ont crû que nous en avions eu un autre du même nom, au cinquiéme siécle, sur la foi des Catalogues qui nous donnent un Evêque Antide après Célidoine. *Nec tamen negabimus Vesontionensibus, Antidium aliquem juniorum, qui juxta eorum Catalogos, sederit post Celidonium, sæculo quinto exeunte.*

J'ajoute pour confirmer ce sentiment, que nos Catalogues & nos Légendes, ont souvent confondus & pris pour un seul, plusieurs de nos Evêques qui ont porté le même nom ; & que l'on ne peut sans suposer que nous en avons eu deux qui ont été apellés Antide, concilier ce qui en est dit dans nos Actes.

En effet, Antide, Martyr du tems de Crocus, vivoit dans un siécle auquel le Paganisme étoit la Religion dominante, & le Christianisme caché & persécuté. Cependant on lit dans deux anciennes Légendes de la vie de S. Antide, qu'il étoit Chanoine de l'Eglise de Besançon, & que les Chanoines vivoient réguliérement, c'est-à-dire en commun ; qu'il y avoit des Ariens dans le Diocèse, & que les Bourguignons en étoient les maîtres. Il y est parlé du Viatique porté publiquement aux malades par des Prêtres ; des Pénitens qui venoient le Jeudi saint recevoir l'absolution ; & du Saint Crême fait avec apareil & cérémonie. Ces faits ne conviennent qu'au tems auquel la Religion Chrétienne étoit publiquement exercée. Les Bourguignons ne sont entrés dans le Diocèse de Besançon, qu'au cinquiéme siécle, & ils sont les premiers qui y aient professé l'Arianisme, qui n'avoit commencé d'ailleurs qu'au quatriéme siécle en Orient.

Les Légendes d'Antide Second, le peignent pieux, charitable & vigilant. Elles marquent que Dieu lui avoit donné du pouvoir sur les Démons. C'est probablement ce qui a fait inventer la fable adoptée par nos Légendaires, que ce Saint Evêque se fit porter à Rome par le Diable, pour donner un avis important au Pape.

XVIII. GELMESILE, ou plûtôt Chelmegisele, suivant que son nom est écrit dans nos Manuscrits, étoit un bon Prélat & zélé pour son Eglise. Il fit bâtir des maisons pour les Chanoines de S. Etienne, & ce fut probablement cet Evêque qui les établit en Communauté. Mais s'étant laissé séduire par les Ariens, il a été rayé des Diptiques de l'Eglise de Besançon. C'est pourquoi il n'est pas nommé dans celui des Catalogues, qui ne contient que ceux de nos Prélats qui ont été canoniquement élûs, & qui sont morts dans la foi de l'Eglise Catolique.

Cette circonstance, sert à prouver le tems auquel Chelmegisele a vécu. Son nom me paroît Bourguignon, & son apostasie est vrai-semblablement un effet de l'autorité & des insinuations du Roi Gondebaud, qui étoit Arien, qui avoit beaucoup d'esprit & qui sçavoit la controverse de la secte qu'il avoit embrassée, comme on le voit par les Lettres d'Avitus, à ce Prince.

XIX. CLAUDE I. Cet Evêque a signé au Concile d'Epaone, tenu en 517. *Claudius Episcopus Ecclesiæ Vesontionensis*, & au Concile de Lyon, qui est de la même année. Il étoit d'une famille de Besançon, nommée dans les Inscriptions Sépulcrales, découvertes en cette Ville. Famille illustre, puisqu'elle portoit le plus beau nom de la Ville de Rome. Elle l'avoit acquis par adoption ou par clientele, & elle le soutenoit dignement; car elle donna encore un Evêque à Besançon, & un Maire au Palais de Bourgogne dans le septiéme siécle.

Après que les Peuples du Nord se furent rendus maîtres des Gaules, les grandes familles originaires du Païs, qui avoient de l'éloignement pour leurs mœurs, & qui
souffroient

souffroient avec peine leur domination, entrérent dans le Clergé. C'est pourquoi l'on voit dèslors, plusieurs Evêques de haute naissance & de Familles Romaines.

Avitus petit-fils d'un Empereur & Evêque de Vienne, étoit ami de Claude Evêque de Besançon. Il le traitoit avec distinction, comme on le voit par sa Lettre 56ᵉ. qui est la réponse à un compliment de bonnes fêtes, & un exemple de la politesse des personnes de qualité originaires des Gaules, dans le premier siécle après la décadence de l'Empire.

Claude étoit mort en 549, puisque Urbicus tenoit le Siége de Besançon en cette année, & signa sous cette qualité au cinquiéme Concile d'Orléans. Les Sçavants sont partagés sur la question de sçavoir, si c'est le même qui a été Abbé de Condat & dont cette illustre Abbaïe porte aujourd'hui le nom.

Les Bolandistes tiennent l'affirmative, fondés sur deux raisons. La premiére, que nos Catalogues ne nomment qu'un Claude Evêque, & la seconde, que la vie de celui qui a été Abbe de Condat, porte qu'il fut élevé à cette dignité du consentement de S. Jean Pape, & que ce ne peut être que Jean Premier qui a rempli la Chaire de S. Pierre depuis l'an 523 jusqu'en 526, & que l'Eglise honore comme Martyr.

Nos Chifflet & le Pere Mabillon, sont d'un sentiment contraire. Ils croient qu'il y a eu deux Claude Evêques de Besançon, l'un au commencement du sixiéme siécle, & l'autre à la fin du septiéme. J'embrasse leur avis, parce qu'il me paroît le plus solide.

Si nos Catalogues ne nomment qu'un Claude, ils le placent unanimement au septiéme siécle ; d'où je conclus qu'ils n'ont pas connu celui qui a signé au Concile d'Epaone, ou qu'ils l'ont confondu avec celui qu'ils ont nommé.

La Vie de S. Claude sur laquelle se fondent les Bolandistes, n'a été écrite qu'après que le Corps de ce saint Abbé a été découvert, par conséquent dans le douziéme siécle, & peut-être encore plus tard. L'Auteur de cette Vie n'étoit ni sçavant ni bien informé, comme on le voit entre autres faits qu'il allégue, quand il supose qu'il y avoit à Condat au tems de S. Claude, des Prieurs Clauſtraux, dont l'inſtitution eſt d'un tems bien poſtérieur; & sur ce qu'il dit que S. Claude étoit de la famille des Seigneurs de Salins, car les noms de Terres & de Familles n'ont été propres que long-tems après le septiéme siécle, & la Terre de Salins apartenoit alors à l'Abbaïe d'Agaune, qui la donna en Fief seulement en 898 au Comte Alberic, tige de l'illuſtre Maison de Salins.

Si l'on doit croire cet Auteur, c'eſt particulierement sur ce qu'il dit qu'il a vû. Or il prend Dieu à témoin, qu'il a lû de ses propres yeux la Charte d'une donation faite par le Roi Clovis au Saint dont il écrit la Vie, qui étoit, dit-il, allé à Paris, pour demander à ce Prince de rétablir les bienfaits que ses prédéceſſeurs avoient accordés au Monaſtere de Condat, & dont le payement avoit été interrompu. Je n'entre pas ici dans la queſtion de sçavoir si cette Charte, qu'on ne retrouve pas, a exiſté, ou si elle n'eſt pas plûtôt de Clotaire III. ou de quelque autre Roi poſtérieur, que de Clovis même. Mais à s'en tenir aux termes de l'Auteur, la Charte qu'il dit avoir vûë ne peut être que de Clovis II. ou de Clovis III. qui vivoient au septiéme siécle.

Quant à ce qu'il ajoute, que S. Jean Pape qui connoiſſoit S. Claude, le fit Abbé de Condat; outre que ce fait eſt peu vrai-semblable, car les Papes ne faisoient pas alors des Abbés, il peut être entendu de Jean IV. qui tenoit le faint Siége au septiéme siécle. Il eſt vrai qu'il n'a pas été mis au Catalogue des Saints, mais l'épitéte de Saint se donnoit indiſtinctement aux Souverains Pontifes, & ne déſignoit pas individuellement ceux qui avoient été reconnus tels par l'Eglise.

Rien n'empêche donc qu'on supose qu'il y a eu à Besançon deux Evêques qui ont porté le nom de Claude. L'exiſtence de celui qui a signé au Concile d'Epaone en

517 n'eſt pas révoquée en doûte. Nous en devons avoir un poſtérieur, puiſque nos Catalogues le placent au ſeptiéme ſiécle ſur la fin, & qu'ils ſont d'accord en cela avec la tradition & les Catalogues des Abbés de Condat, anciens & dignes de foi, qui nomment S. Claude le douziéme parmi ces Abbés.

En effet S. Ouyan qui étoit le quatriéme, mourut en 510. Il eut pour ſucceſſeur S. Antidiole, auquel ſuccéda S. Olimpe, à celui-ci S. Sapient, à S. Sapient S. Thalaiſe, à S. Thalaiſe S. Dagamond, à S. Dagamond S. Auderic, à S. Auderic S. Injurieux, dont S. Claude fut le ſucceſſeur, comme il eſt dit auſſi dans ſa Vie. Or il n'eſt pas poſſible que S. Ouyan n'étant mort que 7 ans avant le Concile d'Epaone en 510, & y ayant eu ſept Abbés entre S. Claude & lui, S. Claude Abbé de Condat ſoit le même qui a ſigné au Concile d'Epaone en 517. Puiſqu'on voit d'ailleurs à ce Concile la ſouſcription de Viventiole Evêque de Lyon, qui avoit été Religieux ſous S. Ouyan, & que S. Avit Evêque de Vienne avoit jugé digne de lui ſuccéder dans ſon Abbaïe. *   * *Epiſt.* 17.

D'autre coté, il n'y a eu entre S. Claude & S. Hyppolite que deux Abbés, Ruſtic & Aufrede. Or S. Hyppolite Abbé de Condat & Evêque de Bellai, a reçû des dons de Pepin le Bref pour ſon Abbaïe, & a ſigné à la premiere aſſemblée d'Attigny tenuë en 767; d'où il ſuit encore que S. Claude Abbé de Condat a dû vivre juſques à la fin du 7ᵉ. ſiécle.

Addition. J'ai trouvé pendant qu'on imprimoit cet Ouvrage, dans les Antiphoniers de l'Egliſe Métropolitaine & de la Collégiale de Sainte Marie Magdeleine, notés par des accents & des virgules, ce qui marque leur grande ancienneté; que l'Antienne du *Magnificat* des premieres Vêpres de S. Ferreol & de S. Ferjeux, eſt conçuë en ces termes: *Annuam feſtivitatem, ſacratiſſimæ Paſſionis, ſanctorum Ferreoli* HIERARCHAE *Domini, atque Levitæ Ferrucii; in quâ pro Chriſ-*

Zz ij

to tormenta horrifica spernentes, felices cœlum petierunt.

Cette Antienne est la même dans tous les anciens Breviaires; & le sçavant Lectus Vicaire Général du Cardinal de la Baume Archevêque de Besançon, qui par les ordres de ce Prélat a corrigé le Breviaire du Diocèse, y a laissé les termes, *Hierarcha Dominus*, dont il a connu la force. Mais soit que les Réviseurs de ce Breviaire sous Mrs. les Archevêques d'Achey & de Grammont, l'aient ignoré, ou qu'ils aient été d'un autre sentiment que Lectus sur la qualité de S. Ferreol, ils ont mis dans les Breviaires nouveaux, *Sacerdotis* en place de *Hierarchæ Domini*.

Cependant il me semble que nos Anciens avoient donné à S. Ferreol le titre de *Hierarcha Dominus*, pour marquer qu'il étoit Evêque; parce que le terme *Hierarchia* dérivé du grec, signifie *Sacrorum Principatum*, & celui de *Hierarcha*, *Sacrorum Præfectum*, que l'on peut apeller Prince des Prêtres. Je conclus de là, que l'ancienne tradition de notre Eglise, étoit pour l'Episcopat de S. Ferreol.

ETAT ANCIEN DE L'EGLISE de Besançon.

DANS les premiers siécles de l'Eglise, les Clercs étoient attachés par une suite de leur Ordination, à la personne de leur Evêque, qui faisoit presque seul les fonctions du Sacerdoce, & sa Messe étoit l'unique qu'on célébrât dans la Ville Episcopale. Tout le Clergé y assistoit, & rien n'étoit plus auguste que les cérémonies de la Religion Chrétienne, ni en même tems de plus édifiant; parce que les Prélats & leurs Clercs avoient embrassé leur état par vocation, sans aucune vûë d'ambition ni d'interêt, & qu'ils n'y recherchoient que la gloire de Dieu & le salut des ames.

Lorsque le nombre de Chrétiens augmenta de telle sorte que l'Evêque ne pût pas en prendre soin immédiatement, il établit des Paroisses à la Ville & à la Campagne, & y préposa des Prêtres, ce qui n'empêchoit pas qu'il n'administrât seul à la Ville les Sacrements de Batême & de Pénitence. Il alloit à certains jours à la tête de son Clergé faire les Offices dans les Eglises des Paroisses, & dans les Chapelles où il y avoit des Reliques, même dans celles qui étoient à la Campagne ; c'est ce qu'on appelloit faire des Stations, & c'est l'origine des Processions.

Il avoit la suprême administration du bien de son Eglise, & quoiqu'il se déchargeât de la plus grande partie de ce soin sur ses Diacres, il y veilloit néanmoins toujours, & il en disposoit seul. Mais quelque autorité que cette administration lui donnât, il n'en usoit que pour faire une sage distribution de ce bien, pour les réparations & augmentations des Eglises, l'entretien du Clergé & le soulagement des pauvres. L'on voit par l'ancien Rituel & par les Manuscrits de notre Eglise, que c'est ainsi qu'elle étoit gouvernée.

Il y avoit à Besançon deux Cathédrales, S. Jean & S. Etienne, dans lesquelles l'Evêque célébroit ordinairement l'Office Divin. Ces deux Eglises ont long-tems disputé de la primauté, & leur différend diversement jugé pendant 130 ans par des Conciles & par des Papes, n'a pû être terminé que par l'union des deux Eglises faite en 1253.

L'on voit par l'ancien Rituel, que les Chanoines de ces deux Cathédrales vivoient en Communauté, & quelques-unes des Légendes de nos premiers Evêques suposent que la vie commune y avoit été introduite, même avant le quatriéme siécle & dans le tems des persécutions. Mais ce tems n'étoit pas propre à établir des Communautés.

Les Fidéles des premiers siécles ne vivoient pas en commun, quoique plusieurs eussent renoncé à leurs biens, & subsistassent des distributions que les Evêques leurs faisoient. C'est de cette désapropriation que doit être entenduë la Légende de notre Evêque Maximin, quand elle porte qu'il fit vivre son Clergé suivant la Régle des Apôtres, *ad normam Apostolorum.*

Lorsque l'Eglise a été libre sous le régne des Empereurs Chrétiens, les Conciles ont introduit la vie commune parmi les Clercs, & ordonné qu'ils seroient logés avec leurs Evêques auprès des Cathédrales, & qu'ils vivroient des biens de ces Eglises; pour que le soin des affaires temporelles ne les détournât pas des fonctions ausquelles leurs Prélats les employoient, & qu'ils fussent plus à portée de recevoir les ordres & de faire le service qu'on demandoit d'eux. C'est dans ce sens que nous lisons de nos deux Evêques Leonce & Chelmegesile, qu'ils firent bâtir auprès de nos Cathédrales des maisons pour les Chanoines, & qu'ils les séparérent par un mur de clôture de celles de Laïques. Attila avoit ruiné celles que Leonce avoit fait faire, Chelmegesile les rétablit.

Il y avoit des Clercs de trois espèces. Les uns vivoient en commun, sans aucune propriété ni de leurs patrimoines ni des revenus de l'Eglise; c'étoit l'état le plus parfait. Les autres étoient aussi en commun, & vivoient des revenus de l'Eglise sans se les aproprier; mais ils conservoient leurs biens propres. Les derniers demeuroient parmi les Laïcs, conservant la propriété de leurs patrimoines, & même des biens de l'Eglise, que l'Evêque leur distribuoit ordinairement quatre fois dans l'année, suivant leur rang, leur âge, leurs besoins & les fonctions ausquelles ils étoient employés.

Les Chanoines qui demeuroient en commun vivoient suivant les Canons, & c'est de là qu'on prétend qu'ils ont tiré le nom de Chanoines.

Ils étoient gouvernés sous l'autorité de l'Evêque, par des Supérieurs immédiats qu'on apelloit Prevôts, Doyens ou Abbés. L'on donnoit le nom d'Abbés aux Supérieurs des Communautés, dans lesquelles l'Evêque ne résidoit pas. Une Charte du Roi Conrad de l'an 967, apelle Etienne & Hermenfroi Abbés de notre Eglise de S.

de Besançon.

Etienne, dont les Supérieurs ont probablement porté ce nom, depuis que les Evêques sont venus demeurer auprès de l'Eglise de S. Jean; jusqu'à ce que les contestations sur la primauté s'étant élevées, les Supérieurs de S. Etienne ont repris le titre de Doyens qu'ils avoient eu dans le commencement lorsque l'Evêque résidoit auprès de leur Eglise, pour que celui d'Abbé ne fit pas préjudice à leur prétention.

La vie commune des Chanoines, a été introduite plus tard en Occident qu'en Orient. S. Eusebe Evêque de Vercel au milieu du 4ᵉ. siécle, est le premier qui l'ait fait observer à ses Chanoines, à ce que l'on prétend. Saint Augustin sur la fin du même siécle, rassembla aussi son Clergé pour vivre en communauté auprès de sa Cathédrale, avec une entiere désapropriation. Ces exemples soutenus par l'autorité des Peres & par les Canons, furent suivis dans l'Eglise de Besançon, peut-être même du tems de S. Eusébe ou d'abord après, parce qu'on lit dans la Vie de S. Just notre Evêque & son contemporain, qu'il avoit été lié avec lui d'un étroite amitié; & dans celle d'Anian son successeur, qu'il établit une Communauté de Clercs dans l'Eglise qu'il fit bâtir hors de la Ville sur le Tombeau de nos saints Apôtres Ferreol & Ferjeux. Ç'a au moins été dans le cinquiéme siécle, puisque nos Evêques Leonce & Chelmegesile, firent bâtir des maisons auprès des deux Cathédrales pour loger les Chanoines.

On lit dans nos Manuscrits, qu'Antide II. étant Chanoine, vivoit suivant la Régle des Canons. On trouve la même chose de S. Claude au 7ᵉ. siécle: mais les Auteurs des Légendes se sont trompés, quand ils ont ajouté, que déja du tems d'Antide on suivoit la Régle de S. Isidore dans les Cathédrales de Besançon; car ils n'ont pû parler que de S. Isidore Evêque de Seville, qui est postérieur à notre Evêque Antide, & ils ont probablement confondu le Saint Evêque de Seville, avec un autre Isidore surnommé Peccator qui a fait une collection des Canons.

La Régle de Saint Ifidore étoit pour des Moines, & nos Chanoines n'ont pas été Religieux ; car on ne doit pas entendre de cet état ce qui eft dit fouvent dans les Légendes, que nos Chanoines étoient Réguliers, ni les noms de Freres & de Couvent qu'ils portent dans nos anciens Manufcrits. On les donnoit à tous les Chanoines, lorfqu'ils vivoient en commun. S'ils étoient apellés Réguliers, c'eft parce qu'ils fuivoient la Régle prefcrite par les Canons, & je n'ai trouvé dans nos Manufcrits aucune trace d'Inftitut régulier ni de Régle particuliere prefcrite à nos Chanoines avant le huitiéme fiécle. On y lit à la vérité, plufieurs titres des Ouvrages de Saint Ifidore ; mais ils font tirés de fon livre des Offices Eccléfiaftiques, & il n'y en a point qui le foit de fa Régle.

Celle des Chanoines étoit moins rigide que la Régle des Religieux, qui vivoient fous l'Inftitut d'un Particulier, & obéiffoient à leurs Supérieurs par un vœu de religion. Les Chanoines n'étoient pas aftraints par des vœux ; ils obéiffoient à l'Evêque & à leurs Prélats en vertu des Canons ; & ils étoient occupés au Service Divin, à l'adminiftration des Sacrements & à l'inftruction du Peuple, par le choix & la deftination de leurs Evêques. C'eft ce qui faifoit l'effentiel de leur état : au lieu que les Religieux féparés du monde, s'adonnoient dans le filence & la retraite, à la priere & à la pénitence.

Le relâchement s'étant introduit dans les Communautés des Chanoines, qui ceffoient de vivre en commun & qui s'aproprioient les biens de l'Eglife ; l'on affembla des Conciles pour les réformer. Celui d'Arles de l'an 813, enjoint aux Evêques de veiller que les Canons foient obfervés par leurs Chanoines. Ceux de Tours & de Mayence tenus en la même année, ordonnent que les Chanoines des Villes Epifcopales foient logés avec l'Evêque, qu'ils aient des Cloîtres, des Dortoirs & des Réfectoires communs, & qu'ils ménent une vie canonique, conforme à l'Ecriture & à la doctrine des Peres.

Peres. Enfin celui de Meaux de l'an 815, veut que les Chanoines soient enfermés par une clôture, logés dans un même Dortoir, nourris dans un seul Réfectoire, & traités pendant leurs maladies dans une Infirmerie commune. Nos Rois ont été les Promoteurs de ces Conciles, & ils en ont autorisé les dispositions par leurs Capitulaires.

Saint Chrodegand Evêque de Metz, avoit fait dans le huitiéme siécle une Régle pour les Chanoines de son Eglise, tirée des Canons, des Peres & des Constitutions de Saint Benoît. Les Evêques du Concile d'Aix tenu en 816, en donnérent aussi une, à laquelle Amalarius Diacre de l'Eglise de Metz travailla, à ce que l'on prétend. Elle est conforme à celle de Saint Chrodegand, qui fut presque universellement reçûë dans le Royaume de France.

L'Eglise de Besançon l'adopta pour la plus grande partie, donna un ordre different à ce qu'elle en prit, le joignit à ce qu'elle avoit déja tiré des livres de Saint Isidore, & en fit une Régle particuliere que les Chanoines de ses deux Cathédrales ont observée, jusques à ce qu'ils ont cessé de vivre en commun. Ils étoient sous l'autorité de l'Evêque. Ils avoient des Supérieurs immédiats qui portoient le titre de Doyens, & ils étoient divisés en trois Ordres, Prêtres, Diacres & Sousdiacres.

L'on voit par le Chapitre de leur Régle qui est intitulé, *de infirmorum & senum Fratrum curâ*, qu'ils retenoient la propriété de leurs biens ; car il y est dit, qu'ils avoient des maisons propres, & l'on trouve d'ailleurs plusieurs donations par eux faites à leurs Eglises, dans les 11ᵉ. & 12ᵉ. siécles. Le Concile d'Aix avoit permis aux Chanoines de retenir la possession de leurs biens propres, & voici la formule de la Profession ancienne de ceux de S. Jean & de S. Etienne de Besançon.

Ego N. ab istâ horâ, ero fidelis Ecclesiæ N. sicut Canonicus debet esse suæ Ecclesiæ, & subditus Prælatis suæ

Canoniæ ; in ordine meo , & fecundùm capacitatem fenfûs mei. Sic me Deus adjuvet & hæc fanƈta Dei Evangelia.

Dans le tems qu'on a démoli les maifons du Chapitre de Saint Etienne, il y en avoit une auprès de l'Eglife de Saint Michel, dans laquelle demeuroit un Solitaire qu'on apelloit le Reclus. Il faifoit les fonƈtions de Pénitencier, & avoit le pouvoir d'abfoudre des cas réfervés à l'Archevêque.

Il y en a eu plufieurs à Befançon. Car on trouve dans le teftament de Thiébaud Chantre de l'Eglife Collégiale de Sainté Marie-Magdelaine, un legs fait aux Reclus de Rivotte & de Saint Etienne. Je crois que les Reclus de Rivotte, demeuroient où eft à préfent l'Hermitage de Saint Léonard. J'ai lû auffi dans un ancien Nécrologe de l'Eglife de Saint Etienne au 13 des Calendes de Juin, l'Obit de Jean Reclus, qui a rétabli la Chapelle & la Maifon des Reclus. *Obiit Joannes Inclufus, qui fecit Capellam, & reædificavit totam domum Incluforum.* Ce qui fupofe qu'il y en avoit plufieurs au même lieu.

Cet établiffement eft ancien, & il y en avoit déja eu au cinquiéme fiécle à Lyon, dont nous avons imité la difcipline en plufieurs chofes. L'on trouve des Réglements qui les concernent, dans les Conciles d'Agde, de Vannes, de Francfort & *in Trullo.*

Les Reclus étoient des Anachorétes, qui après s'être éprouvés pendant trois ans & après un an de Noviciat, faifoient vœu de clôture perpétuelle, & étoient enfermés folemnellement par l'Evêque dans une cellule de pierres, qui n'avoit que trois fenêtres ; l'une pour entendre la Meffe & participer aux faints myftéres dans une Chapelle voifine, l'autre pour prendre jour au dehors, & la troifiéme pour recevoir des aumônes. Quand le Reclus étoit Prêtre, il avoit la liberté de dire la Meffe dans fa cellule, mais il devoit être feul & fans affiftant.

Les anciens Ordinaires de l'Eglife Métropolitaine de Befançon, marquent qu'à Noel, le Jeudi Saint, à

Pâques, à l'Ascension, à la Pentecôte, aux deux Fêtes principales de Saint Jean l'Evangéliste & de Saint Etienne, & aux Anniversaires de la Dédicace des Eglises de ce nom ; tout le Clergé de la Ville s'y rendoit pour assister à l'Office, & particuliérement à la Messe Pontificale. Nos Archevêques ont eu attention à maintenir ce reste de l'ancienne discipline. Il y a à ce sujet un Statut raporté dans le Recüeil de ceux de Mr. de la Baume, imprimés en 1573, qui est conçû en ces termes : *Processiones Ecclesiarum ad summum Templum quæ diebus maximè celebribus fiunt, quia institutæ sunt causa conveniendi ad Missas Episcopales, & recipiendi communionem Episcopalem ; monemus omnes, ut aliquid saltem veteris instituti retineant.*

* *De Ministris contuum*, art. 6.

Cependant on s'est relâché sur ce point, & depuis long-tems cette obligation qui étoit commune à tout le Clergé, est devenuë propre aux seuls Chapitres des Eglises Collégiales, lesquelles pour conserver quelque vestige de l'ancien usage, viennent à l'Eglise Métropolitaine aux Fêtes principales de l'année ; non pas pour assister à la Messe Pontificale comme autrefois, mais seulement à la Procession qui se fait immédiatement avant la Messe, en l'ordre suivant.

Après Tierce, le Clergé étant revêtu de Chapes, va processionnellement prendre l'Archevêque dans son Palais pour le conduire à l'Eglise. Les Croix des Eglises Collégiales de Saint Paul & de Sainte Marie-Magdelaine, marchent à la tête de la Procession ; ensuite viennent les Habitués & les Chapelains de ces Eglises, marchant selon leur rang avec ceux de l'Eglise Métropolitaine ; puis les Chanoines de Sainte Magdelaine, ceux de Saint Paul, ceux de la Métropolitaine ; en dernier lieu vient la Croix de la Métropolitaine, avec les Ministres de l'Autel. Etant arrivés dans la Salle du Palais Archiépiscopal, tout le Clergé s'y range en haies & sur deux lignes ; les Chanoines Choristes, le Diacre & le Sousdiacre précédés de la Croix, entrent dans la chambre de l'Archevêque, & vont l'inviter à la Messe. D'abord il sort de sa chambre, précédé des Ministres de l'Autel, il entre dans la salle où tout le Clergé le saluë profondément, à quoi il répond par une inclination médiocre. Ensuite tous se mettent en marche, & retournent à l'Eglise dans le même ordre qu'ils étoient venus.

Lorsqu'ils sont dans le Chœur, le Prélat donne de l'eau benite aux Chanoines, qui vont l'un après l'autre se présenter à lui pour la recevoir. L'aspersion finie on fait la Procession claustrale, après laquelle les Collégiales s'en retournent.

Un autre reste de cette ancienne coutume est, que le jour de la Fête de S. Jean l'Evangéliste le 27 Décembre, tous les Curés de la Ville & les Chapelains des Eglises Paroissiales, à l'exception de ceux de S. Donat & de S. Marcellin, doivent se rendre dans l'Eglise Métropolitaine pour y dire solemnellement les Matines avec le Clergé de cette Eglise. L'Invitatoire y est chanté par quatre Curés de la Ville. Les sept premieres Leçons y sont aussi chantées par les Curés ou par leurs Vicaires, & les Répons par les Chapelains.

Le Jeudi Saint, dix-sept Curés, tant des Fauxbourgs que des Villages voisins de la Ville, sont obligés sous peine de 60 sols estevenans, de venir assister l'Archevêque ou son Suffragant, à la bénédiction du saint Chrême & des autres Huiles, avec ceux de la Ville, qui doivent aussi s'y rendre ou y envoyer des Ecclésiastiques à leur place.

Le Dimanche des Rameaux & les Féries des Rogations, sont encore des tems ausquels le Clergé se rassemble pour faire les Processions ordonnées par l'Eglise en ce jour.

EVESCHEZ SUFFRAGANTS
de Besançon.

BESANÇON étant la Ville Capitale d'une grande Province dans laquelle il y avoit plusieurs Cités, son Evêque a dû être Métropolitain & avoir dans chacune de

de Besançon.

ces Cités un Suffragant, suivant ce qui s'est observé dans les Provinces Civiles pour l'établissement des Ecclésiastiques. C'est ce qui est arrivé en effet, car il y a eu à Avanche, Basle, Vindisc & Bellay, des Evêques qui étoient Suffragants de Besançon.

L'Evêque d'Avanche, soit par raport à l'antiquité de son Siége, soit par raport à ce que cette Ville étoit illustre & la Capitale des Helvétiens, avoit le droit de consacrer son Métropolitain & de porter le Pallium, suivant qu'on le trouve dans un ancien Manuscrit de l'Eglise de Besançon, qui parle de la consécration des Evêques : *Postquam novus Episcopus Missam finierit, invitet eum Cancellarius ex parte Archiepiscopi ad mensam. Similiter & alios Episcopos, qui interfuerunt consecrationi. Hoc ordine sedent. Ad dextram Domini Archiepiscopi, Lausanensis quia utitur Pallio, & per ejus manus consecratur Archiepiscopus.*

L'on connoît peu les Evêques d'Avanche avant Marius qui vivoit sur la fin du sixiéme siécle. L'on n'en nomme que trois avant lui, Protase, Chelmegisele & Supere. Mrs. de Sainte Marthe croient que Supere a signé au premier Concile d'Auvergne en 535, mais les Manuscrits les plus corects de ce Concile, nomment à sa place *Hesperius Episcopus Ecclesiæ Metensis.*

On lit dans le Concile d'Agaune tenu en 517, la souscription de *Peladius Presbyter, jussu Domini Salutaris Episcopi civitatis Avennicæ.* C'est un Député de l'Evêque d'Avignon, en traduisant le mot d'*Avennicæ* à la lettre. Mais les Sçavants corrigent ce mot, & veulent qu'on lise *Aventicæ,* parce que Theodoric Roi d'Italie avoit pris Avignon sur Gondebaud avant le Concile d'Epaone, d'où ils concluent qu'Avignon n'étoit plus du Royaume de Bourgogne dans ce tems-là. C'est le motif de la correction qu'ils font dans le texte de la signature de Peladius ; mais ne devroit-on pas plûtôt présumer que Gondebaud avoit repris Avignon, ou qu'il lui avoit été rendu par quelque traité ? En suposant la correction dont je viens de parler, il s'enfuit que Salutaris étoit Evêque d'Avanche en 517.

Marius né de parents illustres, fut fait Evêque d'Avanche en 581. Il tint le Siége Episcopal pendant 20 ans & 8 mois, & assista au second Concile de Mâcon avec Silvestre de Besançon son Métropolitain, en 585. Il a écrit une Chronique qui suit celle de Prosper. Le Pere Pierre-François Chifflet la trouva dans les Archives de l'Abbaïe de S. Claude, & elle est imprimée dans le premier tome de la Collection de Mr. Duchesne. L'on croit que ce fut sous son Episcopat ou peu de tems après, que le Siége fut transferé d'Avanche à Lausane ou il est resté dèslors.

Voici des prestations de serment de quelques Evêques de Lausane, que l'on trouve dans les Archives du Chapitre Métropolitain de Besançon.

Ego Burchardus sanctæ Lausanensis Ecclesiæ nunc ordinandus Episcopus, sanctæ Sedi Chysopolitanæ Ecclesiæ Rectoribusque ejus, subjectionem & obedientiam promitto, & super sanctum altare propriâ manu firmo.

Ego Henricus sanctæ Lausanensis Ecclesiæ, nunc ordinandus Episcopus, in præsentiâ Domini Hugonis, &c.

Ego Hugo Lausanensis jam ordinatus Episcopus, & filius Rodulfi Regis unicus, spondeo, voveo, promitto sanctæ Vesuntionensi Ecclesiæ, sicut fecere antecessores mei, subjectam subjectionem & felicissimam obeditionem, &c.

Burcard étoit fils de Rodolfe second Roi de Bourgogne. Il est nommé dans la Charte de la fondation du Monastere de Payerne, faite par Berthe veuve de Rodolfe, & raportée par Mr. Guichenon dans sa Bibliotéque Sébusienne, cent. 1, chap. 1, où cette Reine dit, qu'elle fait cette fondation pour le repos de l'ame du Roi Rodolphe son mari, de l'Evêque Burcard son fils, &c. Cette Charte est dattée de Lausane, *in die Martis Kal. Aprilis, anno 24. regnante Conrado Rege.* Mr. Guichenon a suposé que cette année 24 du Roi Conrad étoit l'an 966, mais c'est plûtôt l'an 962, *cum Littera Dominicalis fuerit anno 14 exeunte.* Mrs. de Sainte Marthe ont omis cet Evêque dans l'Histoire de ceux de Lausane.

de Besançon. 77

Henri I. Evêque de Lausane, a été Evêque en 985. Il a tenu le Siége Episcopal pendant 35 ans, suivant Mrs. de Sainte-Marthe ; & l'on tient qu'il souffrit le Martyre pendant le régne de Rodolfe Roi de Bourgogne, troisiéme du nom.

Hugue étoit Evêque en 1019, puisqu'il assista cette année au Sacre de l'Evêque de Basle, & mourut en 1037. Il est qualifié dans le serment qu'on a raporté, fils unique du Roi. Ces termes ne peuvent être entendus que de Rodolfe III. Cependant les Historiens assurent qu'il mourut sans enfans, mais il avoit épousé une veuve qui avoit eu des enfans d'un premier lit. Notre Evêque en étoit probablement sorti, & par cette raison il étoit le beau-fils du Roi, ce qui lui donna occasion de prendre le titre de son fils.

Le second Suffragant de Besançon étoit à Basle, grande Ville sur le Rhein qui subsiste encore aujourd'hui dans un état florissant. Justinien qui en étoit Evêque, assista au Concile de Cologne en 346 avec Panchaire Archevêque de Besançon son Métropolitain. L'Evêque de Basle fait sa demeure à Porentru, dont il est Prince, dans le Diocèse de Besançon; & son Chapitre réside à Harlesem, parce que sa Ville Episcopale est Protestante.

L'on trouve dans les Manuscrits de l'Eglise Métropolitaine de Besançon, les prestations de serment d'Alberon ou Adalberon, de Théodoric, de Berenger, & de Burcard Evêques de Basle, en la même forme que celles des Evêques de Lausane.

Adalberon étoit Evêque de Basle en 1019, qu'il consacra son Eglise. Théodoric est nommé dans une Charte de l'Abbaïe de S. Paul de Besançon en 1044. Berenger fut fait Evêque en 1057, comme on le voit par sa prestation de serment, & Burcard en 1072.

L'Eglise de Besançon avoit un troisiéme Suffragant à Vindisc. Bubulcus qui en étoit Evêque, a signé au Concile d'Epaone avec Claude Archevêque de Besançon son Métropolitain. Grammaticus autre Evêque à Vindisc, a signé au Concile d'Auvergne en 535, & aux quatriéme & cinquiéme Conciles d'Orléans en 541 & 549. Maxime ou Maximin a été le dernier Evêque de Vindisc, parce que ce Siége fut transferé sous son Episcopat à Constance dans la Province de Mayence en 593, & celle de Besançon perdit alors ce Suffragant.

Equestris, à present Nion, étant une Colonie & une Cité sous l'Empire Romain, il a dû y avoir un Evêque, suivant la Police des Provinces Ecclésiastiques. On lit dans la Légende de S. Lautein qui vivoit à la fin du 5e. siécle, qu'il a été fait Prêtre par l'Evêque Amandus, & qu'étant auprès de Genève, il y vit S. Grégoire Evêque de Langres. Amandus étoit probablement Evêque d'Equestris, Nion, & Suffragant de Besançon, dans le Diocèse duquel S. Lautein avoit fondé des Monasteres; car on lit dans le Martyrologe d'Epternac & autres, qu'on faisoit à Nion la Fête de Saint Amant le 6 de Juillet.

L'on ne sçait rien au reste des Evêques de cette Ville, & s'il y en a eu, leur Siége a été transferé à Bellai dans le sixiéme siécle; car Vincent Evêque de Bellai souscrivit aux Conciles de Paris en 555, & de Lyon en 567. Mr. Guichenon dans son Histoire des Evêques de Bellai, en nomme trois avant Vincent, sçavoir, Audax, Tarniscus & Migetius. Les Manuscrits de l'Eglise de Besançon, parlent aussi du premier.

L'on y voit le serment des deux Evêques de Bellai, Adabald & Gauceran. *Ego Adabaldus, misericordiâ Dei vocatus Episcopus, debitam obedientiam & condignam subjectionem, veluti antecessores mei Ecclesiæ scilicet Bellicensis, obedierunt Rectoribus Ecclesiæ Vesontionensis. Promitto dèinceps servare & obedire, ego Gauceranus &c.* Adabald étoit Evêque de Bellai sur la fin du neuviéme siécle, & Gauceran environ l'an 1070. Son serment a été prêté entre les mains d'Hugue Archevêque de Besançon.

Les Métropolitains au tems de leur contestation, promettoient par serment l'obéïssance & la soumission

au

au Saint Siége. Le plus ancien exemple que nous en ayons, est celui de Saint Boniface Archevêque de Mayence, qui fit cette promesse à Gregoire Second en 723. * Les Evêques Suffragans faisoient lorsqu'ils étoient consacrés, la même promesse à leurs Métropolitains ; & s'ils étoient consacrés par d'autres, fût-ce même par le Pape, ils s'engageoient de se rendre au plûtôt qu'ils pourroient auprès de leurs Métropolitains, pour faire entre leurs mains le serment ordinaire. * Les Abbés & les Abbesses en usoient de même envers l'Evêque Diocésain. * L'on en verra des exemples dans la suite de cette Histoire.

* *Baron. od ann. 723. Surius in vitâ sancti Bonifacii.*

* *Ivo Carnot. epist. 2. & 61. intr. de Marca. lib. 8. concord. cap. 3. Concil. Tolet. 12. cap. 6. Conc. Tarrac. can. 5. *Cap. Ne Dei X. de simoniâ. Innoc III. lib. 15. epist. 227.*

La Province de Besançon étoit, comme on l'a vû, de grande étenduë, puisqu'elle comprenoit dans cinq Evêchés, le Comté de Bourgogne, le Vicomté d'Auxonne, le Bugey & la Suisse. L'Archevêché de Besançon comprend seul aujourd'hui 765 Cures, 86 Vicariats & 11 Chapellenies. Plusieurs de ces Cures contiennent deux Paroisses que nous apellons Annexes, parce qu'elles ont été unies à cause que les revenus ont manqué dans l'une pour la subsistance de son Curé. Les Vicariats sont des membres de certaines grandes Paroisses, où par l'autorité de l'Ordinaire, les Curés établissent des Vicaires résidents, quoique amovibles, qui y font toutes les fonctions Pastorales. Les Chapellenies sont des Bénéfices fondés en des Villages fort éloignés de la Paroisse, pour que les Habitants de ces Villages puissent y entendre la Messe ; mais les Titulaires de ces Chapelles n'administrent point les Sacrements. Il paroît par ce que l'on vient de dire, que l'Archevêché de Besançon est l'un des plus grands du Royaume.

DISSERTATION.

QUOIQUE après nos Chifflet, Mrs. de Marca, Baluze, Hallier, le Pere Sirmond & plusieurs autres Sçavants, aient estimé que Célidoine déposé par Hilaire Evêque d'Arles, étoit Evêque de Besançon ; cependant Mr. Fleury semble en avoir douté, car il l'apelle simplement Evêque dans les Gaules ; & le Pere Quesnel dans sa Dissertation apologétique pour S. Hilaire, n'a rien oublié pour prouver que Célidoine étoit un Evêque de la Province de Vienne, & sujet à la Métropole d'Arles. Comme j'ai suposé le contraire, il paroît nécessaire de dire les raisons sur lesquelles je me suis fondé, & de répondre à celles du Pere Quesnel.

Je prens ma premiere preuve dans les Monuments de l'Eglise de Besançon, sur lesquels le Pere Quesnel n'a rien dit, peut-être parce qu'il les a ignorés. Il en résulte, que nous avons eu un Evêque nommé Célidoine dans le tems du Pape S. Leon & d'Hilaire d'Arles. Nulle preuve qu'il y eût alors un Evêque de ce nom dans la Province Viennoise où on le met, & le P. Quesnel n'a pas même pû assigner dans cette Province, le Siége de celui qui fut déposé par Hilaire. On ordonna un autre Evêque à sa place, & l'un des anciens Catalogues de nos Evêques, après avoir nommé Célidoine, parle d'Importunus intrus dans le Siége Episcopal & honteusement chassé. *Importunus pseudo Episcopus, receptus & turpiter ejectus.* Que si l'autre Catalogue ne fait pas mention d'Importunus, c'est qu'il n'a nommé que les vrais Evêques de Besançon.

Célidoine à Besançon dans le tems de Saint Leon & d'Hilaire d'Arles, un Evêque mis à sa place & dépossédé à la suite, le défaut de preuves qu'il y eût dans ce même tems un Evêque de ce nom dans la Province de Vienne ; toutes ces circonstances réunies, semblent bien fortes pour faire juger qu'il s'étoit agi de l'Evêque de Besançon dans l'affaire d'Hilaire d'Arles.

Notre Célidoine a été à Rome, il s'y est fait connoître à Saint Leon & à l'Impératrice. Le Chef de Saint Agapit aporté d'Italie, les Reliques de Saint Etienne, les Corps de Saint Epiphane & de Saint Isidore envoyés par l'Empereur d'Orient, & le voyage de Galla Placidia à Besançon pour les recevoir, en font la preuve. Qui ne reconnoîtroit à ces traits, le même Célidoine qui a été rétabli dans le Concile de Rome tenu par Saint Leon, & qui avoit été injustement déposé par Hilaire?

L'Auteur anonime des vies de Saint Romain, Lupicin & Ouyan premiers Abbés de Saint Claude, qui se dit contemporain de S. Ouyan, & qui écrivoit par conséquent au commencement du sixiéme siécle; raporte qu'Hilaire d'Arles ordonna S. Romain Prêtre auprès de Besançon, & que Saint Leon rétablit dans son Siége Célidoine Evêque de cette Ville, qu'Hilaire Evêque d'Arles affectant la Primatie des Gaules, avoit injustement déposé. *Auditâ namque Romani & Lupicini famâ, Sanctus Hilarius Arelatensis Episcopus, Missis in Caussâ Clericis, beatissimum Romanum haud longè sibi à Vesontionensi urbe, fecit occurrere ; cujus incitamentum, vitamque dignissimâ prædicatione sustollens, imposito honore Presbyterii, repedare permisit. Siquidem antedictus Hilarius, venerabilem Celidonium supradictæ Metropolis Patriarcham, patritio præfecturioque fultus favore indebitam sibi per Gallias vindicans Monarchiam, à Sede Episcopali, nullâ existente ratione, dejecerat : ob quod in audientiâ beatissimi Papæ Leonis Romæ, malè gessisse convictus, restituto quoque in Episcopatu Celidonio apostolicâ autoritate, usurpationem inlicitam, regulariter est increpatus.*

Ce témoignage est si décisif, que le Pere Quesnel s'est vû réduit à soutenir que l'Auteur a faussement suposé qu'il étoit contemporain de Saint Ouyan, ou que l'on a inféré dans son Ouvrage la glose de quelque Moine, sur l'affaire de Célidoine & d'Hilaire. Il tente de prouver sa premiere proposition, par des observations sur des termes & des faits, qu'il dit n'avoir pas été en usage, & ne pas convenir aux mœurs du cinquiéme & sixiéme siécles ; & la seconde, sur ce qu'il prétend que l'affaire de Célidoine n'a pas une liaison assez grande avec la vie de Saint Romain, pour que l'Auteur de cette vie ait dû l'y inférer.

Je n'entreprens pas de réfuter pied à pied les raisonnemens du Pere Quesnel, sur l'autenticité des manuscrits de la vie des premiers Abbés de Saint Claude. J'observerai seulement, que sa Dissertation n'a pas fait perdre aux Sçavans, l'idée de l'antiquité & de la vérité de cet Ouvrage ; & qu'il faut quelque chose de plus fort que des conjectures & des raisonnemens subtils, pour détruire la foi d'un manuscrit ancien, sur un fait qui est soutenu d'ailleurs par d'autres titres & raisons.

En effet, le Pere Sirmond rend témoignage qu'il a vû dans une ancienne copie de la Lettre de Saint Leon, qu'elle étoit adressée aux Evêques des Provinces Séquanoise & Viennoise : *Dilectissimis universis Episcopis, per Provincias maximam Sequanorum & Viennensium constitutis ;* * l'adresse n'en a pû être faite aux Evêques de la Province Séquanoise, que parce qu'elle concernoit leur Métropolitain, & le Pere Sirmond est le Juge le plus éclairé qu'on puisse avoir de l'autenticité de la piéce.

*Sirm. Conc. Gall. tom. 1. Harduin. Conc. tom. 1. in Indice.

Cependant le Pere Quesnel soupçonne encore de suposition l'inscription de cette copie, & pour toute preuve, il dit qu'il y en a d'autres qui ne parlent que des Evêques de la Province de Vienne ; qu'il paroît par la teneur de la Lettre, que c'est à eux seuls qu'elle a été adressée, & qu'on ne doit pas lire, comme on a fait dans cette copie, *Provinciam Viennensium*, mais *Viennensem*.

On se persuadera difficilement, que plusieurs piéces anciennes qui prouvent qu'il s'agissoit de Célidoine de Besançon dans l'affaire d'Hilaire d'Arles à Rome, ont toutes été fupofées. L'on a pû dire , *per ProvinciamViennenfium*, dans une phrafe où l'on difoit *per Provinciam Sequanorum*; quand on auroit dû dire *Viennenfem*, il faudroit plûtôt fupofer une faute de Copifte, qu'une altération ; & l'on doit attribuer à une fimple omiffion, de n'avoir pas nommé les Evêques de la Province Séquanoife dans l'infcription d'autres copies de la Lettre de S. Leon. On a pû ne les pas nommer dans celles qui fe faifoient pour la Province Viennoife, que cette Lettre intereffoit principalement ; car elle aprenoit bien aux Evêques de la Province Séquanoife, que leur Métropolitain avoit été juridiquement rétabli ; mais ce n'étoit pour eux qu'une affaire momentanée, qui pouvoit leur avoir été intimée d'ailleurs, par des Letttes dont Célidoine étoit porteur, & qui ne font pas venuës jufqu'à nous ; au lieu qu'elle déclaroit aux Evêques de la Province Viennoife, qu'Hilaire d'Arles avoit été privé de l'autorité qu'il avoit euë fur eux, & leur en rendoit les raifons : c'étoit une affaire de difcipline & de conféquence pour ces Evêques, qui les a dû engager à conferver cette Lettre, & qui a pû donner lieu à les nommer feuls dans l'infcription des copies qui en ont été faites pour leur Province.

Le Pere Quefnel prétend tirer de la Lettre même de Saint Leon, des preuves que Célidoine étoit foumis à la Jurifdiction d'Hilaire d'Arles, & par conféquent qu'il étoit Evêque dans la Province de Vienne. C'eft, dit-il, parce qu'on n'y lit pas qu'il étoit Métropolitain, & qu'Hilaire l'avoit incompétemment jugé ; qu'elle ne dit pas qu'il étoit Evêque d'une Province étrangére, comme elle le dit de Projectus ; & qu'elle porte que la Sentence donnée contre Célidoine, auroit fubfifté, fi elle s'étoit trouvée jufte.

Ce ne font là que des arguments négatifs & des préfomptions, qui ne décident pas contre les raifons affirmatives & les témoignages pofitifs que j'ai allégués. Il femble d'ailleurs qu'elles ne font pas fans réplique, &

que quand Saint Leon a dit que la Sentence renduë contre Célidoine auroit tenu s'il ne s'étoit pas juſtifié, il a feulement voulu marquer, que la dépoſition de Célidoine auroit ſubſiſté comme étant juſte dans le fond, mais non pas comme émanée d'un Tribunal légitime.

On convient que Projectus n'étoit pas ſoumis à la Juriſdiction de l'Evêque d'Arles, & qu'Hilaire en donnant de ſon autorité à un autre la place de Projectus, avoit attenté à la Juriſdiction d'un Métropolitain : n'eſt-il pas probable qu'il n'aura pas reſpecté l'immunité de celui de Beſançon, puiſqu'il agiſſoit ſur le principe qu'il étoit au-deſſus des Métropolitains ? & qu'eſt-ce qu'il auroit fait qui eût pû irriter contre lui le Pape & le Concile, comme on voit qu'ils le furent, ſi dans la condamnation de Célidoine, il avoit ſeulement dépoſé ſon Juridique dans un Sinode de ſa Province, fondé ſur des raiſons autoriſées par les Canons ?

Son Hiſtorien dit qu'il jugea Célidoine, dans un de ces voyages qu'il faiſoit ordinairement avec Saint Germain dans les Gaules, pour en réformer les abus & corriger les Prélats. *In excurſibus autem, quis ut dignum eſt explicabit, quantum ejus præſentiâ profectum contulerit, Civitatibus Gallicanis, ſanctum Germanum ſæpiùs expetendo ; cum quo Miniſtrorum Sacerdotumque curam & vitam, nec-non proceſſus exceſſuſque tractabat.* Il me ſemble que ces termes ne doivent pas être entendus des viſites ordinaires de ſon Dioceſe ou de ſa Province, & qu'ils ſignifient qu'il en faiſoit avec Germain hors de cette Province (*in excurſibus*) dans les differentes Cités des Gaules (*per Civitates Gallicanas*) pour réformer les abus qu'il croyoit y trouver.

Puiſqu'il eſt certain qu'Hilaire avoit entrepris, au moins en ce qui concerne Projectus, ſur un Dioceſe étranger, l'on doit ſupoſer qu'il croyoit avoir un titre pour le faire. Je penſe qu'il s'arrogeoit celui de Primat des Gaules, & que c'eſt ſous cette qualité, qu'il ordonnoit des Prêtres & des Evêques dans les Gaules entiéres,

& qu'il ufurpoit les droits des Métropolitains, comme le dit la Lettre de Saint Leon. *Ordinationes omnium per Gallias Ecclefiarum vindicans, & debitam Metropolitanis Sacerdotibus, in fuum jus transferens dignitatem.* Et n'eſt-ce pas ce qu'a voulu dire l'Auteur de la vie des premiers Abbés de Saint Claude par ces termes, *inlicitam fibi per Gallias Monarchiam vindicans.*

Après la ruine de Tréves par les Vandales, l'Empereur Honorius avoit transferé le Siége de la Préfecture des Gaules dans la Ville d'Arles. Les Evêques de cette Ville en prirent occaſion de prétendre fur les Gaules entiéres, l'autorité pour le fpirituel, que le Préfet établi à Arles y avoit pour le temporel, & ce premier Magiſtrat apuyoit leur prétention. C'eſt ce qui a fait dire à l'Auteur des Vies des premiers Abbés de Saint Claude, en parlant d'Hilaire, *Patritio Præfecturioque fultus favore, inlicitam per Gallias vindicans Monarchiam*; & à Saint Leon dans fa Lettre aux Evêques des Provinces Séquanoiſe & Viennoiſe, qu'il étoit accompagné d'une troupe de Soldats; *militaris manûs, per Provincias fequitur Sacerdotem.*

Hilaire avoit aſſemblé un Concile hors de fa Province pour juger Célidoine, & troublé par-là l'ordre des Jugemens Eccléſiaſtiques. C'eſt ce qui réſulte encore de la Lettre de Saint Leon. *Nec ultrà Hilarius, audeat Conventus indicere Sinodales, & Sacerdotum Domini Judicia, fe interferendo turbare.* Ce n'étoit pas à l'occaſion de Projectus, puiſqu'il ne fut queſtion à fon égard ni de Concile ni de Jugement ; c'étoit par conféquent par raport à Célidoine, qui fut jugé & dépoſé dans un Concile qu'Hilaire avoit convoqué. Il n'avoit pas eu droit de le faire, puiſque le Pape dit qu'il s'y étoit ingeré par un renverſement de diſcipline; *Sacerdotum Domini judicia, fe interferendo turbaverat.* S. Leon n'auroit pas parlé de la forte d'un Concile légitimement aſſemblé par Hilaire dans fa Province, pour juger fuivant les Canons, un Evêque fon Juridique.

Or Hilaire ne pouvoit prétendre le droit de faire des ordinations dans les Gaules entiéres, *ordinationes omnium per Gallias Ecclefiarum*, & d'affembler des Conciles hors de fa Province, qu'en qualité de Primat de la Nation. Saint Leon ne convenoit pas que cette prérogative fût attachée à la Métropolitaine d'Arles, comme le prétendoit Hilaire : il fembloit cependant agréer qu'elle apartînt à un Prélat de la Nation, pourvû qu'il fût nommé par le Saint Siége ; puifqu'il propofa aux Evêques des Gaules, Léonce comme le plus ancien d'entr'eux, pour juger quand il feroit expédient qu'ils s'affemblaffent en Concile, fans être convoqués par leurs Métropolitains. *Fratrem & Coëpifcopum noftrum Leontium, hâc fi vobis placet dignitate volumus decorari ; ut præter ejus confenfum, alterius Provinciæ non indicatur à veftrâ fanctitate Concilium ; & à vobis omnibus, quemaadmodum vetuftas & antiquitas exigit, honoretur ; Metropolitanis, privilegii fui dignitate fervatâ.* Circonftance qui paroît convenir à un Métropolitain de Befançon, qui devoit être jugé dans un Concile ; mais ce Concile ne pouvoit être réguliérement convoqué que par le Pape fon Supérieur immédiat, ou par fon Légat dans les Gaules ; c'eft pourquoi Hilaire avoit fait un attentat, en le convoquant & y préfidant fans délégation du Saint Siége.

Cependant l'on pouvoit dire que Célidoine avoit été compétemment jugé, parce qu'il l'avoit été par les Evêques de fa Province & autres affemblés à cet effet. De là vient, peut-être, que Saint Leon n'a pas crû devoir exprimer dans fa Lettre, que Célidoine étoit Métropolitain, & que la Sentence renduë contre lui étoit incompétente. Ce Métropolitain avoit été condamné par un Tribunal compétent, quoique irréguliérement convoqué ; & c'eft ce qui a fait dire à Saint Leon, que la Sentence portée contre Célidoine auroit fubfifté, s'il ne s'étoit pas juftifié. Il étoit accufé d'avoir été promû contre les Canons. Il falloit néceffairement juger à Rome, fi sa promotion étoit valable. Projectus n'ayant été ni accusé ni jugé, n'avoit qu'à alléguer l'incompétence d'Hilaire, pour faire tomber l'ordination qu'Hilaire avoit faite d'un autre Evêque à sa place. Mais Célidoine accusé & jugé sur une raison qui étoit certaine en Droit, n'en auroit pas été quitte en alléguant l'irrégularité de la convocation du Concile qui l'avoit déposé. Il falloit encore qu'il prouvât dans son apel, que cette raison suposoit un fait qui n'étoit pas. C'est ce qu'il fit, & ce fut le motif de son rétablissement. *Sed sicut eos*, dit Saint Leon à ce sujet, *quos factum suum non potest excusare, aut non admittendos, aut si fuerint admissi, decernimus removendos; ita quibus hoc falso objicitur, debitâ necesse est examinatione purgemus, & suum officium perdere non sinamus.*

L'entreprise d'Hilaire à l'égard de Célidoine de Besançon, consistoit donc d'avoir assemblé un Concile pour le juger, quoiqu'il ne fût pas son Supérieur; & ordonné un Evêque à sa place, quoiqu'il n'eût point de Jurisdiction dans son Diocèse. On lit à cette occasion dans la Novelle de l'Empereur Valentinien; *Hilarius Episcopus Civitatis Arelatensis, alios incompetenter removit; indecenter alios, invitis & repugnantibus Civibus, ordinavit.* Ces deux cas sont distingués comme étant différens. L'un représente l'ordination indécente d'un Evêque à la place de Projectus, qui n'étoit ni mort ni dépoüillé de son Siége. *Indecenter alios, invitis & repugnantibus Civibus, ordinavit.* L'autre exprime la déposition de Célidoine, que l'Empereur apelle incompétente; ce qui supose que cet Evêque n'étoit pas soumis à la Jurisdiction d'Hilaire, *alios incompetenter removit*; termes qui ne convenant point à Projectus qu'on ne déposa pas, ne peuvent être apliqués qu'à Célidoine qui fut accusé, jugé & déposé, *remotus*, dans un Concile assemblé par Hilaire, qui n'étoit ni son Supérieur ni son Juge.

L'on voit aussi dans cette Novelle, qu'Hilaire avoit

fait de sa propre autorité, des ordinations qui ne devoient l'être que de celle du Saint Siége. *Ecclesiæ Romanæ urbis inconsulto Pontifice, indebitas sibi ordinationes Episcoporum, solâ temeritate usurpans invasit.* Ces termes semblent regarder l'ordination d'un Métropolitain, à la place de Célidoine.

Je présume encore que Célidoine avoit cette qualité, & qu'il ne reconnoissoit pas la Jurisdiction qu'Hilaire prétendoit s'arroger, de ce qu'il ne produisit aucun témoin pour sa justification, au Concile que l'Evêque d'Arles avoit assemblé. Car ce ne fut que pardevant le Saint Siége, qu'il les fit entendre. On peut induire aussi que l'incompétence d'Hilaire paroissoit certaine à Rome, de ce que Célidoine y fut reçû à la communion du Pape & des Evêques, nonobstant la Sentence de déposition portée contre lui.

Hilaire en fit des plaintes améres, & prétendit aparemment, qu'un Evêque jugé dans un Concile des Gaules, n'avoit pas le droit d'apeller au Saint Siége, & que c'étoit l'usage de son tems. C'est par raport à cette prétention, que Saint Leon adresse la parole dans son Epitre aux Evêques de la Province de Vienne, & leur dit; qu'ils ont souvent consulté le Saint Siége, & que souvent aussi le Saint Siége a confirmé ou réformé des Sentences renduës dans leur Province. Mais il n'en faut pas conclure qu'il fût question d'un Jugement porté contre l'un d'eux. Saint Leon pouvoit parler de la sorte, pour faire paroître plus étrange, que leur Métropolitain osât soutenir qu'un Evêque qui ne lui étoit pas soumis, n'eût pas le droit d'apeller au Saint Siége, d'une Sentence renduë dans un Concile qu'il avoit indûëment convoqué, puisque le Saint Siége étoit en possession de recevoir les apels des Sentences de sa Province même.

Ainsi donc, l'Epitre de Saint Leon ne prouve pas, comme le Pere Quesnel l'a soutenu, que Célidoine fût Evêque de la Province de Vienne. L'on en tire au contraire de forts arguments, qu'il étoit étranger à cette

Province, & un Métropolitain immédiatement soumis à la Jurisdiction du Saint Siége. La Novelle de l'Empereur, détermine à prendre dans ce sens la Décretale du Pape, en ce qu'elle contient d'équivoque. La Vie des Abbés de Saint Claude, l'inscription de la copie de la Lettre de Saint Leon aux Evêques des Provinces Séquanoise & Viennoise remarquée par le Pere Sirmond, & les actes de notre Eglise, ne laissent pas lieu de douter que Célidoine fût Evêque de Besançon. C'est aussi le sentiment commun des Sçavants qui ont écrit après le Pere Quesnel, comme Mrs. de Tillemont & Baillet, les Peres Thomassin & Mabillon, l'Auteur de l'édition des Conciles à Venise, &c.

On peut aussi conclure du Jugement éclatant rendu dans cette affaire en 445 par le Pape dans son Concile, que l'Evêque de Besançon a été dès la fondation de son Église, Métropolitain indépendant de tout autre Evêque des Gaules, soit de Tréves ou de Lyon, soit d'Arles; & cela étoit dans les régles, puisqu'il étoit Evêque de la Métropole d'une très-grande Province, gouvernée par un Président Romain. L'on ne voit pas que les Evêques de Tréves & de Lyon, aient jamais tenté de faire des actes de Jurisdiction dans son Diocèse; & quand celui d'Arles a voulu y exercer celle qu'il prétendoit avoir dans les Gaules en qualité de Primat, son entreprise a été réprimée même comme incompétente. Aussi l'Auteur des Vies des Saints Romain, Lupicin & Ouyan, donne le titre de Métropole à l'Eglise de Besançon, & la qualité de Patriarche à son Evêque. *Chelidonius, supradictæ Metropolis Patriarcha*; qualités qui marquent une supériorité sur d'autres Evêques, & la subjection immédiate au Saint Siége, puisqu'elle étoit communément employée pour signifier une Primatie.

C'est le sentiment de Mr. de Tillemont & du Pere Thomassin, *qui croient non-seulement que Célidoine dépossedé par Hilaire & rétabli par le Saint Siége, étoit Evêque de Besançon & que la Sentence d'Hilaire étoit

Discipl. Ecclef. part. 2. liv. 1. ch. 9. n. 8.

un attentat, mais encore que l'Evêque de Besançon étoit un Métropolitain. Que si, ajoute le Pere Thomassin, le nom de cet Evêque se trouve quelquefois reculé dans les souscriptions des Conciles, on ne peut en tirer aucune conjecture raisonnable contre sa dignité. 1°. Parce que les Copistes ont fait cent fautes dans les souscriptions. 2°. Que les Métropolitains ont souvent souscrit, après les simples Evêques qui avoient été ordonnés avant eux. 3°. Que les Evêques négligeoient leurs rangs d'antiquité ou de dignité, & souscrivoient au hasard comme ils se rencontroient ; ce qui obligea le Pape Saint Gregoire, de leur recommander de garder leurs rangs. Enfin l'Evêque de Besançon est reconnu Métropolitain & Archevêque dans le Testament de Charlemagne, dans les Capitulaires & dans les Conciles qui ont suivi, & le Pape Jean VIII. en lui écrivant, l'apelle Archevêque de *Crysopolis.*

HISTOIRE
DE
L'ABBAYE
DE S. CLAUDE.

ORSQUE Hilaire d'Arles vint à Besançon, & qu'il y déposa l'Evêque Célidoine, il manda à Saint Romain de venir le trouver; & ayant reconnu que sa réputation étoit au-dessous de ses vertus, il l'ordonna Prêtre malgré sa résistance.

Saint Romain a été le premier Abbé du Monastere de Saint Claude, qui subsiste encore aujourd'hui avec beaucoup d'éclat; non-seulement par ses richesses, & parce que l'on n'y entre qu'après une preuve rigoureuse de seize quartiers de noblesse, mais aussi par les vertus des sujets qui le composent: conduite d'autant plus estimable, qu'ils ne sont pas en vie commune, & qu'ils font moins aftraints par leur régle , qui a reçû de grandes modifications, par les ufages fuivant lefquels ils font profeffion.

Plufieurs d'entr'eux ont des Offices clauftraux, qui leur produifent des revenus confiderables. Ils vivent noblement, mais ils réfervent la meilleure partie de leurs revenus , pour l'employer en œuvres pieufes. Je ne parlerai pas des charités qu'ils font journellement, & des vafes précieux dont ils ornent leurs Eglifes. Mais je ne puis me taire fur le bel Hôpital, fur une Eglife & une Maifon pour des Religieux de la Ville que je leur ai vû bâtir, & fur le parachevement d'une de leurs Eglifes dédiée au Prince des Apôtres, commencée depuis plufieurs fiécles & qu'on n'ofoit entreprendre d'achever, parce qu'on fe perfuadoit qu'il falloit avoir les richeffes d'un Souverain pour y parvenir.

Romain & Lupicin freres, étoient d'une bonne famille d'Ifernore , lieu de la Province Séquanoife , diftingué dans le tems du Paganifme , par un Temple fameux dédié à Mercure, & par une Fabrique de Monnoye fous les Rois de la premiere Race. Romain ne fe donna pas à l'étude des Lettres, mais il s'apliqua tout entier dès fa jeuneffe à celle des vertus chrétiennes. Il aprit les principes de la vie cénobitique à Lyon au Monaftere d'Ainay fous l'Abbé Sabin , & réfolut de la pratiquer. Il entra à l'âge de 35 ans dans un défert du Mont-Jura, éloigné d'Ifernore de huit lieuës; dans un terrain peu étendu, entre de hautes montagnes & d'affreux rochers, au confluent des deux petites rivieres apellées l'Aliere & la Bienne, qui lui avoient fait donner le nom de Condat, & qu'on trouve nommé dans les anciens Auteurs, fous ceux de *Condadifcone*, *Condadifcenfe*, *Condadefcenfe*, *& Condatifcenfe Monafterium*.

Il y vécut plufieurs années des fruits que la terre produifoit d'elle-même, & de ce qu'il y faifoit croître par le travail de fes mains. Lupicin fon frere puîné étoit refté dans le fiécle, & s'étoit marié pour obéir à fes parents.

de Saint Claude. 93

Mais ayant perdu son épouse, il quitta le monde pour venir joindre Romain dans le désert.

Le démon ennemi de tout bien, prévoyant combien l'exemple de nos Solitaires alloit dérober de sujets à son empire, les persécuta par voie de fait, comme il avoit fait S. Antoine, & peu s'en fallut qu'il ne les forçât à quitter leur solitude. Ils en sortirent en effet, mais ils furent divinement ranimés à y rentrer. Bientôt l'odeur de leur sainteté attira des compagnons qui venoient vivre sous leur conduite, & ils se trouvérent en si grand nombre, qu'on fut obligé de faire à Condat un Monastere. Ce nombre augmentant tous les jours, un second Monastere devint nécessaire. On l'établit à Laucone à deux lieuës de Condat.

Nos Saints avoient laissé dans le siécle une sœur. Elle les vint trouver, avec une nombreuse suite de veuves & de filles, qui avoient la plûpart, leurs enfans ou leurs freres, dans les Monasteres de Condat & de Laucone, & qui étoient résoluës de vivre à leur exemple, dans la solitude & dans la pratique de la vie réguliere. Romain & Lupicin leur assignérent une place apellée Baume, à deux lieuës de Condat & à une lieuë de Laucone, où elles formérent une Communauté, sous la direction de nos saints Abbés & la conduite de leur sœur; Communauté bien considerable, puisqu'on y compta bientôt cent & cinq Religieuses, qui vivoient dans une si grande retraite, que dès qu'elles y étoient entrées, on ne les voyoit plus que lorsqu'on les portoit en terre; & que leurs freres & leurs enfans mêmes, qui étoient à Condat & à Laucone, ne recevoient pas de leurs nouvelles. *Ne paulatim, genuinæ recordationis gratiâ, mollitie quâdam, vincula Religionis disrumperentur.**

* *Anonim. in vit. Rom. cap. 2.*

Grégoire de Tours, dit que nos saints Abbés établirent un autre Monastere dans les confins de l'Allemagne. Le Pere Mabillon estime que c'est l'Abbaïe de Romain-Moutier, qui est dans le Mont-Jura du côté de Lausane; & on lit dans l'ancienne Chronique des Abbés de

Histoire de l'Abbaïe

Saint Claude, que Romain & Lupicin fondérent un quatriéme Monastere dans l'Evêché de Lausane, qui porta le nom de Romain. Saint Vandrille premier Abbé de Fontenelle au Diocèse de Roüen, s'arrêta à Romain-Moutier à son retour d'Italie en 667, & y resta dix ans, parce qu'il trouva que la vie réguliere y fleurissoit. Rodolfe premier Roi de la Bourgogne Transjurane, donna cette Abbaïe à sa sœur Adelaïde en 888, & cette Princesse la céda ensuite à l'Abbaïe de Cluny, dont elle a dépendu dès-lors sous le titre de Prieuré.

On lit d'autre côté dans la vie de Saint Colomban écrite par Jonas, que Ramelene, Duc de la haute Bourgogne au commencement du septiéme siécle, fonda un Monastere sous la Régle de Saint Colomban, dans le Mont-Jura sur la petite riviere de Nozon. *In Saltu Jurensi, super Novisonam, Fluviolum.* Romain-Moutier est dans le Mont-Jura sur le Nozon ; il a pû tirer son nom de ce que le Duc Ramelene (si on l'en supose Fondateur au lieu de Saint Romain Abbé de Condat) étoit de race romaine ; * & comme il étoit bâti avant l'an 667, ce doit être celui où Saint Vandrille s'arrêta. La ferveur qu'il y remarqua & qui l'engagea à y rester, est la marque ordinaire d'un Monastere naissant. Je ne le trouve pas nommé avec les autres qui sont raportés comme dépendants de l'Abbaïe de Condat, dans un diplome de l'Empereur Lothaire, antérieurs au tems que Rodolfe s'en empara. S'il en avoit dépendu comme fondé par Saint Romain, Adelaïde l'auroit rendu à cette Abbaïe, plûtôt qu'à celle de Cluny. Quant à la Chronique des Abbés de Saint Claude, comme elle a été écrite plusieurs siécles après la fondation de Romain-Moutier, elle a pû errer sur l'Auteur & le tems de sa fondation ; déçûë par le nom de Romain, qui sembloit devoir la faire attribuer au Saint Abbé de Condat.

Ces raisons me font douter, que Saint Romain ait établi ce Monastere. L'on peut trouver celui dont Grégoire de Tours a parlé, dans un des Prieurés * qui ont dépendu

* Duchesne, Histoire de Bourgogne, liv. 1. ch. 42.

* sess. Divone, &c.

pendu de l'Abbaïe de Saint Claude auprès de Nion, d'où étoient les deux premiers Disciples de nos Saints Abbés ; * & qu'on pouvoit dire être dans les confins de l'Allemagne aussi-bien que Romain-Moutier, parce que les Allemans avoient pénétré jusques à ces cantons, & occupé une partie du Diocèse de Lausane.

Duo quidam juvenes, Nugdunensis Municipii. Anonim. in vit. sancti Romani.

Romain étoit doux & indulgent, & Lupicin ferme & sévére. Ces qualités differentes temperées l'une par l'autre, formoient un gouvernement parfait ; & quoique Romain fût le Chef, il déféroit néanmoins aux remontrances de Lupicin. Il demeuroit ordinairement à Condat & Lupicin à Laucone, mais ils se réunissoient dans les occasions qui demandoient la présence des deux.

Ainsi une année de fertilité, ayant causé quelque relâchement parmi les Religieux de Condat, Romain en avertit son frere qui vint dans ce Monastere, & ne fit servir à manger que de la boüillie de farine d'orge. Quelques Religieux effrayés de cette austérité, & craignant d'avoir Lupicin pour Supérieur, sortirent ; mais Romain ayant prié pour eux, ils furent touchés de repentir & retournérent à Condat.

Dans une visite que Lupicin fit du Monastere situé au voisinage des Allemans, s'étant aperçû qu'on faisoit de grands aprêts, soit pour le recevoir avec plus d'honneur, ou que les Religieux de ce lieu eussent coutume de se mieux nourrir, qu'on ne l'étoit à Condat & à Laucone ; il fit tout mettre dans une chaudiere, cuire & servir ensemble, poisson, herbes, légumes & racines, pour faire voir à ces Religieux, que la pluralité des mets, ne convenoit pas à l'austérité de la vie qu'ils avoient embrassée.

Romain mourut à Condat environ l'an 460, à l'âge de soixante & dix ans. Son Corps fut porté à Baume à la priere de sa sœur, & inhumé dans le cimetiere des Religieuses, qui étoit sur une petite élévation, où l'on bâtit bientôt après une Eglise, qui porte le nom du saint Abbé. Le culte de Saint Romain ne tarda pas à être établi, & les anciens Martyrologes d'Adon & d'Usuard en font mention.

Ce Saint a introduit la vie cénobitique dans la Province Séquanoise, * où elle a fleuri dès-lors dans les Monasteres qu'il avoit établis, particuliérement à Condat & à Laucone, qui en reconnoiffent peu de plus anciens au-deçà des monts. Dieu, qui l'avoit favorisé du don des miracles pendant sa vie, permit qu'il s'en fît encore plusieurs après sa mort, par son intercession. Je n'en raporterai qu'un arrivé pendant sa vie, qui marque la bonté de son cœur & sa tendresse pour le prochain.

* *Anonim. in vit. sancti Romani, c. 1*

Allant visiter les Reliques des saints Martyrs d'Agaune, il entra dans une grotte pour y passer la nuit. Deux lépreux avoient coutume de s'y retirer. Romain les ayant aperçus, les embrassa, mangea & coucha avec eux, & leur lépre se dissipa aussi-tôt qu'il fut parti. A son retour, l'Evêque, le Clergé, les Magistrats & le Peuple de Geneve informés du miracle, furent à sa rencontre, & l'engagerent à entrer dans la Ville ; d'où après les avoir édifiés par ses discours, il sortit le plûtôt qu'il pût ; parce que les honneurs qu'on lui rendoit, faisoient violence à son humilité.

Après la mort de Romain, Lupicin prit le gouvernement de tous les Monasteres qu'ils avoient établis ; & s'il étoit sévére envers les autres, il le fut encore bien plus à lui-même. Car il ne but point de vin, depuis qu'il eut quitté le monde ; il ne prenoit des aliments que de trois jours l'un ; & il ne souffroit pas qu'on mît de l'huile ni du lait dans son potage, même quand il étoit malade, quoiqu'il le permît à ses Religieux dans ce cas. Il passa les huit dernieres années de sa vie sans boire, & lorsqu'il étoit pressé par une grande soif, il en éteignoit l'ardeur, en trempant ses mains dans de l'eau. Il passoit les nuits de l'été à l'Eglise, où il dormoit sur un banc, lorsqu'il se sentoit accablé de sommeil. En hiver, il couchoit dans une espèce de berceau d'écorce d'arbres, qu'il faisoit un peu chauffer. Mais plus doux envers ses freres, il les soulageoit dans leurs besoins avec une grande charité, & ne les portoit pas aux grandes austérités qu'il pratiquoit lui-même & qu'il laissoit à leur discrétion ; content qu'ils observassent la régle, & qu'ils ne tombassent pas dans le relâchement.

Nonobstant ces grandes austérités, qui égaloient celles des Peres du désert, si elles ne les surpassoient pas ; il parvint à l'âge de quatre-vingts ans, & mourut environ l'an 480. Il fut inhumé à Laucone, & les miracles dont Dieu avoit honoré ses vertus pendant sa vie, continuérent après sa mort. Son culte est ancien, & raporté dans le Martyrologe d'Usuard.

Saint Minase fut Abbé après la mort de Saint Lupicin ; mais comme il étoit âgé & infirme, il lui survécut peu de tems ; comme on peut le conjecturer, de ce qu'encore qu'il soit nommé le troisiéme dans la Chronique & le Catalogue ancien des Abbés de Condat, l'Auteur des Vies de ces premiers Abbés, n'a pas écrit la sienne.

Saint Ouyan lui succéda ; l'on croit même qu'il avoit été son Coadjuteur. Il étoit d'Isernore, & ses parents l'avoient mis sous la conduite de Saint Romain dès l'âge de sept ans. Soustrait de bonne heure à la contagion du siécle, & élevé dès l'enfance à la vertu, il égala ses maîtres en sainteté, & dans l'art de gouverner les Communautés Religieuses. Quoiqu'instruit des sciences qu'il aimoit, puisqu'il en avoit établi une école à Condat, où enseignoit Saint Viventiole l'un de ses Religieux qui fut depuis Archevêque de Lyon; son humilité fut si grande, qu'il ne voulut point être ordonné Prêtre. Les Prélats & les Grands avoient pour lui beaucoup de vénération, & recherchoient sa conversation avec empressement, ou de recevoir de ses lettres. On loüe particuliérement en lui, l'égalité de son esprit & son discernement pour assigner à chacun de ses Religieux, ce qui convenoit à ses talens & à ses forces.

Dieu le gratifia du don des miracles, fur tout pour guérir les infirmes. Cependant, comme il avoit fous fa conduite des Religieux qui avoient le même don, il fouhaitoit qu'on s'adreffât à eux plûtôt qu'à lui. L'illuftre Siagria de Lyon fi connuë par fes grandes charités, fut guérie d'une maladie défefperée, après avoir baifé une de fes lettres. Il mourut en 510 à l'âge d'environ foixante ans, & fut inhumé à Condat. Son culte étoit publiquement reçû en France dès le huitiéme fiécle, & l'Eglife du premier Baptiftére de Befançon lui a été dédiée, lorfqu'on en a tiré les fonts baptifmaux, pour les porter à la Métropolitaine.

Notre ancien Martyrologe fait mention des Saints Abbés Romain, Lupicin & Ouyan, aux jours que l'on célébre leur Fête ; qui font pour Saint Romain le 28 Fevrier, pour Saint Lupicin le 21 Mars, & pour Saint Ouyan le 1er. Janvier. Les Monafteres dans lefquels Saint Romain & Saint Lupicin ont été inhumés, font dans le Diocèfe de Befançon ; & celui de la fépulture de Saint Ouyan, eft dans le Diocèfe de Lyon.

C'eft parce qu'il eft le premier des Abbés de Condat qui y ait été inhumé, que cette Abbaïe a porté le nom de Saint Ouyan, qu'on a continué à lui donner au Pays dans les Ordonnances & dans les Actes publics, jufques au dernier fiécle ; quoiqu'on lui donnât déja ailleurs celui de Saint Claude, depuis que le Corps de ce Saint fut levé de terre à la fin du douziéme fiécle, & l'eût illuftrée par plufieurs miracles, comme par la dévotion & le concours du Peuple, qui continuënt encore aujourd'hui. Ce fut auffi l'inhumation de Saint Romain au Monaftere de Baume, qui lui fit prendre le nom de Saint Romain de Roche ; & celle de Saint Lupicin à Laucone, qui lui donna celui de Saint Lupicin.

Le Corps de Saint Romain a été transferé à Saint Claude, à l'exception du Chef qu'on avoit laiffé à Saint Romain de Roche ; mais qu'on en a tiré depuis quelque tems, parce qu'il étoit expofé à la profanation dans l'Eglise de ce lieu, où l'on a fait plusieurs vols. Le Corps de Saint Ouyan, repose avec celui de Saint Claude en des Châsses d'argent, que l'Abbé Humbert de Buenc, fit faire en 1243, & qui sont derriére le Maître-Autel de l'Eglise qui porte le nom de Saint Claude.

Quant au Corps de Saint Lupicin, l'on fait la fête de sa translation à Saint Claude le 30 Mai avec Octave. Les leçons de cette Fête, ont été tirées de la Vie de ce Saint. Celle du sixiéme jour de l'Octave, porte que son Corps a été transferé à Saint Claude, & qu'on n'y a laissé que son Chef. *Ejus deinde venerandum Corpus, solo inibi relicto Capite, ad Monasterium Condatescense, decenter deportatum est.* L'on gardoit en effet à Saint Lupicin un chef & un bras, qu'on disoit être ceux de notre Saint Abbé. Ses autres Reliques & celles de Saint Romain transférées à Saint Claude, ont été brulées dans une incendie arrivée (comme je l'ai trouvé dans un manuscrit de famille) le 22 Mars 1520, qui commença par l'Eglise de Saint Claude, consuma les couverts de celles de Saint Pierre & de Saint Romain, & de la Tour de l'horloge, les maisons de l'Abbaïe & presque toute la Ville.

Ainsi il ne reste plus à Saint Claude de Reliques de nos Saints Abbés Romain & Lupicin, que le chef de S. Romain qui y a été aporté depuis peu, comme je l'ai dit, & quelques ossements à demi brulés de Saint Lupicin. Car à la visite que fit Monsieur le Cardinal d'Estrées Abbé de Saint Claude comme Délégué du S. Siége en 1699, je me souviens qu'on ouvrit une Châsse de bois, dans laquelle se trouva une boëte où étoient des os à demi brulés dans du papier, sur lequel on lisoit, *Reliquiæ beati Lupicini Abbatis.*

Cependant le 6 Juillet de l'an 1689, en travaillant à transporter l'Autel principal de l'Eglise Prieurale & Paroissiale de Saint Lupicin contre le mur dont il étoit éloigné de quelques pieds, l'on découvrit dans cet espace, un monument de pierres polies, long de deux pieds, haut & large d'un pied, dans lequel on trouva trente-deux ossements & une tête, avec cette inscription sur une lame de plomb. *Hîc requiescit beatus Lupicinus Abbas.* Monsieur Antoine-Pierre de Grammont Archevêque de Besançon informé de cette découverte, envoya sur les lieux Monsieur Jobelot son Vicaire Général, qui fit les enquêtes & dressa les verbaux accoutumés en pareille occasion, sur lesquels Monsieur l'Archevêque de Besançon donna son Decret le 23 Octobre de la même année ; portant, que ce sont les véritables Reliques de Saint Lupicin Abbé, & qu'elles seront exposées comme telles à la vénération du Peuple.

L'os du bras que l'on gardoit à Saint Lupicin, est celui qu'on apelle *radius*. Il se trouva manquer dans le monument, & c'est une preuve de la vérité de la Relique de cet os. Quant au chef, M. l'Archevêque de Besançon déclara que c'étoit celui de quelqu'autre Saint qui avoit porté le nom de Lupicin, & ordonna qu'on mettroit à sa place dans le Reliquaire, le chef qui avoit été trouvé avec les trente-deux os dans le monument.

Ce ne pouvoit pas être en effet le chef de notre Saint Abbé, parce qu'il est fort gros, & que Saint Lupicin étoit très-petit, suivant l'Auteur de sa Vie ; qui parlant de l'inhumation de son Corps, l'apelle, *corpusculum.* Aussi l'os du bras qui étoit d'un tems immémorial exposé à la vénération du public, étoit celui d'un homme de petite taille.

L'inscription de la lame de plomb, fut examinée dans la Province, & envoyée à Paris pour y être vûë par les Sçavants. Elle fut jugée unanimement du septiéme ou huitiéme siécle, & l'on a un diplome de Charles le Chauve, qui parlant du Prieuré de Laucone, porte que le Corps de Saint Lupicin y reposoit. *In ipsâ cellâ, Corpus beati Lupicini humatum jacet.* Ce Corps saint avoit déja été levé de terre en ce tems-là, & enfermé dans le monument où on le trouva en 1689, parce qu'on lit dans l'ancienne Chronique des Abbés de Saint Claude, que Saint Injurieux l'un d'eux qui vivoit au feptiéme fiécle, leva les Corps de plufieurs de fes prédécefleurs.

Il refte à répondre à la Tranflation dont on fait la fête à Saint Claude, & à la Leçon de l'Office de cette Tranflation. L'Office a été compofé dans le dernier fiécle par le Pere Pierre-François Chifflet, qui a crû que les Reliques entiéres de Saint Lupicin avoient été transferées à Saint Claude, à l'exception de fon chef qu'on difoit être celui qui étoit expofé à la vénération du public à Saint Lupicin, parce qu'il n'en connoiffoit point d'autres Reliques. Mais la découverte de 1689 prouve qu'il s'eft trompé, & que ce font les Reliques d'un autre Lupicin dont le chef étoit dans l'Eglife de ce nom, qui ont été transferées à Saint Claude; ou plûtôt que c'eft une partie de celles du Saint Abbé, qui y furent portées dans le tems qu'on leva fon Corps de terre, pour le mettre dans le monument où il a été trouvé en dernier lieu. Auffi ce Corps n'étant pas entier, l'on peut fupofer qu'on en avoit transferé une partie, & que c'eft ce qui a donné lieu à l'Office de fa Tranflation.

Toutes les difficultés s'évanoüiffent en fuivant ce fiftême, & il faut néceffairement prendre ici un parti de conciliation, parce que l'autenticité des Reliques trouvées en 1689 eft certaine.

Un Religieux contemporain de Saint Ouyan & fon ami de cœur, a écrit fa Vie & celles des Saints Romain & Lupicin. Gregoire de Tours nous a auffi laiffé la Vie de ces deux derniers. On ne peut les avoir de meilleures mains. L'on a d'ailleurs une Chronique du onziéme fiécle, & deux Catalogues anciens des Abbés de Saint Claude qui en parlent.

Suivant la Chronique & les Calendriers de cette Abbaïe, il y a eu plufieurs Religieux d'une fainteté éminente; entr'autres S. Pallade & Saint Sabinien, fous S. Romain; Saint Antidiole, Saint Valentin & Saint Viventiole, fous Saint Ouyan; Saint Juft & Saint Ymetiere, on ne fçait fous quel Abbé. Saint Viventiole enfeignoit

dans le Monastere de Condat, suivant une lettre de
* *Epist.* 17. Saint Avite Archevêque de Vienne. * S. Viventiole a été Archevêque de Lyon, & a assisté en cette qualité à la fondation du Monastere d'Agaune en 511, & aux Conciles d'Epaone & de Lyon en 517.

Saint Antidiole succéda à Saint Ouyan, Saint Olimpe à Saint Antidiole, & à celui-ci, Saint Sapient. L'on verra la suite des autres Abbés, dans la Chronique & dans un des anciens Catalogues qui seront imprimés à la suite de cette Histoire. L'on y trouvera S. Claude Abbé dans le septiéme siécle & Archevêque de Besançon, Saint Hipolite Evêque de Bellai dans le huitiéme, Agilmar Archevêque de Vienne & Chancelier de l'Empereur Lotaire dans le neuviéme, Saint Remi & Aurélien successivement Archevêques de Lyon depuis l'an 852 jusques en 895, & Saint Simon Comte de Valois & de Mantes, Seigneur de Vitri & de Bar-sur-Aube, qui s'étant fait Religieux à Saint Claude dans le onziéme siécle, obtint de son Abbé la permission de se retirer dans le désert pour y mener une vie plus austére, & qui y établit le Prieuré de Moute.

La découverte qu'on fit dans le douziéme siécle du Corps de Saint Claude, encore entier quoique desséché, & qui s'est conservé jusqu'à présent dans le même état, jointe au grand nombre de miracles qui se firent par l'intercession de ce Saint Prélat, donna beaucoup d'illustration à l'Abbaïe de Condat qui portoit alors le nom de Saint Ouyan, & lui a fait prendre celui de Saint Claude dont on l'apelle aujourd'hui.

La plus ancienne Eglise du Monastere a été dédiée aux Saints Apôtres, Pierre, Paul & André. C'est où l'on voit aujourd'hui la belle Eglise de Saint Pierre. Saint Antidiole cinquiéme Abbé en fit bâtir une autre sur le tombeau de Saint Ouyan, où l'on célébra dès-lors les divins Offices. C'est celle qui porte à présent le nom de Saint Claude. Saint Sapient septiéme Abbé, en fit construire une troisiéme sous l'invocation de Saint Etienne,

pour

pour servir de Paroisse aux Habitans du lieu. Celle qui sert aujourd'hui à cet usage, est hors de l'enceinte de l'Abbaïe, & sous l'invocation de Saint Romain, illustre Martyr d'Antioche au tems de Dioclétien. Il étoit né en Palestine, & y faisoit les fonctions de Diacre. Eusebe de Césarée a décrit son martyre, dans son Livre de la Résurrection & de la Passion de Jesus-Christ ; & il a exalté son courage, dans son Traité des Martyrs de la Palestine. Son culte passa bientôt de l'orient en occident, puisque Prudence en fait un de ses héros Chrétiens, dans son hymne dixiéme ; & il nous reste une belle homélie prononcée par Saint Eucher le jour de sa Fête. On lui érigea une Eglise à Lyon dans le sixiéme siécle, ensuite une à Vienne, & d'autres en plusieurs endroits du voisinage. Ç'a été probablement, ce qui a excité les Habitans de Saint Claude à le choisir pour leur Patron.

Cette Ville qui est assez grande & fort jolie, a commencé au milieu du sixiéme siécle, sous Saint Olimpe sixiéme Abbé ; car l'ancienne Chronique porte, qu'il permit aux Séculiers de venir habiter à Condat, & qu'il leur donna des terres, sous réserve d'un cens & du domaine direct.

 Sanctus Olympias, successit beato Antidiolo.
  Hic admisit Sæculares, in Condatiscensi loco.
  Ipsisque loca concessit, sub annuali tributo:
  Ut construerent hic domos, reservato dominio.

Cette Chronique est un titre très-fort pour la franchise originaire de la Ville, dont la condition & celle du Bourg de Moirans, qui est ancien & le chef-lieu d'une Seigneurie composée de quinze Villages, est différente du reste de la Terre de Saint Claude, qui est tenuë en mainmorte. Les Abbés ont accordé la Justice de Police, au Conseil des Bourgeois de Saint Claude, & plusieurs autres droits & priviléges, dont ils avoient coutume de promettre l'observation lorsqu'ils se faisoient instaler.

On croit que Saint Romain & Saint Lupicin firent obferver à leurs Religieux, une régle tirée de celles de Saint Basile & de Saint Pacome, suivant les institutions de Cassien, qui étoient en réputation de leur tems. Cependant je trouve dans leurs Monasteres de grands vestiges de leur vénération pour S. Martin, qui a aussi donné une régle fameuse dans les Gaules, & qui étoit suivie à l'Abbaïe d'Ainay, où S. Romain aprit les principes de la vie cénobitique. Car il y a sous l'Eglise de S. Claude, une Chapelle souterraine à l'honneur de Saint Martin, une autre Chapelle de la même dédicace à Saint Romain de Roche ; & la vie de Saint Ouyan, fait mention d'une fiole d'huile bénite par Saint Martin, qui fut miraculeusement conservée dans une incendie du Monastere de Condat. Ce qui me fait conjecturer, que ces saints Abbés avoient aussi tiré des préceptes de la régle de Saint Martin.

Saint Ouyan retrancha quelque chose des premieres austérités, & rassembla dans un dortoir commun, les Religieux qui vivoient auparavant séparés dans des célules à la maniere des Orientaux. Il établit la priére & l'oraison commune, & l'Institut des Saints Fondateurs fut gardé à Saint Claude, avec les tempéramens que l'usage & les nouvelles Constitutions y aportérent, jusques à ce que l'on y embrassât la régle de Saint Benoît. Ce dût être dans le neuviéme siécle, que les Capitulaires des Souverains & les Decrets des Conciles de la Nation, ordonnérent aux Religieux de prendre cette régle. L'on trouve ensuite, qu'au treiziéme siécle l'Abbaïe de Saint Claude étoit en Congrégation avec les Monasteres de cet Ordre dans la Province de Lyon. L'Abbé de Saint Claude présidoit aux Chapitres de cette Congrégation, suivant une Bulle d'Innocent IV. de l'an 1252 ; & Benoît XII. dans celle de l'an 1336, apellée Bénédictine parce qu'elle régle les Chapitres qui doivent être tenus dans l'Ordre de Saint Benoît, a ordonné que ceux ausquels l'Abbé de Saint Claude doit assister, seront composés des Supérieurs des Provinces de Lyon, Besançon & Tarantaise.

de Saint Claude. 105

L'Abbaïe de Saint Claude ne fut donc plus qu'un chef de Congrégation, depuis le commencement du neuviéme siécle; mais auparavant, elle pouvoit être regardée comme Chef d'Ordre, parce qu'elle avoit sa régle particuliere, & un grand nombre de Monasteres dans sa dépendance, sous le titre de Prieurés. L'on en compte trente-deux, dans un ancien Poüillé & dans un Diplome de l'Empereur Fréderic Premier surnommé Barberousse, de l'an 1184.

Messieurs les Comtes de Lyon accordérent en 1271 à l'Abbé de Saint Claude & à ses Successeurs, le titre de Chanoines Honoraires de leur Eglise, où, si l'on en croit de Rubis, il y avoit eu peu d'années auparavant, un fils d'Empereur, neuf fils de Rois, quatorze fils de Ducs, trente fils de Comtes & vingt fils de Barons. Quoi qu'il en soit de ce fait allégué par de Rubis & qui est contesté, * l'on ne peut douter que la coutume qui a aujourd'hui force de loi, de ne recevoir à Saint Claude que des Gentilshommes, soit fort ancienne; puisque les Religieux de cette Abbaïe, qu'on trouve nommés dans les actes des derniers siécles, portent des noms de famille nobles. Quant à l'usage de faire preuve de seize quartiers, il est immémorial. Il fut établi en 1555 par un statut, dans la Confrérie de la Noblesse de la Province, érigée sous l'invocation de Saint George. Il a probablement été introduit environ le même tems dans nos Abbaïes nobles; & c'étoit une suite assez naturelle de la Commande qui y eut lieu dans le même siécle, pour que les Abbés Commandataires qui nommoient aux places des Religieux, ne les donnassent qu'à des sujets, reconnus par leur naissance dignes de les remplir.

*Hist. conf. de Lyon, liv. 3. ch. 37. pag. 321.

L'on voit dans les Régistres du Parlement de Dole, un Arrêt rendu le 23 Aout 1647, entre les Députés de la Noblesse & les Bénédictins Réformés de la Province, qui porte, que nul ne peut être reçû Religieux à Saint Claude, Baume & Gigny, qu'il ne soit Gentilhomme de naissance, & n'ait fait preuve de huit lignées, qua-

E e e ij

tre paternelles & quatre maternelles, pardevant quatre Gentilshommes du Païs, députés à ce. Les trois Chambres des Etats de la Province assemblés à Dole en 1654, supliérent le Roi, à la requisition de celle de la Noblesse, de confirmer cet Arrêt ; & leur demande est apostillée sur le cahier, en ces termes : *L'intention de Sa Majesté est que le droit mentionné en cet article, soit à toujours maintenu & conservé à la Noblesse, ainsi qu'il est requis, & comme il a toujours été ci-devant d'un tems immémorial.*

Le relâchement s'étoit déja glissé dans l'Abbaïe de Saint Claude du tems de Saint Bernard, suivant une de ses lettres au Pape Eugéne III.* Ce fut probablement parce qu'on avoit cessé d'assembler les Chapitres ordonnés par Benoît XII. & d'y assister réguliérement. Ce relâchement devint si considerable à la suite, que Philippe le Bon Duc de Bourgogne s'en plaignit à Nicolas V. qui nomma les Abbés de Saint Martin d'Autun, de Saint Bénigne de Dijon & de Saint Pierre de Baume, pour visiter l'Abbaïe de Saint Claude.

* *Epist.* 291.

Ces Commissaires firent des Réglements & les publiérent en 1448. Ils ordonnérent entr'autres choses, qu'on tiendroit tous les ans au Dimanche *Cantate* un Chapitre Général, auquel assisteroient tous les Prieurs des Maisons dépendantes de l'Abbaïe de Saint Claude ; que le nombre des Religieux seroit de 36 ; qu'ils mangeroient dans un Réfectoire & coucheroient dans un Dortoir commun, à l'exception des Officiers & de ceux qui seroient commis à la garde du Corps de Saint Claude, qui pourroient avoir leurs chambres particulieres, & des malades qui resteroient dans l'Infirmerie. On a continué dèslors à tenir un Chapitre Général, auquel on élit quatre Définiteurs, qui avec le Prieur Claustral, réglent ce qui concerne la discipline réguliere, & font des Statuts quand ils croient qu'il en est besoin.

Les Officiers de l'Abbaïe de Saint Claude, sont le Sacristain, le Chantre, le Chambellan, le Réfecturier, le Camérier, l'Aumônier, le Pitancier, le Célérier &

l'Infirmier. Les Statuts de 1448 désignent les Charges qu'ils doivent suporter. Leurs Offices étoient amovibles, mais Calixte III. ayant déclaré qu'on ne pourroit destituer sans de bonnes raisons ceux qui en seroient pourvûs, ils sont devenus perpétuels & se résignent comme des Bénéfices ; à l'exception de l'Office d'Aumônier, qui a été mis en administration triennale par Urbain VIII.

Les changements que deux siécles avoient aportés à l'observation des Statuts de la visite de Nicolas V. déterminérent les Définiteurs & les Religieux à faire eux-mêmes des Réglements en 1668. Le Cardinal Loüis Duc de Vendôme Légat *à Latere* en France, les aprouva. Ces Réglements sont un adoucissement à ceux de Nicolas V. & le fond de l'observance actuelle de l'état régulier à Saint Claude. Le nombre des Religieux y est réduit à vingt-quatre. Celui qui est en tour de la grande Messe, ne sort point de l'Abbaïe & doit manger maigre. C'est un vestige de l'ancienne régle. L'Abbé nomme aux Offices & aux places des Religieux, & il leur doit à chacun une prébende. Ils ont d'ailleurs une manse, composée des Seigneuries de Lonchaumois, les Rousses & Mourbier dans les hautes montagnes, & d'une directe dans quelques Villages de la Seigneurie de Moirans, avec moyenne & basse Justice ; la haute ayant été réservée à l'Abbé dans toute la Terre de Saint Claude. Ils vivent en particulier dans leurs maisons, & il y en a qui sont affectées aux Offices claustraux, qui ont aussi leurs revenus particuliers.

Les vœux qui se font suivant les Statuts aprouvés du Cardinal de Vendôme, sont conçûs en ces termes : *Ego N. promitto stabilitatem & conversionem morum meorum ; paupertatem, castitatem & obedientiam, secundùm consuetudines & instituta hujus incliti Monasterii SS. Eugendi & Claudii ; sub præsentiâ Reverendi Domini Prioris majoris, autoritate & de licentiâ Capituli.*

Monsieur le Cardinal d'Estrées, pourvû de l'Abbaïe en 1679 par le décès de Don Jean d'Autriche, fut délégué par le Saint Siége en 1698 pour la viſiter. Il fit ſa viſite en 1699 & des Statuts en 1700, qui furent confirmés par des Lettres Patentes enrégiſtrées au Parlement, & publiés au Chapitre de Saint Claude en 1701.

Le Grand Prieur & quelques Religieux les acceptérent, mais la plûpart les refuſa; moins par éloignement pour la régle, que par la crainte que l'auſtérité étant plus grande à Saint Claude que dans les autres Maiſons nobles de la Province, les gens de qualité euſſent de la répugnance à y entrer. Ce fut le motif qui détermina le Chapitre à s'opoſer à l'Arrêt d'enrégiſtrement, & à émettre apel comme d'abus des Statuts de Monſieur le Cardinal d'Eſtrées. La Nobleſſe qui ſe croyoit intereſſée à l'affaire intervint, & Monſieur d'Eſtrées obtint une évocation au Conſeil du Roi; où l'affaire eſt demeurée indéciſe, parce que la Nobleſſe a demandé à Sa Majeſté la ſéculariſation des Religieux de Saint Claude & l'érection de l'Abbaïe en Evêché.

Le Roi a donné ſon conſentement & ſa protection à cette demande, dont on pourſuit l'exécution à la Cour de Rome. Elle calmera toutes les difficultés ſur le rétabliſſement de la régle à S. Claude. Elle eſt très-convenable d'ailleurs & très facile, parce que cette Abbaïe eſt à la porte de Genève, à l'extrémité des deux grands Diocèſes de Lyon & de Beſançon, & que l'Evêché, le Chapitre & ſes Dignités ſont dotés, les Egliſes & les maiſons néceſſaires bâties & ornées, enſorte qu'il n'y a qu'à changer les noms.

Les premiers Religieux de Condat & de Laucone, vivoient du travail de leurs mains. Mais les lieux qu'ils habitoient, ne pouvoient déja plus fournir à leur ſubſiſtance ſous Saint Lupicin, à cauſe de leur ſtérilité & du grand nombre des Religieux qui y étoient; car on en comptoit cent cinquante à Laucone, quoique ce ne fût que le ſecond Monaſtere, & ils étoient d'ailleurs chargés de la nourriture des Religieuſes de Baume. Saint Lupicin les fit ſubſiſter pendant quelque tems, d'un tréſor que la Providence lui avoit découvert. Mais ce tréfor étant épuifé, il fut obligé d'avoir recours à Chilpéric l'un des Rois Bourguignons qui tenoit fa Cour à Genève.

Chilpéric qui avoit de la vénération pour le faint Abbé, dont la vie & les befoins lui étoient connus, lui offrit des fonds; mais Lupicin les refufa, craignant que fes Religieux ne s'attachaffent aux biens de la terre quand ils en auroient en propre, & pria le Roi de leur donner annuellement une certaine quantité de fruits qui pût aider à leur nourriture. Chilpéric lui accorda fa demande, & affigna aux Monafteres qui étoient fous la conduite de Saint Lupicin, une penfion de trois cens mefures de blé, d'autant de mefures de vin & de cent piéces d'or.

Grégoire de Tours rend témoignage que cette penfion fe payoit encore pendant qu'il vivoit, par les Defcendans de Clovis, quoiqu'ils euffent envahi le Royaume de Bourgogne; & l'Auteur de la Vie de Saint Claude, dit que ce Saint obtint d'un Roi qui regnoit de fon tems, la reconnoiffance & le payement de cette charge.

L'Abbaïe de Saint Claude reçût dans ces premiers fiécles de la libéralité des Seigneurs du voifinage, les terres qu'elle poffede jufqu'au confluent de la Bienne & de la Riviere Dain; & Dortans même, qui eft au-delà de ce confluent, & qui eft tenu aujourd'hui en fief de cette Abbaïe. Il en confte par un Diplome de l'Empereur Lothaire Premier, dans lequel font nommés Laucone à préfent la Paroiffe de Saint Lupicin dont celle de la Rixoufe a été démembrée, Molinges, Viri, Dortans, Martigna, Moirans, Meucia & d'autres lieux. Il y eft dit, que l'Abbaïe de Condat avoit reçû des dons de Richard, de Varningue, de Rabold, de Madalult & d'Emmon. Il y eft auffi fait mention de deux Monafteres donnés à cette Abbaïe par le Comte Otton. Ce Comte & fon fils Amblard fe firent Religieux à Condat, fuivant qu'il eft porté dans un ancien Nécrologe de cette Abbaïe. *Pridie idus Martis, Otho Comes & Monachus, & uxor ejus Adalfinda, & Amblardus corum filius, qui dede-*

*Ann. Bened. t. 2. lib. 33. n. 66. fol. 679.

runt Sancto Eugendo, cellam Borbontiæ atque Salegiæ. *

Les Terres que l'Abbaïe de Saint Claude possede au-delà du Dain, lui ont été données par Godebert fils de Goceran, en présence & sous l'acceptation d'Agilmar qui en étoit Abbé & en même tems Archevêque de Vienne, dans le milieu du neuviéme siecle. Saint Hipolite avoit aussi conservé cette Abbaïe, quoiqu'il eût été fait Evêque de Belai.

Une Charte datée à Reims de la vingt-deuxiéme année du regne de Charles Roi, prouve premiérement, que Gédeon Archevêque de Besançon prétendoit l'Abbaïe de Laucone, & qu'elle fut ajugée à Ricbert Abbé de Condat. Secondement, que le Roi fit don à l'Abbaïe de Condat, des hautes montagnes alors en bois, qui la touchent du côté du levant, & qui s'étendent jusqu'à l'extrémité des Terres du Prieuré de Moute, vers les Seigneuries de Jougne & de Rochejean. Le Prieuré de Moute en a été détaché & uni au Collége des Peres Jésuites de Dole. Etienne de Vilars Abbé de Saint Claude, associa Jean de Chalon Baron d'Arlai en 1301, dans la Seigneurie de Chatelblanc, qui faisoit aussi partie de cette donation, & dans les Terres de Ronchaux, Estival & Prel Nouvel, pour avoir sa protection. Le titre d'association, parlant de la Seigneurie de Chatelblanc, dit qu'elle est, *versùs terram Allemannorum & Episcopatum Lausanensem.* Mr. le Prince d'Isenghien, qui a les droits de la Maison de Chalon, joüit encore de la Terre de Chatelblanc avec l'Abbé de Saint Claude. Les Seigneurs de Chatel, de Joux, de l'Aigle & autres, possedent ce qui a été donné par le titre d'association, à Ronchaux, Estival & Prel Nouvel.

L'on croit communément que la Charte dont je viens de parler est de Charlemagne; mais le Pere Mabillon soutient qu'elle est de Charles le Chauve, parce que Gédeon & Ricbert dont elle termine le différend, vivoient, dit ce docte Bénédictin, sous Charles le Chauve; que Charlemagne passa la 22ᵉ. année de son regne à Vormes, & que
Charles

Charles le Chauve étoit à Reims dont elle est datée, en 862, tems auquel il étoit Roi depuis 22 ans. L'on peut ajouter à ces raisons, que le Diplome de Lothaire, petit-fils de Charlemagne & frere de Charles le Chauve, ne fait pas mention de la donation du Roi Charles, qu'il n'auroit pas oubliée si elle étoit de son Ayeul, puisqu'il a raporté en détail tous les biens de l'Abbaïe de Saint Claude, & les dons qui lui avoient été faits jusqu'à lui. Je crois cependant qu'il faut s'en tenir à l'opinion commune, qui est fondée sur des raisons encore plus fortes, comme je le ferai voir, lorsque je parlerai de Gédeon Archevêque, dans la suite de l'Histoire de l'Eglise de Besançon.

Il y avoit à Grandvaux une Abbaïe de Chanoines Réguliers, qui dépendoit de celle d'Abondance en Savoye. Humbert de Buenc Abbé de Saint Claude, l'acquit en 1244, par échange contre trois Prieurés qu'il donna à l'Abbé d'Abondance.

Les Terres de l'Abbaïe de Saint Claude se trouvérent contiguës, & formérent après cela un Domaine d'environ quinze lieües communes de France en longueur, sur cinq, six & sept en largeur. Il y avoit des Chateaux à Saint Claude, à Moirans, au Chateau des Prels, à la Tour du May & à Chatelblanc; & l'on a plusieurs titres donnés par les Abbés, dans leurs Chateaux de Moirans & de la Tour du May Paroisse de Saint Christofle, où ils passoient une partie de l'année.

Le nombre & la qualité des personnes nommées comme présentes à ces titres, font voir que l'Abbé de Saint Claude avoit ordinairement à sa suite, plusieurs Gentilshommes & Vassaux. Son Abbaïe tenoit déja rang au neuviéme siécle parmi les plus puissantes du Royaume, puisqu'elle est raportée dans le dénombrement fait à Aix-la-Chapelle en 817, au nombre de celles qui devoient fournir au Roi des subsides & des soldats.

On lit dans l'ancienne Chronique de ses Abbés, qu'elle a reçû de Pepin le droit de battre monnoie, & le Pere Mabillon observe, qu'il n'avoit été accordé auparavant à aucun Monaſtere. L'Empereur Fréderic premier Souverain du Pays, a nommément confirmce droit de l'Abbaïe de Saint Claude, & déclaré qu'elle ne reſſortiroit qu'à ſa perſonne & à celle de ſes ſucceſſeurs, pour la Juſtice & pour les droits de régale du ſecond ordre dont elle joüiſſoit.

Philippe le Bon Duc de Bourgogne, par des Lettres Patentes datées à Lille en Flandres le 9 Mars 1436, a maintenu l'Abbé de Saint Claude aux droits d'annoblir, légitimer & donner grace. Mais il s'eſt réſervé ceux de battre monnoie, & de donner des ſauf-conduits. Il a confirmé par les mêmes Lettres la Juridiction de l'Abbé de Saint Claude dans la Terre de ce nom, privativement & à l'excluſion des Juges inférieurs, ſauf l'apel à ſon Parlement ; & déclaré le Monaſtere & les ſujets de l'Abbaïe, exemts de toutes aides & ſubventions, pour ce qu'ils poſſédoient dans la Terre de Saint Claude, à laquelle le ruiſſeau de Mijoux d'une part, & la riviere Dain d'autre, ſont donnés pour limites. Ces droits ont été confirmés par l'Empereur Maximilien, qui avoit épouſé Marie de Bourgogne Souveraine de la Franche-Comté, par Marguerite d'Autriche leur fille qui joüiſſoit de cette Province, & par l'Empereur Charles-Quint leur petit-fils qui en avoit la propriété.

Cependant, le Parlement de Dole donna un Arrêt le 7 Septembre 1537, en interprétation de quelques-uns des Priviléges de l'Abbaïe de Saint Claude ; par lequel il déclara qu'en certains cas qui ſont exprimés, les Abbés & Religieux de Saint Claude avec les Habitants de leurs Seigneuries, ſeroient ſujets aux impoſitions & ſubſides, comme les autres Habitants du Païs ; que le Procureur Général pourroit faire informer & exécuter tous ordres du Roi & du Parlement dans cette Seigneurie, & que les gens d'Egliſe, les veuves, les orphelins & les Marchands publics de la Terre de Saint Claude, pourroient plaider en premiere inſtance au Parlement.

de S. Claude.

Pierre de la Baume alors Abbé, obtint de l'Empereur Charles-Quint en 1538 la caſſation de cet Arrêt, qu'il croyoit préjudiciable aux immunités de ſon Abbaïe. Mais après ſa mort, Loüis de Rye ſon ſucceſſeur en demanda l'exécution ; ce qui fut ordonné par un autre Arrêt du quinziéme Juillet 1546, qui forme le dernier état des droits & privileges de l'Abbaïe de Saint Claude, dont les plus conſidérables ſont encore en vigueur. Car le Grand Juge de Saint Claude connoît des cas dont les Juges Royaux de la Province peuvent connoître, & ne reſſortit qu'au Parlement. D'autre côté, Monſeigneur le Comte de Clermont actuellement Abbé de Saint Claude, & Meſſieurs d'Eſtrées ſes prédéceſſeurs, ont donné grace & des Lettres de nobleſſe.

L'Arrêt de 1537, fait mention de trois degrés de Juridiction dans la Terre de Saint Claude. Vauchier de Roche Sacriſtain de l'Abbaïe, dit dans un état qu'il dreſſa en 1466 des Charges des Abbés & Religieux, que le Célérier étoit le Juge ordinaire de la Terre, ſauf dans les Reſſorts de Moirans & de Grandvaux ; qu'il devoit tenir ſes aſſiſes dans les Siéges accoutumés ſuivant la quantité des affaires, & les juger ſommairement conformément à la Coutume du Païs & à celle du lieu. Il ajoute, que l'Abbé commettoit un Religieux ſçavant & de probité, pour connoître de l'apellation des Jugements du Célérier & de ceux des autres Juges de la Terre, & que ce grand & dernier Juge tenoit ſes aſſiſes quatre fois l'année. Les affaires du grand Criminel étoient alors renvoyées aux notables Bourgeois, parce que les Juges ordinaires étant Prêtres & Religieux, ils ne pouvoient pas les décider.

Aujourd'hui & depuis long-tems, ce ſont des Juges ſéculiers qui exercent la Juridiction de l'Abbaïe de S. Claude au Civil & au Criminel ; Sçavoir, un Chatelain dans les Terres dont les Religieux joüiſſent en particulier, & un autre Chatelain à Grandvaux & au Chateau des Prels. Il y en avoit auſſi un à Moirans, dont les apellations ressortissoient au Bailli du lieu : mais ce premier degré de Juridiction a été suprimé, & le Bailli de Moirans ou son Lieutenant, connoissent en premiere instance de toutes les affaires de cette Terre, avec la même Juridiction que le Juge de S. Claude auquel il ressortit, qui porte le titre de Grand Juge & qui a un Lieutenant ou Juge Ajoint. Le Grand Juge & son Lieutenant sont Juges d'apel de toute la Terre de S. Claude, & connoissent de toutes les affaires par prévention aux Juges inférieurs, à l'exception de celui de Moirans qui ne peut être prévenu.

Le Pere Pierre-François Chifflet a dressé sur les lieux & à vûë des titres qui sont dans les Archives de l'Abbaïe, une suite chronologique des Abbés de Saint Claude, qui doit entrer dans cette Histoire. J'ai préféré à son sentiment, sur le tems du décès des saints Abbés Romain, Lupicin & Ouyan, & sur la dignité d'Abbé de Saint Minase, l'opinion des Bolandistes & du Pere Mabillon qui ont écrit après lui & réfléchi sur la sienne.

Il a suivi la Chronologie de deux anciens Catalogues, faits au plûtôt dans le douzième siécle, & qui ne sont pas même entiérement conformes l'un à l'autre. Ainsi je ne crois pas qu'on doive tenir cette Chronologie pour certaine.

L'on ne peut guéres plus compter pour la Chronologie, sur l'ancienne Chronique des Abbés de Saint Claude. Elle place après Saint Hipolite qui vivoit au huitiéme siécle, Vulfred & Bertrand, quoiqu'elle dise que Saint Simon Fondateur du Prieuré de Moute au onziéme siécle, a vécu sous ces deux Abbés. Il y a donc un vuide de plus de deux siécles. Mrs. de Sainte-Marthe ont tâché de le remplir dans leur *Gallia Christiana*, sur les Mémoires du Pere Chifflet ; mais le Pere Mabillon ne s'y rend pas : * *Sed his*, dit-il parlant de ces Mémoires, *parùm tuta fides*.

Les sçavans Continuateurs de la nouvelle *Gallia Christiana*, dans la suite Chronologique qu'ils ont donnée des Abbés de Saint Claude, ont corrigé la plûpart des

* *Ann. Bened. lib. 25. n. 2.*

de S. Claude.

erreurs qui avoient échapé au Pere Chifflet, & supléé ses omissions autant qu'il se pouvoit. Je n'ai pas assez de présomption, pour me flater de faire quelque chose de mieux ; c'est pourquoi je me contente de faire inférer ici cette suite qu'on trouve dans leur quatriéme tome à la page 242 & suivantes, que j'ai abregée, & où j'ai fait quelques observations.

1. S. Romain établit environ l'an 430 le Monastere de Condat, apellé depuis S. Ouyan de Joux & aujourd'hui S. Claude. Il fut fait Prêtre environ l'an 444, & mourut environ l'an 460.
2. S. Lupicin, premier Abbé de Laucone & second Abbé de Condat, mourut environ l'an 480.
3. S. Minase, nommé dans la Chronique rimée & dans les Catalogues. L'on n'en trouve point de mention ailleurs.
4. S. Ouyan changea la vie anacorétique des Religieux de Condat & de Laucone en cénobitique, & mourut en 510.
5. S. Antidiole fit bâtir une Eglise sur le tombeau de son prédécesseur.
6. S. Olimpe donna commencement à la Ville de S. Claude.
7. S. Sapient fit bâtir une Eglise pour les Habitans de S. Claude.
8. S. Thalaize.
9. S. Dagamond étoit Abbé en 596 & 620. L'on croit qu'il a été revêtu de cette dignité depuis 593 jusqu'en 628.
10. S. Auderic.
11. S. Injurieux leva de terre les Corps des Saints Romain, Lupicin & Ouyan, environ l'an 640.
12. S. Claude après avoir été 55 ans Abbé, pendant lesquels il fut Evêque de Besançon, mourut, à ce que l'on croit, en 696, âgé de 93 ans.
13. S. Rustic.
14. S. Autfrede.

15 S. Hipolite Abbé, fut fait Evêque de Belai environ l'an 755. Il assista au Concile d'Atigny en 765 ; il étoit encore Abbé en 776, suivant un Diplome daté de la sixiéme année du regne de Charlemagne en Bourgogne.
16 S. Vulfrede Premier.
17 Ricbert, nommé dans un Diplome donné la vingt-deuxiéme année du regne de Charles Roi, qui est l'an 792, si on doit l'entendre du regne de Charlemagne en Bourgogne.
18 Berthaud, en 803.
19 Antelme, en 814 & 815. Quelton étoit dans ce tems Prieur du Monastere, & c'est le premier dont il soit fait mention dans les titres de l'Abbaïe de S. Claude.
20 Achin, en 815, 829 & 832.
21 Agilmar, Abbé de S. Ouyan de Joux, en même tems Archevêque de Vienne & Archichancelier de l'Empereur Lothaire, en 847.
22 S. Remi, Archevêque de Lyon, Abbé de Saint Ouyan & Archichancelier de l'Empire, en 852. Mannon fut Prieur sous lui & sous son prédécesseur.
23 Ildebert, en 869 & 870. Le P. Mabillon croit qu'il portoit le nom de Ricbert, & non pas celui d'Ildebert, & que c'est le même qui est nommé dans le Diplome du Roi Charles qu'il attribuë à Charles le Chauve, & qui feroit en ce cas de l'an 862.
24 Bertrand, en 879 & 881.
25 Aurélien, Archevêque de Lyon en 876, Abbé de S. Ouyan ès années 5 & 6 de Charles le Gros, qui sont 886 & 887.
26 Vulfrede II. en l'année 7 de Charles le Gros. Peut-être a-t-on confondu Charles le Gros avec Charlemagne, & qu'il est le même que Vulfrede Premier.
27 Bernard, en 897 & 899.

28 Berthaud II. depuis l'an 900 jusqu'en 919. Ce fut sous cet Abbé que Richier de la Maison de Coligny se fit Religieux de S. Ouyan, & donna à l'Abbaïe la Terre de Jasseron en Bresse, où il y a eu un Prieuré.
29 Gipperius, en 921 & 948.
30 Guy Premier.
31 Boson, en 952.
32 Achinard, en 956 & 966.
33 Norbald, en 986, 1001 & 1002.
34 Gauceran, en 1015 & 1020.
35 Oderic, en 1026, 1032 & 1036.
36 Jotsald, en 1052.
37 Leutald, en 1054 & 1063.
38 Odon Premier, en 1073 & 1079, mort en 1084.
39 Hunaud Premier, en 1084, 1089, 1090, 91 & 93.
40 Humbert Premier, en 1100.
41 Hunaud II. en 1106 & 1112.
42 Adon Premier, en 1112, 1121 & 1129, jusqu'en 1147.
43 Humbert II. en 1147 & 1148.
44 Gerard Premier.
45 Adon Second, en 1157, 1162, 1166, 1173 & 1175.
46 Aimon, en 1182.
47 Guillaume Premier, en 1183 & 85.
48 Bernard Second, en 1185 & 87.
49 Bernard Troisiéme, de la Maison de Thoire-Villars, en 1204, 1210, 1215, 1217, 1219, 1229 & 1230. L'on croit qu'il a été Evêque de Belay.
50 Hugues Premier, de la Maison de Nancuise, en 1230 & 1231.
51 Humbert III. de Buenc, en 1234, 1243, 1244, 1249 & 1255.
52 Guy II. en 1255.
53 Humbert IV. en 1256 & 1260.
54 Guy III. en 1260 & 1262.

Histoire de l'Abbaïe

55 Humbert V. en 1262.
56 Guy IV. en 1263, 1266, 1271, 1274 & 1282. Cet Abbé fit bâtir le Château de la Tour du May.
57 Guillaume II. de la Maison de Thoire-Villars, Abbé en 1283 & 1284.
58 Guy V. en 1284.
59 Humbert VI. en 1285.
60 Guillaume III. de la Maison de la Baume sur Cerdon, Abbé en 1293 jusqu'en 1298.
61 Etienne Premier, de la Maison de Thoire-Villars, donna en Fief la Montagne de S. Surgue & le Chateau de Joux, à Humbert de Villars son pere. Il mourut en 1303 le 30 Septembre.
62 Guiffred, en 1304.
63 Odon II. de la Maison de Vaudrey, en 1304 & 1313.
64 Etienne II. en 1317.
65 Odon III. de Vaudrey, Abbé depuis 1317 jusques en 1320. Il est probable que c'est le même qu'Odon II.
66 François Premier, en 1320.
67 Jean Premier, en 1321.
68 Hugues II. en 1321, 1322 & 1324.
69 Jean II. de Roussillon, en 1328, 1339, 1345, jusques en 1348.
70 Guillaume IV. de Beauregard, Abbé en 1348 & 1380.
71 Guy VI. en 1380.
72 Guillaume de la Baume, en 1384, 85 & 86, 1390 & 96, 1400 & 1404.
73 François II. en 1412, 17 & 24.
74 Etienne III. en 1425.
75 François III. en 1426.
76 Jean III. de la Maison de Vincelle, en 1429 & 1436.
77 Guy VII. d'Usier, Abbé en 1439 & 1441.
78 Pierre Premier, Morelli, décédé en 1443.

de S. Claude.

79 Etienne IV. Faulquier, en 1444 & 1465.
80 Girard II. de la Maison de Chauvirey.
81 Augustin d'Est de Lugniana, en 1468 jusques en 1479.
82 Jean-Loüis, frere du Duc de Savoye, depuis 1479 jusques en 1482.
83 Pierre II. de Viri, en 1494.
84 Pierre III. Morelli, en 1500, 1509 & 1510.
85 Pierre IV. de la Maison de la Baume-Montrevel, premier Abbé Commendataire de S. Claude; en 1510, 1515, 1517, 1521 & 1526. Il a été Evêque de Genève, Archevêque de Besançon & Cardinal. Il mourut à Arbois où il est inhumé, le 4 Mai 1544.
86 Claude de la Baume.
87 Loüis de Rye, élû Evêque de Genève, Abbé de S. Claude depuis 1546 jusqu'en 1549.
88 Philibert de Rye Evêque de Genève, Abbé de S. Claude en 1550 & 1556.
89 Marc de Rye en 1561 & 1577.
90 Joachim de Rye, Abbé jusques en 1589 qu'il fit sa démission.
91 Ferdinand de Rye, Abbé depuis 1589 jusques en 1636.
92 Jean IV. d'Autriche, fils naturel de Philippe IV. Roi d'Espagne, mort le 17 Septembre 1679.
93 César Cardinal d'Estrées, ancien Evêque de Laon, Commandeur de l'Ordre du S. Esprit. Il fit sa démission en 1701.
94 Jean V. d'Estrées, Commandeur de l'Ordre du S. Esprit & nommé à l'Archevêché de Cambray, mort le 3 Mars 1718.
95 Loüis II. de Bourbon-Condé, Comte de Clermont, nommé Abbé de S. Claude au mois de Mai 1718.

HISTOIRE
DE L'ABBAYE DE BAUME,
ET DU PRIEURE' DE GIGNY.

IL y a encore dans le Comté de Bourgogne, deux Monasteres d'Hommes dans lesquels on ne reçoit comme à S. Claude, que des Personnes nobles qui font preuve de seize quartiers, huit paternels & huit maternels. Les places & les Offices y sont à la disposition de l'Abbé, & l'on y suit la même discipline & les mêmes usages qu'à S. Claude. Ces Monasteres sont l'Abbaïe de Baume au Bailliage de Poligny Diocèse de Besançon, & le Prieuré de Gigny au Diocèse de Lyon dans le Bailliage d'Orgelet.

L'Abbaïe de Baume est à la source de la Riviere de Seille, dans un lieu très-propre pour une solitude; car l'on n'y arrive que par une gorge étroite, entre deux montagnes escarpées & fort élevées. Le terrain en est resserré & stérile, & entouré de rochers; il y a cependant quelque chose qui plaît, par la singularité de sa situation.

Elle seroit la plus ancienne du Comté de Bourgogne, si l'on en croyoit Golut, qui dit qu'elle fut fondée au quatriéme siécle, du tems de S. Desiré Evêque de Besançon. * Mais il allègue ce fait sans preuve, & l'Auteur anonime de la vie de S. Romain Fondateur de l'Abbaïe de S. Claude au cinquiéme siécle, disant qu'il introduisit le premier la Vie anacorétique & cénobitique dans la Province Séquanoise, l'on ne peut douter sur un témoignage de ce poids, que l'Abbaïe de Baume soit d'un tems postérieur.

* Mémoire des Bourg. feüil. 52.

& du Prieuré de Gigny.

L'on pourroit conjecturer avec plus de vraisemblance, que S. Lauthein qui vivoit sur la fin du cinquiéme siécle, & qui a établi deux Monasteres dans le Comté de Bourgogne, a été le Fondateur de l'Abbaïe de Baume; parce que celui dans lequel il est mort & qui porte son nom, a toujours dépendu de cette Abbaïe.

L'Auteur de la Vie de S. Odon second Abbé de Cluni, dit que S. Eutiche a été Abbé de Baume, & y a mis la réforme. Or S. Eutiche vivoit dans le neuviéme siécle, & le P. Mabillon estime, que c'est le même qui a aussi porté le nom de Benoît d'Aniane, qui rétablit la discipline monastique en France * & qui mourut en 821, après avoir été fait par Loüis le Débonnaire, Chef & Général de tous les Religieux du Royaume.

* Annal. Bened. tom. 2. lib. 29. n. 10. p. 452. & 363.

Peut-être a-t-il été regardé comme Abbé de Baume, parce qu'il y a établi la Régle de S. Benoît, au lieu de celle de S. Colomban qui y étoit suivie auparavant.

L'on trouve dans le dénombrement fait à l'Assemblée d'Aix-la-Chapelle en 817., une Abbaïe de Baume qui devoit au Roi des subsides & le service militaire, comme étant du premier ordre; car il y en a dans le même dénombrement, qui furent seulement chargées de subsides & d'autres de priéres, chacune suivant ses facultés. On lit le même nom d'Abbaïe de Baume, dans la disposition faite au neuviéme siécle au profit de plusieurs Monasteres, par Anchise Abbé de S. Vandrille au Diocèse de Roüen. On le trouve encore dans le partage des Etats du Roi Lothaire, entre Loüis de Germanie & Charles le Chauve ses oncles, de l'an 870. L'on convient que cette Abbaïe étoit située dans le Comté de Bourgogne, mais l'on doute si c'étoit celle de Baume-les-Messieurs ou l'Abbaïe de Baume-les-Dames.

Je crois plûtôt que c'est la premiere, parce qu'elle étoit en consideration dans ce tems-là, auquel elle eut pour Abbé & Réformateur S. Eutiche ou S. Benoît d'Aniane, & que les Actes que j'ai cités, nomment tous *Balma*, le Monastere dont ils parlent. Or l'Abbaïe de

Baume-les-Dames, est apellée en latin *Palma*, ou *Palmense Monasterium*. C'est le seul nom qu'elle ait dans la Vie de Sainte Otilie, qu'on croit y avoir été élevée dans le septiéme siécle, & dans les autres actes anciens.

Nous aprenons de Glaber Religieux de S. Germain d'Auxerre qui vivoit au commencement du onziéme siécle, que les Religieux de Glanfeüil fuyants les Normans, emportérent les Reliques de S. Maur leur Fondateur; qu'ils vinrent à S. Savin de Poitiers, de là à S. Martin d'Autun, & enfin dans notre Abbaïe de Baume: *Deindè verò quasi tertiâ transmigratione, in superiore Burgundiâ, locatum Balmense occupavêre Monasterium.*

Ils confiérent à Audon Comte en Bourgogne à l'orient de la Sône & qui vivoit dans le neuviéme siécle, le Corps de leur saint Patriarche, pour qu'il le déposât dans quelqu'un de ses Chateaux, où il fût en sureté. * Audon le mit dans un lieu élevé auprès de Lons-le-Saunier, d'où l'on pouvoit découvrir de fort loin tous ceux qui venoient du côté de la Sône, & de-là se retirer au besoin, en des postes inaccessibles de la haute montagne. Ce lieu porte encore aujourd'hui le nom de S. Maur, & l'on y conserve une partie des Reliques de ce Saint, dans l'Eglise Paroissiale qui est à trois nefs, fort ancienne & qui a été celle d'un Monastere, comme on en peut juger par sa forme & parce qu'il y a dans le territoire plusieurs héritages qui portent encore la dénomination de Prel ou de Champ aux Moines. Il est probable aussi, qu'on n'y laissa pas le Corps de S. Maur sans des Religieux pour le garder, l'Histoire disant qu'il s'y fit plusieurs miracles, & la Cure du lieu est encore aujourd'hui du Patronage de l'Abbaïe de Baume. L'autre partie des Reliques du Saint, a été emportée à S. Maur-les-Fossés.

Il résulte encore de ce fait, qu'au neuviéme siécle l'Abbaïe de Baume a reçû une Colonie des Disciples de S. Maur; & Glaber dit, qu'ils portoient avec eux beaucoup de Reliques: *tulerunt secum, totam quam value-*

---

* *Ann. Bened. lib. 35. art. 36. & lib. 36. art. 9.*

rant, sacram supellectilem. L'on en a des vestiges en plusieurs autres lieux du Comté de Bourgogne ; & premiérement à S. Savin, Paroisse auprès de Poligny qui est du Patronage de l'Abbaïe de Baume, dans laquelle il y a eu probablement un Monastere de ce nom ou des Reliques de ce Saint, aportées par les Disciples de Saint Maur du Monastere de S. Savin de Poitiers, où ils s'étoient d'abord retirés.

Secondement, à S. Renobert auprès de Quingey, où est un Prieuré dépendant de Baume. L'on y conserve des Reliques dans un tombeau de pierre, qui porte en partie dans le mur & en partie sur l'Autel. Le Peuple du Comté de Bourgogne y a grande dévotion. Ce sont les Reliques de S. Renobert Evêque de Bayeux dans le septiéme siécle, qui furent aportées au Comté de Bourgogne, dans le tems de l'invasion des Normans. Une partie de ces Reliques est, à ce que l'on croit, à Corbeil sur Seine. Il y a une Chapelle dédiée à S. Renobert à Bellefontaine Paroisse de Morbier, où l'on garde un os de son crane dans un Chef de bois doré & qui vient de l'Abbaïe de S. Claude, à qui celle de Baume l'avoit donné. Nous faisons la Fête de ce Saint le 24 Octobre, qui est le jour auquel ses Reliques furent reçûës dans notre Province.

Il y a aparence qu'Audon à qui les Reliques de S. Maur furent données en garde, étoit Comte de Scodingue; car ses Terres étoient dans ce Comté, comme on le voit par la situation de celle qui a pris le nom de S. Maur, & qui étoit un membre de la Seigneurie de Montaigu. Cette Seigneurie a apartenu à l'Abbaïe de Baume, puisqu'elle en a été tenuë en fief, comme on le verra à la suite. Il est probable que le Comte Audon ou ses descendants qui ont été Abbés de Baume, avoient donné la Seigneurie de Montaigu à cette Abbaïe.

Bernon son fils & Laisin son neveu, * fondérent l'Abbaïe de Gigny au même Comté de Scodingue. Bernon en fut le premier Abbé, & obtint de Rodolfe Premier,

* *Ann. Bened. lib. 39. art. 42.*

Roi de la Bourgogne Transjurane en 994, l'Abbaïe de Baume. Le Pape confirma cette donation en l'année suivante ; & comme un Comte nommé Bernard s'étoit emparé de l'Abbaïe de Baume, Bernon en porta ses plaintes aux Plaids généraux qui se tinrent à Varénes, par Hermengarde qui gouvernoit le Royaume d'Arles pour le Roi Loüis son fils dont le Comte Bernard étoit sujet, & Hermengarde fit cesser le trouble. * Elle prétendoit que son fils avoit droit à une partie du Comté de Bourgogne, que l'Empereur Arnoul lui avoit donnée ; mais elle ne fut pas assez puissante pour la tirer des mains de Rodolfe. *

*Bibl. Sebus. cent. 1. cap. 26. p. 60. Ann. Bened. tom. 3. lib. 39. ar. 43. p. 272. & 273.
*. Ann. Bened. lib. 39. art. 92.

Bernon étant ainsi devenu Abbé de Baume & de Gigny, fit sa demeure à Baume, comme au lieu principal & plus ancien. Ce fait est prouvé par la Vie de S. Odon, & par une Bulle de Grégoire VII. de l'an 1078, dans laquelle on lit, que Bernon soumit l'Abbaïe de Gigny à celle de Baume. *Monasterium Gimniacum, Abbatiæ Balmensi subjugavit.*

La discipline qu'il fit observer dans ces Monasteres & dans ceux de S. Lauthein & de Moutier en Bresse qui dépendoient anciennement de Baume, engagea Guillaume Comte ou Duc d'Auvergne, de lui confier le gouvernement de Cluni, qu'il fonda en 910. Bernon en fut le premier Abbé, & peupla cette Abbaïe de ses Religieux de Baume & de Gigny. En 913, le Comte Guillaume mit encore sous sa conduite, l'Abbaïe du Bourg-Dieu ; & en l'année suivante, on l'obligea de se charger de celle de Massay. Ces deux dernieres Abbaïes étoient dans le Berri.

Bernon universellement estimé, mourut à Cluni le 13 Janvier 927. Quelques Martyrologes lui donnent le titre de Saint, & d'autres seulement celui de Bienheureux. Le P. Mabillon censure les Religieux de Cluni, de n'avoir pas fait sa mémoire comme celles des Saints Odon, Odilon, Hugues & Maïeul, ses Successeurs & ses Disciples. Il blâme leurs Ecrivains, de ne lui avoir pas fait l'honneur qu'il méritoit, puisqu'on ne peut lui refuser la gloire d'être l'Inftituteur de cette Congrégation, & d'y avoir établi la difcipline qui l'éleva au point de grandeur où on la vit au douziéme fiécle, auquel on comptoit deux mille Monafteres dans fa dépendance.

Le faint Abbé défigna pour fon fucceffeur à Cluni, Bourg-Dieu & Maffay, Odon qui avoit gouverné fous lui l'Abbaïe de Baume. Son choix fut généralement aprouvé, & juftifié par la conduite d'Odon, qui fut un des plus illuftres Abbés de Cluni. Nos Monafteres de Baume & de Gigny, ont donc eu l'avantage d'être le berceau de cette fameufe Abbaïe, & de lui avoir donné fes premiers Abbés & Religieux.

Quant aux Abbaïes d'au-deçà de la Sône, Bernon nomma pour les gouverner après fa mort, Guy fon neveu. Il y en avoit quatre; Baume, Gigny, S. Lauthein & une autre qui eft nommée *Æticenfis* dans les Auteurs du tems. Le P. Mabillon n'a pas découvert où elle étoit fituée. Je crois que c'eft Moutier en Breffe, qui dépend encore aujourd'hui de Baume, & qui eft apellé dans les titres de cette Abbaïe, *Monafterium S. Eugendi in Æticâ*.

L'Abbaïe de S. Lauthein étoit l'une des plus anciennes qu'il y eût au Comté de Bourgogne, puifque le Saint qui l'a fondée & dont elle a pris le nom, vivoit à la fin du cinquiéme fiécle. Elevé dans la vie cénobitique fous l'Abbé Laurent, il fe retira dans un lieu folitaire apellé *Siéfe*, où il établit une Communauté de foixante & dix Religieux. Il forma une feconde Communauté de quarante Religieux dans un lieu voifin nommé *Maximiac*. Le Pere Mabillon croit que *Maximiac* eft Ménai auprès d'Arbois. Ce feroit plûtôt Monai auprès de faint Lauthein. Mais ce n'eft ni l'un ni l'autre, car les Prieurés de Ménai & de Monai font plus nouveaux, & dépendent, l'un de l'Abbaïe de Saint Claude, & l'autre du Prieuré de Vaux fur Poligny.

Saint Lauthein fut ordonné Prêtre par l'Evêque Amantius, que le Pere Pierre-François Chifflet croit avoir été Evêque de Nion en Suisse Suffragant de Besançon, ou de Besançon même ; & comme il alloit du côté de Genève, il rencontra S. Grégoire Evêque de Langres, qui lui annonça que sa mort étoit prochaine. Cette circonstance fixe le tems de la vie de notre Abbé, parce qu'on sçait certainement que le saint Evêque de Langres vivoit sur la fin du cinquiéme siécle & au commencement du sixiéme. * On lit d'ailleurs dans un ancien Cartulaire de l'Abbaïe de Luxeul, que S. Lauthein avoit rendu visite à S. Colomban, qui fonda cette Abbaïe en 592.

* *Ann. Bened. tom. 1. lib. 1. n. 79. p. 32.*

S. Lauthein mourut dans l'un des Monasteres qu'il avoit fondés, & qui porte aujourd'hui son nom. Il est probable que l'autre Monastere est Baume, qui a été ainsi apellé à cause des cavernes où plusieurs de ses Religieux se retiroient pour vivre en solitude. Notre saint Abbé fut levé de terre pour être exposé à la vénération du Peuple, dans une Chapelle souterraine où l'on voit encore son tombeau. C'est un sarcophage de deux pierres. Les Religieux y entretenoient une grande quantité de lampes allumées. L'on en conserve une qui est à neuf lampions, dans l'Eglise de S. Lauthein. La grande quantité d'huile que ces lampes consumoient, a donné lieu au Peuple de croire, qu'il sortoit miraculeusement de l'huile du tombeau du Saint.

Il mourut le premier Novembre. Nous faisons sa Fête le second, & l'ancien Breviaire de Cluni la met au 25 Septembre. Cette différence peut venir de ce que son Corps a été levé en un de ces jours, & transféré dans l'autre : son Chef & la plus grande partie de ses Reliques sont à Baume, où elles reposent derriére le maître-Autel à l'un des côtés.

Les Reliques de S. Aldegrin sont à l'autre côté de cet Autel. Aldegrin étoit un Seigneur de la Cour de Foulques premier du nom Comte d'Anjou, qui s'étant dévoüé à la pénitence, s'exerça avec Odon son ami à la pratique de la Régle de S. Benoît, jusqu'à ce qu'ils trouvassent un Monastere où elle fut observée dans sa pureté

pureté. Il entreprit le voyage de Rome pour chercher ce Monastere, & passant par Baume, il fut si édifié de la maniere dont les Religieux y vivoient sous la conduite de l'Abbé Bernon, qu'il demanda d'y être reçû, & qu'il écrivit à Odon qu'il avoit trouvé ce qu'ils souhaitoient depuis long-tems.

Odon l'y vint trouver, y prit l'habit, fut Maître des Novices, chargé d'enseigner les Religieux & préposé à leur gouvernement, lorsque Bernon alla établir le Monastére de Cluni. Cependant Aldegrin se donna à la vie anacorétique. Il vécut pendant trois ans réclus dans sa chambre, & se retira ensuite sur une montagne voisine de l'Abbaïe de Baume, où il finit saintement ses jours dans la solitude. L'on y voit encore un Hermitage, une Eglise & une Maison, qui portent le nom d'Hermitage & Prieuré de S. Aldegrin, & où le Peuple vient fréquemment en dévotion. L'on porte aussi ses Reliques en Procession sur la demande des Habitans de Baume, qui recourent à son intercession pour obtenir un tems favorable.

Les principaux traits de sa vie sont raportés par l'Auteur de celle de S. Odon. Mr. Duchesne & le P. Mabillon conviennent de sa sainteté. Mais le P. Mabillon dit qu'il n'a rien découvert de son culte ni de ses Reliques. C'est parce qu'il l'a cherché à l'Abbaïe de Cluni, auprès de laquelle il a crû que notre Saint s'étoit retiré & étoit mort dans la solitude. Il l'auroit apris à Baume où ses Reliques sont en grande vénération, & où l'on fait sa Fête & son Office le second de Juillet.

Il y a aussi eu dans ce même tems un saint Solitaire nommé Drogon dans l'Abbaïe de Baume, suivant le témoignage d'Aimoin. L'on n'en a pas conservé les Reliques ni la mémoire.

L'Eglise Abbatiale de Baume, dédiée à Saint Pierre comme le Monastére de ce nom, a deux cens cinquante pieds en longueur; son Autel principal est orné d'un Retable, dont les connoisseurs estiment les peintures & les sculptures. L'on y conserve le Chef de Saint Desiré

Archevêque de Besançon, & des Reliques de Sainte Florence.

L'on y voit aussi dans une Chapelle collatérale, le Tombeau du Bienheureux Renaud Religieux de Baume, qui finit sa vie dans la solitude comme Saint Aldegrin, & qui mourut en 1104 en odeur de sainteté. Ce Tombeau a été élevé en 1538, avec cette Inscription.

Anno Domini 1538, *à die* 10 *Septembris, ad diem* 15 *Decembris; Frater Sergius Monasterii Religiosus, membrorum omnium pœnitus laborans impotentiâ atque imbecilitate, precibus ad Domini Reginaldi tumulum fusis, idque novem dierum spatio, convaluit omnino à morbi gravitate. Propter quod acceptum Beneficium, hoc feretrum suis impensis componi & depingi curavit, anno* 1547. De l'autre côté est écrit. *Beatus Reginaldus, egregius Anacoreta, sub hoc jacet tumulo, qui tempore Domini Bernardi Abbatis hujus Monasterii, obiit* 15 *Kal. Octobris; post cujus obitum, frequens ac pene innumera variis morbis languentium turba, fusis ad tumulum precibus, incolumitatem recepit.*

L'on trouve dans la même Eglise, les Tombeaux de Renaud de Bourgogne Comte de Montbéliard, de Gerard de Vienne & d'Alix de Vilars sa femme, en marbre & bien faits pour le tems; de Gautier de Vienne Seigneur de Mirebel, & de plusieurs autres Seigneurs; avec ceux d'Aimé de Chalon, de Guillaume de Poupet, & de Jean de Watteville, tous trois Abbés de Baume & Bienfacteurs de l'Abbaïe : les Tombeaux des deux premiers, sont fort beaux & bien ornés.

Suivant une Charte de l'Eglise Métropolitaine de Besançon, dattée du premier de Février de la quatorziéme année du régne de Lotaire, dans le tems qu'il étoit déterminé à faire le voyage de Rome; * ce Roi donna à l'Eglise de Besançon, sur la demande d'Arduic qui en étoit Archevêque, les Abbaïes de Baume & de Château-Chalon, pour dédommager cette Eglise de ce que le Comte Atton s'étoit emparé de trois Terres * qui lui

* *Ne quid minus fidele, proficienti, in regno relinqui crederetur.*

* *Cavennacum, Campanius & Tolsiacum.*

apartenoient : mais Lotaire étant mort dans ce voyage, le 7 Août 869, sa donation n'eut point d'effet ; puisque Rodolfe premier Roi de la Bourgogne Transjurane, donna la même Abbaïe de Baume à Bernon Abbé de Gigny en 904, & qu'elle avoit déja été comprise dans le partage que Loüis de Germanie & Charles le Chauve firent des États de Lotaire en 870.

Elle resta sous le gouvernement de Guy neveu de Bernon & de quelques Abbés qui lui succédérent, jusques à ce que le Pape Eugéne III. la mit avec ses dépendances sous le régime du Vénérable Pierre Abbé de Cluni, sous prétexte d'y rétablir la discipline. Guillaume alors Comte en Bourgogne, confirma cette disposition, & mit en possession l'Abbé de Cluni, suivant une Charte dattée du 17 de Juin de l'année en laquelle Loüis le Jeune partit pour la Terre sainte : *Ludovico juniore Rege Francorum, eunte super Saracenos, cum multa manu comitum & procerum.* C'est l'année 1147. *

Cette union dura peu ; car dans un Diplome de Fréderic Barberousse Souverain du Comté de Bourgogne par son mariage avec Beatrix fille unique du Comte Rainaud III. du nom, datté à Arbois du 18 Novembre 1157; cet Empereur dit, qu'il a vû avec douleur, que l'Abbaïe de Baume, illustre dans sa fondation, & que ses Prédécesseurs avoient depuis long-tems enrichie par leurs libéralités, étoit devenuë un Prieuré de l'Abbaïe de Cluni & avoit été privée des services accoutumés.** C'est pourquoi à la priére des Religieux & de plusieurs Princes & Barons, il a résolu de lui rendre sa premiére splendeur ; & à cet effet, il la décharge de toute sujettion envers Cluni, veut que sa qualité d'Abbaïe lui soit renduë, qu'elle la conserve à l'avenir, & que ses Religieux puissent élire librement leurs Abbés ; la prenant sous sa sauvegarde & protection, & sous celle de ses Successeurs.

Son fils Henri VI. étant Roi des Romains, confirma cette disposition par un autre Diplome daté à Turin en l'an 1186.

* Cette Charte est imprimée à la suite de la Dissertation du Pere Pierre-François Chifflet sur Beatrix de Chalon, pag. 124.

** *Baumensem Ecclesiam, quam olim antecessores nostri, Reges & Imperatores, nobiliter fundatam, multis prædiis amplisque possessionibus dotaverunt, & in Abbatiæ dignitatem congruis honoribus sublimaverunt ; prorsus desolatam, omni Religione ac divino servitio destitutam ; & quod sine dolove dicere non possumus, de Imperiali Abbatiâ, in Prioratum vel Grangiam Cluniacensem reductam, invenimus.*

L'Abbaïe de Baume avoit été originairement soumise à l'Archevêché de Besançon, suivant une Bulle d'Urbain Second du 27 Juin 1096, adressée à l'Archevêque Hugue Troisiéme. Par un traité fait à Beaune le 16 Octobre 1269, entre Eude de Rougemont Archevêque & l'Abbé de Cluni, il fut convenu que les Religieux de Baume éliroient leur Abbé dans l'Ordre de Cluni, & que l'Abbé de Cluni Chef de cet Ordre, le présenteroit à l'Archevêque de Besançon pour confirmer l'élection, ou la déclarer nulle si elle avoit quelque défaut canonique ; auquel cas il en seroit fait une nouvelle : mais que si elle se trouvoit encore vicieuse, l'Archevêque nommeroit de son autorité l'Abbé de Baume ; que cet Abbé assisteroit aux Sinodes du Diocèse, au moins une fois chaque année ; que l'Archevêque visiteroit tous les ans l'Abbaïe de Baume, & avertiroit l'Abbé de ce qu'il trouveroit à y corriger, & que s'il n'y avoit pas mis ordre pour l'année suivante, l'Archevêque y pourvoiroit ; le tout sans préjudice de la Jurisdiction que l'Abbé de Cluni prétendoit exercer par concours sur ce Monastere.

Le saint Siége a pris l'Abbaïe de Baume & les Bénéfices qui en dépendent sous sa protection, par plusieurs Bulles qui sont des années 1078, 1088, 1107, 1123, 1143, 1184, 1190 & 1209.

Les Prieurés nommés dans ces Bulles comme dépendants de l'Abbaïe de Baume, sont Saint Desiré de Lons-le-Saunier, Joüe, Saint Lauthein, Moutier en Bresse, Jussa-Moutier, Bonnevant, Mouterot-lès-Estrabonne, Saint Etienne de Pontarlier, Scey en Varaix, & Saint Renobert-lès-Quingey. Ceux de Saint Desiré & de Joüe, sont Conventuels, tenus par des Religieux Bénédictins de la Réforme de Cluni. Le Roi nomme au Prieuré de S. Desiré, & celui de Joüe a été uni au Collége des Peres Jésuites de Dole. Il n'y a point de Religieux dans les autres ; ils sont du nombre de ceux que nous apellons Ruraux, & ausquels le Pape nomme, à l'exception de celui

& du Prieuré de Gigny.

de Juſſa-Moutier ſitué à Beſançon, dans lequel les Minimes ont été établis.

Les Cures du Patronage de l'Abbaïe de Baume, ſont Grand-Fontaine, Buvilli, Plaſne, Saint Savin, Chatillon-ſur-Courtine, Savigna, Baume, la Chapelle - Volant, Chilli, Courlant, Courlaou, Domblans, Deſnes, Fay en Breſſe, Frangi, Larnaud, Montain, Nance, Rougemont, S. Maur, Sainte Agnès, Sens, Savigny, Trenal, Vincelle, Voiteur, Verſlevillé, Villevieux, S. Lauthein, Saillenar, Joüe, la Vieilleloie, Seveux, S. Etienne de Pontarlier, Monnet, Toulouſe, & la grande Paroiſſe de Saint Etienne de Coldres, qui a été unie à la manſe des Religieux. La plûpart de ces Cures, ont été données à l'Abbaïe de Baume par des Archevêques de Beſançon, particuliérement par Guillaume I. en 1110, & par Anſeric en 1133.

L'Abbaïe de Baume tenoit de grands Fiefs dans ſa mouvance, & entre autres ceux de Montaigu & du Pin. Jeanne de Bourgogne Reine de France, en fit l'hommage qui ſuit en 1319.

Joanna Dei gratiâ Franciæ Regina, Burgundiæ Comitiſſa Palatina, & Domina de Salinis: notum facimus tam præſentibus quam futuris, Caſtra de Monte Acuto & de Pinu, quæ dilectus & fidelis paravus noſter, Comes de Montbeliard tenet à nobis in feudum & homagium; à Religioſo Abbate Balmenſi de noſtra exiſtente gardiâ, ſpeciali nomine Balmenſis Monaſterii nos tenere; & eidem Domino Abbati homagium, modo & forma quibus prædeceſſores noſtri fecerunt antiquitus, nos feciſſe. In cujus rei teſtimonium, ſigillam noſtrum, litteris præſentibus duximus apponendum. Datum apud Dolam in Burgundiâ, menſe Decembri 1319.

Cette Abbaïe eſt aujourd'hui compoſée d'un Abbé Commendataire & de ſeize Religieux: l'Abbé nomme aux places & aux Offices Clauſtraux qui ſont au nombre de dix, & parmi leſquels il y en a quatre principaux; ſçavoir, ceux de Grand Chambrier, Sacriſtain, Doyen, & Grand Chantre.

L'on y tient tous les ans la veille de Saint Pierre, un Chapitre Général, dans lequel on élit quatre Définiteurs, & d'autres Officiers prépofés pour entretenir la régularité; & où l'on convoquoit les Prieurs des Maifons dépendantes, quand ils étoient réguliers, & ceux des Maifons Conventuelles.

Ainfi l'Abbaïe de Baume fe gouverne en Congrégation particuliére, & elle fe foutient indépendante de Cluny, par prefcription ou autrement, quoique les Abbés de Cluny aient tenté de la vifiter depuis que le Comté de Bourgogne eftfous la domination du Roi. Ce fut premiérement en 1677: l'affaire fut portée au Confeil, qui ordonna aux Parties de produire, & cependant que les chofes demeureroient en leur état. L'on n'a point donné de fuite à cette affaire; cependant Mr. le Cardinal de Boüillon Abbé de Cluni, entreprit de faire faire une vifite à Baume en 1695. Les Religieux recoururent au Parlement de Befançon, & obtinrent un Arrêt favorable; enfin Dom Queffel Vifiteur de Cluni, s'étant préfenté en 1725 pour vifiter Baume, l'on s'y opofa, & la vifite ne fut pas faite.

La coutume de ne recevoir à Baume que des perfonnes nobles, & même d'exiger la preuve de feize quartiers, eft immémoriale. Elle a été autorifée par un Arrêt du Parlement de Dole rendu le 23 Aout 1647, & par une Déclaration du Roi fur la demande des Etats de Franche-Comté, en 1654. L'on peut juger qu'elle eft fort ancienne, par la qualité des Abbés dont on va donner une fuite. Suivant un mémoire ancien de près de deux fiécles, on leur faifoit prêter ferment lorfqu'ils prenoient poffeffion, de ne donner les places de l'Abbaïe, qu'à des Gentilshommes.

SUCCESSION CHRONOLOGIQUE
DES
ABBÉS DE BAUME,
QU'ON A PU CONNOITRE.

Saint Lauthein, du cinq au sixiéme siécle.
Saint Eutiche, dans le neuviéme siécle.
S. Bernon, depuis l'an 904 jusqu'en 927.
Gui ou Widon.
Odon, par traité de l'an 1053, au sujet des Villes & Chateaux de Montaigu & du Pin, fait avec le Comte de Bourgogne.
Bernard I. par une Bulle de Grégoire VII. de l'an 1078.
Hugues I. par une autre Bulle de l'an 1089.
Regnaud I. par une reconnoissance de Pierre d'Arlay, de l'an 1100.
Bernard II. en 1104, par l'Inscription du Tombeau du Bienheureux Regnaud.
Alberic, par une Bulle de l'an 1107, & par une Charte de l'an 1123.
Hugues II. par une Bulle de l'an 1143.
Albert, par une Bulle de l'an 1145.
Guigon, par le Diplome de l'Empereur Fréderic de l'an 1157.
Hugues III. par une Bulle de l'an 1162. Il étoit encore Abbé en 1186.
Ponce I. par une Bulle de l'an 1190.
Thiebaud, par des titres de l'an 1204, & par un traité fait entre l'Abbesse de Chateau-Chalon & Etienne Comte de Bourgogne, pere de Jean Comte de Chalon.
Bernard III. par une concession de Bénéfices à l'Abbaïe de Baume, faite par l'Archevêque de Besançon en 1208.

Ponce II. par une donation qu'il fit aux Religieux de l'Abbaïe de Baume en 1227, de certaines redevances fur les Prieurés de Moutier en Breſſe, & de S. Renobert.

Etienne, par conceſſion faite en 1234, entre les Abbés & les Religieux d'une part, & un particulier d'autre.

Aimon, en 1273, par la donation d'une vigne à l'Aumonier de l'Abbaïe de Baume.

Regnaud II. par une repriſe de Fief de certains biens tenus à Poligny de l'Abbaïe de Baume.

Simon, en 1305, par l'union du Prieuré de la Chapelle à celui de Bonnevant. Il étoit encore Abbé en 1319, ſuivant d'autres titres.

Jean d'Eſternoz, en 1323, par une repriſe de Fief de Girard d'Arbonnay des biens qu'il tenoit à Toulouſe mouvans de l'Abbaïe de Baume. Il mourut en 1341, ſuivant l'Inſcription de ſon Tombeau.

Jean de Montſaugeon, en 1344, par pluſieurs titres particuliers.

Richard de Montjoie, par un bail de l'an 1352.

Jean de Molprel, par un titre de l'an 1380. Il mourut en 1388.

Aimé de Chalon, par titres des années 1390 & 1419. Il a fait beaucoup de réparations dans l'Abbaïe.

Henri de Salins, par titres des années 1426 & 1442. Il a fait bâtir une belle Chapelle à côté de l'Egliſe, & qui porte encore ſon nom.

Guillaume de Chaſſault, par titre de l'an 1449.

Etienne de Chaſſault, par titre de l'an 1450. Il ſe démit de l'Abbaïe en 1453.

Loüis de Chaſſault lui ſuccéda, & il étoit encore Abbé en 1480.

Philibert Hugonet Evêque de Mâcon & Cardinal, par un titre de l'an 1482. Il mourut en 1484.

Claude Morel, par titre de l'an 1487, concernant les oblations de la Cure de Frangi.

Etienne Voiturier, par un traité de l'an 1489 avec le Prieur de Joüe, au ſujet de la dépoüille des Religieux de ce Prieuré.

& du Prieuré de Gigny.

Le Cardinal de Saint Ange, par une Bulle de l'an 1494, & par des titres des années 1497 & 1520.

Guillaume de Poupet, par titres des années 1526 & 1570. L'Abbaïe fut brûlée de son tems, & il la rebâtit presque toute à neuf.

Antoine de la Baume, par titres des années 1585 & 1601.

Pierre de Binan, par titre de l'an 1602. Il mourut en 1614.

Claude d'Achey, depuis 1619 jusqu'en 1656. Il est mort Archevêque de Besançon.

Charles-Emanuël de Gorrevod, élû Archevêque de Besançon, mort en 1659.

Jean de Watteville, mort le 7 Janvier 1702.

Jean-Baptiste de Chamillart Evêque de Senlis, mort en 1714.

Charles-Maurice de Broglio, à présent Abbé de Baume.

Les Abbés qui ont fait des réparations considerables dans cette Abbaïe, ont des Mausolées dans l'Eglise. Le plus beau de tous est celui d'Aimé de Chalon.

Guillaume de Poupet étoit Protonotaire du saint Siége Apostolique, Abbé de Baume, Balerne & Goüaille, Seigneur de la Chaux, Bi, Poupet, Roche, Buffart, Aurigney, Chateau-Villain, Creveeœur, & Malleray, Conseiller d'Etat & Maître aux Requêtes du Parlement de Dole. Il a un Mausolée dans l'Eglise Abbatiale.

On y voit aussi celui de Jean de Watteville, avec cette Epitaphe.

ITALUS ET BURGUNDUS
IN ARMIS,
GALLUS IN ALBIS,
IN CURIA RECTUS,
PRÆSBITER, ABBAS,
ADEST.

Il faut sçavoir son histoire pour entendre cette Epitaphe. Elle signifie, qu'il avoit servi en Italie & en Bourgogne, qu'il s'étoit fait Chartreux en France, qu'étant sorti de cet Ordre, il avoit été Maître des Requêtes au

Parlement de Dole, & enfin Prêtre & Abbé. C'étoit un homme extraordinaire, dont Mr. Pelisson a fait un portrait dans le gout de ceux de Saluste, dans la relation qu'il a donnée du Siége de Dole par Loüis XIV. en 1668. Il étoit frere du Baron de Vatteville Gouverneur de Biscaye, & qui en qualité d'Ambassadeur pour le Roi d'Espagne en Angleterre, prit le pas sur l'Ambassadeur de France en 1661.

GIGNY.

J'ai dit que S. Bernon fils d'Audon Comte en Bourgogne, a été le Fondateur & le premier Abbé de Gigny. Il dédia ce Monastere & fit dédier son Eglise au Prince des Apôtres. Etant à Rome en 895, il obtint du Pape Formosa, que Gigny seroit à perpétuité sous l'autorité & la protection du saint Siége, exemt de dixme & en droit d'élire ses Abbés suivant la Régle de S. Benoît. *Sub Beati Petri & Apostolicæ Sedis jurisdictione & potestate, concessâ liberâ eligendi facultate, secundùm Deum & Regulam Beati Benedicti, necnon immunitate decimarum, in propriis cœnobii possessionibus.* *

* *Ann. Bened. lib. 40. n. 7.*

Cluni n'avoit reçû du Comte d'Auvergne son premier Fondateur, que quinze meix. * Bernon augmenta cette fondation, & détacha de Gigny, un Village & la quatriéme partie des sels de Lons-le-Saunier, * qu'il donna à Cluni ; à charge qu'en reconnoissance, cette Abbaïe payeroit à perpétuité à celle de Gigny, un cens annuel de cire, en valeur de douze deniers. Gui son successeur dans l'Abbaïe de Gigny, ratifia cette donation en 928, du consentement de ses Religieux. *

* *Quindecim Colonias.*
* *Villam Alafractam, & quartam partem de Caldariis Lædonis.*

* *Ann. Bened. lib. 43. n. 2.*

La discipline réguliére si bien observée à Gigny sous S. Bernon, souffrit de grandes atteintes sous ses successeurs ; & les biens du Monastere furent négligés, pris ou dissipés en partie. Gregoire VII. en fut informé, & pour rendre à Gigny sa premiére réputation, il chargea en 1076, S. Hugues Abbé de Cluni d'en prendre soin,

& du Prieuré de Gigny. 137

& ordonna qu'on n'y éliroit à l'avenir aucun Abbé, qu'en préfence de celui de Cluni, fous fon aprobation ou du Député qu'il envoieroit à fa place. * C'eft fur ce fondement, que les Abbés de Cluni ont prétendu que l'Abbaïe de Gigny leur étoit foumife, & qu'ils l'ont convertie en un Prieuré Conventuel. Elle eft nommée parmi les Prieurés dépendants de Cluni, dans une Bulle de Pafchal II. donnée à Anagnie en l'an 1100. *

* Bull. Cluniac. pag. 20.

* Guichenon Hift. de Breffe, Preuves pag. 216.

L'on conferve à Gigny, les Reliques de Saint Taurin & de Saint Aquilain, tous deux Evêques d'Evreux. L'on croit que Saint Taurin en a été l'Apôtre & le premier Evêque. Sa fête eft au onziéme Aout: on fait celle de Saint Aquilain le dix-neuf Octobre, & il vivoit au feptiéme fiécle.

Le tombeau de Saint Taurin fe voit encore à Evreux, mais on n'y a pas fes Reliques. Elles font toutes à Gigny, à l'exception de fon crâne, qu'on dit fur les lieux, avoir été donné aux Bénédictins de Chartres, & d'un doigt qui eft à S. Claude, où l'on fait fa mémoire.

Il y a fous fon nom, une Abbaïe fort ancienne à Evreux; & il y en avoit une autre fous le même titre, à Chevines entre Cluni & Mâcon. C'eft probablement où fes Reliques furent premiérement aportées, lorfqu'on voulut les fouftraire à la fureur des Normans, qui étoient Païens & qui bruloient & profanoient les Reliques des Saints, après avoir pris les Châffes & les Reliquaires. Rodolphe Roi de la Bourgogne Transjurane, donna Chevines à l'Abbaïe de Cluni, & Mainbœuf Evêque de Mâcon, en confacra l'Eglife en 950. L'on voit par l'acte de cette confécration, que les Reliques de Saint Taurin y étoient encore: *Ne*, y eft-il dit, *tam gloriofus Confeffor, & Sincellitæ* * *inibi commorantes, diu fine benedictione Epifcopali perfifterent.* »

* Sincellitæ, Monachi in eâdem cellâ commorantes. Ducange, Gloff. v. Sincellitæ.
" Ann. Bened. lib. 45. n. 33.

Elles ont été aportées dèflors à Gigny, où étoient déja celles de S. Aquilain; & c'eft probablement le 5 Septembre, jour auquel on fait à Gigny & au Comté de Bourgogne la fête de S. Taurin. Il y a ce jour à Gigny, un grand concours de monde, & il y vient régulièrement toutes les années, un Envoyé des Dames & de la Ville de Remiremont en Loraine, qui entend la Meffe, fait une offrande & prend un certificat de fon voyage. C'eft l'exécution d'un vœu fait à S. Taurin, pour être délivré de la pefte par fon interceffion.

L'Eglife du Prieuré de Gigny eft ancienne & belle, & il y a bien long-tems que la vie commune n'y eft plus en ufage ; car j'ai vû un traité fait en 1554, entre Philibert de Rie qui en étoit Prieur & fes Religieux, par lequel il eft dit, que depuis un tems immémorial, les Religieux y vivoient féparément : ils étoient fuivant ce traité au nombre de 25, aufquels le Prieur devoit des prébendes ; cependant il n'y en a que 13 aujourd'hui.

Tous les Religieux qui font nommés dans le traité de 1554, étoient Gentilshommes ; & on lit fur des tombes anciennes qui font dans l'Eglife, les noms de la Baume, de Gorrevod, de Genève, de Laubepin, de la Palu, & autres noms de familles illuftres. L'on ne fçait pas au refte, dans quel tems l'ufage s'y eft introduit, de prouver les feize quartiers. Je dirai de quelle maniére fe fait cette preuve, lorfque j'en parlerai à l'occafion des Abbaïes des Dames de la Province.

Les Officiers du Prieuré de Gigny, font le Grand-Prieur, le Chambrier, l'Aumonier, le Sacriftain, le Doyen, le Chantre, l'Infirmier, le Réfecturier & l'Ouvrier, qui ont tous des revenus attachés à leurs Offices.

Il y avoit plufieurs Prieurés même dans le Dauphiné & le Genevois, dépendans de Gigny. Voici ceux qui en dépendent encore, Oncieux en Bugey, Marbos en Breffe, Donfeure en Breffe, Chatonay en Franche-Comté, Saint-Laurent, Chambornay, Poëte, Chateau fur Salins, Chatel, la Madelaine, & Menal, auffi en Franche-Comté.

Les Prieurés de Chatel & de la Madelaine, font unis à l'Office d'Aumonier. La réforme de Cluni a été introduite au Prieuré de Chateau fur Salins. Il n'y a point de conventualité dans les autres, & le Pape nomme à ceux qui font fitués dans le Comté de Bourgogne, fuivant l'ufage du Païs, où le Souverain pourvoit aux Prieurés Conventuels, & le Pape à ceux qui ne le font pas, que l'on apelle Ruraux.

Les Cures de la nomination du Prieur de Gigny, font Gigny, Veria, Louvena, Charnay, Loifia, Saint-Julien, Crefcia, Efpy, Rothenay, Pimorin, Prefcia, Cuifia en Breffe, Monetai, la Boiffiere, Cyuria, Cuifeaux, Eftreux, Montagnat le Templier, Montagnat le Reconduit, Verjon, Nantel, & Poëte. Le Chambrier nomme à celles de Varennes, Rofay, Dommartin, Frontenos, la Chapelle-Node, Sainte-Croix, Coufance, Digna, Chatel & Cuifia. Les Cures de Menal, Beaufort, Flacé & Condal, font de la nomination de l'Aumonier.

Les Religieux de Saint Claude, Baume & Gigny, fuivent le Rit, le Miffel & le Breviaire Romain. Ils portent au Chœur l'ancien habit des Bénédictins; mais hors de l'Eglife, ils font habillés comme les Prêtres féculiers, à l'exception d'un fcapulaire large de quatre doigts, qui eft feulement fur le devant de leur foutane. Ceux de Saint Claude ont droit de porter dans la Ville, une croix pectorale d'or, attachée au col par un ruban noir, fur laquelle eft gravée l'image de Saint Claude. Cette diftinction leur a été accordée, par le Cardinal de Vendome Légat *à Latere* en France, lorfqu'il aprouva leurs Statuts de 1668.

Il y a encore une Abbaïe au Comté de Bourgogne, dans laquelle on ne reçoit que des Gentilshommes; mais on n'y exige pas la preuve des feize quartiers. C'eft celle de Lure, dont la diftinction & les priviléges aprochent de ceux de l'Abbaïe de Saint Claude, & qui a eu pour premier Abbé Saint Deicole mort en 625. Je parlerai de cette Abbaïe, lorfque j'écrirai l'Hiftoire de l'illuftre Monaftere de Luxeul, dont elle a été l'une des premiéres filles, & qui a eu pendant plufieurs fiécles, l'éclat & la réputation qu'on a vû dèflors à Cluni & à Cîteaux.

HISTOIRE DES ABBAYES DE CHATEAU-CHALON, BAUME-LES-DAMES ET FAVERNE'.

LEs Abbaïes de Baume-les-Dames & de Chateau-Chalon, également nobles & illustres, disputent entre elles qui est la plus ancienne. Je commencerai par l'Histoire de celle de Chateau-Chalon, parce que le tems de sa fondation me paroît plus certain, & que je suis mieux informé de son état, ayant eu l'avantage d'en voir les titres que Madame l'Abbesse m'a communiqués, avec une politesse dont je rends un témoignage public, pour marquer ma reconnoissance.

CHATEAU-CHALON.

L'Abbaïe de Chateau-Chalon est située entre Poligny & Lons-le-Saunier, sur l'extrémité d'une haute montagne, qui produit dans sa pente & dans ses vallons du vin exquis ; de laquelle on a sur la Bresse & du côté de Lons-le-Saunier une belle vuë, & dont l'avenuë étoit défenduë par un fort Chateau.

Elle est nommée dans les actes du 9e. siécle, *Castellum Caronis* ; ce qui prouve que le Chateau existoit déja, &

de Chateau-Chalon, &c.

qu'il avoit été fait par Charlemagne, réputé Bienfaiteur de l'Abbaïe de Chateau-Chalon, dans laquelle on fait un service pour lui le jour de son décès. Ce nom est composé de trois mots, *Chateau, Chal, Nones,* * qui signifient Chateau & Montagne des Religieuses; ou de Chateau Charles-Nones, que l'on a prononcé dans la suite des tems, *Charnones* par sincope, & ensuite Charlon & Chalon.

* Les Vierges consacrées à Dieu s'apelloient Nonnes. Ce nom est ancien, & S. Jérôme s'en est servi dans sa lettre 21. à Eustochium Gloss. de Ducange.

L'on garde dans cette Abbaïe un Manuscrit en vélin, qui contient un Martyrologe & un Nécrologe sur deux colonnes. On lit à la fin, qu'il a été fait par les soins *de Dame Guillaume de Doux & de Marguerite sa niéce en* 1416, *ita est.* Ces derniers mots, prouvent que c'est une copie collationée & tirée sur un ancien original.

Cet original étoit antérieur au dixiéme siécle, parce que le Martyrologe qu'il contient, n'est pas celui d'Usuard dont on s'est servi communément dès qu'il a paru, & qu'un grand nombre des noms du Nécrologe, sont sans surnom ; ce qui prouve qu'il a été écrit long-tems avant que les noms propres & de famille fussent en usage.

On trouve dans le corps du Martyrologe ces mots : *Vigilia Nativitatis Domini, depositio Domini Norberti Patritii, nobilissimi Principis ;* & dans un autre endroit, *Nonis Januarii, obiit Eusebia, uxor Norberti Patritii.* Ce sont les premiers Fondateurs de l'Abbaïe de Chateau-Chalon, dont les obits ont été insérés par cette raison dans le Martyrologe lorsqu'il a été dressé, & pour chacun desquels on fait annuellement un service le jour de leurs décès. L'on n'en doutoit pas au douziéme siécle ; car l'on a un Diplome de l'Empereur Fréderic Barberousse, dans lequel ce fait est énoncé. *Petronilla Venerabilis Abbatissa, Majestatem nostram adiit ; suppliciter exorans, ut præfatam Ecclesiam quæ Castrum Caroli nuncupatur, à beatæ memoriæ Norberto & Eusebianâ consorte suâ, pro redemptione animarum suarum, in honore beatissimæ Dei Genitricis & semper Virginis Mariæ, & Petri Principis Apostolorum, studiosâ devotione funda-*

tam, & amplis poffeffionibus dotatam, fub noftrâ deffenfione fufciperemus.

Les Gouverneurs de la partie du Comté de Bourgogne qu'on apelloit le canton de Scodingue, portoient ordinairement la qualité de Patrice fous les Rois de la premiére Race, & l'on a ceffé de la leur donner dès-lors ; d'où je conclus que Norbert Patrice Fondateur de Chateau-Chalon, vivoit fous quelqu'un de ces Rois.

Le tems de cette fondation, paroît déterminé par un autre endroit du Martyrologe ; c'eft celui dans lequel on trouve, que l'Abbaïe de Chateau-Chalon a été dédiée par Saint Leger. 2. *Idus Novembris, Dedicatio Ecclefiæ beatæ Mariæ Caftri Carnonis, per manus Domini Leodegarii* ; & d'un tems immémorial, chaque année après l'Office du matin des quatre principales Fêtes de la Vierge, le Célébrant vient annoncer au Peuple affemblé fur le Cimetiére, que l'Eglife de Chateau-Chalon a été facrée par Saint Leger affifté de treize Evêques.

Saint Leger étoit d'une illuftre naiffance, Evêque d'Autun & Miniftre fous les Rois Clotaire III. & Childeric II. Il faut que le Patrice Norbert fût fon parent, puifqu'il l'engagea à dédier dans un Diocèfe étranger, l'Eglife de l'Abbaïe qu'il avoit fondée. La haute qualité du Fondateur, la dignité & le crédit de S. Leger, furent caufe du grand concours des Prélats qui fe trouvérent à cette cérémonie, & que l'Evêque de Befançon confentit qu'elle fe fît dans fon Diocèfe par celui d'Autun. Cette Dédicace fixe le tems de la fondation de Chateau-Chalon au milieu du feptiéme fiécle, qui étoit le tems de la faveur de S. Leger, relegué à Luxeul en 672, & mis à mort en 678 par les ordres du Maire du Palais Ebroin. Il y a dans l'Eglife Abbatiale de Chateau-Chalon, un Autel dédié à S. Leger, où l'on célèbre une Meffe folemnelle le jour de fa Fête, que les Dames font avec Octave.

L'on a dit dans l'Hiftoire de Baume-les-Meffieurs,
que

de Chateau-Chalon, &c.

que le Roi Lotaire avoit donné à l'Eglise de Besançon les Abbaïes de Chateau-Chalon & de Baume, en 869; mais que cette donation n'avoit pas été exécutée, puisque l'une & l'autre de ces Abbaïes sont comprises dans le partage qui fut fait en l'année suivante des Etats de Lotaire, entre Loüis de Germanie & Charles le Chauve son oncle. Chateau-Chalon est nommé dans la donation, *Carnonis Castrum, in pago Scodiacorum,* & dans le partage, *Castellum Carnonis.*

L'on trouve dans les Manuscrits de notre Eglise Métropolitaine, plusieurs sermens prêtés par les Abbesses de Chateau-Chalon. Le plus ancien est conçû en ces termes. *Ego Berlaida Castri Carnonis Abbatissa, subjectionem & reverentiam à sacris Patribus constitutam & obedientiam secundùm Regulam sancti Benedicti, sanctæ Sedi Vesontionensis Ecclesiæ, in personâ Domini Archiepiscopi Hugonis, perpetuò me exhibituram promitto, & propriâ manu firmo.* Le Prélat qui reçut ce serment étoit Hugue Premier, qui tint le Siége Archiépiscopal depuis mil trente jusques en mil soixante-six. Il y a des sermens semblables d'Alduide & d'Halaide, aussi Abbesses de Chateau-Chalon; mais on ne sçait pas sous quels Archevêques ils ont été faits, parce que ces Prélats n'y sont pas nommés.

L'on voit par ces actes, que les Religieuses de Chateau-Chalon avoient embrassé la Régle de S. Benoît. Plusieurs Bulles qui sont dans leurs Archives le portent aussi, & les Dames font profession de cette Régle en la forme suivante. *Ego N. filia Domini N. promitto stabilitatem meam & conversionem morum meorum, & obedientiam secundùm Regulam sancti Benedicti, quæ observatur in hoc Monasterio, & secundùm Statuta ejusdem loci; coram Deo & sanctis Martyribus, quorum reliquiæ hîc habentur & omnibus Sanctis, in hoc loco qui Castrum Caroli vocatur, constructo in honorem Dei & beatissimæ semperque Virginis Mariæ; in præsentiâ Reverendæ Dominæ N. Dei & Apostolicæ Sedis gratiâ Abbatissæ ejusdem loci.*

144 *Histoire des Abbaïes*

Les Statuts dont il est parlé dans cette profession, font une coutume écrite que les Dames de Chateau-Chalon suivent. Le Grand Prieur de Saint Claude nommé pour les visiter, par un Bref d'Alexandre VII. datté du 18 Juin 1666, aprouva ces Statuts dans sa Visite; ainsi elles sont en régle & en sureté sur leurs usages.

Elles prétendent être exemtes de la Jurisdiction de l'Ordinaire, par des Bulles de 1134, 1155, 1232, & 1249. Cependant l'Official de Besançon les déclara sujettes à la Visite de l'Archevêque, en Octobre 1692; mais elles apellérent de son Jugement, & le Délégué du Saint Siége, les déclara exemtes de la Jurisdiction de l'Ordinaire, par Sentente du 20 Mai 1693, dont il n'y a point eu d'apel.

L'Eglise & le Monastere de Chateau-Chalon ont été dédiés dès le commencement à la Sainte Vierge & à S. Pierre. Le Monastere a toujours été desservi par des Prêtres séculiers qu'on nomme aujourd'hui Quarts-fiefs, parce qu'ils sont au nombre de quatre & qu'ils tiennent en fief de l'Abbaïe, les biens qui ont été assignés pour leur subsistance.

L'Eglise Abbatiale a été la premiere Paroisse du Bourg; mais le nombre des Habitants s'étant considerablement augmenté, l'Abbesse leur a permis de bâtir une autre Eglise sous l'invocation de S. Pierre, dans laquelle ils sont desservis par les Chapelains de l'Abbaïe. Cependant l'Eglise Abbatiale a conservé des marques de sa primauté; car l'on y garde la Banniere de la Paroisse, l'on y bénit le Cierge Pascal & les Chandelles de la Purification; l'on y fait les Offices de la Semaine sainte, & les Chapelains Cocurés du lieu, viennent y recevoir la Communion le Jeudi Saint. C'est la seule Eglise où le S. Sacrement soit exposé pendant l'Octave de la Fête-Dieu, & où l'on célébre les Messes solemnelles aux jours de Noel, S. Etienne, S. Jean, la Circoncision, l'Epiphanie, & Fêtes principales de la Vierge; l'on y fait les offrandes pour les morts; l'on ne peut sonner aucun Office de Paroiffe avant ceux de l'Abbaïe, & les Paroiffiens avec les Quarts-fiefs qui les deffervent, marchent fous la Croix des Dames, quand elles affiftent aux Proceffions de la Paroiffe.

Les Quarts-fiefs partagent entre eux les revenus de la Cure & les fonctions paftorales qu'ils font à tour, à l'exception de l'adminiftration des Sacrements, qui eft confiée à un feul d'entre eux. L'Abbeffe de Chateau-Chalon qui les regardoit comme fes Vicaires, & qui avoit retenu la Cure primitive, les nommoit indépendamment de l'Ordinaire. Ce fut une occafion de difficulté. L'Archevêque de Befançon prétendit que les Quarts-fiefs poffedoient de vrais Bénéfices, & qu'étant chargés d'une Paroiffe, ils devoient prendre fon inftitution. Cette difficulté a été terminée par une tranfaction de 1558, aprouvée par le S. Siége en 1560, par laquelle il fut convenu; que l'Abbeffe nommeroit les Quarts-fiefs en quels mois que leurs Bénéfices vinffent à vaquer, & que l'Archevêque leur donneroit des inftitutions.

Il convenoit en effet, que l'Abbeffe pût feule choifir les Prêtres qui feroient chargés de la defferte de fon Abbaïe, & on ne lui a pas contefté le droit de nommer en tout tems, ceux des Chapelains qui n'étoient pas chargés du foin des ames; mais l'Ordinaire avoit fait pourvoir depuis l'an 1670 par le concours, en conformité du Concile de Trente & en exécution de la régle de la réfervation des huit mois, le Bénéfice du Quart-fief qu'on apelle Curé, parce qu'il adminiftre les Sacrements. Madame de Vatteville, aujourd'hui Abbeffe de Chateau-Chalon, a obtenu une Sentence aux Requêtes du Palais le premier Septembre 1733, par laquelle elle a été maintenuë au droit de nommer à ce Bénéfice en quel mois qu'il vienne à vaquer, & la Sentence a été acquiefcée.

L'on voit par les titres de l'Abbaïe de Chateau-Chalon, qu'il y avoit à Plaifia, Gevingé, S. Lamain &

Noires, des Prieurés dans chacun defquels quatre Religieufes réfidoient avec une Prieure, & qu'elles venoient toutes à l'Abbaïe affifter chaque année aux Offices de la Semaine fainte.

L'Abbaïe de Chateau-Chalon & fes biens ont été reçûs fous la protection du Saint Siége, par des Bulles des années 1154, 1181, 1244 & 1272. Fréderic Premier Empereur & Comte de Bourgogne, les mit fous la fienne & fous celle de fes Succeffeurs, par un Diplome donné à Vormes le 19 Septembre 1165, & confirmé par Fréderic Second fon petit-fils. Les biens de l'Abbaïe font raportés en détail dans ce Diplome & dans les Bulles dont on a parlé.

Les Religieufes nommées dans l'ancien Nécrologe, font diftinguées par les qualités de *Monacha*, *Scholaris* & *Converfa*. Il eft difficile de dire, ce que fignifioit dans cet acte, la qualité de *Scholaris*. L'on appelloit *Schola* dans les Monafteres, l'affemblée des jeunes enfants qui y avoient été offerts par leurs parents, & que l'on y élevoit pour les difpofer à embraffer la vie religieufe. Les Novices des Abbaïes nobles en Flandres, font apellées Echolieres; mais l'on trouve dans le Nécrologe de Chateau-Chalon, plus de Religieufes qui portent ce titre que d'autres, & il y en a qui ont celui de Prieure. Elles étoient donc Religieufes Profeffes. L'on apelle aujourd'hui Echolieres à Chateau-Chalon, les Dames qui n'ont pas été reçûës comme niéces, & qui n'ont point de maifon ni d'autres biens de l'Abbaïe, mais feulement le droit d'obtenir une prébende lorfque leur tour arrivera; d'où je conclus, que les Dames Echolieres pourroient bien être celles qui habitoient encore en commun, & que les autres qu'on nommoit *Monacha*, étoient les anciennes qui avoient des logements particuliers.

L'Abbaïe eft de nomination Royale, & l'Abbeffe donne les places des Religieufes. Elle doit quinze prébendes, aufquelles les Dames arrivent par rang d'ancienneté. Parmi celles qui ont des prébendes, il y en a cinq dont les revenus font plus confiderables, parce qu'elles ont des Offices qui font à la difpofition de l'Abbeffe. Ce font ceux de Prieure, Portiere, Chantre, Sacriftaine & Chapelaine.

Les Dames ne peuvent tenir ménage fans la permiffion de l'Abbeffe, qui juge fi elles ont l'âge & la prudence convenable pour vivre en leur particulier. Les jeunes Profeffes & les Novices demeurent chez les anciennes ; & fouvent les Novices ne font profeffion, que quand elles fe voient fur le point d'entrer en tour pour les prébendes ; car elles fe donnent par l'ancienneté du noviciat. L'Abbeffe a les clefs de l'Abbaïe, qu'on ouvre & qu'on ferme aux heures réglées ; & les Dames n'en fortent que par fa permiffion, même pour aller dans le Bourg.

Celles qui font prébendées, ont droit de préfenter pour être Religieufe, chacune une Demoifelle qui eft fa niéce, ou qu'elle adopte pour telle ; & ces niéces ont la fucceffion de leurs tantes. Hors de ce cas, l'Abbeffe fuccéde à la maifon & aux meubles des Dames défuntes, qui eft tout ce qu'elles peuvent poffeder. Les niéces demeurent chez leurs tantes & y font leur noviciat : Une longue expérience a fait connoître, que la paix, l'union, la charité & la fincere amitié, s'entretiennent encore mieux parmi ces Dames, que dans les Couvents où les Religieufes vivent en communauté.

Aucune Demoifelle n'eft reçûë à Chateau-Chalon, qu'elle ne prouve feize quartiers de nobleffe, huit paternels & huit maternels. Cette preuve fe fait par des titres autentiques, qui font produits & examinés dans le Chapitre ; & quand le Chapitre en eft content, quatre Gentilshommes affirment par ferment que la Demoifelle a la qualité requife. S'il y a difficulté fur la nobleffe, chaque Partie nomme un Gentilhomme, & elles conviennent d'un tiers pour décider le différend, fuivant qu'il a été ordonné pour cette Abbaïe par Arrêt du Confeil d'Etat du Roi du 25 Novembre 1692. Le Roi n'a pas crû que la difcuffion des preuves en ce cas, fût sujette au fore contentieux & aux Jurisdictions ordinaires. Il a voulu qu'elle fût réglée par des Arbitres experts, & n'a permis à ses Juges d'en prendre connoissance, que pour juger les suspicions qui seroient proposées contre les Arbitres.

L'on ne sçait pas dans quel tems on a commencé à faire des preuves à Chateau-Chalon; mais il paroît par les titres de cette Abbaïe, que depuis plusieurs siécles on n'y reçoit que des Demoiselles d'une noblesse ancienne & connuë. Beaucoup de Religieuses portent le titre de *Domna* sur le Nécrologe, avant que les noms propres fussent en usage, & je n'y ai trouvé que des noms de familles de Gentilshommes; voici ceux que j'ai pû lire.

De Bourgogne, de Vergi, de Flamerans, de Benge, de Berci, de Charolois, de Ravailli, de Charin, de Saubertier, d'Arlay, de Beauregard, de Pierre-Champ, de Vaugrenans, de Chatelvilain, de Falerans, de la Combe, de Vinflans, de la Grange, d'Usie, de Gigni, du Sausois, d'Alaise, de Saint Moris, de Sugni, de Vienne, de Freine, de Vaudrey, de Clerval, de la Balme sur Cerdon, de Groson, de Coge, de Ruffé, de Salins, de Vaite, de Lantenne, de Binan, d'Andelot, de Laubespin, de Gaignard, de Presilli, d'Orgelet, de Pourlans, d'Arguel, de Montagu, de Neufblanc, de Monsaugeon, de Toraise, de Giley, de Vornes, d'Andelot, de Vadans, d'Arbon, de Juvigni, de Mion, de Rougemont, de Chey, de Saint Lupicin, de Montmoret, d'Ambronet, de la Baume, de Chandey, de Jussi, de Poligni, de Frontenay, de Verchamps, de Latour, de Vaugrigneuse, de Pelapussin, de Villafans, de Biolois, de Bornay, de Champdivers, du Retal, de Bletterans, de Chalon, de Belchemin, de Fonvans, de Costebrune, de Mirebel, de Clémont, de Munans, de Tonnerre, de Moustier, de Chamblay, de Chatillon, de Sainte Colombe, d'Arbois, de Besançon, du Vernois, de Turé, de Bracon, de Villerfallay, de

de Chateau-Chalon, &c.

la Roche, de Courlaou, de S. Bonnet, de Vertambeau, de Rye, du Vernois, de Malaire, de Villars, de Chilli, du Louverot, de Joux, de la Guiche, de Luirieux, du Betton, du Doux, de Chauſſin, de Varax, de Manton, de Villette, de Viſemal, d'Amoncour, de Grammont, de Coligni, d'Aubigni, de Beaufremont, de Montconis, de Vautravers, de Clugny, de Juſſeau, du Pin, de Monteſſus, de Fouchier, de Cul, de Groley, de Seiturie, de Chargere, de Nance, de Chiſſey, de Poitiers, de Brancion, de Meiria, de Villers-la-Faye, de Conſtable, de Belot, d'Henin-Liétard, de Vers, de Montrichard, du Paſquier.

Il y a eu pluſieurs Dames de chacune de la plupart de ces familles, dont pluſieurs ſont de la haute Nobleſſe du Comté de Bourgogne & des Provinces voiſines. Voici la ſuite des Abbeſſes, ſuivant le Nécrologe & les autres titres qui m'ont été communiqués.

Umberga, Euphemia, Agnes, Anna, Sibillina, Guillelma, Beatrix, Pernella, Imberga, Berlaida, Alduidis, Halaida, Petronilla, Capraria, Maha de Burgundiâ, Joanna de Burgundiâ, Margarita de Burgundiâ, Alaiſia de Rochefort, Hugetta de Claravalle, Guillelma de Balmâ, Eleonora d'Andelot, Joanna de Dramelai, Petronilla de Chevrieres, Catharina de Lugniaco; Catherine d'Andelot en 1447, Jeanne de Vaudré en 1458, Loüiſe de Luirieux en 1473, Marguerite de Servigné en 1497, Marguerite de Sugni en 1502, Henriette de Quingey en 1508, Catherine de Rye en 1528, Marie de Rye en 1555, Catherine de Rye en 1590, Guillauma de Luirieux en 1592, Claudine de Fouchier en 1611, Catherine de Rye en 1646, Claudine de Fouchier en 1660, Alexandrine Mahaut de Reculoz en 1675, Marie-Angelique de Watteville morte en 1700, Anne-Marie Deſle de Watteville morte en 1733, Anne-Marie Deſle de Watteville Abbeſſe actuelle.

Elle eſt fille & petite-fille de Chevaliers de la Toiſon. Jean-Charles de Watteville Marquis de Conflans ſon ayeul, eſt mort Viceroi de Navarre; Nicolas de Watteville Marquis de Verſoi, Chevalier de l'Annonciade, ſon quatriéme ayeul, eſt le premier de ſa famille qui s'eſt établi dans le Comté de Bourgogne, à l'occaſion de ſon mariage avec une héritiére de la Maiſon de Joux, qui étoit de la haute & ancienne Nobleſſe de la Province. Les quartiers de Madame l'Abbeſſe de Chateau-Chalon d'aujourd'hui ſont, Mérode, Beaufremont & Naſſau. Sa famille eſt originaire d'Allemagne, & a la même tige que les Comtes de Zinzendorf, les Barons de Raitenau, de Schaveſtain, & d'Arberg en Autriche. *

* Imhof. not. Germ. procerum. lib. 7. cap. 13.

BAUME-LES-DAMES.

Baume eſt l'une des quatorze Villes principales du Comté de Bourgogne, avec le titre de Mairie & de Vicomté. Cette Ville eſt ſituée à l'extrémité d'une prairie, à une portée de canon du Doux, & au pied de cinq montagnes qui ſont autour de la prairie, la figure des doigts élevés contre la paume de la main; c'eſt à ce que je crois, d'où cette Ville a tiré le nom de *Palma*, qu'elle a toujours porté.

Le Chateau qui étoit ſur celle de ces montagnes qui repréſente le pouce, étoit l'un des plus forts de la Province; comme on peut le voir dans une Charte d'Othon Duc de Meranie & Comte de Bourgogne, datée de l'an 1241. *

* Perard page 449 & 450.

Dans le milieu de la Ville de Baume, eſt l'Abbaïe des Dames. L'on croit communément qu'elle a été établie & fondée par Saint Germain Evêque de Beſançon, ſur ce qu'on trouve dans ſa Légende que l'on conſerve dans cette Abbaïe, qu'il en eſt le Fondateur & que ſes Reliques y repoſent. Mais ce n'eſt pas une juſte conſéquence, que les Saints aient fondé les Monaſteres, dans leſquels ſont leurs Reliques. Une Légende compoſée au treiziéme ou quatorziéme ſiécle & remplie de récits fabuleux, n'eſt pas d'une grande autorité; & j'ai tâché de prouver dans l'Hiſtoire de l'Egliſe de Beſançon, que

Saint

de Baume-les-Dames & Faverné.

Saint Germain en étoit Evêque, non sur la fin du quatriéme siécle comme on le pensoit, mais au troisiéme.

Une raison décisive pour prouver que Saint Germain, quand on le suposeroit du quatriéme siécle, n'a pas fondé l'Abbaïe de Baume-les-Dames ; c'est que l'Auteur de la Vie de Saint Romain écrite au sixiéme siécle, atteste qu'avant le cinquiéme siécle & la fondation de l'Abbaïe de Saint Claude, il n'y avoit point eu de Monastere dans la Province Séquanoise. *Ante Romanum, nullus omnino Monachorum, intra ipsam Provinciam, Religionis obtentu, aut solitariam aut consortialis observantiæ, sectatus est vitam.* *   * *Cap.* 1.

S'il n'y avoit point de Monastere pour les hommes dans la Province Séquanoise avant le cinquiéme siécle, il est bien probable qu'il n'y en avoit point eu pour les femmes ; & si celui de Baume avoit existé au quatriéme siécle, il auroit été détruit lorsqu'Attila ruina Besançon & ravagea le Pays en 451.

Aussi les partisans de l'opinion commune sur la fondation de l'Abbaïe de Baume, suposent qu'elle a été détruite par Attila. Mais ils disent qu'elle fut rebâtie & fondée de nouveau, par un Comte Garnier dont Vignier fixe la mort à 603, ou par le Duc Garnier qui vivoit dans le même siécle. Ils prétendent que ce second Fondateur, a été inhumé dans un tombeau élevé sur six colomnes de pierre polie, qu'on a transporté depuis peu dans une Chapelle collatérale, du Chœur de l'Eglise Abbatiale de Baume où il étoit auparavant ; & que les bas-reliefs de ce tombeau, représentent une aventure qu'Aimoin raconte du Roi Gontran.

Cet Auteur dit, que Gontran chassant dans une forêt & se trouvant accablé de sommeil, s'arrêta, dormit au bord d'un ruisseau, sur les genoux d'un de ses Courtisans qui étoit resté seul avec lui ; que pendant qu'il reposoit, il sortit de sa bouche un reptile, qui parut vouloir passer le ruisseau ; mais que ne pouvant le faire sans secours, le Courtisan tira son épée, la posa sur le ruisseau, & que le reptile s'en servit comme d'un pont, pour le traverser & aller dans une caverne voisine ; d'où étant retourné le Roi dormant toujours, le Courtisan donna au reptile la même facilité pour repasser, & rentrer comme il fit dans la bouche de Gontran ; que le Roi d'abord après son réveil, raconta qu'il avoit vû en songe un grand fleuve, sur lequel étoit un pont de fer ; qu'il avoit passé sur ce pont pour entrer dans une caverne qui étoit à l'autre bord du fleuve, & qu'il y avoit trouvé un trésor ; que le Courtisan lui avoit fait part de son côté de ce qu'il avoit vû, & que le Roi ayant fait chercher dans la caverne, l'on y trouva en effet un trésor, dont il fit faire un riche Ciboire qu'il donna à l'Abbaïe de Saint Marcel lès-Chalon. *

* *Aimoinus. lib. 3.*

L'on ajoute pour faire l'aplication de ce récit à l'Abbaïe de Baume, qu'il y a un ruisseau qui prend sa source dans l'enceinte de cette Ville, que ce ruisseau est peu éloigné d'une vigne qui porte le nom de la vigne du trésor, & qui le portoit déja en l'an 1347, suivant une ancienne Charte.

Pour moi je pense, que si ce nom n'a pas été donné à la vigne dans le tems qu'on a composé la Légende de Saint Germain, & qu'on a voulu adapter le récit d'Aimoin, au lieu où l'Abbaïe de Baume est située ; la vigne a été apellée du trésor, parce qu'elle est d'un plus grand raport que les autres du territoire, comme il est vrai en fait. Mais il n'y a point de caverne, & la vigne est éloignée de deux portées de fusil de la source du ruisseau, sur les bords duquel on prétend que le Roi se reposa, & d'où l'on n'auroit pas pû voir le lieu où Aimoin dit qu'entra le reptile.

L'on ne croit pas d'ailleurs dans un siécle aussi éclairé que le notre, des faits de la nature de celui qu'on vient de raporter. C'étoit dans une forêt de la Touraine que Gontran chassoit suivant Aimoin, & cet Auteur ne dit pas que le Roi ait fait bâtir un Monastere du trésor qu'il avoit trouvé. Loin de là, il en raporte un emploi différent. Il ne nomme pas le Courtisan qui étoit avec Gontran, & l'on supose gratuitement que c'étoit un Comte ou un Duc nommé Garnier ; car l'on n'a aucun monument ancien, dont on puisse conclure que Garnier Duc ou Comte, ait fondé l'Abbaïe de Baume, & ce qui est représenté sur le tombeau qu'on voit dans l'Eglise, n'a point de raport avec le récit d'Aimoin.

En effet, des trois bas-reliefs qui sont sur ce tombeau, le premier représente un homme à genoux, qui tient la main sur la garde de son épée, & qui a un cor de chasse en écharpe. Devant lui sont un cheval mort, ou une piéce de gros gibier, & deux chiens qui semblent s'aprocher pour caresser leur maître. Il paroît que c'est un Seigneur, à qui il étoit arrivé quelque accident à la chasse. Son cheval avoit été tué, car il paroît étendu par terre ; peut-être étoit-il blessé lui-même, & il est représenté à genoux faisant une priere ou un vœu.

On voit dans le second bas-relief, ce Seigneur mort (car l'habit est le même que celui de la précédente figure) dont la tête repose sur un carreau. Il a deux Anges, l'un à sa tête, l'autre à ses pieds, & ces Anges portent chacun une croix élevée. Du haut du tombeau, pend une main étenduë & ouverte, qui se présente du côté de la paume ; ce qui revient au nom de *Palma*, & à l'étimologie que je lui ai donnée. La Ville de Baume a pris cette main pour son symbole, dans l'Ecu de ses Armes.

Le troisiéme bas-relief représente un enfant mort, couché sur les genoux d'un homme, qui est dans un attitude de tristesse. C'étoit aparemment la figure du Gouverneur de cet enfant.

L'on a ouvert le tombeau depuis peu, & l'on n'y a point trouvé d'ossements ; soit que ce n'ait été qu'un cénotaphe, ou que le tombeau ait été foüillé pendant les guerres. Mais sa figure & le lieu où on l'avoit placé, donnent sujet de croire, que c'étoit celui du Fondateur de l'Abbaïe ; & l'on peut conjecturer des bas-reliefs qu'on y voit, que ce Seigneur ayant essuyé quelques dangers à la chaſſe, il avoit fait vœu de bâtir & fonder un Monaſtere, dans l'Egliſe duquel il a été inhumé avec ſon fils.

Cependant l'on ne peut pas ſçavoir préciſément qui étoit ce Seigneur ni dans quel tems il vivoit, parce qu'il n'y a point d'inſcription ſur le tombeau. L'on peut ſeulement conjecturer, qu'il vivoit ſous les Rois de la premiere ou de la ſeconde race, parce qu'il porte un haut-de-chauſſe qui lui deſcend juſques à la cheville du pied, & laiſſe cependant voir la forme de la jambe. C'étoit une de ces *brayettes*, qui ont fait donner à une partie des Gaules le ſurnom de *Bracata*, & qu'on portoit encore ſous les Rois de la premiere & ſeconde race. Eticon Duc d'Alſace, en a un pareil dans un bas-relief du ſeptiéme ſiécle.

* *Ann. Bened. tom. 1. fol. 490.*

Ce Duc étoit parent de Saint Leger, qui eſt repreſenté dans le même bas-relief avec lui, & Sainte Odilie fille d'Eticon eſt entre les deux. *

La Légende de cette Sainte, porte qu'elle a été élevée dans l'Abbaïe de Baume, mais elle n'y prit pas l'habit. Elle s'en retourna chez ſon pere, & fonda un Monaſtere à Hoëmbourg en Alſace, dont elle fut la premiere Abbeſſe. On croit qu'elle mourut en 720 le 3 Décembre, qui eſt le jour auquel on célébre ſa Fête. L'on garde encore dans l'Abbaïe de Baume, un morceau de ſon voile, qui eſt d'une eſpèce de crêpe brun.

Je conclus de ces faits, que l'Abbaïe de Baume exiſtoit déja au ſeptiéme ſiécle, & c'eſt tout ce que nous avons de certain ſur ſa fondation. * Elle peut être attribuée au Seigneur dont j'ai décrit le tombeau, qui étoit Seigneur de Baume, & probablement de la Maiſon qui a porté dans la ſuite le nom de Neufchatel, l'une des plus anciennes, des plus riches, & des plus illuſtres du Comté de Bourgogne; puiſqu'elle étoit alliée à la Famille de nos Comtes, qu'elle a donné des Mareſchaux à la Province, & qu'elle portoit le ſurnom de *Fief*, par raport au grand nombre de ſes Vaſſaux; car l'on donnoit aux quatres grandes Familles du Païs, les ſur-

* *L'Auteur de l'Hiſtoire de l'Abbaïe de Moyenmoutier dans les Monts de Voſge, dit que S. Hidulfe, Evêque de Tréves & Abbé de Moyenmoutier, baptiſa Ste. Odilie, & qu'elle fut élevée dans un Monaſtere de Filles qui étoit*

de Baume-les-Dames & Faverné. 155

noms de *Noble* de Vienne, *Riche* de Chalon, *Preux* de Vergy, *Fief* de Neufchatel.

Ce fut dans le même siécle, que Saint Ermenfroi qui étoit de la haute Noblesse du Comté de Bourgogne & qui avoit été élevé à la Cour du Roi Clotaire, fit bâtir un Monastere à une lieuë de Baume, dans une de ses Terres qu'on apelle Cuisance, & en fut le premier Abbé. Sa Maison qu'on croit être une branche de celle de Neufchatel, a pris le nom de ce Monastere, lorsque les Gentilshommes ont commencé à se distinguer par des noms propres.

Les raisons qui me font penser qu'un Seigneur de la Maison de Neufchatel peut être regardé comme Fondateur de l'Abbaïe de Baume, sont qu'on trouve les biens de cette Abbaïe situés dans les Terres de cette Maison; car ils consistent principalement dans la Prévôté de Matai en moyenne & basse Justice située sous la mouvance & la haute Justice de Neufchatel, & dans des granges, un grand pré, des vignes, la riviere du Doux, les moulins de Cour & Fourbanne, les Dîmes & la moyenne & basse Justice sur les hommes & sujets de l'Abbaïe dans la Terre de Baume, dont la Vicomté a apartenu à la Maison de Neufchatel.

Je trouve d'ailleurs dans un ancien Terrier de cette Maison, que le Sire de Neufchatel à cause de la Vicomté de Baume, devoit être apellé aux élections & postulations des Abbesses, pour garder le Chapitre & empêcher toute contrainte; même avoir voix à l'élection & à la postulation comme l'une des Dames du Chœur; & après que l'élection seroit faite, conduire la nouvelle Abbesse à l'Autel, & ensuite à son Siége.

Cette reconnoissance est faite par les Curés de Saint Sulpice & de Saint Martin de Baume, par les Curés voisins qui desservoient l'Abbaïe, & par les Dames Religieuses. L'on y trouve des vestiges de l'ancien usage introduit en quelques lieux, que les Laïques assistassent aux élections & y donnassent leurs voix, reprouvé par

dans le voisinage, différent de notre Abbaïe de Baume-les-Dames. Ce fait supofé, il n'y auroit rien de certain sur l'existence de l'Abbaïe de Baume-les-Dames avant le neuviéme siécle.

Grégoire IX. dans le Chapitre *Maſſana*. L'on voit dans le même Terrier, deux élections d'Abbeſſes faites dans la forme de la reconnoiſſance, en 1355 & 1373.

Les Dames de Baume ſont Religieuſes, puiſqu'elles font les vœux ſolemnels de Religion, qu'elles ſont ſoumiſes à une Supérieure, qu'elles ne diſpoſent pas de leurs biens, & que l'on connoît encore dans leur Abbaïe des reſtes des lieux réguliers; dortoir, réfectoire, chauffoir, &c. L'on en doit conclure qu'elles l'ont été dans leur origine, ſoit parce que l'on ne connoiſſoit pas des Chanoineſſes ſéculieres au tems de leur fondation, ſoit parce qu'il y a des preuves qu'elles étoient Religieuſes, dans les Bulles qu'elles ont obtenuës des Souverains Pontifes. J'ai vû la copie d'une de ces Bulles, dattée de la troiſiéme année du Pontificat de Luce III, qui eſt l'an 1183, & adreſſée *Dilectis in Chriſto Filiabus, Abbatiſſæ Monaſterii Sanctæ Mariæ Palmenſis, ejuſque Sororibus tam præſentibus quam futuris, regularem vitam profeſſis*. Mais il eſt difficile de dire quelle Régle elles ont d'abord embraſſée.

Il paroît que ç'a dû être celle de Saint Benoît, puiſque c'eſt la Régle que l'on a communément choiſie après le Concile d'Aix la Chapelle; que les autres anciens Monaſteres de Filles de la Province, l'ont reçûë; qu'elle a été pratiquée dans les Maiſons de Chanoineſſes, en Allemagne, en Flandres, en Lorraine & par les Dames de Remiremont même, avec leſquelles celles de Baume ſe font honneur de fraterniſer; & qu'elles font la Fête de Saint Benoît & celle de ſa Tranſlation. J'ai vû d'ailleurs dans un Procès, l'aſſenſement de la Grange de Lucelans dans la Prevôté de Matay, fait le 8 Mars 1477, par Alix de Montmartin humble Abbeſſe du Monaſtere de Notre-Dame de Baume, *de l'Ordre de S. Benoît*.

Suivant une Charte datée de Cluni, trois Abbés décidérent comme Arbitres en 1034, un différend qu'Eliſabeth Abbeſſe de Baume avoit avec S. Odilon au ſujet de quelques fonds, ſitués auprès de Givry dans le Chalonois. * Cette même Abbeſſe a prêté ſerment entre

* *Ann. Bened. lib. 57. fol. 393.*

de Baume-les-Dames & Faverné. 157

les mains d'Hugue premier Archevêque de Besançon, en ces termes : *Ego Elisabeth Palmensis Cœnobii, nunc ordinanda Abbatissa ; spondeo, voveo & promitto, Sanctæ Vesontionensi Ecclesiæ, debitam subjectionem, in præsentiâ Domini Hugonis Archiepiscopi.*

Il n'est pas fait mention de la Régle de S. Benoît dans ce serment, comme dans ceux des Abbesses de Chateau-Chalon & de Faverné. L'on en conclut que l'Abbaïe de Baume n'avoit pas alors embrassé cette Régle ; & encore aujourd'hui l'on n'en parle pas dans la profession des Dames qui se fait dans les termes suivans. *Je N. fille de N. & de N. mes pere & mere, promets & voüe à Dieu, en présence de la glorieuse Vierge Marie, & de tous les Saints & Saintes dont les Reliques reposent en cette Eglise, & de vous Madame N. Abbesse de céans ; les trois vœux de religion, pauvreté, chasteté & obéissance, avec bonne conversion de mes mœurs, selon la forme & la coutume de la Maison. Ainsi Dieu me veüille aider, Amen.*

Suivant un mémoire que Madame l'Abbesse de Baume a eu la bonté de m'envoyer, une Bulle de Clement X. du 13 Janvier 1672, porte : que comme il ne conste pas que l'Abbaïe de Baume ait reçû la Régle de S. Benoît ni celle d'un autre Ordre, (*Sancti Benedicti vel alterius Ordinis*) le Pape confirme ses coutumes & usages, & défend à toutes personnes d'y rien innover sans l'autorité du S. Siége. L'on conclut de là, que si les Dames de Baume ont été Religieuses dans leur institution, elles ont embrassé la Régle qui fut dressée au Concile d'Aix pour les Chanoinesses, ou qu'elles ont conservé la Régle sous laquelle elles avoient été établies. Ce pouvoit être celle de Saint Colomban qui dominoit alors dans la Province, & que les Dames de Remiremont fondées en 620 pratiquérent d'abord ; ou la Régle que S. Donat, qui a été Archevêque de Besançon jusqu'environ l'an 660, composa pour des Religieuses qu'il établit dans cette Ville.

La question de sçavoir si les Dames de Baume ont embrassé dèflors la Régle de S. Benoît ou une autre, se termineroit facilement à vûë des titres qu'elles ont dans leurs Archives. Au reste elles observent des usages qui ont été rédigés par écrit dans une assemblée de leur Chapitre le 31 Août 1685, en exécution d'un Traité reçû de Colin Notaire à Besançon le huit du même mois.

Le mémoire qui m'a été envoyé, porte aussi qu'il y a dans ces Archives des testaments de Dames du treiziéme & quatorziéme siécle ; que dans quelques-uns de ces actes, les Testatrices prennent la qualité de Comtesses ; qu'elles avoient des prébendes à Baume & à Remiremont, suivant leurs Epitaphes ; & que pendant un tems, on ne faisoit point de vœu à Baume. Si ces faits sont vrais, c'étoit un relâchement de la discipline, qui fut rétablie dans l'Abbaïe de Baume par Marguerite de Neufchatel, suivant le même mémoire. Voici l'Epitaphe de cette Abbesse.

Ci git haute & puissante Dame, Madame Marguerite de Neufchatel, Dame de Remiremont & Abbesse de céans ; fille de haut & puissant Seigneur Messire Claude de Neufchatel Chevalier de la Toison d'Or, & de Dame Bonne de Boulai, Seigneur & Dame dudit Neufchatel, de Chatel sur Moselle, Beaurepaire, &c. laquelle trépassa le 3 Septembre 1549.

L'Ecu des Armes de l'Abbesse Marguerite de Neufchatel est adossé de deux Crosses, ce qui fait croire qu'elle étoit Abbesse de Baume & de Remiremont en même tems. Mais outre que c'étoient deux Bénéfices incompatibles, son Epitaphe la nomme simplement Dame de Remiremont. Peut-être en avoit-elle été Abbesse ou de quelque autre Abbaïe, & que c'est ce qui a donné lieu à la représentation des deux Crosses derriere ses Armes.

Ce tombeau est élevé de deux pieds au-dessus du rez de chaussée. Il y en avoit un autre semblable, qui a été mis à fleur de terre depuis quelques années ; c'étoit celui d'une Abbesse de la Famille de Maisonval. J'ai tiré un extrait d'un Mandement de Jean Sans Peur Duc

& Comte de Bourgogne, daté de l'an 1415 & qui m'a
paſſé par les mains ; qui enjoint au Bailli d'Amont de
faire guet dans cette Abbaïe en l'abſence du Seigneur de
Neufchatel & de veiller à la liberté de l'élection, au
cas que Madame de Maiſonval qui étoit alors Abbeſſe
& dangereuſement malade, vint à mourir. Ce droit d'é-
lection s'eſt conſervé juſqu'au ſeiziéme ſiécle, que le
Pape accorda à nos Souverains, des Indults pour nommer aux Abbaïes & Prieurés Conventuels de la Province.

L'Abbaïe de Baume a le droit de Patronage de pluſieurs Cures & Bénéfices ſimples, particuliérement des
deux Cures de Baume à préſent réünies en une, & de
celles du voiſinage dans la Terre de Baume, & la Prévôté de Matai. Céleſtin Second confirma par une Bulle
de l'an 1143, le droit à l'Abbeſſe de nommer ſeule à
ces Bénéfices ; pris égard, eſt-il dit, au mérite du Monaſtere & à la pudicité des Religieuſes. C'eſt parce que
les Pourvûs de ces Bénéfices deſſervants l'Abbaïe, il étoit
juſte que l'Abbeſſe les choiſit. La même Bulle porte,
que les Religieuſes n'iront point au Sinode Provincial
ſans Lettres dimiſſoriales de l'Abbeſſe, & ſans être ac-
compagnées.

Nicolas V. réſerva au Saint Siége, le droit de nommer
aux Bénéfices qui vaqueroient, dans les mois de Janvier, Février, Avril, Mai, Juillet, Août, Octobre &
Novembre. L'Abbeſſe de Baume craignit, que cette
introduction ne donnât atteinte au droit qu'elle avoit
de nommer en tout tems. Elle recourut à Pie II. qui
confirma ce droit nonobſtant la réſerve, par une Bulle
du quatre Septembre de l'an 1461. Cependant l'Archevêque de Beſançon, fit mettre au concours la Cure
de Verne, voiſine de Baume & du Patronage de l'Abbeſſe, en exécution de la régle de la réſerve des mois
& du Concile de Trente, qui preſcrit que les Cures qui
vaqueront dans les mois réſervés, feront données à celui
qui aura été jugé le plus digne par l'Evêque, enſuite du
concours ou examen des Sujets qui ſe préſenteront. L'Ab-

besse de Baume se pourvut contre cette entreprise, & fut maintenuë par Arrêt du 6 Septembre 1675, au droit de présenter aux Bénéfices de son Patronage à cause de ladite Abbaïe, en quel tems qu'ils vaquent.

Les Dames de Baume assistent à des Processions de la Paroisse. Elles ont fait signifier à l'occasion de quelques difficultés sur ces Processions, un ancien Decret de l'Archevêque de Besançon, qui porte qu'elles pourront assister aux Processions de la Paroisse, modestement rangées & sans mélange de séculiers; jusqu'à ce, est-il dit, que par Nous Archevêque ou par nos Successeurs, la cloture ait été rétablie dans le Monastere. Cependant elles joüissent de l'exemption de la jurisdiction de l'Ordinaire.

L'Abbaïe de Baume a eu de tems immémorial, des Offices séculiers, que les Gentilshommes du Païs se font honneur de remplir. On apelle ces Officiers, le Grand Prevôt, le Grand Maire, le Grand Gruyer, l'Ecuyer & le Crossier.

Il n'y a qu'onze prébendes, & il n'y a point d'Offices ni de dignité que celle de l'Abbesse. En son absence ou pendant la vacance, l'ancienne exerce de plein droit la jurisdiction spirituelle à sa place. C'est l'Abbesse qui reçoit les Demoiselles, & qui succéde aux meubles des Dames & à leurs maisons. Elle dispose de la maison & de la prébende vacante, en faveur d'une autre Religieuse, quand la défunte n'a point choisi de niéce. Mais quand elle en a choisi une, elle se démet avant que de mourir, de sa maison & de ses meubles entre les mains de l'Abbesse, qui doit les rendre à sa niéce.

L'on y fait l'Office Canonial avec beaucoup de modestie & d'édification, & les Dames chantent la Messe; le tout suivant le Rituel & le Breviaire Romain. Il en est de même dans les autres Abbaïes de Dames de la Province.

Il faut pour y entrer comme Religieuse ou comme niéce, que la Demoiselle qui se présente & qui est agréée par l'Abbeſſe, faſſe preuve de ſeize quartiers. L'Abbeſſe nomme un Gentilhomme & le Chapitre un autre, qui examinent les preuves & en font raport. L'Abbeſſe & le Chapitre les voient enſuite, & quand les preuves ſont trouvées ſuffiſantes, quatre Gentilshommes jurent ſur l'Evangile, que la Demoiſelle eſt de la qualité requiſe, & on lui donne le voile; ou comme l'on dit dans nos Abbaïes de Dames, on la coëffe & on l'habille. L'on reçoit & l'on donne ſouvent la coëffure & l'habit aux Demoiſelles dans nos Abbaïes Nobles, avant qu'elles aient l'âge requis par le Concile de Trente pour faire le noviciat qu'elles ne font qu'à cet âge; mais avant qu'elles l'aient atteint, elles portent l'habit & ſont élevées dans l'Abbaïe.

Cet habit eſt ſemblable à celui des veuves du dernier ſiécle, tel à peu près qu'on le voit dans les Portraits de Meſdames Héliot & de Miramion. C'eſt une robe noire ſans plis, attachée ſur le corps de jupe, qui eſt ceinte d'un cordon de laine noire, & ſe retrouſſe par derriere. Les manches deſcendent juſques au bas du coude, & ſont ſans ornement. Les épaules & la gorge ſont couvertes d'un colet de toile blanche. Quant à la coëffure, elle eſt toute ſimple & a un morceau de toile, redoublé & couvert de crêpe noir, qui commence en pointe ſur la tête & deſcend en s'élargiſſant ſur les épaules où il finit auſſi en pointe. C'eſt un veſtige des voiles que portoient les Religieuſes. Il y a auſſi une piéce de toile pliſſée ſur la gorge, large de quatre doigts, qu'on nomme barbette & que les Profeſſes portent. C'eſt un reſte du Scapulaire que les Religieux portent.

L'habit de Chœur eſt un manteau fort ample à queüe traînante, bordé d'une pelleterie blanche à Chateau-Chalon & griſe à Baume. La bordure du manteau des Abbeſſes eſt d'hermines.

Si j'avois eu la liberté de voir les titres de l'Abbaïe de Baume-les-Dames, j'aurois pû donner une ſuite chronologique des Abbeſſes, & parler certainement de l'an-

cienneté de l'ufage de n'y recevoir que des Demoifelles.
A ce défaut je ne puis donner au Public fur ces deux faits,
que ce que j'ai lû dans le Mémoire qui m'a été envoyé,
& dans quelques Actes qui m'ont paffé par les mains.

Suivant ce Mémoire, l'on trouve déja dans les élections des Abbeffes faites au treiziéme & quatorziéme fiécle, que les Religieufes portoient les noms des familles de Gentilshommes du Comté de Bourgogne & des Provinces voifines les plus diftinguées. On le voit auffi par celles qui font nommées dans la reconnoiffance faite au Terrier du Seigneur de Neufchatel, au commencement du dix-feptiéme fiécle.

Etiennette de Bourgogne étoit Abbeffe de Baume en 1119; elle étoit de la Famille des Souverains du Païs. Il y en a eu deux autres de la même Famille; trois de la Maifon de Salins; une de celle de Cuifance; Alix de Montbofon, éluë en 1355; Louife de Chalon, éluë en 1373; une de Maifonval, qui vivoit en 1415; Alix de Montmartin, en 1477; deux de la Maifon de Neufchatel, dont la derniere apellée Marguerite morte en 1549, étoit déja Abbeffe en 1520; une de la Maifon de Ray; trois de la Maifon de Rye; une de la Maifon de Genève en 1612; Anne-Gafparine Dandelot, Renée Héleine de Laubépin, Marie d'Achey, Françoife & Angélique de Biffi fœurs de Mr. le Cardinal de Biffi, & Marie-Françoife d'Achey à préfent Abbeffe de Baume.

FAVERNE.

Il y avoit dans le Comté de Bourgogne un Monaftere de femmes, qui égaloit en antiquité, en fplendeur & en richeffes, ceux de Baume & de Chateau-Chalon. C'eft le Monaftere de Faverné.

Il avoit été fondé, fuivant la Chronique d'Hugue de Flavigni, par une fœur de Saint Vidrad, Abbé de Saint Andoche d'Autun dans le feptiéme fiécle. * Le Pere Chiffet croit que c'eft Sainte Goule ou Gudule; mais Sainte Gudule n'a pas été Religieufe. Elle étoit du Bra-

* XI. Kal. Nov. Obiit defta, foror Widradi, quæ fecit Monafterium Sti.

de Baume-les-Dames & Faverné. 163

bant où elle mourut, sœur de Saint Emembert Evêque de Cambrai, & fille de Sainte Amalberge.

Faverné est connu dans l'Histoire, du tems de Brunehaut ; car Frédegaire nomme ce lieu, comme celui auprès duquel cette Reine fit tuer le Patrice Velfe. *

L'Abbaïe de Faverné est comprise dans le dénombrement d'Aix la Chapelle, parmi les Bénéfices les plus considerables, qui donnoient au Roi des soldats & des subsides. Elle échut à Louis de Germanie, dans le partage du Royaume de Lotaire. Louis d'Outremer donna cette Abbaïe à la priere du Comte Hugue, à Adalard & à Addile sa femme, à condition qu'elle rentreroit après leur mort dans sa premiere liberté. * L'on voit par cette donation, que le Monastere de Faverné étoit dédié à la Sainte Vierge.

L'on connoît deux de ses Abbesses, qui vivoient sous Hugue Premier Archevêque de Besançon, par les sermens de soumission à son Eglise qu'elles prêtérent entre ses mains. *Ego Lucia, nunc Faverniacensis ordinanda Abbatissa ; subjectionem & reverentiam à Sanctis Patribus constitutam, secundùm statuta Canonum & regulam Beati Benedicti ; huic Sanctæ Sedi Crisopolitanæ Ecclesiæ, in præsentiâ Domini Hugonis Archiepiscopi ; perpetuo me exhibituram promitto, & propria manu firmo. Ego Eufemia nunc Faverniacensis Ordinanda Abbatissa, &c.*

Ce Monastere fut abandonné peu de tems après, parce qu'il avoit été ruiné par quelque invasion des Normans ou des Huns. Anseric Archevêque de Besançon, le donna à Etienne Abbé de la Chaise-Dieu, pour le rétablir & y mettre de ses Religieux. La donation fut faite du consentement de Renaud Comte de Bourgogne, de Gui de Jonvelle & d'Henri son frere, de Thiebaud de Rougemont, d'Humbert de Jussé & de Louis son frere, Avocats & Gardiens du Monastere.

L'on trouve dèslors des sermens prêtés par Olivier de Faverné en 1294, à Odon Archevêque de Besançon ; par Guillaume en 1326, à Vital ; & par Jean en 1335,

Widradi Andochii Æduense, & alia soror, fecit Monasterium Faverniacense.

* *Fredeg. cap. 29.*

* *Perard pag. 165.*

à Hugue VI. Enfin l'Abbaïe de Faverné a été unie ensuite de Refcrit Apoftolique, par Guillaume Simonin Archevêque de Corinthe & Suffragant de Befançon, le premier Novembre 1613, à la Congrégation réformée de Saint Vanne & de Saint Hidulfe, qui la poſſéde aujourd'hui. Son Abbé eft régulier, & c'eft le feul qui reſte des Abbaïes d'hommes de l'Ordre de Saint Benoît, qui font dans cette Province.

Il y avoit à Befançon deux autres Monafteres, fondés pour des femmes dans le feptiéme fiécle, par Amalgaire Duc en Bourgogne & par Saint Donat Evêque de Befançon, dont on parlera ailleurs.

HISTOIRE DES ABBAYES DE SAINTE CLAIRE DE LONS-LE-SAUNIER,

MIGETTE ET MONTIGNY.

LEs Habitants du Comté de Bourgogne, ont toujours été des premiers à bâtir des Maisons pour les nouveaux Ordres Religieux, quoiqu'ils eussent déja beaucoup de Monasteres anciens. Le Chapitre de l'Eglise Cathédrale de S. Jean à Besançon, fonda dans cette Ville un Couvent de l'Ordre de S. Dominique en 1224, neuf ans après qu'il fut aprouvé par le Concile de Latran, tenu en 1215. Les Citoyens de la même Ville, y établirent peu de tems après un Couvent de l'Ordre de S. François, pendant que ce Saint Patriarche étoit encore en vie. * L'on tient que c'est la plus ancienne Maison de cet Ordre au deçà des Alpes, qu'il en est de même des Religieuses de Sainte Claire de Besançon, & ce fut la premiere qui embrassa la Réforme de Sainte Colette, qui y a résidé pendant quelque tems. *

Il y avoit déja dans le Comté de Bourgogne, du tems de Ste. Colette, plusieurs Couvents de Claristes : celui de Poligny suivit sa Réforme à l'exemple du Monastere de

* Chiffl. Vef. part. 2. fol. 265.

* Chiffl. Vef. part. 2. fol. 293.

Ste. Claire de Befançon. Les autres établis à Lons-le-Saunier, Migette & Montigny, s'en tinrent aux modifications aportées par Urbain IV. à la Régle donnée à Ste. Claire par S. François. L'ufage fuivant lequel on y fait aujourd'hui profeffion, a tellement adouci cette Régle, que les Religieufes de ces trois Monafteres ne different prefque point, foit pour la difcipline foit pour l'habit, de celles de Baume & de Chateau-Chalon.

LONS-LE-SAUNIER.

Le fac & les incendies de Lons-le-Saunier dans les années 1535, 1595 & 1637, ont fait périr prefque tous les titres de l'Abbaïe de Ste. Claire de cette Ville. Mais l'on a confervé un inventaire autentique de l'an 1607, dans lequel la plupart de ces titres font décrits.

Cette Abbaïe avoit été bâtie dans la Ville. Elle fut transferée dans le Faubourg où elle eft à préfent, enfuite de la permiffion donnée le 20 Mars 1357, par Révérend Pere en Dieu Frere Pierre Darbon, Vifiteur de la Province des Cordeliers de S. Bonaventure, à religieufe & dévote Dame Jeanne de Vienne. Ce font les termes de l'inventaire de 1607.

Il n'y eft pas parlé du titre de fondation, mais elle doit être du treiziéme fiécle, dans lequel l'Ordre des Clariftes a été inftitué. Car Philippe Roi de France aprouva en 1302 la donation autrefois faite à l'Abbaïe de Ste. Claire de Lons-le-Saunier, de la Terre de Mouffieres au Bailliage de Dole. Ce mot *autrefois*, qu'on lit dans l'extrait du titre raporté dans l'inventaire, prouve qu'en 1302 l'Abbaïe de Ste. Claire de Lons-le-Saunier étoit déja regardée comme ancienne. Le Roi Philippe qui aprouva cette donation, étoit Philippe le Bel, qui joüiffoit du Comté de Bourgogne, comme ayant la Garde-noble de Jeanne de Bourgogne promife au Comte de Poitiers fon fils. Le Comte de Poitiers devenu Roi de France fous le nom de Philippe le Long, & la Reine Jeanne fon époufe,

donnèrent

de Sainte Claire, &c.

donnérent à l'Abbaïe de Lons-le-Saunier en 1318, une redevance fur les Sauneries de Grofon. En 1320 Mahaut d'Artois, qualifiée dans l'acte, Comteffe de Bourgogne & de Salins, & mere de Jeanne Reine de France, fit don à ce Monaftere d'une rente fur les Sauneries de Salins. Etienne de Bourgogne en avoit déja fait une autre en 1316 fur les mêmes Sauneries. La Reine Jeanne, veuve par le décès de Philippe le Long arrivé en 1321, confirma ces donations en 1324, & fpécialement celle de la Terre de Mouffieres.

Philippe de Vienne, fit don en 1294 à Alais fa fille Abbeffe des Religieufes de Sainte Claire à Lons-le-Saunier, d'une redevance fur la Seigneurie de Ruffé, & lui légua par fon teftament 18 montées de muire à prendre au pied de Lons-le-Saunier, pour elle & les Abbeffes qui lui fuccéderoient.

Je crois que les Seigneurs de la Maifon de Vienne, que l'on avoit furnommée Noble à caufe de fon illuftre origine, font les Fondateurs de l'Abbaïe de Sainte Claire de la Ville de Lons-le-Saunier, dont ils étoient Seigneurs en partie. Car la premiere Abbeffe connuë étoit de cette Famille, ils ont fait des donations confiderables en divers tems à cette Abbaïe, & la Terre de Mouffieres qui paroît avoir été donnée dans la Fondation primitive, étoit un membre de celle de Longvic qui a apartenu à la Maifon de Vienne.

L'inventaire de 1607, fait auffi mention de donations faites en 1299 par Huguette femme de Philibert de Montaigu, en 1300 par Marguerite de Bellevefvre, en 1302 par Guillemette de Frontenai, en 1303 par la même & Huguette fa fœur, en 1304 par Gilles de Montaigu, & de plufieurs autres poftérieures. Les Seigneurs de Montaigu, étoient une branche de la Maifon de Chalon, & avoient la même origine que celle de Vienne.

Les Fondateurs de l'Abbaïe de Lons-le-Saunier, lui avoient donné un Chef qu'ils avoient probablement raporté des Croifades, & qu'on difoit être celui de Saint Denis l'Aréopagite. Il étoit renfermé dans un reliquaire d'argent, qui fut porté en 1637, avec les papiers & l'argenterie de l'Abbaïe, au Chateau de Saint Laurent de la Roche. Ce Chateau ayant été pris par Monfieur de Longueville, il garda le Chef de Saint Denis, qu'il porta à Paris, & en fit, dit-on, préfent à l'illuftre Abbaïe de ce nom. Cependant pour dédommager en quelque forte l'Abbaïe de Lons-le-Saunier, il lui fit par fon teftament un legs qui n'a jamais été payé.

Le concours du Peuple à cette Relique étoit grand, & il a continué même après qu'elle a été enlevée. Les Dames faifoient double l'Office de Saint Denis, quoiqu'il ne foit que femi-double dans le Breviaire Romain, qu'elles fuivent. Mais on avoit confondu fuivant l'erreur commune & ancienne, Saint Denis l'Aréopagite avec Saint Denis Evêque de Paris; car on faifoit à Lons-le-Saunier fa fête le 9 Octobre, qui eft le jour de celle du Saint Evêque de Paris.

Madame de Belot-Villette Abbeffe de Lons-le-Saunier, m'a bien voulu communiquer avec l'inventaire dont j'ai parlé, un Catalogue dreffé en 1617, fur les titres que l'on avoit alors, contenant la fuite des Abbeffes qui l'ont précedée jufques en 1615, & j'y ai ajouté le nom des autres.

Alais de Vienne, fille de Philippe de Vienne, Sire de Pagny, par titres des années 1294, 1307 & 1313.

Guye de Rigney, par titres de 1318.

Beatrix de Bellevefvre, 1336 & 1342.

Marguerite de Sainte Croix, 1349.

Jeanne de Vienne, 1353 & 1360.

Marguerite d'Andelot, 1424.

Jeanne de Chilley, 1429.

Marguerite de Quingey, 1436.

Catherine de Duretal, 1443 & 1456.

L'Abbaïe fut brulée environ l'an 1448.

Clauda de Montjouvant, nommée Abbeffe le premier

de Sainte Claire, &c.

Novembre 1497, & mentionnée dans des titres de 1504 & 1516.

Jacquema de Montjouvant, 1516 & 1534.

En 1535 le 17 Juillet, la Ville & l'Abbaïe de Lons-le-Saunier furent brulées.

Clauda de Tervant, 1549 & 1559.

Isabeau de Nance, 1563 & 1565.

Pernette d'Aretel, 1566.

Jeanne de Mauffan, Dame de Piedmourin, 1568.

Clauda de Romanet, 1582 & 1594.

En 1595, les Fauxbourgs & l'Abbaïe de Lons-le-Saunier furent brulés.

Louise de la Villette, 1595 & 1615.

Ici finit l'ancien Catalogue.

Anne de Bessé, nommée le 12 Mai 1616, morte en 1632.

Antoinette de Ronchaux, morte en 1645.

En 1637 le 24 Juin l'Abbaïe fut entiérement brulée.

Susanne de Moutier, qui succéda à Antoinette de Ronchaux, ne prit possession qu'au mois de Janvier 1647, & mourut en 1652.

Antoinette de Poligni, morte en 1674.

Louise-Gabrielle de Pra-Peseux, nommée en 1674, morte en 1725.

Louise Gasparine de Pra Coadjutrice en 1718, morte en 1731.

Jeanne-Marguerite de Belot-Villette, nommée le 29 Juillet 1731.

Toutes ces Abbesses étant de Maisons Nobles, l'on en peut conjecturer que l'Abbaïe de Lons-le-Saunier avoit été fondée pour des Demoiselles. Déja plusieurs siécles auparavant, l'on avoit établi des Abbaïes en Flandres pour des Demoiselles ; il est probable qu'on en a usé de même dans le Comté de Bourgogne.

L'inventaire de 1607 raporte plusieurs traités de réception, & je n'y en ai trouvé que de filles de Maisons Nobles. J'en ai vû plusieurs fois dèslors, & entre autres celui de Demoiselle Susanne de Moutier qui a été Abbesse. Il est du 3 Septembre 1615, & l'on y trouve ; *que comme il avoit toujours été d'usage* de faire attester par quatre Gentilshommes, que celle qui est présentée pour Religieuse, est de Maison Noble, tant du côté paternel que du maternel ; les pere & mere de Demoiselle Susanne de Moutier, ont nommé pour attester la qualité de leur fille, les Seigneurs d'Ugni, de Chissé, de Chatenet & de Ronchaux ; lesquels après avoir prêté serment, ont déclaré qu'ils connoissent cette Demoiselle pour avoir les qualités requises dans l'Abbaïe de Lons-le-Saunier ; sçavoir, quatre quartiers paternels & quatre maternels.

Il paroît par ce traité & par d'autres, qu'avant le milieu du dernier siécle, l'on ne faisoit preuve à Lons-le-Saunier que de huit quartiers. Ce n'a été que depuis que cette Abbaïe s'est rétablie après la guerre de 1636, qu'on a exigé la preuve de seize quartiers, qui s'étoit aussi introduite insensiblement dans les autres Abbaïes Nobles de la Province.

Les pertes que l'Abbaïe de Lons-le-Saunier a souffertes pendant les guerres qui ont si souvent agité la Province, a fait cesser la vie commune dans cette Abbaïe. Il a fallu recevoir des pensions & des dotes des Religieuses, & que leurs parents leurs bâtissent des maisons ; les biens de l'Abbaïe ne suffisant pas pour leur nourriture & entretien, & pour rétablir les lieux réguliers. Il n'y a que douze Dames à prébende. Ce sont les plus anciennes ausquelles l'Abbesse qui joüit de tous les revenus, doit chaque année une certaine quantité de vin, de bled & d'argent. Il y a aussi des Surnuméraires qui ne tirent rien de l'Abbaïe, mais qui parviennent aux prébendes par rang d'ancienneté. L'Abbesse dispose des places qui vaquent, & permet de recevoir les Surnuméraires. Elle succéde aux Religieuses, à moins qu'elles n'aient des niéces qui ont préférablement à l'Abbesse, les meubles & maisons de leurs tantes.

de Sainte Claire, &c.

Ces Religieuses sont sous la juridiction, quant à la discipline, du Provincial des Mineurs Conventuels de la Province de Saint Bonaventure, qui visite l'Abbaïe tous les ans. Elles font les trois vœux de religion entre les mains de leur Abbesse, & promettent d'observer la Régle de Sainte Claire, suivant les modifications aportées par les Bulles des Souverains Pontifes & les Usages de la Maison. Elles font l'Office Romain, & chantent la Messe & les Vêpres les jours de Dimanches & de Fêtes. Leurs maisons entourent une assez grande cour, sur laquelle seulement elles ont des issuës. L'Abbesse en fait fermer les portes tous les soirs, & les Religieuses ne sortent que par sa permission.

MIGETTE.

L'Abbaïe de Sainte Claire de Migette, est située au Bailliage de Salins, entre les Montagnes de Montmahou & de Sainte Anne. Elle doit sa fondation à Marguerite, fille d'Hugue Quatriéme Duc de Bourgogne & veuve de Jean Chalon Baron d'Arlai; non qu'elle l'ait exécutée elle-même, mais elle l'avoit projettée, & Hugue de Chalon son fils informé de son dessein, le mit en exécution.

Suivant un manuscrit de l'Abbaïe, cette pieuse Dame mourut à Forcalquier en 1309, & son corps fut aporté douze années après à Migette. Hugue de Chalon ordonna par son Testament que son cœur y seroit envoyé auprès du corps de sa mere, que l'Eglise & le Couvent qu'il y avoit commencé pour des Religieuses de Sainte Claire seroient achevés, & qu'on leur donneroit 200 livres de terres pour leur dotation, dont il assigna une partie sur des fonds énoncés dans le testament. Ce titre confirme le sentiment de ceux qui estiment que la livre de terre, *libra* ou *librata terræ*, dont il est souvent parlé dans les anciens titres, est un fond estimé être du revenu d'une livre monnoie courante.

Beatrix fille d'Humbert Dauphin & veuve d'Hugue de Chalon, acheva d'assigner cette somme après la mort de son mari, sur les fonds énoncés dans la confirmation que fit de la fondation Jean de Chalon leur fils, à Noseroi le mardi avant la Nativité de la Vierge de l'an 1354; & suivant le manuscrit, les Religieuses avoient pris possession du Couvent en 1325.

Jean fils naturel de Jean de Chalon premier Prince d'Orange, fonda une Chapelle dans l'Eglise de Migette où il est inhumé avec sa femme, & augmenta la dote de cette Abbaïe de plusieurs fonds considerables, situés dans les Territoires de Montmahou, Gevresin, Crofet, & autres Villages voisins, suivant qu'il en conste par son testament de l'an 1399, & par une transaction du premier Février 1409.

L'on croit à Migette, que Blanche fille de Philippe le Long Roi de France & de Jeanne Comtesse de Bourgogne, en a été la premiere Abbesse. Mais l'on n'en a point de preuves par actes, & l'on sçait d'ailleurs que cette Princesse est morte en 1348, à Lonchamp où elle étoit Religieuse.

Voici les noms des Abbesses connuës, & le tems auquel elles ont vécu.

Guillauma de Chalon dite d'Abbans, en 1345.
Guiotte de Bougailles, en 1394.
Alix de Salins, en 1399.
Jeanne de Longeville, en 1409.
Pernette de Vercel, en 1437.
Pernette de Pierre-Fontaine, en 1440.
Jeanne d'Usier, en 1469.
Antoinette de Poupet, en 1491.
Jeanne de Montrichard, en 1499.
Jeanne de Chantran, en 1519.
Jeanne du Louverot, en 1528.
Clauda de Lambré, en 1553.
Germaine de Grammont, en 1585.
Isabeau de Scey, en 1591.

Jeanne de Poligni, en 1597.
Magdelaine de Chateauvert, en 1634.
Marguerite de Précipiano, en 1644.
Emanuelle-Héleine de Montrichard, en 1678.
Françoife-Profper de Montrichard, en 1697.
Nicole-Charlotte de Montrichard, Coadjutrice.

L'Abbaïe de Migette avoit été fondée pour des Demoifelles, comme on l'a dit de celle de Lons-le-Saunier; où les Fondateurs veilloient à ce qu'on n'y en reçut point d'autres, puifque toutes les Abbeffes ont été de Maifon de Gentilshommes. L'on y fait des preuves comme dans les autres Monafteres Nobles de la Province. La vie commune n'y fubfifte plus depuis longtems, & il y a une même police & une même difcipline qu'à Lons-le-Saunier.

Le Provincial des Mineurs Conventuels, Supérieur des Dames Religieufes de Lons-le-Saunier, Migette & Montigni, leur ayant fait des Réglements, par lefquels les Abbeffes crurent être grevées, & qu'il avoit entrepris fur le temporel; elles en apellérent comme d'abus. L'Abbeffe de Lons-le-Saunier obtint un Arrêt favorable. Le Roi évoqua l'apel de l'Abbeffe de Migette, & donna un Arrêt de réglement en trente articles, que l'on travaille à faire déclarer commun entre l'Abbeffe & les Religieufes de Montigni : L'on trouvera le difpofitif de cet Arrêt, à la fin des Preuves de notre Hiftoire. J'ai crû le devoir faire imprimer, parce que l'on y voit mieux que je ne puis le décrire, l'état de nos Abbaïes de Dames, & que leurs ufages & priviléges font autorifés & en fûreté par cet Arrêt.

MONTIGNI.

L'Abbaïe de Montigni a été fondée par Alis de Bourgogne Vicomteffe de Vefoul. Otton Comte de Bourgogne & neveu d'Alis, confirma au mois de Janvier 1286, les dons qu'elle avoit faits pour cette fondation.

On lit dans des Lettres Patentes de Philippe II. Roi d'Eſpagne en datte du 10 Mai 1581, que les Religieuſes de cette Abbaïe, *étoient toutes de bonne & noble Maiſon.* Cependant l'on n'y a pas introduit l'uſage de faire la preuve des quartiers ; & l'on s'y contente, que l'Aſpirante ſoit d'une Maiſon connuë pour noble du côté paternel.

Les guerres du dernier ſiécle & du précédent, ont enlevé à l'Abbaïe de Montigni, ſes titres & la plus grande partie de ſes biens. C'eſt ce qui me met hors d'état de donner une ſuite de ſes Abbeſſes. Les prébendes y ſont fort modiques, & les Religieuſes n'y ſubſiſtent que par le ſecours de leurs parents.

L'habit des Dames de l'Ordre de Ste. Claire à Lons-le-Saunier, Migette & Montigni, eſt ſemblable à celui des Dames de Baume & de Chateau-Chalon, ſauf que la ceinture des premieres eſt de laine blanche. Leur habit tiroit auſſi ſur le gris ; mais à préſent elles le portent noir.

ADITION
à la page 25.

J'Ai trouvé dans un Antifonier de l'Egliſe Collégiale de Sainte Marie Magdeleine à Beſançon, écrit du tems d'Hugues I. vers le milieu du onziéme ſiécle, une Antienne qui me paroît concourir à la preuve de l'Epiſcopat de S. Ferreol. Elle eſt conçûë en ces termes.

Annuam Feſtivitatem Sacratiſſimæ Sanctorum Paſſionis Martyrum, feſtivis veneremur obſequiis, FERREOLI HIERARCHÆ DOMINI, *atque Levitæ Ferrucii : in quâ pro Chriſto tormenta horrifica ſpernentes, fœlices cælum petierunt.*

Cette Antienne étoit celle de *Magnificat* de l'Office propre de nos Saints Apôtres Ferreol & Ferjeux. Elle a été conſervée dans nos Breviaires manuſcrits, & on la voit encore dans celui du Cardinal de la Baume Archevêque de Beſançon, compoſé par le ſçavant Lulus ſon Vicaire Général, & imprimé en 1565. Les Editeurs des Breviaires qui ont été faits dèllors, prévenus que

S. Ferreol n'étoit pas Evêque, ont fubftitué la qualité de *Sacerdotis* à celle de *Hierarchæ Domini*.

Or la qualité d'*Hierarcha Dominus*, donnée à S. Ferreol dans le plus ancien Office qui nous refte, fait voir qu'on croyoit dans les premiers fiécles de notre Eglife, qu'il étoit Evêque ; car elle défigne un Prince des Prêtres, & un Prépofé en chef aux chofes facrées.

ADDITION à la page 142.

J'Avois vû des Figures au Portail de l'Eglife de Chateau-Chalon, qui me parurent défigner le tems auquel l'Abbaïe de ce nom avoit été fondée. Mais comme je n'ai pû ni avoir un deffein de ces Figures, ni retourner fur les lieux, dans le tems que j'ai écrit & fait imprimer l'Hiftoire de cette Abbaïe, je n'ai pas ofé en parler, dans la crainte que ma mémoire ne me trompât ; j'y fuis allé feulement à la fin de Septembre 1734, & je me fuis confirmé dans mon opinion.

L'on entre d'abord dans un grand veftibule, dont la voute eft foutenuë par de gros piliers à demi engagés dans les murs, & ornés de neuf colomnes avec leurs bafes & chapiteaux, fur lefquels les arcs des voutes prennent naiffance. C'eft dans ce veftibule, qu'on donnoit la fépulture aux Religieufes, avant l'ufage d'inhumer dans les Eglifes, & il eft du tems de la Fondation.

Le Portail de l'Eglife eft à côté, entre deux des piliers qui foutiennent la voute. L'on voit fur le ceintre de la porte, un quadre ovale, dans lequel eft JESUS-CHRIST affis, élevant une de fes mains comme pour donner fa bénédiction, & tenant de l'autre un livre ouvert & apuyé fur fes genoux. Aux côtés de ce quadre, font les hyerogliphes des quatre Evangeliftes, & au bas un homme & une femme profternés. Toutes ces Figures font en bas-reliefs.

Sur les bafes des colomnes qui ornent les deux piliers de l'entrée, font huit Statuës un peu plates, hautes de cinq pieds & demi, & d'une seule pierre avec chaque colomne. La premiere de ces Figures qui est auprès de la porte à droite en entrant, represente S. Pierre qui tient deux clefs. La seconde a une barbe longue & pointuë, & tient un livre ; c'est celle de S. Paul. La troisiéme a un manteau brodé, fait comme une chappe, une couronne à la tête qui a été ornée de trèfles, & porte devant la poitrine un Livre ouvert, fait comme on represente les Tables de la Loi de Moïse : elle paroît être d'un homme de 40 à 50 ans, & a une barbe épaisse, & ronde. La quatriéme est vêtuë d'un manteau, & porte une couronne comme la précédente, dont les trèfles sont encore entiers. C'est celle d'un jeune homme sans barbe, qui tient un rouleau à demi déplié.

La premiere Figure du côté gauche, represente un jeune homme à cheveux courts, revêtu d'une chasuble à l'antique, qui descend fort bas & qui n'est pas échancrée comme les notres. La seconde est celle d'un autre jeune homme, aussi à cheveux courts, revêtu d'une dalmatique. Ces deux Statuës tiennent chacune un livre, & la seconde porte une palme à la main droite. La troisiéme represente une femme, qui tient un citron ou un autre fruit semblable ; elle est revêtuë d'un manteau en forme de chappe ; le visage est emporté, mais l'on voit encore par derriere, qu'elle portoit une espèce de diadême. La quatriéme est celle d'un homme de 40 ans, qui a la barbe fourchuë & épaisse. Il est habillé d'une chlamide, & tient devant sa poitrine le Portail d'un Edifice.

Pour connoître ces Figures, il faut se souvenir que suivant les preuves que j'ai raportées dans l'Histoire de Chateau-Chalon, cette Abbaïe a été fondée dans le septiéme siécle, par Norbert Patrice, & Eusebia sa femme ; que son Eglise a été consacrée avec grand apareil par S. Leger Evêque d'Autun, & que ce Saint Prélat étoit probablement parent des Fondateurs, puisqu'il faisoit cette consécration dans un Diocèse étranger.

Aditions.

Les deux Figures prosternées devant JESUS-CHRIST dans le ceintre de la porte, représentent les Fondateurs, Norbert & Eusebia. L'Eglise a été dédiée à la Sainte Vierge & à Saint Pierre ; c'est pourquoi l'on voit la Figure de S. Pierre la premiere de toutes, & ensuite celle de S. Paul ; soit que l'Eglise lui ait d'abord aussi été dédiée, & qu'on en ait perdu la mémoire, soit parce qu'on met ordinairement S. Pierre & S. Paul ensemble. Le Prêtre & le Diacre qui sont vis-à-vis & représentés jeunes, sont S. Jean l'Evangéliste & S. Etienne Patrons du Diocèse de Besançon dans lequel l'Abbaïe de Chateau-Chalon est située, & de ses deux Cathédrales.

La Figure qui porte un Edifice, est celle du Patrice Norbert Fondateur. Celle qui est vis-à-vis, represente Childéric Second, sous lequel l'Abbaïe de Chateau-Chalon fut fondée, pendant que S. Leger étoit en faveur & Ministre de ce Roi, qui est représenté jeune, parce qu'il mourut à 23 ans. On ne peut douter que ce soit celle d'un Roi, puisqu'elle porte la couronne & qu'elle est revêtuë d'un manteau Royal. Le rouleau à demi déplié que ce Roi tient d'une main, est la Charte par laquelle il autorise la Fondation.

La Figure de la femme qui touche le Fondateur, est aussi celle d'une Reine, car elle a un manteau Royal & un diadême. Je crois qu'elle represente Sainte Bathilde, qui avoit apellé S. Leger à la Cour pendant qu'elle étoit Régente du Royaume, sous Clotaire III. l'aîné de ses fils. Elle avoit fait de grandes libéralités aux Monasteres du Royaume, particuliérement à celui de Luxeul dans le Comté de Bourgogne, & elle favorisoit les établissements des Couvents de Religieuses ; car elle est regardée comme Fondatrice de celui de Chelles où elle se retira en 665, & mourut vingt ans après. Elle ne porte pas ici la couronne, mais seulement une espèce de diadême, peut-être parce que Chateau-Chalon n'a été fondé qu'après qu'elle eut pris le voile.

La Statuë qui est vis-à-vis de Sainte Bathilde, &

qui paroît être d'un Roi de 40 à 50 ans, n'est pas celle de Clovis Second son mari, qui mourut à vingt ans, ni de Dagobert Premier son beau-pere mort à trente-six ans, & qui n'a rien fait de connu pour le Comté de Bourgogne. Je crois qu'elle represente Clotaire Second, bisayeul de Childéric Second sous lequel l'Abbaïe de Chateau-Chalon a été fondée. Elle ressemble les Statuës qui nous restent de ce Roi, & represente un homme de l'âge de 44 ans, auquel il est mort. Les parents de S. Leger le lui envoyérent encore enfant, & il prit soin de son éducation ; ce qui marque que la Famille de ce Saint qui attouchoit au Patrice Norbert du moins par alliance, étoit attachée à Clotaire Second, & que le Patrice l'a voulu faire represénter dans sa Fondation par reconnoissance. C'étoit d'ailleurs un des plus grands Princes qui ait regné en France, & il méritoit par cette raison qu'on fit honneur à sa mémoire. Mais les Tables que tient la Statuë, semblables à celles de la Loi de Moïse, me paroissent désigner Clotaire Second qui étoit un Prince Législateur ; car outre qu'il a fait des Ordonnances pour l'Eglise, l'on voit à la tête des Loix des Allemans, qu'il les a fait recüeillir & rédiger dans un Code, en présence de trente-trois Evêques, trente-quatre Ducs, & cinquante-deux Comtes.

Ces faits suposés, il paroît par le Monument qu'on vient de décrire, que l'Abbaïe de Chateau-Chalon a été fondée entre l'an 668, que Childéric Second commença à regner en Bourgogne, & l'an 673, qu'il relégua S. Leger à Luxeuil. * Les têtes de toutes les Figures dont on a parlé sont bien faites, & ont un air de phisionomie qui me persuade qu'elles ressembloient fort aux personnes qu'elles representent. Elles sont au reste taillées grossiérement & sans proportion.

Il ne reste plus que le Portail de l'ancienne Eglise de Chateau-Chalon. Celle qu'on y voit à présent, me paroit être du onziéme siécle, parce qu'elle est de même structure & modéle, que l'Eglise du Prieuré de Vaux

* La figure du jeune Roi, peut-être celle de Clotaire III. qui regna avant Childéric Second son frere, & mourut à dix-neuf ans en 668. En ce cas, il faut mettre la fondation de Chateau-Chalon, entre 668 & 665.

Aditions.

qui eſt de ce ſiécle & dans le voiſinage. Madame de Vatteville derniere Abbeſſe, l'a fait orner & réparer, enſorte qu'elle eſt propre & belle; mais pour mettre le Chœur à niveau de la Nef, on a détruit une Chapelle ſouterraine, qui étoit deſſous ce Chœur, & probablement du tems de la Fondation.

J'ai vû dans la Sacriſtie, un Tableau qui repreſente la mort & l'Aſſomption de la Vierge, dans lequel eſt une Abbeſſe à genoux, revêtuë d'un chaperon & d'un grand manteau fourrés d'hermines, ſur l'habit ordinaire des Religieuſes de S. Benoît. Les Armes de Vienne ſont à droite, & celles de Vergy à gauche du Tableau. Ce qui marque, que cette Abbeſſe étoit de la Maiſon de Vienne, & fille d'une Dame de la Maiſon de Vergy. Ce peut être une fille de Jean de Vienne Seigneur de Pagni, ſurnommé la Grand-Barbe, & d'Henriette fille de Guillaume de Vergy Seigneur de Mirebeau, morts en 1425, & 1437: le Tableau paroît être du quinziéme ſiécle. Il faut ajouter cette Abbeſſe au Catalogue de celles que j'ai nommées, à moins qu'elle ne ſoit une des trois qui y portent le nom de Bourgogne; car la Maiſon de Vienne étoit une branche de la Famille de nos Comtes. J'ai vû auſſi ſur une vitre du quartier Abbatial, le Portrait ancien d'une Abbeſſe avec le chaperon & le manteau fourré d'hermines.

F I N.

APROBATION.

J'Ai lû par ordre de Monseigneur le Garde des Sceaux, *l'Histoire des Séquanois*: cet Ouvrage rempli de recherches sçavantes, m'a paru digne d'être rendu public. A Paris le 8 Janvier 1735. *Signé*, GALLYOT.

PRIVILEGE DU ROI.

LOUIS par la grace de Dieu, Roi de France & de Navarre; à nos amés & feaux Conseillers, le Gens tenants nos Cours de Parlement, Maîtres des Requêtes ordinaires de notre Hôtel, Grand Conseil, Prevôt de Paris, Baillifs, Sénéchaux, leurs Lieutenans Civils, & autres nos Justiciers qu'il apartiendra : SALUT. Notre bien amé ANTOINE DE FAY Imprimeur & Libraire à Dijon, Nous ayant fait remontrer qu'il souhaiteroit imprimer ou faire imprimer & donner au Public plusieurs Ouvrages intitulés, *Institutionum Imperatoris Justiniani Compendium, ad usum scholæ accommodatum, authore Joanne Ludovico Delusseux*; *Almanach du Palais, à l'usage du Parlement de Bourgogne*; *avec la Description & l'Histoire abregée de cette Province*; *l'Histoire des Séquanois & de la Province Séquanoise* : s'il Nous plaisoit lui accorder nos Lettres de Privilége sur ce nécessaires, offrant pour cet effet de les faire imprimer en bon papier & beaux caractéres, suivant la feuille imprimée & attachée pour modéle sous le contre-scel des Présentes. A CES CAUSES, voulant traiter favorablement ledit Exposant, Nous lui avons permis & permettrons par ces Présentes, de faire imprimer lesdits Livres ci-dessus spécifiés, en un ou plusieurs Volumes, conjointement ou séparément & autant de fois que bon lui semblera, sur papier & caractéres conformes à lad. feuille imprimée & attachée sous notre contre-scel, & de les vendre, faire vendre & débiter par tout notre Royaume, pendant le tems de six années consécutives, à compter du jour de la date desdites Présentes; faisons défenses à toutes sortes de personnes de quelque qualité & condition qu'elles soient, d'en introduire d'impression étrangere dans aucun lieu de notre obéissance, comme aussi à tous Libraires, Imprimeurs & autres, d'imprimer, faire imprimer, vendre, faire vendre, débiter, ni contrefaire lesd. Livres ci-dessus exposés, en tout ni en partie; ni d'en faire aucuns extraits sous quelque prétexte que ce soit, d'augmentations, corrections, changement de titre, ou autrement, sans la permission expresse & par écrit dudit Exposant, ou de ceux qui auront droit de lui, à peine de confiscation des exemplaires contrefaits, de trois mille livres d'amende contre chacun des contrevenans, dont un tiers à Nous, un tiers à l'Hôtel Dieu de Paris, l'autre tiers audit Exposant; & de tous dépens, dommages & interêts; à la charge que ces Présentes seront enrégistrées tout au long sur le Registre de la Communauté des Libraires & Imprimeurs de Paris, dans trois mois de la date d'icelles; que l'impression de ces Livres sera faite dans notre Royaume & non ailleurs; & que l'Impétrant se conformera en tout aux Réglemens de la Librairie, & notamment à celui du dixiéme Avril mil sept cens vingt-cinq; & qu'avant que de les exposer en vente, les manuscrits ou imprimés qui auront servi de copie à l'impression desdits Livres, seront remis dans le même état où les Aprobations y auront été données, ès mains de notre très-cher & féal Chevalier Garde des Sceaux de France le Sieur Chauvelin; & qu'il en sera ensuite remis deux exemplaires de chacun dans notre Bibliotéque publique, un dans celle de nôtre Château du Louvre, & un dans celle de notredit très-cher & feal Chevalier Garde des Sceaux de France le Sieur Chauvelin, le tout à peine de nullité des Présentes. Du contenu desquelles vous mandons & enjoignons de faire joüir l'Exposant ou ses ayant cause, pleinement & paisiblement, sans souffrir qu'il leur soit fait aucun trouble ou empêchement; voulons que la copie des Présentes qui sera imprimée tout au long au commencement ou à la fin desdits Livres, soit tenuë pour dûment signifiée, & qu'aux copies collationnées par l'un de nos amés & feaux

Conseillers & Secretaires, foi soit ajoutée comme à l'original ; commandons au premier notre Huissier ou Sergent de faire pour l'exécution d'icelles tous actes requis & nécessaires, sans demander autre permission, & nonobstant clameur de Haro, Charte Normande, & Lettres à ce contraires. CAR tel est notre plaisir. Donné à Paris le cinquiéme jour d'Aout, l'an de grace mil sept cens trente-quatre, & de notre Regne le dix-neuviéme. Par le Roi en son Conseil, *Signé*, SAINSON.

Régistré sur le Régistre VIII. de la Chambre Royale des Libraires & Imprimeurs de Paris, N. 742, *fol.* 739, *conformément aux anciens Réglemens, confirmés par celui du 28 Fevrier 1724. A Paris le 7 Aout 1734. Signé,* G. MARTIN Syndic.

TABLE DES MATIERES
Contenuës dans les Histoires des Séquanois, & du premier Royaume de Bourgogne.

A.

A Bucini Portus, au Païs des Séquanois, où situé. 31
Adginnius, Séquanois, second Pontife de Rome & d'Auguste à Lyon. 187
Adrien, Empereur, dans la Province Séquanoise. 41, 191
Aëtius, ses victoires sur les Visigots & les Bourguignons. 231, 242
Agaune, Monastere fondé par Sigismond Roi de Bourgogne, & en quel tems. 280
Agrippine, femme de Chilpéric Roi de Bourgogne, & leurs enfans. 251
Alains, dans la Province Séquanoise, 180. Ravagent les Gaules & s'y arrêtent, 46 & 214. Passent en Italie & y sont défaits. 444
Alaric, Roi des Visigots, livre Siagrius à Clovis, 257. Défait & tué par Clovis. 263
Alise, où située ; assiégée & prise par César. 21
Allemands, d'où sont originaires, où établis, & pourquoi ainsi nommés, 43, 44. Leurs irruptions dans les Gaules & dans la Province Séquanoise, 45 & suiv. 92. Défaits & subjugués par Clovis, 259. Où établis dans le tems de la décadence de l'Empire Romain, & après leur défaite, 142. Viennent au secours des freres de Gondebaud. 249
Allobroges, voisins des Séquanois, & en quel endroit. 56 & suiv.
Alpes, noms communs à toutes les hautes montagnes. 170
Amagétobrie, Ville des Séquanois, où située, 32, 91. D'où tire son nom. 93
Amalazonte, Reine des Ostrogots, restituë au Roi de Bourgogne, les Places que Théodoric lui avoit prises. 284
Ambarri, quels Peuples, & où ils demeuroient. 61, 67
Ambrons, Peuples de l'Helvétie, défaits par Marius. 10
Amour, l'un des quatre Comtés ou Cantons du Païs des Séquanois. 196
Amphitheatre, à Besançon. 176
Ancemon, Duc & Patrice en Bourgogne. 293
Antonins, Empereurs originaires des Gaules, Inscriptions à leur honneur, Edifices & Domaines des Antonins dans la Province Séquanoise. 41, 42, 128
Antre, Lac d'Antre, ruines & Inscriptions qui s'y trouvent, 132, 141, 210. S'il y avoit une Ville, & quel étoit son nom, voyés *Aventicum* & *Mauriana*.
Apollon & *Mercure*, révérés ensemble à Besançon. 175, 203
Arc de Triomphe à Besançon, à qui il a été élevé, explication des bas-reliefs & figures que l'on y voit. 42, 119
Arcier, Canal d'Arcier à Besançon, sa description, & qui l'a fait faire. 126, 128
Arêne, ruë à Besançon, d'où son nom est tiré. 176
Argentuaria, *Castrum Argentariense* dans la Province Séquanoise, où est situé. 29
Ariarica, dans la Province Séquanoise où est situé. 192
Arioviste Roi des Germains, ses Guerres & sa défaite dans le Païs des Séquanois. 11, 15, & suiv.
Armoiries de Besançon, d'où sont tirées. 171
Ascia, *sub Ascia dedicavit*, ce qu'il signifie dans les Inscriptions Sépulcrales. 200
Askénés, arriere petit-fils de Noé, Auteur de la Nation Celtique, 2. Les Séquanois ont ainsi été apellés de son nom. 86
Attila, prend & saccage Besançon, 80. Défait les Bourguignons à son entrée dans les Gaules ; causes de cette irruption. 134, 135, 234
Aventicum, Cité & Colonie dans la

P p p

TABLE

Province Séquanoise, 27. Siége d'un Evêché transféré à Losane, 28. Mise à contribution par les Lieutenans de Vitelius, 39. Favorisée par Vespasien & ses fils, 40, 139. Preuves du lieu de sa situation. 138, & suiv.

Audestede, sœur de Clovis, mariée à Théodoric Roi des Ostrogots. 257

Augusta Rauracorum, Cité & Colonie dans le Païs des Séquanois, 27. Réduite à une Ville du second ordre apellée *Castrum*. 29

Avignon, Gondebaud Roi des Bourguinons, assiégé dans Avignon par Clovis. Levée du Siége, & quelle en fut la cause. 261

Avitus, le Roi de Bourgogne, favorise son élévation à l'Empire. 243

Aulerci, quel peuple & sa demeure. 61

Austrasie, Royaume d'Austrasie, son commencement. 265

B.

BAde les Bains, dans la Province Séquanoise. 39

Bains, communs à Besançon 175

Barbares, envahissent les Gaules sur l'Empire Romain, 43. Quels d'entr'eux entrent dans la Province Séquanoise. ibid.

Basilea, Basle, Cité du Païs des Séquanois, & Siége d'un Evêché. D'où son nom est tiré. 27

Batailles, dans le Païs des Séquanois, 11, 14, 37, 40, 68

Bataus, ruë de Besançon, d'où son nom est tiré. 175

Belges, soumis par César, 20. La Province Séquanoise Celtique d'abord, est mise dans la Gaule Belgique. 24

Bellovése, conduit des Gaulois en Italie, 4. S'il y avoit des Séquanois. 5

Besançon, Capitale des Séquanois, 16, 100, & suiv. Pourquoi & en quel tems elle a cessé de l'être, 103. Ouvre ses portes à César & à son armée, 16. Son ancienneté, son circuit, comment elle étoit forte par l'art & par la nature, 26, 90, 101, 167. En quel tems la foi y a été annoncée, 27. Assiégée par Verginius Ruffus, 37. Par les Vandales & autres Barbares, 146. Prise & saccagée par Attila, 80. Par les Sarrasins & par les Huns, 180. Capitule avec les Bourguignons, 47. Est la plus ancienne Ville de la Gaule Celtique, 86. Noms différents qu'elle a portés, & d'où ils viennent, 87, & suiv. 113, & suiv. Ville Métropolitaine & Municipale de la Province Séquanoise; son Sénat, ses Duumvirs & ses Décurions;elle étoit le lieu de la demeure du Président de la Province, 27, 38, 169. Inscriptions trouvées à Besançon, 42. Antiquités qui s'y voient, 160 & 161. Divisée en Ville haute & Ville basse, 167. Avoit plusieurs Temples magnifiques, 179. Nouvelle explication des dénominations des ruës de Besançon, & des lieux de son territoire ou de son voisinage, 157. Besançon décrit tel qu'il est aujourd'hui, & qu'il étoit sous l'Empire Romain, 157, 167, & suiv. Différentes ruines de Besançon. 169, & suiv.

Bourguignons, quand entrent dans les Gaules, 216. S'ils sont Vandales, Gots, ou Gaulois d'origine, ibid. & suiv. Leurs noms différents, & pourquoi ils ont été apellés *Burgundiones*, 218. Leur stature, leurs mœurs, & les forces de leur Nation,218,219. Leur guerre avec les Allemands, & quelle en étoit la cause, 219. Leurs incursions dans les Gaules, 219 & 220. Accordent du secours à l'Empire contre les Allemands, 220. Quel lieu ils habitoient alors, 221. Leurs guerres avec les Gots & les Huns, 221. Se font Chrétiens, & en quel tems, 221. S'ils furent d'abord Catholiques ou Arriens, 223, & suiv. Qualité de leur Grand Prêtre, & de leur Chef ou Roi, 222, 225. Suite & généalogie de leurs Rois, avant & après leur établissement dans les Gaules, 214, & suiv. Les noms de leurs Rois, signifioient des qualités personnelles, 226. Si entrant dans les Gaules, ils se sont établis d'abord dans la Germanie premiere, ou dans la Province Séquanoise, 227, & suiv. Sont reçus dans les Gaules, par traité avec les Romains, 219. Sont apellés Soldats des Romains, & les Rois des Bourguignons, Vassaux des Romains, 230, 276, 284. Veulent s'étendre dans la Gaule Belgique, & font défaits par les Romains, 231. Sont battus par les Huns, & en quel endroit. Ceux qui restent de cette défaite s'établissent dans la Savoye, qui leur est assignée par les Romains, 232, & suiv. Sont défaits par Attila, & servent les Romains dans la victoire qu'ils remportèrent sur Attila, 235. Favorisent Jovinus & Avitus pour s'élever à l'Empire, 214, 244. Leurs Rois remplissent les premieres Dignités de l'Empire Romain dans les Gaules, 240, & suiv. S'emparent de Lyon & de l'Auvergne, 244. Sont attachés aux Romains jusqu'à l'extinction de l'Empire d'Occident, 246. Partagent les terres des Païs qu'ils occupoient, avec les anciens habitans, 246. Les Villes principales de ces Païs, capitulent avec les Bourguignons & conservent leurs priviléges, 247. Sont les plus humains des Barbares qui occupérent les Gaules, sous l'Empire Romain, 223, 247. S'unissent aux Visigots, pour faire la guerre aux Suéves en Espagne, 246. Défendent l'Auvergne contre les Visigots, 247. Sont défaits par les Visigots, ibid. S'ils devinrent tributaires des Visigots, 237. Font la guerre aux Hérules en Italie, & saccagent l'Emilie & la Ligurie, 251. Rendent à la priere de Théodoric Roi des Ostrogots, les captifs qu'ils avoient faits en Italie, 264. S'unissent à Clovis contre les Visigots, 263, 264. Perdent en cette guerre, Avignon & les Places qu'ils avoient sur la Durance, 264. Elles leurs sont rendues par Amalazonte, 284. Police & Justice des Bourguignons, suivant les Loix de Gondebaud, 265, & suiv. Etenduë du Royaume de Bourgogne, 247, 276. Eloge des Bourguignons, durée & fin de leur Royaume, 287. Où étoient leurs Capitales & la demeure de leurs Rois, 249, 283. Se trouvent au siége & au sac de Milan par Vitigès Roi des Ostrogots, & ramenent les femmes de cette Ville captives. 289

Brannoviences & Brannovices, où ils habitoient, & si c'étoit dans le Bugey

& la Bresse. 61

Bregille, auprès de Besançon, étimologie de ce nom. 178

Bresse, étoit du Païs des Séquanois, 59, & suiv. 71, & suiv.

Broye-lez-Pesmes en Franche-Comté, est l'ancienne Amagétobrie, dont il est parlé dans César. 93

Bugey, du Païs des Séquanois. 71, 74

C

Cesar défait les Helvétiens dans la Province Séquanoise, 14. Prend les Eduois & les Séquanois sous la protection de la République, 15. Reçu à Besançon avec son armée, 16. Attaque & défait Arioviste, 18. Ses conquêtes dans les Gaules & la Grande Bretagne, 20, & suiv. Défait les Gaulois dans la Province Séquanoise, 68. Envoie une partie de son armée en quartier d'hyver chez les Séquanois, 20, 21. Ote aux Séquanois, leurs alliés & le rang qu'ils tenoient dans les Gaules, pour les donner à ceux de Reims. 10

Capitole, à Besançon. 172

Captifs faits par les Bourguignons en Italie, rendus, & sous quelles conditions. 252

Caretène, épouse de Gondioc Roi de Bourgogne, sœur du Patrice Ricimer, & son épitaphe. 237

Casticus Séquanois, entreprend de se faire Roi des Gaules. 6, 13

Castor, révéré à Mandeure & à Besançon. 172, 185

Cantamantalède, Roi des Séquanois, déclaré ami du Peuple Romain. 10

Cavalerie Séquanoise, des meilleures de l'Empire Romain, 23. Fait mettre des branches aux brides de ses chevaux. ibid.

Celtes, de qui descendus, quels Païs ils ont occupés, quelle langue ils parloient, & d'où ils sont venus dans les Gaules, 2 & 84. Leur premier établissement a été dans le Païs des Séquanois, 85. Envoient des Colonies dans la Germanie & en Italie. 4

Chalèse & Chalesette, auprès de Besançon, d'où leur nom est tiré. 178

Challue, sur le territoire de Besançon, d'où son nom est tiré. 177

TABLE

Chalonois, du Païs des Eduois, 59. Saint Marcel lez-Chalon, de la Province Séquanoise. 71

Chamars à Besançon, pourquoi ainsi apellé. 174

Champ-noir, lieu des sépultures à Besançon. 176

Chamuse, montagne auprès de Besançon, pourquoi ainsi apellée. 177

Chancelier, sous les Rois Bourguignons, ses fonctions. 271

Charmont, ruë de Besançon, d'où son nom est tiré. 176

Chateur, ruë de Besançon, pourquoi ainsi apellée. 173

Chaudane, montagne auprès de Besançon, d'où son nom est tiré. 177

Chemins Romains, dans la Province Séquanoise, 34. Leur structure, 129. Passent tous à Besançon, & où ils conduisoient. *Préface.* 17

Chilperic Roi Bourguignon, voyez *Hilperic*.

Chilperic Roi des Bourguignons, Maître de la Milice Romaine dans les Gaules, 248. Etoit Catholique & avoit remporté des victoires, *ibid.* Mis à mort dans Vienne, avec sa femme & ses enfans, à l'exception de ses deux filles. 251

Chrone, fille de Chilperic Religieuse. 25

Cissonius ou Chtonius, épithéte donné dans une inscription de Besançon à Mercure; ce qu'il signifie. 172, 203

Clodomir Roi d'Orleans, fait la guerre à Sigismond Roi des Bourguignons, défait son armée, le prend prisonnier, & le fait mourir avec sa femme & ses enfans, 281. Est tué dans une bataille contre les Bourguignons. 283

Civis Sequanus, ce que signifie. 190

Clodia, Famille Romaine à Besançon. 206

Clos, ruë du Clos à Besançon, d'où vient le nom de cette ruë. 172

Clotaire Premier, seul Roi des François & des Bourguignons, sa mort. 292

Clotilde, fille de Chilperic, épouse Clovis Roi des François ; circonstances de ce mariage, 254. Sollicite Clovis d'embrasser la Religion Chrétienne. 259

Clovis étend son Royaume dans les Gaules, par la défaite de Siagrius, 257. Et par celle d'Alaric & des Allemands, 258, 263. Permet à Clotilde de faire batiser leurs enfans, 257. Embrasse le Christianisme, 259. Fait la guerre à Gondebaud Roi des Bourguignons, 260. Sa mort, ses enfans, & le partage de ses Etats. 265

Colomnes à Besançon, sur lesquelles étoient des statuës de Divinités, & quelles étoient ces Divinités. 171

Comtes, sous l'Empire Romain, leur dignité, & quelles étoient leurs fonctions, 241, 242. Comte du Trésor, le plus considérable de tous, *ibid.* Sigismond Roi des Bourguignons, Comte du Trésor, 276. Comtes du Palais sous les Rois Bourguignons, quelles étoient leurs fonctions, 270, 271. Comtes en Bourgogne sous les Rois Bourguignons, & leurs fonctions. 293

Concile d'Epaone, tenu dans le Royaume de Bourgogne sous le Roi Sigismond, & en quel lieu, 276 *& suiv.* Concile de Lyon sous le même Roi. 278

Constance, seconde femme de Sigismond. 279

Constance, Général des armées Romaines, sous l'Empire d'Honorius, 211, 215. Assigne aux Bourguignons leur demeure dans les Gaules, 229. Epouse Galla Placidia & est déclaré Auguste. 230

Constance, Ville des Helvétiens. 185

Consuls Romains, diminution & extinction de cette Dignité, 238. Barbares datoient leurs actes comme les Romains, du nom des Consuls, & pourquoi, 239. Six Provinces Consulaires dans les Gaules. 241

Crisopolis, nom de Besançon, pourquoi lui a été donné. 115 *& suiv.*

Crispus César, commande dans les Gaules; sa vie, ses principales actions & sa mort, 116 *& suiv.* Preuves que l'Arc de Triomphe, dont on voit les vestiges à Besançon, a été érigé en l'honneur de Crispus César. 118 *& suiv.*

D

Dain, riviere des Séquanois, d'où son nom est dérivé. 78

Délégués, Juges délégués sous le regne des Rois Bourguignons; leurs fonctions. 271

Diachera, nommé dans une Inscription, ou cachet trouvé à Besançon, ce que c'étoit. 205

Diocèses, de Lyon, Besançon, Langres, Chalon, Macon & Genève, mêlés & pourquoi. 69

Didation ou *Dittatium* de Ptolomée dans la Province Séquanoise, s'il a existé & où il pouvoit être situé. 104, 105

Dole, en Franche-Comté, si c'est le *Dittatium* de Ptolomée, & une Ville ancienne, 105 & *suiv*. Son Eglise Paroissiale, 107. Son Chateau, *ibid*. Quand bâtie & fortifiée, 109. Bravoure de ses habitans, & ses illustrations. 110

Domestiques, Officiers des Empereurs Romains & de nos premiers Rois, leurs fonctions. 170

Doux, riviere nommée par Strabon, si c'est celle qui porte ce nom en Franche-Comté, 63. Doux en Franche Comté, navigable, 170. Pont Romain, sur le Doux à Besançon, 169. Si cette riviere avoit à Besançon un lit différent de celui qu'elle a aujourd'hui. 168

Ducs, dans l'Empire Romain, leurs fonctions, 241, 242. Duc de la frontiere des Séquanois, sa résidence & ses fonctions, 30. Ducs sous les Rois en Bourgogne. 293

Durvau, montagne coupée auprès de Porrentru, pour faire un passage du Païs des Séquanois dans celui des Helvétiens. Explication de l'Inscription qu'on y voit. 194

Duumvirs, dans la Cité des Séquanois, ce qu'ils étoient, 29. *Duumvirs* à Besançon, explication de l'Inscription dans laquelle ils sont nommés. 203

E

E*Brodunum*, Ville du second ordre dans la Province Séquanoise, où située. 30

Ecole célébre à Besançon, sous l'Empire Romain. 27

Eduois, premiers alliés des Romains dans les Gaules, 9. Défaits par les Séquanois & devenus leurs cliens, 11. Se réünissent à eux pour faire sortir les Germains du Païs des Séquanois, 15. Conspirent avec le reste des Gaules contre les Romains, 20 & *suiv*. Toujours unis avec les Séquanois sous l'Empire Romain. 15, 36, 39, 41.

Empire Romain, sa décadence dans les Gaules depuis Gratien jusqu'à Honorius, & quelles en ont été les causes, 1. Empereurs qui ont regné dans cet intervale, 211 & *suiv*. Suite de la décadence de l'Empire Romain dans les Gaules, sous Honorius & après sa mort jusqu'à Valentinien III. & des Empereurs qui ont regné dans ce tems, 230. Décadence entiere de l'Empire Romain après la mort de Valentinien. Empereurs qui lui ont succédé, 242. Fin de l'Empire Romain en Occident. 246

Enceintes différentes de Besançon. 169, 181

Entre-roche, dans le mont Jura, Inscription qui y a été trouvée. 191

Epiphane, Evêque de Milan, son Ambassade de la part du Roi des Ostrogots, au Roi des Bourguignons. 252

Epomanduodurum, Ville des Séquanois, où située, 32. Inscriptions qu'on y voit. 185

Epaone, Concile d'Epaone, quel fut le lieu de ce Concile, & le nombre des Evêques qui y assistérent. 276

Equestris, Cité & Colonie dans la Province Séquanoise, où située. 28

F

F*Auxbourgs*, à Besançon, sous l'Empire Romain. 169

Francs, François, Peuples divers réünis sous différents Rois, & quels Païs ils ont d'abord habités, 255, 256. Leurs incursions dans l'Empire Romain, *ibid*. Leur premier établissement dans les Gaules. 256

Forum, Place à Besançon du tems Romain, où située. 173

G

G*Alba*, favorise les Séquanois. 38

Galla Placidia, à Besançon, 217. Epouse Ataulphe Roi des Visigots, 215. Se marie après la mort d'Ataulphe, à Constance qui est déclaré Auguste

230. Régente de l'Empire pendant la minorité de son fils Valentinien, 230. Sa mort. 242
Gaules, quand ont été habitées, & par qui, 3. Envoient des Colonies en Italie & dans la Germanie, 4. Quel étoit leur ancien Gouvernement, 5 *& suiv*. Gaulois se soulévent contre l'Empire Romain, 20. Sont défaits & deviennent tributaires de l'Empire, 21. Quelle fut après cela leur condition, 22. Comment les Gaules furent divisées sous l'Empire Romain, 23 *&* 24. Gaulois élevés aux Magistratures & aux Charges sous l'Empire Romain. 35
Germains, pourquoi ainsi apellés, 44. Passent souvent avec les Séquanois en Italie, pour faire la guerre aux Romains, 7 *&* 9. Donnent secours aux Séquanois contre les Eduois, 11. S'emparent d'un tiers du Païs des Séquanois & menacent d'envahir le reste, 14. Défaits dans le Païs des Séquanois, & en quel lieu. 16 *& suiv*.
Gesates, qui ils étoient, & d'où leur nom est tiré. Font souvent la guerre aux Romains en Italie avec les Séquanois. 7 *& suiv*.
Godegesile, Roi des Bourguignons pour un quart, 248. Ensuite pour une moitié, 253. Conspire contre son frere Gondebaud & défait son armée. Lieu de la bataille, 260. Assiégé dans Vienne, y périt. 261
Godemar, Roi Bourguignon, fils de Gundioc, sa part au Royaume de Bourgogne, 249. Fait la guerre à Gondebaud & périt dans Vienne. 240, 250
Godemar, dernier Roi des Bourguigons, 282. Attaqué par Clodomir Roi d'Orleans, Clodomir est tué & son armée mise en déroute, 282, 283. Attaqué par les Rois François, est défait, arrêté & enfermé dans un Chateau, en quel tems & en quel lieu. 284, 285
Gondebaud, Patrice Romain, 248. Fait élire Glicerius à l'Empire, 245. Est Roi Supérieur en Bourgogne, 248 *& suiv*. Attaqué & défait par Chilperic & Godemar ses freres, se tient caché, 249, 250. Reléve son parti & surprend Chilperic & Godemar dans Vienne, où ils furent mis à mort, 250. Perd sa fille qu'il avoit promise à un Roi, & marie Clotilde sa niéce à Clovis, 254. Est défait par Clovis & Godegesile auprès de Dijon, 260. Se retire à Avignon & y soutient un siége, que Clovis fut obligé de lever, 261. Prend Vienne, où Godegesile y périt, 262. Seul Roi des Bourguignons, il s'occupe à faire des Loix; détail de ces Loix, le lieu & le tems auquel elles ont été faites, 265 *& suiv*. Tems de la mort de Gondebaud, 272. Sa justification sur la mort de ses freres, *ibid*. S'il est mort Arrien, 273 *& suiv*. Vertus de Gondebaud. 275
Gundahaire, premier Roi des Bourguignons qui entrérent dans les Gaules, 226. Tué dans une bataille contre les Huns. 231
Gunderic, fils de Gundahaire Roi des Bourguignons, 234. Tué dans une bataille contre Attila. 236
Gundioc, fils de Gundahaire Roi des Bourguignons, regne avec son frere Hilperic, 236. Quelle part il eut dans le Royaume, 237. Etoit Catholique, *ibid*. Maître de la Milice Romaine dans les Gaules, 238. Attaché à l'Empire Romain, 246. Etablit solidement la Monarchie des Bourguignons dans les Gaules. 246 *& suiv*.

H

Habillement des Séquanois. 101
Harudes, dans l'armée d'Arioviste, 19. Etablis dans la Province Séquanoise. 94
Helvétiens, veulent s'emparer de la Xaintonge, 12. Passent dans le Païs des Séquanois, 13. Défaits par César, 14. Route que suivit César pour les attaquer, 65. Renvoyés dans leur Païs après leur défaite, 14. Unis aux Séquanois, pour ne faire qu'une Province sous la Métropole de Besançon. 24, 26 *& suiv*. 142 *& suiv*.
Heria, ruisseau qui a sa source aux Villars auprès du lac d'Antre, sa dénomination, sert à prouver quelle Ville étoit dans cet endroit. 132, 147.
Hérules, prennent Rome & éteignent l'Empire Romain en Occident, 246.

DES MATIERES.

Odoacre leur Roi, se fait couronner Roi d'Italie, *ibid*. Est défait par Theodoric Roi des Ostrogots, qui s'empare du Royaume d'Italie. 252, 253.

Hilperic ou *Chilperic*, l'un des fils de Gunderic Roi des Bourguignons, 236. Quelle part il eut dans le Royaume, *ibid*. Etoit Catholique, 238. Donation par lui faite à l'Abbaïe de Condat à présent de Saint Claude, 238. Fut fait Patrice Romain dans les Gaules, 238. Tems de sa mort. 248

Honores, signification de ce mot dans une Inscription. 187

Hospes, étranger reçû à titre d'hospitalité dans l'Empire Romain; ce qu'emporte ce titre d'hospitalité. 229

Huns, que nous apellons Hongrois, prennent & saccagent Besançon. 181

I

J Eure, Village auprès de S. Claude, antiquités qui s'y trouvent, & ce que c'étoit. 132

Inquisitori Galliarum, dont il est parlé dans une Inscription, quel étoit cet Office. 189

Insubres, habitoient dans le Païs des Séquanois. 4

Insubriens, Colonie des Séquanois dans la Gaule Transalpine. 4, 5

Isernore, dans le Païs des Séquanois, 74. Où situé, 137, 153. D'où tire son nom, 152. Inscriptions qui s'y trouvent, 149. Temple fameux à Isernore, 137, 155. Monnoye à Isernore sous nos premiers Rois. 137

Julia, famille illustre de ce nom dans le Païs des Séquanois. 37, 188

Jupiter, statuë collossale de Jupiter à Besançon, taillée par Miton pour le Temple de Junon à Samos, 166. Buste de Junon dans la même Ville. *ibid*.

Jura, montagne qui séparoit les Séquanois des Helvétiens. 51

Jurensis Villa, ce que c'étoit. 147

Justinien, entreprend de rétablir l'Empire d'Occident, 288. Ses guerres contre les Ostrogots, & quels ont été les Rois des Ostrogots en Italie, 288. Extinction de leur Royaume, 291. Guerres & traités de Justinien avec les Rois François, 288 *& suiv*. Céde aux Rois François les droits qu'il prétendoit sur Arles & sur la Provence,

& leur permet de marquer leur monnoye d'or au coin de l'Empire. 290

L

L Ainé, Port de Lainé, où situé, & d'où lui vient ce nom. 108, 209

La-Lüe, ruë de Besançon, d'où son nom est tiré. 172

Langues Celtiques & Germaniques, ne différent que par le Dialecte. 75

Laone, lieu d'une assemblée désigné pour finir un schisme, où situé. 109

Lyon, Colonie & Capitale des Séguliens, 54. Où il étoit bâti sous l'Empire Romain, 63, 64. Ses illustrations. 73

Loie, Maison de chasse des Comtes de Bourgogne auprès de Dole, d'où tire son nom. 109

Loix des Bourguignons, par qui faites, en quel lieu, & en quel tems, & ce qu'elles contiennent. 165 *& suiv*.

Lons-le-Saunier, lieu ancien dans le Païs des Séquanois. 53

Luxeuil, Ville ancienne des Séquanois. 33

M

M Aconnois, du Païs des Eduois, 59. Peuples du Maconnois compris sous le nom d'*Ambarri*. 60

Major Domes, sous les Rois Bourguignons, quelle Charge c'étoit. 277

Maires du Palais, leur origine & l'accroissement de leur puissance. 271

Maîtres de la Milice chez les Romains, leur autorité & leurs fonctions, 242. Rois Bourguignons qui ont été revêtus de cette dignité. 237, 248

Mandelier, sur le territoire de Besançon, étimologie de ce nom. 178

Mandeure, Ville ancienne chez les Séquanois, d'où son nom est dérivé; antiquités & Inscriptions qui s'y sont trouvées. 32, 33, 185

Martelots, ruë de Besançon, d'où son nom est tiré. 172

Mauriana, Ville des Séquanois, où située, 33, 145. Preuve que c'est le nom de la Ville ancienne qu'on a découverte au lac d'Antre & aux Villars auprès de Moirans, 145 *& suiv*. Inscriptions trouvées dans cette Ville & leur explication. 149 *& 210*

TABLE

Médailles, communes à Besançon, 182. Médaillers qu'on y voit, 161. Médailles d'or trouvées à Ofcelle. 184
Mercure, révéré à Besançon & à Mandeure. 149, 171, 203, 204
Meroüé, premier Roi François établi dans les Gaules. 256
Ministres de Gondebaud Roi de Bourgogne. 270
Monnoye, fabriquée à Besançon. 114
Monjoüot, sur le territoire de Besançon, d'où son nom est tiré. 177
Mucutune, autrement Chrone fille de Chilperic Roi de Bourgogne. 251

N

Aamat, Patrice en Bourgogne. 292
Nion, Colonie & Cité de la Province Séquanoise, apellée *Colonia Equestris*. 28
Notaires, sous les Rois de Bourgogne, leurs fonctions. 272
Nui-Lands, partie de la Bourgogne transjurane, pourquoi ainsi apellée. 228
Nuitons, Peuple, son origine, & où établi dans la Province Séquanoise. *ibid.*

O

OLino, forteresse dans la Province Séquanoise, lieu de la résidence d'un Duc sous l'Empire Romain, où située. 30
Optimates, dont il est parlé dans les Loix de Gondebaud, qui ils étoient. 270
Or, dans le Païs des Séquanois. 113 & *suiv.*
Orgetorix, veut se faire Roi des Helvétiens & des Gaules, sa mort. 13
Ofcelle, grottes d'Ofcelle, si l'on en a tiré des mines, 113, 115. Ofcelle, lieu ancien du Païs des Séquanois, où l'on a découvert beaucoup d'antiquités, 184. D'où son nom est tiré, 115, 184. Forme des canaux de briques qui y ont été découverts. 208
Ostrogots, prennent l'Italie sur les Hérules & y fondent un Royaume, 252. Etenduë de ce Royaume, 253. Ses Rois, 288, & *suiv.* Fin du Royaume des Ostrogots. 291
Ostrogothe, fille de Théodoric Roi des Ostrogots, épouse Alaric Roi des Visigots. 253

P

Alais des Gouverneurs Romains & Bourguignons à Besançon, où situé. 175
Partage du Royaume de Bourgogne, entre Gundioc & Hilperic fils de Gunderic Roi des Bourguignons, 236. Entre les quatre fils de Gundioc, & où la part de chacun étoit située, 248. Nouveau partage entre Gundebaud & Godegesile. 253
Patrice, grande dignité sous l'Empire Romain, son commencement & ses progrès, 239. Patrices des Gaules, *ibid.* Les Rois se tiennent honorés de ce titre, *ibid.* Rois de Bourgogne Patrices des Gaules, 248, 276. Patrices en Bourgogne sous les Rois François. 292, 293
Pavés à la Mosaïque découverts à Besançon. 173
Pierre-Porte, passage du Païs des Séquanois dans l'Helvétie. 42, 194
Place à Besançon, apellée *Forum* sous l'Empire Romain, où située. 173
Poligny, lieu ancien dans le Comté de Bourgogne. 33
Pont Romain, à Besançon. 169
Pontaillé, sur la Sône, & Pontarlié en Franche-Comté, d'où tirent leur nom & leur antiquité. 194
Port des Séquanois sous l'Empire Romain, où situé. 30
Port, l'un des quatre Cantons du Païs des Séquanois. 196
Port de Lainé en Franche Comté, si c'est le *Portus Abucini* des Notices. 208 & *suiv.*
Portian à Besançon, d'où son nom est tiré. 178
Porte Noire à Besançon, ce que c'est, & d'où son nom est tiré. 171
Posthume, Empereur dans les Gaules, ses qualités. 43
Préfet du Prétoire, établissement de cette dignité, ses progrès, sa grande autorité ; Préfet du Prétoire dans les Gaules. 140 & *suiv.*
Présidens Romains, Gouverneurs de Province : il y en avoit onze dans les Gaules gouvernés par des Présidens. 141
Province Séquanoise, gouvernée par un

DES MATIERES.

un Préfident. 26
Provinces Ecclésiastiques, formées sur les Provinces Civiles de l'Empire Romain, & comment. 68 *& suiv.*

Q

QUintenois, lac servant de limites aux terres de l'Abbaïe de Saint Claude, où situé. 137

R

RAuraques, leur Païs; s'ils étoient Helvétiens, Séquanois ou leurs cliens, 53. Pourquoi sortent de leur Païs & se joignent aux Helvétiens. 55
Ricimer, Patrice; sa naissance, ses exploits, fait & défait les Empereurs d'Occident à son gré; oncle du Roi de Bourgogne. 237, 244, *& suiv.*
Riotime, Roi des Bretons, défait par le Roi des Visigots, & reçû chez les Bourguignons. 146
Rheims, César lui donne le rang que Besançon avoit tenu dans les Gaules. 20
Rhein, fleuve, limite du Païs des Séquanois. 50, *& suiv.*
Rhone, fleuve, limite des Séquanois & des Allobroges jusqu'à Lyon, 51, *& suiv.* D'où son nom est tiré. 77
Royaumes d'Austrasie, Paris, Orleans & Soissons, leur commencement. 265
Rois dans les Gaules, comment ils se faisoient, & leur autorité. 6
Rois Bourguignons, Patrices Romains, 240, 248, 276. Maitres de la Milice Romaine, 237, 248. Comtes du Trésor. 242
Romains, quand ils sont entrés dans les Gaules, 9. Quand ils les ont entiérement assujetties. 21
Rome, prise & saccagée par les Visigots, 215. Par les Vandales d'Afrique, 243. Par les Hérules. 246
Ronchaux, ruë de Besançon, d'où son nom est tiré. 173

S

SOne, riviere, sépare les Séquanois & les Eduois, 51. Noms différents qu'elle a portés & leur explication. 56
Sarrasins, prennent & saccagent Besançon. 180
Savoye, touchoit le Païs des Séquanois,

le Rhône entre deux, jusques auprès de Lyon. 52
Sébusiens, s'il y a eu un Peuple de ce nom. 61
Sedeleube, Princesse de Bourgogne, qui elle étoit. 237
Segousins, où ils habitoient. 62
Ségusiens, leurs Villes & limites de leur Païs. 62, *& suiv.*
Segomoni Marti, explication de cette épithéte de Mars. 151
Ségovése, conduit une colonie de Gaulois composée en partie de Séquanois, dans la Germanie. 4
Seine, fleuve, a reçû son nom des Séquanois qui ont peuplé les premiers ses bords. 3
Sekingen, Ville des Séquanois apellée de leur nom, où situeé. 55
Sens, Colonie des Séquanois. 3
Séquanois, Celtes d'origine & les premiers des Celtes étalis dans les Gaules, 2. Portent le nom d'Askénès, Auteur de la Nation Celtique, 2, 3, 86. Limites du Païs qu'ils occupoient dans les Gaules, 1, 50, *& suiv.* Chefs de l'une des deux factions des Gaules, y ont tenu le premier rang, 1, 6, 11, 20. Secourent les Gaulois d'Italie; leurs irruptions dans la Gaule Transalpine, 5. Avoient des Peuples soumis en qualité de cliens, 5, 11. Ont eu des Rois. Qualité de leur Gouvernement, 3, 5. Achévent de défaire les Teutons qui avoient ravagé les Gaules. Prennent leur Rois & les envoient à Marius en Italie, 10. Font la guerre aux Eduois, quelle en fut la raison. Défont les Eduois & les réduisent à devenir leurs cliens, 11. Recourent à César par l'entremise des Eduois, pour se défaire des Germains qui avoient occupé une partie de leur Païs, 15. César les dépoüille du rang qu'ils avoient tenu dans les Gaules, pour le donner à ceux de Rheims, 20. Séquanois arment pour Vercingentorix contre les Romains. Sont battus dans leur Païs, 21. Cavalerie Romaine & Légions en quartier d'hyver dans le Païs des Séquanois, 10 *& 21.* Séquanois mis dans la Gaule Belgique, pourquoi & en quel tems, 24. Pourquoi leur Province fut apellée *Maxima Sequa-*

TABLE

norum, 25. Comment elle fut gouvernée sous l'Empire Romain. Son étenduë, & combien elle comprenoit de Cités & de Villes, 26, & *suiv.* Troupes réglées des Séquanois au service de l'Empire Romain. Leurs Enseignes ou Simboles, 34. Séquanois contribuent aux victoires de Drusus sur les Germains, 35. Saccagés par Silius Lieutenant de Néron, 36. Prennent le parti de Vindex, & favorisent Galba, 38. Sont maltraités par Vitellius, 39. Soutiennent l'élévation de Vespasien à l'Empire, & défont Julius Sabinus qui s'étoit fait proclamer Empereur, 40. Troubles chez les Séquanois, apaisés par Marc-Auréle, 41. Partage de la Province Séquanoise sous les Rois Bourguignons, 70. Séquanois sont les premiers qui ont planté des vignes dans les Gaules. 179

Siagrius, tient un reste de l'Empire Romain dans la Gaule Belgique, 256. Défait par Clovis. Livré & mis à mort. 257

Sianno Appollini, explication de cette épithéte donnée à Apollon en des Inscriptions. 152

Sigeric, fils de Sigismond Roi de Bourgogne, mis à mort par ordre de son pere. 279

Sigismond, Prince de Bourgogne, épouse Theudicode fille de Théodoric Roi des Ostrogots, 253. Son pere le fait reconnoître pour Roi de son vivant, & pour son unique Successeur. Quelle en fut la raison. Cérémonie pratiquée dans sa proclamation, 275. Avoit abjuré l'Arrianisme, & dans quel tems, 237, 280. Patrice Romain & Comte du Trésor ; fonde l'Abbaïe d'Agaune, & en quel tems, 280. Assemble un Concile de tous les Evêques de son Royaume à Epaone. Quelle étoit alors l'étenduë du Royaume de Bourgogne, 276. Fait mourir Sigeric son fils du premier lit, calomnié par sa marâtre, 279. Reconnoit qu'il a été surpris, & fait une rigoureuse pénitence, *ibid.* Attaqué & défait par les Rois François, prend l'habit Religieux, 280. Est fait prisonnier : Clodomir Roi d'Orleans le fait mourir avec sa femme & ses enfans, 281. Reconnu Saint par l'Eglise, *ibid.* Son culte. Ses Reliques, & celles de sa femme & de ses enfans, où sont aujourd'hui. 282

Soldats, des environs du Nil dans la Province Séquanoise, à Besançon & auprès de Moirans. 150

Statuës antiques, à Besançon. 165, 173

Stilicon, sa puissance, ses victoires ; donne entrée aux Barbares dans l'Empire ; sa mort. 203

Suéves, entrent dans les Gaules & assiégent Besançon, 46. Passent dans l'Espagne & s'y établissent, 214. Y sont défaits par les Visigots & les Bourguignons. 246

T

*T*Emples magnifiques à Besançon, 171. Temple de Mercure à Besançon, 172. Temple découvert sur la Place neuve à Besançon, 174. Temple de Mars à Besançon, *ibid.* Temple d'Apollon & de Mercure à Besançon, 176. Temple de Mars Auguste à Mauriana au Lac d'Antre, 149. Temple de Mercure à Isernore, *ibid.* Temple de Castor à Mandeure. 185

Tetricus, proclamé Empereur dans les Gaules, ses qualités. 41

Teutons, défaits par Marius en Provence, & leurs Rois pris par les Séquanois. 10

Théobalde, fils de Théodebert Roi François, traite avec Justinien, lui fait la guerre, & quel en fut le succès ; mort de Théobalde. 292

Théodebert, fils de Thierri Roi François & de la plus grande partie du Royaume de Bourgogne, 287. Ses traités & ses guerres avec Justinien, 289 & *suiv.* Prend le titre d'Auguste & pourquoi, 291. Sa mort. *ibid.*

Theodelinde, épouse de Godegesile Roi de Bourgogne. 248

Theudicode, fille de Théodoric Roi des Ostrogots, mariée à Sigismond Prince de Bourgogne. 253

Théodoric, Roi des Ostrogots, fait la conquête de l'Italie sur les Hérules, & s'en fait proclamer Roi, 252. S'il prit part à la guerre de Clovis & Godegesile, contre Gondebaud, 262. Veut empêcher la guerre entre Clovis & les Visigots, 263. Sauve les débris du Royaume des Visigots après la défaite d'Alaric, 264. S'empare des

DES MATIERES.

Villes que les Bourguignons avoient au voisinage de la Provence, 183. Sa mort. 284

Thierri, Roi d'Austrasie, fils aîné de Clovis, refuse de faire la guerre à Sigismond Roi de Bourgogne, 284. Tems de sa mort. 286

Tombeau, découvert sur le territoire de Besançon. Explication de l'Inscription de ce Tombeau. 195

V.

Vandales, entrent dans les Gaules & assiégent Besançon, 46. Passent en Affrique & y fondent un Royaume, 113, 214. Prennent & saccagent Rome. 243

Vercingentorix, Chef des Gaulois & Roi des Gaules. Ses guerres contre César. 11

Vicaire du Préfet des Gaules, ses fonctions. 241

Vignes, quand plantées chez les Séquanois. 179

Vignier, ruë à Besançon, d'où son nom est tiré. 176

Villa Jurensis, les Villars auprès de Moirans, pourquoi ainsi apellés. 132, 147

Villes, du Comté de Bourgogne, leur origine. 33

Vindonissa, Camp Romain & Ville de la Province Séquanoise, avec le titre d'Evêché. 29 & 30.

Vindex, prend les armes contre Néron, secouru par les Séquanois, & pourquoi. Sa mort. 37

Visigots, passent en Italie & prennent Rome, 215. En sont chassés, passent dans les Gaules & de-là en Espagne, où ils fondent un Royaume. Noms de leurs premiers Rois, 215. S'établissent dans les Gaules au voisinage de l'Espagne, ibid. S'emparent de l'Auvergne, 147. Etenduë du Royaume des Visigots dans les Gaules, ibid. A quoi il est réduit après leur défaite par Clovis. 264

Vitescalc, dont il est parlé dans les Loix de Gondebaud, leurs fonctions. 272

Vosges, montagne, sépare les Séquanois des Médiomatriques & de ceux de Langres. 50

Y

Yverdun, Ebrodunum, Ville de la Province Séquanoise. 30

Z

Zurfac, Forum Tiberii, Cité des Helvétiens, où située. 145

TABLE DES MATIERES
Contenuës dans l'Histoire de l'Eglise de Besançon & des Abbaïes Nobles du Comté de Bourgogne.

A

Abbés, nom donné quelquefois au Supérieur des Chanoines des Cathédrales. Abbés du Chapitre S. Etienne de Besançon. 68, 69

Abbés & Abbesses du Diocèse de Besançon, prêtent serment d'obéissance & de soumission à l'Eglise Métropolitaine. 79

Abbés de S. Claude, leurs priviléges, 111. Joüissent du droit d'annoblir, légitimer & donner grace, 112. Dans les Preuves, 82, 87. Abbés de S. Claude qui ont été en même-tems

Archevêques ou Evêques dans les anciens tems, 102. Sont Chanoines Honoraires de S. Jean de Lyon, 105. Ont grand nombre de Vassaux, 111. Payoient des subsides, & fournissoient des soldats aux Souverains dans le neuviéme siécle, ibid. Suite des Abbés de S. Claude. 115, & suiv.

Abbés de Baume, suite des Abbés de Baume. 133, & suiv.

Abbés de Gigny. 123, 125

Abbesses de Chateau-Chalon, leur suite, 149, & suiv. Leur habit de Chœur. ibid. 179

Abesses de Baume, leur suite, 162. Leur

TABLE

habit de Chœur. *ibid.*
Abbesses & Abbés de Favernay. 163
Abbesses du Monastere de Sainte Claire de Lons-le-Saunier, leur suite. 168, *& suiv.*
Abbesses du Monastere de Sainte Claire de Migette, leur suite. 172, *& suiv.*
Acclamations, qui se faisoient après la Messe Episcopale à Besançon, *dans les Preuves.* 56
Aeticense Monasterium, où situé. 125
Agapit, Saint, son martyre, son Chef à Besançon, par qui il y a été aporté, & où il a été déposé. 50
Aldegrin, Saint, d'où il étoit, 126. Religieux de Baume, son culte, & ses Reliques. 127
Anian, Saint, Archevêque de Besançon, ce qui s'est passé de considerable sous son Episcopat, sa mort, son Corps relevé; l'Eglise de Besançon fait sa mémoire; ses Reliques, 42, 43, 44
Antide Premier, Archevêque de Besançon, en quel tems il a vêcu, 27, 28. Son martyre, 29 Son Corps levé de terre. Translation de ses Reliques, & où elles reposent, 30. S. Antide Archevêque de Besançon, en vénération à Lisbonne, & pourquoi. 30
Antide II. Archevêque de Besançon, en quel tems il a vêcu, sa vie. Preuves qu'il y a eu deux Antides Archevêques de Besançon. 61, *& suiv.*
Aquilain, S. Aquilain Evêque d'Evreux en Normandie. Ses Reliques à Gigny en Franche-Comté. 137
Archevêque, quand les Métropolitains ont commencés à porter ce titre. 6
Associations faites par l'Abbé de S. Claude, à des Seigneurs voisins. 110
Audon, Comte de Bourgogne, reçoit dans ses Terres les Religieux de Glanfeüil, le Corps de S. Maur & les autres Reliques qu'ils portoient avec eux, 122, 123. Est pere de S. Bernon premier Abbé de Cluni, *ibid.*
Austérité des premiers Religieux de S. Claude. 108

B

Basle, Evêque de Basle, Suffragant de Besançon. Premiers Evêques de Basle. Formule du serment qu'ils prêtoient à l'Eglise de Besançon. 77, *& suiv.*
Batistére, premier Batistére à Besançon, où placé & par qui, est la premiere Eglise de Besançon. Nouveaux Batistéres en cette Ville, en quel tems, 26. Prérogatives conservées à l'ancien Batistére. *ibid.*
Baume les-Messieurs, célébre Abbaïe au Comté de Bourgogne, où située, 120. Quand établie, & par qui, *ibid.* 121, 125. Actes du neuviéme siécle, qui parlent d'une Abbaïe de Baume au Comté de Bourgogne, s'ils doivent être entendus de Baume-les-Dames ou de Baume-les-Messieurs, 121, 122. Abbaïe de Baume-les-Messieurs donnée à l'Eglise de Besançon, 128. Soumise à l'Abbaïe de Cluni, 129. Soustraite à l'Abbaïe de Cluni, *ibid.* Sujette à la Jurisdiction de l'Archevêque de Besançon, 128. Se prétend exemte de celle de l'Abbé de Cluni, 131. Se gouverne en Chef de Congrégation, 132. Prieurés qui dépendent de l'Abbaïe de Baume, 130. Cures du Patronage de cette Abbaïe, 131. Combien il y a d'Offices & de Prébendes, *ibid.* Usage de n'y recevoir que des Gentilshommes, fort ancien. 132
Baume, Ville du Comté de Bourgogne, pourquoi apellée en Latin *Palma*, 150. Abbaïe de Baume-les-Dames, si elle a été établie par S. Germain Archevêque de Besançon, 150, *& suiv.* Si c'est par le Duc ou le Comte Garnier sous le Roi Gontran, 151, *& suiv.* Si c'est dans cette Abbaïe ou dans une autre du même nom, que Sainte Otilie a été élevée, 154. Par qui fondée, 154, *& suiv.* Sous quelle Régle, & si elle est sous la Régle de S. Benoit, 156, 157. Statuts que l'on y suit, 158. Nombre des Prébendes de cette Abbaïe, 160. Office qui s'y fait, *ibid.* Offices séculiers de l'Abbaïe de Baume, *ibid.* Si les Dames de Baume sont exemtes de la Jurisdiction de l'Ordinaire, 160. Usage immémorial de n'y recevoir que des Demoiselles, & comment l'on y fait les preuves de Noblesse. *ibid. & 161*
Belai, Evêque de Belai Suffragant de Besançon. Premiers Evêques de Belai. Serment que les Evêques de Belai prêtoient à l'Eglise de Besançon. 78

DES MATIERES.

Benoit d'Aniane, & s'il est le même que S. Eutiche Abbé de Baume. 121

Bernon, S. Bernon fils d'un Comte en Bourgogne, 123. Fonde l'Abbaïe de Gigni & en est premier Abbé, 123, 136. Le Roi & le Pape lui soumettent l'Abbaïe de Baume, 124. Est premier Abbé de Cluni, *ibid.* Autres Abbaïes mises sous sa conduite, *ibid.* Sa mort, & comment il dispose des Abbaïes qu'il gouvernoit, 125. Censure des Historiens de Cluni, qui n'ont pas assés fait d'honneur à sa mémoire. 125, 126

Besançon, en quel tems l'Evangile y a été annoncé. 22

C

Catalogues, manuscrits & anciens, de la suite des Archevêques de Besançon, leur forme & de quel tems ils sont. 3, & *suiv.*

Célidoine, Archevêque de Besançon, qui il étoit, & comment il fut élevé sur le Siége Archiépiscopal, 47. Ses différens avec Hilaire Archevêque d'Arles, 47, & *suiv.* Son apel & son voyage à Rome, 48. Reliques qu'il aporte de Rome, 50. Reçoit deux os du bras de S. Etienne à Besançon, 51, & *suiv.* Et les Corps de S. Epiphane & de S. Isidore Martyrs, 54. Tems de sa mort & où inhumé, 60. Preuves que Célidoine, qui a eu un différend fameux avec Hilaire Archevêque d'Arles, étoit Archevêque de Besançon. 80, & *suiv.*

Chanoines, d'où leur nom est tiré. 68. Quand ont commencé en Occident, 69. Quand les Clercs des Cathédrales de Besançon ont portés le titre de Chanoines, & pourquoi, 45, 47, 68, 69. S'ils ont été réguliers, 45, 69, 71, & *suiv.* Quelle régle ils suivoient, 70, & *suiv. Dans les Preuves.* 59

Chapelle primitive à Besançon. Eglise du premier Batistére convertie en Chapelle, 26. Chapelle souterraine à S. Claude, dédiée à S. Martin, 104. Chapelle sous l'Eglise de Chateau-Chalon. 179

Charlemagne, son Anniversaire se fait à Chateau-Chalon. 141

Chateau, à Chateau-Chalon, par qui bâti. 141

Chateaux forts de l'Abbé de S. Claude, 111. Chateau de Baume, fort & ancien. 150

Chateau-Chalon, Abbaïe de Dames dans le Comté de Bourgogne, où située, 140. D'où son nom est tiré, 141. Par qui fondée, *ibid.* Son Eglise à qui dédiée, 141. Sacrée par S. Leger Evêque d'Autun, 142. Abbaïe de Chateau-Chalon donnée à l'Eglise de Besançon, 143. Comprise dans le partage des Etats de Lotaire, entre Charles le Chauve Empereur & Louis Roi de Germanie, *ibid.* Exemte de la Jurisdiction de l'Ordinaire, 144. Ses Coutumes autorisées par un Délégué du S. Siége, *ibid.* Régle de S. Benoit reçuë à Chateau-Chalon. 143

Chaudane, montagne auprès de Besançon; d'où ce nom est tiré, 45. Monastere de Religieuses sur la montagne de Chaudane, sous le titre de Sainte Colombe. 16

Chelmegisèle, Bourguignon, Archevêque de Besançon, ses actions; est infecté des erreurs d'Arrius. 62

Chilperic, Roi de Bourgogne, fait une donation à l'Abbaïe de S. Claude, & combien elle a subsisté. 109

Chilperic II, sa statuë au portail de l'Eglise de Chateau-Chalon. 178

Claristes, au Comté de Bourgogne, où & par qui établies. 165, 166, 171, 173

Claudia, famille illustre à Besançon. 62

Claude, Président de la Province Séquanoise sous l'Empire Romain, 20. Maire du Palais de Bourgogne & Archevêques de Besançon de cette famille. 62

Claude, Archevêque de Besançon, signe au Concile d'Epaone, 62. Est différent de S. Claude aussi Archevêque de Besançon & Abbé de Condat, ou S. Oüian de Joux, qui porte à présent le nom de S. Claude, 63, & *suiv.*

Claude, Saint Claude Monastere du Comté de Bourgogne, quand fondé, 92. A porté long-tems le nom de Condat, & pourquoi, *ibid.* A été ensuite apellé de S. Oüian de Joux, & pourquoi, 98. Pourquoi a été apellé du nom de S. Claude, & en quel tems. 102

Claude, S. Claude Abbé de Condat & Archevêque de Besançon, ses Reliques. 92, 102

TABLE

Clercs, différents Ordres de Clercs dans les premiers siécles de l'Eglise, 66, *& suiv.* Quel étoit l'état des Clercs à Besançon dans les premiers siécles. 67

Clergé de Besançon, assistoit en Corps à la Messe Episcopale & autres Offices, 73. En quel tems il y assiste encore à présent. 73 & 74

Clotaire II. Roi de France, statuë de ce Roi au portail de l'Eglise de Chateau-Chalon. 178

Cluni, célebre Abbaïe, quand fondée, 124. Son premier Abbé & ses premiers Religieux tirés des Abbaïes de Baume & de Gigny en Franche-Comté, *ibid.* Reçoit des biens de l'Abbaïe de Gigny & lui en paye un cens. 130

Colombe, Sainte Colombe, qui elle étoit. 46

Concile à Besançon, dans lequel Hilaire Archevêque d'Arles déposa Célidoine Archevêque de Besançon, 47. Concile de Rome assemblé pour juger la cause de Célidoine de Besançon & d'Hilaire d'Arles, 48, *& suiv.* Concile d'Epaone. 62

Condat, Abbaïe, *voyez* Claude.

Crocus, Roi des Allemands dans la Province Séquanoise, en quel tems il y a été. 28, *& suiv.*

Croix, droit de porter une Croix pectorale accordé aux Religieux de S. Claude. 139

Crysopolis, quand Besançon a commencé à porter ce nom. 6

Cuisance, Abbaïe ancienne du Comté de Bourgogne, par qui fondée. 155

Cures, dépendantes de l'Abbaïe de S. Claude, *dans les Preuves*, 72, *& suiv.* De l'Abbaïe de Baume, 130. Du Prieuré de Gigny. 139

D

Deicole, S. Deicole, Disciple de S. Colomban, premier Abbé de Lure. 139

Denis, Chef de S. Denis à l'Eglise des Dames de Lons le-Saunier, d'où aporté; est en grande vénération; où il est à present. 167, *& suiv.*

Désiré, S. Désiré Archevêque de Besançon, tems auquel il a vêcu, ses actions & où il est mort, 45. Levé de terre & exposé à la vénération des Fidéles, 46. Son chef à Baume-les-Messieurs. 127

Discipline des Eglises de Besançon, 67, *& suiv.* Voyés le Rituel de S. Protade aux Preuves *per totum*, 18, *& suiv.* De l'Abbaïe de S. Claude, 91, 104, 107, 108, 139. De l'Abbaïe de Baume-les-Messieurs, 120, 114, 126, 130, 132, 139. Du Prieuré de Gigny, 120, 136, 139. De l'Abbaïe de Chateau-Chalon, 143, 144, 146, *& suiv.* De l'Abbaïe de Baume-les-Dames, 156, 157, 158, 160, 161. Des Abbaïes de Ste. Claire de Lons-le-Saunier, 170, 171. De Migette, 173. De Montigni. 174

Diptiques, livres envoyés à l'Eglise de Besançon par Romain le Jeune Empereur de Constantinople, & pourquoi. Explication du Diptique qui est à Besançon. 13, *& suiv.*

Dominiquains à Besançon, par qui fondés, & en quel tems. 165

Donations faites à l'Abbaïe de Saint Claude. 109, 110

Drogon, saint Religieux de l'Abbaïe de Baume. 127

E

Ecole, établie sous saint Oüian dans l'Abbaïe de Condat, tapellée à présent Saint Claude. 97, 102

Echolieres, Dames de Chateau-Chalon, pourquoi ainsi nommées. 147

Eglise de Besançon, l'une des plus anciennes des Gaules, 17. Quand fondée, 22. Pourquoi la premiere Eglise Cathédrale de Besançon a été dédiée à Saint Etienne & ensuite à Saint Jean l'Evangeliste, 25, 39, 41. Nouvelle Eglise Cathédrale sous le titre de Saint Etienne à Besançon. 39, 41.

Eglise de Saint Jean-Baptiste, premiere Paroissiale à Besançon, quand bâtie, 34. Eglise Paroissiale de S. Pierre à Besançon, quand bâtie, 39, 56. Grand nombre de Corps Saints dans cette Eglise, 55, *& suiv.* Eglise Paroissiale de Saint Maurice à Besançon, quand bâtie, 42. Eglise Collegiale & Paroissiale de Sainte Marie Magdelaine à Besançon, son commencement, 25. Eglise Collegiale de S. Laurent à

Besançon, quand bâtie, 26. Premiere Eglise de Saint Claude, à qui dédiée, 102. Seconde Eglise de Saint Claude, par qui bâtie, & à qui dédiée, ibid. Troisiéme Eglise bâtie à saint Claude pour servir de Paroissiale, à qui dédiée d'abord, & pourquoi elle a été dédiée à la suite à Saint Romain Martyr, 102, & suiv. Eglise de Saint Claude dédiée à Saint Pierre, la plus belle de la Province, 92. Eglise de l'Abbaïe de Baume, à qui dédiée ; sa structure ; Reliques & Mausolées qui s'y voyent, 126, 127, 128. Eglise de Gigny, à qui dédiée ; 136. Sa structure, 138. Eglise de Chateau-Chalon, à qui dédiée, 141. Sacrée par Saint Leger, 142. Statuës anciennes qui sont à son Portail, & qui elles représentent, 185, & suiv. Seconde Eglise à Chateau-Chalon pour servir de Paroissiale, 144. Prérogatives réservées à l'Eglise des Dames sur l'Eglise Paroissiale de Chateau-Chalon. 144, & suiv.

Epiphane, Corps de Saint Epiphane Martyr aporté à Besançon, en quel tems, & comment conservé. 54

Ermanfroi, Saint Ermanfroi premier Abbé de Cuisance & Fondateur de cette Abbaïe, en quel tems il vivoit & de quelle Maison il étoit. 155

Etienne, Saint Etienne, premieres Reliques de Saint Etienne à Besançon, 39, 40. Eglises qui lui furent dédiées dans cette Ville, ibid. Invention des Reliques de Saint Etienne, 50. Deux Os du bras de Saint Etienne envoyés à Besançon par Théodose le Jeune Empereur d'Orient, 51. Miracle éclatant arrivé à Besançon, à la Réception de cette Relique. Preuves de ce miracle, 51, & suiv. Ce miracle a donné lieu de transferer au jour qu'il fut fait la Fête de l'Invention de Saint Etienne, 54. Phioles du sang de Saint Etienne venuës de Besançon & portées en différentes Eglises des Gaules & d'Italie, 51. Preuves de la certitude de la Relique des os du bras de Saint Etienne, & de sa conservation à Besançon jusqu'à nos jours. 52, 53. C'est la seule Relique bien certaine du premier Martyr de Jesus-Christ, 54. Grande solem-nité de la Fête de la Réception des os du bras de Saint Etienne à Besançon. 53

Evangile, quand il a été annoncé & reçû dans les Gaules. 18

Evêchés Suffragants de Besançon. 74, & suiv.

Eusebe, Archevêque de Besançon, en quel tems il a vêcu, ses actions. 39

Eutiche, Saint Eutiche Abbé de Baume dans le neuviéme siécle. 121

F

Favernay, Abbaïe de femmes au Comté de Bourgogne, par qui fondée, 162. Connuë par des Actes des 7, 8 & 9e. siécles, 163. Etoit l'une des plus considérables Abbaïes de la Province, du tems de Louis le Débonnaire, 163. Serment des Abbesses de Favernay à l'Eglise de Besançon, ibid. Cette Abbaïe donnée à l'Abbé de la Chaise-Dieu pour y mettre des Religieux. Abbés de Favernay dès-lors, & leurs sermens à l'Eglise de Besançon, ibid. Réforme actuelle de l'Abbaïe de Favernay, 154

Ferreol & Ferjeux, Saints Martyrs, Apôtres & Fondateurs de l'Eglise de Besançon, en quel tems, 18, 19 & 20. Disciples de Saint Policarpe & de Saint Irenée, 19. Etoient originaires des Gaules, 20. Leur martyre à Besançon, ibid. Et dans les Preuves, 3. Invention de leurs Corps, 20, 42. Translation de leurs Reliques, 21. Où elles sont à présent. 22

Ferreol, Saint Ferreol, Martyr & Apôtre de Besançon. Preuve qu'il en a été le premier Evêque. 22, & suiv. 65 & 66.

Ferjeux, Eglise de Saint Ferjeux auprès de Besançon, quand bâtie, 20. Anian Archevêque de Besançon, y établit une Communauté de Clercs. 69

Florence, Saint Florence, ses Reliques à Baume-les-Messieurs. 128

Fronime, Archevêque de Besançon, tems auquel il a vêcu, sa vie, sa mort, lieu de sa sépulture. 45

G

Galla Placidia, mere de Valentinien III. & Régente de l'Empire d'Occident, favorise Célidoine Archevêque de Besançon, & lui procure de belles Reliques pour son Eglise, 50. Vient à Besançon recevoir les Reliques de Saint Etienne, qu'elle avoit obtenuës de Théodose le Jeune pour cette Eglise. 51

Garnier, Duc ou Comte, s'il est Fondateur de l'Abbaïe de Baume-les-Dames. 151, 153

Gelmesile, voyés *Chelmegisèle*, Archevêque de Besançon.

Germain, Saint Germain Archevêque de Besançon Martyr, 31, 33. En quel tems il a vécu, 33. Ses Reliques transférées à Baumes-les-Dames, & s'il a donné commencement à l'Abbaïe de ce lieu. 32

Gigny, Abbaïe dans le Comté de Bourgogne, quand fondée, & par qui, 123, 136. Une partie de ses biens donnés à Cluni, 136. Religieux de Gigny ont été avec ceux de Baume les premiers Religieux de Cluni. 124

Glansëüil, Religieux de Glanfeüil en Normandie ; sont reçus à l'Abbaïe de Baume. 122

Gontran, songe du Roi Gondran, auquel on attribuë la Fondation de l'Abbaïe de Baume-les-Dames, ce qui en est, 151, & *suiv.*

Grand-Fontaine auprès de Besançon, si c'étoit un lieu connu sous l'Empire Romain, 32. Monastere à Grand-Fontaine, & d'où il dépendoit. *ibid.*

Grand-Vaux, Abbaïe auprès de Saint Claude, quand fondée & par qui, 111. Unie à l'Abbaïe de Saint Claude. *ibid.*

Guy, Abbé de Baume, qui il étoit, 129. Désigné par Saint Bernon pour son Successeur en ladite Abbaïe, & aux autres qu'il gouvernoit dans le Comté de Bourgogne. 111

H

Habits de Chœur & de Ville, des Religieux de Saint Claude, Baume & Gigny, 139. Habits de Chœur, & de Ville, des Religieuses de Baume-les-Dames & de Chateau-Chalon, 161. Celui des Religieuses de Lons-le-Saunier, Migette, & Montigny. 174

Heléne, Sainte Heléne mere de Constantin le Grand, a été à Besançon, 39. Dons qu'elle a faits à l'Eglise de cette Ville. 39 & 40

Hilaire, Archevêque de Besançon au commencement du quatriéme siécle, sa vie. 39, & *suiv.*

Hilaire, Saint Hilaire Archevêque d'Arles, assemble un Concile à Besançon & y dépose Célidoine Archevêque de cette Ville ; grandes suites de cette entreprise. 47, & *suiv.* 80, & *suiv.*

Hugue, premier Archevêque de Besançon dans le onziéme siécle. Eglises qu'il fonde ; livres & ornemenrs dont il les enrichit, 8, 9. Transfere de Saint Ferjeux à Besançon les Corps de Saint Ferreol & de Saint Ferjeux, 21. Transfere à Besançon les Reliques de Saint Antide. 30

I

Jean-Baptiste, Eglise Paroissiale de Saint Jean-Baptiste à Besançon, quand bâtie. 34

Jean l'Evangéliste, Eglise Cathédrale de Saint Jean l'Evangéliste à Besançon, quand dédiée à saint Jean l'Evangéliste, & pourquoi. 41

Importunus, Archevêque de Besançon, déposé, & pourquoi. 60

Isidore, Corps de Saint Isidore Martyr, quand aporté à Besançon, & comment il a été conservé. 54

Jurisdiction temporelle de l'Abbaïe de Saint Claude, par qui exercée d'abord, & comment il s'exerce aujourd'hui, 113, 114. Ressortit immédiatement au Souverain ou à son Parlement, 112. Dans les *Preuves*, 71, 81, 87.

Just, Archevêque de Besançon, en quel tems, & sa vie. 41, 42

L

Laisin, Cofondateur de l'Abbaïe de Gigny, qui il étoit. 123

Laucone, Monastere établi par Saint Romain & Saint Lupicin premiers Abbés de Saint Claude, 93. L'Archevêque de Besançon y prétend la Jurisdiction immédiate. 110

Laurent, Eglise de Saint Laurent à Besançon,

DES MATIERES.

fançon, quand bâtie. 46
Laufane, Evêque de Laufane, premier Suffragant de Befançon, a droit de Pallium & de facrer fon Métropolitain. 75
Lauthein, S. Lauthein, quand il a vêcu, 126. Sa mort, & où inhumé. Son Corps eft relevé, & où repofent fes Reliques, *ibid.* A établi l'Abbaïe de Baume-les-Meffieurs. 121, 125
Lauthein, S. Lauthein, Abbaïe ancienne au Comté de Bourgogne, pourquoi ainfi apellée, & quel nom le lieu où elle eft, portoit auparavant. 125
Légendes des Archevêques de Befançon, leur ancienneté & la foi qu'elles méritent. 9
Leger, S. Leger Evêque d'Autun, facre l'Eglife de Chateau-Chalon, & pourquoi. 142
Leonce, Archevêque de Befançon, fa vie, durée de fon Epifcopat, & tems de fa mort, 47. Si c'eft lui qui a été Légat du Pape S. Leon dans les Gaules. 49, 86
Libratæ Terræ, ce que fignifient ces mots dans les anciens titres. 171
Lin, Archevêque de Befançon, fi c'eft le même qui a fuccédé à S. Pierre au Siége de Rome, 17, 18, 25. Tems de fon Epifcopat, 25. Ses actions, 25, & *fuiv.*
Litanies anciennes de l'Eglife de Befançon, dans les Preuves 54
Lons-le-Saunier, lieu de la mort & de la fépulture de S. Défiré Archevêque de Befançon. 46
Lupicin, S. Lupicin fecond Abbé de S. Claude, fa vie, 92, & *fuiv.* Son caractere & fes auftérités, 95, 96. Sa mort, 97. Où inhumé, *ibid.* Dans les Preuves, 65. Partie de fes Reliques tranférées à S. Claude, 99. Son chef, & la plus grande partie de fes Reliques découverts en 1680. Preuves que ce font les Reliques de S. Lupicin Abbé. 99, & *fuiv.*
Lure, Abbaïe, quand fondée, & par qui, 139. L'on n'y reçoit que des Gentilshommes. *ibid.*
Luxeul, illuftre Abbaïe du Comté de Bourgogne. 139
Lyon, l'Eglife de Lyon la plus ancienne des Gaules. 19

M

Magdelaine, Eglife de Sainte Marie Magdelaine à Befançon, fon commencement, & par qui bâtie. 25
Manufcrits anciens de l'Eglife de Befançon, de quel fiécle ils font, 8, & *fuiv.*
Martin, S. Martin révéré dans l'Abbaïe de Condat à préfent S. Claude, & fi les Religieux de cette Abbaïe ont fuivi fa Régle. 104
Martyrologe ancien de Befançon, quelle foi il mérite, 3. Dans les Preuves, 6, & *fuiv.*
Martyrs à Befançon dans les premiers fiécles de l'Eglife, 55. Leurs Corps inhumés dans le Cancel de l'Eglife de S. Pierre, *ibid.* Autres Corps Saints dans cette Eglife. 56
Maur, S. Maur Difciple de S. Benoît, fes Religieux paffent en Franche-Comté, 122. Grande partie de fes Reliques aportée en Franche-Comté, où elles font encore. *ibid.*
Maur, S. Maur, Monaftere & Village de Franche-Comté, où font les Reliques de S. Maur. 122
Maurice, Eglife de S. Maurice à Befançon, quand bâtie. 42
Maximiac, ancienne Abbaïe du Comté de Bourgogne, où fituée. 125
Maximin, S. Maximin Archevêque de Befançon, fes actions, 34. Où il a été inhumé, 35. Preuves qu'il y a eu à Befançon un Archevêque de ce nom, différent de S. Maximin Archevêque de Tréves. 36
Meffe Pontificale à Befançon, quel en eft l'apareil. 72, 73
Migette, Abbaïe de Religieufes de l'Ordre de Sainte Claire, où fituée, & par qui fondée. 171
Minafe, Saint Minafe Abbé de Saint Claude. 97
Moirans, Chef-lieu d'une grande Terre. 103
Monafteres établis par les Saints Romain & Lupicin Abbés de Condat, dans l'Evêché de Laufane, où fitués. 95
Monnoye, droit de battre monnoye accordé à l'Abbaïe de S. Claude, & par qui. 111

R rr

Montaigu, grande Seigneurie du Comté de Bourgogne, donnée à l'Abbaïe de Baume, 123. Reprise en Fief de cette Abbaïe. 128

Montigny, Abbaïe de l'Ordre de Sainte Claire à Montigny, par qui fondée. 173

Moute, Prieuré dépendant de l'Abbaïe de S. Claude, par qui établi. 101

Moutier en Bresse, Abbaïe & ensuite Prieuré dépendant de l'Abbaïe de Baume. 125

N

Ecrologe de Chateau-Chalon, son ancienneté, & quelle foi il mérite. 141

Neufchatel, grande & riche Maison du Comté de Bourgogne. Si la fondation de l'Abbaïe de Baume-les-Dames lui doit être attribuée. 153

Nicodéme, S. Nicodéme Martyr à Rome dans le premier siécle de l'Eglise, son culte, 58. Ses Reliques aportées à Besançon, 57. Preuves qu'elles ont été nouvellement découvertes sous un Autel de l'Eglise de S. Pierre. 57, *& suiv.*

Nieces, Religieuses à titre de Niece dans les Abbaïes de Dames du Comté de Bourgogne, 147, 160. Dans les Preuves. 108, *& suiv.*

Nion, au Païs de Vaux, s'il y a eu un Evêché Suffragant de Besançon, 78. Premiers Disciples de S. Romain Abbé de Condat, étoient de Nion. 95

Noblesse requise pour être reçû Religieux dans l'Abbaïe de S. Claude, 105. Dans l'Abbaïe de Baume-les-Messieurs, 120, 132. Dans le Prieuré de Gigny, 138. Dans l'Abbaïe de Lure, 139. Dans l'Abbaïe de Chateau-Chalon, 147, 148. Dans l'Abbaïe de Baume-les-Dames, 161. Dans l'Abbaïe de Lons-le-Saunier, 169, 170. Dans celle de Migette, 173. Dans celle de Montigny, 174. *Dans les Preuves.* 87, 88 *& 108*

Norbert, Patrice de Bourgogne, Fondateur de l'Abbaïe de Chateau-Chalon. 141, 177

O

Don, S. Odon Abbé de Baume & second Abbé de Cluni. 123, 127

Offices Claustraux de l'Abbaïe de Saint Claude, quels ils sont, 107. Qui a droit d'y nommer, & s'ils peuvent être résignés. *ibid.*

Offices Claustraux de l'Abbaïe de Baume, quels ils sont, 131. Qui a droit d'y nommer. 110

Offices claustraux du Prieuré de Gigny, quels ils sont, & qui a droit d'y nommer. 138

Offices Claustraux de l'Abbaïe de Chateau-Chalon, 146. S'il y en a dans l'Abbaïe de Baume-les-Dames. Offices séculiers de cette derniere Abbaïe. 160

Onnasius, Tribun Militaire à Besançon. 16

Odilie, Sainte Odilie, si elle a été élevée dans l'Abbaïe de Baume-les-Dames. 154

Ouyan, premier Batistére de Besançon converti en une Chapelle dédiée à S. Ouyan, 16. S. Ouyan Abbé de S. Claude, d'où il étoit, où il a été élevé, son caractere, 97. Sa mort, & où il fut inhumé, 98. Son Corps levé de terre, & où il est à présent. *ibid.*

P

Allium, le premier Suffragant de Besançon a le droit de Pallium. 174

Palma, nom de la Ville & de l'Abbaïe de Baume. 150, 153

Panchaire, Archevêque de Besançon, assiste au Concile de Cologne tenu en 346, sa vie. 41

Paulin, Archevêque de Besançon, sa vie, 35. Preuves qu'il est différent de S. Paulin Archevêque de Tréves, 36, *& suiv.*

Pierre, Eglise Paroissiale de S. Pierre à Besançon, quand bâtie, 39. Corps Saints qui y reposent. 55, *& suiv.*

Pin, le Pin, Fief considérable de l'Abbaïe de Baume. 131

Places de Religieux à l'Abbaïe de S. Claude, combien il y en a, & qui y nomme, 107. A l'Abbaïe de Baume-les-Messieurs, 131. Au Prieuré de Gigny, 138. A l'Abbaïe de Chateau-Chalon, 147. A l'Abbaïe de Baume-les-Dames, 160. A l'Abbaïe de Lons-le-Saunier, 170. Aux Abbaïes de Migette & de Montigni, *aux Preuves*, 108, *& suiv.*

DES MATIERES.

Prébendes à S. Claude, combien, 107. A Baume-les-Messieurs, 131. Au Prieuré de Gigny, 138. A l'Abbaïe de Chateau-Chalon, 146. A l'Abbaïe de Baume-les-Dames, 160. A l'Abbaïe de Lons-le-Saunier, 170. Aux Abbaïes de Migette & de Montigny, *aux Preuves*, 108, *& suiv.*

Prieurés dépendans de l'Abbaïe de S. Claude, *aux Preuves*, 75, *& suiv.* De l'Abbaïe de Baume-les-Messieurs, 130. Du Prieuré de Gigny, 138. Quatre Prieurés de Dames dépendantes de l'Abbaïe de Chateau-Chalon. 145

Processions, leur origine. 67

Profession, Formule de Profession des Religieux de S. Claude, 107. Des Dames de Chateau-Chalon, 143. Des Dames de Baume. 177

Q

Quart-Fief, nom des Chapelains de l'Abbaïe de Chateau-Chalon, & pourquoi ils sont ainsi apellés, 144. Quelles sont leurs fonctions, *ibid.* Leurs Bénéfices ne sont pas sujets à la régle de la réservation des mois. 145

Raimond, Comte de Bourgogne, tige des Rois de Castille & de Leon. 30

Reclus, quels ils étoient, & où demeuroient ceux de Besançon. 72, 73

Régle des Chanoines de Besançon, d'où tirée, & ce qu'elle contient, 8, 71, *& suiv. Aux Preuves*, 59. Premiere Régle des Religieux de S. Claude, 104. Des Abbaïes de Baume & de Chateau-Chalon, 157. Régle de S. Benoît reçûë à S. Claude, 104. A Baume-les-Messieurs, 122. A Chateau-Chalon, 143. A Baume-les-Dames, 156. Régle de Sainte Claire modifiée par Urbain IV, observée à Lons-le-Saunier, Migette & Montigny. 166, 171, 173

Renobert, saint Renobert Evêque de Bayeux, ses Reliques en Franche-Comté. 123

Renaud, Saint Renaud, Religieux de Baume. 128

Réservation des mois, n'a lieu dans les Bénéfices des Prêtres qui desservent les Abbaïes de Chateau-Chalon & de Baume. 145, 159

Rituel attribué à S. Protade Archevêque de Besançon, de quel tems il est, 6, *& suiv.* Contient l'ancienne discipline & les usages des premiers tems de l'Eglise de Besançon. *ibid.*

Rit Romain, suivi à S. Claude, Beaume & Gigny, 139. A Chateau-Chalon & à Baume-les-Dames. 160

Romain le Jeune, Empereur de Constantinople, envoie des présens à l'Eglise de Besançon, & pourquoi. 12, *& suiv.*

Romain, S. Romain premier Abbé de Condat à présent S. Claude, d'où il étoit, son caractere, sa vie, 92, *& suiv* Sa mort, 95. Son Corps levé de terre, *ibid.* Ses Reliques transférées à S. Claude, & ce qui en reste. 98, 99

Romain, S. Romain Patron de la Ville de S. Claude, son Martyre & son culte en Occident. 103

Romain de Roche, Monastere établi pour des femmes, par S. Romain premier Abbé de S. Claude. Combien il y eut d'abord de Religieuses. 93

Romain Moutier, Abbaïe dans l'Evêché de Lausane, si elle a été fondée par S. Romain Abbé de S. Claude. 93

S

Saints Religieux dans l'Abbaïe de Condat, en grand nombre. 101

Saint Claude, Ville de S. Claude, sa fondation, & ses immunités. 103

Saint Claude, Abbaïe, voyez Claude.

Savin, S. Savin, Paroisse de son nom en Franche-Comté, & par qui ses Reliques y ont été aportées. 123

Serment, Formule du serment des Chanoines de Besançon, 71. Des Evêques Suffragants de Besançon, 76, *& suiv.* Des Abbesses de Chateau-Chalon à l'Eglise de Besançon, 143. Des Abbesses de Baume à la même Eglise, 157. Des Abbés & Abbesses de Favernay. 163

Siese, ancienne Abbaïe au Comté de Bourgogne, à présent S. Lauthein 125

Silvestre premier, Archevêque de Besançon, en quel tems il a vécu, sa vie, sa mort, Inscription de son Tombeau, 43. Sa mémoire dans l'Eglise de Besançon, & où sont ses Reliques, 44. Deux Silvestres Archevêques de Besançon. 15

Simon, S. Simon, des Comtes de Crepy, Religieux de S. Claude, premier

TABLE DES MATIERES.

Prieur de Moute. 102
Stations qui se faisoient anciennement dans l'Eglise de Besançon. 67

T

T Aurain, S. Taurain Evêque de Bayeux, ses Reliques à Gigny, & comment elles y ont été aportées. 137
Tombeaux des SS. Ferreol & Ferjeux, 20 Miracles qui s'y faisoient, attestés par Grégoire de Tours. 22
Tombeau des Archevêques de Besançon, 45. De S. Désiré, 46. De S. Lautain. 126
Tombeau ancien qui étoit dans le Chœur de l'Eglise de Baume-les-Dames, de qui il étoit ; explication des bas-reliefs qu'on y voit, 153, *& suiv*.
Tombeau remarquable de Marguerite de Neufchatel dans la même Eglise, & son Epitaphe. 158
Trésor, vigne du Trésor à Baume-les-Dames, d'où lui vient ce nom. 152

V

V Atteville, Maison illustre établie au Comté de Bourgogne, son origine, ses alliances, ses illustrations. 135, 149
Vie commune des Chanoines de Besançon, 69, *& suiv*. A cessé depuis longtems dans l'Abbaïe de S. Claude, 91, 107. Dans l'Abbaïe de Baume, 131. Dans le Prieuré de Gigny, 139. Dans l'Abbaïe de Chateau-Chalon, 147. Dans l'Abbaïe de Baume-les-Dames, 158. Dans celles de Lons-le-Saunier, Migette & Montigny, 170, 173. *Et dans les Preuves*, 108, *& suiv*.
Visites & Réglemens de l'Abbaïe de S. Claude, 106, 107, 108. Religieux de Baume refusent de se soumettre aux visites de l'Abbé de Cluni, 131. Visites de l'Abbaïe de Chateau-Chalon. 144

ERRATA.

Dans la Préface.

Pag. 9, lig. 16, de Londres, *lisez*, à Londres.

Dans l'Histoire Civile.

P. 6. l. 17. le font souvent passer. *l.* le font passer.
P. 86. l. 4. Askaüanes. *l.* Skouanes.
P. 120. l. 22. de Maîtres. *l.* des Maîtres.
P. 121. l. 14. & e plus. *l.* & le plus.
P. 192. l. 25. *vocont*. *l. vocant*.
P. 147. l. 13. Ædicius. *l.* Eedicius.
P. 288. l. 10. l'on fixe. *l.* & l'on fixe.
P. 251. l. 15. la même peine. *l.* la même peine qu'à son mari.

Dans l'Histoire Ecclésiastique, à l'Avertissement.

P. 5. l. 29. les deux premiers. *l.* les premiers.
P. 10. l. 14. conservés. *l.* conservé.
P. 21. l. 8. sur l'Autel. *l.* sous l'Autel.
P. 50. l. 28. Vautier. *l.* Gautier.
P. 58. l. à la luite. *l.* à la suite.
P. 60. l. 8. avions. *l.* avons.
P. 65. Addition. Cette Addition a été imprimée par erreur une seconde fois aux pages 174 & 175.
P. 66. l. 3. Lectus. *l.* Lullus.
P. 79. l. 15. le Vicomté. *l.* la Vicomté.
P. 129. l. 15. *juniore*. *l. Juniore*.
P. 136. l. 13. Formosa. *l.* Formose.
P. 151. l. 32. dormit. *l.* s'endormit.
P. 162. l. 12. dix-septiéme. *l.* quatorziéme.

PREUVES
POUR L'HISTOIRE DE L'EGLISE
DE BESANÇON.

DE LITURGIA GALLICANA,
Lib. III. Missale Goticum. pag. 269. col. 2ª.
MISSA SANCTORUM
Ferreoli & Ferrucionis.

OMINUM Deum nostrum, Fratres carissimi, supplices exoremus, qui sanctis Martyribus suis Ferreolo & Ferrucioni quædam tribuit futurorum præmia gaudiorum in ipsa præsentium conditione certaminum (dum per inextinguibilem sui amoris ardorem intelligunt suavitatem vitæ damnis acquirere, & mortem moriendo calcare : quibus dum prætervolans hic dies per urgentium pœnarum acerbitatem concluditur, aditus æternæ lucis aperitur) det nobis famulis suis : ut sicut illos nulla tormentorum genera, corpore licet deserente, fre-

A

gerunt; ita nos nullæ mundi hujus inlecebræ à suæ proposito servitutis perniciosa securitate deflectant: ut virtutem fidei nostræ divinus ignis suæ charitatis accendat, & omnia in nobis corporalium vitiorum fundamenta consumat. Per.

Collectio.

Deus, cujus amorem piissimi Confessores & Martyres tui Ferreolus & Ferrucio cruore adserunt & morte confirmant: qui dum tibi tam libenter sumptum à te vitæ munus impendunt, neminem non pro vitâ mori testantur: concede ut fidem, quam cordibus nostris proprio inscriptam sanguine reliquerunt, vitæ meritis excolamus: Et quod in eis admiramur, imitemur; quod colimus, diligamus; quod laude prosequimur, conversatione sectemur. Per.

Post nomina.

Recensitis nominibus fratrum, carorumque nostrorum, oremus dominicam misericordiam: ut in medio Hierusalem in congregatione Sanctorum hæc nomina sibi faciat ab Angelo sanctificationis in beatitudinem æterni gaudii recenseri: sacrificiumque hoc nostrum sicut in præformationem Melchisedech, in virtute sanctificet: preces quoque offerentium hanc per oblationem propitiatus exaudiat in commemorationem beatissimorum Martyrum Ferreoli & Ferrucionis, omniumque Sanctorum: ut eorum precibus adjuti, non solum viventibus præsidia, verum etiam defunctis caris nostris requiem obtinere mereantur. Per.

Collectio ad pacem.

Mirabilis in Sanctis tuis, Domine virtutum, & peccatoribus nobis, beatissimorum Martyrum tuorum Ferreoli & Ferrucionis patrocinio largire; illi coronas insignes gemmibus, lapidibus pretiosis Martyrii virtute meruerunt: nos eorum suffragiis, te donante delictorum veniam consequamur; & concede nobis, ut conjunctio labiorum, copula efficiatur animarum; & ministerium osculi perpetuæ proficiat caritati. Per.

Contestatio.

Dignum & justum est. Vere dignum & justum est: quotiescumque pugnas Sanctorum recolimus, te laudamus: & in quo Martyres tuos Ferreolum & Ferrucionem proferimus, tuis virtutibus adscribamur: quia illorum corona tua est gloria: qui per unicum Filium tuum Jesum Christum Dominum ac Salvatorem nostrum mortalia corpora docuisti pretiosi palmam portare Martyrii. Juste autem tuis meritis exibemus, quo fortissimorum Martyrum facta veneramur: qui humanas mentes ad certamen cælestis gloriæ amore tuæ pietatis accendis. Tuæ namque virtutis est præmium, pœna Sanctorum. Nam in qua subjacuerunt sævi membra carnificis, ac tibi servit Martyrum effusus sanguis, tibi triumphum reportat manus cruenta Lictoris : quique gladio voluntaria colla subposuit, tibi vicit : quique ungulis flammisque subjacuit, tui palmam nominis reportavit. Habes ergo Domine, in quo exultes, quotiescumque tantæ virtutis memoriam recolimus : nec immeritò singulis quibusque cælestia dona disponis, qui tantum per sanctos tuos undique amorem adquiris. Quis non post tantam pietatis tuæ magnificentiam, animum ad Martyrii vota componat ? Aut quis non provocetur ad pugnam, cum videat magno laboris fructu remuneratam, Martyrum fuisse victoriam ? Rogamus ergo, Domine, ut in commemorationem Sanctorum tuorum Ferreoli & Ferrucionis, illorum prætiosæ virtutis memoriam recolentes, partem remunerationis admittas ; ac præstes, ut familia tua perseverare cursum cæpti laboris expediat, quatenùs qui in te credunt, & tibi serviunt, & si non in prima, vel in secunda remunerationis forte, locum apud te mereantur obtinere justitiæ. Et ideò cum Angelis atque Archangelis clamant dicentes.

Les autres preuves de la Mission, & du Martyre des Saints Ferreol & Ferjeux Apôtres des Séquanois, sont tirées de la Tradition de l'Eglise de Besançon, de leur Légende ancienne, que l'on conserve dans les Archives de la Métropolitaine, & de celle des Saints Felix, Fortunat & Achillée leurs Compagnons, raportée par les Bolandistes au 16 Juin.

ANTIQUI ARCHIEPISCOPORUM Bisuntinorum Catalogi.

ANTIQUIOR CATALOGUS.

Nomina Episcoporum sanctæ Bisunticensis Ecclesiæ.

1 S. Linus.
2 S. Ferreolus.
3 S. Maximinus.
4 S. Paulinus.
5 S. Eusebius.
6 S. Hilarius.
7 S. Pancratius.
8 S. Justus.
9 S. Anianus.
10 S. Silvester.
11 S. Fronimius.
12 S. Desideratus.
13 S. Germanus.
14 S. Leontius.

15	S. Celidonius.	33	S. Gedeon.
16	Importunus.	34	Bernuin. bonus.
	Pseudo Episcopus, receptus, sed turpiter ejectus.	35	Amalwinus.
		36	Arduicus.
		37	Theodericus.
17	Gelmeisilus.	38	Berengarius.
18	S. Antidius.	39	Eminus. *Invasor vocatus. Pseudo Episcopus, non receptus.*
19	S. Nicetius.		
20	S. Protadius.		
21	S. Donatus.	40	Gonterius. *Vocatus Episcopus.*
22	S. Migetius.		
23	S. Ternacius.	41	Girfredus.
24	S. Gervasius.	42	Wido.
25	S. Claudius.	43	Wichardus.
26	Felix.	44	Leutaldus.
27	Tetradius.	45	Hector.
28	Abbo.	46	Bertaldus.
29	Wandelbertus.		*Pseudo Episcopus, non receptus.*
30	Evroldus.		
31	Aruleus.	47	Walterius.
32	Erveus.	48	HUGO.

CATALOGUS ALTER.

NOMINA EPISCOPORUM VESUNTIONENSIS Ecclesiæ ; exceptis illis , quos reproba vita vel introitus , de Catalogo radi fecit ; sicut Chelmesigelum, Tetradium, Felicem , Hayminium , & quosdam alios.

1 S. Linus. Hic primus ædificavit Bisuntinensem Ecclesiam S. Stephani, quæ usque ad Hilarium permansit.

2 S. Maximinus. Iste sexto ab Urbe milliario, vitam heremiticam duxit, ubi & requiescit.

3 S. Paulinus. Iste fuit discipulus beati Maximini ; post cujus obitum , in eadem eremo sub persecutione Maximiani latuit. Requiescit autem in Ecclesiâ S. Stephani ante Altare.

4 S. Eusebius. Hic fuit discipulus Melchiadis Papæ. Duobus annis Episcopatum tenuit.

5 S. Hilarius. Hujus tempore, reædificata est Ecclesia S. Stephani, ab Helenâ Reginâ, matre Constantini ; cum nulla adhuc Ecclesia fuisset Bisuntii.

de l'Eglise de Besançon.

6 S. Pancratius. Hic fuit contemporaneus Julii Papæ, à quo etiam Episcopus est ordinatus.
7 S. Justus. Hic tempore Juliani Apostatæ, multam legitur habuisse familiaritatem, cum Eusebio Martyre, Vercellensi Episcopo.
8 S. Anianus. Hic tempore Valentiniani & Valentis, ædificavit Ecclesiam sanctorum Ferreoli & Ferrucii, milliario ac semis ab Urbe distantem.
9 S. Silvester. Hic ædificavit Ecclesiam S. Mauricii.
10 S. Fronimius.
11 S. Desideratus. Iste apud villam Ledonis, sanctissimam vitam finivit, ubi & requiescit.
12 S. Germanus. Pro isto maximum miraculum operatus est Dominus, apud S. Vitum.
13 S. Leontius.
14 S. Celidonius. Hujus tempore, extitit adventus brachii S. Stephani, ad Urbem Bisuntinam.
15 S. Antidius. Iste decimo ab urbe milliario ubi sepultus fuit, capitalem suscepit sententiam, sub Crosco Vandalorum Rege.
16 S. Nicetius. Hic fuit contemporaneus & familiaris beati Papæ Gregorii. *Addebatur aliâ paulo recentiore manu.* Ædificavit autem Ecclesiam S. Petri.
17 S. Protadius.
18 S. Donatus. Per istum recepit Ecclesia, villas Domblingum & Arflatum. Ædificavit autem Ecclesiam S. Pauli, in quâ etiam in Domino requievit; & Jussanum Monasterium cum matre suâ Flaviâ, quæ ibi sepulta est.
19 S. Migetius.
20 S. Ternatius.
21 S. Gervasius.
22 S. Claudius.
23 Abbo. Hic magnæ abstinentiæ fuit, pro quâ Episcopatum obtinuit.
24 Guadalbertus.
25 Evrardus.
26 Aruleus.
27 Erveus.
28 S. Gedeon.
29 Bernuinus. Hic ædificavit Ecclesiam S. Joannis Evangelistæ.
30 Amalwinus.
31 Arduicus. Iste acquisivit Ecclesiæ S. Stephani ad luminaria concinnanda, salarium Ledonis, de manu Clotarii, nepotis Karoli Regis. Abbatiam vero de Bergill, & Teloneum Bisuntii, obtinuit à Rege Karolo.
32 Theodoricus. Per hunc restituit Zuentebolcus Rex, Ecclesiæ S. Stephani, villam Pauliaci.

vj *Preuves pour l'Histoire*

33 Berengarius. Iste fuit nepos Theoderici, cui successit in Archiepiscopatum ; raptus & intronizatus communi electione, ante Altare S. Stephani cujus erat Canonicus. Sed propter Haguinum hæreticum excæcatus. Vicarium habuit in officio pontificali, Stephanum Belicensem Episcopum.
34 Girredus.
35 Guido.
36 Guichardus.
37 Leotoldus.
38 Hector.
39 Gualterius. Hic iterùm cœpit reædificare Ecclesiam S. Stephani, ad modum Romanæ Ecclesiæ S. Petri.
40 Hugo. Iste consummavit, sed multum retractam.

INCIPIT MARTYROLOGIUM
per Anni circulum.

JANUARIUS.

Principium Jani sancit Tropicus Capricornus,
Jani prima dies, & septima fine timetur.

A. KL. Jan.   Circumcisio Domini apud Cæsaream Capadociæ, S. Basilii Episcopi. In territorio Lugdunensi, S. Eugendi Abbatis.
B. IIII. Non. Octava S. Stephani.
C. III. N.   Octava S. Joannis Evang. Parisiis, Genovefæ Virginis.
D. II. N.   Octava Ss. Innocentium.
E.   N.   Vigilia Epiphaniæ.
F. VIII. Id. Epiphania Domini.
G. VII. Id.
A. VI. Id.
B. V. Id.
C. IIII. Id. Pauli Heremitæ.
D. III. Id.
E. II. Id.
F.   Idib.   Octava Epiphaniæ. S. Hilarii Pictaviensis.
G. XIX. Kal. Febr. S. Felicis Confessoris. S. Mauri Abbatis.
A. XVIII. K.
B. XVII. K.   Romæ, Marcelli Papæ, cujus corpus Cluniaco requiescit.

de l'Eglise de Besançon.

C. XVI. K. Lingonis, Sanctorum Geminorum.
D. XV. K. Priscæ Virginis. In territorio Bisuntino, S. Deicoli Abbatis.
E. XIIII. K.
F. XIII. K. Romæ, Ss. Sebastiani & Fabiani Mart.
G. XII. K. Romæ, Agnetis Virginis.
A. XI. K. Castris Monasterio, S. Vincentii Mart. In territorio Bisuntino, S. Mainbodi Mart. Romæ, S. Anastasii Mart.
B. X. K. S. Emerentianæ. Commem. Mainbodi.
C. IX. K.
D. VIII. K. Conversio S. Pauli Apost. & S. Projecti Mart.
E. VII. *Policarpi Episcopi, Discipuli S. Joannis Evang.*
F. VI. Constantinopoli S. Joannis Chrisostomi.
G. V. Octava S. Agnetis. *Karoli Magni Imperatoris O.*
A. IIII. Octava S. Vincentii.
B. III.
C. II.

Mensis Januarius habet dies XXXI. L. XXX.
Nox horarum XVII. Dies horarum VII.

FEBRUARIUS.

Mense Numæ medio Sol distat sydus Aquarii.
Ast Februi quarta est, præcedit tertia finem.

D. Kal. Febr. In Scotiâ, S. Brigidæ Virginis.
E. Purificatio S. Mariæ Virginis.
F. Salinis, depositio S. Anatholii Conf. S. Blasii Mart.
G.
A. S. Agathæ Virg.
B.
C.
D. Apud Vesont. S. Nicetii ejusd. Civitatis Archiepisc.
E.
F. S. Scholasticæ Virg. Bisunt. S. Protadii ejusd. Civitatis Archiepisc.
G.
A.
B.
C.
D. Romæ, S. Valentini Mart.
E.
F.

viij   *Preuves pour l'Histoire*

G.
A.
B.
C.
D.   Cathedra S. Petri Apostoli,
E.
F.   Festivitas S. Mathiæ Apost.
G.
A.
B.
C.   In territorio *Vesunt. S. Romani Abbatis.*

Mensis Febr. habet dies XXVIII. L. XXIX.
Nox horas XVI. dies horas VIII.

MARTIUS.

Procedunt duplices in Martiæ tempora Pisces.
Martis prima necat, cujus si cuspide quarta est.

D. Kal. Mart. Andegavis, S. Albini Episc. & C.
E.
F.
G.
A.
B.
C.
D.
E.
F.
G.
A.
B.
C.
D.
E.
F.
G.   *Ermengardis Abbatissa Palmensis.* O.
A.
B.
C.   Depositio S. Benedicti Abb. *In territorio Bisuntino,*
        S. Lupicini Abb.
D.
E.   *Froddo.* O.
F.
G.   Annunciatio S. Mariæ Virginis.

                                                  A.

de l'Eglise de Besançon. ix

A.
B.
C.
D.
E.
F.

Mensis Mart. habet dies XXXI. L. XXX.
Nox horas XIIII. dies X.

APRILIS.

Respicis Aprilis, Aries frixee kalendas.
Aprilis decima est, undeno à fine timetur.

G. Kal. April.
A.
B.
C.   Mediolano, Dep. S. Ambrosii Episc. & C.
D.
E.   *Ermenburga soror H. * Archiep. O.*   *Hugonis*
F.
G.
A.
B.
C.   Romæ, S. Leonis Papæ.
D.
E.   *Valcherius fr. H. Archiepiscopi. O.*
F.   Ss. Tiburtii, Valeriani & Maximi.
G.
A.
B.
C.
D.   · *Depositio Beati Leonis Papæ IX. qui Altare Eccle-*
           siæ Sancti Stephani, Bisontii sacravit.
E.   Inventio Capitis S. Agapiti Mart. in Ecclesia S.
           Stephani.
F.
G.
A.   S. Gregorii Mart.
B.
C.   S. Marci Evangelistæ, & Letania major.
D.
E.
F.   S. Vitalis Mart.
G.
A.   Luxovio, S. Eustasii Abb.

B

Preuves pour l'Histoire

Mensis Aprilis habet dies XXX. L. XXIX.
Nox horas XI. dies horas XIII.

MAIUS.

Maïus agenorei, miratus cornua Tauri.
Tertius à Maïo lupus est & Septimus anguis.

B. Kal. Maii. Philippi & Jacobi. Agauno, Sigismundi Burgundionum Regis & Mart. S. Andeoli Mart. Antissiodori, S. Amatoris Episc. & S. Walburgæ Virginis.
C. Athanasii Episc. In territorio Bisunt. S. Walberti Abb.
D. Inventio S. Crucis. Alexandri, Eventii & Theodoli Mart.
E.
F.
G. Romæ ante portam latinam, S. Joannis Apost. & Evang.
A.
B.
C.
D. Gordiani & Epimachi. Apud Vesont. S. Silvestri Episcopi ejusdem Civitatis.
E. Ling. S. Gengulfi Mart.
F. Natalis Ss. Nerei, Achillei & Pancratii Mart. *Ebalus Remensis Archipræsul. O.*
G. Romæ, S. Mariæ ad Martyres.
A.
B.
C.
D.
E.
F. Romæ, Potentianæ Virg.
G.
A.
B.
C. Lingon. Natalis S. Desiderii Episcopi & Mart. Viennæ, S. Desiderii Episcopi & Mart.
D.
E. Romæ, S. Urbani Papæ & Mart.
F.
G.
A.
B.

		de l'Eglise de Besançon.

C.   Translatio S. Martyrum Ferreoli & Ferrucii, à loco antiquæ sepulturæ ad Urbem, in Ecclesia Beati Joannis Evang.
D.   Romæ, S. Petronillæ Virginis.

Mensis Maïus habet dies XXXI. L. XXX.
Nox horas X. dies horas XIIII.

JUNIUS.

Junius æquatos, cælo videt ire Latonas.
Undecimo Junius, quindenum à fine salutat.

E. Kal.   S. Nicomedis Mart. hujus maxima pas corporis Vesontii habetur.
F.   Passio Ss. Marcellini Presb. & Petri Exorcistæ & Erasmi Episcopi. Lugd. Fotini Episcopi & Blandinæ Virginis.
G.
A.
B.   In Fresia, Passio S. Bonifacii Episc. cum aliis X. apud Bisuntinam urbem, Translatio Ss. Aniani & Silvestri Episcoporum ejusd. Urbis.
C.
D.
E.   Suessionis, S. Medardi Episcopi & S. Gildardi.
F.   Primi & Feliciani. In Scotia, S. Columbæ Abb. & Conf.
G.
A.   Barnabæ Apostoli.
B.   Mediolan. Nazarii & Celsi.
C.   Salinis, Inventio corporis S. Anatholii.
D.
E.   Viti, Modesti & Crescentis.
F.   Bisuntii, Ferreoli & Ferrucii. Antiochiæ, Cirici & Julitæ. Lingonis, Veroli Conf.
G.   Bisontii, S. Antidii ejusd. Civitatis Archiep.
A.   Marci & Marcelliani.
B.   Protasii & Gervasii.
C.
D.
E.   In Britannis, S. Albani Mart.
F.   Vigilia S. Joannis Baptistæ.
G.
A.
B.   Ss. Joannis & Pauli.

C.
D. Leonis Papæ. Vigilia Apoftolorum. Lugd. S. Irenei cum Sociis.
E. Romæ, Apoftolorum Petri & Pauli.
F. Commemoratio S. Pauli Apoftoli & Martialis Epifc. & Conf.

Menfis Junius habet dies XXX. L. XXIX.
Nox horas VIII. dies horas XVI.

JULIUS.

Solftitio ardentis Cancri, fert Julius Aftrum.
Tredecimus Julii, decimo, innuit ante Kalendas.

G. Kal. Julii. Octava S. Joannis Baptiftæ.
A. Proceffi & Martiniani. Apud Lingonas, Dedicatio Ecclefiæ S. Mammetis.
B.
C. Turonis, Tranflatio S. Martini Epifcopi & S. Odolrici Epifcopi.
D. Bifuntio, Dedicatio Ecclefiæ S. Quintini.
E. Octava Apoftolorum.
F.
G.
A.
B. Romæ VII. Fratrum.
C. Tranflatio S. Benedicti Abbatis.
D.
E.
F.
G.
A.
B.
C.
D.
E. Anthiochiæ, S. Margaritæ Virginis.
F. Praxedis Virginis.
G. S. Mariæ Magdalenæ.
A. Apollinaris Mart.
B. Chriftianæ Virginis. Vigilia S. Jacobi, fratris S. Joannis Evang.
C. Paffio S. Jacobi Apoft. Chriftophori Mart. Barcinoniæ, S. Cucuphati Mart.
D.
E. Vico Ledonis, S. Defiderati Bifontionenfis Archiepifc.

	de l'Eglise de Besançon.
F.	Nazarii, Celsi & Pantaleonis.
G.	Felicis, Simplicii, Faustini & Beatricis. Trecas, S. Lupi Episcopi.
A.	Abdon & Senes Mart.
B.	Antissiodoro, S. Germani Episcopi.

Mensis Julius habet dies XXXI. L. XXX.
Nox habet horas VII. dies verò XVII.

AUGUSTUS.

Augustum mensem, Leo fervidus igne perurit,
Augusti nepa prima fugat de fine secunda.

C. Kal. Aug.	Vincula S. Petri. Anthiochiæ, Ss. Machabeorum. Vercellis, Eusebii. Civit. Geronda, S. Felicis.
D.	S. Stephani Episcopi. Vigilia S. Stephani Protomartyris.
E.	Inventio corporis S. Stephani Protomartyris.
F.	
G.	Eduæ, S. Cassiani Episcopi.
A.	Romæ, Sixti Episcopi, Felicissimi & Agapiti Mart. Transfiguratio Domini in monte Thabor.
B.	Aretio, S. Donati Episc. Apud Bisuntium, S. Donati Archiep. & S. Afræ cum aliis IIII.
C.	Romæ, S. Cyriaci & Secundi Martyrum.
D.	Vigilia S. Laurentii Mart. Romæ, Romani Militis Mart.
E.	Romæ, Passio S. Laurentii Mart.
F.	S. Tiburtii. Ebroas, S. Taurini Episc. *Trocmund. O.*
G.	
A.	S. Hypoliti & Soc. Pictaviæ, S. Radegundæ Reginæ.
B.	S. Eusebii Presbyteri. Vigilia S. Mariæ.
C.	Assumptio S. Mariæ
D.	Metis Civitate, S. Arnulfi Episc. & Conf.
E.	Octava S. Laurentii & S. Mammetis.
F.	AGAPITI cujus caput Vesuntione habetur.
G.	Romæ, S. Magni Mart.
A.	Erio Insula, S. Filiberti Abbatis.
B.	
C.	Timothei ac Symphoriani Mart. Octava S. Mariæ.
D.	Vigilia S. Bartholomæi Apostoli.
E.	Passio ejusdem Apostoli.
F.	
G.	
A.	Apud Capuam, S. Rufi Mart.
B.	Hermetis Martyris. S. Juliani Mart. In Africâ, S. Augustini Episcopi.

xiv *Preuves pour l'Histoire*
C. Decolatio S. Joannis-Baptistæ, & S. Sabinæ Virginis.
D. Felicis & Audacti.
E. S. Paulini Episcopi & Confessoris.

Mensis Augustus habet dies XXXI. L. XXX.
Nox habet horas X. dies verò XIV.

SEPTEMBER.

Sidere Virgo tuo, baculum September opimat,
Tertia Septembris, vulpis ferit à pede dena.

F. Kal. Sept. Æduæ, S. Lazari & Prisci Mart. S. Egidii & S. Verenæ Virginis.
G. S. Antonini Mart.
A. Mansueti Episcp.
B. S. Marcelli Mart.
C.
D.
E.
F. Nativitas S. Mariæ. Adriani Mart.
G. Gorgonii Mart.
A.
B. Proti & Jacinti Mart.
C.
D. Amat. Confessoris.
E. Cornelii & Cypriani Mart. Exaltatio S. Crucis.
F. S. Nicom. Mart.
G. Luciæ & Germanici Mart.
A. Desiderii & Veinfridi Mart. Lamberti Mart.
B.
C.
D. Vigilia S. Mathæi Apostoli.
E. S. Mathæi.
F. S. Mauricii & Sociorum ejus.
G.
A.
B.
C.
D. S. Cosmæ & Damiani.
E.
F. Dedicatio Basilicæ S. Michaëlis Archangeli.
G. Hieronymi Præsbyteri.

Sol habet dies XXX. L. XXIX.
Nox habet horas XII. dies verò XII.

de l'Eglise de Besançon.

OCTOBER.

*Tertius Octobris gladius, decimum ordine nectit,
Æquat & October sementis tempore libram.*

A. Remigii, Germani, Vedasti & Bavonis Conf. & Episc.
B. Leudegarii Episcopi & Martyris.
C.
D.
E.
F.
G. Marcelli PP.
A.
B. Dionisii, Rustici, & Eleut. Mart.
C.
D.
E.
F.
G. Calixti Papæ.
A.
B. Galli Conf.
C.
D. S. Lucæ Evangel.
E.
F.
G.
A.
B. Apud Castrum Bucinum, * S. Valerii Archid. Lingonensis.
C.
D. Suessionis, Crispini & Crispiniani. *Raaldus Archid.*
E. *Ernenburgis, mater Hugonis Bisontiensis Archiep.* O.
F. Vigilia Apostolorum. Sim. & Jud. *Hector Bisontiensis Archiep.* O.
G. Passio eorumdem.
A.
B.
C. Vigilia Omnium Sanctorum, & Natalis S. Quintini.

* C'est à Port sur Sône, & cet article prouve que Port sur Sône est le *Portus Abucini* de la Notice.

*Mensis October habet dies XXXI. L. XXX.
Nox habet horas XIII. dies verò XI.*

NOVEMBER.

*Scorpius hibernum, præceps jubet ire latonas.
Quinta Novembris acus, vix tertiâ mansit in urnâ.*

D. Kal. Nov. Festum Omnium Sanctorum. S. Benigni, S. Cesarii.
    In territorio Bisuntino, S. Lauteni Abbatis.
E.   Commemoratio omnium Fidelium Defunctorum.
F.
G.
A.
B.
C.   *Ordinatio Hugonis Archipræsulis.*
D.   Quatuor Coronatorum Severi, Severiani, Carpofori,
    Victoriani.
E.   S. Theodori Mart.
F.
G.   Turonis, S. Martini Episcopi & S. Mennæ Mart.
A.   In territorio Lausonensi, S. Himerii Confess.
B.   Turonis, S. Bricii Episcopi.
C.   *Exceptio Hugonis Archiepisc. in Sede Chrisopolitanâ.*
D.   In Sueviâ, S. Otmari Abbatis & Conf.
E.
F.
G.   Octava S. Martini.
A.
B.
C.
D.   Romæ, S. Ceciliæ Virginis.
E.   Romæ, S. Clementis Papæ. Romæ, S. Felicitatis.
F.   Bobio, S. Columbani Abbatis, & Octava S. Otmari.
F.   Romæ, S. Crisogoni Mart.
G.
A.
B.
C.
D.   Vigilia S. Andreæ Apost. Tolosæ, Saturnini Episc. &
    Mart. & Romæ, S. Saturnini Mart.
E.   Natalis S. Andreæ Apostoli.

Mensis November habet dies XXX. L. XXIX.
Nox habet horas XIV. dies verò X.

DECEMBER

Terminat Arcitenens, medio sua signa December,
Dat duodena cohors, septem decemque Decembris.

F. Kal. Decemb.
G.
A.

B.

de l'Eglise de Besançon.   xvij

B.
C. Dedicatio Monasterii Grandi Fontis.
D. S. Nicolai Mirreorum Lyciæ Episcopi.
E. Octava S. Andreæ Apost.
F. S. Romarici.
G.
A. Apud Emeritam Hispaniæ, S. Eulaliæ Virginis.
B. Romæ, Damasi Papæ. *Albericus Cantor.* O.
C.
D. In Siciliâ, Luciæ Virginis. *Robertus Archiclavis.* O.
E.
F.
G.
A. Æduæ, S. Lazari quem Dominus suscitavit.
B. *Hugo caput Marchio.* O.
C.
D. Vigilia S. Thomæ Apost.
E. Passio ejusdem Apostoli.
F.
G.
A. Vigilia Natalis Domini.
B. Nativitas Domini Nostri Jesu-Christi.
C. Natalis S. Stephani.
D. Natalis S. Joannis Evangelistæ.
E. Natalis Ss. Innocentum.
F.
G.
A. Natalis S. Silvestri Papæ.

Mensis December habet dies XXXI. L. XXX.
Nox habet horas XVI. dies verò VIII.

ORDINARIUM ANTIQUUM ECCLESIÆ BISUNTINÆ.

PROTHADIUS sanctæ Chrysopolitanæ Ecclesiæ Archiepiscopus, Stephano ejusdem Ecclesiæ Decano, suo charissimo filio salutem & paternam dilectionem.

Prologus.

DUbitanti tibi, fili dilectissime, de divinis consuetudinibus Ecclesiarum, ut quod illa amplectitur, hoc illa respuat, quod illa veneratur, alia metuat. Cum una eademque Ecclesia in corpore Christi unita tot varietur usibus, tuâ creberrimâ importunitate lacessitus, hoc cogor scribere, ad quod nullius ventosæ loquacitatis me temeritas provocat; verùm, tuæ petitioni pia devotio inter amorem formidinemque dubium animat; amore quidem tui, sicut Ecclesiæ necessarium novi, teneor, formidine captus, ne in aliquo oberrans, lassatus succumbam. Angebaris quotidie, sicut ipse solitus eras testari, dum lasciviam juniorum in Ecclesiasticis Officiis, à senum sententiâ conspiceres discrepare; dum quod cuique placeret, justum & autenticum diceret esse. Tecum verò, ubi hæc nequissimi capitis dominantur membra, videlicet cujusque voluntas & discordia, veridico ore asserebas, non posse convenire, nec habitatoribus ejus in perpetuum salutem dare. Ne ergo hic error diutiùs veritate misceatur, neve in posterum in eodem loco reservetur, fraternâ petente charitate, quæ hoc mihi negotii imperarat, dignum duxi compendiosâ institutione, tibi pro voto consentire: ita tamen, ut eruditiores non positionem verborum considerantes, quod facerent habeant, & simpliciores pro ut mediocritas eorum desiderat, identidem provideant. Non ergo aliquem stili rusticitas moveat, non incepta series audienti displiceat, quæ in his scriptis in quibus res hujusmodi quæritur; non luculenti leporis oratio, sed ut mentibus audientium congruit, est præferenda dispositio.

Ut autem scias, quid in Conventu Fratrum oporteat facere; quid in Ecclesiâ tenere, quid vitare; quo & quando, processiones facere; quot sacri ordinis Ministros habere; quo tempore conveniant totius Urbis Congregationes, tam Canonicorum quàm Monachorum, necnon Sancti-monialium ; quodque omnino faciendum sit in Ecclesiâ, sequentia planiùs elucidabunt.

Finit Prologus.

Ordo in Vigiliâ Natalis Domini.

IN Vigiliâ Natalis Domini, Matutinæ celebrantur festivè. Ad Invitatorium induuntur. Ad 3. Lectionem, offertur incensum super altare. Missa cantatur horâ nonâ, Vesperæ finiuntur suo ordine. Post Completorium, statim ut nox fuerit, incipiatur Psalterium, ab illis quos Decanus vel Cantor jusserit, quod ter finiatur, antequam Matutinæ ita per intervalla, ut cum dictum fuerit, Omnis spiritus laudet Dominum, statim incipiatur, Domine labia mea aperies, ut tota nox in Laudibus deducatur. Finito nono Responsorio, sit præparatus Archidiaconus, sicut mos est in diebus Festis, & veniens ad pulpitum, legat Genealogiam, seu Generationem ; quâ finitâ, incipiatur, Te Deum laudamus. Interim præparet se, cui injuncta est prima Missa, & finito Te Deum, incipiat Cantor ℟. Sancta & immaculata : & sic veniendum est ad *Altare Beatæ Mariæ*, cui propriè debentur laudes in ipso die. Ibi cantatur Missa, Dominus dixit ad me, cum omni religione & decore. Antequam finiatur Missa, post Communionem incipit Cantor *Ant*. Quem vidistis pastores, &c. sicque finiantur Matutinæ in directo, absque Hymno & Capitulo. Dictâ oratione, ad complendum, dicat Diaconus, Benedicamus Domino. Tunc dicant duo pueri excelsâ voce, Ecce completa sunt; tunc respondeant Fratres inclinantes se reverenter ad altare Beatæ Mariæ, cantantes hanc Antiphonam, Glorificamus te Dei Genitrix, &c. & sic veniant ad *Ecclesiam Baptisterii*, ubi sit præparatus Sacerdos, secundam Missam celebraturus, & sic incipiat, Lux fulgebit. Archiepiscopus autem interim eamdem Missam festivè celebret apud Sanctum Stephanum, cùm Canonicis ipsius loci. Finitâ Missâ in Baptisterio, redeant Fratres in Claustrum, & sedeant cum reverentiâ, quo usque Prima pulsetur.

Parochianis autem cantet Præsbyter matutinalem Missam, ad quam conveniant servientes Ministri, & cæteri qui debent præparare, quæ necessaria sunt ad diem Festum. Fratres qui Sacerdotio funguntur, privatim per oratoria, divina celebrent Sacrificia.

In die Natalis Domini.

MAturè pulsetur Prima ; convenientibus illis in Choro, incipiatur ab Episcopo vel Decano, Deus in adjutorium. Sequitur Hymnus, O quàm glorificâ luce coruscas, &c. Finitis Psalmis, non dicuntur Capitula, sed tantùm, Dies sanctificatus, & dicatur oratio ; sicque redeant ad Claustrum, non ad Capitula, sicut mos est;

sed parvo intervallo facto, pulsetur Tertia, quæ cantatur cum Hymno suprà dicto, & cum Dies sanctificatus. Oratione dictâ, statim venient ad Capitulum. Lectâ lectione & à Priore terminatâ, præparant se ibi ad processionem. Hâc die conveniunt omnes Congregationes Canonicorum tantùm, ad Ecclesiam Sancti Joannis Evangelistæ, cum processione & omni decore. Præcedant Fratres, vexilla duo, candelabra duo, turibula tria, cruces duæ cum aquâ benedictâ. Post hos, Fratres Ordinati, duo & duo, sicut sunt majoris ordinis. Post hos, procedat processio Ministrorum Archiepiscopi, hoc modo.

Septem Acholyti cum candelabris & cereis, duo cum turibulis aureis, septem Subdiaconi cum Evangeliorum libris. Hos sequuntur septem Diaconi induti dalmaticis; ipse ultimus, cum septem Sacerdotibus; duo teneant eum per manus, accinctum palleum; quinque sequantur eum, & duo de suburbanis.

Exeuntibus illis de Capitulo, incipiat Cantor Antiphonam vel ℟. ad diem congruens; cum autem pervenerint ad portas Ecclesiæ, incipiatur ℟.

Ingressi Ecclesiam, ordinent se ante crucem; & finito responsorio, dicatur versus; quo finito, intrent reverentissimè Chorum, cantantes repetitionem ℟. tunc unus de Ædituis, ponit ignem in farum, & dum lignum succenditur, venit Archidiaconus, inclinans reverentissimè ante Archiepiscopum; dicit ad eum, Reverende Pater, sic transit mundus & concupiscentia ejus; & iterum inclinans, dicit Præsul, Aufer à nobis Domine, spiritum superbiæ cui resistis; & respondent circumstantes, Amen, & sic ascendit ad Altare.

Dictâ confessione, dat Ministris pacis osculum, incipiat à majoribus, donec perveniat ad Subdiaconum, in ultimis qui lecturus est Epistolam, dicens singulis, Pax tibi; & tunc accedit ad altare, inclinans reverenter, dicens, Aufer à nobis iniquitates nostras, ut ad sancta Sanctorum puris mentibus mereamur introire; & respondeant circumstantes, Amen. Sicque offert incensum super altare. Tunc illi duo Acholyti qui turibula portant, deferunt incensum fratribus in choro, & deponunt Subdiaconi libros Evangeliorum, sicque cruces deferunt ad Sacrarium. Ceroferarii verò non portant candelabra, donec incipiatur Kyrie eleison. Tunc Dominus Pontifex ascendit Tribunal Cathedræ, & ordinent se Ministri per cancellum; Presbyteri ad sinistram partem cum Subdiaconibus, ad dexteram verò Archilevita cum Diaconibus & Acholytis. Tunc Cancellarius accedit reverenter ante sedem, & dicit, Jube Domine benedicere; & Præsul respondet, Spiritus Sancti gratia repleat nostra pectora; & legit privilegium Pallei, ut commendet memoriæ, quanta est illi adhibenda cautela pro gregis custodia.

Perlecto privilegio, accipit Cancellarius nummum aureum, aut duodecim argenteos Archiepiscopi; sicque fit, quotiescumque Archi-

de l'Eglise de Besançon.

episcopus accinctus Palleo, cathedram ascendit. Finito Officio in Choro, & repetito introitu, post Gloria, incipit Cancellarius Kyrie eleison in præsbyterio cum Ministris; sicque illi de dextro Choro respondeant, sicque demùm de sinistro; & hoc ne nimis graventur, quod levius fit cum per partes dividitur.

Surgens à cathedra Archipræsul, antequam incipiat Gloria in excelsis, accedat Archidiaconus reverenter, & tenens oram planetæ, trahat leniter & dicat, Scitote terram esse; sicque debet fieri, quotiescumque Archiepiscopus aut Sacerdos à sede surgit, ut accedat ad altare post orationem. Antequam Subdiaconus petat ad legendum Epistolam, duo ex Capellanis Episcopi, sicut jussi sunt à Cancellario, veniant ante sedem & incipiant, Christus vincit, &c. duo respondeant in Choro, qui jussi sunt à Cantore; qui dum finem fecerint, petant cum reverentiâ sedem, flagitantes benedictionem. Elevatâ manu benedicat illos, & det unicuique aureum nummum aut duodecim argenteos. * Illi sex Subdiaconi, sex argenteos unusquisque; Cantores responsorii, duos solidos accipiant; qui cantant alleluia, duos solidos; reliquum dividatur sicut superiùs. Kyrie eleison. Archidiaconus cum magno honore petat ambonem; perlecto Evangelio, accipiat duos aureos, aut totidem solidos argenteos; Ceroferarii, unusquisque tres argenteos; similiter Turibularii. Notarii qui in vigiliâ adfuerunt ante Archiepiscopum, duos accipiant solidos. Post Offertorium, antequam incipiantur Sacramenta, Magister Cantor veniens ad sedem, duos accipit solidos; Subcantor, duos solidos; Cantores de Congregationibus, similiter unusquisque duodecim denarios; Testes Episcopi, Sacerdotes illi, qui eum per manum ad altare ducunt, unusquisque unum accipit solidum; suburbani Præsbyteri septem denarios; suburbani posteà Capellani, omnes Capellæ Custodes, Camerarii, Ædituï accipiant secundùm quantitatem sui, juxtà illud Apostoli, qui altari deserviunt, de eodem participent, & dignus est Operarius mercede suâ.

Vide Ordinem Romanum.

His completis, procedet Episcopus ad perficienda Sacramenta. Positâ hostiâ & calice super altare, venit Cantor cum vasculo cristallino, afferens aquam Episcopo, & ipse miscet eam vino, & sic intrat in consecrationem Sanctorum. Interim dum cantatur Communio, communicant Ministri omnes, antequam redeat Archipræsul ad sedem; quâ communione completâ, veniens ad sedem, dicit orationem ad complendum. Tunc illi qui priùs cantaverunt Laudes, dicant Te Pastorem, &c. alii verò respondeant, Deus elegit, &c. & demùm Diaconi dicant, Ite Missa est.

Et incipitur Sexta cum Hymno, O quàm glorifica, & dies sanctificatus. Præsul redeat ad Sacrarium cum suis præcessoribus, & exuat se. Fratres eant Claustrum, & qui voluerint, provideant corpori necessaria. Expectent reverenter nuncium Episcopi, qui eos ut mos est, invitet ad prandium. Similiter omnes Canonici totius urbis, cum illis expectent. Cum autem placuerit Episcopo, mox ut venerit nuncius ejus, & invitaverit illos, surgant & sequantur illum, non cum strepitu, sed cum reverentiâ procedentes, sicut sunt majores. Venientes ante Episcopum, inclinent humiliter, & sic vadant ad mensam. Sessio majorum, ad votum Domini domus disponatur. Caeteri sedeant secundùm hoc quod à Decanis jussum fuerit; ita tamen ut qualitati ordinis provideatur. Sedentes ad mensam, non fabulis otiosis inserviant, sed lectionem audiant, & quod illis apponitur, cum gratiarum actione sumatur. Mox ut datum fuerit signum surgendi, cum reverentiâ surgant; sicque pariter Ecclesiam vadant, & Deo referant gratias more solito.

Post verò, statim incipitur Nona, quâ finita omnes Claustrum veniunt, & defertur aqua, abluuntque manus.

Statim secedit in partem Cardinalis cum totius civitatis Diaconibus, ut ordinent Officium in Lectionibus & Responsoriis, & in omnibus quae ad diem crastinum, scilicet solemnitatis Sancti Stephani pertinent; ita tamen ut nulla sit dissonantia, nulla inconvenientia, audiatur; sed omnia honestè & cum Dei timore, perficiantur: quia scriptum est, Maledictus qui facit opus Dei negligenter; & iterùm Servite Domino in timore, &c. Interim pulsentur Vesperae altâ die, & cantentur cum alleluia & sequentiâ.

Quibus finitis, Fratres de Congregationibus, ad sua redeant Monasteria cum Processione, sicut priùs venerunt.

Illi de Sancto Stephano, cantent Vesperas de suâ solemnitate; seniores de *majori Ecclesiâ*, pergunt caenatum cum sobrietate. Post caenulam ad collationem, & sic cantetur Completorium. Posteà cum silentio eant dormitorium.

Finit Ordo Natalis Domini.

Ordo in die Sancti Stephani.

Summo mane, in die solemnitatis Sancti Stephani, compleant Officium per sua Monasteria, ex integro usque ad Nonam, omnes Congregationes; & sic veniant cum Processione & omni decore, ut honestiùs possunt, incedentes bini & bini & non omnes simul, sed unaquaeque Congregatio per se; qui dum venerint ante vulvas Ecclesiae, incipiant ℟. & sic cantando intrant Ecclesiam.

Finito ℟. secedant Claustrum, & expectent donec omnes ita veniant; ultimi veniant illi de Sancto Joanne, qui dum venerint, post ℟. oratione dicta, statim incipitur Tertia; quâ finitâ conveniunt omnes Capitulum, & praeparat se Archiepiscopus ad celebrandam Missam cum quinque Praesbyteris, quinque Diaconibus, quinque Subdiaconibus, quinque Acholytis & totidem Candelabris. Duae Cruces & duo Turribula praecedant.

de l'Eglise de Besançon. xxiij

Hi omnes Ministri, quamvis diversis vocentur nominibus, oportet tamen *omnes esse Diaconos*, propter antiquam consuetudinem hujus solemnitatis; sicque fiat Processio, de Capitulo ad Ecclesiam per Claustrum, sicut mos est id diebus Festis. Mox ut Dominus Archiepiscopus intraverit Ecclesiam accinctus Palleo, ponatur ignis in farum, & veniens Archidiaconus, dicit ei, Reverende Pater, &c. sicque veniant ad altare.

Dictâ confessione, dat Ministris pacis osculum, & offert incensum; dehinc ascendit cathedram, & ordinent se Ministri per cancellum, sicut mos est. Fratres in choro, compleant Officium Missæ; quâ finitâ, omnes petunt Claustrum expectantes Episcopum, qui ipsâ die refectionem solitus est eis dare.

Quibus more completis, antequam recedant Fratres de Congregationibus, conveniant omnes Præsbyteri totius civitatis, ante Decanum Sancti Joannis & ordinent Officium Matutinale, tam in Lectionibus & Responsoriis, & in cæteris quæ pertinent ad diem Festum crastinæ Festivitatis; & sic posteà redeant ad propria.

Ordo in die Festivitatis Sancti Joannis Apostoli & Evangelistæ.

Cavendum est à Congregationibus, ut manè compleant Officia sua per Monasteria; & sic veniant ad Ecclesiam Sancti Joannis, sicut pridie fecerunt in Festivitate Sancti Stephani. Illi de Sancto Stephano veniant ultimi; qui dum venerint, mox ut orationem compleverint in unum, cantetur Tertia; & sic veniant ad Capitulum, & præparent se ad procedendum.

Totidem præcessores oportet habere, quot in Festivitate Sancti Stephani, *omnesque Præsbyteri*; & præcedat Dominus Archipræsul, accinctus Palleo, cum eodem ordine & decore, quo in Sancti Stephani solemnitate. Missa completur ordine suo.

Quâ finitâ secedant Claustrum, expectantes Pontificem, qui dum venit, refectorium petat cum cæteris. Hâc in die omnes Ministri qui in Refectorio serviunt, sicut mos est in diebus Festis, induuntur albis, ut expeditiùs possint servire.

Mox ut à mensâ surrexerint, post redditas gratiarum actiones, cantetur Nona; posteà redeant Claustrum, abluantque manus & bibant. Tunc Cantores & Magistri Scholarum, secedunt in partem, & convocant omnes pueros; sicque ordinent in sequenti die Matutinale Officium, in Lectionibus, in Responsoriis, & in cæteris quæ congruunt tantæ solemnitati.

Prævideant summoperè, ne quid indecens aut inhonestum fiat ab aliquo, nec audiatur aliqua dissonantia, sed fiant honestè omnia.

Alto die sonentur Vesperæ, & cantentur cum alleluia & sequentiâ;

quibus finitis, recedunt Fratres de Congregationibus ad sua Monasteria; illi *de majori Ecclesiâ* faciunt cænulam, posteà collationem & Completorium; sicque cum silentio eant dormitum.

Ordo in Festivitate Sanctorum Innocentium.

Manè non fiunt Processiones ante Missam; sed unaquæquæ Ecclesia, per se debita Deo reddit officia Dominus Archiepiscopus si cantaverit Missam, non accingitur Palleo. Duo Præsbyteri induuntur gameo; tres Diaconi, totidem Subdiaconi, tres Acholyti cum candelabris & cereis, unus cum turibulo. Non ascendit Archipræsul cathedram hâc die, sed juxtà altare paratur ei sedes. Cuncta fiant festivè.

Ordo in crastinum Innocentium.

XXIX. Decembris, Matutinæ cantantur cum tribus Psalmis & totidem Antifonis, sicut in primo Nocturno Natalis Domini, Dominus dixit ad me, &c. Lectiones leguntur de sermone Natalis Domini; Antiphonæ, Responsoria, de eâdem solemnitate.

Ad Missam cantatur Officium, Dominus dixit, &c. omnia quæ ad Missam pertinent, nisi tantùm Collecta quæ mutatur, quæ de nocte est; & dicatur Collecta, Deus qui salutis æternæ, &c. quæ pertinet ad hanc solemnitatem & ad commemorationem S. Mariæ.

XXX. die in Matutinis, Antifonæ & Psalmi, sicut in secundo Nocturno Natalis Domini. Lectiones de Sermonibus, ℟. & Antifonæ, sicut continentur in Antifonario. Ad Missam dicitur Officium, Lux fulgebit, &c. omnia quæ pertinent ad Missam, exceptis orationibus, quæ mutantur sicut in superiori Feriâ.

Die sextâ post Natale Domini, Festivitas Sancti Sylvestri Papæ, quæ ab omni Ecclesiâ veneratur religiosè; & tantùm fiat Commemoratio de Domini Nativitate in Matutinis & Missâ; Vesperæ autem cantantur de solemnitate Nativitatis.

Ordo in die octavâ Domini.

Octavæ Domini, non minori cultu celebrentur, quàm ipse dies Natalitius. Sex Lectiones legantur de Sermonibus, tres de Evangelio, postquam consummati sunt dies octo. Antifonæ & ℟. sicut continentur in Antifonario.

Ista dies debetur Subdiaconibus in legendo & cantando; sed quia quidam pravus usus inolevit in Ecclesiâ, quia eâ die quædam fiunt neniæ quas non oportet facere, interdicendo ne fiant monemus; quia scriptum est. Maledictus qui opus Dei negligenter facit. Dominus Archiepiscopus non accingitur Palleo, si cantaverit Missam:

quicumque

de l'Eglise de Besançon.

quicumque autem cantet, induantur cum eo tres Diaconi, tres Subdiaconi & duo Acholyti cum candelabris, unus cum turibulo, duo Præsbiteri ; omnia fiant festivè.

Ordo in Vigiliâ Epiphaniæ.

IN Vigiliâ Epiphaniæ, studiosè jejunetur; Vesperæ festivè celebrentur. Nox illa sancta, in laudibus deducatur. Matutinæ circa mediam noctem pulsentur, & sine Invitatorio cantentur ; si quis vult scire quare omitatur, *Amalarium de officio requirat.*

Mox ut dictum fuerit, Domine labia, & Deus in adjutorium, statim Cantor incipit Antiphonam, Afferte Domino ; sicque ordinatum. Ut decet, cantentur Matutinæ, sicut mos est in majoribus festis, binos & binos cantare Responsoria, donec venitur ad nonum ℟. Dum hoc cantatur, Diaconus præparat se sicut mos est in majoribus diebus festis, & veniens cum Processione, ascendit ambonem, lecturus Generationem, Factum est autem, &c. quâ finitâ, incipiatur TE DEUM : sicque more finiantur Matutinæ, &c.

In die, ad Missam præparet se Dominus Pontifex in sacrario. Cum eo tres Subdiaconi, tres Diaconi, tres Præsbiteri, tres Acholiti cum candelabris & cereis, duo cum turibulis. Sedes autem ponatur juxta altare. Missa in ordine suo, cuncta fiant festivè.

Celebrantur octavæ per hebdomadam ; in Matutinis, quotidie tres Psalmi cum totidem Lectionibus de Sermonibus. ℟. & Antif. Per totam hebdomadam, de eâdem solemnitate. Missa, Ecce advenit, cum omnibus suis pertinentiis.

In octavâ Epiphaniæ seu Theophaniæ, leguntur Lectiones sex de Sermonibus, tres de Evangelio, Venit Jesus. Ant. & ℟. sicut in die Theophaniæ. In Matutinis Laudibus, Antif. Veterem hominem, &c.

Post octavam Epiph. leguntur in Matutinis Epistolæ Pauli, vel de Sermonibus S. Augustini.

Ordo in festivitate S. Vincentii.

FEstivitas S. Vincentii, colitur cultu religiosiori. Hanc Ecclesia Bisuntinensis amplectitur, ut nostri Protomartyris ; *ex quo Francorum Rex Carolus, qui dicebatur Calvus, nobis attulit hujus pretiosas Reliquias*, ita ut diximus honorandas. Canonici de S. Stephano celebrant solemnitatem in suo loco, quia utraque Ecclesia eisdem Reliquiis est munita. Cæteræ Congregationes urbis, conveniant ad Ecclesiam S. Joannis.

Post Tertiam itur in Capitulum, & fit sicut in diebus festis Processio per Claustrum. Præcedunt Dominum Archiepiscopum, septem cereostata, duæ cruces, tria turibula majora, septem Subdiaconi, septem

Diaconi induti dalmaticis. Post hos Dominus Archiepiscopus accinctus Palleo, cum septem Præsbiteris ; duo teneant illum per manus , quinque subsequantur. Ignis ponatur in farum, Archidiaconus dicit consuetum verbum ; sicque veniant ad altare. Post confessionem , dat cunctis pacis osculum, & offert super altare incensum ; sicque ascendit Pontificalem thronum. Tunc Cancellarius legat privilegium, & accipit munus consuetum. Sicque finit Missa ordine suo.

Archiepiscopus provideat de servitio Fratrum : in refectorio serviatur more solito: Vesperæ cantentur cum alleluia & sequentiâ. Fiant festivè omnia.

In die Conversionis S. Pauli, 25 Januarii, pergant Canonici totius civitatis cum Processione ad Ecclesiam ipsius ; & ibi celebratâ Missâ, redeant ad propria.

Ordo in Purificatione S. Mariæ.

PUrificatio B. Mariæ, celebratur cum omni decore & honestate. Lectiones sex de Sermonibus S. Ambrosii, tres de Evangelio. Responsoria, duo & duo cantent. Cætera in Matutinis fiunt festivè.

Ordo Processionis.

POstquam Fratres exierint à Capitulo, pulsentur ter signa , sicut mos est, & induant se sacris vestibus , sicut soliti sunt facere in festivis diebus ; & sic veniendum ante altare S. Mariæ ; ibique prosternatur tapete , & desuper ponantur candelæ. Benedicantur cùm magnâ veneratione ab Episcopo, vel Decano, vel ab Hebdomadario. Completâ benedictione, accipiat Sacerdos de cereis, & distribuat cæteris. Cantor dum illuminantur, incipiat Ant. Lumen ad revelationem ; quâ finitâ, dicatur Oratio. Tunc incipiatur Processio per Claustrum, & fiat cum omni honestate & decore. Cantor incipiat Antif. Ave gratiâ plena; quâ finitâ, alius Cantor incipiat Ant. Adorna, & sic veniendum ad Chorum. Cum autem ordinati fuerint, incipiat Cantor Antif. Responsum, & cantetur studiosè & honestè ad honorem B. Mariæ. Finitâ autem Antifonâ, sequatur Oratio, Exaudi quæsumus Domine ; postea incipiatur Tertia. Interim, præparat se Dominus Archiepiscopus, ut procedat è sacrario cum suis præcessoribus , ad celebrandum Missam. Præcedant illum quinque candelabra, duo turibula , duæ cruces, quinque Subdiaconi cum Evangeliorum libris , quinque Diaconi cum dalmaticis , quinque Præsbiteri cum casulis; duo teneant illum per manus. Post confessionem mox offert incensum , & sic scandit Pontificalem thronum ; & finit Missa ordine suo.

Si infra Septuagesimam venerit, ad Vesperas non cantetur alleluia & sequentia, sicut mos in magnis festivitatibus.

de l'Eglise de Besançon.

In Festo S. Nicetii.

Sexto idus Februarii, festivitas sancti Nicetii Chrisopolitanæ urbis Archiepiscopi. Istâ die itur ad Missam in Ecclesiâ sancti Petri, *ubi requiescit corpus ejusdem Sancti*, cum Processione & omni decore ; exceptis vexillis, si infra Septuagesimam evenerit. Cætera implentur festivè.

Ordo in Annunciatione S. Mariæ.

Octavo Kalendas Aprilis, Annunciatio Sanctæ Mariæ. Hæc celebretur devotè, sicut decet initium salutis nostræ. Sed quia infra Quadragesimam evenit, non tanto cultu potest celebrari, sicut cæteræ festivitates ejus. Oportet tamen, ut non minor sit devotio. Responsoria singuli cantent. Cætera fiant sicut permittit tempus. Festivè non fit alicubi Processio, sed unaquæque per se celebrat Ecclesia, hujus diei gaudia. Dominus Archiepiscopus, ubi placet cantat Missam, ad unam sanctæ Mariæ Ecclesiarum. Accingitur Palleo. De precessoribus, in suâ est dispositione.

Ordo in Septuagesimâ.

Dominicâ in Septuagesimâ, ad Missam induuntur Diaconi & Subdiaconi planetis nigris, (*a*) usque in Cæna Domini.

(*a*) *Vid. Ordin. Roma xiij. n. 19. Apud Mabillon. in Musæo Ital.*

Ordo in Capite Jejunii.

Horâ primâ, conveniant omnes Archidiaconi & Archipræsbiteri in unum. Si Archiepiscopus adfuerit, veniant ante illum. Quod si non ipsi per se, saltem per alios faciant venire omnes pœnitentes, quibus injungenda est pœnitentia ; & diligenter examinatis, detur eis modus pœnitentiæ, secundùm modum culpæ. His peractis, sonentur ter signa ; & horâ sextâ, veniant omnes ad majorem Ecclesiam, tam Clerus quàm populus ; & ascendat Pontifex Ambonem, & faciat sermonem ; quo peracto, statim benedicantur cineres.

Quâ Benedictione completâ, accipit Episcopus & Sacerdotes, & ponat in singulorum capitibus, dicendo ; Recognosce, ô homo, quia cinis es & in cinerem reverteris. Deinde prosternat se Episcopus cum Clero & populo ad orationem, & dicantur septem Psalmi Pœnitentiales & postea orationes. Posteà ejiciat Episcopus reos ante se de Ecclesia & interim cantetur ℟. In sudore vultûs tui. Cum ejecti fuerint, stet Episcopus in ostio Ecclesiæ, ostendens eis, quanta distantia sit inter bonos qui cum Deo & Sanctis ejus remanent in Ecclesia, & reos qui suâ nequitiâ, cum diabolo projiciendi sunt in ignem æternum, nisi se per pœnitentiam correxerint.

Seniores eant ad S. Stephanum cum Processione nudis pedibus, si qualitas aëris permiserit. Cum autem pervenerint ad valvas Ecclesiæ, incipiat Cantor Antif. de sancto Stephano. Venientes in Chorum, statim prosternantur, & factâ parvâ oratione, dicatur, Et ne nos, & Capitula, Ostende nobis Domine, Non secundum peccata nostra, & Domine exaudi orationem meam; Oratio, Concede nobis Domine presidia militiæ Christianæ, & cantetur Missa de jejunio. Sicque redeant Letaniam faciendo.

Ordo in initio Quadragesimæ.

Dominicâ in initio Quadragesimæ, datur elemosina ab Archiepiscopo, & omnibus Congregationibus. Post Capitulum cantatur Missa, cum tribus præcessoribus utriusque Ordinis. Omnes induuntur casulis. Cuncta fiant honestè.

Secundâ Feriâ in initio Quadragesimæ, pulsetur Prima tempore solito, & veniant omnes in Chorum cum reverentiâ & Dei timore, facientes orationem. Primùm dato signo à Decano, signent & muniant se signo Crucis, & sic incipiatur Prima. Cum autem dixerint Gloria Patri, reverenter flectant genua omnes. Hymnus, Jam Christe sol justitiæ. Finitâ Primâ, antequam pergant Capitulum, cantentur quindecim Psalmi incipientes ab, Ad Dominum cum tribularer, usque Laudate nomen Domini. Dehinc prosternant se, & faciant Letaniam; quâ finitâ, cantetur Missa pro Mortuis, offerantque cuncti panem & vinum; & sic demum petant Capitulum. Recitetur Martyrologium, & regularis lectio, quam sequatur sermo; quo finito, cum reverentiâ sedeant in Claustro, quo usque pulsetur Tertia. Finitâ Tertiâ, cantetur Missa in honorem S. Mariæ, & fiat parvum intervallum; Dehinc pulsetur Sexta. Finitâ Sextâ, cantetur Missa familiaritatis, à Sacerdote cui injuncta est. Peractâ Missâ, pulsetur Nona, quâ finitâ, pulsentur duo signa; post hæc incipiatur Missa de jejunio, quotidiè festivè.

Et finito Officio, procedat Sacerdos cum Levitâ & Subdiacono, Ceroferario & Turibulario: Ceroferarius cantet Responsorium, Turibularius vero Tractum.

Lecto Evangelio, pulsetur vespertinalis campana, & sic demum per intervalla, pulsentur signa; ita ut finitâ Missâ, incipiantur Vesperæ; post hæc, Vesperæ Mortuorum.

Hæc omnia completa, cum reverentiâ & Dei timore pergant refectorium, sumantque quod illis est appositum, cum charitate & humilitate, memores enim sint elemosinæ. Surgentes à refectione, eant in Ecclesiam, cum gratiarum actione.

Post hæc cantetur Vigilia Mortuorum; dehinc pergant Claustrum, & sedeant cum silentio, quo usque pulsetur collatio. Audito signo, omnes pergant Capitulum, & recitetur Lectio, de libro qui dicitur Vita Patrum aut Dialogorum. Finitâ lectione, fiat fermo. Poſt, eant refectorium & bibant cum fobrietate, & ſic pergant ad Eccleſiam & cantent Completorium ; quo finito, pergant dormitorium , ut ſuperiùs deſcriptum eſt ; & ſic fiat per omne Quadrageſimale tempus.

Sextâ Feriâ primæ Quadrageſimalis hebdomadæ, poſt Sextam, pergant Fratres nudis pedibus ſi aëris qualitas permiſerit, procedendo *ad S. Mariam Juſſani Monaſterii*, Pſalterium ſtudioſe canendo ; in redeundo Letaniam faciendo.

In II. hebdomadâ : Feriâ ſextâ, eodem ordine quo ſuprà, eant *ad S. Laurentium, & ad Sanctam Mariam Magdalenam.*

In III. hebdomadâ, *ad Sanctum Petrum.*

In IV. hebdomadâ, *ad Sanctum Paulum.*

In V. denique hebdomadâ, *ad Sanctum Quintinum.*

Dominica in mediâ Quadrageſimâ, cantatur cum tribus præceſſoribus, utriuſque Ordinis.

Feria IV. poſt dictam Dominicam, fit primum ſcrutinium apud Sanctum Joannem Evangeliſtam ; ſecundum, apud Sanctum Stephanum ; tertium, apud Sanctam Mariam Juſſani Monaſterii ; quartum, apud Sanctum Quintinum ; quintum, apud Sanctum Paulum ; ſextum, apud Sanctum Mauricium ; ſeptimum in Baptiſterio.

Ordo in die Palmarum.

IN die Ramis Palmarum, poſt Primam veniant Canonici Sancti Stephani, cum Proceſſione & omni decore, ad majorem Eccleſiam. Tunc ipſi & totius urbis Clerici, exceptâ Congregatione S. Pauli, eant cum Proceſſione ad S. Paulum, cum vexillis & crucibus, & feretro ornato reliquiis, pulcherrimiſque ornamentis, nihil in itinere cantantes. Cum autem pervenerint ad oſtium Eccleſiæ, incipiat Cantor ℟. S. Paule. Finito ℟. cantetur Tertia & ℟. Fratres mei. Poſteà induat ſe Diaconus ſacris veſtibus, ſicut mos eſt in diebus Feſtis, & dicat excelſâ voce, Dominus vobiſcum, Evangelium S. Marci, Cum appropinquaret ; quo finito, Epiſcopus vel Decanus, benedicat palmas & flores, cum ramis olivarum. Benedictione completâ, incipiat Cantor Antifonam, Pueri Hæbreorum ; quâ finitâ, dicat alius Cantor Antif. Pueri Hæbreorum veſtimenta. Tunc diſtribuantur palmæ cum olivis ; poſt dictas palmas ſequatur Oratio ; quâ finitâ, exeat Proceſſio ; primùm aqua benedicta, dehinc vexilla, tum candelabra, ſicque turibula, dehinc cruces & Subdiaconi cum Evangeliorum libris, tunc feretrum cum Sanctorum Reliquiis ; ſicque duo Acholyti cum candelabris, duo cum turibulis aureis ; inter hos Diaconus indutus dalmaticâ, portans brachium Domini Stephani. Poſt hos exeat Schola, cum timore Dei & re-

Vid. Ordin. Rom. uſj. apud Mabill.

verentiâ, sicque seniores incipientes à majoribus usque ad minores, incedentes bini & bini. Dominus autem Pontifex, veniat ultimus omnium, quem præcedat crux sicut solitò, apposito vexillo. Post hunc turba populorum. Cantores autem, non in ordine cum aliis, sed tenentes virgas in manibus, muniant Processionem ex utrâque parte, incedentes nunc ante nunc retro, comprimentes tumultum, monentes Clerum, ut cum Dei timore cuncta fiant honestè. Ad ordinem Processionis redeamus.

Postquam ut suprà diximus, Processio extra Ecclesiam fuit, incipiat Cantor Antifonam, Cum appropinquaret. Quæ sic protendatur, donec ad capitolium veniatur. Clerici cum Processione monticulum ascendant, & ibi se ordinent honestè & religiosè. Turba autem in convalle stet, tunc unus è Cantoribus incipiat Ant. Occurrunt turbæ; quâ finitâ, fiat verbum ad populum; quo completo, discooperiatur Crux quæ ibi fuit præparata.

Mox Dominus Archiepiscopus, prosternit se ad adorandam Crucem, & incipiatur Ant. Ave Rex noster; & interim dum cantatur, Crux à populo adoratur.

His finitis, ordinent se sicut priùs, & teneant cœptum iter, psallentes Antif. Cum audisset populus; & cum venerint *ad portam Martis*, quæ nunc dicitur Porta nigra, stent super murum Timpanarum, pueri cantantes, Laudes, Gloria, laus, &c. Finitis his versibus, aperiantur portæ civitatis & ingrediente Processione, incipiat Cantor, Ingrediente Domino, & sic ascendat montem cantando ℟. Circumdederunt me, &c. ℟. de Passione, quo usque veniant in Choro S. Stephani. Tunc incipiat Cantor Ant. Collegerunt, & cantatur studiosè; quâ finitâ, eligantur duo Vociferarii qui cantent versum; quo finito, repetatur, Ne forte veniant.

His omnibus finitis, induat se Dominus Archipræsul, & procedat è sacrario accinctus Palleo, planetâ rubicundâ, aut ex purpurâ sanguineâ. Similiter Diaconus qui Passionem est lecturus; cæteri Diaconi purpureas planetas; similiter & Subdiaconi. Cætera omnia fiant cum omni decore, sicut decet tantum diem. Finitâ Missâ, revertuntur ad propria Congregationes.

Ordo in Feriâ quartâ majoris Hebdomadæ.

ANte horam III. ingrediatur Pontifex Ecclesiam, ubi assumptâ stolâ, congregatoque Clero, cum aquâ benedictâ & incenso, progrediatur ad visitandum infirmos, Psalterium studiosè canendo, nudis pedibus incedendo, tam ipse Pontifex quàm Clerici, si tamen qualitas aëris permiserit.

Expletâ vero visitatione, veniendum est ad Ecclesiam S. Mauricii, & factâ oratione, incipiunt Letaniam regredientes. Cum ostio

de l'Eglise de Besançon. xxxj

S. Joannis proximare cœperint, pulsentur signa, & velo de altaris conspectu deposito, conveniant omnes Præsbiteri, tam Civitatis quam de Suburbanis, & omnis Clerus cum populo, in Ecclesiâ statutâ expectantes Pontificem, qui semper in Ecclesiâ per se Orationes solemnes ipsâ die complet; qui cum veniens de sacrario, processerit ante altare ad orandum super oratorium, mox ut surrexerit, dicet hanc Orationem. Oremus, Dilectissimi nobis, cum aliis cæteris. His omnibus expletis, osculetur Episcopus altare, & regrediatur. Præsbiteri vero Ecclesiarum, vadant per suas Ecclesias, ut hoc ordine feriâ quartâ cuncta compleant; hoc scientes, ubi Pontifex Papam nominavit, ipsi Præsbiteri Episcopum suum memorent. Posteà vero horâ octavâ ingrediuntur ad Missam, & finitur ordine suo.

Ordo in Feriâ quintâ.

Horâ die secundâ, Archipresul assumat Epistolam, & præparetur sedes ejus in medio Ecclesiæ, circumstante Clero. Sedente Pontifice, sint præsentes in actuo Ecclesiæ, qui reconciliandi sunt pœnitentes; stetque Archidiaconus unus cum illis, indutus albâ & stolâ sine dalmaticâ; dicatque excelsâ voce, State cum silentio audientes intentè; & facto silentio dicat hunc sermonem, & legendo Lectionem, Adest, ô venerabilis Pontifex, tempus acceptum, usque ad finem. Finito sermone, stet Episcopus in ostio Ecclesiæ, & dicat Antifon. Venite; & Diaconus ex parte Pontificis, Levate. Similiter agatur secundò repetente Episcopo Ant. Venite; subsequente Diacono, Flectamus genua, ut antea, & sic ad medium pavimentum solotenus veniant. Quando autem tertiò, Dominus Archiepiscopus adnunciavit, Venite, persequatur Diaconus, Flectamus genua; mox cum Diacono, pœnitentes corruant ad pedes Episcopi, sicque jaceant prostrati, usque dum Dominus Archiepiscopus alteri Diacono innuat, Levate. Prosequatur Clerus Antif. cum Psalmo Benedicamus Dominum; interim offerantur pœnitentes à Præsbiteris Episcopo, ut ipse eos reconciliet Ecclesiæ; interrogetque unumquemque, Est dignus reconciliari, respondente Præsbitero, Dignus; dicat ei Episcopus, Tecum maneat, & det pacem pœnitenti, dicendo, Pax tecum; & sic tradat illos Diacono qui inducat illos Ecclesiam.

Postquam omnes intraverint Ecclesiam, veniat Episcopus ante altare prosternens se tam ipse quàm cæteri, cantentur hæ Antifonæ cum Psalmis, Miserere mei Deus secundum; Psalm. Miserere mei Deus quoniam. Psalm. Miserere Deus, miserere cor mundum crea in me Deus; quibus finitis, dicit Kyrie eleison, & Capitula, Tu mandasti mandata tua, & Domine non secundum peccata nostra, Salvos fac servos tuos. Convertere Domine usquequo, & Oratio Adesto Domine supplicationibus nostris.

Vide Ord. Romanum pag. 37.

Ordo ad sanctum Crisma.

Ord. R. m. pag. 37. Æ.

MAne primo, Mansionarii ordinent omnia, quæ sunt necessaria ad consecrationem Chrismatis; ampullas tres de oleo mundissimo plenas; unam ad oleum pro infirmis, alteram ad Chrisma, tertiam verò ad oleum Cathechumenorum. Illa quæ ad Chrisma præparatur, de albo serico debet cooperiri, aliæ autem de alio serico; & Pontifex videat de balsamo.

Ord. Rom. fol. 40. D.

Horâ tertiâ, sonetur signum, ut omnes veniant ad Ecclesiam, in quâ Chrisma debet consecrari; quo die sonentur campanæ ad Missam & ad cæteras horas, sicut mos est diebus solemnibus, & sileant usque in Sabbatum sanctum. Præsbiteri verò & Diaconi atque Subdiaconi, ornent se cum cætero Clero, induentes solemnia vestimenta, & Diaconi in dalmaticis, Subdiaconi albis sericis, & stent ordine suo singuli in Ecclesiâ, usque dum veniat Dominus Pontifex, cum processione plenariâ ad Missam, sicut diebus solemnibus, cum septem Diaconibus & totidem Subdiaconibus & Ceroferariis, & duobus Turibulis cum incenso. Cantor autem & Schola, ut jussum fuerit, statim incipiant Missam. Ipso die non cantent, Gloria ad Introitum, sed semper post psalmum repetant Officium, quo usque veniat Dominus Archipresul ante altare accinctus Palleo, & incipiat excelsâ voce, Gloria in excelsis Deo; & finito dicat Orationem, Deus à quo Judas; post quam legatur Epistola, Convenientibus vobis in unum, & sequitur ℟. Christus factus est. Ante Evangelium portentur candelæ & incensum sicut mos est, & legatur Evangelium, Ante diem festum; posteà Credo in unum Deum, Dominus vobiscum & Oremus, deinde Offertorium, Dextera Domini, offerentibus Clericis & cæteris qui voluerint, & dicatur Secreta oratio, & Præfatio Te igitur, usque ad eum locum, Intra quorum nos consortium, non æstimator meriti, sed veniæ, quæsumus, Largitor admitte, Per Christum Dominum nostrum.

Et offeratur Pontifici oleum, ad ungendos, tam infirmos quàm energumenos, & benedicat illud, tam ipse quàm omnes Præsbiteri qui adsunt; & tunc exorcizetur oleum, ut tantùm possit à circumstantibus audiri. Exorcizo te immundissime spiritus, &c. Perlectâ Oratione, dicit Pontifex, Per quem omnia, &c. Finito, Pater noster, Et ne nos; Libera nos quæsumus Domine, antequam dicatur, Per omnia sæcula sæculorum, offerat Diaconus patenam Episcopo, & ipse Episcopus frangat Corpus Domini super patenam, & statim cooperitur à duobus Diaconibus utrumque, Calix & patena de sindone mundâ, quam priùs præparaverant in orâ altaris è regione Pontificis post corporalem expansam, & Dominus Archiepiscopus vadat ad sedem suam cum Diaconibus suis.

Et Archidiaconi veniant ad sacrarium, duodecim Præsbiteri, & cæteri *de l'Histoire de Besançon.*　xxxiij

cæteri Clerici quantum opus sit, ad deferendum cum omni decore oleum Chrismale & oleum Cathechumenorum & Neophytorum, usque in Ecclesiam ante Episcopum. Sint verò parati idem Præsbiteri, & cum eis cæteri Clerici, cum casulis & solemnibus vestibus, & duo Acholyti, accipientes binas ampullas quæ ad Chrisma & oleum Cathechumenorum consecrari debent, & procedant & ordinent se illi Præsbiteri & prædicti Clerici ritè & ordinabiliter ; ita ut primùm ambulent VII. Acholyti cum candelabris, ardentibus cereis ; tunc ponatur Pallium desuper quod sustentetur à Præsbiteris ; deinde portentur duæ cruces, & inter illas medium Chrismale oleum ; postea portentur duo turibula, cum incenso, & inter illa medium oleum Cathechumenorum ; deindè portetur Evangelium, ut impleatur omne bonum ; postea sequantur bini & bini Præsbiteri XII. testes & cooperatores ejusdem sacro-sancti Chrismatis, & subsequantur pueri in laudem ejusdem ministerii, concinentes hos versus ; O Redemptor sume carmen temet concinentium, &c.

Venientibus autem ordine in Chorum, & stantibus ad orientem versis, versibusque finitis, ordinent se Lectores, Ostiarii, Acholyti & Subdiaconi, & stent in ordine suo secundùm gradum eorum, ubi ascenditur ad altare ; ita ut Diaconus septimus sit in eminenti loco, & juxta eum Archidiaconus ; & continuò duo Acholyti involutas ampulas cum sindone albâ serico, quam à medio tenent in brachio sinistro, projectis sindonibus super scapulam sinistram, ita ut pertingat scapulam dextram, quatenus possint dependentia retineri. Quibus sub humero stantibus, venit Subdiaconus qui accepit ampulam commixtam unam cum sindone, & dat eam Archidiacono ; ille vero proferat ante Pontificem. Interim autem unus Subdiaconus, deferens vasculum cum balsamo, offerat cum Archidiacono, & ille Archipræsuli ; & ordinentur circa Archiep. hinc & inde candelabra & cruces & turibula atque Evangelium ; nec non & prædicti duodecim Præsbiteri testes & adjutores ejusdem ministerii, ita ut Diaconi post dorsum Episcopi stent, Præsbiteri vero à dextris & à sinistris, cruces vero & cætera utrimque inter illos media. His ita statutis, vertat se Archipræsul, aut cui ille præceperit, tam ad Clerum quàm ad populum, & faciat sermonem confectioni Chrismatis congruentem.

Tunc post sermonem, vertat se ad orientem, & conficiat consecrationem principalis Chrismatis ; & primum misceat balsamum cum oleo, deinde halat super ipsam ampullam, & dicat exorcismum olei ; Exorcizo te creatura olei ; & finitâ benedictione, Dominus Archiepisc. salutet Chrisma, dicens, Ave sanctum Chrisma, & qui juxta eum sunt ; & ita iterum per ordinem descendat sicut ascendit, & deferatur omnibus Sacerdotibus ad ter salutandum. Hoc facto summoperè procuretur, usque dum altera ampulla ascendat &

E

iterùm descendat, ut ambæ honorificè ad locum suum redeant.

Vide Ord. Rom. fol. 43.

Descendente autem ampullâ cum Chrismate, statim alia cum oleo Cathechumenorum cooperta ascendat sicut prior ante Archiep. & halat ter in ipsam sicut in priorem; & in primis faciat ei exorcismum, & benedicat eam quasi legens lectionem, Exorcizo te creatura olei, &c.

Fol. 44.

Tunc Dominus Archiepiscopus & qui juxta eum sunt, salutent eam, & descendat per ordinem sicut alia, & deferatur omnibus ad salutandum. His ita peractis, eodem ordine & decore quo ascenderunt ad Ecclesiam, recedant ambæ ad sacrarium. Pontifex lavet manus suas & Diaconus dicat, Humiliate vos ad benedictionem, Deo gratias, Amen. Benedicat vos Deus, qui per Unigeniti sui Passionem, usque ad finem.

Ord Rom. fol. 41.

Ipsâ vero die, non cantatur Agnus Dei. Tunc Diaconi vadant ad altare, & discooperiantur Sancta, & Archipræsul veniens ad altare, dividat oblata ad frangendum, & sumat de illis oblatis, Hostiam consecratam ad servandum usque mane diei Parasceves, de quâ communicet absque Sanguine Domini. Sanguis verò, hâc die penitùs consumatur. Clerus autem dicat Communionem, Dominus Jesus; fractis oblatis, communicent Præsbiteri & Diaconi & omnes Clerici. Postquam omnes communicati fuerint, dicat Cantor Antifonam, Calicem salutaris. Psalm. Credidi. Ant. Cum his. Ps. Ad Dominum. Ant. Ab hominibus iniquis; Psal. Eripe me Domine. Ant. Custodi me. Ps. Domine clamavi. Ant. Considerabam. Ps. Voce meâ ad Dominum, &c. Ant. Cænantibus. Magnificat. Interim dum cantantur Psalmi supradicti, communicet populus; postea dicatur ad complendum oratio, Refecti vitalibus alimentis, &c. Postea dicat Archilevita, Ite Missa est; & ita perficiatur Missa ordine suo.

Archiepiscopus descendat in sacrarium, mandans Præsbiteris quod voluerit. Cum autem venerint Canonici claustrum, sint ibi præparati sexaginta pauperes, ut abluantur eorum pedes, & detur unicuique denarius & panis & metreta vini, & postea seniores eant refectorium.

Interim ut comederint, denudentur altaria, & præparetur aqua ad abluenda ipsa altaria, sive vinum, sive pigmentum. Cum autem surrexerint seniores à refectione, præcingat se Archiepiscopus vel Sacerdotes quibus jusserit, ut abluantur altaria; & interim cantent seniores cum Choro, Circumdederunt me, & Tractum, Qui habitat.

Dum ista fiunt, præparetur Capitulum tapetibus bancalibus: Diaconus autem præparat se sicut in diebus Festis, tam ipse quàm cæteri Præcessores cum candelabris & turibulis; & veniens in Capitulum legat Evangelium, Ante diem Festum Paschæ, ut dilectio quâ dilexisti me. Interim dum legitur Evangelium, præparentur utres & manutergia, & cætera vasa quæ necessaria sunt ad abluendos pedes. Finito Evangelio, præcingat se Archidiaconus vel Decanus,

& ipsi quibus ipse jusserit vel ipsemet Pontifex, & incipiat Cantor Antifonam, Mandatum novum, &c. Sicut in Antifonario continentur ; & sic incipiatur lavatio pedum ; quâ lavatione completâ, deferatur aqua ad abluendas manus & manutergia, & interim dicant Pueri Hymnum, Tellus ac æthera jubilent, &c. & interim senioribus deferantur panes azimi, & nebulæ & oblatæ, & fiat cœna cum sobrietate. Dehinc feratur vinum vel pigmentum, & bibant similiter cum sobrietate. Post hæc dicatur ab Episcopo vel Decano, hæc Oratio ; Adesto Domine servitutis nostræ, &c. His ita ritè peractis, surgant cum reverentiâ, & vadant ad Completorium. Fratres autem de Congregationibus istis, ad Completorium pergentibus, redeant ad loca sua bini & bini, cantantes in suis Ecclesiis similiter.

Ordo in die Parasceves.

HAc die, non pergunt Fratres ad Processionem ; sed bini sicut meliùs illis videtur visitent loca sancta, & ita temporaneè vadant, ut horâ sextâ ad S. Joannem Evangelistam conveniant omnes, non solum illi de S. Joanne, sed totius urbis Clerici : non tamen cum Processione veniant. Postquam autem ad S. Joannem coadunati fuerint tam Clerus quàm populus, mox duo Præsbiteri procedunt è sacrario indutis purpureis planetis, unus portans patenam auream cum Corpore Domini pridie reservato, alter vero scrinium cum Sanctorum Reliquiis ; quibus venientibus in Chorum, omnes assurgunt, inclinantes se illis reverenter. Ferentes Sancta procedant, & alii subsequentur bini & bini, sicut mos est, donec veniant ad S. Stephanum in monte, cantantes Psalmos in viâ studiosè. Non ferant cruces, nec candelabra, nec Sancta, sicut prætitulavimus.

Cum autem venerint ad valvas Sancti Stephani, incipiat Cantor ℟. Velum templi scissum est. Quo finito, prosternantur ad Orationem. Cum autem jussum fuerit Decano, terminet Orationem ; & dato signo, dicat Christus factus est pro nobis obediens Patri usque ad mortem ; cui respondent omnes, Mortem autem crucis ; & sic surgunt, & sedent cum silentio.

Horâ octavâ, procedit Pontifex è sacrario ante altare, ad orandum super oratorium sicut mos est. Statim cum surrexerit, cum silentio ascendit sedem, non tamen majorem. Tunc incipiat Cantor ℟. Tenebræ factæ sunt ; quo finito, mox Subdiaconus ascendit ad legendum, & post lectionem cantatur Tractus, Domine audivi ; quo finito, dicat Pontifex Oremus, & Diaconus Flectamus genua, & Levate, & dicit Orationem, Deus à quo & Judas, &c. deindè sequitur altera lectio, & postea sequitur Tractus, Eripe me Domine ; quo finito, legitur Passio Domini secundùm Joannem. Cum autem ventum fuerit ad locum ubi dicit Evangelista, Partiti sunt vestimenta mea, statim duo Diaconi nudant altare in modum furantis; & sic finiatur Passio.

Tunc venit Pontifex ante altare, & dicat orationes ad ipsum diem pertinentes, Oremus Dilectissimi nobis. Post finitas orationes, statim defertur Crux ante altare, & Episcopus solus salutat eam dicens ; Ave crux gloriosissima, omnium lignorum pretiosissima, sanguine Christi cruentata, felix permanes & permanebis in sæcula ; & refertur Crux retro altare à duobus Subdiaconibus ; & præteriti diei Corpus Domini conservatum, à Præsbiteris defertur à sacrario in altare, cum vino non consecrato. Pontifex inchoat excelsâ voce, Oremus Præceptis, &c. finitâ Oratione Dominicâ, & quæ sequuntur usque ad Per omnia sæcula sæculorum, communicat solus Episcopus; & tunc cooperitur Corpus Dominicum super altare sindone mundâ.

Tunc eant duo Diaconi ubi Crux est, & stent ante Crucem induti purpureis planetis. Subdiaconi qui Crucem tenent, dicant excelsâ voce Antifon. Popule meus. ℞. Diaconi, Agyos ô Theos ; dicant Subdiaconi, Quia ego, Et Diaconi Agyos ; & Clerus dicat hoc similiter ut suprà; Subdiaconi, Quid ultra debuit, tunc Diaconi, Agyos, & Clerus similiter.

Tunc veniant ipsi qui deferunt Crucem ante altare, & discooperiat Crucem Archiepiscopus, incipiatque Antifonam Ecce lignum crucis, Psalm. Venite exultemus, & prosternat se Episcopus ante Crucem, & dicat hanc Orationem, Adoro te Domine Jesu Christe, &c. Interim dum dicitur hæc Oratio, cantet Clerus Antifonam, Dum fabricator mundi; postquam surrexit Archiepiscopus ab oratione, eant seniores adorare Crucem, & cantet schola Hymnum, Pange lingua. Dum surrexerint seniores, eat schola adorare. Interim cantetur, Venit & surrexit. Postea venit plebs adorare & interim dicatur Hymn. Vexilla Regis prodeunt, & si necesse sit, Signum crucis mirabile. Hæc omnia expleta, communicet Clerus & populus ; dehinc dicat Episcopus vel Sacerdos, In Nomine Patris, & Filii, & Spiritûs Sancti, † Recedite omnes cum pace. Sicque redeant omnes ad propria. Cellarii autem de Congregationibus, apponant Fratribus in refectorio vinum & aquam, ut qui voluerint bibant, qui noluerint abstineant ; sitque inter illos illud Apostoli Pauli, qui manducat, non manducantem non judicet, & qui non manducat, manducantem non spernat. Cætera in arbitrio Decani sint.

Ordo in Sabbato Sancto.

Summo mane incipiant Ædituï ordinare Ecclesiam, Cortinis, Palleis & cæteris ornamentis. Tunc demum ornentur altaria. Dum ista fiunt in Ecclesiâ, Fratres in claustro abluant se in bal-

de l'Eglife de Befançon.

neis. Cum autem fuerit tempus pulfandi, Prima fonetur cum tabulâ ; conveniantque omnes in Choro, & cantatâ cum filentio Primâ, conveniant omnes generaliter ad Capitulum ; & lectâ lectione, recitetur tabula, qui debeant lectiones legere, qui tractus cantare, qui cum Epifcopo procedere ; fcilicet tres Subdiaconi, totidem Diaconi & Præſbiteri ; quanti neceſſarii fint Acholyti ad candelabra ferenda, ad oleum & Chrifma, qui debeant facere Letaniam.

His rite ordinatis quæ ad diem Sabbatum pertinent, fiat filentium ; & recitetur alia tabula quæ continet ordinationem totius Matutinalis officii, in die fanctæ Refurrectionis ; ficque folvatur Capitulum, & finietur tabula ; ficque cum filentio cantetur Tertia.

Parochianus Præſbiter, prævideat de Fontibus & de ornatu Ecclefiæ Baptifterii & ipfe congreget Cathechumenos, ut fiat feptimum fcrutinium ante horam VI. in Ecclefiâ Baptifterii. Finito fcrutinio, ſtatim cantetur Sexta ; quâ finitâ, horâ feptimâ, ingreditur Epifcopus facrarium, & induit fe facris veſtibus non tamen melioribus ; & interim cantetur Nona cum filentio ; quâ finitâ procedit Epifcopus de facrario, non indutus planetâ, fed cappâ, & fedente eo juxta rugas altaris, ſtatim Cantor incipiat Litaniam feptenam hoc modo.

Statuantur V. Clerici in Choro, & dicat unufquifque femel nomen fancti, & poftea feniores qui ſtant de dextro Choro, dehinc ipfique de finiſtro. Sic fiat feptena.

Quâ finitâ, præfentetur à Diacono incenfum & ignis, & benedicantur à Pontifice, dicente Adjutorium noſtrum, & Deus qui per Filium tuum, Deus omnipotens, Deus Abraham, ufque ad finem.

Benedictio Cerei.

HIs completis, fit præparatus Archilevita ſicut mos eſt in diebus feſtis, & paratus fit cereus & fiant cruces à Diacono in eo, & numerus annorum Domini & indictionis, & fic intret in confecrationem cerei, Exultet jam.

Poſt hæc incipiantur lectiones, & non dicatur in eis intonatio, fed tantùm planè finitâ duodecimâ lectione, & poſt tractum Sicut cervus, finitâ oratione defcendunt ad Fontem letaniam quinam faciendo hoc modo. Statuuntur tres Clerici in Choro, dicet unufquifque nomen fancti, & poftea feniores qui funt de dextro Choro, dehinc qui de finiſtro. Et fic fiat quina. Finitâ Letaniâ, incipiat confecratio Fontis. Seniores autem fedeant cum reverentiâ & Dei timore. Confecrato Fonte, tunc accipiat Epifcopus de manu Subdiaconi vas cum chrifmate, & fundat in modum crucis fuper aquam, dicendo; Fecundetur & fanctificetur fons iſte per iſtam unctionem, & noftram benedictionem, in Christo Jesu Domino nostro.

Post hæc interrogat Archiepiscopus vel Sacerdos qui baptisaturus est, de Symbolo ita dicendo; Credis in Deum Patrem omnipotentem, Creatorem cœli & terræ ; respondeant Patrini & Matrinæ, Credo ; Credis & in Jesum Christum Filium ejus unicum Dominum nostrum natum & passum ; respondeant Credo ; Credis & in Spiritum Sanctum, &c. Tunc eum interroget Sacerdos; Vis baptizari, Volo, & tunc dicat ; Et ego baptizo te, in nomine Patris ; & immergat eum semel ; & Filii, & mergat eum iterùm ; & Spiritûs Sancti ; & mergat eum tertiò ; & antequam abstrahatur à Fonte, faciat Episcopus vel Sacerdos, signum crucis cum pollice de chrismate in vertice, cum invocatione SS. Trinitatis, dicendo, In nomine Patris, & Filii, & Spiritûs Sancti, & hanc Orationem, Deus omnipotens Pater, &c. & det ei pannum cum Crismate dicens, Accipe vestimentum, & vestitur infans.

Sedes autem Archiepiscopi sit præparata, & postquam baptizavit quos voluerit, sedem petat. Præsbiteri baptizent cæteros, & ut surrexerint à Fonte, statim deferuntur Domino Archiepiscopo ut ipse confirmet eos. Sed si hoc contigerit ut Episcopus desit, statim communicentur Corpore & Sanguine Domini Jesu Christi, dicente Sacerdote, Corpus & Sanguis Domini nostri Jesu Christi, custodiat animam tuam ad vitam æternam Amen ; Pax tecum. Postea dicat hanc Orationem, Omnipotens sempiterne Deus qui regenerare dignatus es, &c.

Postquam omnes pueri baptizati & confirmati fuerint, incipiat Cantor Resp. Cantemus Domino gloriosè. Finito ℞. Episcopus eat sacrarium & mutet vestimentum & præparet se ad celebrandam Missam ; Cantor autem incipiat Letaniam trinam.

Postquam Episcopus præparatus fuerit ad procedendum, antequam dicatur Kyrie eleison, innuat Archiepiscopus Capellano, ut dicat altâ voce, Accendite & repetat ter. Accensis luminaribus, incipiat Cantor festivum Kyrie eleison, & tunc ascendat Pontifex ad altare & dicat excelsâ voce, Gloria in excelsis Deo, & sequatur Oratio, Deus qui hanc sacratissimam noctem : deinde Epistola, Fratres si consurrexistis, quam sequatur Alleluia, deinde Tractus & Evangelium. Non portantur candelabra cum lumine ante Evangelium, sed tantùm turibulum cum incenso.

Perlecto Evangelio, non cantatur Offertorium, sed tantùm defertur oblatio ad altare cum silentio. Non cantatur Agnus Dei, neque communio ; sed postquam omnis Clerus communicatus fuerit, incipiat Cantor Alleluia; sequitur Ps. Laudate Dominum omnes gentes, &c. & repetitio, Alleluia, incipit Episc. Ant. Vespere autem, & Magnificat. Sequitur Oratio, Spiritum nobis Domine; & Diaconus dicat, Benedicamus Domino. Tunc redeat Dominus Pontifex ad sacrarium, & exuat se.

de l'Eglise de Besançon.

Fratres autem eant refectorium, & sumant cum sobrietate cibum, propter vigilias sequentis noctis, perpendentes illud Apostoli, Sobrii estote. Mox ut surrexerint à mensâ, eant more solito, referre gratias, cantantes, Miserere mei Deus, & post versum redeant claustrum, & parvo intervallo facto, pulsetur collatio. Lectâ lectione, iterum bibant cum sobrietate; sicque veniant ad Chorum, & cantent Completorium festivè, cum Hymno, Jesu nostra Redemptio. Ad Nunc dimittis, nulla dicatur Antifona, sed tantùm Alleluia. Non dicitur Capitulum, sed Oratio, Deus qui hanc sacratissimam noctem. Omnes cum silentio vadant dormitorium. Quibus fuerit voluntas vigilandi, ita honestè exeant, ne alios scandalizent.

Incipit Ordo in die S. Paschæ.

Antequam pulsentur Matutinæ, decoretur Ecclesia lumine, veniantque duo Acholyti cum cereis ante cameram Archiepiscopi, & stantes ad ostium dicant Ant. Surrexit Dominus; quâ finitâ, pulsentur Matutinæ, & cantentur cum summâ veneratione. Hoc enim prævideant Ædituï, ut ita temporatè surgant, ut in nocte incipiantur, & in nocte finiantur.

Archidiaconus qui debet Evangelium pronunciare, indutus dalmaticâ, festivo more veniat, & duo Acholyti præcedant cum cereis, duo cum turibulis. Finitâ lectione, Diaconus ad sacrarium redeat. Duo Sacerdotes albis cappis induti, accipiant turibula, & offerant incensum super altare; similiter fiat ad unum quodque responsorium. Finito tertio ℟. non statim incipitur Te Deum, sed fit quoddam intervallum, & Diaconi duo induti dalmaticis, sedent juxta altare & veniunt tres Clerici è sacrario, induti cappis albis, tenentes turibula. Venientibus illis, statim illi duo incipiunt, Quem quæritis in sepulchro, ô Christicolæ; & illi tres, Jesum Nazarenum quærimus Crucifixum, ô Cælicolæ. Tunc illi duo, Surrexit, non est hîc, sicut prædixerat; ite, nunciate quia surrexit; & illi tres jungant se ad Chorum, & dicant Antifon. Surrexit Dominus de sepulchro qui pro nobis pependit in ligno, Alleluia, alleluia, alleluia. Tunc Episcopus intonat, Te Deum laudamus, & finiuntur Matutinæ ordine suo.

Post Missam matutinalem, statim pulsetur Prima & cantetur. Post Primam non venitur ad Capitulum more solito, sed sedeant in claustro, donec veniant omnes Canonici ad Sanctum Joannem cum Processione, unaquæquæ per se. Statim pulsetur Tertia & cantetur, & interim deferantur ornamenta ad Capitulum. Finitâ Tertiâ, conveniant omnes ad Capitulum. Lectâ lectione, præparent se Ministri, Acholyti, Subdiaconi, Diaconi, Præsbiteri.

Induitur Archipræsul per manus Ministrorum melioribus indumentis, & ornat se omnis Clerus ad procedendum sicut in die Natalis est scriptum. Exeunte Processione à Capitulo, incipiat Cantor Ant. Vidi aquam. Quâ finitâ, sequitur ℟. Angelus Domini. Cum autem venerunt ad portam Ecclesiæ, incipiatur Ant. Sedit Angelus; intrantes Ecclesiam, ordinent se ante Crucem. Ibi finiatur Antifona, & cantetur Versus, Crucifixum in carne. Quo finito, intrent reverentissimè Chorum, cantantes, Nolite metuere. Tunc Archidiaconus ponat ignem in farum, & dum linum succenditur, venit Archidiaconus inclinans se reverentissimè ante Dominum Archiepiscopum. Dicit ad eum, Reverendissime Pater, sic transit mundus & concupiscentia ejus; & iterùm inclinans dicit Præsul, Aufer à nobis Domine Spiritum superbiæ cui resistis; & respondeant circumstantes, Amen; & sic ascendant ad altare. Dictâ confessione, dat Ministris pacis osculum, & offert super altare incensum. Postea ascendat sedem, & ordinent se Ministri per Cancellum. Seniores autem in Choro officium suum impleant. Post Orationem, recitantur laudes, Christus vincit. Duo stent ante sedem, ipsi incipiant; duo in Choro, ipsi respondeant; quibus expletis, cum reverentiâ petunt sedem, flagitantes benedictionem. Elevatâ manu benedicit illos; posteà dat unicuique aureum nummum, illi sex præcessores sex argenteos unusquisque; Archidiaconus duos aureos; Cantores responsorii duos solidos; qui cantant Allel. tres solidos; qui præcedunt cum illo, duodecim argenteos; unusquisque Ceroferarius, tres argenteos; Turibularii similiter; Notarii, qui deferunt cereos, duos accipiant solidos.

Post Offertorium, antequam incipiantur Sacramenta, Magister Cantor veniens ad sedem, duos accipiat solidos, Subcantor duos; testes Episcopi, Sacerdotes scilicet illi, qui eum per manus ad altare ducunt, munus accipiunt, duodecim denarios; Suburbani Præsbiteri, sex nummos unusquisque; postea Capellani, Camerarii & Ædituui, accipiant secundùm qualitatem sui Officii; reminiscentes illud Apostoli, Qui altari serviunt, de altari participentur.

His completis, procedit Episcopus ad altare, ad perficienda sacra. Benedictione peractâ, postquam dixerit, Pax Domini sit semper vobiscum, det pacem tantùm illis duobus Præsbiteris Cardinalibus, & illi deferant in Chorum Cantoribus; Cantores majoribus; & sic communicet Dominus Archiepiscopus, posteà Archidiaconus, & sic cæteri Diaconi, tunc Subdiaconi illi sex qui ministraverunt.

Septimus ille Archisubdiaconus non communicat, donec omnis communicatio impleatur; quia suum est fragmenta colligere, patenas abluere, sanguinem penitùs sumere. Postquam Ministri omnes communicati fuerint, tunc incipiant seniores ad communicationem venire cum omni reverentiâ, & cum compunctione & humilitate.

Statim ut perceperint Communionem, Corpus & Sanguinem Domini Jesu Christi, præstò sint Subdiaconi qui propinent illis
vinum,

vinum, & Acholyti tenentes manutergia ad tergendum ora. Postquam omnes Clerici sunt communicati, eodem ordine veniat populus; & interdum hæc fiunt, cantetur in Choro communio & Sexta, communione peractâ, dicatur oratio ad communionem.

Antequam dicatur, Ite Missa est, finiantur Laudes, ab illis qui priùs cantaverunt, dicentes ; Te Pastorem sequentes, &c. Quibus finitis, dicant Diaconi, Ite Missa est; Pontifex sacrarium petat cum eodem decore quo priùs venerat.

Fratres autem communiter claustrum petant, expectantes nuncium Archiepiscopi qui eos invitet ad prandium. Cum autem placuerit Archiepiscopo, mox ut venit nuncius ejus & invitaverit illos, surgant & sequantur illum ; non cum strepitu, sed cum reverentiâ procedentes, sicut sunt majores. Venientes ante Archiepiscop. inclinent se humiliter, & sic vadant ad mensam. Sessio majorum ad votum Domini domus disponatur ; cæteri sedeant, sicut Decanis visum fuerit ; ita tamen, ut qualitati ordinis provideatur.

Postquam omnes sederint, antequam quidquam sumant, benedicantur carnes agni. Tunc incipiat Cancellarius versum, Epulemur in azymis, &c. Et cantent omnes reverenter ; sicque incipiant manducare. Manducantes, non fabulis otiosis inserviant, sed lectionem audiant ; & quod illis apponitur, cum gratiarum actione sumant. Mox ut datum fuerit signum surgendi, cum reverentiâ surgant ; sicque pariter Ecclesiam vadant, & Deo referant gratias more solito. Post versum, incipiatur Nona statim : quâ finitâ, omnes in claustrum veniunt. Defertur aqua, abluunt manus, tunc omnibus propinatur, & statim pulsentur Vesperæ.

Postquam sonatio signorum fuerit completa, in unum veniat Archiepiscopus cum processione plenariâ sicut ad Missam, cum septem candelabris, duobus turibulis, duabus crucibus. Septem Diaconi induti tunicis, deportent Libros Evangeliorum, septem Diaconi induti dalmaticis, præcedant illum. Ipse indutus albâ stolâ, cappâ candidâ & mitrâ, sequatur processionem. Mox ut processio exire coeperit à camerâ, incipiat Cantor, Kyrie eleyson ; sicque cantando, veniant Chorum. Dominus Archiepiscopus, Præsbyterium cum suis præcessoribus ascendat, & ordinent se, sicut mos est in diebus festis. Tunc incipiantur Vesperæ, & cantentur tripartitæ ; ita ut primum versum dicant illi de Præsbyterio, secundum de dextro Choro, tertium de sinistro. Ita cantentur in Choro tres Psalmi, Dixit, Confitebor, Beatus vir ; quos sequatur responsorium, Hæc dies, cum versu, Fulget præclara, &c. Tunc Antifona & Magnificat. Dictâ oratione, incipiat Cantor excellâ voce, Christus resurgens. Sic veniendum est ante Crucem. Dictâ oratione, iterum descendunt ad fontes, cantantes Psalm. Laudate pueri, cum Antif. In Galileâ. Dictâ oratione, iterum redeunt ad majorem Ecclesiam, cantantes

F

Pſalmum, In exitu. Cum Antif. Citò euntes. Dictâ oratione, pergunt clauſtrum, ut eant ſi voluerint cœnatum. Poſt cœnam, ad collationem; poſtea ad Completorium : & cantetur Hymnus, Jeſu noſtra Redemptio. Poſt Completorium, ad dormitorium.

Ordo in Feriâ ſecundâ.

Feriâ ſecundâ, ſummo mane pulſetur Primâ. Poſt Capitulum, ſtatim pulſentur ter duo ſigna, ſicut mos eſt in proceſſionibus & ſic cum vexillis, candelabris, turribulis, crucibus, veniendum eſt ad S. Petrum. (a) Cum autem venerint ad portas Eccleſiæ, incipiat Cantor Antifonam, Chriſtus reſurgens; quâ finitâ, cantetur Tertia. Interim præparat ſe Archiepiſcopus, ad celebrandum Miſſam, & accingitur Palleo. Præcedunt tres Diaconi, totidem Subdiaconi, tres Acholyti, tres ſubſequuntur Præsbyteri. Dictâ confeſſione, aſcendit cathedram; ſicquē finitur Miſſa ordine ſuo.

(a) *Vide Miſſale Roman.*

Feriâ tertiâ, eodem ordine quo ſupra veniendum eſt ad S. Paulum ; (b) accinctus Palleo Archiepiſcopus, celebrat Miſſam. Totidem ſunt præceſſores, quot in Feriâ ſecundâ.

(b) *Vide Miſſale Roman.*

Feriâ quartâ, conveniunt pariter tam Clerus quam populus, ad Eccleſiam S. Joannis Evangeliſtæ ; ſicque cum omni decore procedendo, eant ad S. Stephanum : ibi celebretur Miſſa, eodem ſtudio quo in Paſcha. Dominus Archiepiſcopus procedit è ſacrario accinctus Palleo ; quinque Diaconi cum illo, totidem Subdiaconi, quinque Ceroferarii, duo Turribularii, quinque Præsbyteri.

Antequam veniatur ad altare, ponatur ignis in ſarum. Annuncietur ab Archidiacono, ſicut ſcriptum eſt in ordine Paſchali. Dictâ confeſſione ante altare, aſcendat Cathedram. Laudes Epiſcopales iſta die recitantur, Chriſtus vincit. Cætera implentur, ſicut in die Sancto Paſchæ. Finitâ Miſſâ, cuncti redeant ad Monaſteria, vacantes à proceſſione. Poſtea per totam Hebdomadam, Dominus Archiepiſcopus comedat in monte cum Fratribus, & Capellanis. Præpoſitus & Decanus S. Joannis & Archidiaconus invitentur à Decano S. Stephani. Eodem modo ſerviatur in refectorio, ſicut in die Paſchæ.

Feriâ quintâ & ſextâ cantetur major Miſſa, in Oratoriis quæ ſunt juxta majorem Eccleſiam.

Sabbato verò in Baptiſterio, & poſt Miſſam ejicitur aqua à Fontibus, nec poſtea venitur cum Proceſſione ad Eccleſiam Baptiſterii. Ad Veſperas cantantur quinque Pſalmi ſicut mos eſt, Benedictus Dominus Deus meus qui docet. Capitulum dicitur, & Hymnus Ad cœnam agni.

de l'Eglise de Besançon.

In Octavis Paschæ.

DOminica in octavis Paschæ. Pulſantur Matutinæ in luceſcente. Cantatur feſtivè. Hymnus dicatur Aurora. Antif. Ego ſum, &c. Lectiones de Evangelio, poſt dies octo. ℟. Angelus &c. In Matutinis, Laudibus ſuper Pſalmos. Ant. Alleluia. Capitulum, Hymnus, ſermone blando. Antif. in Evangelio, & valde mane. Ad Primam, Hymnus Jam lucis orto, & Kyrie eleyſon & preces ſicut ſolito. Tertia cum Hymno Nunc ſancte. Capitulum, Reſp. Reſurrexit Dominus Alleluia. Verſus Sicut dixit vobis, &c. Miſſa, ſicut in die Paſchæ; excepto quod, Alleluia cantatur loco ℟. Reſurrexit. Ad Sextam ℟. Surrexit Dominus verè Alleluia. ℣. Et apparuit Petro. ℣. Reſurrexit Dominus de ſepulcro. Poſtea eant refectorium.

Poſt refectionem, redditis in Eccleſia gratiis, petant reverenter clauſtrum; abluant manus & bibant; ſicque eant pulſatum. Dum Nona pulſaverit, ſurgant, & cum Hymno, Rerum Deus, cantent ℟. Gaviſi ſunt Diſcipuli, Alleluia.

Veſperæ ſuo tempore pulſentur, & cantentur cum quinque Pſalmis ſicut mos eſt. Ad Crucem itur cum Proceſſione, & fit commemoratio Sanctorum. Non deſcendunt ad Fontes; ſed finitâ commemoratione, reditur ad clauſtrum. Cœnatur. Completorium cum precibus & Kyrie eleyſon cantatur.

Ordo in Letania Majore.

HAc die conveniant omnes, tam Clerus quam populus totius urbis, ad majorem Eccleſiam. Horâ tertiâ, mox ut datum fuerit ſignum, incipiat Cantor Ant. Exurge Domine. Cum Pſalmo, Deus auribus noſtris, & Gloria Patri, & Oratione, Mentem familiæ; per totum. Tunc præcedentibus vexillis, crucibus & candelabris, eant cum reverentiâ, nudis pedibus, ſi qualitas aëris permiſerit, ad Sanctum Stephanum; & factâ oratione, eodem modo deſcendant ad S. Mariam Juſſani Monaſterii, & dictâ oratione, cum eodem decore eant ad Eccleſiam Sanctæ Mariæ & SS. Pauli & Antidii; & ibi celebretur Miſſa cum omni decore & reverentiâ; quâ finitâ, redeat unuſquiſque ad propria, faciendo Letaniam. Cantatâ Nonâ, eant refectorium.

In Festo S. Joannis Evangel. ante Portam Latinam.

Solemnitates Sanctorum, gaudia sunt fidelium populorum ; lætatur enim fidelis anima, præsentiâ colens solemnia, pervenire ad ea quæ non sunt annua, sed continua. Omnes denique Sancti sunt honorandi ; sed præcipuè illi sunt veneratione summâ excolendi, quibus ad patrocinandum sumus commissi, & in quorum Ecclesiis sumus oblati, & ex quorum stipendiis nutriti. Quapropter Festivitatem S. Joannis Evangelistæ, quæ est Nativitatis tempore, non valentes jejuniis honorare, visum nobis fuit dulce, ut ejus Festivitatem quæ est æstivo tempore, cum summâ debeamus devotione celebrare. Legitur enim in Actibus Beati Apostoli, quod pridie Nonas Maii, ante Portam Latinam jussu impii Domitiani Imperatoris, positus est in dolio ferventis olei ; nihilque illi nocuit, quod divina hoc gratia prohibuit.

Hanc quoque Festivitatem, Sancta Romana amplectitur Ecclesia, & colit cum summâ veneratione. In ipsa enim Ecclesia, quæ est in ejus memoriâ, ante Portam Latinam constructa, per se die ista celebrat Summus Pontifex.

Nos quoque Bisuntinenses, caput nostrum sequentes, Vigiliam jejunamus, solemnitatem toto cultu religionis celebramus, ut ejus intercessione, januam cœlestis Aulæ, scandere valeamus. Cum enim omnes Apostoli Domini, in toto orbe sint honorandi ; hic tamen à nobis præcipuè, qui affecti sumus suâ prædicatione, si quæritur quomodo, breviter renunciabo ; ut major erga Apostolum nostrum, sit devotio.

Policarpus Smirnorum Ecclesiæ Episcopus, hujus Apostoli fuit Discipulus, qui Sanctum educavit Irenæum, quem Lugdunensis Ecclesia gaudet habere Patronum.

Hic vero Irenæus, totius bonitatis laude refertus, nostræ urbi duos ex suo latere direxit Discipulos ; Ferreolum scilicet Præsbyterum & Ferrucionem Diaconum, qui lucentes velut duo luminaria, clara salutis nobis annunciaverunt Mysteria. Ab istis nostra in honore S. Joannis fundata est Ecclesia, qui ex ejus eruditi fuimus doctrinâ. Idcircò ut proprium, debemus venerari Patronum. *

In Vigilia Festi S. Joannis, conveniant omnes Congregationes totius civitatis ad majorem Ecclesiam, & simul cantent Vesperas. Finitâ vespertinâ sinaxi, statim incipiant Canonici Sancti Stephani Vigiliam primam, cum tribus lectionibus & totidem responsoriis. Dicto Te Deum laudamus, dicant Pueri versum, Valdè honorandus est Beatus Joannes, & dictâ oratione, redeant ad suam Ecclesiam.

Domini de S. Joanne, faciant collationem & cantent Completorium. Quo completo, incipiant Canonici S. Pauli & S. Petri

Ce Préambule est dans tems postérieur au Rituel.

de l'Eglise de Besançon.

& totius urbis Clerici secundam Vigiliam, cum tribus Psalmis & lectionibus & totidem responsoriis. Post Te Deum Laudamus, datâ oratione, redeunt ad propria, & Domini de Ecclesia majori incipiunt Matutinum cum omni veneratione & decore, sicut in die Paschæ, accensis multis luminaribus; & cantent cum tribus lectionibus & totidem responsoriis Laudes. Matutinæ finiuntur suo ordine.

Pridie Nonas Maii Festivitas S. Joannis Evangelistæ. Istâ die convenit totius urbis Clerus & populus, ad majorem Ecclesiam. Cantatâ Tertiâ, omnis Clerus ad Capitulum vadat, ibique præparent ad procedendum. Peractâ processione, accinctus Palleo, exit Dominus Archiepiscopus è sacrario. Præcedunt eum quinque Diaconi, totidem Subdiaconi, quinque Ceroferarii, duo cum turribulis; sequantur illum quinque Præsbyteri. Dictâ confessione, ascendit sedem. Legitur privilegium; quo completo, accipit Cancellarius consuetum munus, quod distribuitur sicut in die Festo Paschæ.

Ordo Rogationum.

Feriâ II, quæ est Rogationum prima, exit processio de Ecclesia S. Joannis Evangelistæ, cantantes primùm in Choro, Exurge Domine. Psalm. Deus auribus. Oratio, Mentem familiæ, sicut scriptum est in Letania majore; & exeuntes cantant, Ant. Cum jucunditate: & sic eant ad S. Stephanum. Dictâ oratione, pergunt ad S. Mariam Jussani Monasterii, ibique celebratur Missa.

Feriâ III, eant ad S. Quintinum, & ad S. Mauritium, & ad S. Petrum, ibique celebretur Missa.

Feriâ IV, quæ est Rogationum tertia, eant ad S. Martinum, & ibi celebretur Missa. Postquam Fratres redierint à processione, statim cantatâ Nonâ, eant ad mensam.

De Festo Ascensionis Domini.

In Vigiliâ temporaneè pulsentur Vesperæ, & cantentur cum omni decore & religione. Unaquæque Congregatio per se in suis Ecclesiis; similiter agatur in Matutinis.

Post Primam, conveniant cum processione, Clerici S. Pauli & S. Petri, similiter totius urbis Clerus & populus, ad majorem Ecclesiam. Ascendant montem, quia Ecclesia illa constat dicata in honorem Dominicæ Ascensionis. Venientes ante valvas Ecclesiæ, antequam introeant Ecclesiam, incipit Cantor Antif. vel ℟. de S. Stephano. Sic demum alius Cantor Ant. vel ℟. de Ascensione; & ita intrent Ecclesiam. Mox ordinent se ante Crucem, & factâ oratione, intrent reverenter Chorum, & ordinent se in dextrâ parte, sicut mos est, donec invitentur ad processionem. Cum autem visum fuerit Dominis loci, conveniant omnes ad Capitulum, & præparent se sicut mos est, ad procedendum. Exeat Archiepiscopus vel Sacerdos qui celebraturus est Missam, cum quinque candelabris, duobus turribulis, duabus crucibus, quinque Subdiaconibus, totidem Diaconibus. Quinque Præsbyteri sequuntur Archiepiscopum. Albâ indutus planetâ, & accinctus procedit Palleo. Factâ processione, dum redeunt, ponatur ignis in farum sicut mos est, & sic incipiatur Missa, finiaturque ordine suo. Postea quos invitaverint Archiepiscopus, aut Domini illius loci, remaneant : cæteri ad propria redeunt.

In Vigilia Pentecostes.

Summo mane, præparent Ecclesiam cortinis palleis & cæteris ornamentis. Tunc demum ornentur altaria : interim abluant se Fratres balneis. Cum autem tempus fuerit pulsandi Primam, pulsetur & cantetur. Sicque conveniant ad Capitulum, ibique ordinent quæ facienda sunt per totam diem ; qui debeant lectiones legere, qui tractus cantare, qui cum Episcopo procedere ; si defuerit Episcopus, qui debeat Missam cantare, qui Letanias facere, qui oleum & chrisma deferre ad Baptisterium.

Parochianus Præsbyter, provideat de fontibus, & de ornatu Ecclesiæ Baptisterii ; & ipse congreget Cathechumenos.

Hora septima, ingreditur Episcopus sacrarium, & induit se sacris vestibus, non tamen melioribus. Interim cantetur Nona : quâ finita, egreditur è sacrario non indutus planeta, sed cappa ; & sedente eo juxta rugas altaris, statim cantor incipit Letaniam septenam, sicut in Vigilia Paschæ. Quâ finita, benedicitur cereus, sicut continetur in Libro Sacramentorum. Peractâ benedictione, legitur lectio, In diebus illis tentavit Deus Abraham, &c. Sicut in libro continentur. Sextâ lectione finitâ, post tractum Sicut cervus, descendunt ad Fontes. Letaniam quinam faciendo sicut in Sabbato Sancto Paschæ. Pueris baptizatis & confirmatis, in redeundo cantetur responsorium, Cantemus Domino. Quo finito, incipitur Letania terna, quæ tandiù est prolonganda, quo usque Archipræsul præparatus sit ad procedendum. Tunc unus de Capellanis dicit ter, Accendite. (a) Accensis luminibus dimittit Cantor Letaniam, & incipit festivè Kyrie eleison. Tunc Archiepiscopus veniat ad altare, & dicat Gloria in excelsis Deo. Hâc die non ascendit cathedram, nec accingitur Palleo, sed sedet in cleothedra juxta rugas altaris. Sicque finitur Missa ordine suo.

(a) *Ord. Rom. pag. 51. E.*

Ordo in die Sancto Pentecostes.

Diem Pentecosten ducere debemus celebrem. In hac siquidem die Sanctus Spiritus, fidelium se infudit mentibus, & idcircò laudibus est excolenda, totiusque religionis cultu honoranda; ut Spiritus idem suum in nobis accendat ignem, quo purgetur peccati rubigo, claréque videatur interior homo. Hâc die conveniant omnes Congregationes ad majorem Ecclesiam. Post Tertiam, sicut mos est, fiat per claustrum processio, ut in magnis Festivitatibus. Ordinent se in redeundo ante Crucem more solito. Finito responso ultima Antifona, ponatur ignis in farum, & sic intrent Chorum. Incipiatur Missa. Dominus Archiepiscopus accinctus Palleo procedit, & cum illo septem Subdiaconi, septem Diaconi, septem Ceroferarii, duo Turribularii, duæ cruces, septem Præsbyteri. Post confessionem statim ascendit cathedram. Perlecto privilegio, accipit Cancellarius nummos secundum morem. Cæteri sicut sunt majoris Ordinis, ordinant se. Istâ die non recitantur Laudes, Christus vincit, intra Missarum solemnia, *nisi adfuerit Rex*; quod si acciderit ut Rex adsit, tunc plenè omnia fiant sicut in Pascha, tam in dandis nummis quam in consuetudinibus cæteris.

Post Missam, cum Fratribus vadat Episcopus ad mensam. In hâc Hebdomadâ, non descendunt ad Fontes sicut in Pascha, nec fiunt stationes; sed unaquæque Ecclesia cum summo studio celebrat sancta solemnia. In hâc Hebdomadâ, non dicuntur capitula sicut in Paschali, sed tantum Alleluia. Veni Sancte Spiritus. Ad Vesperas, cantatur Alleluia, & sequentia sicut mos est in magnis solemnitatibus.

Matutinæ cantentur per totam Hebdomadam, sicut in Dominica; tres Psalmi, tres lectiones de expositionibus Evangeliorum vel de Sermonibus ad hanc solemnitatem spectantibus.

Sexto decimo Kalendas Julii, Passio Sanctorum Martyrum Ferreoli & Ferrucii.

HI sunt per quos ad fidem venimus, per quos salutis viam cognovimus. Ista Festivitas debet venerari summa devotione, ut nos ducant ad supera. Si adest Archiepisc. accinctus Palleo erit, & Missam publicè celebrabit. Cum illo procedent tres Subdiaconi, tres Diaconi, duo Ceroferarii, duo Turribularii, tres Præsbyteri. Festivè cuncta implentur. Eadem die procedendo post Vesperas, eundum est ad S. Paulum, ubi requiescit Corpus Sancti Antidii Martyris & Episcopi; ibique celebrata Vigilia, redeunt ad propria.

In crastinum cum omni decore veniant ad supra scriptam Ecclefiam, ubi celebratur Missa de S. Antidio cum omni decore. Dominus Archiepiscopus indutus Palleo, cantabit Missam cum tribus præcessoribus totius ordinis.

Nono Kalendas Julii, Vigilia Sancti Joannis-Baptistæ, toto cultu est veneranda, sicuti Domini nostri Jesu Christi Vigilia. Hâc die post Vesperas, totius urbis Clerus & populus, ad Baptisterium conveniat. Vigiliâ celebratâ redeant ad propria.

In die Festivitatis sicut Christi Baptistam decet, omnes conveniant Congregationes per se, ut ibi publica cantetur Missa. Accinctus Palleo, cantat Dominus Archiepisc. Missam. Procedunt cum illo quinque Subdiaconi, quinque Diaconi, duo cum turribulis, duo cum candelabris.

Quarto Kalendas Julii, Vigilia Sanctorum Apostolorum Petri & Pauli. Hâc die post Vesperas, eundum est cum processione ad S. Petrum. Factâ Vigiliâ redeunt ad propria.

In die, iterum veniant Congregationes, ut ibi publica cantetur Missa. Accinctus Palleo cantat Dominus Archiepiscopus Missam. Procedunt cum illo, quinque Diaconi, quinque Subdiaconi, duo cum turribulis, duo cum candelabris.

Secundo Kalendas Julii, commemoratio S. Pauli Apostoli. Istâ die eundum est ad S. Paulum cum processione. Ibi cantatur Missa. Non accingitur Archiepiscopus Palleo (quia non est natalitius dies, sed commemoratio) cum uno Diacono, Subdiacono, Turribulario & Acholyto.

Undecimo Kalendas Augusti, Festum S. Mariæ Magdelenæ. Hæc fuit dilecta Christi Apostolorum Apostola, &c. Huic Sanctæ, Linus nostræ Ecclesiæ Episcopus, Ecclesiam propriam fecit, ad quam istâ die procedendo pergimus in Vigiliâ.

Vesperæ ibi cantantur, Vigilia agitur. In mane cum summo decore ibi venitur. Missa publicè celebratur. Palleo accingitur Archiepisc. procedit cum tribus Diaconibus, tribus Subdiaconibus, duobus Acholytis cum candelabris, duobus Turriferariis, tribus Præsbyteris.

Kalendas Augusti, Natalis S. Petri ad vincula.

Istâ die, pergimus ad Ecclesiam quæ est in ejus honore cum processione. Ibi cantatur Missa ab Archiepisc. non accingitur Palleo, cum uno tantum Diacono, Subdiacono, duobus Acholytis cum candelabris, uno cum turribulo.

Ordo in Inventione Protomartyris.

Quarto Nonas Augusti, Vigilia Inventionis Corporis Sancti Stephani. In hâc die soliti sumus jejunare, quia in Vigiliâ Passionis non valemus facere. Clerici hoc sibi elegerunt, propter
devotionem

de l'Eglise de Besançon.

devotionem quam erga Sanctum Protomartyrem semper habuerunt. Non coguntur jejunare Laïci, nisi sponte velint facere.

Ad Vesperas cum omni Processione & omni decore, Sancti Joannis Canonici & totius urbis Clerici, pergunt ad S. Stephanum. Ibi celebrent Vesperas. Dextrum Chorum habeant S. Joannis Canonici, sinistrum S. Stephani. Qui super adveniunt Clerici, si canonicè sint induti, à Cantore ordinentur in Choro. Vesperæ cum omni studio cantentur; sicque suo ordine finiantur.

Post Vesperas, Canonici S. Stephani & S. Pauli eant Claustrum, & totius urbis Clerici, exceptâ Congregatione S. Joannis Evang. ipsi remaneant in Choro, studiosè cantantes Vigiliam primam; quâ finitâ, eant Refectorium & apponatur eis vinum. Sicque revertantur ad S. Joannem propter matutinale Officium; quia sicuti illa de monte, sic & illa est in honore Sancti Stephani.

Post primam Vigiliam, statim pulsetur collatio, & celebretur tunc Completorium. Postea eant dormitum; & statim Canonici S. Pauli & totius urbis Clerici, incipiant secundam Vigiliam. Interim pulsentur Matutinæ per intervalla, ut finitâ Vigiliâ, incipiantur à Fratribus ejusdem Congregationis; sicque tota nox in Laudibus deducatur.

Mane pulsetur Prima apud Sanctum Joannem, temporiùs quam solito, & cantetur. Postea Tertia, postquam Missa & Sexta. Tunc præparent se rite & ordinabiliter, cum omni decore ascendentes montem, præcedentibus vexillis & Crucibus, candelabris & turribulis. Intrantes Ecclesiam, incipiat Cantor Ant. vel Resp. de S. Stephano. Cum autem venerint in Chorum, orent humiliter. Dato à Decano signo, omnes petant Capitulum, facientes processionem per Claustrum. Peractâ processione, venit Dominus Archiep. ante altare cum suis præcessoribus sicut in die Paschæ; & fiunt omnia festive sicut in dictâ solemnitate, tam in dando Presbyterio, quam in cætero Officio, & in accendendo faro. Cætera quæ sunt necessaria, ordinet Archiepiscopus & Decani & Archidiaconi, & majores secundùm quod tempus dictaverit; ita ut Stephano nostro nihil desit.

Quarto Idus Augusti festivitas S. Laurentii Martyris.

Hanc omnis plebs devotè celebrat, piâque devotione recolit. In istâ die, cunctus Clerus & populus, ad ejus Ecclesiam propriam cum processione debet venire, ut ibi divinum celebret Officium. Si adest Archiepiscopus, non accingitur Palleo, cum uno tantùm Diacono & Subdiacono, Turriferario & duobus Acholytis.

Octavo decimo Kalendas Septembris, Assumptio S. Mariæ semper Virginis, cujus sacratissimum Corpus, & si non invenitur super terram, tamen pia Mater Ecclesia venerabilem ejus memoriam sic festivam agit, ut pro conditione carnis eam migrasse non du-

G

bitet. Ad illud autem venerabile Spiritûs Sancti Templum, quod nutu & concilio Divino occultatum est, plus elegit sobrietas Ecclesiæ cum pietate nescire, quàm aliquid frivolum & apocrifum tenendo docere. Istâ die non eximus extra Ecclesiam nostram, sed post Tertiam fit processio per Claustrum. Accinctus Palleo venit ad altare Archiepiscopus, quinque Diaconi cum illo, quinque Subdiaconi, quinque Ceroferarii, duo Turribularii, quinque Præsbyteri. Festivè implentur omnia

Quinto decimo Kalendas Septembris, festum S. Agapiti Martyris.

Hujus caput, in Ecclesiâ S. Stephani habetur, & ideò cum summa veneratione, totius urbis Clerus & populus consuete in hac die procedendo conveniunt; & ibi celebratâ Missâ, redeunt ad propria.

Quarto Kalendas Septembris, Decollatio S. Joannis Baptistæ. In Vigiliâ, Vesperæ decantantur in Baptisterio, similiter & Matutinæ in nocte. Ad Missam conveniunt omnes Congregationes. Cum Palleo procedit Archiepiscopus; cum illo tres Subdiaconi, tres Diaconi, duo Præsbyteri, duo Acholyti cum candelabris, Turriferarius. Finitâ Missâ, redeunt ad propria.

Nonas Septembris, Inventio Corporum Beatorum Ferreoli & Ferrucii. Hæc festivitas nostra est, & propria; idcircò cum summa diligentia est celebranda. Hodie accingitur Archiepiscopus Palleo, & procedunt cum illo tres Diaconi, tres Subdiaconi & Acholyti duo cum candelabris, unus cum turribulo, Præsbyteri duo.

Sexto Idus Septembris, Nativitas Sanctæ & perpetuæ Virginis Mariæ. Istâ die eundum est ad Ecclesiam S. Mariæ Jussani Monasterii, cum vexillis & Crucibus, cum candelabris & turribulis, & omni cultu religionis. Mox ut intraverint Templum, incipiat Cantor ℟. Nativitatem hodiernam. Quo finito, incipiatur Tertia, & cantetur. Interim præparat se Archiepisc. & procedit cum duobus Presbyteris accinctus Palleo. Procedunt cum illo tres Diaconi, tres Subdiaconi, duo Acholyti, duo cum turribulis.

Octavo Kalendas Octobris, Exaltatio S. Crucis. In hac siquidem die ab Heraclio Rege Hyerosolimis reportata, & in Templo Domini collocata, & à populo devotissimè adorata: Exinde crevit consuetudo, in Ecclesiis Dei quæ sunt per totum orbem constitutæ, ut in hâc die veneretur cum summa devotione.

Post Tertiam, fit Processio per Claustrum. Cantatur ℟. Dulce lignum. Hoc signum. O Crux. Ad introitum Ecclesiæ incipiat Cantor, O Crux splendidior, interim dum fit processio, Ædituu ponant tapetia ante altare, & venientibus senioribus in Chorum, Diaconus accipiat Crucem, & stans ante altare, prosternitur Sacerdos reverenter super tapetia adorans Crucem. Surgens deosculatur

de l'Eglise de Besançon.

illam, & Subdiaconus accipit Crucem, & Diaconus adorat. Tunc cæteri seniores procedant sicut sunt majores, & cum ista fiunt, cantatur Ant. Venite adoremus, vel Hymnum, Vexilla Regis, aut Pange lingua. Omnibus completis, Missa incipiatur. Si Archiepisc. adest, ibit cum tribus utriusque Ordinis ad altare. Duo Præsbyteri cum illo, duo Acholyti cum candelabris, unus cum turribulo. Non induitur Palleo.

Decimo Kalendas Octobris, Festivitas Sanctorum Mauritii ac sociorum ejus.

In Vigiliâ, cum Processione eundum est ad Ecclesiam quæ est in ejus honore constructa. Cantantur ibi Vesperæ. Postea redeunt ad sua loca. In die totius urbis Clerus & populus, conveniant ad suprascriptam Ecclesiam, cum vexillis & Crucibus & omni decore. Per se Archiepiscopus cantat Missam ; procedunt cum illo duo Præsbyteri, tres Diaconi, tres Subdiaconi, duo Ceroferarii, unus Acholytus cum turribulo. Non accingitur Palleo.

Nono Kalendas Octobris, Dedicatio Matris Ecclesiæ S. Joannis Evangel.

Cum omnium Sanctorum Festivitates, à Sanctis Patribus constitutas, Festivis celebremus obsequiis ; maximo cultu & venerabiliori indicitur, ut sanctæ Matris Ecclesiæ dedicationem solemniter veneremur. Unde quia totius patriæ matris celebritatem colimus, propensiori gaudio & reverentiâ, in ejus servitium exultare debemus.

Hæc enim XI. Kalendas Maii celebrabatur, cum Ecclesia præ nimiâ vetustate titubabat, à Domino Hugone Præsule est repolita ; & in hâc die per ejusdem Metropolitani manus, cum maximo honore dedicata, usibus etiam quos ante habuerat.

In Vigiliâ itaque, convenire oportet totius urbis Congregationes & populum, ut matri suæ communiter vespertinum celebrent Officium. Superadvenientes Congregationes finitis Vesperis, incipiunt Vigiliam ; quâ finitâ, ingrediuntur Claustrum, & charitativè eis apponitur vinum, & acceptâ licentiâ, redeunt ad propria.

In crastinum, ante horam tertiam, similiter conveniunt. Cantatur Tertia, & interim præparat se Dominus Metropolitanus, sive Decanus, ad celebrandam Missam. Tunc à Capitulo fit Processio per Claustrum. Procedant cum illo quinque Diaconi, totidem Subdiaconi, quinque Acholyti cum candelabris, duo cum turribulis, duo cum Crucibus. Cum autem venerint ad introitum Ecclesiæ, incipit Cantor ℟. Terribilis est. Ingredientes, ordinant se ante Crucifixum : finito Responsorio, cantent quibus præcipitur, Versum. Ignis ponatur in farum. Præsul accingitur Palleo, majorem sedem ascendit, Privilegium legitur, Missa suo Ordine completur. Cum Fratribus Archipræsul in Refectorio. Dominus Decanus & præpositus, Decanos cæterarum Ecclesiarum & alios quos volunt invitant. Cæteri, eo decore quo venerunt regrediantur.

Tertio Kalendas Octobris, Dedicatio Basilicæ S. Michaëlis.

Pro commemoratione supernorum civium, S. Michaëlis Archangeli Præpositi Cœlorum, est per maximè studendum, ut hæc dies honorem habeat summum; qui enim placatum habet præpositum, securum habet placitum. Nec illi desunt fidejussores, quem ex affectu diligunt milites. Idcircò ut unusquisque studeat, qualiter hos habeat amicos, ut cum illis gaudeat, quorum solemnia celebrat.

In istâ die, accingitur Palleo Dominus Archiepiscopus. Procedat cum tribus Præcessoribus utriusque Ordinis, duo cum illo Præsbyteri, duo Ceroferarii, unus cum turribulo.

Quinto Nonas Octobris, Dedicatio altaris S. Stephani Protomartyris, per manus Domini Leonis Papæ Noni.

In Vigiliâ, conveniunt omnis urbis, tam Clerus quam populus, ad majorem Ecclesiam; & procedendo cum omni decore, ascendunt montem. Cum autem venerint ad regiam Ecclesiæ, incipit Cantor ℟. Benedic Domine domum istam. Ingressi autem Chorum, ordinent se sicut sunt majoris Ordinis; moxque incipiant Vesperæ, vel à Decano, vel ab Episcopo. Cantores vero Congregationum, stant in Choro suo more. Cantor & Subcantor S. Joannis, dexterum provideant locum in Choro, S. Stephani & S. Pauli sinistrum. Sic finiuntur Vesperæ suo ordine.

Tunc Domini S. Joannis & Canonici S. Stephani, secedant in Claustrum. Illi vero de S. Paulo, unà cum cæteris Congregationibus, cantant Vigiliam; quâ finita, redeunt ad propria. Domini deinde loci, una cum senioribus S. Joannis, cantant Completorium, etiam simul matutinale Officium.

In crastinum, conveniant Congregationes ad majorem Ecclesiam; sicque ascendunt montem ante horam tertiam, cum Crucibus & vexillis. Venientibus autem illis ad introitum Ecclesiæ, incipit Cantor S. Joannis ℟. Terribilis est. Quo finito, cantatur Tertia. Interim verò Dominus Archiepiscopus præparat se, sivè Decanus, ad celebrandam Missam. Procedunt cum illo septem Diaconi, & septem Subdiaconi. Omnes habent mitras in capite, Romano more induti. Etiam omnes sandalia (sicut constitutum est per manum Domini Leonis Papæ) quinque Acholyti cum candelabris, duo etiam cum turribulis, duo cum Crucibus.

Secundo Kalendas Novembris, Vigilia omnium Sanctorum, & Natalis S. Quintini.

Vigilia est facienda, ut Vigilia Natalis Domini. Festivitas verò celebratur, sicut tantùm Martyrem decet. Canonici S. Stephani, tam vespertinale quam matutinale complent Officium, in Capellâ, in honore ejusdem dedicata. Domini verò Majoris Ecclesiæ, cum

de l'Eglise de Besançon. liij

Processione ad celebrandum Missam veniunt. Quâ finitâ, redeunt ad propria.

Kalendis Novembris, omnium Sanctorum dies celebris.

HÆc dies, cum tanta devotione debet celebrari, ut quidquid per totum annum negligenter in Sanctorum solemnitatibus admittitur, in hâc sacrâ veneratione recuperetur.

Post Tertiam, veniendum est ad Capitulum ibique præparent se ad procedendum. Procedunt vexilla, Cruces, cæteraque ornamenta. Exit Archiepiscopus accinctus Palleo. Procedunt cum illo duo Præsbyteri, quinque Diaconi, quinque Subdiaconi, quinque Ceroferarii, duo Acholyti cum turribulis. Ignis ponatur in farum. Cancellarius legit Privilegium, munus accipit consuetum.

Tertio Idus Novembris, transitus S. Martini Confessoris Pontificis.

IN hâc die, ad Missam cum processione eundum est Berzillias, ut ibi celebretur Missa. Si adest Archiepiscopus, cantet Missam accinctus Palleo; procedant cum illo, duo Præsbyteri, tres Diaconi, tres Subdiaconi, duo Acholyti cum candelabris, & cum turribulo unus. Finitâ Missâ, redeunt navigio, ne iter longum generet fastidium.

Secundo Kalendas Decembris, Festivitas S. Andreæ Apostoli.

In hâc die, ad Ecclesiam quæ est in monte, in ejus honore est eundum, procedendo ut ibi celebretur major Missa. Non induitur Archiepiscopus Palleo; sed procedit cum duobus Præsbyteris, tribus Diaconibus, totidem Subdiaconibus; duo Acholyti cum candelabris, unus cum turribulo.

Dominica I. de Adventu Domini, fit statio ad majorem Ecclesiam, tres Diaconi, tres Subdiaconi, sivè adsit Dominus Archiepisc. sivè desit, omnes induuntur planetis, tam Diaconi quam Subdiaconi; duo adsint Acholyti cum candelabris, cum turribulo unus. Finit Ordo Canonicorum.

INCIPIT LETANIA.

Kyrie eleyson. Christe eleyson.
Christe audi nos.
Pater de Cælis Deus, Miserere nobis.
Fili Redemptor mundi Deus, Miserere nobis.
Spiritus Sancte Deus, Miserere nobis.
Sancta Trinitas unus Deus, Miserere nobis.
Sancta Maria, Ora pro nobis.
Sancta Mater misericordiæ,   Ora
Sancte Michael,   Ora
Sancte Gabriel,   Ora
Sancte Raphael,   Ora
Omnes Sancti Angeli & Archangeli,   Orate pro nobis.
Omnes Sancti Beatorum Spirituum Ordines,   Orate
Omnes Sancti Cælici Cives,   Orate
Sancte Joannes-Baptista,   Ora
Omnes Sancti Patriarchæ & Prophetæ,   Orate
Sancte Petre,   Ora
Sancte Paule,   Ora
Sancte Andrea,   Ora
Sancte Joannes,   Ora
Sancte Jacobe,   Ora
Sancte Thoma,   Ora
Sancte Jacobe,   Ora
Sancte Bartholomee,   Ora
Omnes Sancti Apostoli,   Orate
Omnes Sancti Evangelistæ,   Orate
Omnes Sancti Discipuli Domini,   Orate
Omnes Sancti Innocentes,   Orate
Sancte STEPHANE,   Ora
Sancte *Vincenti*,   Ora
Sancte Laurenti,   Ora
Sancte *Agapite*,   Ora
Sancte *Ferreole*,   Ora
Sancte *Ferruci*,   Ora
Sancte *Antidi*,   Ora
Omnes Sancti Martyres,   Orate
Sancte Martine,   Ora
Sancte *Aniane*,   Ora
Sancte *Desiderate*,   Ora

Sancte *Donate*,	Ora pro nobis.
Sancte *Protadi*,	Ora
Sancte *Anatoli*,	Ora
Sancte Nicolae,	Ora
Omnes Sancti Confessores,	Orate
Sancta Felicitas,	Ora
Sancta Perpetua,	Ora
Sancta Agatha,	Ora
Sancta Agnes,	Ora
Sancta Lucia,	Ora
Sancta Cecilia,	Ora
Sancta Maria Magdalene,	Ora
Omnes Sanctæ Virgines,	Orate
Omnes Sancti,	Orate
Propitius esto,	Parce nobis Domine.
Propitius esto,	Libera nos Domine.
Ab hoste malo,	Libera
A morbo malo,	Libera
Ab insidiis diaboli,	Libera
A persecutione inimici,	Libera
A ventura ira,	Libera
A periculo mortis,	Libera
Ab omni malo,	Libera
Per Crucem tuam,	Libera
Per Resurrectionem tuam,	Libera
Per Ascensionem tuam,	Libera
Per Adventum Spiritûs Sancti paracleti,	Libera
Peccatores,	Te rogamus audi nos.
Ut pacem nobis dones,	Te
Ut iram & indignationem tuam à nobis auferas,	Te
Ut misericordia & pietas tua nos custodiat,	Te
Ut nobis spem certam dones,	Te
Ut fidem rectam nobis tribuas,	Te
Ut charitatem perfectam nobis conferas,	Te
Ut cunctorum in nobis vitiorum monstra mortifices,	Te
Ut omnium in nobis prærogativas virtutum vivifices,	Te
Ut nobis per Incarnationem tuam, introitum ad Sancta Sanctorum pandas,	Te
Ut per hoc conscientias nostras purifices,	Te
Ut per hoc sacrosanctum Mysterium, animas & corpora nostra renoves,	Te
Ut hoc terribile Mysterium, non sinas nobis fieri ad judicium,	Te
Ut hoc ineffabile Sacramentum, mundis manibus tractemus.	Te
Ut puris mentibus sumamus,	Te

Ut indulgentiam omnium peccatorum per hoc consequi mereamur,
Te rogamus audi nos.
Ut per hoc tibi inhærere valeamus, Te
Ut per hoc tu in nobis, & nos in te manere valeamus, Te
Ut gratiam S. Spiritûs, cordibus nostris clementer infundere digneris,
Te rogamus audi nos.
Ut cunctum populum Christianum, pretiosissimo Sanguine tuo redemptum, conservare digneris, Te rog.
Ut nobis locum pœnitentiæ dones, Te
Ut omnibus fidelibus defunctis requiem æternam dones, Te
Ut nos exaudire digneris, Te rogamus.
Fili Dei, Te
Agnus Dei qui tollis peccata mundi, Parce nobis Domine.
Agnus Dei qui tollis peccata mundi, Libera nos Domine.
Agnus Dei qui tollis peccata mundi, Dona nobis pacem.
Christe audi nos.

Sequitur Oratio.

PEr merita horum & omnium Sanctorum tuorum, parce Domine, indulge & miserere. Aufer à me, quicquid tibi displicet in me. Suscipe sacrificium de manibus meis, placidè & benignè. Eripe me de manibus inimicorum meorum, & à persequentibus me. Illustra faciem tuam super servum tuum, & salvum me fac in misericordiâ tuâ; non confundar, quoniam invoco te, qui vivis & regnas.

✥✥✥✥✥✥✥✥✥✥✥✥✥✥✥✥✥✥✥✥✥✥

LAUDES SEU ACCLAMATIONES ex antiquo Epistolarum libro exscriptæ, quæ in Missâ Pontificali, juxta antiquum Ecclesiæ Bisuntinæ Ordinarium, pag. 62. Orationem inter & Epistolam decantabantur. Hæ sunt adhuc in usu apud celeberrimas Galliæ Ecclesias; videlicet Viennensem, Lugdunensem, Rotomagensem, &c. Puncta & virgulæ quæ super sillabas videntur, notæ sunt cantûs.

CHristús víncit, Christús régnat, Christ. impérat. Exaudi Christe
N. súmmó Pontifici ét úniversáli Papæ vita.
Salvátor mundi, Tú íllum adjuva.

Sancte

de l'Eglise de Besançon.

Vid. Ord. Rom. 12. Authore Cenfio, n. 2, in Mufæo Italico.

Sancte Petre,	Tu illum adjuva.
Sancte Paule,	Tu illum adjuva.
Sancte Andrea,	Tu illum adjuva.

Exaudi Christe N. Pontifici, Cleró et pópuló sibi commisso salús et gloria.

Redemptor mundi,	Tu illum adjuva.
Sancte *Ferreole*,	Tu, &c.
Sancte *Antidi*,	Tu
Sancte *Desiderate*,	Tu

Exaudi Christe N. excellentissimo Imperatori, magno & pacifico, à Deo coronato, vita & victoria.

Protector mundi,	Tu illum adjuva.
Sancte Maurici,	Tu
Sancte Sigismunde,	Tu
Sancte Victor,	Tu

Exaudi Christe N. inclitæ Reginæ, lux & gratia.

Lux mundi,	Tu illam adjuva.
Sancta Perpetua,	Tu
Sancta Lucia,	Tu
Sancta Walburgis,	Tu

Exaudi Christe omnibus Judicibus, & cuncto Exercitui Christianorum, vita & victoria.

Salvatio nostra,	Tu illos adjuva.
Sancte Georgi,	Tu
Sancte Teodore,	Tu
Sancte Mercuri,	Tu

Christus vincit, Christus regnat, Christus imperat.

Rex noster,	Christus vincit.

Spes nostra,
Misericordia nostra,
Auxilium nostrum,
Liberatio & Redemptio nostra,
Victoria nostra,
Arma nostra & invictissima,
Murus noster inexpugnabilis,
Defensio & exaltatio nostra,
Lux, via & vita nostra,
Ipsi soli imperium, gloria & potestas per immortalia sæcula sæculorum, Amen.
Ipsi soli honor, laus & jubilatio, per infinita sæcula sæculorum, Amen.

Ipsi soli virtus, fortitudo & victoria, per omnia sæcula sæculorum. Amen.

Christe audi nos, Christe audi nos.
Christe audi nos.
KIRRIE ELEYON, Christe eleyson.
Christe eleison.

Sequentia decantabantur antequam Diaconi dicerent, Ite Missa est, *ut ex eodem Ordinario colligitur, pag.* 11. *&* 12.

TE Pastorem Deus elegit. In istâ sede Deus conservet. Annos vitæ Deus multiplicet.
Feliciter, Feliciter, Feliciter. III.
Tempora bona habeas. Tempora bona habeas. Tempora bona habeas. III.
Multos annos. Amen.

PROCLAMATIO ANTEQUAM DICANT
PAX DOMINI.

Composita à Domino Fulberto, pro adversariis Ecclesiæ.

IN spiritu humilitatis & in animo contrito, ante sanctum altare tuum & sacratissimum Corpus & Sanguinem tuum, Domine Jesu Redemptor mundi accedimus; & de peccatis nostris pro quibus justè affligimur, culpabiles coram te nos reddimus. Ad te Domine Jesu venimus; ad te prostrati clamamus, quia iniqui & superbi, suisque viribus confisi, undique super nos insurgunt. *Terras Sancti Joannis & Sancti Stephani invadunt, deprædantur & vastant.* Pauperes tuos cultores earum, in dolore & fame atque nuditate vivere faciunt. Tormentis etiam & gladiis occidunt; nostras etiam res unde vivere debemus in tuo sancto servitio, & quas beatæ animæ huic loco pro salute sua reliquerunt, diripiunt, nobis etiam violenter auferunt. Ecclesia tua hæc Domine quam priscis temporibus fundasti, & in honore Sanctorum Joannis Apostoli & Stephani Protomartyris tui sublimasti, sedet in tristitiâ, nec est qui consoletur eam, & liberet nisi tu Deus noster. Exurge Domine Jesu in adjutorium nostrum, conforta nos & auxiliare nobis. Expugna impugnantes nos. Frange etiam superbiam illorum, qui hunc locum & nos affligunt, & affligere cupiunt. Tu scis Domine, qui sunt illi & nomina eorum; corpora & corda, antequam nascerentur, tibi sunt cognita. Quapropter eos Domine, sicut scis *de l'Eglise de Besançon.* lix

justifica in virtute tuâ; fac eos recognoscere prout tibi placet, sua malefacta, & libera nos in misericordiâ tuâ. Ne despicias nos Domine clamantes ad te, sed propter gloriam nominis tui, & misericordiam visita nos in pace, & erue nos à præsenti angustiâ.

Deinde dicuntur hi Psalmi, Usquequò, Judica me Deus, Ad te levavi.

Capitula, Domine non secundùm peccata nostra, Esto nobis turris fortitudinis.

Oratio.

Conspirantes Domine contra tuæ plenitudinis firmamentum, dexteræ tuæ virtute prosterne; ut justitiæ non dominetur iniquitas, sed subdatur semper falsitas veritati.

CAPITULA REGULÆ CANONICORUM Ecclesiæ Bisuntinensis.

Caput. 1. DE Tonsurâ. *Isidori, de Eccles. Off. lib.* 2. *cap.* 40.
2. De Ostiariis. *Isid. lib.* 2. *cap.* 14.
3. De Lectoribus. *Isid. lib.* 2. *cap.* 10.
4. De Exorcistis. *Isid. lib.* 2. *cap.* 13.
5. De Acholitis.
6. De Subdiaconis. *Isid. lib.* 2, *cap.* 10.
7. De Diaconis. *Isid. lib.* 2. *cap.* 8.
8. De Præsbiteris. *Isid. lib.* 2. *cap.* 7.
9. De Sacerdotibus. *Isid. lib.* 2, *cap.* 5.
10. De indignis Præpositis.
11. De indoctis Præpositis.
12. De Præpositis Ecclesiæ.
13. De doctrinâ & exemplis Præpositorum. *Chrod. cap.* 60.
14. De humilitate Præpositorum. *Isid.*
15. De doctrinæ discretione.
16. De Doctorum silentio.
17. De his qui bene docent & male vivunt.
18. De Præpositis carnalibus. *Isid.*
19. De Præpositis carnalibus.
20. De iracundis Doctoribus. *Chrod. cap.* 59.
21. De disciplinâ Sacerdotum, in his quæ desunt.
22. De Clericis. *Isid. lib.* 2. *cap.* 1.
23. Regulæ Clericorum. *Isid. lib.* 2. *cap.* 2. *Chrod. cap.* 64.
24. De generibus Clericorum. *Chrod. cap.* 65. *& Isid.*
25. Quales oporteat Clericos esse. *Gregorii.*
26. De subditis. *Isid.*

H ij

Preuves pour l'Histoire

Incipit Constitutio Canonicorum.

27. Quia ergo constat sanctam Ecclesiam Prædictorum Patrum exempla sequi debere, &c.
28. Quæ præcepta specialiter Monachis, quæ generaliter cæteris conveniant Christianis.
29. Quid sint res Ecclesiæ.
30. Quòd diligenter sint munienda claustra Clericorum. *Chrod. c.* 13.
31. Ut in aggregendis Canonicis, modus discretionis tenendus sit. *Chrod. cap.* 3.
32. De his qui in Congregatione sibi commissâ, solummodò ex familiâ Clericos Ecclesiæ aggregant. *Chrod. cap.* 5.
33. Ut Clerici in Congregatione Canonicâ constituti, accipere debeant Ecclesiastica stipendia. *Chrod. cap.* 6.
34. Ut in Congregatione Canonicâ, æqualiter cibus & potus accipiatur. *Chrod. cap.* 8.
35. De mensurâ cibi & potûs. *Chrod. cap.* 8.
36. Quòd à Prælatis, sit gemina pastio subditis imponenda. *Chrod. cap.* 55.
37. Ut Canonici, sicut in cæteris, sic in cultu vestium, modum teneant discretionis. *Chrod. cap.* 57.
38. Ut Canonici cucullas Monachorum non induant. *Chrod. cap.* 53.
39. Excerptum ex libro Officiorum Isidori. Quâ autoritate Horæ Canonicæ celebrentur, & quæ scire ac religiosè observare Canonicos oportet.
40. De Vespertinis horis. *Chrod. cap.* 21.
41. De Completis. *Chrod. cap.* 22.
42. De Vigiliarum antiquitate. *Chrod. cap.* 16.
43. De Matutinis. *Chrod. cap.* 17.
44. Ut Horas Canonicas, Canonici religiosè observent.
45. Quod cantantibus & psallentibus Domino Angelorum, adsint præsidia.
46. Quales ad legendum & cantandum, in Ecclesiâ constituendi sunt. *Chrod. cap.* 51.
47. Qui modus sit correptionis. *Chrod. cap.* 52.
48. Ut erga pueros qui nutriuntur & erudiuntur in Congregatione Canonicâ, instantissima sit adhibenda custodia. *Chrod. cap.* 48.
49. Ut ab omnibus Canonicis, ad Completorium veniatur. *Chrod. cap.* 49.
50. De Cantoribus. *Chrod. cap.* 50.
51. Quales Vice Prælatorum in Congregatione Canonicâ fungi debeant. *Chrod. cap.* 47.
52. De Præpositis. *Chrod. cap.* 46.
53. Qualiter Celerarii sint constituendi. *Chrod. cap.* 11.

de l'Eglise de Besançon. lxj

54. Quibus committi debeant stipendia pauperum. *Chrod. cap.* 45.
55. De infirmorum ac senum curâ.
56. Qualiter porta Canonicorum custodiatur.
57. Ut Claustra Canonicorum diligenter custodiantur. *Chrod. cap.* 13.
58. Epilogus breviter digestus.

Je n'ai pas fait copier cette Régle, parce qu'elle est presque entierement extraite des Livres de Saint Isidore, & de la Régle de Sainte Chrodegand, suivant que je l'ai marqué à la suite de chaque Chapitre. Il y en a quelques-uns dans lesquels j'ai marqué Saint Isidore, sans désigner le lieu de ses Ouvrages, parce que je ne les y ai pas trouvés, quoiqu'il soit dit dans ces Chapitres, qu'ils sont tirés de Saint Isidore.

PREUVES POUR L'ABBAYE DE SAINT CLAUDE.

LIBELLUS METRICUS.

De Fundatione, & primis Abbatibus Monasterii Condatescensis seu Sancti Eugendi.

Gaude silva montuosa, ab antiquis Jura dicta,
Abietibus stipata, accessibus poenè invia,
Fluminibus irrigata, atque fontibus ditata,
Satis pluribus referta, satis longa atque lata, &c.
Itaque Sanctus Romanus, vir ubique venerandus,
Cum volueret ter-centenus annus atque octogenus,
Te intravit, præmunitus sanctis Libris, & . . . . .
Leguminum seminibus, rurisque utensilibus.
Primæ pro tunc juventutis Sanctus ætate vigebat,
Monasticis institutis, & virtutibus florebat. ——
Juræ cœpit exercere actus vitæ Monasticæ,
Lectioni operam dare, contemplari assiduè, &c.

Cum Sanctus ita floreret, sicut supra tetigimus,
Et à cunctis liber esset, hujus mundi tumultibus,
Factum est ut adventaret, suus carne Germanus,
Lupicinus, ut peteret recipi magnis precibus.
Pro tunc erat in Gebennis Imperator Gratianus,
Ætate quidem juvenis, voto tamen Christianus,
Ecclesiis liberalis & erga ipsas devotus,

Prælatis favorabilis, & cunctis pæne benignus,
Proceres tunc attendentes dictam silvam sitam fore
In monte videlicet communiter dicto Juræ,
Inter fluvios Rhodanum & Ennam bene,
Ipsam instructi scientes, imperio subjacere,
Et extra cunctos limites cujuscunque regni esse.
Nam aqua Ennæ terminat à parte orientali
Regnum quoque Burgundiæ à Regno Arelatensi.
Sunt in fine Tabenarum, duo lapides erecti,
Quibus dicti Principatus, olim fuerunt divisi.
Hanc ab Imperatore silvam petiere.
Princeps verò hoc audito prædictam silvam obtulit,
Primus hic altissimo atque ipsam terminavit,
Ab Orientali termino, Seronam huic annotavit.
Ac terminos pro termino ab occidente subjunxit.
Aquam pro primo termino Bracioli nominavit,
Lacu ab orbe pro secundo cum egressu nuncupavit.

De Fundatione Sancti Romani de Rupe.

Devotione Florente puellæ motæ fuerunt.
Ad Monasterium fervidè se admitti petierunt :
Quas tamen Pater Sanctus benignè, postquam instructæ fuerunt
Dignatus est recipere, sicuti requisierunt.
Est infrà patrimonium prælibati cœnobii
Rupis desuper fluvium sita silva naturali.
Ibi fecit cœnobium decentissimè construi,
In quo Virginum Conventum debitè fecit includi.
Virginum conversatio Beatum traxit Romanum,
Ut fine cursûs peracto, ordinaret corpus suum
Deponi in cœnobio sæpè dictarum Virginum,
Quod à Beato Romano dicitur Sanctum Romanum.

Sanctus Lupicinus Lauconni fundat cœnobium.

Est locus ... &c.... duabus leucis distans à cœnobio Jurensi.
Hic Sanctus Cellam construxit, fundavit Oratorium ;
Fratres ibidem habuit, numero viginti centum,
Quos docuit & instruxit plenè ritum Monasticum,
Rexit atque enutrivit bonus Pastor ovium.
Quartum quoque cœnobium Sancti leguntur fundasse
Romanum Monasterium infrà Pagum Lausanense,
Et Monachos in numero magno ibi ordinasse,
Magnumque patrimonium illis ibi adquisisse.

de l'Abbaïe de S. Claude.

Principali cœnobio fundator Abbas Romanus,
Quo quidem Sancto defuncto successit tum Lupicinus.
Deindè isto defuncto tertius fuit Minausius,
Quo sancto quidem sublato, quartus fuit Eugendus.
Iste fuit gloriosus signorum patratione,
Fuitque valde famosus pollens utroque sermone;
Fuit & Propheta verus, ab ipsiusque nomine
Locus est denominatus, ut videmus notoriè.
Sub istis quatuor Sanctis, dicti loci Abbatibus,
Floruerunt miraculis, scientiâ, virtutibus,
Palladius tunc juvenis, ac sanctus Sabinianus,
Valentinus in Levitis, & sanctus Anthidiolus
Dictum rexit cœnobium, qui Ecclesiam Patribus
Super sanctum Eugendum fecit construi devotus,
Et divinum officium in ipsâ deprompsit primus.
Sanctus Olympius successit beato Anthidiolo,
Hic admisit sæculares in Condatiscensi loco,
Ipsisque loca concessit sub annuali tributo,
Ut construerent hîc domos reservato dominio.
Sapientius beatus in regimine successit.
Protomartyri devotus Oratorium construxit,
In quo vir devotissimus Sacramenta ordinavit
Ministrari hominibus, quos dictus Sanctus admisit.
Post sanctum Sapientium beatus vir Thalasius
Dictum rexit cœnobium; inde sanctus Dagamundus.
Post cujus Sancti transitum, sanctus rexit Andericus,
Qui humilis suprà modum, fertur fuisse & sanctus.
Beatus Injuriosus undecimus Abbas fuit,
Hic corpora vir consultus sanctorum Patrum extraxit
De suis Prioratibus, atque ea deposuit
In cœnobio devotus, juxta aram quam erexit.
Sub illo sancto Abbate, beatissimus Claudius
Relictâ penitùs urbe, velut alter Abaredus,
Cupiens mundum fugere & delicias funditùs,
Convolavit celerrimè ad cœnobium fervidus.
Beatissimus Claudius post sanctum Injuriosum
Suscepit quidem invitus dictum cœnobium:
Sed gubernavit vir sanctus juxta suæ fastigium
Sanctitatis, & protinùs locum decoravit totum.
Ac post beatum Claudium senior sanctus Rusticus
Dictum rexit cœnobium: postquam sanctus Anfredus.
Post cujus Sancti decessum, sanctus rexit Hippolytus;
Exercens Episcopatum cum cœnobio invitus.
Sub illo sancto Abbate Bellicensi Episcopo,

Pipinus Rex devotè isti dedit cœnobio
Cassonam, cum facultate fabricandi perpetuò
Monetam, atque liberè plura dedit ipse ultrò.
Post hunc Regem Rex Carolus sub isto Sancto Præsule
Quintiniacum devotus cœnobio dedit purè;
Privilegia penitùs huic renovavit liberè
Cudendi monetam priùs concessit cum pleno jure.
Post beatum Hippolytum fuit beatus Vulfredus;
Post quem beatum Vulfredum venerabilis Bertrandus,
Sub istis floruit multùm sanctus Comes & Monachus
Campaniæ, sanctus Simon mundum contemnens penitùs.
Iste fugiens honores, de Bertrandi licentiâ,
Pertransiit loci montes; in hâc ipsâ Juræ silvâ,
Fundare per artifices atque construi mœnia
Fecit, atque poni fratres, simul hic fuit cœnobita.
Post hæc à Papâ vocatus, Romam devotus abiit,
Pacem in Reges devotus tractavit atque firmavit.
Post hanc rediit infirmus, & dies suos finivit,
Atque in urbe sepultus ante sacram Petri fuit.

L'on ne doit compter sur cette Chronique, que pour la suite des Abbés, encore y a-t-il de grands vuides; car pour le tems de la Fondation de l'Abbaïe de Saint Claude, elle contient des erreurs, prouvées par Grégoire de Tours dans la Vie des Peres, & par l'Anonyme de Saint Oüian, ausquels je m'en suis raporté pour tout ce qui concerne cette Fondation & la Vie des premiers Abbés de Saint Claude, Romain, Lupicin & Oüian. L'Ouvrage de l'Anonyme est imprimé dans la Vie des Saints de Bolandus, sur les 1 Janvier, 28 Février, & 21 Mars. L'Auteur de la Chronique s'est encore trompé, en attribuant à l'Empereur Gratien, la donation faite par Charlemagne, dont on verra la Charte à la suite.

AUTRE CATALOGUE

Des Abbés de Saint Claude, écrit au douziéme siécle.

* *Erreur.*

Romanus Juram ingressus est, anno 3°. Gratiani Imperatoris,* ætatis anno 35.

Lupicinus.
Minausius.
Eugendus. Ann. XIII. menses VI.
Antidiolus. XIII.
Olimpius. XXXIII.

Sapientius. XVII.
Talasius. Menses VIII.
Dagamondus. Ann. IX.
Audericus. Ann. XI. M. VIII.
Injuriosus. Ann. XVII.

Claudius

de Abbaïe de Saint Claude.

Claudius Archiep. VII. & Abbas LV.
Rusticus. XXXV.
Aufredus. Ann. VII. M. VI.
Hyppolitus. Episc. VII. & Abbas XXVI.
Vulfredus. Ann. I. M. IV.
Bertrannus. VII.
Ricbertus. Episc. & Abbas I.
Bertaldus. Ann. IX.
Anselmus. Ann.... M. X.
Achinus. XVI. M. VI.
Agilmarus. Archiepisc. Viennensis & Abbas.
Remigius. Archiepisc. Lugdunensis & Abbas.
Aurelianus. Archiepisc. Lugdunensis & Abbas.
Ildebertus. Abbas.
Quelto.
Manno.
Gipperius.
Guido.
Boso.
Achinardus.
Norbaldus.
Bernardus.
Gaucerannus.
Odericus.
Jotfaldus.
Leutaldus.
Odo.
Hunaldus.
Humbertus.
Ado.
Humbertus.
Girardus.
Ado.

DIPLOMA CAROLI REGIS.

IN nomine sanctæ & individuæ Trinitatis, Carolus gratiâ Dei Rex. Si ea quæ sancta Dei Ecclesia adquisierit, & fideles nostri, confirmaverimus præcepto nostræ autoritatis, idcircò scimus nobis Dei misericordiam præstolari, & viventes in nostrâ fidelitate promptiores exhibemus. Quocircà noverit omnium optimatum, ac nostrorum fidelium solertia imperii nostri, quoniam venit ad nostræ sublimitatis excellentiam; *Ricbertus* venerabilis Abbas, ex Monasterio Sancti Eugendi Jurensis, in civitate Remis apud Sanctum Remigium, unà cum Abbate *Dottone* & Comite *Adalardo*, quos anteà direximus ad suum præfatum coenobium, ad discernendas & inquirendas rationes, quas ipse habebat, & *Gedeon* Archiepiscopus Vesontionensis, de cellâ, in quâ corpus beati Lupicini humatum jacet; humiliterque & adcline supplicando petiit cum suis Monachis, ut eis concederemus & confirmaremus præcepto nostræ autoritatis, rectitudinem quam se ostendit habere ante nostrorum præsentiam Legatorum, in prædictâ cellâ. Cujus petitioni ascensum præbentes, suam mansuetudinem humilitatemque videntes, præcipimus ut nullus Dux, Marchio, Comes, Vicecomes, vel aliquis Ministerialis, ipsam cellam subtrahat à jam dicto Monasterio S. Eugendi; neque Monachis ibi deservientibus, aliquam molestiam, neque damnitatem inferre præsumant. Sed sicut temporibus priscorum Patrum vel Sanctorum (ut à multis didicimus) unianimes sive consortes

I

fuerunt in silvis exartandis & terris laborandis, ita sint à præsenti & in futuro socii in prosperis & in adversis. Neque ergo aliqua persona ab hâc die & deinceps, lites inferat Monachis de prænominatâ cellâ, suisque appendiciis, & donamus ad præfatum locum *Condatiscensem*, silvam quæ vocatur *Juris*, à termino Bracioli aquæ vocabulo *Orbâ*, & in ipsâ contra terminationem Nigri Montis, sicut pendet aqua : & in ipsâ contra ubi aqua in foveam intrat, usque in Alpes, usque in viam quæ venit per mediam Ferrariam : sicut aqua currit quæ vocatur *Serrona*, usque ad *Brunnum betus*, & à Brunnum betus usque *Salcimanam*, & à Salcimanâ usque ad *Betus nocivum*, & à Betus nocivum tertiam partem *Escalon*, sicut ab ipsâ jam dictâ Orbâ partibus occidentalibus venitur in *Calmibus Merrenses* vocabulo, usquequo perveniatur in planiciem Parrochiæ *Segonciacensis*. Et ut hæc nostra corroborationis autoritas, pleniorem in Dei nomine obtineat vigorem, manu propriâ subter firmavimus ; & annuli nostri impressione signavimus.

Signum Caroli Serenissimi Augusti. Hrodmundus Notarius, ad vicem Cancellarii recognovi.

Datum 11 Kalendas Octobris, anno XXII Regni Caroli piissimi. Actum Remis civitate apud sanctum Remigium.

Lotarii primi Diploma, pro Abbatiâ Sancti Eugendi.

IN nomine Domini nostri Jesu Christi Dei æterni. Hlotarius divinâ ordinante Providentiâ Imperator Augustus. Si erga loca divinis cultibus mancipata subsidium congruum præstiterimus, beneficia sufficientia à Deo nobis rependi confidimus. Proinde noverit omnium fidelium sanctæ Dei Ecclesiæ ac nostrorum præsentium videlicet ac futurorum industria, quia Remigius sanctæ Lugdunensis Ecclesiæ venerabilis Archiepiscopus & Abbas Monasterii Sancti Eugendi, qui ad præsens regere & gubernare videtur, qui dicitur Condatiscensis locus, ubi ipse Beatissimus corpore quiescit; adiens magnificentiam culminis nostri propter rebus Ecclesiasticis ejusdem Monasterii, quas Matfridus Comes contra Sacerdotalem ordinem vetitum malè tractando, atque in usus communes vertere temptaret ; sed & possessiones quæ à Religiosis viris ibidem sunt concessæ divinâ inspirante gratiâ, ita ut in utilitatibus jam dicti Monasterii perpetualiter manerent, quasi suum jus proprium possideret, seseque Advocatum fore, atque diligenter res Monasterii tractari debere ab Antecessoribus nostris collatum fuisse asserebat. Quapropter placuit nos de hoc diligenter fideliterque colloqui, ulteriùs non valens ferre clamorem tantæ multitudinis Clericorum vel Monachorum, ante præsentiam nostram jussimus sisti & vehementer probari veritatem hujus rei. Quâ ratione Præsul libenter amplectens,

de l'Abbaïe de S. Claude.

nobis Chartas protulit recensendas anteriorum Regum, per quas Litteras à Sanctis Patribus, videlicet Romano ac Lupicino honorificè constructus foret, indicavit; seu Antiquorum actoritatibus, vel etiam traditionibus Religiosorum virorum cum quibus palam omnibus devicit. Sed Romanæ igitur Ecclesiæ duas uncias ceræ, pro Chartarum instrumentis, singulis annis cognovimus tantùm debere. Itaque vero rubore nimiò oppressus, querelas Monasterii prorsùs reliquit, & quidquid male egerat, veniam petiit. Ergo postquam cognovimus hujus rei ordinem, scilicet præcipuam libertatem gratiam optinere, ut ab Antecessoribus nostris constructus, ita & nos gratanti animo confirmamus; ut videlicet Monachi ibidem Deo deservientes, per hanc nostram actoritatem absque cujuspiam potestatis inquietudine divinum peragant Officium, & pro nostrâ incolumitate Domini misericordiam attentiùs exorare. Et si tales causas adversùs hujus Congregationis vel suos fecerint, aut ortæ fuerint, quæ in Pago absque suo iniquo dispendio rectè definitæ non fuerint, usque ante nos omnimodò sint suspensæ vel reservatæ, & postea ante nos per Legem atque justitiam finitivam accipiant sententiam. Nos itaque contulimus ejusdem Monasterii Monachis supermemoratis pro mercede animæ nostræ, ut eas res quas ipsi nunc Monachi ad proprios usus possident sub confirmatione nostri præcepti eisdem servis Dei confirmare deberemus, sicuti & fecimus, secundùm petitionem Archipræsulis & Abbatis videlicet Remigii; ita ut nemo ex ipsis qui ipsum Monasterium ad regendum vel ad gubernandum perceperint, ullo unquam tempore quidquam ex subterscriptis locis, id est, Molingas, Viregium, Cellam Dortincum, Cellam Borbontiæ, Cellam Salicibus, Cavennas, Vernium, Casnatis, Laris, Lauconna, Remningus, Altriacum, Senolcas, Sessiacum, Ambutriacum, Cosiacum, Septiacum, Tapsanacum, Siliniacum, Pisaditium, Daniriacum, Martiniacum, Hagonoscum, Morincum, Castaniacum, Pugromedis, Pantum, Musiacum, Ausinincus, Medias, Sigontiacum, Villæ Cellam, Jaidis, & quidquid in diversis locis ex beneficio Richardi, Warninghi, Ratoldi, Madalulti, Emmonis, eis additum est; necnon & Cursiacum, & Protonacum, Villas quæ ad Portam deserviunt Salinas, & quæ sunt circa Salinas seu & Oscellum totum in Provinciâ & Gothiâ subtrahere præsumat. Hæc omnia taliter cum suis appenditiis suprascriptis Monachis concedimus, & auctoritate nostrâ roboramus, ut nullus unquam nec præsenti nec futuro tempore, eis quicquam subtrahere, minuere, vel in beneficio dare adtemptet; sed liceat easdem res cum omni integritate, absque alicujus impedimento & inquietudine his Monachis, quiete uti, frui, & possidere. Et ut hæc nostræ corroborationis authoritas pleniorem in Dei nomine obtineat vigorem, manu propriâ subterfirmavimus, & annuli nostri impressione adsignari jussimus.

Signum [monogram] Hlotarii Sereniſſimi Auguſti. Richmundus Notarius, ad vicem Hilduini recognovi.

Datum xi. Kal. Octob. anno Chriſto propitio, Imperii Donni Hlotarii pii Imperatoris in Italiâ xxxv. & in Franciâ xv. Indictione xi. Actum Dodiniacâ Villâ in Dei nomine feliciter. Amen.

Ludovici Regis Diploma, pro Abbatiâ Sancti Eugendi.

IN nomine ſanctæ & individuæ Trinitatis, Hludovicus divinâ ordinante Providentiâ Rex. Si neceſſitatibus atque utilitatibus fidelium noſtrorum divini cultûs amore faventer ſubvenire curamus, procul dubio fructum doni ſuperni muneris à Domino conſequi non dubitamus, imitantes veſtigia prædeceſſorum noſtrorum Regum piorum. Quocirca noverit ſagacitas omnium ſanctæ Dei Eccleſiæ fidelium præſentium ſcilicet ac futurorum, quoniam veniens quidam illuſtriſſimus Comes, nobiſque viſcerabiliter dilectus Hugo, ante noſtram præſentiam enixiùs poſtulavit, quatenus cuidam unanimo fideli noſtro Gipperio Abbati ſcilicet ſuper Abbatiam Sancti Eugendi, & ſuper villulas unde Fratres in prædicto cœnobio Sancti Eugendi vivere debent, his nominibus Molingas, Morincum, Viregium, Martiniacum, Dortingum, Seſſiacum, Coixiacum, Septiacum, Cella quæ vocatur Salicibus, Cella Borbontia, Agonoſcum, Pugromedis, Pantum, Caſtaniacum, ... cum Salinis, & quæ ſunt circa Salinas, Juranum, Altriacum, Piſaditium, præceptum noſtræ autoritatis ei concederemus, cujus precibus aſcenſum præbentes, hoc ſtrennitatis noſtræ præceptum fieri decrevimus, per quod eundem Monaſterium cum prædictis Villis abſque alicujus hominis contradictione vel contrarietate futuris temporibus quieto ordine gubernarentur, atque poſſideat ſecundùm Regulam Sancti Benedicti Gipperius Abbas diebus vitæ ſuæ. Præcipimus ergo quatenùs nullus Archiepiſcopus, nullus Comes, nullus Vicecomes, neque ulla Judiciaria poteſtas contra hunc autoritatis noſtræ præceptum ſurgere audeat, quod ſi fecerit, auro libras xx. componat, & poſtmodùm noſtra autoritas inconvulſa & ſtabilis permaneat omnique tempore; & ut hoc noſtræ auctoritatis præceptum noſtris futuriſque temporibus inconvulſum atque inviolabilem obtineat vigorem manu propriâ ſubter roborantes, annuli noſtri impreſſione ſubter aſſigniri juſſimus.

Signum [monogram] Hludovici glorioſiſſimi Regis.

Loco annuli [symbol] deficientis.

Cætera adeo temporis injuriâ deleta ſunt, ut legi nequeant.

Frederici primi Diploma, pro Abbatiâ Sancti Eugendi.

IN nomine sanctæ & individuæ Trinitatis, Fredericus divinâ favente clementiâ Romanorum Imperator Augustus. Officium Imperatoriæ Majestatis à Deo nobis creditum postulat & hortatur, ut unicuique principium, aliorumque fidelium, Imperii jura sua conservemus, & Imperiali protectione faciamus, ea felici statu suo gaudere. Verùm quoniam omne bonum de securiori conscientiâ procedit, cum propter Deum fit, qui cum causa facti est, confert & palmam meriti ; necessarium duximus precipuè Ecclesiis & Ecclesiasticis personis opem & operam misericordiæ clementer impendere, ut dum in Ecclesiis suis & cœnobiis pro nobis & nostrâ salute Deum jugiter interpellant, ab incursibus & inquietudine exteriorum Imperatoriâ Majestate protegantur, & quotidianæ insultantium molestiæ, defensione nostrâ reprimantur. Eapropter notum esse volumus tam præsenti etati Imperii fidelium, quàm successuræ posteritati, quòd nos intuitu divinæ retributionis dilectum ac fidelem nostrum Willelmum Abbatem Sancti Eugendi & ejus successores, & omnes personas ibidem Deo famulantes, & ipsam Ecclesiam & Abbatiam in nostram protectionem suscepimus, & omnia ipsorum bona mobilia & immobilia, omnesque ipsorum Ecclesias atque possessiones, quorum nomina subter notanda duximus, eis Imperiali auctoritate confirmamus; videlicet locum ipsum in quo Abbatia sita est, cum omnibus suis pertinentiis. In Pago Lugdunensi Ecclesiam Sancti Wilbasii cum appenditiis suis, Ecclesiam Sanctæ Columbæ, Ecclesiam Sancti Martini de Novavillâ cum Capellâ Sancti Andreæ, Ecclesiam de Pontiaco cum Prioratu & Capellâ & aliis appenditiis eorum, videlicet Sancti Petri & Sancti Christophori, Ecclesiam de Bodogo & de Syliniaco cum Capellâ Sanctæ Mariæ Deliens ; Ecclesiam de Cavannis cum Prioratu & Capellâ de Longomonte, Ecclesias Sancti Mauritii de Roccâ & Prioratus Coliaci & Senciati cum Villis & appenditiis suis, & Sancti Martini de Rundis & Sancti Michaelis de Benolco & Sancti Thirsi de Dron ; Ecclesias Sancti Remigii & Sancti Mauritii de Novavillâ cum Prioratu & Capellâ de Castro ; Ecclesiam Sancti Romani, Ecclesiam de Clemenciaco, Ecclesias Sancti Joannis Region. & Deberens. & de Perolâ ; Ecclesias de Flariaco & de Viriaco cum Prioratu, de Antiniaco & de Kuel cum Prioratu ; Ecclesiam de Villâ Monasterii cum Prioratu & Capellâ Sancti Germani ; Ecclesias Sancti Remigii de Monte & de Coloniaco cum Prioratu & Capellâ de Petraior ; Ecclesiam de Cormongon, Ecclesiam de Martiniaco cum Prioratu & Capellâ de Grossiaco ; Ecclesias de Dionaco, de Viriaso, de Dordingo, & Capellis de Veliaco & de Montecusellâ. In Pago Viennensi, Ecclesias de Quintiniaco cum Prioratu & de Rusiaco & de Ardolio cum Capellâ de Oriol ; Ecclesias Sancti Albani & Sancti Georgii & Sancti Romani cum Capellâ de Agio ; Ecclesiam de Salicibus cum Prioratu & omnibus decimis & appenditiis suis, & Ecclesias de Limonyano, de Verniaco, de Calnaco, de Aitalio & de Alentiaco cum Capellâ de Russilione. Ecclesiam de Kamuniaco. In Pago Gebennensi Ecclesias de Aureniaco & de Clusiâ & de Bellomonte cum Prioratu ; & de Landolino & Pauliaco cum Prioratu & Capellis Sancti Genesii & de Sergiaco ; Ecclesiam de Sessiaco cum Prioratu, Ecclesiam de Divonâ cum Prioratu, Ecclesiam de Genaliaco cum Prioratu, Ecclesiam de Nividuno cum Prioratu & Capellis de Prengins & de Promenors & de Collouray. In Pago Bisuntiensi, Ecclesiam Cosantiæ cum Prioratu & Capellâ Sancti Leudegarii & appenditiis suis, Ecclesiam de Landrezel, Ecclesiam de Servins, Ecclesiam Sancti Justi de Arbosio cum Prioratu & omnibus decimis aliisque appenditiis suis cum Capellis de Changins & de Pupillins, de Mehenay & de Castellanâ ; Ecclesiam de Villettâ, Ecclesiam Sancti Cyriaci, Ecclesiam de Villa-novâ, Ecclesiam de Sigurolco, locum de Muttuâ cum appenditiis suis; Ecclesiam de Marriniaco cum Prioratu, Ecclesiam Sancti Saturnini, Ecclesiam Bletis, & ambas Ecclesias de Rocettâ cum Capellâ de Baraliaco ; Ecclesiam Sancti Lupicini cum Prioratu & Villis adjacentibus cum Capellis & suis appenditiis ; Ecclesiam de Moyrinco cum Prioratu & Villis & appenditiis ejus, Ecclesiam de Cerchiliaco, Ecclesiam de Maysos, Ecclesiam de Aunoys & de Domno-Petro cum Prioratu & Capellâ Sancti Georgii ; Ecclesam de Vallenante cum Prioratu & Capellâ de Bornaco ; Ecclesiam de Ausiniaco cum Prioratu; Ecclesiam de Vincens, Ecclesiam Sancti Albani de Annores. Ad augmentum quoque Imperialis gratiæ, & ad spem salutis nostræ firmiorem, sylvam quandam quæ dicitur Juris, in loco qui dicitur Condadicensis, de termino Bracioli aquæ & Lacum de Orbâ cum egressu & regressu, & in ipsâ contra terminat Niger mons sicut pendet aqua, & in ipsâ contra ubi aqua in foveam intrat usque in Alpes & usque in viam quæ venit per mediam Ferrariam, sicut aqua currit quæ vocatur Serona usque ad Brunnum betus, & à Brunnum betus usque ad Salcimanum, & à Salcimanâ usque ad Betus nocivum, & à Betus nocivum tertiam partem Escalon, & sicut ab ipsâ jam dictâ Orbâ partibus occidentalibus venitur in Calmibus, Merrenses vocabulo, usquequo ad planitiem veniatur Parochiæ Sechondiacensis ; Locos cum Monasterio Beati Petri Apostolorum Principis, ubi ipse Confessor Christi Eugendus corpore quiescit, per hoc scriptum donamus, ut jam dictus Willelmus Abbas, ejusque Successores & Monachi ibi Deo servientes & posteri eorum pro jure in perpetuum possideant. Providentes quoque Imperio & potestate Ecclesiæ, decernimus ut de Regalibus Ecclesiæ Sancti Eugendi præfatus Abbas & Successores ejus, nulli nisi tantùm nobis & Successoribus nostris respondere teneantur. Si verò tales causæ

de l'Abbaïe de S. Claude. lxxj

adversùs Abbatem, vel Congregationem ejufdem Monafterii, vel adversùs homines & bona eorum exortæ fuerint, quæ fine dampnofo difpendio rerum & perfonarum in terminis eorum non poterunt diffiniri, ad præfentiam noftram vel Succefforum noftrorum deferantur per juris rationem atque Legem diffinitivam receptare juftitiam. Ad hæc pro remedio animæ noftræ & Prædeceflorum ac Succefforum noftrorum, fæpe dicto Monafterio concedimus atque confirmamus, ut fi fervi Ecclefiæ Beati Eugendi mulieres fibi conjugio confociaverint, vel fortè mulieres viros in matrimonium per defponfationem fibi copulaverint in Equeftri Comitatu & in Gebennenfi Epifcopatu, liberam & firmam poteftatem habeant conjugia & matrimonia fua conficiendi, fine impedimento & reclamatione. Indulgemus etiam ex noftrâ benignitatis noftræ clementiâ prænominato Abbati Sancti Eugendi & Succefloribus fuis, poteftatem cudendi monetam ad formam & pretium, prout Ecclefiæ fuæ magis cognoverint expedire. Statuentes & Imperiali auctoritate fancientes, ut nullus Archiepifcopus vel Epifcopus, nullus Dux, nullus Comes, nullave poteftas, nulla denique perfona humilis vel alta, fecularis vel Ecclefiaftica, hanc ipfam conceffionis & confirmationis noftræ paginam audeat violare, nec aliquibus injuriis feu dampnis præfumat eam attemptare. Quod qui fecerit, Majeftatis reus centum libras auri puri pro penâ componat, dimidium Imperiali cameræ, & reliquum Ecclefiæ injuriam paflæ; falvâ in his omnibus Imperiali juftitiâ. Hujus rei teftes funt Gotefridus Patriarcha Aquileienfis, Conradus Maguntinus Archiepifcopus, Otto Bambergenfis Epifcopus, Bonifacius Novarienfis Epifcopus, Jonathas Concordienfis Epifcopus, Piftor Vincentinenfis Epifcopus, Conradus Lubecenfis Electus; Rudulphus Imperialis Aulæ Protonotarius, ... Langravius Thuringiæ, Conradus Dux Spoleti, Conradus Marchio Anchonitanus, Bertoldus Marchio de Andeble, Comes Theobaldus de Lechfgerminde, Comes Berhard de Lon, Hemricus Marfcalcus de Lut. Rudolphus Camerarius, Conradus Caftellanus de Nuyremberg, & alii quamplures; quorum teftimonio Privilegium hoc confcribi juffimus, & Majeftatis noftræ authentico Sigillo communiri.

Signum Domini Frederici Romanorum Imperatoris invictiffimi.

Ego Gotefridus Imperialis Aulæ Cancellarius vice Philipi Colonienfis Archiepifcopi & Italiæ Archicancellarii recognovi.

Acta funt hæc anno Dominicæ Incarnationis M. C. LXXXIIII. Indict. III. Regnante Domino Friderico Romanorum Imperatore gloriofiffimo, anno regni ejus XXXIII. Imperii verò ejus XXX. Datum Vicentiæ XVI. Kal. Decemb. feliciter. Amen.

Donatio Terræ Sancti Christophori.

EGo in Dei nomine Godabertus, pro redemptione animæ meæ & bonæ memoriæ genitoris mei Gorterani & Deucentanæ genitricis meæ, pro Dei amore, in præsentiâ Domini Algimari Archiepiscopi Viennensis & Abbatis Monasterii Condadiscensis, dono ad memoratum locum in stipendia Fratrum, montem qui vocatur Jornascum, in quo Ecclesia in honorem Sancti Christophori constructa videtur, & in quo duo fontes oriuntur, unus qui vocatur Jor, & alter Ginan; terminatum à mane Ignem fluvium, à sero Curciaco Villam, à sero Terram Sancti Petri, à medio die Sancti Eugendi & Francorum ; & dono ibi in accintu ipsius Ecclesiæ Casam cum granicâ, ubi Vuandaldranus Præsbyter habitare videtur in Domino deservire in ipsâ Ecclesiâ, & aliam granicam quam prædictus Præsbyter construere fecit, faciliùs ad ipsam Ecclesiam vacandam, & alias casas serviles duas cum granicis ipsorum, ubi Aldrannus & Joseph & uxores eorum Gamberta & Donaberta manere videntur, & quas ipsi habent ad excolendum, & cortile cum casâ & granicâ, & hortello ubi Ursa femina manere videtur. Est Terra alia quæ est Muilare cum glandino, & illa Terra quæ est in Pago Lugdunense magro, vel Villâ Nirmiacâ, quam anteà Rectores ipsius Ecclesiæ habuerunt ; infra has Terras vel terminationes supra scriptas cum ipsâ Ecclesiâ & curtiferis & casalibus campis, calmibus, silvis, pratis exartis, aquis, aquarumque decursibus, ad integrum ad ipsum locum Jurensem, dono, & mancipia his nominibus Aaldranno, & uxorem suam Gambertam, & filios suos Jugeldrannum, Josephum & uxorem suam Donabergam & filios eorum, Ursanum & infantes ejus, Archimissedem & infantes ejus, ut faciant ab hâc die rectores ipsius loci, quidquid justum vel rectum fuerit. Si quis verò quòd absit, quislibet homo contra hanc donationem stare præsumpserit non valeat vindicare quod ceperit, sed referat jam dicto coenobio auri libras v. & in anteà præsens carta firma & stabilis maneat, stipulatione subnexâ. Ego Algimarus Archiepiscopus qui ad præsens fui, fultus Apostolico auxilio, autoritate Sanctæ Trinitatis & Sanctæ Mariæ omniumque Sanctorum, excommunico & maledico unà cum nostris Monachis, illis qui de suprà scriptis rebus aliquid à loco jam dicto tulerint vel minuerint, & ut sint exterres patriæ cælestis, rogo ut habitatores inferni, & socii malignorum spirituum, nisi resipiscant, & ad satisfactionem venire noluerint. S. Godaberti, S. Frodoardi, S. Gontaldi, S. Arterii, S. Mancirii, S. Bernomo. Austradus Præsbyter scripsit datam die Lunæ ante medium mensem Januarii, anno VIII. regnante Ludovico Imperatore.

ANCIEN POUILLÉ DES BENEFICES
DE L'ABBAYE DE SAINT CLAUDE.

Sequuntur Beneficia existentia ad præsentationem seu collationem Reverendi Domini Abbatis Sancti Eugendi Jurensis, Ordinis Sancti Benedicti, Lugdunensis Diœcesis.

In Diœcesi Bisuntinâ.

Ecclesia Sancti Lupicini.
Ecclesia de la Rixouse.
Ecclesia de Grandivalle.
Ecclesia de Lect.
Ecclesia de Moirans.
Ecclesia de Charchillat cum Capellis de Maizodo & de Meussiâ.
Ecclesia de Soussiâ.
Ecclesia de Bareisiâ.
Ecclesia Montis Sancti Saturnini.
Capella de Doucie.
Ecclesia de Marigniaco.
Ecclesia de Crotonay.
Ecclesia Sancti Stephani de Sirodo.
Capella de Foncine.
Ecclesia de Mouthe.
Capella de Rochejean.
Ecclesia de Cernon.
Ecclesia de Onnod.
Ecclesia de Leignyâ.
Ecclesia de Sarrogniâ.
Ecclesia Sancti Christophori de Turre-Maii.
Ecclesia de Bliaco.
Capella de Binand.
Ecclesia de Dompierre.
Ecclesia d'Aliese.
Ecclesia de Vernantois.
Capella d'Oisenan.
Ecclesia de Communailles.
Ecclesia d'Annoires.

Ecclesia d'Arbois.
Ecclesia de Coisance.
Capella de S. Doire.

Alia Beneficia existentia ad collationem Domini Prioris de Arbosio immediatè à dicto Monasterio Sancti Eugendi Jurensis dependentis.

Ecclesia de Pupillin & la Chatellene.
L'Autel Virard de Changin.
Ecclesia de Mesnay.
Ecclesia de Villette.
Ecclesia Sancti Ciri Villænovæ.
Ecclesia Sancti Petri sous Vadans & la Fertey.
Capella de l'Abergement.
Capella Sancti Nicolai in Ecclesia d'Arbois. Altare Domini Joannis Joret.

Alia Beneficia ad collationem Prioris Cousanciæ à dicto Monasterio dependentis.

Ecclesia de Servins.
Ecclesia de Croisne.
Ecclesia de Landresse.
Capella de Persillye.

Beneficia ad collationem ejusdem Reverendi Domini Abbatis in Diœcesi Lugdunensi.

Ecclesia de Longchaumois.

K

Ecclesia de Septmoncel.
Ecclesia de S. Oyan.
Ecclesia Sancti Salvatoris.
Capella de Villâ brunâ Bouchoux.
Ecclesia de Molinges.
Capella de la Rivoire.
Ecclesia de Jeurre.
Ecclesia de Viry.
Ecclesia de Choux.
Ecclesia de Dortan.
Ecclesia de Veisiat.
Ecclesia de Montcusselle.
Ecclesia de Meissiâ.
Ecclesia de Doyenne.
Ecclesia de Martine de l'Isle.
Capella de Groissiat.
Capella d'Apremont.
Ecclesia de Poncin.
Capella de Noville.
Ecclesia Sancti Urbani prope Prioratum de Marcillat.
Capella Sanctæ Columbæ.
Capella de Marcillat.
Ecclesia de Conde.
Ecclesia de Coysiâ.
Ecclesia de Chaillis.
Capella Sancti Mauri.
Ecclesia de Sessiâ.
Ecclesia de Cabannis.
Ecclesia de Simandre.
Ecclesiâ de Drom.
Ecclesia de Jasseron.
Capella Sancti Mauritii.
Ecclesia de Viriâ.
Ecclesia de Fleiriâ.
Ecclesia Sancti Remigii de Corgenon.
Ecclesia de Novillâ.
Ecclesia de la Perrouse.
Ecclesia de Cuel.
Ecclesia de Clemenciâ.
Ecclesia de Courmengou.
Ecclesia de Verjon.
Ecclesia Prioratûs de Villemoutier.
Capella Sancti Germani.
Ecclesia Montis Sancti Remigii.
Prioratus & Ecclesia de Colligniaco.
Ecclesia de Vua.
Ecclesia de Genoz.
Ecclesia Sancti Bruni d'Attignat.

In Episcopatu Cabillonensi, ad collationem Prioris de Sarmoise.

Ecclesia de Sarmoise.
Ecclesia de Romavericour.
Ecclesia de Parnay.
Ecclesia d'Estripey cum Capellâ de Vignecourt.
Ecclesia de Noyeroye.
Ecclesia de Veysaumel.

In Episcopatu Matisconensi, ad collationem Dicti Reverendi Domini Abbatis Jurensis.

Prioratus & Ecclesia de Montbelet, cum Capellâ Sancti Eugendi de Borbace.

In Archiepiscopatu Viennensi.

Ecclesia de Roselon.
Ecclesia de Saleisses.
Ecclesia de Chanaz ad præsentationem Prioris de Saleisses.
Ecclesia de Limoniu.
Ecclesia de Quintenaz cum Prioratu Conventuali.
Ecclesia de Ruffey prope Amorcy, ad præsentationem Prioris de Quintenaz.
Ecclesia d'Ardois, cum Capellâ de Loyot.
Ecclesia Sancti Romani d'Ays.
Ecclesia de S. Jore.
Ecclesia de S. Alban.

In Episcopatu Lingonensi.

Prioratus & Ecclesia de Latrecey.

Ecclesia de S. Ligier.
Prioratus & Ecclesia Sirbanroniere.
Prioratus & Ecclesia de Conffins.
Prioratus & Ecclesia de la Ferté.
Ecclesia de Villefontaine.
Prioratus & Ecclesia de Barro-super-Albam.
Ecclesia de Magdalenâ de Bar.
Ecclesia de Porceville, cum Capellâ Montis Sanctæ Germanæ.

In Episcopatu Gebennensi.

Ecclesia Sancti .... de Forice.
Ecclesia de S. Surgue.
Ecclesia de Dimarre.
Ecclesia de Genolie.
Ecclesia de Mergie.
Ecclesia de Chizenay.

In Episcopatu Lauzanensi.

Ecclesia de Choux.
Monasterium Sancti Jurensis Ordinis Sancti Benedicti, Lugdunensis Dioecesis, ad Romanam Curiam nullo medio pertinentis, fuit fundatum absque limitatione numeri Monachorum; sed Dominus Guillelmus de Balmâ, quondam Abbas dicti Monasterii, ad supplicationem sui Conventûs conquirentis de onere prebendarum, numerum ipsorum Monachorum limitavit ad triginta sex Monachos, absque Abbate.

Primus Abbas dicti Monasterii fuit Sanctus Romanus, & antiquitùs Monasterium Condadiscense appellabatur, eodem tempore regnante Priamo Francorum Duce.

Sequuntur Prioratus subditi Monasterio Sancti Eugendi Jurensis, & numerus Monachorum eorumdem Prioratuum, & in quibus jus institutionis sibi competit.

In Diœcesi Lugdunensi.

PRioratus Conventualis Monalium de Novellâ, in quo cum Priore & Sacristâ, debent esse ad minus viginti octo Moniales præbendatæ.

Prioratus Villaris Monasterii, in quo cum Priore & Curato debent esse duo Monachi.

Prioratus de Coligniaco, in quo cum Priore & Curato debent esse duo Monachi.

Prioratus de Marcilliaco, in quo debet esse unus Monachus cum Priore.

Prioratus de Coysiaco, in quo debet esse numerus duorum Monachorum cum Priore.

Prioratus de Pontiaco seu de Money. In illo unus Monachus, qui nec ibi propter tenuitatem redituum potest vivere.

Prioratus Viriaci, in quo nec Prior nec Monachus possunt vivere, propter tenuitatem reddituum, & est unitus mensæ Abbatiali.

In Diœcesi Bisuntinensi.

Prioratus de Arbosio, in quo debetur omni die cantari divinum Officium solemniter, & debent ibi esse sex Monachi cum Priore.

Prioratus de Muthuâ, in quo debent esse Curatus & duo Monachi cum Priore.

Prioratus de Cusanciâ, in quo debent esse Curatus & duo Monachi cum Priore.

Prioratus de Sirodo, in quo debent esse duo Monachi cum Priore.

Prioratus de Grandivalle unitus mensæ Abbatiali, & ibi debent esse Curatus & duo Monachi, incluso Sacristâ.

Prioratus Sancti Lupicini, in quo vix Prior vivere potest solus, propter tenuitatem redituum.

Prioratus Sancti Laurentii de Moirinco. Unitus est mensæ Abbatiali propter tenuitatem redituum.

Prioratus d'Oysenans, unitus est Pitanciæ Monasterii Sancti Eugendi, propter tenuitatem redituum.

Prioratus Sancti Saturnini, qui unitus est Infirmariæ propter tenuitatem redituum.

Prioratus Sancti Georgii, unitus est mensæ Abbatiali propter tenuitatem redituum.

In Diœcesi Gebennensi.

Prioratus de Sessiaco, in quo debent esse duo Monachi cum Priore.

Prioratus de Divonâ, in quo debent esse Curatus, & duo Monachi cum Priore; sed solus est ibi Prior propter tenuitatem redituum.

Prioratus de Bellomonte, in quo debent esse duo Monachi cum Priore; sed solus ibi Prior est propter tenuitatem fructuum.

Prioratus de Genuilliaco. Est unitus Sacristæ Sancti Eugendi, sunt ducenti anni elapsi, nec est ibi habitatio nec reditus unde possent duo Monachi vivere.

In Diœcesi Matisconensi.

Prioratus de Montbelet, Curatus cum uno Monacho & Priore.

Prioratus Sancti Eugendi de Borbontiâ, unitus est Prioratui de Montbelet, propter tenuitatem redituum.

In Diœcesi Viennensi.

Prioratus de Quintenaz, in quo debent esse Curatus & duo Monachi cum Priore. Hic Prioratus de Quintenaz, flammeas Conventui Sancti Eugendi Jurensis debet.

Prioratus de Salezes, in quo debent esse Curatus & duo Monachi cum Priore, incluso Sacristâ dicti loci.

In Diœcesi Lingonensi.

Prioratus Sancti Petri de Barro-super-Albam, in quo debent esse duo Monachi cum Priore, non incluso Sacristâ.

Prioratus de Monte Sanctæ Germanæ, duo Monachi cum Priore, non incluso Sacristâ.

Prioratus de Sereninate-super-Albam, * duo Monachi cum Priore.   *La Ferté sur Aube

Prioratus de Consfino, in quo vix Prior potest vivere propter tenuitatem redituum.

Prioratus de Lutrecio, in quo vix Prior potest vivere propter redituum tenuitatem.

Prioratus Sancti Leodegarii, in quo vix Prior potest vivere propter tenuitatem redituum.

Prioratus de Silvarosâ, in quo vix Prior potest vivere propter redituum tenuitatem.

Prioratus de Lirofonte, in quo vix Prior solus potest vivere propter redituum tenuitatem.

In Diœcesi Cathalonensi.

Prioratus Conventualis de Sarmasiâ, à Monasterio Sancti Eugendi dependens, in quo vix Prior & duo Monachi possunt vivere, propter tenuitatem redituum.

Le Poüillé ci-dessus est dans les feüillets deux & trois d'un livre signé d'Humbert, contenant quatre-vingt feüillets, recouvert en parchemin, reposant aux archives du Palais Abbatial de Saint Claude, & compris dans l'Inventaire général sous cotte vingt-cinq ; collationné par moi Greffier en la grande Judicature de Saint Claude, sur son original à moi produit par le Sieur Jean Emanuel Dalloz Procureur Fiscal en ladite Judicature, & par lui retiré ; certifiant la présente copie être entiérement conforme audit original ; en foi de quoi j'ai signé, à Saint Claude le 18 Aout 1733.

Lettres Patentes des Priviléges de l'Abbaïe de S. Claude.

Maximilian par la grace de Dieu élû Empereur toujours auguste, Roi de Germanie, de Hongrie, de Dalmatie, & de Croatie, &c. Et Charles par la même grace, Archiduc d'Autriche, Prince d'Espagne, &c.

Sçavoir faisons à tous présens & à venir. Nous avons receu l'humble suplication de Révérend Pere en Dieu notre très-cher & amé Cousin Messire Pierre de la Baume, Protonotaire du saint Siége Apostolique, & Commandataire perpétuel de l'Eglise & Abbaïe de S. Ouyan de Joux, tant en son nom que des Vénérables Religieux d'icelles Eglise & Abbaïe, ensemble des sujets, manans & habitans dudit Saint Ouyan, de Moirans, de Grandvaux & de Chaſtel des Prels, avec leurs finages & territoires & apartenances ; contenans comme par Lettres Patentes de feu de très honorable mémoire M. le bon Duc Philippe de Bourgogne, aïeul de Nous Empereur, & biſaïeul de Nous Charles, données en notre Ville de Lille, le neuviéme jour de Mars de l'an 1436, ſcellées en cire verte pendant à lac de ſoye, & deuëment enregiſtrées au Parlement de Dole & en la Chambre des Comptes de Dijon ; leurs ſoient à bonne, grande & meure délibération de Conſeil & pour cauſes à plein contenuës eſdites Lettres Patentes, été octroyé & concédé certaines limitations, exemptions & priviléges, touchant le Reſſort & Souveraineté deſdites Terres, Ville & lieux de Saint Ouyan, Moirans, Grandvaux & Chatel des Prels, & leurs finages, territoires & apartenances, à plein contenus & déclarés en icelles Lettres & Patentes ; leſquelles limitations, reſtrictions & Priviléges, & tout le contenu és ſuſdites Lettres Patentes, ont été confirmés, ratifiés & aprouvés par notre très chere & très amée fille de Nous Empereur, Dame & Tante de Nous Charles, Dame Marguerite Archiducheſſe d'Autriche, Ducheſſe & Comteſſe de Bourgogne, ainſi que par ſes Lettres Patentes que ſur ce en ont été dépeſchées, nous eſt à plein aparu ; deſquelles Lettres la teneur de mot à autres ci-après s'enſuit.

Marguerite par la grace de Dieu Archiducheſſe d'Autriche & de Bourgogne, Ducheſſe Douairiere de Savoie, Comteſſe de Bourgogne, de Charolois, de Bugey, de Romons, de Villars, & Dame de Salins, de Chatelchinon, de Noyer, de Chauſſin, de la Perriere, des Pays de Breſſe & de Vaux, de Foucigny, &c.

Sçavoir faiſons à tous préſens & à venir. Nous avons receu l'humble ſuplication de Révérend Pere en Dieu noſtre très cher & feal Couſin Meſſire Pierre de la Baume Protonotaire du ſaint Siége Apoſtolique, & Commandataire perpétuel de l'Egliſe & Abbaïe de Saint Ouyan de Joux, tant en ſon nom, comme au nom des Vénérables Religieux d'icelles Egliſe & Abbaïe, enſemble des ſujets, manans & habitans dudit Saint Ouyan, de Moirans, de Grandvaux & de Chaſtel des Prels, avec leurs finages, territoires & apartenances ; contenant comme feu de très recommandée mémoire M. le bon Duc Philippe de Bourgogne noſtre biſayeul que Dieu abſolve, leur ait par ſes Lettres Patentes données en cette Ville de Lille le neuviéme jour de Mars en l'an 1436, deuëment ſcellées en cire verte pendant en lac de ſoye, enregiſtrées au Parlement de Dole & en la Chambre des Comptes à Dijon, & pour les cauſes à plein contenuës en icelles, par bon & meur avis & délibération de Conſeil, octroyé & accordé certaines limitations, reſtrictions, exemptions & priviléges, touchant le Reſſort & Souveraineté qu'avons ſur leſdites Terres, Villes & lieux de Saint Ouyan, Moirans, Grandvaux, & Chaſtel des Prels, & leurs finages, territoires & apartenances

de l'Abbaïe de S. Claude.

& autres choses, à cause de nostre Comté de Bourgogne, ainsi qu'il est à plein contenu & déclaré ésdites Lettres Patentes de nostredit feu Seigneur & bisayeul, & que par l'inspection d'icelles Nous est aparu ; desquelles Lettres de mot à autres la teneur s'ensuit.

PHilippe par la grace de Dieu Duc de Bourgogne, de Lothier, de Brabant, de Limbourg, Comte de Flandres, d'Artois, de Bourgogne, Palatin de Hainaut, de Hollande, de Zélande & de Namur, Marquis du Saint Empire, Seigneur de Frize, de Salins & de Malines, &c. Sçavoir faisons à tous présens & à venir, que comme de piéça procès a esté meu & pendant en la Cour de nostre Parlement de Dole, entre Révérend Pere en Dieu l'Abbé du Monastere de Saint Ouyan de Joux, prenant en main pour ses Officiers & sujets, d'une part ; & nostre Procureur, d'autre part ; sur ce que ledit Abbé disoit & maintenoit, les Villes, Forteresses & Chateau de Moirans, de Grandvaux & de Chastel des Prels, avec leurs finages, territoires & apartenances ; & aussi les autres Terres de ladite Eglise de Saint Ouyan, depuis les eaux & le fleuve d'Ain, & de-là tirant vers Saint Ouyan, & dès le lac de Quintenois d'autre costé devers le midi jusqu'à Chalon, en retournant jusqu'à Conde ; être séparées & hors du territoire, Ressort & Souveraineté de nostre Comté de Bourgogne, & non estre sujettes à Nous; & pour ce que au contraire plusieurs troubles & empeschemens avoient esté faits par nos Officiers aud. Abbé & à sond. Monastere & Terres d'icelui, comme il disoit, avoit sur ce pris & éleu ses Conclusions à l'encontre de nostred. Procureur, telles que bon lui avoit semblé : nostred. Procureur disant au contraire, lesd. Villes, Chasteaux, Forteresses & Terres de S. Ouyan, de Moirans, de Grandvaux & du Chastel des Prels avec leurs finages & apartenances dessus déclarés, & toute la Terre dud. Monastere & Eglise de S. Ouyan depuis le bief de Mijoux en çà, estre en & dedans les limites de nostre Comté de Bourgogne, & sujettes à Nous à cause d'icelui nostre Comté, en tout cas de Ressort & Souveraineté ; tendant par ce & autres plusieurs moyens, à ses fins déclarées aud. procès. Lequel procès ait duré par plusieurs années, & esté demené en plusieurs nos Parlemens de nostre Comté de Bourgogne, & finalement après ce que Enquestes ont été faites & parfaites sur les faits contenus ès écritures d'un costé & d'autre, & que les Parties ont produit telles lettres que bon leurs a semblé, & du depuis conclud & renoncé en cause, & mis leursdites Enquestes & tous leurs procès & muniments pardevers nostre Cour de Parlement, & que leursdits procès ont esté veus & visités à grande & meure délibération de Conseil, par nos amés & féaux Conseillers les Présidents & Gens qui ont tenu nostre dernier Parlement à Dole, a été dit & déclaré par Arrêt de nostred. Parlement ; lesdites Terres de Saint Ouyan, Moirans, Grandvaux & Chastel des Prels & leurs apartenances, étant dès le bief de Mijoux en çà, estre dedans les limites & des Reſſorts & Souveraineté de noſtred. Comté de Bourgogne. Et il ſoit ainſi que depuis la prononciation d'icelui Arreſt, leſdits Abbés & Convent dudit Saint Ouyan, ſe ſoient à Nous complaints, diſant ledit Arreſt eſtre trop préjudiciable à ladite Egliſe, & non devoir ſortir effet, pour pluſieurs cauſes & raiſons par eux alléguées de bouche & baillées par écrit; en faveur deſquels & de ladite Egliſe, avons mandé & fait aporter pardevers Nous & les Gens de noſtre Conſeil étant devers Nous en noſtre Païs de Flandres & de Picardie, leſdites Enqueſtes, procès & muniments deſdites Parties, enſemble ledit Arreſt; & le tout fait voir & raporter en noſtre Grand Conſeil, avec les raiſons, écritures & autres choſes que ont voulu bailler & alleguer en outre leſdits Religieux; & enfin tout raporté, oüi & veu en Grand-Conſeil de Gens d'Egliſe, Nobles & Conſeillers notables de divers Etats, à grande & meure délibération; Avons dit & déclaré, diſons & déclarons par ces Préſentes, que leſdits Religieux ne ſont à recevoir, ni ne ſeront point reçûs à vouloir impugner ledit Arreſt; ainſi demeurera vaillable icelui Arreſt, & ſera obſervé & gardé, & ſortira ſon effet ſelon qu'il a eſté déclaré par icelui; & ſera & demeurera toujours toute la Terre & Seigneurie de ladite Egliſe de Saint Ouyan, dès le bief de Mijoux en çà, dedans les limites, & des Reſſorts & Souveraineté de noſtredit Comté de Bourgogne, & ſujette à Nous & à nos Succeſſeurs Comtes & Comteſſes de Bourgogne éſdits cas de Reſſort & Souveraineté. Mais pour ce que leſdits Religieux, Abbés & Convent de Saint Ouyan Nous ont fait remontrer par pluſieurs fois, la ſtérilité de leurs Terres d'une part, & d'autre part les grandes exactions, excès & abus que ils dient avoir eſté commis bien ſouvent le tems paſſé par nos Officiers de noſtre Comté de Bourgogne, & ſpécialement par nos Chaſtelains, Prevoſts, Fermiers, Sergents & ſemblables Officiers; Nous, en faveur de ladite Egliſe Saint Ouyan, & pour la ſinguliere dévotion que Nous avons au glorieux corps de M. Saint Claude repoſant en icelle Egliſe; avons pour les conſidérations deſſus dites, & afin que les exactions, excès & abus dont ſe ſont dolus & complaints leſdits Religieux, ceſſent du tout, & que la Terre, hommes & ſujets d'iceux Religieux ſoient & demeurent en paix & tranquillité, ſans eſtre plus vexés ni travaillés indeuëment; limités & reſtrains, limitons & reſtraignons par la teneur de cette, leſdits Reſſort & Souveraineté, de noſtre certaine ſcience, & par forme & maniere de Privilége, conceſſion & grace ſpéciale, que faiſons & octroyons auſdits Religieux, Abbé & Convent de Saint Ouyan, en la maniere que s'enſuit. Premierement, de noſtre grace & par Privilege ſpécial, pour Nous & nos hoirs ſucceſſeurs, Comtes & Comteſſes de Bourgogne, avons exempté & exemptons entierement toute ladite Terre de l'Egliſe de Saint Ouyan, déclarée & dont il eſtoit queſtion audit procès, de la puiſſance & Juriſdiction de tous nos Baillifs, Chaſtelains, Prevoſts & autres Officiers

ciers quelconques de Bourgogne, & ne demeurera sujette leurdite Terre fors de Nous & de nos successeurs, Comtes & Comtesses de Bourgogne, & de nos Parlemens dudit Comté sans moyen esdits cas de Ressort & Souveraineté seulement ; & tellement que jamais aucun Baillif, Chastelain, Prevost, Sergent ne autres nostre Officier quelconque, ne poura faire ne exercer aucun exploit de Justice en leurdite Terre, si ce n'est par commission expresse, & mandement patent de Nous & de nos Successeurs, Comtes & Comtesses de Bourgogne, scellé de nostre Scel, ou par Mandement & Commission contenant le cas, des gens qui tiendrons les Parlements de nostre Comté. Item, au regard du Ressort qui s'entend en cas d'apel, & a lieu en tous griefs, tant judiciaires comme hors de Jugement, & tant interlocutoire comme définitif ; avons de nostre avantdite grace & par privilege spécial, limité & restraint, limitons & restraignons ledit Ressort en deux cas seulement ; l'un, quand l'on voudra apeller des Sentences deffinitives que seront données par le plus grand & dernier Juge desdits Religieux, & l'autre quand l'on voudra apeller de dénégation de Justice ; c'est à sçavoir quand lesdits Religieux ou leur plus grand Juge, seroient refusans, de faire ou faire faire & administrer Justice & raison à ceux qui la requéreront ; esquels deux cas & non en autres quelconques, Nous & nos Successeurs Comtes & Comtesses de Bourgogne, & les gens qui tiendrons les Parlemens de nostredit Comté, recevront les apellations, & seront baillés par les Greffiers desdits Parlemens présens & à venir, les adjournemens & commissions en cas d'apel, en la forme accoutumée esdits deux cas tant seulement, & non en autres. Item, & au regard de la Souveraineté, & premierement de contribuer en nos aydes & subventions, Nous pour Nous & nos hoirs successeurs Comtes & Comtesses de Bourgogne, par Privilége & de nostre grace, en avons affranchi & affranchissons lesdits Religieux, Abbés, & Convent, & leurs sujets demeurants en leurdite Terre dont il estoit question, comme dit est, au regard de ce qu'ils tiennent & possédent en icelle Terre ; lequel affranchissement s'entendra, entendons & voulons estre, en tous cas & pour quelque cause que lesdites aydes & subventions soient accordées & mises sus au tems à venir, & sans en reserver ne excepter quelque cas que ce soit. Item, au surplus touchant gardes & débitis qui apartiennent à octroyer au Prince Sauverain, Nous & nos Successeurs Comtes & Comtesses de Bourgogne, & aussi les gens qui tiendront lesdits Parlemens, iceux séans, les pouront bailler, & non autres, & encore à gens privilégiés seulement, comme gens d'Eglise, femmes, vefves & orphelins, gens sexagénaires & marchands publiques, & non à autres ; & en cas d'oposition, que la connoissance en soit esdits Parlemens, & non ailleurs. Item, au regard des autres cas de Souveraineté, comme de forger monnoie, bailler saufconduit de guerre, donner rémission & grace en cas de crimes capi-

L

taux, octroyer légitimation, annoblissement & choses semblables ; Nous userons de tous ces cas en ladite Terre S. Ouyan, tout ainsi & pareillement comme nous faisons en nostredit Comté de Bourgogne; mais aussi ne voulons pas empêcher que l'Abbé dudit S. Ouyan & ses successeurs Abbés, ne usent aussi des droits qu'ils ont accoutumés d'ancienneté & dont ils peuvent user en ladite Terre; *comme de légitimation, annoblissement, & grace en cas de crime, sous nostre Ressort & Souveraineté, & de nos Successeurs Comtes & Comtesses de Bourgogne, & desdits Parlements*; sauf toutesfois & réservé, qu'ils ne pouront user de forger monnoye, ne aussi ne pouront bailler sauf-conduit de guerre en ladite Terre, lesquels sauf-conduits apartiennent seulement à donner, à Nous & à nostre Mareschal de Bourgogne. Lesquels octroys & concessions, Nous faisons & entendons faire ausdits Religieux, pour les considérations que dessus ; au regard & entant qu'il touche leur Terre ci-dessus déclarée, dont il estoit question audit procès tant seulement ; car au regard de leurs Terres & Seigneuries estant de çà la Riviére d'Ain, & autres en nostredit Comté de Bourgogne, dont il n'estoit point de question ne debat par ledit procès ; Nous entendons & voulons, que toutes choses au regard de nostre droit, & aussi de celui desdits Religieux, soient & demeurent en tel estat comme elles ont esté le tems passé, & que nos Officiers de nostredit Comté y exploitent & usent ainsi qu'ils ont accoutumés. Donnons en mandement à nos amés & feaux les Gens qui tiendront nostredit Parlement, aux Greffiers d'iceux Parlement, aux Gens de nos Comptes à Dijon, & à tous nos Baillifs, Chastelains, Prevosts & autres nos Justiciers & Officiers de nostredit Comté de Bourgogne, présents & advenir, leurs Lieutenans & chacun d'eux endroit soi, & si comme à lui apartiendra; que ces présentes Lettres inscriptes & enrégistrées préalablement ès Régistres & Papiers de la Cour de nosdits Parlemens, Chambre des Comptes & Bailliages, en tout leur contenu, publient & fassent publier par tous les lieux de leurs Offices, accoutumés de faire cris & publication ; & cette nostre présente grace & Privilége en tous ses points & chapitres gardent, entretiennent & observent inviolablement, sans l'enfraindre ; & d'icelle fassent, souffrent & laissent lesdits Religieux, Abbés & Convent de Saint Ouyan, leurs successeurs & leurs hommes & sujets de leur Terre dessus déclarée, pleinement, paisiblement & perpétuellement joüir & user, sans leur faire, ne donner, ne souffrir estre fait ou donné ci-après, ne en tems à venir, quelconque Arrest, destourbier ou empeschement au contraire; & afin que ce soit chose ferme & stable à toujours, Nous avons fait mettre nostre Scel à ces présentes, sauf en autres choses nostre droit, & l'autrui en toutes. Donné en nostre Ville de Lille le neuviéme jour du mois de Mars l'an de grace 1436. Est escrit sur le replis desdites Lettres, Par Monseigneur le Duc en son

de l'Abbaïe de S. Claude.

Grand Conseil, auquel ont assisté Monseigneur le Damoisel de Cleve, Monseigneur le Comte d'Estampes, Messire Jehan Cherot esleu & confirmé Evêque de Tournay, les Seigneurs de Croi & de Charny, le Prevost de l'Eglise de Saint Omer, les Seigneurs de Crevecœur & de Coursant, Guillaume du Bois Ecuyer Maistre d'Hostel, l'Archidiacre de Tournay, Guy Gilbaut Trésorier, Jehan de Terran, Pierre Brandin, Philipe de Nanterre, & autres du Conseil. Estant ainsi signés Bonnesseault. Encore est escrit sur ledit repli. Les Lettres susdites ont esté enrégistrées au Régistre du Parlement de Dole, que commença le vingt-deuxiéme jour de Fevrier l'an 1435, le dix-huit de Juillet l'an 1437. Ainsi signé, Basan. Visa. Duplicata. En outre est escrit sur icelui replis, *Regiſtrata in Camerâ Computorum dicti Domini Ducis & Comitis Burgundiæ, Divioni, in libro admortiſſamentorum dictæ Cameræ, virtute Præſentium; & earum copia in dictâ Camerâ collationnata, fuit retenta & repoſita in coffreto Theſauri. Scriptum in predictâ Camerâ XV. Julii 1437, ſic ſignatum*, Monnot.

Et comme il soit que ledit Supliant au nom que dessus, Nous ait très humblement suplié & requis, en suivant le bon vouloir & intention de nostredit feu Seigneur & bisaïeul, pour plus grande aprobation & seureté desdites limitations, restrictions, exemptions & priviléges; singuliérement afin d'esteindre tous différents procès, que à cause d'icelles limitations, restrinctions, exemptions & priviléges, sont & pouront estre mehus & suscités; & que ledit Supliant & lesdits Religieux dudit Saint Ouyan, puissent ci-après tant mieux & plus exactement célébrer & continuer le Divin Service, combien que ledit privilége soit chose perpétuelle non réquérant de nécessité, confirmation & aprobation; il Nous plaise par nos Lettres Patentes, ratifier & confirmer les dessusdites limitations, restrictions, exemptions & priviléges, selon qu'ils sont ci-dessus inserés, & sur ce leur estendre & impartir nostre grace.

Pour ce est-il, que Nous les choses dessusdites considerées, & sur icelles pris bon avis & délibération de Conseil, audit Supliant, tant en son nom que au nom des Vénérables Religieux dudit Saint Ouyan, ensemble desdits sujets, manans & habitans dudit Saint Ouyan, Moirans, Grandvaux & Chastel des Prels, & leurs finages, territoires & apartenances, inclinant à sadite suplication, en faveur mesmement du Glorieux Saint Claude, reposant en l'Eglise dudit S. Ouyan; avons loüé, agréé, ratifié, confirmé & apreuvé, loüons, agréons, confiirmons, ratifions & apreuvons, de nostre pléniére puissance, autorité & grace spéciale, par ces présentes; toutes les limitations, restrictions, exemptions & privileges, que leurs a esté accordé & concédé par nostredit feu Seigneur & bisaïeul, le bon Duc Philippe de Bourgogne, que Dieu absolve, contenus, déclarés & au long spécifiés en sesdites Lettres Patentes dessus transcrittes & inserées; & voulons que d'iceux lefdits Supliants & lefdits Religieux, fujets, manans & habitans, & leurs fucceffeurs, joüiffent & ufent dorfenavant & à toujours, felon leur forme & teneur, fans ce qu'aucun deftourbes ou empefchement leurs foit mis ou donné au contraire, par Nous, nos Officiers dud. Comté de Bourgogne, ne autres quels qu'ils foient. Si donnons mandement à nos amés & féaux les Préfidents & Gens tenans noftre Cour de Parlement à Dole, à nos Baillifs d'à mont, d'à val & dudit Dole, & à tous autres nos Jufticiers, Officiers & fujets préfents & à venir quelconques, leurs Lieutenants & chacun en droit foy & fi comme à lui apartiendra, que de noftre préfente grace, agréation, ratification, confirmation & aprobation, & de tout le contenu en ces Préfentes, ils faffent, fouffrent & laiffent lefdits Supliants, Abbés, Religieux, fujets, manans & habitans dudit Saint Ouyan, Moirans, Grandvaux & Chaftel des Prels, & de leurs finages, territoires & apartenances & leurfdits Succeffeurs, pleinement, paifiblement, entiérement & perpétuellement joüir & ufer, fans leurs faire ou donner, ne fouffrir eftre fait ou donné ne à aucun d'eux, voire ne en temps à venir quelconque Arreft, molefte, deftourbier ou empefchement au contraire; car ainfi nous plaift. Et afin que ce foit chofe ferme & ftable à toujours, Nous avons fait mettre noftre fcel à ces Préfentes, fauf en autres chofes noftre droit, & l'autrui en toutes. Donné en la Ville de Lille au mois d'Octobre l'an de grace 1513, ainfi figné fur le replis, Marguerite, & fur icelui, par Madame l'Archiducheffe & Comteffe, Marnix.

OR eft-il, que pource que noftredit Comté de Bourgogne a efté par Nous cédé & tranfporté à noftredite fille, & tante à fa vie feulement, & qu'après fon trépas il doit retourner à Nous & à nos hoīrs & fucceffeurs, ledit Supliant au nom que deffus, Nous a très-humblement fupliés & requis, que pour plus grande aprobation & feureté defdites limitations, reftrictions, priviléges & chofes devant dites, il Nous plaife femblablement le tout ratifier & confirmer, & fur ce impartir noftre grace & faire dépefcher nos Lettres Patentes, en tel cas pertinentes. Pour ce eft-il, que Nous les chofes deffufdites confidérées, & fur icelles préalablement pris bon & meure avis & délibération du Confeil; veuillant un chacun entretenir en fes droits, priviléges & libertés, inclinant favorablement à la fuplication & Requefte dudit Commendataire de Saint Ouyan fupliant; avons de noftre certaine fcience, autorité & grace fpéciale, par ces Préfentes pour Nous, nos hoirs & Succeffeurs Comtes & Comteffes de Bourgogne, loüé, agréé, ratifié, confirmé & apreuvé, loüons, agréons, ratifions, confirmons & apreuvons, toutes lefdites limitations, reftrictions & priviléges contenus & déclarés efdites Lettres de ratification & confirmation de noftredite fille & tante cy-deffus tranfcriptes & inférées; veüillant, octroyant & concédant, que iceux Religieux, Abbé, manans & habitans dudit Saint Ouyan, Moirans, Grandvaux & du Chaftel des Prels, & de leurs finages, territoires & aparte-

de l'Abbaïe de S. Claude. lxxxv

nances, préfents & à venir, joüiffent & ufent dorfenavant & à toujours, felon & par la forme & maniere contenuës & déclarées ès fufdites Lettres Patentes, & que par noftred. feu Seigneur aïeul & bifaïeul leurs a efté octroyé & concedé par icelles. Si donnons en mandement à nos amés & feaux les Préfidents & Gens de noftre Cour de Parlement à Dole, à nos Baillifs d'à mont, d'à val & dudit Dole, & à tous autres nos Jufticiers, Officiers & fujets préfents & à venir quelconques, leurs Lieutenants & chacun endroit foi, & fi comme à lui apartiendra, que de noftre préfente grace, agréation, ratification, confirmation & aprobation, & de tout le contenu en ces Préfentes, ils faffent, fouffrent & laiffent lefdits Religieux, Abbés, fujets & manans & habitans dudit Saint Ouyan, Moirans, Grandvaux & du Chaftel des Prels, & de leurfdits finages & territoires & apartenances, pleinement, paifiblement, entiérement & perpétuellement joüir & ufer, fans leur faire, mettre ou donner, ne fouffrir eftre fait ni donné ores ne en temps à venir, aucun Arreft, molefte, deftourbe, ne empefchement au contraire; car ainfi Nous plaift-il. Et afin que ce foit chofe ferme & ftable à toujours, Nous avons fait mettre noftre Scel à ces préfentes Lettres, fauf en autres chofes noftre droit, & l'autrui en toutes. Donné en noftre Ville de Gand au mois de Novembre l'an de grace 1513, & des regnes de Nous Empereur, à fçavoir celui de Germanie le vingt-huitiéme, & de Hongrie le vingt-quatriéme. Ainfi figné, Maximilien Empereur, & fur le repli, par l'Empereur & Monfeigneur l'Archiduc en leur Confeil, Verdugo; fcellé du grand Scel de cire verte pendant en lac de foye rouge & verte; & fur ledit repli eft écrit, Collation eft faite.

Arreft concernant les Priviléges de l'Abbaïe de Saint Claude.

EN la caufe pendante en la Cour Souveraine de Parlement à Dole, entre Révérend Pere en Dieu Meffire Pierre de la Baume, Evêque & Prince de Genéve, Abbé Commandataire de l'Abbaïe de S. Ouyan de Joux, Supliant, d'une part; & Meffire Marin Benoift Confeiller de l'Empereur & fon Procureur Général en fes Pays & Parlement de Bourgogne, Deffendeur, d'autre part. Veu les Procès des Parties, ladite Cour déclare par Arreft, que fuivant les priviléges & conceffions octroyées aux Eglifes, Abbé, Religieux & Convent de Saint Ouyan de Joux, *par feu de très excellente mémoire M. le Duc Philippe le Bon*, données en fa Ville de Lille le 9 du mois de Mars l'an 1436, regiftrées en ladite Cour, & en la Chambre des Comptes à Dijon, au livre des Amortiffemens de ladite Chambre, le 16 Juillet de l'an 1437, lefdits Abbé, Religieux & Convent, & les Habitans de ladite Terre de Saint Ouyan, dès la Riviére Dain, felon qu'ils font déclarés audit privilége & ès Enqueftes & piéces exhibées par les Parties, joüiront dudit privilége comme s'enfuit ; à fçavoir, lefd. Eglife, Abbé, Religieux & Convent d'icelle, & auffi lefdits Habitans, feront & demeureront exempts & hors la puiffance & jurifdiction ordinaire de tous les Baillifs, Chaftelains, Prevofts, & tous autres Officiers quelconques de cedit Comté de Bourgogne; & ne demeurera fujette icelle Terre fors de Sa Majefté, comme Comte & Souverain de Bourgogne, & Meffeigneurs fes Succeffeurs Comtes & Comteffes de Bourgogne & de ladite Cour, fans moyens ès cas de Reffort & Souveraineté, comme eftant icelle Terre enclofe & incorporée dans les limites de cedit Comté; tellement qu'à l'avenir aucun Baillif, Chaftelain, Prevoft, Sergent, ni autres Officiers quelconques, ne pourront faire ne exercer aucun Exploit de Juftice en icelle Terre, foit en matiere Civile ou Criminelle contre aucun de ladite Terre, ny bien y étant affis, fi ce n'eft par commiffion expreffe ou mandement patent de Sadite Majefté ou de fes Succeffeurs Comtes & Comteffes de Bourgogne ou de fadite Cour, contenant le cas ; & quant aux apellations mentionnées audit privilége, ladite Cour pour le bien & relief des fujets de ladite Terre, & veuës fur ce les preuves faites, déclare que les apellations que feront émifes par aucun defd. fujets ou autres qui auront affaire pour biens y eftant affis, ou contre aucuns d'iceux fujets & perfonnes y réfidants, feront tenus relever & pourfuivre leurs apellations par degrés devant les Juges d'apel d'icelle Terre qui en ont la connoiffance ; à fçavoir, que l'apellation procédant de premiere inftance, devant le premier Juge d'apel, & ce tant de Jugemens deffinitifs que d'interlocutoires dudit premier Juge d'apel, fera relevée & pourfuivie devant le Grand & dernier Juge dudit Saint Ouyan ; & fi dudit Grand Juge apellation entrevient, de quelque Sentence ou matiere que ce foit, les Apellans feront tenus la relever & pourfuivre en ladite Cour & non ailleurs, fans que les Apellans puiffent eftre admis à relever ne pourfuivre en icelle Cour aucune apellation provenant des premiers Juges, fi ce n'eftoit au cas de dénégation de Juftice, auquel cas on pourroit apeller à ladite Cour d'un chacun defdits Juges, felon la forme defdits priviléges ; & en autre cas que ceux cy devant déclarés, ne feront dépefchés reliefs ou mandement d'apel par le Greffier de la Cour. Quant à l'exemption de contribuer aux aydes & fubventions par lefdites Eglifes & fujets demeurants en ladite Terre, dont mention eft faite audit privilége, attendu que ladite Terre de Saint Ouyan eft & a efté de toute ancienneté de cedit Païs & Comté de Bourgogne, comme il eft déclaré par ledit privilége & Arreft précédent y mentionné, & confideré les preuves fur ce faites, ladite Cour déclare ; que aux dons & octroys gratuits qui fe feront en cedit Païs, fur exempts & non exempts, privilégiés & non privilégiés, & pour deniers qu'il faudra lever pour la deffenfe, feureté & biens de cedit Païs, lefdits Abbés, Religieux, Convent & Habitans d'icelle Terre Saint Ouyan, y contribueront comme eftants de cedit Païs, avec les autres Habitans d'icelui Païs, felon leurs facultés refpectivement; & au regard des mandements de garde & débitis, la connoissance en demeurera ausdits Abbés, Religieux & Convent, sauf que gens privilégiés, comme Gens d'Eglise, vefves, orphelins, sexagenaires & Marchands publiques, pourront si bon leur semble avoir recours à ladite Cour immédiatement, pour en icelle avoir & recouvrer iceux garde & debitis, à laquelle en demeurera la connoissance, en cas que les avant nommés le requiérent; & quant aux mandements de nouvelleté & récréance, ladite Cour déclare qu'icelui Supliant ou son Grand & dernier Juge les pourront octroyer & faire exécuter par Commis qui à ce seront députés, & tiendront, à sçavoir, les sequestres, rétablissemens & provision qui en ce seront ordonnés, nonobstant oposition ou apellation, & sans préjudice d'icelles, & icelle provision à caution suffisante, sauf si dudit rétablissement estoit apellé, ledit rétablissement sera surcis jusqu'à ce que par ledit Grand Juge ou son Lieutenant en soit ordonné; en outre déclare ladite Cour, *que des autres droits mentionnés audit privilége, ledit Révérend Abbé & ses Successeurs joüiront selon la forme d'icelui, & que ledit Révérend & ses Prédécesseurs en ont joüi.* Donné & prononcé judicialement audit Dole en ladite Cour, le 7 Septembre 1537, *Signé*, de Bergieres & Bernard.

TITRES CONCERNANT LA NOBLESSE des Religieux de Saint Claude, Baume & Gigny.

Extrait des Régistres du Parlement.

EN la cause pendante en la Cour Souveraine du Parlement à Dole, entre Messire Claude de Poligny Baron & Seigneur de Trave, Messire Guillaume-Philippe de Belot Chevalier, Seigneur de Villette, & Messire Claude de Montrichard aussi Chevalier, Seigneur de Fertans, commis à l'également pour la Noblesse de ce Païs & Comté de Bourgogne, & en ladite qualité Impétrans, d'une part; les Révérends Peres Bénédictins Réformés de ce Païs, Deffendeurs & Contumaces, d'autre.

Veu les exploits, deffauts, conclusions & piéces desdits Impétrans, la Cour par Arrest pour le profit & exploit desdits deffauts, faisant litis contestation, conclusion & renonciation en cause, maintient & garde iceux Impétrans, en la joüissance, saisine ou quasi des droits, authorités & facultés, que nul ne peut estre receu Religieux ès Abbaïes de S. Claude & Beaume, & au Prieuré de Gigny, qui ne fût Gentilhomme de naissance, & n'ait fait preuve de huit lignées, sçavoir, quatre paternelles & quatre maternelles, pardevant quatre Gentilshommes de ce

Païs à ce députés, & selon que du passé ils en ont joüi, interdisans pour ce ausdits Deffendeurs, de en ce leur donner trouble ou empeschement directement ou indirectement, les condamnants à ce, les dépens cette part faits compensés ; mandant, &c.

Fait au Conseil le vingt trois Aoust mil six cens quarante-sept.

Extrait du Cahier des Etats du Comté de Bourgogne, tenus en 1654, Art. 8.

SUr autres reconnoissances faites par la Chambre de la Noblesse, par lesquelles on insiste à ce que Sa Majesté soit supliée de déclarer, que dans les Maisons & Abbaïes de Saint Claude & de Baume & Prieuré de Gigny, dans lesquelles de tout temps n'ont esté receus pour Religieux que les Gentilhommes de nom & d'armes, nuls autres que ceux de lad. Noblesse ne pourront y être receus pour Religieux, en excluant tous autres ; & que l'Arrêt sur ce sujet obtenu soit entiérement exécuté ; de quoi les trois Chambres unanimement suplient très humblement Sa Majesté.

Apostille. L'intention de Sa Majesté est, que le droit mentionné en cet Article, soit à toujours conservé & maintenu à la Noblesse, ainsi qu'il est requis, comme il a esté cy-devant de temps immémorial.

L'Article & Apostille cy-dessus, ont esté tirés & extraits de mot à autre, par moi soussigné Secretaire Général des Etats de ce Païs & Comté de Bourgogne, sur le recès desdits Etats tenus en la Ville de Dole, & publié le 9 Juin 1654, reposant au Cabinet d'iceux. Fait aud. Dole le 7 Juillet 1676. Signé, P. Boisson.

Procès Verbal de l'Invention du Corps de Saint Lupicin, en 1689.

ANtonius Petrus de Grammont, Dei & sanctæ sedis Apostolicæ gratiâ Archiepiscopus Bisuntinus, sacri Romani Imperii Princeps, &c. Notum facimus universis, quòd cum ex parte Domini Petri-Jacobi Girod Præsbyteri, Prioris Commendatarii Prioratûs Sancti Lupicini, & Parrochianorum Ecclesiæ Parrochialis ejusdem loci nobis expositum fuerit ; ipsos nuper, die scilicet sextâ mensis Julii anni currentis 1689, dum fundamentum ponere molirentur ad removendum & ulteriùs transferendum altare principale ejusdem Ecclesiæ, inter illud & murum, terram altè fodiendo, invenisse cryptam lapidibus politis constructam, duorum pedum & ampliùs longitudinis, & unius & paulò plus latitudinis, totidemque altitudinis ; in quâ reconditæ erant nonnullæ Reliquiæ corporis beati Lupicini Abbatis, sub cujus nomine prædicta Ecclesia ab antiquo

antiquo dedicata fuit; ac proindè plurimùm cupere, ut tanti thesauri recognitione factâ, has sacras Reliquias eis liceret exponere Fidelium venerationi, publicum honorem illis impendere humiliter supplicantes, & hujusmodi expositionem permittere dignaremur. Quapropter eorum justæ petitioni annuentes, ad prædictarum Reliquiarum recognitionem commisimus Reverendum Dominum Franciscum-Bonaventuram Jobelot, Ecclesiæ nostræ Metropolitanæ Canonicum, ac in eâ Archidiaconum de Faverneyo, nostrum in spiritualibus & temporalibus Vicarium Generalem, qui se transferens ad dictam Ecclesiam, Sancti Lupicini reperit prædictas Reliquias ex cryptâ extractas; & in capsulâ ligneâ probè clausâ, & pluribus sigillis munitâ, in sacrario dictæ Ecclesiæ custoditas, eas ipsas esse quæ in eâdem cryptâ inventæ fuerant, auditis super hoc testibus compluribus fide dignis, tunc præsentibus; qui etiam juramento præstito asseruerunt, cum iisdem Reliquiis inventam fuisse laminam plumbeam, in quâ scripta erant hæc verba, *Hîc requiescit Beatus Lupicinus Abbas*; quæ quidem lamina vetustate aliquantulùm corrosa, iisdem testibus protinùs ostensa, eamdem esse affirmârunt, quæ cum prædictis Reliquiis ex cryptâ fuit educta. Postmodùm ad aperturam capsæ supramemoratæ, coram iisdem testibus, ac nonnullis Ecclesiasticis procedens dictus Dominus Franciscus-Bonaventura Jobelot Vicarius Generalis, invenit in eâ, partem ossium præcipuorum corporis ejusdem Sancti Lupicini, usque ad numerum triginta duorum, cum pluribus aliis fragmentis; & insuper cranium capitis cum maxillis ab eo tamen separatis; ad quorum agnitionem & distinctionem vocatus fuit Petrus-Franciscus David Magister in Chirurgiâ, qui post diligentem singulorum inspectionem, ea omnia ad idem corpus pertinere declaravit, nonnulla tamen ad illius complementum deesse; inter quæ fuit os majus unius brachii, quod radius appellatur. Cum autem Reliquiarium, in prædictâ Ecclesiâ asservatum, humani brachii formam repræsentans, in quo os Sancti Lupicini esse ferebatur, allatum fuisset, & inde eductum, cum altero osse brachii in cryptâ reperti collatum esset, ipsi æquale tam in longitudine quàm in crassitudine apparuit. Exhibitum fuit etiam aliud Reliquiarium argenteum, in modum humani capitis efformatum, in quo cranium integrum reconditum erat; quod pro capite ejusdem Sancti Lupicini hactenùs habitum fuit, & in publicis supplicationibus deferri solitum, quamvis id nullo testimonio authentico comprobari potuerit; quod in eâdem thecâ argenteâ repositum est, donec de eo aliquid certum statueretur. Nos igitur viso Processu verbali à prædicto Vicario Generali nostro de iis omnibus accuratè confecto, & totâ re in Consilio nostro Archiepiscopali maturè consideratâ & examinatâ, declaravimus, prout per Præsentes declaramus; prædicta ossa in dictâ cryptâ lapideâ inventa, esse veras Beati Lupicini, quondam in dicto loco Abbatis, ac illius Ecclesiæ Patroni Reliquias, & ut tales esse colendas ; easque fidelium venerationi exponi permittimus. Quantum verò ad caput in supradictâ thecâ argenteâ contentum, quod pro capite ejufdem Sancti Lupicini hactenùs reveritum fuit ; cum fatis conftet ex capite cum cœteris offibus reperto, non effe Sancti Lupicini Abbatis, illud tribuendum credimus uni ex aliis Lupicinis, five incluso, five Eremitæ, qui in vicinis Diœcefibus folitariam vitam cum fanctitatis famâ duxiffe traduntur. Proinde ipfius loco, verum Sancti Lupicini Abbatis caput recenter inventum in prædictâ thecâ argenteâ reponi volumus, & in publicis fupplicationibus deinceps deferri ; alterum verò in alio Reliquiario decenter collocari præcipimus. In quorum omnium perpetuam memoriam, præfentibus fubfcripfimus, ac figillum noftrum apponi per infra fcriptum Secretarium noftrum fubfignari mandavimus ; declarantes quod noftrum præfens decretum in actis Cameræ noftræ Archiepifcopalis inferetur. Datum Bifuntii in Palatio noftro Archiepifcopali die 23 menfis Octobris, anno à partu Virginis milleftmo fexcentefimo octogefimo-nono. Sic fignatum, Antonius-Petrus Archiepifcopus Bifuntinus. Inferiùs, De Mandato Illuftriffimi ac Reverendiffimi Domini mei, J. G. Amey ; ac figillo ejufdem Illuftriffimi & Reverendiffimi Domini figillatum.

Ex Actis Cameræ Archiepifcopalis Bifuntinæ extracta, & de verbo ad verbum manu propriâ tranfcripta, Bifuntii 23 Septembris 1733.

P. S. Hugon Vic. Gen.

Serment que les Abbés de Saint Claude avoient coutume de prêter à la Ville.

IN nomine Domini, amen. Per hoc præfens publicum inftrumentum, cunctis appareat evidenter & fit manifeftum, quod anno Domini milleftmo quatrigentefimo quadragefimo-quinto, Indictione octavâ, & die Martis vigefimâ nonâ Menfis Septembris, in mei Notarii publici & Teftium infra fcriptorum præfentiâ, perfonaliter acceffit Reverendus in Chrifto Pater Dominus Stephanus Fauquerii, permiffione divinâ humilis Abbas Monafterii Sancti Eugendi Jurenfis, Lugdunenfis Diœcefis ; ad proprias perfonas difcretorum virorum Joannis Jannini, Petri de Belloioco, Petri Meynerii, & Hugonis Varondelli Syndicorum, ac Syndicario nomine Villæ & Communitatis Sancti Eugendi prædicti, in Ecclefiâ Beatorum Eugendi & Claudii, prope tumulum & fepulturam quondam Sacriftæ de Riviniaco, in dictâ Ecclefiâ exiftentem ; eifdem requirendo, quatenùs eumdem in Abbatem dicti Monafterii reciperent & reputarent, afferendo ipfum, fe receptum effe in Abbatem per Conventum ipfius Monafterii, & offerendo eifdem Syndicis facere & præftare juramentum, per ipfum præftare in hoc cafu debitum & confuetum. Quo quidem per dictos Syndicos audito, habitâque fufficienti informatione, fuper receptionem ipfius Domini Abbatis per dictum Conventum factam, & fuper juramentum per ipfum Dominum Abbatem

de l'Abbaïe de Saint Claude.

eidem Conventui super hoc præstitum ; sibi requisiverunt,quatenùs eisdem Syndicis juraret, & juramentum in talibus præstari debitum & consuetum faceret, antequam obedientiam præstare teneantur. Quibus auditis, ipsoque Domino Abbate, ut asserit, super hoc debitè informato, appositoque per dictos Syndicos Missali, juravit idem Dominus Stephanus Fauquerius Abbas, ad & super sancta Dei Evangelia corporaliter tacta, tenere, attendere, manutenere, & inviolabiliter observare in toto & per omnia, omnes & singulas libertates, franchisias, usus & consuetudines totius Villæ & Communitatis Sancti Eugendi prædicti, & contra per se vel per alium in judicio vel extrà, clàm vel palàm, tacitè vel expressè, manifestè vel occultè, directè vel indirectè, modo aliquo de cætero, non facere, dicere, vel venire contra in aliquo. Neque dare seu præstare auxilium, consilium, consensum, opem, juvamen, vel assensum; ipsis Syndicis & Syndicario nomine præsentibus, stipulantibus & recipientibus, vice, nomine, & ad opus omnium Burgensium & Habitatorum ipsius Villæ & omnium aliorum quorum interest, intererit & interesse poterit in futurum. De quibus omnibus & singulis dicti Syndici & Syndicario nomine,petierunt mihi Notario publico subscripto,eisdem fieri unum & plura,publicum & publica instrumenta. Acta fuerunt hæc palàm in dictâ Ecclesiâ Sancti Eugendi in loco prædicto, anno & die prædictis. Præsentibus discretis viris Dominis Michaele du Rognon Cantore, Georgio de Bonna & Bonifacio de Crillat Religiosis Monasterii Sancti Eugendi prædicti. Vaucherio Janini, Joanne de Asseribus, Philiberto Burgensi, Thomâ Boconi,Burgensibus prædicti Sancti Eugendi, & nobili viro Stephano Donzelli de Charciliaco, ac pluribus aliis Testibus ad præmissa vocatis & specialiter rogatis.

Et ego Joannes-Guillelmus Morel de Angeloz Præsbyter, auctoritate Imperiali Notarius publicus, Curiarumque Dominorum Officialis Bisuntinensis, & Abbatis Sancti Eugendi prædicti juratus; præmissis omnibus & singulis suprà scriptis, dum, sicut suprà,fierent & agerentur, unà cum prænominatis Testibus præsens interfui, eaque sic fieri vidi & audivi ; hocque præsens publicum instrumentum manu alienâ, me aliis occupato negotiis, scriptum recepi, & in hanc formam posui & redegi, ipsumque signo meo manuali & publico signavi, in præmissorum omnium & singulorum robur, fidem & testimonium,requisitus & rogatus. Signatum, J. Guil. MOREL.

Tiré sur l'original, qui est dans les Archives de la Maison de Ville de Saint Claude, le vingt-cinquième de Juillet seize cens quatrevingt dix-neuf.

Notitia Fundationis Abbatiæ Grandivallis.

IN nomine Patris, & Filii, & Spiritûs Sancti, Amen. Quod ad multorum notitiam congruum duximus, litterarum monimentis mandare providâ deliberatione curavimus. Noverit ergo præsens ætas omniumque secutura posteritas, quòd Abuntantina Ecclesia, in honore Beatissimæ Virginis Mariæ consecrata, locum Grandivallis cum magno labore, expensisque non parvis ædificavit ; in quo videlicet loco religioni apto, domum quandam studiosè fundavit ac regularibus disciplinis diligenter instruxit. Est ergo tam ipsa domus, quàm omnia ad eam pertinentia, Sanctæ Mariæ de Abundantiâ propria possessio, atque liberrima. Verumtamen elapso aliquanto temporis spatio, venerabiles ejusdem loci Fratres, Deo & Beatæ Mariæ regulariter ac devotè famulantes, ipso inspirante, qui exaltare non cessat humiles ; assumptis secum litteris deprecatoriis Domini Tiberti de Montemoreto, ac Domini Pontii de Cusello, Abundantinum Capitulum adierunt, sibique dari Abbatem humillimè postulaverunt. Dominus igitur Pontius Abbas Abundantinus cæterique Fratres, devotam eorum postulationem videntes, retentis omnibus quæ in ipsâ domo in tempore Prioratûs priùs habebant, Abbatem sibi eligere ex eodem Capitulo concesserunt ; tali scilicet concessione, ut electus Abbas ab eis, obedientiam Abundantino Abbati faceret, & sic Grandivallis Fratrum obedientias susciperet. Retinuit etiam sibi Domnus Abbas Abundantinus totusque Conventus, tam in ipso Abbate quàm in commissâ sibi Domo, plenariam morum & ordinis correctionem, & percipiendi quæcumque voluerit, ac faciendi donationem ; & sicut extitit benignus sublimator, ita si fuerit, quòd absit, inutilis vel incorrigibilis, velut arboris infructuosæ subcisor, severus depositor. Quando autem eis Abbatem eligere contigerit, sive de suis, sive de Abundantiæ Canonicis, in Capitulo Abundantino, Domini Abudantini Abbatis consilio eligatur. Ad nullum sanè alium ordinem, ipsa domus, ab Abbatiâ de Abundantiâ fundata & ædificata, se ullo modo transferre possit. Præterea idem Abbas de Grandivalle, quartum in Abundantiæ Capitulo habebit locum. Si quando autem Abbas Abundantiæ, vel Abbas de Six, & ipse de Intermontibus defuerint ; Abbatis officium tam in Capitulo quàm in aliis officiis, in Abundantiæ jure obtinebit. In obedientiis verò Abundantinæ domûs & in grangiis, quando devenerit, bene suscipietur atque procurabitur. Facta sunt autem hæc anno ab Incarnatione Domini 1172, Indict. v. Epact. 23 concurrente vi. 3 Kal. Martii, Luna 30, regnante Imperatore Friderico, Donno Ardutio Gebenn. Episcopo.

Cartha quâ Abbatia Grandivallis Monasterio Sancti Eugendi submittitur.

NOverint universi præsentes Litteras inspecturi, quòd Ecclesia Grandivallis quæ olim fuerat Abbatia, peccatis exigentibus, oppressa erat tam gravi & tam intolerabili onere debitorum, quòd facultates ipsius Ecclesiæ non sufficiebant voragini usurarum & morsibus tyrannorum. Unde propter rerum penuriam dispersis Servitoribus, Ecclesia divinis Officiis fraudabatur; locus divino cultui dedicatus & possessiones ad dictam Ecclesiam pertinentes, occupatæ erant à vicinis potentibus, nec erat qui posset resistere occupantibus, vel tantæ ruinæ consilium & auxilium adhibere. Cum igitur per Ecclesiam de Abundantiâ, ad quam immediatè tanquam filia matri Ecclesiæ pertinebat, Ecclesia Grandivallis non posset à tantis periculis liberari; cumque esset censualis ab antiquis temporibus Ecclesiæ Sancti Eugendi, & multò propinquior quàm Ecclesiæ Abundantiæ; Humbertus Abbas & Conventus Sancti Eugendi ex unâ parte, & Joannes Abbas & Conventus Abundantiæ ex alterâ, prælatâ utilitate Ecclesiarum, de consilio Jurisperitorum & amicorum, permutationem amicabilem fecerunt de Ecclesiis in hunc modum : quòd Ecclesia Grandivallis cum suis appenditiis & pertinentiis universis, de cætero sit Monasterio Sancti Eugendi subdita & subjecta, sicut olim fuerat Ecclesiæ de Abundantiâ subdita & subjecta; Prioratus verò de Divonâ & de Aurinie, cum sint propinquiores Ecclesiæ de Abundantiâ, cum eorum Prioratuum appenditiis & pertinentiis universis, Ecclesiæ de Abundantiâ sint de cætero subditi & subjecti. Cum igitur Monasterium Sancti Eugendi & Ecclesia de Abundantiâ, essent in corporali possessione de Ecclesiis & Prioratibus, appenditiis & pertinentiis taliter permutatis, quidam de Capitulo de Abundantiâ reclamarunt, eâ ratione quòd possessiones traditæ Monasterio Sancti Eugendi, præponderabant possessionibus traditis Ecclesiæ de Abundantiâ; & etiam propter insolentiam Advocatorum & Dominorum de Divonâ, illi de Abundantiâ Prioratum de Divonâ non poterant pacificè possidere. Quocircà prædicti Abbates & Conventus, de consilio prædictarum partium amicorum, permutationem fecerunt aliam, de Prioratu de Diyonâ cum suis appenditiis, ad Prioratum de Niune & de Sancto Genisio & pertinentiis & appenditiis eorumdem, sub hâc formâ; quòd Prioratus de Divonâ, ad Monasterium Sancti Eugendi redeat cum suis appenditiis & pertinentiis universis; Prioratus de Niune & de Sancto Genisio, sicut de cætero cum suis appenditiis, Abbati & Ecclesiæ de Abundantiâ subditi & subjecti; Prioratus autem de Aurinie, remaneat cum suis appenditiis Abbati & Ecclesiæ de Abundantiâ, sicuti in primâ permutatione continebatur; quatuor siquidem libras annuæ pensionis Gebennensis monetæ, dederunt adhuc Abbas & Conventus Sancti Eugendi, Abbati & Ecclesiæ de Abundantiâ, & assignaverunt eas reddendas in perpetuum, apud Arbosium in Prioratu de Arbosio, in Octavâ Paschæ. Ut autem præsens permutatio inconcussa, firma & stabilis in perpetuum observetur, præsens scriptum inde confectum, quatuor sigillis, duorum Abbatum & duorum Conventuum prædictorum, roboratum fuit, in testimonium & memoriam rei gestæ. Actum fuit hoc apud Sessiacum, anno Domini 1244 in mense Novembri.

PREUVES POUR L'ABBAYE
DE BAUME LES-MESSIEURS.

Carta Frederici primi Imperatoris, anni 1157.

IN nomine Sanctæ & individuæ Trinitatis. Fridericus divinâ favente clementiâ, Romanorum Imperator semper Augustus. Quemadmodum divinis humanisque legibus irretractabiliter obnoxius tenetur, quisquis vel tyrannicâ violentiâ, vel aliquâ detestabili versutiâ, sanctæ Dei Ecclesiæ quæ nos in divinæ adoptionis hæreditate parit, damna aliqua vel detrimenta molitur; sic omnis, qui deffensioni protectionique ejus, liberali munificentiâ consulit, certam beatæ remunerationis fiduciam, apud illum tremendum judicem, sibi prospicit. Unde si loca divino cultui mancipata, aliquâ negligentiâ vel hostili persecutione collapsa, in pristinum religionis habitum reparamus, & divinum inibi servitium, ubi nec ejus vestigia apparebant, plenariè reformamus; id nobis, & in hac, & in æternâ vitâ profuturum esse, minimè dubitamus, eapropter, omnibus Christi imperiique nostri fidelibus, tam futuris quam præsentibus notum esse volumus, qualiter nos divinâ ordinante clementiâ, regnum Burgundiæ ingressi; inter cæteras Ecclesiastici cultus & status reipublicæ enormitates, *Balmensem Ecclesiam, quam olim antecessores nostri Reges & Imperatores, nobiliter fundatam*, multis prædiis, amplisque possessionibus dotaverunt, & in Abbatiæ dignitatem congruis honoribus sublimaverunt; prorsùs desolatam, omni religione ac divino servitio destitutam, & quod sine dolore dicere non possumus, de Imperiali Abbatiâ, in Prioratum vel Grangiam Cluniacensem, redactam invenimus. Omnium igitur Religiosorum terræ illius consultu, & universorum tam Principum quam Baronum supplici rogatu, & quia dignè revocandum erat, quod contra sacratissimas Imperatorum Constitutiones, illicitis ausibus patratum fuerat; Ecclesiam Balmensem ab omni extraneâ & incompetenti Cluniasensium potestate absolvimus, & in pristinam Abbatiæ dignitatem, in quam posuerant eam

de l'Abbaïe de Baume les-Messieurs.

patres nostri, integraliter eam restauravimus ; statuentes , & irrefragabili legis edicto decernentes, ne aliqua Ecclesiastica secularisve persona, præfatæ Balmensis Abbatiæ dignitatem imminuere, vel alterius Monasterii aut Ecclesiæ dominio subjicere, vel unquam in Prioratum resolvere præsumat. Sanè ut memorata Ecclesia, omni tempore tam in rebus quàm in libertate inconvulsa semper existat, Abbatem ejus Gigonem qui in præsenti ejusdem Abbatiæ administrationem habet, omnesque successores ejus legitimos, omnesque fratres inibi Deo servientes, nec non & omnes possessiones prænominatæ Ecclesiæ quas nunc habet vel in posterum habitura est, in nostrâ Imperiali tuitione suscepimus, & eidem lege in perpetuum valiturâ confirmavimus; Gaudam videlicet cum appenditiis suis, Grandem-fontanam, cum appenditiis, Abbatiam Jussani Monasterii cum molendinis & aliis appenditiis, Beneventum, Sanctum Mauritium de Bosco, Sanctum Germanum de Grozon, Sanctum Lauthenum, Braviachum, Villam Balmensem, Villam de Cransot, Montinum, Laviniacum, Cincinum, Chaviniacum, Parrunacum ; Capellam de Bellavaura & Cies, & Ecclesias Sancti Stephani Pontarli & Dolæ, & obedientiam Savoneriæ, Grozonum, & Bivilliaco, & Poligniaco, & Victorii, & quidquid possidet in Nuniaco ; Ecclesiam Domblanco, Bleterenco, Larniaco, Sisinciacho, & Sancto Desiderato Lædonis, omnia cum appenditiis suis ; & quidquid possidet in burgo Lædonis, Bernarias scilicet & furnos & alia plurima ; & quidquid possidet Allefractæ, Sanctæ Agnetis, Vincellæ, Giruthelco & Munetum, Cortonæ, & quidquid possidet in Monasterio quod est situm supra Estrabonam cum appenditiis suis, & Sanctum Renobertum, & quidquid supra nominata Ecclesia possidebat tempore Alberici Abbatis. Concessimus quoque fratribus Balmensis Ecclesiæ, liberam facultatem eligendi Abbatem quemcumque voluerint. Cæterum supra dicta omnia, Balmensis Ecclesia liberè habeat, & quiete possideat, & nulli indè aliquod servitium debeat, nisi Deo viventi, & post eum Romano Imperatori. Si quis verò contra hanc Decretalem paginam temerè venire, vel Constitutiones nostras infringere præsumpserit, banno Imperiali subjaceat, & mille libras auri purissimi componat Cameræ nostræ, & supradictæ Ecclesiæ. Testes huic nostræ Constitutioni adhiberi fecimus quorum nomina hæc sunt. Humbertus Archiepiscopus Bisuntinus, Heraclius Lugdunensis Archiepiscopus & Primas, Matheus Dux Lotharingiæ, Bertholus Dux de Zeringa, Lepoldus frater Ducis Bohemiæ, Comes Stephanus, Comes Udalricus de Lencelot, Comes Hugo de Tagesburg. Serenissimi Domini Friderici Romanorum Imperatoris invictissimi, ego Reginaldus Cancellarius, vice Stephani Viennensis Archiepiscopi & Archicancellarii, recognovi. Datum Arbosii decimaquarta Kal. Decembris, Indictione quinta, anno Dominicæ Incarnationis, millesimo centesimo quinquagesimo-septimo. Regnante Domino Friderico Romanorum Imperatore invictissimo, anno regni ejus sexto, imperii vero tertio, sic signatum.

PREUVES POUR L'ABBAYE
DE CHATEAU-CHALON.

Cartæ Frederici Primi & Frederici Secundi Imperatorum.

IN nomine sanctæ & individuæ Trinitatis, Fredericus Secundus divinâ favente clementiâ Romanorum Imperator semper augustus, Jerusalem & Ceciliæ Rex. Etsi circa commoda Ecclesiarum Dei & locorum Religiosorum teneamur maximum exhibere favorem, tantò cœnobia clementiùs intuemur, & ad fovendum eorum statum, serenitas nostri culminis favorabiliùs inclinat, quantò celebris sexus ille femineus divino cultu dedicatur; in bonis temporalibus divæ recordationis Romanorum Principum crevit auxilio, & nostræ liberalitatis munimine status earum indiget conservari. Universis igitur Imperii nostri Fidelibus tam modernis quàm posteris, volumus esse notum; quòd Euphemia venerabilis Abbatissa & Conventus Monasterii Castri-Caroli fideles nostræ, præsentarunt Curiæ nostræ quoddam privilegium augusti Domini avi nostri Imperatoris Frederici piæ recordationis, ipsi Monasterio clementer indultum; attentiùs nostram celsitudinem supplicantes, quatenùs idem privilegium transcribi & innovari, & ea quæ convenirent in dicto Monasterio, ipsis & succedentibus eis dignaremur & de nostrâ gratiâ confirmare; cujus privilegii tenor talis est.

IN nomine sanctæ & individuæ Trinitatis, Fredericus divinâ favente clementiâ Romanorum Imperator & semper Augustus. Quandocumque nostræ Imperialis corroborationis expofcitur suffragium, celeri effectu est attribuendum; & si id exposcitur quod durare perpetuò debeat, litteris est etiam annotandum, ne prolixitas temporum, posteris hoc reddat dubium vel incertum. In examine enim cuncta Dei conspicientis, æquale meritum credimus fore, dantes & corroborantes. Credimus etiam ad Imperialem nostram Majestatem pertinere, totius Regni curas, præcipuéque omnium sanctarum Dei Ecclesiarum, commoda considerare, & omnia eis adversantia, sub omni festinatione abolere; ne vel gravi incommoditate vilescant, vel pro nostrâ culpâ ortâ occasione à pristino cultu recedant. Quatenùs dum hæc pro amore pariterque timore Dei fideliter peragimus, illorum qui hæc pro affectu Deo contulerunt meritis & gloriâ communicemus. Quapropter noverit omnium Christi Imperiique nostri fidelium, tam præsens ætas quàm successura posteritas; *qualiter Petronilla venerabilis Abbatissa Castri-Caroli, Majestatem nostram adiit, suppliciter exorans; ut præfatam*

Ecclesiam

de l'Abbaïe de Chateau-Chalon.

Ecclesiam quæ Castrum-Caroli nuncupatur, à beatæ memoriæ Norberto Patricio & Eusebianâ consorte suâ, pro redemptione animarum suarum, in honorem Beatissimæ Dei Genitricis & semper Virginis Mariæ, & Petri Principis Apostolorum, studiosâ devotione fundaverunt, & amplis possessionibus ditaverunt, sub nostra deffensione susciperemus ; & omnia bona eidem Ecclesiæ pertinentia, acquisita vel acquirenda, imperiali authoritate confirmaremus. Prædictæ itaque venerabilis Abbatissæ, devotas preces & religiosa vota clementer admisimus, & præfatam Ecclesiam cum omnibus suis bonis mobilibus & immobilibus, cultis & incultis, acquisitis & acquirendis ; ipsam quoque Abbatissam cum Sanctimonialibus Deo & Sanctæ Mariæ Matri devotè famulantibus, cum servis & ancillis omnibus ad præfatam Ecclesiam pertinentibus, in nostram Imperialem tuitionem suscepimus ; & ne aliquâ malignantum infestatione alienari vel destrahi vel dilapidari valeant, præsentis privilegii authoritate & Imperialis corroborationis munimine confirmamus ; statuentes itaque decernimus, ut quæcumque dona, oblationes & munera, jam dictus Norbertus, vel ejus uxor Eusebiana, vel quælibet alia persona, præfatæ Ecclesiæ contulerunt, rata & illibata permaneant, usibus tantùm Abbatissæ & Sanctimonialium ibi degentium profutura ; ex quibus quædam propriis duximus exprimenda vocabulis. Villa Plaisiaci cum Ecclesiâ & mancipiis, & integraliter cum omnibus suis appenditiis, Ecclesa Meronaci, Villa Loverciacum integra cum omnibus suis dependentiis, Marciniacum, in Villâ Peyto tres mansi, in Villâ Merliæ unus mansus, in Villâ Chillimaco tres mansi, in Villâ Noviaci mansus unus ; Villa Mathonacum, Ecclesia de Arintho cum decimis, Villa Turbionis integra cum mancipiis & appenditiis suis, Ecclesia des Faisses cum decimis & tertiâ parte Villæ ; Ecclesia de Crotonaco cum decimis & terris suis, Capella Novævillæ cum decimis suis, Ecclesia de Besain cum decimis suis ; in Villâ Arbosii tres mansi. . . . . . . integri, Ecclesia de Fay cum decimis & appenditiis suis, & tertia pars Villæ ; insuper tres corvatæ Widonis Heremitæ, Villa Dois integra, Villa Blez integra, Monistrolium integrum, Villa Chambron integra, Masicres integrè, in Villâ Victor . . . . . . quinque mansi cum sepulturis ; Villa Sancti Lamani integra, in Villâ Frontiniaci mansus unus, Villa Passenans, Ecclesia Brairii cum decimis suis & unum casale in cæmeterio ; in Villâ Darboniaci quatuor mansi, Ecclesia d'Arlay cum decimis & decima pars territorii ejusdem Villæ, & etiam Capella Castri cum sepulturis ; media pars Ecclesiæ Sancti Germani, in Villâ Bletterensi viginti & unus mansi & corvatæ & Brolium, media pars Villæ Larnay, media pars Villæ Vincent, in Villâ Lombarci tres mansi, Villa Noire integra cum mancipiis campis, pratis, sylvis, aquis, aquarum decursibus, Ecclesia de Molain cum decimis & terris suis, Capella de Chandevers, Ecclesia de Raons & tres mansi in eâdem Villâ & unum pratum, Ecclesia de Chalmargis, Ecclesia de

Javingey. Hæc omnia supradicta, quæ suprà nominata Ecclesia in præsenti possidet, & quæ in futurum vel liberalitate Regum vel Imperatorum, largitione Principum, donatione Pontificum, oblatione fidelium, seu quibuscunque beneficiis elemosinarum adipisci possit, nostrâ authoritate confirmata, quiete de cætero teneat & possideat, omnium hominum contradictione & vexatione, & injustâ exactione præmotâ. Præcipuè autem Castrum-Caroli, ipsum scilicet montem in quo Abbatia fundata est ab ipsis Fundatoribus, divino tantùm ministerio deputatum, liberum & quietum ab omni alienâ vel violentâ invasione, & ab omni Ducum & Comitum seu quarumlibet aliarum personarum exactione, esse decernimus. Sit itaque perpetua quies, & inviolata religio, & inconcussa libertas, Abbatissæ & Sanctimonialibus inibi Deo & Sanctæ Mariæ semper Virgini & Sancto Petro Apostolorum Principi, dignè famulantibus. Et decedente Abbatissâ, reliquæ liberam habeant electionem in eodem Monasterio vel extrà, de aliâ Abbatissâ promovendâ. Cæterùm ut suprascripta omnia rata & inconcussa, supradictæ Ecclesiæ omni tempore valitura, possint & debeant permanere, imperialis edicti firmitate & Pragmaticâ sanctione, nostri quoque caracteris inscriptione, & quocunque possumus corroborationis munimine confirmamus. Quicunque autem mortalium, hanc nostram constitutionem vel corroborationem infringere temerario ausu attentaverit, Imperiali Banno subjaceat, & centum libras auri & ducentas libras argenti, coactus ab Imperatore, sibi & Sanctimonialibus ibi deservientibus pro satisfactione persolvat. Hujus sunt testes Conradus Wormaci Episcopus, Hubertus Bisuntinus Electus, Ebrardus Thesaurarius Ecclesiæ Sancti Joannis, Fredericus Archidiaconus, Magister Guido ejusdem Ecclesiæ Canonicus, Wibertus Ecclesiæ Sancti Stephani Thesaurarius, Stephanus ejusdem Ecclesiæ Canonicus, Ado Abbas Sancti Eugendi, Iphridus Abbas Luxoviensis, Guttardus Abbas Faverniacus, Enselinus Abbas Corneoli, Comes Stephanus, Amedeus Comes de Montebeligardo, Walcheus Salinensis, Bonardus de Asue, Magnardus de Grombach, Thiebertus de Montemoreto; de Clericis Ecclesiæ, Magister Umbertus, Magister Guido.

Signum Domini Frederici Romanorum Imperatoris invictissimi. Ego Christianus Imperialis Curiæ Cancellarius recognovi. Datum Vormatiæ decimo tertio Kalendas Octobris, anno Dominicæ Incarnationis millesimo centesimo sexagesimo quinto, Indictione tertiâ decimâ, regnante Domino Frederico Romanorum Imperatore gloriosissimo, anno regni ejus tertio decimo, imperii verò undecimo. Actum in Christo feliciter, Amen. Nos igitur attendentes religionem & honestam conversationem Abbatissæ ac Monialium prædictarum, & quanto devotionis affectu, ibidem Domino famulantur; pro salute quoque nostrâ, & remedio animarum Dominorum augustorum parentum nostrorum recolendæ memoriæ; eorum supplicationibus favorabiliter inclinati, præ-

dictum privilegium divi augusti avi nostri, eidem Monasterio indultum, de verbo ad verbum sicut suprà continetur, transcribi & innovari mandavimus; confirmantes in perpetuum eidem Monasterio, omnia quæ suprà scriptum privilegium continet, de nostrâ gratiâ Majestatis; præsentis privilegii authoritate mandantes, quatenùs nullus Princeps, Dux, Marchio, Comes, Ministerialis, Sculterius, Advocatus, nullaque persona alta vel humilis, Ecclesiastica vel mundana, contra præsentis confirmationis nostræ paginam venire præsumat. Qui contra præsumpserit, indignationem culminis nostri incurrat, & pœnam centum librarum auri puri componat; quarum medietas fisco Imperiali, & reliqua medietas passis injuriam persolvatur. Ad hujusmodi autem innovationis & confirmationis nostræ memoriam & robur, in perpetuum valituræ, præsens privilegium fieri & sigillo Majestatis nostræ jussimus communiri. Hujus rei testes sunt Jacobus Capuanus, Cesterius Salernitanus, & Obisius Cusentinus, Archiepiscopi; Richerius Melfiensis, J. Trojanus & Petrus Rebellensis Episcopus; Thomasius Comes, Autrarius Marchio, Lamera Comes, Arduinus Henricus de Revett Senescalus, Vimignertus Butriglarius, Riccius Camerarius, Andreas Logotheta, & alii quamplures. . . . .
Augusti Jerusalem & Siciliæ Regis. Acta sunt hæc anno Dominicæ Incarnationis millesimo ducentesimo tricesimo secundo, mense Julii quintæ Indictionis; imperante Domino nostro Frederico semper augusto, Jerusalem & Siciliæ Rege gloriosissimo; imperii ejus anno duodecimo, & regni Jerusalem septimo, regni verò Siciliæ tricesimo quarto. Datum apud Melsam, anno, mense & Indictione præscriptis.

Scellé d'un large Sceau rond, auquel est insculptée une effigie d'Empereur, & à l'entour d'icelui, est écrit en lettres lisibles. Fredericus Dei gratiâ Imperator Romanor. semper augustus, *pendant à fil de soie jaune & rouge. Signé*, HUMBERT.

Carta Guillelmi Comitis.

Regibus Principibusque à Deo tradita potestas postulare videtur, quatenùs hoc magnopere ab ipsis provideatur, ne Ecclesia Dei, quibuslibet aliquando oppressa malis, suo jure privetur; & ut eorum insuper largis beneficiorum muneribus, ornamentis scilicet decorata, patrimoniis munita, & possessionibus semper proficiens, crescat & amplificetur. In quantum enim præstante Deo, mortales cæteros honore & gloriâ, favore & potentiâ præcellunt; in tantum Ecclesiam Dei, ejus videlicet sponsam, rebus ditare, privilegiis roborare, & omni gloriâ decorare debent. Ad gloriam itaque Dei & meorum remissionem peccatorum, Ego Guillelmus gratiâ Dei Comes Matiscensis, Deo & ejus Matri piæ Virgini Mariæ, & Beato Castri-Caroli, Petro Apostolorum Principi, dono & guerpio, taillias & feroprifias, quas in fupradictæ Ecclefiæ terris faciebam; nihil omnino retinens, præter juftitiam quam ibi habebam. Ut autem hoc in futurum firmiter maneat, præfentis privilegii paginâ, pofterum memoriæ transfigere curavi, manu propriâ, hoc ipfum me tenere juravi, & figilli mei impreffione fignavi. Prætereà Humbertus Venerabilis Ecclefiæ Bifuntinæ Archiepifcopus, meo rogatu, Pontificali gladio interdixit, ne ego, vel quilibet mihi in Comitatu fuccedens, ad hoc impugnandum vel infringendum, manum porrigat. Laudavit hoc Rainaldus Burgundiæ Comes frater meus, à quo ego Confulatum meum teneo. *Scellé de pâte blanche à lacs de foie verte & jaune.*

Bulla Lucii III. anni 1184.

LUcius Epifcopus, fervus fervorum Dei. Dilectis in Chrifto filiabus, Abbatiffæ Monafterii S. M. & S. Petri de Caroli-Caftro, ejufque fororibus tam præfentibus quàm futuris, regularem vitam profeffis in prædicto Monafterio, Officium jufta poftulantibus indulgere, vigor æquitatis & ordo exigit rationis; præfertim quando petentium voluntatem, & pietas adjuvat & veritas non relinquit. Quapropter dilectæ in Chrifto filiæ, juftis veftris poftulationibus clementer annuimus, & præfatum Monafterium in quo divino mancipatæ eftis obfequio, ad exemplar fœlicis memoriæ Urbani & Alexandri Romanorum Pontificum, fub Beati Petri & noftræ protectione fufcipimus, & præfenti fcripti privilegio communimus. In primis fiquidem ftatuentes, ut Ordo monafticus, qui fecundum Deum *& Beati Benedicti Regulam effe dignofcitur inftitutus in eodem Monafterio, perpetuis temporibus inviolabiliter obfervetur.* Prætereà, quafcunque poffeffiones, quæcunque bona idem Monafterium juftè & canonicè poffidet, aut in futurum conceffione Pontificum, largitione Regum vel Principum, oblatione fidelium, feu aliis juftis modis præftante Domino poterit adipifci; firma vobis & his quæ poft vos fucceffferint, & illibata permaneant; in quibus hæc propriis duximus exprimenda vocabulis. Noire & medietatem Oftelens, Ecclefiam de Moolers cum quadam parte territorii, Ecclefiam de Raons cum duobus manfis in eâdem Villâ, Villam Sancti Lamani cum appenditiis fuis, Ecclefiam de Brairi, in Villa Arlaci manfos tres, & Ecclefiam Sancti Vincentii, in Caftello Arlaci Capellam Sancti Nicolai, in Blaterans fexdecim manfos & medietatem Villæ de Larnai, apud Vincens quinque manfos, in Lombar quatuor manfos, jus quod habetis in Ecclefia Sancti Germani & Capellania in Villa de Playnoifel, Ecclefiam Sancti Remigii & manfum de Moferes, Ecclefiam de Calmargis, in Parochia de Vetors quidquid juftè poffidetis, Caftrum de Galardin quod nobilis vir Willelmus

de l'Abbaïe de Chateau-Chalon.

Comes in tuâ dilectâ in Christo filia & aliorum plurimorum præsentia refutavit, Ecclesiam de Juvingey, Ecclesiam de Arinthod, Villam Plesiaci cum appenditiis suis, Villam de Louverés, Villam Maronensem in .... mansos tres, in Chilim quinque mansos, Ecclesiam Turbionis cum ipsâ Villâ, tertiam partem de Faisse cum Ecclesia, Ecclesiam de Fied cum ædificio Domini Guidonis Heremitæ, in Beseno Ecclesiam Sancti Joannis Baptistæ, in Crotenai Ecclesiam S. Petri, Capellam de Nova Villâ, villam Ministroli, Caroli-Castrum integrum cum omnibus pertinentiis suis, & quidquid in Parochiâ Ledonensi possidetis. Præterea Willelmo Comite Burgundionum & Matisconensis viam universæ carnis ingresso, Pontia Comitissa uxor ejus cum Stephano & Gerardo filiis suis, tallias & alia emolumenta quæ in earum terra contra justitiam faciebant, in præsentiâ venerabilis fratris nostri Humberti Bisuntinensis Archiepiscopi, supradictæ Ecclesiæ pietatis intuitu, refutarunt; & Tibertus de Montmoret Ecclesiam Paintarum, campanariam & gerbariam quæ in quosdam homines Monasterii faciebat, & septem nummos quos in festo sancti Martini annuatim in unoquoque manso & Caroli-Castrensi Ecclesiâ exigebat, in præsentiâ quorumdam nobilium pro animæ suæ remedio & salute, reliquit. Easdem refutationes, præsenti scripti privilegio communimus & inconcussas perpetuis temporibus statuimus permanere. Sanè quieti vestræ in posterum providere volentes, authoritate apostolicâ inhibemus; ut in possessionibus cœnobii vestri, sine vestro & earum quæ vobis successerint consilio & assensu, nullus omnino, turres, domos, vel munitiones aliquas ædificare præsumat. Adjicientes etiam, ut terras & possessiones ad vestrum Monasterium pertinentes, nullus absque causâ rationabili, vobis vel his qui post vos successerint nescientibus & invitis, emendi habeat facultatem; & si emerit, venditio illa nihil habeat firmitatis. In electione autem Abbatissæ, nulla prorsùs sæcularis persona, vocem vel potestatem sibi audeat arrogare, sed obeunte te Petronillâ Abbatissâ dilectâ in Christo filiâ, vel earum quæ tibi successerint, nulla ibi qualibet subreptionis astutia seu violentia propronatur, præter eam quam sorores ejusdem loci, vel sororum pars concilii sanioris, secundùm Dei timorem & beati Benedicti regulam providerint eligendam. Decernimus ergo, ut nulli omnino hominum, liceat supradictum Monasterium temerè perturbare, aut ejus possessiones auferre, vel ablatas retinere & minuere, seu quibuslibet vexationibus fatigare; sed illibata omnia & integra conserventur .... pro quarum gubernatione ac institutione, concessa sunt usibus omnimodis profectura, salvâ Sedis Apostolicæ authoritate & diocesani Episcopi canonicâ justitiâ. Sanè vos ad judicium hujus præscriptæ à Romanâ Ecclesiâ protectionis, decem libras ceræ septimo anno redeunte, Lateranensi Palatio persolvetis. Si qua igitur in futurum Ecclesiastica sæcularisve persona, hanc nostræ Constitutionis paginam sciens, contra eam temerè venire tentaverit, secundo tertiove commonitu, nisi reatum suum dignâ satisfactione correxerit, potestatis honorisque sui dignitate careat, reumque se divino judicio existere, de perpetratâ iniquitate cognoscat; & à sacratissimo corpore Dei ac Domini nostri Jesu Christi alienus fiat, ac in extremo examine districtæ ultioni subjaceat. Cunctis autem eidem loco sua jura servantibus, sit pax Domini nostri Jesu Christi, quatenùs & hîc bonæ actionis fructum percipiant, & apud districtum Judicem, præmia æternæ pacis inveniant, amen, amen.

Sequuntur signa, Lucii Catholicæ Ecclesiæ Episcopi, & multorum aliorum, tam Cardinalium quàm Episcoporum, & in fine

Datum Lateranensi per manum Alberti S. R. E. Presbyt. Cardinalis & Cancellarii, 5°. Kal. Martii, Indict. xv. anno Incarnationis Dominicæ 1184. Pontif. vero D. Lucii Pap. ann. 3.

Extrait des Régistres du Conseil d'Etat du Roi.

SUr la Requête présentée au Roi étant en son Conseil, par l'Abbesse de l'Abbaïe de Chateau-Chalon au Comté de Bourgogne, contenant, que N..... s'étant présentée pour entrer dans ladite Abbaïe, trois Gentilshommes furent nommés pour examiner ses titres, lesquels ayant été trouvés défectueux, ladite N..... auroit en conséquence été refusée, & N..... pere de ladite Demoiselle se seroit adressé au Parlement de Besançon, lequel a ordonné que les titres de la famille dudit N..... seroient examinés par des Commissaires qu'il a nommés. Ces Commissaires étant parents ou amis dudit N..... lui ont été favorables, & ont déclaré ses titres suffisants; surquoi ladite Cour auroit enjoint à la Supliante, de recevoir ladite N..... à peine de saisie du temporel de ladite Abbaïe: & d'autant que ce Jugement du Parlement de Besançon, est une entreprise nouvelle & extraordinaire, ladite Cour n'ayant jamais nommé de Commissaires pour examiner les titres de ceux qui doivent être admis dans les Maisons Religieuses de Noblesse d'Hommes ni de Filles qui sont en Comté, & que la Supliante a un interêt considerable qu'il ne soit rien innové à cet égard; Requeroit pour ces causes, qu'il plût à Sa Majesté sur ce lui pourvoir. Vû ladite Requête, & tout consideré; SA MAJESTE' étant en son Conseil, sans avoir égard à ce qui a été ordonné par lad. Cour de Parlement de Besançon, a ordonné & ordonne, que les titres de ladite N..... seront de nouveau examinés par trois Gentilshommes, l'un desquels sera nommé par l'Exposante, le second par N.... pere de ladite Demoiselle, & le troisiéme par les deux autres qui en conviendront entre eux; & si l'un desdits Commissaires nommés par l'une des Parties, étoit suspect à l'autre, Sa Majesté trouve bon en ce cas, que sadite Cour de Parlement juge, si les moyens de suspicion doivent être admis, & ordonne qu'il soit nommé par la Partie un autre Commissaire au lieu de celui qui se trouvera légitimement récusé, sans que ladite Cour nomme lesdits Commissaires. Fait au Conseil d'Etat du Roi, Sa Majesté y étant, tenu à Versailles le 25 Novembre 1691.

LOUIS par la grace de Dieu, Roi de France & de Navarre: Au premier nôtre Huissier ou Sergent sur ce requis, Nous te mandons & commandons par ces Présentes, signées de nôtre main; que les Lettres ci-attachées sous le Contrescel de notre Chancellerie, ce jourd'hui données en notre Conseil d'Etat, Nous y étant, sur la Requête de l'Abbesse de l'Abbaïe de Chatel-Chalon au Comté de Bourgogne; tu signifies à tous qu'il apartiendra, afin qu'ils n'en prétendent cause d'ignorance; & fasse au surplus pour l'exécution d'icelui, tous exploits, significations & autres actes requis & nécessaires, sans, pour ce, demander autre congé ni permission; Car tel est notre plaisir. Donné à Versailles le 25 Novembre l'an de grace 1692, & de notre Regne le cinquantième. Signé par le Roi. Et scellé du grand Sceau en cire jaune.

PREUVES POUR L'ABBAYE DE MIGETTE.

NOs Joannes de Cabilone, Dominus de Arlato, notum facimus universis præsentibus & futuris; quòd cum felicis recordationis Dominus Hugo de Cabilone pater noster, in suo testamento & ultimâ voluntate suâ, donavit penitus ac in perpetuum Abbatissæ & Ecclesiæ de Migetis, ad opus Sororum Minorissarum sive Cordeliarum ibidem ponendarum; videlicet ad sustentationem Dominarum ac Sororum Minorissarum ibidem Domino servituarum, & pro negotiis suis temporalibus meliùs adimplendis, ducentas libratas terræ annui & perpetui reditûs percipiendas & levandas annuatim ad monetam Stephaniensem, prout in clausulis sui testamenti continetur, quarum clausularum tenor sequitur in hæc verba.

NOus commandons nostre corps & nostre ame à maintenant, & quand elle partira de nostre corps, à nostre Seigneur Jesus Christ nostre Creatour, & à la benoiste & glorieuse Vierge Marie sa mere, & à toute la Cour célestialle; & élisons la sépulture de nostre corps, en l'Eglise des Religioux de Mont-Sainte-Marie emprès nostre chier Seignour & pere, Monsiour Jean de Chalon Seigneur d'Arlay jadis, cui Dieu absolve, au cas ce que Nous trépasserions de ce siécle en Bourgo-

gne, en tel lieu d'où l'on peuft convenablement noftre corps porter en l'Eglife deffufdite ; & noftre cuer voulons eftre enfeveli avec noftre mere Madame Marguerite, jadis Dame d'Arlay, à Migette ; & volons, ordonnons & commandons, que nos hoirs foient tenus à conftruire, parfaire, édiffier & accomplir entiérement l'Eglife & le lieu, que Nous avons ordené & établi à faire illec, pour mettre Cordelieres ; auquel lieu Nous donnons, affignons, afféons & afférons dois ja perpétuellement, doux cens livres de terre en la forme & en la maniere que s'enfuit. C'eft à fçavoir la grange des Conches & toutes les appartenances & appendices d'icelle, pour quarante & cinq livres de terre, quitte, franche & délivrée de tous frais, de toutes charges réelles & perfonnelles, rachapt, preftation annuelle, & de tous autres frais ordinaires & extraordinaires de quelque nature qui foient, & de tous les autres empefchements, &c. volons & commandons que noftre héritier lour oftent, & foient tenus iceux à ofter & délivrer du tout ; & à ce obligeons expreffément lefdits héritiers. Encore baillons en l'affignation defdites doux cens livres de terre, quatre-vingt & dix livres de terre, lefquelles Huguenin de Chanvans, a, prend & perçoit chacun an à fa vie foulement, au Pui de Salins, fur le communal de la Salnerie dudit lieu, lefquelles doivent venir à Nous après le décès dudit Huguenin : volons & commandons, que tant que ledit Huguenin vivra, noftre héritier foit tenu & obligé, à payer & rendre en deniers chacun an, lefd. quatre-vingts & dix livres éfdites Cordelieres ; & que tôt après la mort dudit Huguenin, lefd. quatre vingts-dix livres que nous donnons, veignent quittement & délivrément éfdites Cordelieres perpétuellement, pour vertu de ceftes noftre derniere ordination ou derniere volonté ; & volons & commandons, que noftre héritier accompliffe, entérine, parfaife & foit tenu d'accomplir, entériner & parfaire ce qui défaudroit defdites doux cens livres de terre, en bon lieu & convenable, aillours qu'audit Pui, fi ce n'eftoit du confentement & volonté defdites Cordelieres ; éfquelles nous laiffons, donnons & baillons dois jay fans prix, tout noftre abergement dudit lieu de Migette, excepté la maifon derriere, en laquelle ly cellier eft, laquelle nous retenons pour nous & pour nos hoirs ; & s'il advenoit que pour aucune évidante & inévitable néceffité, ladite maifon pour nous retenuë, fut befougnable à aucun temps à venir éfdites Cordelieres, nous volons expreffément, commandons & ordenons, que nonobftant ladite retenuë que nous en avons faite, noftre héritier en celui cas, foit tenu de la lour laiffer, bailler & délivrer durablement, & Nous en celui cas la lour donnons & laiffons dois jay fans prix ; & volons qu'elles aient en outre, le vergier dudit lieu de Migette fans prix. Auquel teftament furent nommés exécutours, la femme dudit Monfiour Hugues teftatour, Jean frere dudit teftatour, Meffire Jean Abbé de Baume, ly Abbé de Mont-Sainte-Marie, que ores eft Meffire Girard de Vaites, Meffire
Guillaume

de l'Abbaïe de Migette.

Guillaume Ligalois, Meſſire Guy de Baume Archidiacre de Faverney, & Meſſire Amey de Montagu Chanoine de Beſançon.

Quam donationem factam dictus pater noſter in parte in ſuo teſtamento prout ibi continetur, aſſignavit eiſdem, & dilecta mater noſtra Beatrix de Viennâ, integravit in locis inferiùs nominandis, tanquam tutrix noſtra; videlicet ſuper Villam & homines de Croſeto, decem libras annuatim; item ſuper prata de Gariagiâ & Othonem filium Rahot & ſuum manſum integrè, decem libras; item ſuper decimas de Gariagiâ ſex libras, retentis Nobis & ſucceſſoribus noſtris altâ Juſtitiâ, convocatione ad exercitum, & emendâ ſexaginta ſolidorum; item ſuper furnum de Ternoz, viginti & octo libras annuatim; item ſuper furnum de Gevreſim, novem libras annuatim; item ſuper furnum de l'Abergement, duodecim libras annuatim. Volumus inſuper, quod in dictis Villis, videlicet de Ternoz & de Gevreſim ac de Abergamento, dicti furni ſint bannales; & quod non poſſimus nec alii cauſam habentes in dictis Villis, furnos alios conſtruere ſeu ædificare, in præjudicium dictorum furnorum. Promittimus etiam bonâ fide, quòd nos ſemper cum opus fuerit, compellemus ſubditos noſtros ad coquendum & deferendum paſtas ſuas in dictis furnis, nec alibi in domibus ſuis vel aliis furnis decoqui faciemus; & eis à modo præcipimus hoc & mandamus fieri, & perpetuò inviolabiliter ſervari, & ad hoc ſubditos noſtros Villarum & eorum hæredes & ſucceſſores in perpetuum obligamus. Prættereà concedimus plenariam facultatem, authoritatem & poteſtatem ac mandatum, furneriis dictorum furnorum qui pro tempore ſunt & erunt, & à dictis Religioſis inſtituendi ibidem in poſterum, ut eis liceat liberè per ſe ſeu per alium vel alios nomine ipſorum & pro ipſis ad uſum dictorum furnorum, ligna capere & gratis de nemoribus noſtris extrahere, prout in dictis Villis ubi furni ſituantur hactenùs eſt conſuetum; contradictione noſtrâ vel alterius perſonæ non obſtante. Item quòd voluit & ordinavit dictus Dominus Hugo pater noſter, quod nos Joannes prædictus hæres ejus compleremus & perficeremus integrè, ſi quid defecerit de dictis ducentis libratis terræ, in bonis locis & alibi quàm in dicto Puteo Salinenſi, niſi in hoc dictarum Cordeliarum conſenſus accederet, ut hæc inter cætera in dicto teſtamento prout ſuperiùs jam tactum eſt & pleniùs continetur; nos volentes & cupientes toto corde, tam ſanctam, piam & adeò placentem ordinationem, ultimam voluntatem & elemoſinam jugiter & in perpetuum ſtabilem & firmam permanere; dictam ordinationem & donationem factam ut ſuprà dictum eſt de dictis ducentis libratis terræ, ac aſſignationem ſuprà bona prædicta & in locis ſuperiùs deſignatis, necnon integrationem, ratas & gratas atque firmas habemus & volumus; præcipimus & mandamus pro nobis & hæredibus noſtris penitùs & in perpetuum, quòd dictæ Religioſæ & earum ſucceſſores in Eccleſiâ ſeu Monaſterio earum de dictis Migetis, dictas ducentas libratas terræ, per ſe vel per alium earum etiam nuncium vel mandatarium, annis singulis in perpetuum, absque alio mandato à nobis expectato capiant, habeant, levent, recipiant, percipiant pacificè & quiete, absque impedimento & turbatione quibuscumque, ad opus & sustentationem earum & Monasterii earumdem, semper & de bonis reditibus ac hominibus ante dictis; ipsas & earum successores constituentes Procuratores tanquam in rem suam propriam Ecclesiæque ac Monasterii de dictis Migetis. Ratificantes etiam per præsentes & approbantes, integritatem factam à prædictâ prædilectâ matre nostrâ, prout superiùs est expressum; & eadem bona prædicta donata ab ipsâ tutrice dilectâ matre nostrâ, iterùm in quantum in nobis est, dicto Monasterio & Religiosis prædictis de dictis Migetis donamus; & ea bona, ab omnibus servitutibus realibus, personalibus, directis, mixtis & utilibus, liberamus in perpetuum; promittentes pro nobis & successoribus atque hæredibus nostris, per juramentum nostrum ad sancta Dei Evangelia præstitum, omnia & singula in hoc instrumento contenta & superiùs expressa, penitùs & in perpetuum tenere & observare, & contrà non facere vel venire per nos vel per alium, expressè vel tacitè; sed res & bona donata ut superiùs, dictis Religiosis & earum successoribus, in perpetuum garantire, deffendere & pacificare, & ipsas Religiosas & earum mandatum in posterum, ipsorum bonorum, jurium ac redituum fruifacere; & si quid de dictis ducentis libratis terræ defecerit, annuatim de nostro in pecuniâ numeratâ, dictis Religiosis vel earum mandato solvere, perficere & complere, promittimus bonâ fide; obligantes propter hoc dictis Religiosis & Monasterio & earum successoribus, nos, hæredes & successores nostros, & bona nostra reliqua præsentia & futura; renuntiantes in hoc facto, fide datâ, omni exceptioni doli mali, circumventionis, deceptionis & beneficio restitutionis in integrum, nobis ex quâcunque causâ competentis; Juridicenti, donationem excedentem quingentos aureos debere actis insinuari, & quibusvis aliis exceptionibus contra præsens instrumentum proponendis; & præcipuè Juri, generalem renuntiationem reprobanti: confitentes in veritate spontè, providè & ex certâ scientiâ, nos Joannes prædictus, præhabitâ deliberatione diligenti, omnia & singula præmissa, esse vera & ita esse acta, eademque tenere & observare promittimus, fide datâ. In cujus rei testimonium sigillum nostrum præsentibus litteris duximus apponendum. Datum Nozereti, die Martis ante festum Nativitatis Beatæ Mariæ Virginis, anno Domini millesimo trecentesimo trisesimo quarto.

PREUVES POUR L'ABBAYE DE MONTIGNY.

NOs Othes Cuens Palatin de Bourgogne & Sire de Salins, façons fçavoir à tous ces qui verront & oiront ces préfentes lettres; que nos loons, ouctroyons & confermons, l'armone que noftre amé tante Alis Vicomteffe, hay fait à Sœurs de l'Ordre de Sainte Clere, en la Ville & Finage de Monteigney devant Vefoul; c'eft à fçavoir, le champ que l'on dit champ de Blats, & telle raifon comme elle avoit à Deime de Monteigney, de Chauveigney, de Monfote & de la Grange dou Boys; auffi bien de fa demoure comme de fes autres terres, & doues fauchées de prels qu'on dit Prels-Bonart, la corvée & lou fourg bannal de ladite Ville de Monteigney, & l'ufuaire ès paftures dudit Monteigney, auffi comme cil de la Ville en ufent; & volons que cettui lou & ouctroy foit farme & eftables permanablement; en témoignaige de laquelle chofe Nous avons fait mettre noftre fcel pendant à ces préfentes Lettres, à la Requefte & à la priere de noftre amé tante Alis Vicomteffe de Vefoul devant dite. Lefquelles Lettres furent faites en l'an de grace mil doux cens quatre-vingt & fix, ou mois de Janvier. Avec fcel y pendant.

LOuis par la grace de Dieu, Roi de France & de Navarre: à nos amés & féaux Confeillers les Gens tenans notre Cour de Parlement à Befançon, Salut; Par Arrêt rendu en notre Confeil d'Etat, Nous y étant, le vingt-cinquiéme Aout mil fept cens vingt-cinq, Nous aurions pour rétablir le bon ordre & la paix dans l'Abbaïe de Migette en notre Comté de Bourgogne, évoqué à Nous & à notre Confeil les procès & différends nés & énoncés audit Arrêt, entre l'Abeffe & les Religieufes de ladite Abbaïe & autres, tant concernant la difcipline qu'autres chofes, & iceux procès avec leurs circonftances & dépendances, renvoyés pardevant le Sieur de la Neuville Confeiller en nos Confeils, Maître des Requêtes Honoraire de notre Hôtel, Intendant de Juftice, Police & Finances en notre Comté de Bourgogne, le feu Sieur Doroz lors notre Procureur Général en notre Cour de Parlement de Befançon, & le Sieur Hugon Vicaire Général du Diocèfe de Befançon, pour entendre les Parties, & nous propofer tel Réglement qu'ils jugeroient à propos fur le fpirituel & le temporel de ladite Abbaïe; avec pouvoir aufdits Sieurs Commiffaires, de donner telles Ordonnances qu'ils aviferoient pour l'inftruction defdites conteftations, pour le tout vû & raporté, être par Nous ordonné ce qu'il apartiendroit: à quoi lefdits Sieurs Commiffaires ayant fatisfait; Nous aurions après avoir examiné en notre Conseil, tout ce qui formoit la matiere defdits procès & conteſtations entre lefdites Abbeſſes & Religieuſes, & entretenoit entre elles depuis long-tems la diviſion ſi contraire à leur état, & vû l'avis defdits Sieurs Commiſſaires, pourvû par Arrêt en forme de Réglement, rendu en notre Conſeil d'État, Nous y étant, le vingt-huit du mois de Janvier dernier, à ce qui doit entretenir le bon ordre à l'avenir dans ladite Abbaïe, & rétablir la paix & l'union entre lefdites Abbeſſes & Religieuſes; & voulant aſſurer l'exécution de ce Réglement, & l'utilité qu'en doivent retirer ladite Abbaïe & lefdites Abbeſſes & Religieuſes d'icelle. A CES CAUSES, de l'avis de notre Conſeil qui a vû ledit Arrêt, rendu en icelui ledit jour vingt-huit du mois de Janvier dernier, concernant ledit Réglement, dont l'Expédition eſt ci-attachée ſous le Contreſcel de notre Chancellerie; Nous avons conformément à icelui ordonné & ordonnons par ces Préſentes ſignées de notre main,

I. Que les Abbeſſes, Religieuſes & Monaſtere de Migette, reconnoîtront toujours pour légitime Supérieur, quant au ſpirituel, & en tout ce qui concerne la diſcipline réguliere, le Provincial des Freres Mineurs Conventuels de la Province de Saint Bonaventure, avec le droit de viſiter ladite Abbaïe, ſelon ſes Régles & les Conſtitutions Canoniques.

II. Nous avons confirmé & confirmons par les Préſentes, l'Abbaïe de Migette dans l'état où elle ſe trouve préſentement, pour ce qui concerne le nombre des ſujets qui la compoſent, qui eſt de ſix Religieuſes prébendées, outre l'Abbeſſe, & de douze Religieuſes apellées Mypartiſtes, leſquelles joüiſſent conjointement avec les ſix Prébendées de dix-huit parts de vingt des revenus de la manſe Capitulaire; les deux autres parts cédant au profit de l'Abeſſe, & leſdites Religieuſes n'arrivant auſdites prébendes & aux myparts, que par l'ancienneté de leur Profeſſion dans ladite Abbaïe; Ordonnons en conſéquence, que l'état actuel des ſix prébendes d'ancienne fondation dont la manſe Abbatiale eſt chargée, ſubſiſtera ſuivant l'ancien uſage, ainſi que le mypart provenant des dottes, fondations particuliéres, aumônes & autres biens de cette nature, qui forme la manſe Capitulaire, dont les revenus ſeront partagés en vingt parts, & diſtribués ainſi qu'il eſt expliqué ci-deſſus.

III. Et comme il a été reconnu, que d'un tems immémorial l'on n'avoit admis dans ladite Abbaïe que des filles de condition, qualifiées & anciennement nobles; Nous voulons & ordonnons pour conſerver ladite Abbaïe dans tout ſon luſtre, qu'aucune Demoiſelle n'y poura être admiſe, qu'elle ne faſſe preuve de Nobleſſe, de ſeize quartiers, jurés par quatre Gentilshommes, dont deux ſeront choiſis par l'Abbeſſe & les Religieuſes, & les deux autres par les Parents de la Demoiſelle Prétendante.

IV. Suivant l'ancien uſage de ladite Abbaïe, les Religieuſes Profeſſes Prébendées ou Mypartiſtes qui n'auront plus leur tante par adoption encore vivante, pouront ſe choiſir chacune une niéce, qu'elles préſenteront à l'Abeſſe & aux Religieuſes en Chapitre, & qui ne pouront être

de l'Abbaïe de Migette.

refufées, fi elles ont les qualités requifes par raport à la naiffance, au corps, à l'efprit & aux mœurs.

V. Lorfque les Dames Prébendées ou Mypartiftes mourront fans niéces reçûës & coëffées au tems de leur décés, ou que ces mêmes niéces après la mort defdites tantes viendront à quitter l'Abbaïe fans y faire profeffion, l'Abbeffe feule aura le droit de nommer aux places alors vacantes, en ne choififfant toutesfois pour les remplir que des fujets pourvûs des qualités néceffaires.

VI. Et attendu qu'il peut arriver que le nombre des dix-huit places étant rempli, quelques Demoifelles qui auroient la naiffance & les conditions requifes pour entrer dans ladite Abbaïe, par un efprit de zéle & de piété, demanderoient d'y être reçûës comme furnuméraires, en y aportant la dot réglée par l'ufage, & des fecours ou penfions de leurs familles, pour n'être point à charge à ladite Abbaïe, jufqu'à ce que par ancienneté elles arrivent à une place utile ; ordonnons qu'en ce cas, il en fera délibéré par lefdites Abbeffes & Religieufes Capitulairement affemblées, pour fçavoir s'il conviendroit d'en recevoir pour le bien de l'Abbaïe ; & en cas qu'il foit trouvé à propos de le faire, le choix & la nomination du fujet apartiendra à l'Abbeffe, laquelle le préfentera au Chapitre pour y être reçû en la forme ordinaire & accoutumée.

VII. L'Abbeffe feule fans recourir à d'autre autorité, aura le droit de coëffer ou donner l'habit Religieux à la Prétendante, de lui affigner le jour de cette cérémonie, auffi bien que celui auquel fe feront les preuves de nobleffe & le traité de fa dot ; aufquels actes fe trouveront toutes les Religieufes pour y délibérer fuivant l'ancien ufage.

VIII. Les Novices reçûës dans ladite Abbaïe, feront exactement une année de Noviciat felon le prefcrit du Concile de Trente ; lequel Noviciat elles ne pourront commencer qu'après quinze ans accomplis, & ne pourront pendant ladite année s'abfenter ni découcher de l'Abbaïe.

IX. Les Demoifelles qui auront été choifies pour niéces, feront ce Noviciat chez les tantes qui les auront choifies fi elles vivent encore ; & à ce défaut, elles le feront chez une des Religieufes qui leur fera défignée par l'Abbeffe; ce qui s'obfervera de même à l'égard de celles que ladite Abbeffe aura nommées.

X. Le Noviciat étant accompli, la Novice qui voudra faire profeffion fera propofée au Chapitre, & il y fera délibéré pour l'admettre ou la refufer à la pluralité des fuffrages, qui devra être de deux tiers, en conformité de la Bulle d'Urbain IV. auquel Chapitre auront droit d'affifter, toutes les Religieufes Profeffes de l'Abbaïe avec voix délibérative.

XI. Les parents jufqu'au fecond degré inclus & les tantes par adoption, fe retireront du Chapitre, pour donner aux Religieufes, la liberté de dire ce qu'elles auront remarqué dans la Novice, & rentreront enfuite au Chapitre pour donner leurs fuffrages.

XII. Si la Novice eft reçûë à faire profeffion, l'Abeffe en donnera avis au Provincial, & lui demandera les pouvoirs nécessaires pour en recevoir les vœux, selon les cérémonies accoutumées.

XIII. Lorsqu'une Religieuse Professe qui n'aura ni tante ni sœur dans l'Abbaïe, & qui sera âgée de plus de vingt-cinq ans, voudra se mettre en ménage, elle le poura; mais non pas au dessous de cet âge, à moins que l'Abbesse ne le juge nécessaire, ce que nous remettons à sa prudence.

XIV. L'Abbaïe de Migette n'étant pas en cloture réguliere, l'Abbesse poura, comme il s'est pratiqué d'un tems immémorial, pour de bonnes & pressantes raisons, permettre aux Religieuses de s'absenter de ladite Abbaïe & d'aller chez leurs parents, pourvû que le Service Divin n'en souffre point, & que ces voyages soient rares, nécessaires, & ne durent point un trop long tems; & lesdites permissions ne pourront être données que par l'Abbesse.

XV. Si une Religieuse de ladite Abbaïe s'absente pendant plus d'une année sans cause légitime & sans nécessité, quoiqu'avec permission, elle sera privée de sa Prébende & du Mypart pour tout le tems qu'elle aura excédé ladite année; & dans ce cas les fruits de la Prébende dont elle sera privée, céderont au profit de l'Abbesse seule, & ceux du Mypart au profit de la manse Capitulaire, c'est-à-dire des Religieuses Mypartistes; & quant à la légitimité de la cause de ladite absence, ce sera à l'Abbesse & au Chapitre capitulairement assemblés, à en connoître & décider.

XVI. Et comme par l'extrême modicité des Prébendes & des Myparts de l'Abbaïe de Migette, on a été contraint depuis long-tems d'exiger de chaque Demoiselle qui y sont reçuës, une somme de mille livres par forme de dot, la vie commune n'étant pas d'ailleurs établie dans ladite Abbaïe, chaque Religieuse joüira pendant sa vie du revenu de ladite dot pour l'aider à subsister comme il a été pratiqué ci-devant, & à sa mort ladite dot entrera & demeurera unie pour toujours à la manse Capitulaire & augmentation du Mypart, & au profit seul de celles qui auront droit d'y participer.

XVII. Les quittances & reçûs que les Religieuses seront obligées de donner des interêts de ladite dot pendant qu'elles en joüiront, ainsi que des pensions, legs & aumones qui leur auront été faits, seront faites en leur nom, signées & autorisées de l'Abbesse, ce qu'elle ne poura refuser en pareil cas.

XVIII. Et d'autant que Nous sommes informés, que l'Abbaïe de Migette n'auroit pû se rétablir des incendies & des autres pertes qu'elle a souffertes, & que les Religieuses n'auroient pû & ne pouroient encore y demeurer & y subsister, sans les libéralités & les secours de leurs parents, Nous voulons bien y autoriser la coutume établie, que les niéces succédent aux Maisons Claustrales, meubles & effets de leurs tantes; pourvû toutesfois que lesdites niéces soient coëffées & revêtuës de l'habit Religieux au tems de la mort desdites tantes, & qu'elles persévérent dans cet état. Voulons pareillement que les tantes succédent aux niéces, & les sœurs les unes aux autres, lorsqu'il s'y en trouvera dans lad. Abbaïe, & qu'elles n'auront point encore de niéces.

XIX. Quant aux Religieuses Professes qui viendront à mourir sans niéces, tantes ou sœurs qui puissent leur succéder, leurs Maisons Clauftrales ne pourront être venduës qu'aux autres Religieuses, soit par l'Abbesse ou par le Chapitre; mais ladite Abbesse sera obligée de les accorder gratuitement aux Religieuses, suivant la nécessité ou la convenance qui s'y trouvera, ce que Nous remettons à son honneur & conscience, sans que cependant l'Abbesse présente, ni celles qui l'ont précédée, puissent être recherchées des ventes & aliénations qu'elles auroient pû avoir fait ou passé de quelques-unes desdites maisons.

XX. Et à l'égard des meubles & effets délaissés par lesdites Religieuses dans le cas susdit, ils céderont en toute propriété à l'Abbesse seule; à la charge toutesfois de payer les dettes de la défunte jusqu'à la concurrence de la valeur desdits meubles & effets.

XXI. Voulons que pour la conservation des biens de ladite Abbaïe, il soit fait inventaire de tous les papiers, titres & enseignements concernant ses droits, biens & revenus, par nos Gens en notre Cour de Parlement de Besançon, ou par Commissaire de leur part; duquel inventaire seront faits trois doubles, un pour l'Abbesse, un pour les Religieuses & Chapitre, & l'autre pour être remis au Parquet; & après la confection dudit inventaire, les titres & papiers qui ne concerneront que la manse Abbatiale, seront remis à l'Abbesse, qui s'en chargera au bas du double d'inventaire remis au Chapitre; & les autres titres & papiers, ainsi que le Régistre des Délibérations Capitulaires & celui des Réceptions des Religieuses, seront déposés dans le coffre commun de l'Abbaïe fermant à deux clefs, dont l'une sera au pouvoir de l'Abbesse, & l'autre à celui de la Procureuse du Chapitre.

XXII. Seront l'Abbesse & le Chapitre, obligés de se communiquer réciproquement les titres dont l'une des Parties poura avoir besoin, moyennant une sûreté suffisante.

XXIII. Les autres titres, contrats & enseignements qui se feront à l'avenir, seront aussi-tôt ajoutés à la suite desdits Inventaires, & remis à celle des Parties que ledit acte concerne, laquelle s'en chargera en la maniere ci-dessus marquée.

XXIV. Les Abbesse & Religieuses de ladite Abbaïe de Migette, s'assembleront capitulairement tous les premiers & quinziémes jours de chaque mois, immédiatement après l'Office de Matines, au son de la cloche, & toujours dans le même lieu; pour y traiter & déliberer des affaires de ladite Abbaïe. Toutes les Religieuses Professes, quoique non Prébendées & non Mypartistes, y auront voix délibérative, si ce n'est lorsqu'il se trouvera trois sœurs dans ladite Abbaïe, les deux plus anciennes seulement auront alors voix dans les Chapitres, & la troisiéme le poura y avoir de suffrage, pour quelque sujet qu'ils soient assemblés.

XXV. Si dans lesdits Chapitres il arrive qu'il y ait partage égal des suffrages, le parti du sentiment de l'Abbesse prévaudra.

XXVI. S'il arrive quelque affaire qui exige une Assemblée extraordinaire du Chapitre, l'Abbesse aura seule le droit de le convoquer, ou la plus ancienne de l'Abbaïe en son absence: l'Abbesse ne poura le refuser lorsqu'elle en sera requise par la Procureuse; & au cas que la requisition en soit faite par une autre Religieuse, ladite Abbesse examinera en honneur & conscience si l'affaire exige une Assemblée extraordinaire, ou si on peut la remettre au premier Chapitre; & dans les cas qui exigeront une Assemblée extraordinaire, toutes les Religieuses en seront averties chacune en particulier.

XXVII. Ce sera à l'Abbesse seule à faire les propositions dans les Chapitres; la Procureuse poura cependant y faire les remontrances & requisitions qu'elle trouvera nécessaires au bien commun de l'Abbaïe, pourvû toutefois qu'avant l'Assemblée elle en ait communiqué avec l'Abbesse; ce qui s'observera pareillement, si quelqu'une des Religieuses a quelque demande à faire, ou quelques plaintes & griefs à proposer au Chapitre.

XXVIII. Lorsque l'Abbesse ou quelques Religieuses se trouveront suspectes dans les affaires qui seront proposées, soit à cause de parenté ou autrement, elles seront tenuës de se retirer pour laisser déliberer avec la liberté convenable en pareil cas; & dans les affaires qui les regarderont personnellement, leurs parentes jusqu'au second degré seront pareillement obligées de se retirer du Chapitre.

XXIX. Le Chapitre fera chaque année, élection d'une Procureuse, parmi les Religieuses de ladite Abbaïe; cette Procureuse sera éluë à la pluralité des voix; elle poura être de nouveau éluë au même Office une seconde & troisiéme fois, mais elle ne poura pas y être plus de trois années consécutives.

XXX. Toutes les Déliberations qui seront prises dans lesdits Chapitres ordinaires ou extraordinaires, seront insérées dans le livre destiné à ce sujet, & chaque Délibération sera signée sur led. livre par l'Abbesse, & en son absence par la plus ancienne dud. Chapitre & qui y aura présidé.

Si vous mandons, que ces Présentes vous ayez à faire regiftrer, & le contenu en icelles exécuter selon leur forme & teneur, cessant & faisant cesser tous troubles & empêchemens contraires; Car tel est notre plaisir. Donné à Versailles le premier jour de Fevrier l'an de grace 1730, & de notre regne le quinziéme, *Signé*, LOUIS, Par le Roi, CHAVYN.

Enregiftrées au dix-huitiéme volume des Actes importans du Parlement de Besançon, fol. 282, *v. ensuite de son Arrêt du trente-uniéme Mars mil sept cens trente, Signé,* DESPLASSE.

Fin des Preuves.

www.ingramcontent.com/pod-product-compliance
Lightning Source LLC
Chambersburg PA
CBHW071157230426
43668CB00009B/982